Kreis-Ordnung

für die Provinzen

Preußen, Brandenburg, Pommern, Posen, Schlesien und Sachsen.

Vom 13. Dezember 1872.

Aus den Regierungs-Motiven, den Verhandlungen des Landtags und den älteren Gesetzen erläutert

von

Oskar Hahn,
Königlichem Landrath, Mitglied des Abgeordnetenhauses.

Berlin.
Verlag von J. Guttentag.
(D. Collin).
1873.

Vorwort.

Die Kreis-Ordnung hat auf dem Wege durch die Faktoren der Gesetzgebung verschiedene wichtige Stadien durchgemacht.

Zum Verständniß des Gesetzes in seiner schließlichen Redaktion genügt es deshalb nicht, die Geschichte der Entstehung im Ganzen und die Motive der einzelnen Bestimmungen ins Auge zu fassen; denn jeder Abschnitt, ja mancher Paragraph hat seine besondere Geschichte. Für die Erläuterung derselben ist es vielmehr oft nothwendig, auf die älteren Entwürfe und ihre Motivirung zurückzugehen und die Gründe der Abweichungen zu erörtern.

Die Kreis-Ordnung tritt aber auch als ein neues Glied in unser Verfassungs- und Verwaltungsleben ein, und es gilt daher nicht allein, das Verständniß der neuen Schöpfung zu fördern, sondern auch ihre Beziehung zu dem Bestehenden nachzuweisen und die Einreihung des Neuen in den vorhandenen Rechtszustand durch Nachweisung der Veränderungen, die in diesem hervorgerufen werden, zu vermitteln.

Von diesen beiden Gesichtspunkten hat der Verfasser sich bemüht, neben der Anführung der Regierungs-Motive durch Hervorhebung der wichtigeren Kundgebungen aus den Landtagsverhandlungen, sowohl aus den Kommissionsberichten, wie aus den Aeußerungen hervorragender Redner und durch Hinzufügung der in Betracht kommenden älteren Gesetze die Auffassung, in welcher die einzelnen Bestimmungen der Kreis-Ordnung von den gesetzgebenden Faktoren festgestellt worden sind, leichter zugänglich zu machen. Er übergiebt diese Arbeit der Oeffentlichkeit mit dem Wunsche, daß dieselbe dazu dienen möge, in den betheiligten Kreisen das Verständniß für das wichtige Gesetz zu fördern.

Berlin, im Dezember 1872.

O. H.

Inhalt.

Dritter Titel.

Von der Vertretung und Verwaltung des Kreises.

Vierter Titel.

Von den Stadtkreisen

Fünfter Titel.

Von der Oberaufsicht über die Kreisverwaltung

Sechster Titel.

Uebergangs-Bestimmungen für die Provinzen Sachsen und Posen

Siebenter Titel.

Allgemeine, Uebergangs- und Ausführungs-Bestimmungen

Beilagen.

Einleitung.

Die bisherige Verfassung der Kreise beruhte — so führen die Motive zu dem auf Grund der Allerhöchsten Ordre vom 27. September 1869 dem Abgeordnetenhause vorgelegten Entwurfe einer Kreisordnung für die sechs östlichen Provinzen des Näheren aus — auf den für die einzelnen Provinzen des Staats in den Jahren 1825 — 1828 erlassenen Kreis-Ordnungen*) und den dieselben ergänzenden späteren Gesetzen. Besonders bedeutsam sind unter den letzteren die in den Jahren 1841, 1842 und 1846 für die einzelnen Landestheile ergangenen Verordnungen, durch welche den Kreisständen das Recht der Besteuerung der Kreiseingesessenen zu gemeinnützigen Zwecken im Interesse der Kreise beigelegt wurde.

Ueber die seit einer längeren Reihe von Jahren gepflogenen legislatorischen Verhandlungen wegen Abänderung beziehungsweise Aufhebung der vorbezeichneten Gesetze mag in der Kürze Nachstehendes hervorgehoben werden:

Nachdem schon auf dem ersten vereinigten Landtage die Reform der Kreis-Verfassungen mehrseitig in Anregung gebracht worden war, führte die Bewegung des Jahres 1848 zunächst zu einer Aufhebung der obengedachten, das Besteuerungsrecht der Kreisstände begründenden Gesetze (Gesetz vom 24. Juli 1848, Gesetz-Sammlung S. 238).

Zur Neubildung der Kreis-Verfassung erging hierauf die Kreisordnung vom 11. März 1850, welche ohne Anknüpfung an die bisherigen Institutionen die Kreis-Verfassung auf der Grundlage der gleichzeitig erlassenen Gemeinde-Ordnung ganz neu aufbaute, und die Kreis-Korporationen in ähnlicher Weise, wie große Sammtgemeinden, organisirte.

Noch ehe diese Kreis-Ordnung indeß zur Ausführung gelangte, wurde auch sie durch das Gesetz vom 24. Mai 1853 (Gesetz-Sammlung S. 238) wieder aufgehoben, welches nunmehr den Erlaß besonderer provinzieller Gesetze zur Fortbildung der älteren Kreis-Ordnungen verhieß.

---

*) Vgl. die Anlage A.

Zur Erfüllung dieser Verheißung wurde noch im Jahre 1853 ein Versuch — aber ohne Erfolg — gemacht, indem der damaligen zweiten Kammer auf Grund Allerhöchster Ermächtigung vom 1. Dezember 1853 acht einzelne, in Gestalt von Novellen ausgearbeitete Gesetz-Entwürfe vorgelegt wurden, welche sich im Wesentlichen den schon früher in Folge Allerhöchster Ermächtigung vom 17. März 1852 und 10. Januar 1853 von der Staats-Regierung gemachten Vorlagen anschlossen. Nachdem jedoch diese Gesetz-Entwürfe von einer Kommission der Kammer durchberathen waren, erfolgte ihre Zurückziehung. Dieselben wurden hierauf unter Berücksichtigung der von der Kommission gemachten Abänderungs-Vorschläge einer Umarbeitung unterworfen, um zunächst dem Staatsrathe zur Begutachtung überwiesen zu werden, später aber, und zwar noch vor der Berathung im Staatsrathe, zurückgelegt.

Erst im Jahre 1859 wurde die Revision der Kreis-Verfassungen wieder aufgenommen und als Ergebniß derselben den beiden Häusern des Landtags mittelst Allerhöchster Ermächtigung vom 20. März 1860 der Entwurf einer Kreis-Ordnung für die sechs östlichen Provinzen der Monarchie vorgelegt.

Dieser Entwurf enthielt, mit Beseitigung aller bestehenden gesetzlichen Vorschriften über die Kreis-Verfassungen in den einzelnen Provinzen, eine vollständige, kodifizirte Kreis-Ordnung.

Der zunächst im Hause der Abgeordneten eingebrachte Entwurf gelangte nur in der Kommission desselben zur Berathung, welche über ihn unter dem 19. Mai 1860 Bericht erstattete. Die Regierungs-Vorlage wurde darin zwar in ihren wesentlichen Grundzügen, jedoch mit erheblich erweiternden Abänderungen, zur Annahme empfohlen.

Die Berathung des Berichts im Plenum unterblieb wegen des Schlusses der Session.

Auf Grund dieser Kommissions-Vorschläge wurde der Entwurf einer Umarbeitung unterworfen, bei welcher die wesentlichsten Abänderungs-Anträge der Kommission Berücksichtigung fanden.

Zugleich wurde der neue Entwurf auf die beiden westlichen Provinzen ausgedehnt und auf Grund Allerhöchster Ermächtigung vom 11. Januar 1862 im Herrenhause eingebracht. Er gelangte jedoch wiederum nicht bis zur Berathung im Plenum; auch ist es nicht zum Druck eines Kommissions-Berichts gekommen.

Es wurden nunmehr den im Herbst 1862 einberufenen Provinzialständen der sechs östlichen Provinzen die Regierungs-Entwürfe von 1860 und 1862, sowie zwei in der Kommission des Herrenhauses zu dem letzteren gestellte Amendements zur Begutachtung über einzelne, in einer beigefügten Denkschrift näher bezeichnete Fragen hinsichtlich der Bildung und Zusammensetzung der Kreisvertretung, sowie hinsichtlich des Kreis-Ausschusses vorgelegt, und zu gleichem Zwecke wurde der Entwurf von 1862 den Provinzial-Landtagen der Provinz Westphalen und der Rheinprovinz überwiesen.

Die provinzialständischen Gutachten sind sehr verschiedenartig ausgefallen, und ist hier nur hervorzuheben, daß auf keinem der Provinzial-Landtage, mit einer Ausnahme, ein gültiger Beschluß (mit ⅔ Majorität) zu Gunsten der Regierungs-Entwürfe von 1860 oder 1862, sowie eines der beiden in der Kommission des Herrenhauses gestellten Amendements zu Stande gekommen ist.

Der Landtag der Provinz Preußen hat, ohne über die Vorlagen der Regierung besonders abzustimmen, sieben Punkte zum Beschluß erhoben, welche in der Abweichung von der bestehenden Verfassung mehrfach über den Gesetz-Entwurf von 1862 hinausgehen.

Die besonderen politischen Verhältnisse der nächstfolgenden Jahre hielten die Staats-Regierung ab, mit Vorschlägen zur Aenderung der organischen Gesetzgebung vor den Landtag zu treten.

Inzwischen wurde in der Wintersession des Jahres 1863 von den Abgeordneten Dr. Lette und Genossen der im Jahre 1862 von der Regierung vorgelegte Kreis-Ordnungs-Entwurf mit einigen Abänderungen im Hause der Abgeordneten wieder eingebracht. Die Kommission des Hauses erstattete über denselben unterm 8. Mai 1863 Bericht und machte verschiedene erhebliche Abänderungs-Vorschläge zu der Vorlage.

Zur Berathung dieses Berichts im Plenum des Hauses ist es aber wegen des Schlusses der Session nicht gekommen.

Auf die Berathung eines im Jahre 1865 von dem Abgeordneten Dr. Lette eingebrachten Kreisordnungs-Entwurfs, welcher die wesentlichsten in dem Kommissionsberichte vom 8. Mai 1863 vorgeschlagenen Aenderungen seines früheren Entwurfs berücksichtigt hatte, ging das Haus der Abgeordneten laut Beschluß vom 6. Mai 1865 „unter den obwaltenden politischen Verhältnissen zur Zeit" nicht ein.

Seitdem ist die Frage wegen der Reform der Kreisordnungen in den Häusern des Landtages aus Anlaß von Petitionen wiederholt in Anregung gebracht. —

Inzwischen hat sich die Staats-Regierung auch seit der Einbringung des letzten Regierungs-Entwurfs im Jahre 1862 unausgesetzt mit der Reform der Kreisverfassungen beschäftigt.

Die nächste Veranlassung für sie, über die in Ansehung derselben einzuschlagende Richtung sich schlüssig zu machen, ergab sich durch die im Jahre 1866 erfolgte Erwerbung der neuen Provinzen. Die Würdigung der bedeutenden Dienste, welche die Kreis-Korporationen in Krieg und Frieden dem Preußischen Staatswesen geleistet haben, führte alsbald zu dem Entschlusse, auch in den hinzutretenden Landestheilen Kreisverbände herzustellen.

Ihre Organisation mußte zugleich im Allgemeinen den Weg bezeichnen, den man in Bezug auf die Veränderungen der altländischen Kreisverfassung einschlagen wollte, abgesehen von Abweichungen, welche die Rücksicht auf die besonderen Verhältnisse in den einzelnen neuen Landestheilen forderte.

Auf Grund eingehender Erwägungen, an denen Vertrauensmänner aus allen neuen Provinzen Theil genommen haben, sind demnächst erlassen worden:

1. die Verordnung, betreffend die Kreisverfassung im Gebiete des Regierungsbezirks Cassel vom 9. September 1867 (Ges.-Samml. S. 1473);
2. die Verordnung, betreffend die Amts- und Kreisverfassung in der Provinz Hannover vom 12. September 1867 (Ges.-S. S. 1497);
3. die Verordnung, betreffend die Organisation der Kreis- und Distrikts-Behörden, sowie die Kreisvertretung in der Provinz Schleswig-Holstein vom 22. September 1867 (Ges.-S. S. 1587);
4. die Verordnung, betreffend die Kreisverfassung im Gebiete des Regierungsbezirks Wiesbaden vom 26. September 1867 (Ges.-S. S. 1653).

Durch diese Verordnungen ist den neubegründeten Kreis-Korporationen die eigene Verwaltung ihrer Vermögens-Angelegenheiten in ausgedehnter Weise überlassen, und das Staats-Aufsichtsrecht, namentlich in Ansehung des Erfordernisses der Bestätigung der Kreistagsbeschlüsse, auf das zur Wahrung der Staats-Interessen durchaus nöthige Maß eingeschränkt worden.

Zugleich sind den Kreistagen autonomische Befugnisse in Bezug auf innere Kreisangelegenheiten übertragen, welche es gestatten, die Verwaltung des Kreises im Wege statutarischer Regelung den besonderen Bedürfnissen und Verhältnissen des speziellen Verbandes anzupassen. Die Verordnungen deuten ferner an, daß die Kreistage berufen seien, durch die spätere Gesetzgebung ein erweitertes Gebiet der Thätigkeit zu erhalten, und geben Grundlage und Spielraum für die Schaffung von Organen, welche sowohl die spezielle Kreis-Verwaltung übernehmen, als auch später eine Mitwirkung bei anderen, jetzt noch von Staatsbehörden ausschließlich ressortirenden Angelegenheiten üben können.

In Ansehung der Zusammensetzung des Kreistages haben die Verordnungen den besonderen Verhältnissen der einzelnen Landestheile Rechnung tragen müssen, ein Umstand, der namentlich für den Regierungsbezirk Wiesbaden zu Bestimmungen geführt hat, welche von den für die übrigen neuen Provinzen erlassenen wesentlich abweichen.

Für Hannover, Schleswig-Holstein und den Regierungsbezirk Cassel war es nach den vorgefundenen Zuständen und im Anschluß an anderweite vorhandene Einrichtungen geboten und ausführbar, sowohl den Städten und Landgemeinden, als auch dem größeren Grundbesitze eine gesonderte Vertretung auf den Kreistagen einzuräumen.

Die Scheidung derjenigen Gemeinden, welche auf eine Vertretung im Stande der Städte Anspruch hatten, von den Landgemeinden, war nach den örtlichen Verhältnissen leicht zu bewirken. Schwerer war es, die Grenze für denjenigen größeren Grundbesitz zu bestimmen, welchem neben den Abgeordneten der Stadt- und Landgemeinden eine eigene Vertretung zuzugestehen war. Es galt hierbei, nicht einen privilegirten Grundbesitzerstand zu schaffen oder zu erhalten, sondern dem wirklich vorhandenen größeren Grundbesitze die ihm zukommende Stellung im Kreisverbande zu sichern. Als richtigster gleichmäßig durchgehender Maßstab für die wirthschaftliche und sonstige Bedeutung eines Gutes ist hierbei der Grundsteuerwerth desselben angenommen und ein bestimmter Minimalsatz dieses Werthes als Grenze für den größeren Grundbesitz, — wo es möglich war, unter gleichzeitiger Anlehnung an sonstige bestehende Einrichtungen, — festgesetzt worden.

So sind für den Regierungsbezirk Cassel alle Güter mit einem Grundsteuer-Reinertrage von mindestens 1000 Thalern, für Hannover alle in den Amtsversammlungen zu Virilstimmen berechtigten Grundbesitzer, d. h. diejenigen, welche einen nach den verschiedenen Landestheilen variirenden Grundsteuer-Betrag von 60—150 Thalern jährlich entrichten, dem größeren Grundbesitze beigezählt worden. In Schleswig-Holstein gehören zu den größeren Gütern alle diejenigen adligen und anderen zu einem bestimmten Landsteuer-Taxationswerthe eingeschätzten Güter, mit denen nach der früheren Verfassung der Herzogthümer das Wahlrecht im Stande der größeren Grundbesitzer verbunden war. Was die Vertretung der einzelnen Kategorien auf dem Kreistage selbst betrifft, so ist den Städten und den Landgemeinden eine ihrer Bevölkerung und Bedeutung im Kreise entsprechende Zahl aus der Mitte der Gemeinde-Vertretungen zu wählender Kreistags-Abgeordneter, vorbehaltlich anderweiter Festsetzung durch Kreisstatut, zugetheilt worden, bei deren Abmessung auf die Wünsche der Vertrauensmänner Rücksicht genommen ist. Die Besitzer größerer Güter haben als solche Stimmrechte auf dem Kreistage erhalten. Es ist aber die Ausübung dieses Stimmrechts mit Rücksicht auf die verhältnißmäßig geringe Zahl dieser Güter in den meisten Kreisen nach dem Gutachten der Vertrauensmänner in der Weise beschränkt worden, daß die Zahl der Stimmen des großen Grundbesitzes auf den Kreistagen in der Regel die Hälfte der Gesammtzahl der Abgeordneten aus den Städten und Landgemeinden, in einigen Kreisen der Provinz Schleswig-Holstein aber die Hälfte der Gesammtzahl der Kreistags-Mitglieder nicht übersteigen darf, und daß zur Erreichung dieses Stimmverhältnisses eventuell eine Verbindung zu Kollektiv-Stimmen stattfinden muß. Im Regierungsbezirk Cassel ist außerdem allen Gütern mit mindestens 3500 Thalern Grundsteuer-Reinertrag ein unbeschränktes Virilstimmrecht beigelegt.

Für den Regierungsbezirk Wiesbaden, in welchem ein Unterschied zwischen Stadt und Land weder in der Kommunal-Gesetzgebung vorhanden, noch in der thatsächlichen Entwickelung der Gemeinden überall deutlich erkennbar ist, ist von der Einsetzung einer gegliederten Kreis-Vertretung abgesehen worden.

Der Kreistag bildet dort eine einheitliche, aus der Vertretung der Amtsbezirke hervorgehende Versammlung, unter Hinzutritt der wenigen vorhandenen größeren Grundbesitzer, welche jährlich mindestens 500 Gulden Grundsteuer zahlen, mit Virilstimmrecht.

Auf Grund dieser Verordnungen, deren allgemeine Prinzipien die Zustimmung der Vertrauensmänner gefunden hatten, sind die Kreis-Vertretungen in den neuen Landestheilen überall in's Leben gerufen.

Nach Abschluß der Organisationen in den neuen Landestheilen nahm die Staats-Regierung auch die Reform der Kreis-Verfassungen in den älteren Provinzen wieder auf. Je umfangreicher das aus früheren legislatorischen Verhandlungen herrührende Material war, je mehr die Gestaltung selbstverwaltender kommunaler Körper als die wichtigste und bedeutsamste Grundform des Staatswesens erkannt wurde und in den Mittelpunkt des allgemeinen Interesses und der öffentlichen Diskussion trat, um so mehr mußte sich die Staatsregierung der Verpflichtung bewußt werden, ihre gesetzgeberische Initiative erst nach der reiflichsten Erwägung und nach den gewissenhaftesten Vorarbeiten eintreten zu lassen.

Sie verzichtete darauf, ohne Weiteres fertige Vorlagen bei der Landes-Vertretung einzubringen, zog es vielmehr vor, zunächst über die wichtigsten einschlagenden Fragen in kleinerem Kreise mit Vertrauensmännern aus beiden Häusern des Landtags zu verhandeln.

Diese Verhandlungen ergaben nicht nur ein reiches Material sachlicher und politischer Natur, sondern regten auch zu werthvollen Publikationen hervorragender Kenner des vaterländischen und fremden Staatsrechts an.

Endlich boten die Verhandlungen beider Häuser des Landtags bei Gelegenheit der Berathung verwandter Materien Gesichtspunkte von unverkennbarer Bedeutung für die allgemeine Richtung der inneren Verwaltungs-Reorganisationen.

Der obenbezeichnete im September 1869 dem Abgeordnetenhause vorgelegte Entwurf einer Kreisordnung für die sechs östlichen Provinzen stellt sich als das Resultat der gepflogenen Verhandlungen dar.

In Uebereinstimmung mit gutachtlichen Aeußerungen von Vertretern der neuen Landestheile und der westlichen Provinzen ist derselbe auf die sechs östlichen Provinzen beschränkt worden.

Erleichtert es die größere Gleichartigkeit der Verhältnisse an sich, gemeinsame Normen für die kommunale Ordnung des Ostens der Monarchie zu finden und zu vereinbaren, und hat sich in den Provinzen Rheinland und Westphalen ein gleich dringendes Bedürfniß zu durchgreifender Aenderung der Kreis-Verfassung nicht herausgestellt; mußte es ferner bedenklich erscheinen, die soeben erst ins Leben getretenen Kreis-Ordnungen der neu erworbenen Landestheile, welche sich zur Zufriedenheit der Bevölkerungen bewähren, wiederum in Frage zu stellen, so wurde hierin die Rechtfertigung dafür gefunden, zunächst damit vorzugehen, die Reorganisation der Verfassung und Verwaltung der Kreise für die älteren sechs östlichen Provinzen zum Abschluß zu bringen.

Die Staatsregierung erklärte es hierbei als selbstverständlich, daß sobald der gedachte Gesetz-Entwurf für die bezüglichen Provinzen seine Verwirklichung gefunden haben wird, die in demselben ausgeprägten Prinzipien der Selbstverwaltung auch auf sämmtliche übrigen Landestheile der Monarchie und zwar, unter entsprechender Modifikation der dort geltenden Kreisverfassungen, sowie im Anschlusse an die daselbst gesetzlich bestehende administrative und kommunale Gliederung der Kreise übertragen werden müssen.

Die Frage, ob der beabsichtigten Reform die Gestalt einer Novelle zu den bestehenden Gesetzen über die Verfassung der Kreise zu geben oder ob aus demjenigen, was konservirt werden soll und dem Neuzugestaltenden, in systematischer Vereinigung, ein Gesammtbild neuer Institutionen in Form einer erschöpfenden Kreis-Ordnung dem Landtage vorzulegen sei, wurde zu Gunsten der letzteren Alternative entschieden.

Je weniger die Staatsregierung zu legislatorischen Experimenten nach theoretischen Gesichtspunkten geneigt ist, je klarer dieselbe die Aufgabe einer gesunden staatlichen Entwickelung darin erkannt hat, bestehende Einrichtungen, welche sich, als innerlich berechtigt, und mit dem Volksleben verwachsen, auch durch ihre Leistungen bewährt haben, nicht mit unerprobten, lediglich von der Doktrin erzeugten Gebilden, je nach dem Wechsel politischer Strömungen, zu vertauschen, dieselben vielmehr nur in derjenigen Richtung fortzubilden, welche der fortschreitenden wirthschaftlichen und intellektuellen Entwickelung des Staatswesens entspricht, desto bestimmter ist sie von der Ueberzeugung durchdrungen, daß, wenn einmal die Nothwendigkeit für einen großen reformatorischen Schritt vorliegt, es verfehlt und dem Ernste wie der materiellen Bedeutung der Sache nicht entsprechen würde, die Tragweite der Reform zu verschleiern, das Bestehende und das Neue nur äußerlich an einander zu reihen, und in die Leistungen der neuen Institutionen von vorn herein Unsicherheit zu bringen.

Vielmehr wurde es für geboten und zweckmäßig erachtet, diejenigen Elemente der Kreisorganismen, welche als zur Fortexistenz berechtigt anzuerkennen waren, mit den neu zu schaffenden Institutionen zu einem organischen Ganzen innerlich zu verarbeiten.

Die Staats-Regierung würdigt die Erfolge, welche die Kreis-Korporationen bisher erzielt haben, im hohen Grade. In unscheinbaren Formen haben sie nach allen Richtungen Bedeutendes geleistet und niemals dem Gemeinwesen ihre Dienste versagt.

Unvollkommenheiten in der Zusammensetzung ihrer Vertretung sind es, welche am lautesten gerügt worden sind und deren Beseitigung am bestimmtesten gefordert ist.

Dennoch glaubte die Staatsregierung, die Reform nicht auf die Zusammensetzung der Kreisvertretung beschränken zu dürfen, da bei bloßer Beseitigung der in dem Stimmenverhältnisse der ersteren bestehenden Mängel die wichtigsten Fragen, um deren Lösung es sich handelt, unberührt bleiben würden. Ist vielmehr aus der Thatsache, daß die Kreise schon bisher, ungeachtet der Mängel ihrer Organisation, sich als tüchtige Glieder des Staates bewährt haben, auf ihre Lebens- und Entwickelungsfähigkeit zu schließen, und kann zugleich darüber kein Zweifel bestehen, daß die historische Entwickelung des vaterländischen Gemeinwesens an einem Punkt angelangt ist, wo der Selbstthätigkeit der Staatsangehörigen in Verwaltung der öffentlichen Angelegenheiten ein weiterer Spielraum gewährt werden muß, so war damit auch für die Staats-Regierung die Aufgabe erwachsen: die bewährten kreisständischen Korporationen zu wahren Kommunal-Verbänden umzubilden, mit dem Berufe, ihre eigenen wie verwandte öffentliche Angelegenheiten selbstthätig zu verwalten.

Die Staats-Regierung verkennt nicht, daß dieser Schritt, zu welchem sie den Muth aus dem Vertrauen auf die staatliche Tüchtigkeit der Nation schöpft, kein vereinzelter bleiben kann, daß er das erste Glied in der Kette innerer Reformen darstellt. Aber sie hat mit vollem Bewußtsein darauf verzichtet, an die Umgestaltung der bestehenden Organisation der berufsmäßigen Staats-Aemter eher Hand anzulegen, ehe an einer und zwar gerade an dieser Stelle die Schöpfung eines zur Selbstverwaltung fähigen kommunalen Körpers verwirklicht ist. Es empfiehlt sich nicht, gewachsene Organe eines Staatswesens in ihrer Konsistenz zu erschüttern, ehe nicht anders geartete Faktoren durch den Werth ihrer Leistungen bewiesen haben, daß sie die Fähigkeit besitzen, schwerwiegende Kompetenzen tragen und mit dem Inhalt pflichtgetreuer Thätigkeit im Dienste des Staates ausfüllen zu können.

Die Möglichkeit der Selbstverwaltung beruht auf dem Zusammenwirken der verschiedenen gesellschaftlichen Gruppen, getragen von dem Bewußtsein der für alle Gruppen vorhandenen Gemeinsamkeit der Staatsziele. — —

Die Kreisordnung soll, indem sie für die Selbstverwaltung die Basis schafft, die Reform der inneren Verwaltung überhaupt einleiten.

Um dieser ihrer Aufgabe willen ist schon der Entwurf von 1869 über sein eigentliches Gebiet hinaus erweitert worden. Sollte ein Organismus zu Stande kommen, welcher die Bestimuung hat, als Typus für eine Reihe von Neugestaltungen zu gelten, so war es geboten, die kommunale Gliederung, den Aufbau der Aemter, so vollständig in ihn hineinzulegen, daß er die Verzweigung nach der Seite der höheren, wie der niederen Organismen klar und deutlich erkennen ließ. Es mußte dieser Organismus ferner befähigt werden, durch seine eigene Lebensthätigkeit die legislatorische Entwickelung der weiteren Reformen vorzubereiten.

Noch weiter zu gehen und in demselben Stadium der Gesetzgebung gleichzeitig die Gemeinde, den Kreis und die Provinz zu ordnen, wäre jetzt kaum möglich gewesen.

Wenn es gelingt, zunächst einen mit reicher Thätigkeit ausgestatteten Körper zu schaffen, welcher einerseits die Landgemeinden und Gutsbezirke als nebeneinander wirkende lebendige Glieder in sich schließt, zu gemeinsamer Wirksamkeit bezirksweise vereinigt und solchergestalt sich aus analogen städtischen und ländlichen Kommunal-Bezirken zusammensetzt, und welcher andrerseits die Bestimmung hat, selbst wieder als organisches Glied eines provinziellen Kommunal-Verbandes zu wirken, so wird sich der Ausbau sowohl nach der Seite der Gemeinden als nach der der Provinz als ein durch innere Nothwendigkeit gebotener darstellen, und das Zustandebringen der erforderlichen Gesetze hierüber keine Schwierigkeiten mehr bieten.

Durch die gleichzeitige Ordnung aller dieser Gebiete dagegen würde die Zahl der Differenzen nur erhöhet, das legislatorische Resultat in weitere Ferne gerückt worden sein.

Die Staats-Regierung ist sich bewußt, in ihrem Entwurf in der Richtung der Dezentralisation einen entscheidenden Schritt gethan zu haben. Die Verantwortung hierfür kann sie nur unter der Voraussetzung übernehmen, daß die Königliche Prärogative und die Einheit der Gesetzgebung, diese charakteristischen Grundzüge eines festgefügten und in sich abgeschlossenen Staatswesens, nicht beeinträchtigt oder erschüttert werden. Soll Dezentralisation den Staat nicht auflösen, so muß um so fester daran gehalten werden, daß die Selbstständigkeit der Theile ihr Korrelat in der intensiven Kraft der Central-Gewalt, ihre Schranke in der Einheit und Gemeinsamkeit der Landesgesetzgebung findet. —

Von diesen wesentlichen Gesichtspunkten aus erhielt der Entwurf von 1869 im Allgemeinen folgenden Inhalt:

Die Kreise in ihrer bisherigen Begrenzung mit Bewahrung der Eigenschaft als Verwaltungsbezirke des Staates, werden umgebildet zu vollen Kommunal-Verbänden behufs Selbstverwaltung ihrer Angelegenheiten, wie zur Erfüllung staatlicher Aufgaben, welche über das Gebiet der Kommunal-Interessen im engeren Sinn des Wortes hinausreichen.

Waren bisher die Kreise Korporationen zur Erfüllung einzelner, innerhalb bestimmter Grenzen eingeschränkter öffentlicher Zwecke, so treten sie jetzt in die Stellung staatlich anerkannter Kommunen und es liegt ihnen die Gesammheit der Funktionen ob, welche charakteristisch für die regelmäßige Thätigkeit solcher Kommunen sind.

Sie setzen sich zusammen aus denselben Bestandtheilen, welche sie bisher umfaßten. Diejenigen Städte indessen, welche so volkreich sind, daß für sie die subordinirte Stellung in das Gefüge des Kreises nicht paßt, daß ihnen vielmehr die Fähigkeit innewohnt, für sich allein einen dem Kreisverbande analogen Organismus darzustellen, erhalten die Befugniß, aus dem bisherigen Kreisverbande auszuscheiden und einen eignen Kreis zu bilden.

Aus der Beschaffenheit der Kreise als wahrer Kommunen folgt mit Nothwendigkeit, daß die Kreisangehörigen — als solche gelten regelmäßig alle diejenigen, welche innerhalb des Kreises ihren Wohnsitz haben — in ein unmittelbares Verhältniß zum Kreise treten.

Sie erhalten die Berechtigung zur Theilnahme an der Verwaltung und Vertretung, sowie zur Mitbenutzung der öffentlichen Einrichtungen und Anstalten des Kreises. Diesen Rechten entsprechen die Verpflichtungen zur Uebernahme der unbesoldeten Ehrenämter und zur Bestreitung der Bedürfnisse des Kreises durch Aufbringung von Abgaben.

Je größer schon bisher das finanzielle Bedürfniß vieler Kreise gewesen ist, desto weniger ist die Feststellung der Normen der Kreisbesteuerung der unbeschränkten Autonomie der Kreise zu überlassen.

Die Kommunal-Besteuerung in das System der Staatsbesteuerung dergestalt einzufügen, daß sich die erstere nicht von den maßgebenden Grundzügen der letzteren entfernen darf, ist eine jener Forderungen staatseinheitlicher Gesetzgebung, welche um so unerläßlicher wird, ein je größerer Spielraum der Selbstverwaltung nach der Richtung der Exekutive gewährt wird. Ein jeder Staats-Angehöriger muß die volle Sicherheit haben, daß nicht Kreis-Parlamente neben der geordneten Finanz-Gesetzgebung des Landes auf eigene Hand nach Grundsätzen eigener Finanz-Politik über seine Leistungen verfügen.

Es muß aber ferner den Kreisvertretungen nach Möglichkeit die Veranlassung genommen werden, sich bei ihrer berathenden und beschließenden Thätigkeit in Gruppen von Interessenten aufzulösen, welche für Sonder-Interessen streiten. Fehlt der Antrieb hierzu, so gelangt die natürliche Gemeinsamkeit der Ziele zum sicheren Ausdruck, ohne daß die Art der Zusammensetzung der Kreisvertretung auf die Stellung der Mitglieder zu den einzelnen Fragen einen verwirrenden Einfluß zu üben vermag.

So ergiebt sich mit Konsequenz die Vorschrift, daß die Kreissteuern nur in Gestalt von Zuschlägen zu den Staatssteuern innerhalb eines bestimmt zu normirenden Spielraums und nach einem ein für allemal vom Kreistage festzusetzenden Maßstabe aufgelegt werden dürfen.

An diese Vorschrift schließen sich feste Normen über die Besteuerung und Einschätzung der Angehörigen verschiedener Kreise, der Forensen, der Erwerbs-Gesellschaften und der juristischen Personen, sowie bezüglich der dinglichen und persönlichen Befreiungen an.

Das Recht der Kreisvertretung zu statutarischen Festsetzungen ist an Voraussetzungen geknüpft, welche die Möglichkeit der Berücksichtigung besonderer Verhältnisse zulassen, aber doch die Gefahr autonomischer Durchlöcherung des Gesetzes ausschließen.

Die Kreise gliedern sich in Stadt- und Amtsbezirke. Die letzteren in Gemeinde- und Gutsbezirke. Mit dieser Gliederung deckt sich der Aufbau der Ehrenämter. Vorstände der Land-Gemeinden und Guts-

Bezirke, der Amts- und Stadtbezirke, die Kreisvorstände, und zwar als solche der Kreistag, der Kreisausschuß und der Landrath theilen und tragen mit und über einander und in lebendiger Wechselwirkung die Gesammtheit der öffentlichen Funktionen, deren Ausübung das Gesetz in den Kreisen organisirt.

Um die Voraussetzungen hierfür zu schaffen, sind die Gemeinden und Guts-Bezirke als freie und selbstständige Körper und als einander koordinirt hingestellt und ist in demselben Sinne die Leitung ihrer öffentlichen Angelegenheiten geregelt. Ihre Vereinigung zu stärkeren und wirksameren Kommunal-Organen erfolgt durch Bildung von Amtsbezirken. — — —

Zur Vertretung des Staats-Interesses, sowie der gemeinsamen und dauernden Kreis-Interessen verbleibt der Landrath in seiner Stellung als erster Beamter des Kreises und des Staates im Kreise.

Den Schwerpunkt für die Gesammt-Verwaltung der kommunalen Kreis-Angelegenheiten bildet die Kreis-Versammlung, der Kreistag. Seine Mitglieder werden durch Wahl abgeordnet. Zwischen Stadt und Land entscheidet dabei das Verhältniß der Volkszahl.

Die Bevölkerung des platten Landes, sich charakterisirend als Gemeinschaft nachbarlicher Verbände von berufsmäßigen Landwirthen, wird vertreten in doppelter Weise: einmal durch Abgeordnete der Landgemeinden, welche in an die Amtsbezirke sich anlehnenden Wahlbezirken gewählt werden, zum anderen durch Abgeordnete derjenigen in Verbänden vereinigten Berufsgenossen, welche in hervorragender Weise den gemeinsamen wirthschaftlichen Charakter repräsentiren. Diese Verbände werden gebildet nach einem Census der Realbesteuerung.

Es soll in der Kreis-Vertretung keine der verschiedenen Gruppen nur eine Schatten-Existenz führen, vielmehr jeder Beschluß, um eine Majorität zu finden, des Zusammenwirkens von Mitgliedern verschiedener Gruppen bedürfen.

Der Kreistag ist der gesetzliche Repräsentant der Kreis-Kommune, verfügt innerhalb der landesgesetzlichen Schranken über das Vermögen und die Anstalten des Kreises, sowie über die Kreisbesteuerung, regelt den Kreishaushalt, bestimmt die Anstellung und Besoldung der Kreisbeamten und wirkt bei der Zusammensetzung des Kreis-Ausschusses mit.

Unter dem Vorsitze des Landraths, welcher dem Staate wie dem Kreise angehört, tritt der Kreis-Ausschuß zusammen als regelmäßiges Verwaltungs-Organ für alle Angelegenheiten, welche das öffentliche Interesse des Kreises berühren, mögen sie kommunaler oder allgemeiner staatlicher Natur sein.

Ohne Analogie in den bisherigen Einrichtungen des Staates wird in dem Kreis-Ausschusse eine bedeutsame Selbstverwaltungs-Instanz auf die freie Selbstthätigkeit der Staats-Angehörigen gegründet und ausgestattet mit einer Reihe schwer wiegender Funktionen der Verwaltungs-Justiz und Exekutive.

Der Kreis-Ausschuß bildet zugleich sachlich und persönlich die Aufsichts-Instanz für die Amtsvorsteher.

Für die Stadtkreise treten an die Stelle der Kreis-Organe die städtischen Organe. — — — —

So die Motive zum Regierungs-Entwurf von 1869.

Dieser Entwurf ist zu einer definitiven Beschlußnahme der beiden Häuser des Landtags nicht gelangt. Es hat jedoch im Plenum des Abgeordnetenhauses, nach einer vorhergegangenen General-Diskussion über den ganzen Gesetz-Entwurf, eine Vorberathung über die beiden ersten Titel desselben, welche von den Grundlagen der Kreis-Verfassung und von der Gliederung und den Aemtern des Kreises handeln, stattgefunden. Diese Vorberathung ist, mit Aussetzung der Diskussion über die §§ 12 und 13, welche nähere Vorschriften in Betreff der Heranziehung der Forensen, juristischer Personen rc., zu den Kreisabgaben und in Betreff der Unzulässigkeit einer Doppelbesteuerung desselben Einkommens in verschiedenen Kreisen enthalten, sowie der §§ 28 und 29, welche sich auf die amtliche Stellung der Gemeinde- und Gutsvorsteher beziehen, bis zu dem § 53, im vierten, die Amtsbezirke und das Amt des Amthauptmanns betreffenden Abschnitte des zweiten Titels gediehen. Außerdem hat die zu diesem Behufe niedergesetzte Kommission sich der Vorberathung der §§ 12 und 13, sowie des zweiten und dritten Abschnittes des dritten Titels, welche von den Versammlungen und Geschäften des Kreistages und vom Kreishaushalte handeln, unterzogen und ihre Abänderungs-Vorschläge dem Abgeordnetenhause unterbreitet.

Mit Rücksicht auf die Erörterungen und Beschlüsse des Hauses der Abgeordneten und seiner Kommission ist die Staats-Regierung in eine wiederholte eingehende Prüfung des Kreis-Ordnungs-Entwurfs eingetreten, wobei auch die Kundgebungen aus den betheiligten Kreisen und die durch die Presse erfolgten Publikationen über die Kreis-Ordnungs-Frage nicht unerwogen geblieben sind.

Nach dem Ergebnisse dieser Prüfung hat dieselbe geglaubt, an dem Gesetz-Entwurfe nicht unerhebliche Abänderungen und Ergänzungen vornehmen zu müssen und hat den hiernach veränderten Entwurf auf Grund Allerhöchster Ordre vom 20. Dezember 1871 anderweit zur Beschlußnahme des Landtags gebracht. Er wurde zunächst dem Abgeordnetenhause vorgelegt.

Die wesentlichste Abänderung bezieht sich, wie die Motive zu dem Entwurf hervorheben, auf die Reorganisation der ländlichen Polizeiverwaltung. Hat die Staats-Regierung sich auch die zu diesem Behufe von der Mehrheit des Hauses der Abgeordneten (1869) gemachten Vorschläge nicht anzueignen vermocht, weil sie dieselben bei der entschiedenen Abneigung der ländlichen Bevölkerung in den östlichen Provinzen gegen die Bildung von Sammtgemeinden, deren aus Wahl hervorgegangenen Organen nach jenen Vorschlägen die Verwaltung der Polizei übertragen werden soll, nicht für ausführbar erachtet, so ist sie doch bestrebt gewesen, ihre eigenen, in dem früheren Entwurfe niedergelegten Reform-Vorschläge mit Rücksicht auf die dagegen erhobenen Bedenken in einer solchen Weise zu modifiziren, daß sich die für die Verwaltung der örtlichen Polizei neu zu schaffenden Institutionen an die thatsächlich gegebenen Verhältnisse noch enger anschließen und dadurch die Gewähr für eine erfolgreiche Durchführung in einem noch höheren Grade darbieten, als dies von dem ursprünglichen Organisations-Projekte erwartet werden durfte. Demgemäß ist der vierte Abschnitt des zweiten Titels des Gesetz-Entwurfs einer durchgreifenden Umarbeitung unterworfen worden.

Die wichtigste Ergänzung ist dem Entwurfe durch die Einfügung einer Reihe von Bestimmungen zu Theil geworden, welche einerseits die Regelung des Verfahrens in Verwaltungs-Streitsachen vor den Kreis-Ausschüssen bezwecken, und welche andrerseits in den demnächst unter dem Namen „Verwaltungsgerichte“ constituirten Deputationen für Verwaltungs-Streitigkeiten eine Rekurs-Instanz für die Entscheidungen der Kreis-Ausschüsse schaffen und solcher Gestalt das System der obrigkeitlichen Selbstverwaltung innerhalb des durch die Kreis-Ordnung gegebenen Rahmens zu einem vollständigen Abschlusse bringen wollen. Indem die Kreis-Ausschüsse und die Deputationen für Verwaltungs-Streitigkeiten mit den ihre Selbstständigkeit und Unabhängigkeit sichernden Formen und Garantien umgeben werden und ihnen dadurch der Charakter von Verwaltungs-Gerichtshöfen beigelegt wird, werden dieselben auch befähigt sein, die Rechts-Kontrolen über die Verwaltung zu üben, welche das Abgeordnetenhaus (1869) in einer nach Ansicht der Staats-Regierung nicht geeigneten Weise für verschiedene Verwaltungs-Angelegenheiten den ordentlichen Gerichten übertragen wollte.

Dieses waren die beiden wesentlichsten Punkte, in welchen sich der im Dezember 1871 dem Abgeordnetenhause vorgelegte Kreisordnungsentwurf von dem 1869er Entwurfe unterschied. Er wurde in der Sitzung vom 11. Januar 1872 einer Commission von 21 Mitgliedern zur Vorberathung überwiesen. Die Commission bestand aus dem Abg. von Bennigsen als Vorsitzendem, dem Abg. von Gottberg als Stellvertreter des Vorsitzenden, und den Abg. Gajewski, Delius, von Mallinckrodt, Dr. Friedenthal, von Sczaniecki, von Kardorff, Graf Bethusy-Huc, von Saucken-Loschen, von Benda, Dr. Hänel, von Brauchitsch, Miquél, Dr. Bender, von Donat, Lent, Philipps, von Meyer, von Rauchhaupt und Lasker. Die Commission legte unterm 7. März 1872 ihre Vorschläge in einer besonderen Zusammenstellung dem Abgeordnetenhause vor, welches demnächst in der Zeit vom 16. bis 23. März in seiner 49. bis 54. Sitzung hierüber die Berathung und Beschlußfassung bewirkte. Einen schriftlichen Bericht zur Motivirung ihrer Vorschläge, welche in vielfacher Beziehung von dem Regierungsentwurf abwichen, hatte die Commission nicht erstattet, sie ließ vielmehr gelegentlich der Debatten im Plenum des Abgeordnetenhauses durch die von ihr ernannten Berichterstatter, Abgeordneten von Brauchitsch, Dr. Friedenthal, von Rauchhaupt und Lasker die Motive für ihre Beschlüsse mündlich vortragen. Bezüglich der Gesammtauffassung der Commission leitete der Berichterstatter Dr. Friedenthal in der Sitzung vom 16. März 1872 die Debatte mit folgender Rede ein:

Meine Herren! Die Commission, welcher Sie die Vorberathung der Kreis-Ordnung übertragen haben, hat von der Ernennung eines Generalreferenten Abstand genommen. Der Wunsch vieler Mitglieder und des Herrn Präsidenten ging indessen dahin, daß die Generaldiscussion durch einen allgemeinen Vortrag eingeleitet werden solle, und diesem Wunsche entsprechend haben die Spezialreferenten mir einen solchen einleitenden Vortrag übertragen. Ich bemerke im Voraus, daß ich denselben mir nicht in der Gestalt denke, daß ich Ihnen nun die ganze Fülle der Details der Commissionsbeschlüsse, systematisch geordnet, vortrage; ich meine, das würde dem Zwecke der Sache nicht entsprechen, würde ganz unnütz der Spezialdiscussion vorgreifen und die allgemeinen Gesichtspunkte verdunkeln. Ich will mich darauf beschränken, diejenigen Grundzüge Ihnen vorzutragen, welche ich als charakteristische Merkmale der Vorlage erkenne.

Da springt es denn zunächst in die Augen, meine Herren, daß der Gesetz-Entwurf, der Ihnen vorliegt, weit über das Maß desjenigen hinausgreift, was man gemeinhin unter einer Kreis-Ordnung versteht, daß er sich auf die Regelung von Verhältnissen des gesammten Staatswesens erstreckt. Es ist gewiß eine unleugbare Thatsache, daß die Einrichtungen unserer Verwaltung auf dem Boden des absoluten Staates erwachsen sind, daß sie das eigentliche Gefüge des absoluten Staates gebildet haben, der von ihnen den bureaukratischen Charakter erhielt, und daß, als wir den Verfassungsstaat bei uns ziemlich unvermittelt einführten, dieses innere Gefüge des absoluten Staats bestehen blieb und in vielen sehr wesentlichen Beziehungen noch heute intakt fortbesteht. Daß daraus ein höchst unbehaglicher, ungedeihlicher und die Entwickelung des ganzen Staatswesens hindernder Widerspruch zwischen — ich möchte mich so ausdrücken — dem Styl der Außenseite des Staatsgebäudes und dessen inneren Ausbau sich ergeben mußte, daß die Façade eine ganz andere Struktur hat, als die inneren Räume, — das ist ebenfalls eine Thatsache, die Niemand leugnen wird, und mein verehrter Kollege Reichensperger, der für mich eine Autorität in allen Bau-Styl-angelegenheiten ist, wird mir zugeben, daß es gerade eine Eigenthümlichkeit der germanischen Bauweise ist, das Hauptgewicht nicht bloß auf den Schmuck der Außenseite, sondern ebensowohl auf die stylgerechte Wohnlichkeit der inneren Räume zu legen.

Das Gesetz, das uns vorliegt, meine Herren, hat nach meinem Dafürhalten die Aufgabe, unsern Verwaltungs-Institutionen diejenige Struktur zu geben, welche dem Geiste unsers Verfassungs-Staates entspricht. Ist das aber richtig, — und ich meine, daß kaum von irgend einer Seite das bestritten wird — dann widerlegt sich zunächst hierdurch ein Einwand, der namentlich von konservativer Seite im Lande als auch in der Kommission der Vorlage gemacht worden ist, nämlich der Einwand, daß sie weit über das Bedürfniß hinausgehe.

Es wird gesagt, und mit gewissem Recht, die gegenwärtig bestehende Organisation der Kreise, der Kreistage und Vieles, was damit zusammenhängt, habe sich verhältnißmäßig gut bewährt; warum bringe man alle diese Einrichtungen auf eine andere Basis? warum beschränke man sich nicht darauf, abzuhelfen, eine Novelle zu den bestehenden Gesetzen zu erlassen? warum beschränke man sich nicht darauf, in die Kreistage in ihrer gegenwärtigen Zusammensetzung neue Elemente, welche zwischen den verschiedenen Gruppen des Kreises stehen, hinzuzufügen. (Sehr richtig!) Meine Herren, meine Antwort folgt aus meinem Vordersatze. Handelte es sich nur um eine Reform kreiskommunaler Angelegenheiten, so ließe sich darüber reden, und ich von meinem Standpunkt aus würde dann vielleicht geneigt sein, mich jener Meinuug zu nähern. Es handelt sich aber nicht um eine Veränderung der Kreiskommune, sondern es handelt sich um die Schaffung einer ganz neuen Basis für den Aufbau der inneren Verwaltung; es handelt sich darum, den Kreisen eine Kompetenz zu geben und eine Fülle des staatlichen Lebens, wie sie es annähernd noch nie gehabt haben, und deshalb muß man andere Voraussetzungen geben, andere Forderungen stellen für die Begründung derjenigen Faktoren, welche diese Fülle staatlicher Thätigkeit tragen sollen. Es handelt sich nicht um kommunale, sondern um staatliche Gesichtspunkte, und diese staatlichen Gesichtspunkte fordern ein viel größeres Maaß von Reform, als es vielleicht nöthig gewesen wäre, wenn wir es hier lediglich mit dem Kreis-Kommunal-Verbande zu thun gehabt hätten.

Es bringt mich aber mein Vordersatz auch noch zu einer andern Folgerung, nämlich daß das Gesetz, was wir vor uns haben, in einer besonderen nur seiner Natur folgenden Weise behandelt werden muß. Ein Gesetz, welches die Gesammt-Verfassung des Staates ergänzen soll, ist weder ein Ressortgesetz, noch ein Parteigesetz. Es ist kein Ressoutgesetz, d. h. für ein solches Gesetz muß die Staats-Regierung in ihrer Gesammtheit mit aller Kraft ihrer politischen Initiative eintreten, (Hört! links.) muß dasselbe tragen in dem Geiste, welcher die Staats-Regierung solidarisch verbindet. Ein solches Gesetz muß dieselbe mit aller ihr zu Gebote stehenden Macht durchführen, durch alle Stadien der Gesetzgebung und durch alle Stadien der Ausführung! (Sehr wahr! links.) Nur dann, wenn wir ein solches Vorgehen von Seiten unserer Staats-Regierung zu erwarten haben, wird und kann das Ende unserer Arbeit ein gedeihliches sein. Das Gesetz darf aber, meine Herren, auch nicht ein Parteigesetz sein, nicht ein Gesetz, welches sich nach Schulbegriffen konservativ oder liberal, oder in dem einen Theile konservativ, in dem anderen liberal gestaltet, sondern welches auf der Grundlage innerer Verständigung ruht. Ich verstehe, meine Herren, hier unter innerer Verständigung keineswegs einen äußerlichen Eklektizismus, der bei allen Dingen sich bemüht, schwächlich eine äußere Mitte zu suchen und dadurch leidlich den inneren Gegensatz zu verkleistern und zu verhüllen. Das würde nichts helfen, meine Herren, nur schaden, würde nur auf das Gebiet der inneren Fragen jenes Scheinwesen übertragen, welches der Hauptfehler des Verfassungslebens im Ganzen ist. Nein, meine Herren, das ist nicht meine Meinung. Die Gegensätze der Parteien und politischen Schulen sind in der That in vielen und wesentlichen Stücken nicht das, was sie scheinen, unvereinbar, sondern der Ausdruck der Betrachtung derselben Sache von zwei verschiedenen Seiten. Die rechte Seite sieht denselben Gegenstand nur von der rechten Seite, daß heißt, von demjenigen Standpunkte aus, welchem diese Sache zugekehrt erscheint, und ebenso die linke Seite. Meine Herren! Das Richtige liegt darin, daß wir die Dinge in ihrer Totalität betrachten sollen, in ihrer Totalität, das heißt, wie sie gegenwärtig liegen, geschichtlich, wie sie ihre gegenwärtige Gestalt angenommen haben, nur in gewisser Beziehung philosophisch, das heißt, was aus ihnen sich entwickeln soll. Die historische Auffassung möchte ich gewissermaßen bezeichnen als diejenige, welche führt zu dem konservativen Ausgangspunkte, von dem aus wir bei der Behandlung einzusetzen haben, und die philosophische Betrachtung der Entwicklung in der Zukunft als diejenige, welche uns giebt die liberalen Ziele, die wir ins Auge zu fassen haben. Das, meine Herren, ist das Wesen der Reform, und dieses Wesen liegt nur, da man in der Welt doch Alles formuliren muß, darin, daß bei der Gestaltung der Dinge von der historischen Betrachtung konservativ ausgegangen und die Ziele der Entwicklung, mit philosophischer Betrachtung, liberal genommen werden. (Heiterkeit.) Das, meine Herren, wird das Richtige sein, und wenn Sie so verfahren, werden Sie nicht ein äußerliches Verbinden, sondern ein innerliches Lösen von Gegensätzen zu Stande bringen, wie es nöthig ist, wo irgend schöpferisch gestaltet werden soll. (Sehr richtig!) Nur aus einer solchen Auffassung der Dinge sind bisher im Staatsleben wahrhaft organische Neugestaltungen hervorgegangen, während überall da, wo eine Partei die andere äußerlich erdrückte und Formales scheinbar zum Recht erhob, das Geschaffene unhaltbar war und bei der nächsten Wendung der Dinge zerstob.

Die von mir geschilderte Methode, meine Herren, hat die Kommission befolgt.

Die Kommission hat zunächst die principiellen Grundlagen der Regierungs-Vorlage adoptirt, sie hat nur überall da, wo sie fand, daß die Regierung die Konsequenz ihrer eigenen Grundgedanken nicht zu ziehen wußte oder nicht ziehen wollte, sich bemüht, dies zu thun, und ich glaube nachweisen zu können, daß der größte Theil der Abweichungen der Kommissionsbeschlüsse von der Regierungs-Vorlage diese Bedeutung haben. Zweitens aber hat die Kommission sich redlich bemüht, in der von mir empfohlenen Weise die Parteigegensätze zu lösen, Verständigungen anzubahnen, und nach meinem Dafürhalten wird nur dann das Werk zu Stande kommen, wenn auch das Plenum sich der Methode der Kommission anschließt. Also wohnt dem vorliegenden Gesetze durchweg der reformatorische Charakter inne, d. h. es geht aus von den bestehenden Verhältnissen, wie sie sich in ihrer geschichtlichen Entwickelung zur heutigen Beschaffenheit gestaltet haben, es geht entgegen derjenigen Entwickelung, welche der freiheitliche Kulturstaat fordert.

An diesem Kriterium bitte ich Sie, mit mir die Grundzüge der Vorlage zu prüfen und zu messen.

Als ersten Grundgedanken der Vorlage möchte ich es bezeichnen, daß das Gesetz von dem Kreise, als dem Mittelpunkte der Verwaltungsform, ausgeht. Diese Frage fällt naturgemäß mit der anderen zusammen, auf welcher Stufe der kommunalen Leiter überhaupt die Reform des Verwaltungswesens begonnen werden, ob diese Stufe Gemeinde, Kreis oder Provinz heißen soll. Die Antwort, meine Herren, hierauf ist naturgemäß keine zufällige, sondern sie ergiebt sich aus dem Wesen der Sache. Es handelt sich, wie ich bereits vorauszuschicken mir erlaubte, bei dem, was wir vorhaben, nicht nur und nicht einmal in der Hauptsache um eine Neuordnung der Kommunal-Angelegenheiten, sondern es handelt sich um eine Neugestaltung der bisher dem unmittelbaren Staats-Beamtenthum vorbehaltenen Verwaltung, um eine Uebertragung der letzteren auf eine andere Basis. Dabei tritt dann zunächst ein Uebelstand unserer kontinentalen Entwickelung entgegen, der nach meinem Dafürhalten unbedingt beseitigt werden muß, ehe wir an den Neubau gehen können. Das ist der Dualismus der partikularen Verwaltung. Der absolute Staat, als er auf den ständischen, auf den patrimonialen Staat folgte, nahm alle Gewalten an sich, indem er überhaupt die partikularen Elemente in ihrer Thätigkeit lahm legte und jede Aktion zur Staats-Aktion machte.

Allmälig fand hiergegen eine Reaktion statt und diese erfolgte zunächst auf dem Boden der Stadtgemeinden, dergestalt, daß der Staat bereit, ein Stück von seinem Rechte aufzugeben, nunmehr das Gebiet der sogenannten kommunalen Angelegenheiten, d. h. einer gewissen Kategorie wirthschaftlich nachbarlicher Interessen von seiner Prärogative aussonderte und den Gemeinden zur Selbstverwaltung überließ, während er sich das Gros der obrigkeitlichen Verwaltung vorbehielt, für seine unmittelbaren Organe, für das Staatsbeamtenthum. Dadurch ist ein System entstanden, meine Herren, welches nach meinem Dafürhalten an sich unrichtig nur diesem zufälligen Gange der Entwickelung seine Entstehung verdankt, nämlich das System, welches prinzipiell scheidet bei der obrigkeitlichen Verwaltung zwischen kommunalen Dingen und staatlichen Dingen. Nach meinem Dafürhalten ist das ebenso unrichtig, wie die Theilung der Gewalt an der Spitze. Es giebt keine getheilte Gewalt, weil die Staatsgewalt organisch ist. Einen unberechtigten Dualismus nenne ich es, daß man sagt: Du, städtische Obrigkeit, du bist Obrigkeit in kommunalen Dingen, dir fehlt der obrigkeitliche Charakter auch innerhalb der Sphäre der wirthschaftlichen, nachbarlichen Interessen. Die gegenwärtige Vorlage, meine Herren — und das ist ein reformatorisches Ziel derselben — beseitigt diesen Dualismus, indem sie wiederherstellt die Einheit der obrigkeitlichen Partikular-Verwaltung — verzeihen Sie für jetzt den seltsam klingenden Ausdruck „Partikular-Verwaltung", ich komme erst später zur Selbstverwaltung, vorläufig handelt es sich nur um das Partikulare im Gegensatz zum Zentralen. — Die gegenwärtige Vorlage stellt wieder die Einheit der obrigkeitlichen Partikular-Verwaltung her und stattet sie aus mit der Fülle der nothwendigen Attribute, indem sie für dieselbe nur diejenige Grenze zieht, welche das Interesse der Gesammtheit fordert. Jenseits dieser Grenzen liegt das Gebiet, welches der Gesammtheit und ihren Organen angehören muß, angehören muß dem unmittelbaren Staatsbeamtenthum mit straffer Zentralisation. Die wiederum geeinte partikular-obrigkeitliche Verwaltung, meine Herren, muß irgend einem Gliede des Staates als Hauptinstanz übertragen werden, und wenn das Gesetz dies vor hat, so muß es vor allen Dingen untersuchen, welches Glied des Staates, welches bestehende Organ nach seiner inneren Beschaffenheit und Natur dazu befähigt ist, diese Hauptinstanz der obrigkeitlichen Partikular-Verwaltung zu sein? Die Sache stellt sich hier umgekehrt wie bei der Staatsverwaltung. Bei letzterer liegt die Hauptinstanz in der Spitze, da, wo alle Fäden zusammenlaufen, da, wo die leitenden Grundsätze ausgesprochen werden, wo die Parole gegeben wird, in den Ministerien. Anders bei der Selbstverwaltung; da wird die Hauptinstanz liegen, wo die zusammengehörigen Menschen und die zusammengehörigen Dinge sich unmittelbar berühren. Jene Frage, meine Herren, beantwortet die Vorlage, indem sie es ausspricht: Der Kreis soll die Hauptinstanz der obrigkeitlichen Partikular-Verwaltung sein, — nicht die Provinz, nicht die Gemeinde, die hierbei konkurriren könnten. Nicht die Provinz, deshalb, weil der Verband zu groß ist, vor allen Dingen aber auch, weil bei der Provinz die Gefahr vorliegt, des Verfallens in einen Partikularismus, der das Staatsganze auflöst — die Provinz wird zu leicht zur Vereinigung eines Stammes, welche für uns Deutsche stets eine Staatsgefahr mit sich bringt, um derenwillen es gewagt wäre, sie mit so starken Attributen auszurüsten und sie in eine solche Konkurrenz mit dem Staate zu setzen, wie die obrigkeitliche Partikular-Verwaltung sie mit sich bringt. Nicht die Einzel-Gemeinde, meine Herren, kann die Hauptinstanz sein — und das ist ein Punkt, der vielfach bestritten ist, und auf den ich deshalb ein wenig näher eingehen muß. Zunächst nach meinem Dafürhalten muß eine gewisse Gleichartigkeit vorhanden sein derjenigen organischen Glieder, auf denen die Partikular-Verwaltung beruhen soll; es muß eine qualitative Gleichartigkeit sein. Die Einzel-Gemeinden, meine Herren, aber sind — quantitativ wie qualitativ — so vollkommen ungleichartig, daß sie nicht mehr als die nämlichen staatlichen Faktoren erscheinen. Ich will ganz davon absehen, irgend eine kleine Kolonie, die Gemeinderechte hat, mit der Hauptstadt Berlin zu vergleichen; es würde sofort in das Auge treten, daß, wenn man auch diese beiden Dinge Gemeinden nennt, sie doch so verschieden von einander sind, wie nur Eines von dem Andern verschieden sein kann. Ich will so weit nicht gehen; Sie werden mir aber auch zugeben, daß, wenn man von diesen Extremen absieht, die Landgemeinde, die Provinzialstadt und die Provinzial-Hauptstadt wesentlich verschiedene Körper sind, und daß gewiß sich organisch eine Gesetzgebung nicht gestalten wird, die für diese ganz verschiedenen Körper gleichartige Normen setzt. Namentlich, meine Herren, ist es die Natur der östlichen Landgemeinde, welche uns verhindern wird, die Einzelgemeinden zum Träger der obrigkeitlichen Verwaltung zu machen. Wenn Sie sich in unsern östlichen Provinzen die Entstehung der Landgemeinde ansehen, theils durch Kolonisation, theils als Hofgemeinde, die sich unmittelbar aus den Dienern und Erbunterthänigen des Besitzers des Hofes zusammengesetzt hat, so werden Sie mir zugeben, daß das schon hindeutet auf einen inneren Unterschied gegenüber dem, was man hinsichtlich der Städte und sonst in den älteren Kulturstätten unseres Deutschen Reiches unter Gemeinde versteht. Es hat sich aber auch im Gange der Entwickelung dieser Gemeinden ihre besondere Beschaffenheit herausgebildet, der die nothwendige Folge jener Entstehung sein mußte, nämlich ihre Isolirtheit vom Staate. Unsere Landgemeinde in den östlichen Provinzen ist vortrefflich in wirthschaftlicher Defensive; sie ist sparsam, sie vertheidigt ihr Eigenthum nach allen Seiten. Wie sie diese Defensive gelernt hat gegenüber denjenigen, die ihr als Erbherren gegenüberstanden, die die volle Gewalt über Personen und Eigenthum hatten, so hat sie dieselbe Defensive übertragen auf den Staat, der ihr im Allgemeinen als ein fremdes Etwas erscheint, das stets Geld und persönliche Leistungen fordert. Es hat aber ferner unsere Landgemeinde neben manchen Vorzügen die Beschaffenheit der Einseitigkeit, weil sie im Großen und Ganzen durchweg nur aus Leuten desselben Berufes, desselben Bildungsgrades besteht. Für das öffentliche Leben aber ist die Mannichfaltigkeit der Anschauung, des Berufes, der sozialen Lebensstellung, nach meinem Dafürhalten das Allernothwendigste; denn nur aus dieser Mannigfaltigkeit ergiebt sich diejenige Friktion, welche nothwendig ist, um lebendige Entwickelung hervorzurufen.

Es fehlt endlich der Landgemeinde in allen Dingen, die nicht rein materieller Natur sind, die Widerstandsfähigkeit. Wollen Sie den zentrifugalen Elementen Bestand geben, so können Sie nur solche Körper als selbstverwaltende schaffen, die so kompakt sind, um genügende Widerstandskraft zu haben, sonst wird das Zentrum mit seiner straffen Organisation, mit der überwiegenden Geschäftskenntniß, mit der Kontinuität seiner Aemter in der Lage sein, die einzelnen selbstverwaltenden Körper in ihrer eigenen Bewegung zu hemmen und unter die Uniformität zu unterjochen. Sie bedürfen hingegen eines Widerstandes, für welchen die kleinen Landgemeindeu nicht befähigt sind.

Aehnlich, meine Herren, wenn auch nicht ganz so, wie hinsichtlich der Landgemeinden, steht es mit einem großen Theil der kleineren städtischen Gemeinden. Ich bitte, mich dabei nicht mißzuverstehen. Ich gebe gerne zu, daß diese auf einer höheren Stufe der Entwickelung stehen; doch aber nicht auf einer so hohen, um für sich als Träger der Selbstverwaltung zu fungiren. Gern gebe ich zu, daß es eine Kategorie von Städten giebt, die vollkommen geeignet sind, gerade so wie die Kreise, und neben den Kreisen als erste und Hauptinstanz der Selbstverwaltung thätig zu sein, und das hat sowohl die Regierungs- als die Kommissions-Vorlage anerkannt.

Sollte nun zwischen der Grenzlinie, die hierfür gezogen ist, und zwischen derjenigen, die ich als die der thatsächlichen Unfähigkeit geschildert habe, in der That, wie das ja immer bei formalen Schranken der Fall ist, eine Anzahl von Städten liegen, welche vielleicht an sich geeignet wären, selbstthätig zu agiren, so konnte Ihre Kommission doch auf deren Mitwirkung im Kreise nicht verzichten um des Ganzen willen. Was für die einzelne Gemeinde wahr ist, muß noch viel mehr für den Kreis gelten, daß verschiedenartige Elemente zusammenwirken müssen, um etwas Tüchtiges zu Stande zu bringen. Vereint wirken muß das Mobile der Städte und ihres Gewerbebetriebes, das Stabile des platten Landes und der Landwirthschaft. Wir können die Städte mit ihrer Intelligenz nicht entlassen aus dem Kreise, ohne die Entwickelung der Selbstverwaltung auf das Entschiedenste zu gefährden; wir würden kaum im Stande sein, ohne die Mitwirkung der Städte die Verwaltungs-Organe so zusammenzusetzen, daß sie etwas Gedeihliches schaffen.

Der Kreis also setzt sich zusammen aus Städten und Landgemeinden.

Der Kreis, meine Herren, und das ist einer der konservativen Ausgangspunkte unserer Reform, hat durch seine thatsächlichen Leistungen und durch die Stellung, die er sich im Staatsleben erarbeitet hat, bewiesen, daß er ganz besonders geeignet ist, als Hauptinstanz der obrigkeitlichen Partikular-Verwaltung zu dienen — insofern gebe ich den Herren auf dieser Seite des Hauses (rechts) recht — die Kreise wurden ausgestattet mit sehr mäßiger Kompetenz, mit einer ungünstigen Organisation, die von vornherein das formale Uebergewicht einer einzelnen Klasse über die anderen festsetzte; die Kreise haben ihre Kompetenz thatsächlich von Jahr zu Jahr erweitert, und meines Wissens ist jenes Uebergewicht nie gebraucht worden zur Unterdrückung der Minorität. Man hat den Zustand vorbereitet, den die heutige Reform zum gesetzlichen gestalten soll, und das ist nach meinem Dafürhalten der richtige Gang der Dinge. Wenn man nun dieser Anschauung, wonach von dem Kreise ausgegangen werden soll, der Auffassung, welche mit der Kreis-Ordnung die Reform beginnt, entgegengesetzt hat, es sei unrichtig, einen solchen Bau anderswo als von unten anzufangen, so ist das ein Vergleich, welcher, wie alle Vergleiche, hinkt; er ist aber auch schlecht gewählt, denn es handelt sich hier nicht um mechanische Operationen — und das Bauen ist ein mechanisches Ding — sondern um Organisation. Will man Vergleiche, so lassen Sie uns das Bild aus der organischen Natur entnehmen. Meine Herren, wenn man einen Baum pflanzt, so sorgt man dafür, daß die Wurzeln nach unten und Stamm und Zweige nach oben wachsen, und das ist es, was wir vorhaben. Die Wurzeln, die unser Reformgesetz nach unten entsenden soll, das ist die Verbindung des Kreises mit den Kommunen; sein Wachsthum nach oben soll sich richten entgegen der Provinz, dem Gesammtstaate, und so gehen wir vor, wie man organisatorisch vorgehen soll. Wir waren allerdinds gezwungen, das Erdreich zu lockern, in dem der Baum Wurzel schlagen soll, d. h. wir mußten schon jetzt die Landgemeinden so weit reformiren, daß die Pflanze gedeihen kann, und das haben wir gethan. Solche Reformen — ich will sie kurz zusammenstellen — sind vor Allem die Aufhebung der gutsherrlichen Polizeigewalt; wir mußten die Landgemeinden emanzipiren von einer Einrichtung, deren historische Basis und Berechtigung weggefallen ist, in dem Augenblicke, als die Erbunterthänigkeit aufhörte. Die gutsherrliche Polizeigewalt war eine Folge des Verhältnisses zwischen dem Gutsherrn und seinen Erbunterthänigen; sie hatte keinen Sinn mehr gegenüber freien Bauern, gegenüber den Gemeinden, die aus freien Bauern bestehen. Wir haben ferner aufheben müssen die Erbscholtisei-Gewalt, die in gewisser Beziehung ein der gutsherrlichen Polizeigewalt analoges Institut war. Nachdem die gutsherrliche Polizeigewalt und die Erbscholtisei-Gewalt gefallen waren, mußten wir den Gemeinden die selbstständige Wahl ihrer Vorstände wieder geben, und das thut das Gesetz. Wir mußten aber ferner, nachdem gewählte Gemeinde-Vorstände geschaffen waren, ihnen eine erhöhte Kompetenz einräumen, auch das geschieht durch das Gesetz, und endlich mußten wir die Gemeinden in die Lage versetzen, den nächst höheren Verband aus sich heraus zu entwickeln, das heißt, unter gewissen Voraussetzungen ihnen die Befugniß einräumen, selbstständige Amts-Bezirke zu bilden. So gestalten sich denn die Einzelgemeinde und analog der Gutsbezirk als selbstständiger wirthschaftlicher Verband, welchem obrigkeitliche Funktionen übertragen werden, soweit sie dieses unterste Glied unserer Organisation tragen kann. Dasselbe ist in letzterer Beziehung Hülfsorgan des Amts-Bezirkes.

Das nächste höhere Glied, meine Herren, das die Regierungsvorlage und übereinstimmend mit ihr die Kommission formirt, ist der Amtsbezirk. Ich will hier an dieser Stelle nicht untersuchen, ob ein solches Mittelglied zwischen Gemeinde und Kreis überhaupt nothwendig war oder nicht; die Frage ist vielfach außer dem Hause ventilirt worden, und wird wahrscheinlich bei der Spezial-Diskussion auch hier ventilirt werden. Die Kommission in ihrer großen Majorität aber hat in Uebereinstimmung mit der Regierungsvorlage die Nothwendigkeit eines solchen Mittelgliedes anerkannt, und dieses Mittelglied gestaltet sich in der Hauptsache folgendermaßen. Der Ausgangspunkt, meine Herren, sind wiederum bestehende Verhältnisse. Es ist unzweifelhaft, daß zwischen den benachbarten Gemeinden eine Gemeinsamkeit vizinaler Interessen besteht, welche nothwendig eine gemeinschaftliche Aktion erfordern. Das wird Niemand leugnen können. Eine solche gemeinschaftliche Aktion fand auch bisher in der Weise statt, daß man die Nachbar-Gemeinden und Güter für einzelne Zwecke, beispielsweise der Entwässerung, für Zwecke des Schutzes gegen Ueberfluthung, für Feuerlöschzwecke, für Wegebau und andere Angelegenheiten, die die Gemeinden und Güter vereinzelt nicht durchführen konnten, zusammentreten ließ ad hoc dergestalt, daß die Betheiligten Deputirte wählten, welche zusammentraten, gemeinschaftlich Beschlüsse faßten, gemeinschaftliche Auflagen vereinbarten, und Kommissarien wählten, welche jene Beschlüsse auszuführen hatten. Meine Herren, diesen thatsächlichen Zustand bringt das Gesetz in organische Formen: Das Vereinzelte und Zufällige wird zum Dauernden und rechtlich Geordneten. Der Amtsbezirk in kommunaler Beziehung ist eine Vereinigung solcher Gemeinden und Güter, welche gemeinschaftliche vizinale Interessen haben mit der Aufgabe, diesen Interessen durch gemeinschaftliche Aktion in denjenigen Formen gerecht zu werden, welche durch Gestaltung unseres Staatswesens als die für kommunale Kooperation richtigen anerkannt sind. Der Amtsbezirk erhält aber neben seiner mehr wirthschaftlichen Funktion in dem Amte des Amtsvorstehers die erste und eigentliche Exekutiv-Instanz der obrigkeitlichen Verwaltung. Ich denke mir die Stufenleiter, wenn ich die Sache theoretisch formuliren darf, so, dem Kreise delegirt der Staat die obrigkeitliche Partikularverwaltung in ihrer Totalität. Der Kreis delegirt den einzelnen Amtsbezirken in den Personen der Amtsvorsteher die Exekutive erster Instanz und als deren Hülfsorgane für das örtliche Bedürfniß fungiren Gemeinde und Gutsvorsteher, Amts- und Gemeindevorstände sind aber gleichzeitig Organe der Kommunalverwaltung und neben den Amtsbezirken stehen als gleichartige Glieder die Stadtgemeinden. Ueber den Amtsbezirken und Stadtgemeinden steht der Kreis. Aus denselben Gründen, die ich Ihnen bei der Gemeinde auseinandersetzte, war es nothwendig, wenn man dem Kreise die schwerwiegendsten Funktionen übertragen wollte, zunächst dasjenige Organ zu reformiren, welches die eigentliche Vertretung des Kreises führt, den Kreistag, und auch dabei, meine Herren, — das können Sie von dieser Seite (rechts) nicht läugnen, — ist durchaus konservativ verfahren worden, konservativ, in dem wahren Sinne des Wortes. (Hört! hört!) Man hat nicht schablonenmäßig, was Sie mit Recht angreifen, die ganze Bevölkerung des Kreises zusammengeworfen, und nach einem Rechenexempel einen Wahlapparat aufgestellt, sondern man hat sich an das Bestehende angeschlossen, man hat Gruppen formirt, wie sie die Gegenwart uns vorführt, freilich nicht wie sie vor irgend einer beliebigen Zeit in einem beliebigen Zeitpunkte bestanden; man hat zunächst Stadt und Land geschieden, das billigen sie; man hat demnächst auf dem Lande diejenigen Gruppen gebildet, die den wirklich bestehenden Verschiedenheiten entsprechen; man hat geschieden nach wirthschaftlicher und sozialer Gesammtstellung. Wir erblicken auf dem Lande zwei große Gruppen von Menschen, abgesehen von den Gewerbtreibenden, die ich als Ausnahme betrachten möchte. Die eine besteht aus Denjenigen, welche den Landbau als Großwirthschaft betreiben und dem entsprechend in Gewohnheiten, Bildung und sonstigen Lebensverhältnissen eine besondere soziale Stellung einnehmen; die andere aus Denjenigen, die den Landbau als Kleinwirthschaft betreiben, mit persönlicher Handarbeit eintreten, und eine ebenso ehrenwerthe, aber wesentlich verschiedene gesellschaftliche Stellung haben. Das ist der wirkliche und thatsächliche Zustand, den Niemand in Abrede stellen kann. Auf der Basis dieser thatsächlichen Verhältnisse hat die Vorlage und mit ihr die Kommission zwei Wahlverbände gebildet, die selbstständig, aber mit voller Gleichberechtigung den Kreistag beschicken. Wenn ich nun in öffentlichen Blättern das als etwas furchtbar Revolutionaires geschildert lese, wenn ich immer darauf zurückkommen höre, daß das eine ganz liberalisirende und schablonisirende Methode sei, daß hingegen die wahrhaft historische Auffassung der Dinge darin liege, daß man die sogenannte Ritterschaft konservire und aus neu hinzutretenden Elementen, die sich ihr assimiliren, verstärke, nun, meine Herren, so fehlt mir das Verständniß dafür, wie man zu so wunderlichen Behauptungen kommt. Jene Ritterschaft hatte einen Sinn, als die Besitzer der Güter noch Ritter waren, d. h. in dem Lehnsstaate, als ihre Unterthanen ihnen wirklich unterthänig und sie diejenigen waren, die jene führten im Kriege, jene vertraten in allen politischen Beziehungen. Daß davon heute keine Rede mehr ist und es eine gewisse

Lächerlichkeit in sich birgt, wenn die Besitzer größerer Güter als Ritter figuriren, von denen sie eben nichts an sich haben, als die Zufälligkeit des Besitzes eines gewissen Gutes, das früher eine ganz andere Beschaffenheit hatte, werden Sie mir zugeben. Und weiter werden Sie mir zugeben, daß eine solche Auffassung der Dinge ein reines Zerrbild historischer und konservativer Betrachtungsweise ist. Historische Behandlung kann man nicht das nennen, daß man einen beliebigen Moment aus der Geschichte herausgreift, der gerade dem Betrachtenden gefällt, und sich nun ein romantisches Bild in seinem Kopfe zusammensetzt, und hiervon Theorien abstrahirt, daß man nach diesem romantischen Bilde und nach diesen Theorien die ganze Welt gestalten will.

Das meine Herren, kann man vielleicht romantisch und doktrinair nennen historisch und konservativ gewiß nicht. Die Kommission hat sich von der Romantik fern gehalten und glaubt sehr konservativ verfahren zu sein, daß sie von den Dingen ausging, wie sie heute liegen, und nicht, wie sie vor mehreren Jahrhunderten gelegen haben. Der Kreistag also mußte reformirt werden, wenn man dem Kreise, den er vertritt, so bedeutende Funktionen übertragen wollte, und dabei ist die Vorlage, wie ich versuchte darzuthun, den richtigen Weg gegangen. Es wird gegen Einzelheiten der Abgrenzung der Wahlverbände, namentlich der Prozedur, wie man zu der Begrenzung des größeren Grundbesitzes kommt, mancherlei nicht ohne Grund aus der Versammlung eingewendet werden; aber meine Herren, ich meine, die Prozedur, durch welche wir zu dem Resultat kommen, ist ziemlich gleichgültig. Die Hauptsache dabei selbst ist, daß das Resultat ein solches ist, daß wir die thatsächlichen Verhältnisse treffen und das, nach dem wir hinsteuern, erreichen.

Was das zweite Organ des Kreises betrifft, den Kreisausschuß, so lehnt auch dieser sich an Bestehendes an, nämlich an die bisher bestandenhabenden Kreis-Kommissionen. Im Uebrigen behalte ich mir vor, auf dieses bedeutsame Institut an einer anderen Stelle noch näher zurückzukommen. Ich resumire mich hier dahin, daß der erste Grundgedanke der Vorlage darin besteht, den Dualismus der partikularobrigkeitlichen Verwaltung zu beseitigen, diese in ihrer Einheit wieder herzustellen, als Hauptträger derselben den Kreis neu zu gliedern und an Haupt und Gliedern zu reformiren, um ihn dadurch geeignet zu machen, seiner schwerwiegenden staatlichen Funktion zu entsprechen. —

Ist also die Figur geschaffen, für die politische Funktionirung, so müssen wir sie mit dem Inhalt der Selbstverwaltung ausfüllen. Und wie dies die Vorlage thut, meine Herren, das ist nach meinem Dafürhalten ihr zweiter charakteristischer Grundzug, der der ehrenamtlichen Selbstverwaltung. In dieser Beziehung muß ich zunächst auf einen Irrthum zurückkommen, der überall, wo man die Frage behandelt, unausgesetzt auftritt, und den ich, bei einer andern Gelegenheit, mir erlaubt habe, im Reichstage zu korrigiren. Das ist nämlich der Irrthum, daß man die Gegensätze zwischen Staats-Gesetzgebung einerseits und Partikularrecht andererseits, zwischen Staatsgesetzgebung einerseits und Autonomie andererseits, zwischen Zentral-Verwaltung einerseits und Partikular-Verwaltung andererseits und endlich zwischen Verwaltung durch berufsmäßige Beamte einerseits und durch Ehrenamtsträger andererseits, daß man diese vier verschiedenen Gegensätze in einanderwirft und dadurch eine mitunter ganz unerträgliche Konfusion herbeiführt.

Die erste Frage, inwieweit die Dinge, die durch das Gesetz zu ordnen sind, durch allgemeine Gesetze oder Partikulargesetze, das heißt solche Gesetze, welche nur eine partikulare Geltung haben, geordnet werden müssen, wird eine Frage sein, die im einzelnen Falle regelmäßig von denjenigen Faktoren zu entscheiden ist, welche die gesetzgebenden sind. Diese Frage beantworten wir heute dergestalt, daß wir ein Partikulargesetz machen, daß wir also sagen: die Verhältnisse, die wir gegenwärtig zu ordnen haben, sind in verschiedenen Theilen der Monarchie so verschieden — die Punkte, von denen da und dort auszugehen ist, sind so ungleichartig, daß wir nicht im Stande wären, mit denselben Normen dasselbe in allen Theilen der Monarchie zu erreichen; deßhalb müssen wir zunächst für einen Theil der Monarchie Partikularrechte schaffen und müssen uns dann vorbehalten, diejenigen Gedanken aus diesem Partikularrecht, die für die andern Theile passen, auch dort wieder durch ein Partikulargesetz einzuführen und also eine materiell gleichartige gemeinsame Gesetzgebung anzubahnen. Diese Frage, meine Herren, hat nichts zu thun mit der Frage der Zentralisation und Dezentralisation. Näher liegt schon der Gegensatz, bei welchem es sich darum handelt: was soll der Staat ordnen, und was kann man einzelnen Verbänden von Staats-Angehörigen zur gesetzlichen Ordnung überlassen? Da, meine Herren, bin ich nun der Ansicht, daß man die letztere Lizenz nur auf die allerseltensten Ausnahmefälle reduziren darf. Der Staat, dem ich anhänge, duldet keine Autonomie. Die Gesetzgebung stellt Rechtsregeln auf, und dies steht nur der Gesammtheit zu. Diesem Standtpunkte hängt die Vorlage an. Die Vorlage hat der statuarischen Regelung nur den allerkleinsten Spielraum überlassen. Ich möchte sagen, das, was sie ihr überlassen hat, das sind nicht Normen, das sind lediglich Ausführungs-Maßregeln, denn die Autonomie verträgt sich nicht mit dem Staat, in dem wir leben. Ganz entgegengesetzt ist die Stellung der Kommission und der Vorlage, soweit es sich um die Verwaltung handelt. Gerade so wenig als Autonomie, also Dezentralisation der Gesetzgebung gewollt wird, so lebhaft erstrebt die Vorlage die Dezentralisation der Verwaltung, und zwar die Dezentralisation der Verwaltung nicht nur dadurch, daß in die Glieder hinein die Thätigkeit verlegt wird, sondern auch noch einen Schritt weiter dadurch, daß diese Glieder wiederum die Partikular-Verwaltung nicht durch berufsmäßigere Beamten führen, sondern den Betheiligten selbst in Gestalt von Ehrenämtern übertragen. Meine Herren, die Vorlage enthält in dieser Beziehung eine Abweichung von dem System der Städteordnung. Die Städteordnung, die den ersten Schritt zur Dezentralisation und Selbstverwaltung that, hat in viel größerem Maße das berufmäßige Beamtenthum beibehalten, als es in der gegenwärtigen Kreisordung geschieht. Die Städte-Ordnung überträgt eine große Anzahl von Funktionen an besoldete berufsmäßige Beamte, während die Kreis-Ordnung den Schwerpunkt der Verwaltung in die unbesoldeten Ehrenämter legt, und, meine Herren, ich sehe darin einen Fortschritt. Ich kenne wohl die Auffassung, welche da meint, die Hauptsache läge darin, daß die betreffenden Verbände das Amt ertheilen, viel weniger komme es darauf an, ob die Verbände durch berufsmäßige Beamte oder durch Mitglieder agiren, die in freier Thätigkeit das Ehrenamt übernehmen. Ich, meine Herren, theile diese Meinung nicht; ich glaube, daß die rechte Durchführnng und die rechte Bedeutung der Selbstverwaltung (immer cum grano salis) dann gesichert sein wird, wenn man ihren Schwerpunkt in das Ehrenamt hineinlegt. Erst dadurch, meine Herren, wird die moralische, die großartige Wirkung der Selbstverwaltung erreicht, daß das gesammte Volk in den Dienst des Staats tritt. Es wird das Gefühl, das in den Zeiten des Absolutismus sich den Gemüthern eingepflanzt hat, aufhören, daß der Staat eigentlich ein ganz böses, dem Einzelnen feindlich gegenüberstehendes Ding sei, daß die Beamten als solche eine schlimm geartete Kategorie von Menschen sei, deren Bestimmung darin bestehe, den Einzelnen zu bedrücken. Das, meine Herren, ist eine Auffassung, die das Staatswesen untergräbt, die staatliche Ordnung vollkommen zersetzt. Dieser Auffassung brechen wir nach meinem Dafürhalten die Spitze ab, entwurzeln sie in den Gemüthern dadurch, daß — gestatten Sie mir, es parador auszudrücken — jeder einzelne Staatsbürger zugleich Staatsbeamter wird, ein Stückchen, ein sichtbares Stückchen des Staates, daß jeder Einzelne zugleich gehorcht und zugleich befiehlt und dabei zugleich das Gehorchen und das Befehlen lernt. Das, meine Herren, ist nach meinem Dafürhalten das richtige Volksthum und führt zum richtigen Volksstaat. Man hat in früheren Zeiten, wo man überhaupt mit Leidenschaft abstrahirte, wo man Alles durch gewisse theoretische Formeln zu erreichen glaubte, die Formel der Volks-Souveränetät gefunden und hat geglaubt, mit dieser Formel die Welt glücklich machen zu können. Die Erfahrung hat gelehrt, meine Herren, — und die Herren auf dieser Seite (links) haben sich wohl davon überzeugt —, daß mit einer solchen Formel auch nicht das Geringste gefördert ist. Die wahre Volks-Souveränetät besteht darin, daß das Volk in den Dienst des Staats tritt, das gesammte Volk, denn wer den Dingen dient, lernt sie zu beherrschen, und wer die Dinge beherrscht, ist der wahrhaft Bestimmende, nicht derjenige, der die äußerliche Befugniß hat, zu bestimmen. Das, meine Herren, kräftigt den Staat, und das wird das einzige Mittel sein, das uns schützt gegen die Atomisirung und gegen die Destruktion alles Bestehenden, deren Gefahren hier auf dieser Seite des Hauses (rechts) und von einer gewissen Schule immer betont werden. Meine Herren, nicht das Zurückgreifen nach Formen, die früher allerdings staatskräftigend gewirkt haben und dasselbe bedeuteten, was heute unsere Organisation bedeutet, nicht ein solches Zurückgreifen wird die Atomisirung verhindern, sondern wir werden richtig verfahren, wenn wir den Gedanken, der nach der damaligen Gestaltung der Dinge sich bestimmte Formen schuf, heute diejenigen anderen Formen schaffen lassen, welche der heutigen Lage entsprechen. Daraus folgt aber weiter, meine Herren, daß, wenn wir auf das Ehrenamt die Selbst-Verwaltung bauen, wir es mit einem Amte zu thun haben und nicht mit einem Mandate. Darin liegt eine prinzipielle Bedeutung, und das ist wieder einer der konservativen Gesichtspunkte der Reform. Ob eine Funktion der Selbstverwaltung dem Einzelnen übertragen wird durch ein staatliches Patent, oder ob es ihm übertragen wird, nachdem er aus der Wahl seiner Mitglieder hervorgegangen und bestätigt, oder wie immer in das Amt hinein gebracht worden ist, ändert an der Sache nichts. Er fungirt kraft obrigkeitlichen Amtes, unabhängig von denjenigen, die ihm die Funktion übertragen haben, lediglich als Diener des Gesetzes. Er hat weder einer Partei, noch irgend welchen Interessen zu dienen, die bei seiner Bestallung mitgewirkt haben können. Dieser Gesichtspunkt muß aber in der Form der Bestallung einen formalen Ausdruck erhalten und hat ihn in Gestalt der Mitwirkung des Staates erhalten, wie ich mir erlauben will, darzuthun. Der Landrath, derjenige, der die staatliche Prärogative wahrnimmt, wird ohne Weiteres von der Krone ernannt, und es bleibt nur gewissermaßen ein Petitionsrecht den Betheiligten übrig, das Recht, aufmerksam zu machen auf gewisse befähigte Personen aus dem Kreise der Betheiligten. Der Amtsvorsteher wird designirt von der Kreisvertretung, der Vertretung der Betheiligten, d. h. das Gremium der Befähigten wird mit bindender Kraft durch die Kreisvertretung festgesetzt. Aus diesem Gremium steht die Ernennung dem Organe der Krone zu, um sichtbarer zu machen den obrigkeitlichen Charakter des Amtes. Der Gemeindevorsteher wird frei gewählt von den Gemeindemitgliedern, nur die formale Bestätigung erfolgt durch die Organe der Krone. Wo die Versagung eintritt, muß zum Schutze gegen Willkür ein kommunaler Körper mitwirken, der Kreisausschuß. Der Kreistag ist ein Vertretungs-, kein Verwaltungskörper, und es bedarf dieser keiner formalen Sanktion des Mandates. Endlich der Kreisausschuß schließt in sich in der Person des Landrathes, der den Vorsitz führt, die Geschäfte leitet, das direkte Staats-Interesse vertritt, das formell sanktionirende Element für die andern Mitglieder, welche aus der Wahl der Kreis-Vertretung ohne Bestätigung hervorgehen. So, meine Herren, faßt die Vorlage das Ehrenamt auf.

Den Kreis gestaltet die Vorlage zu einem anderen Organe, als er bisher war. Wie Sie Alle wissen, hatten die Kreise bisher untergeordnete Kompetenzen, sie sollten die Thätigkeit des Landraths begleiten, sie hatten das Recht, für gewisse Zwecke Ausgaben zu beschließen, kommunale Funktionen wahrzunehmen. Die Fülle der kommunalen Kompetenz fehlte ihnen, diese giebt ihnen erst das gegenwärtige Gesetz. Es stattet den Kreis, der sich als ein besonders konservatives Glied des Staates bewährt hat, mit sämmtlichen kommunalen Funktionen aus, und das ist gewiß ein Schritt, den Sie (nach rechts gewendet) vor Allem billigen müssen. Man hat im Gegensatz hierzu auf liberaler Seite in früheren Stadien der Sache Bedenken gehabt, man fürchtete, daß wenn sämmtliche kommunalen Funktionen in den Kreis hineingelegt werden, man dadurch die Selbstthätigkeit der Gemeinden ersticken könnte; man hat bei der aristokratischen Struktur der Kreise sich gefürchtet, ihnen eine erhöhte Macht zu verleihen. Diese Bedenken sind geschwunden, nachdem der Kreistag reformirt worden, nachdem das Uebergewicht der Sonderinteressen beseitigt, nachdem die Autonomie, wie sie bisher bestand, namentlich in einem Punkte, auf den ich noch komme, dem Steuerpunkte, entfernt ist. Die thatsächliche Schwerkraft — und das ist gewiß der richtigste Maßstab, an dem sich die Dinge messen — wird dahin führen, auf demjenigen Boden die Entwickelung vor sich gehen zu lassen, wo ihre natürlichen Voraussetzungen liegen, und zwar verschieden in den verschiedenen Kreisen. Wo größere Städte, größere tüchtige Gemeinden sind, da wird der Kreis ein mehr subsidiärer Verband bleiben; wo dies aber nicht der Fall ist — wo die Gemeinden schwach und unentwickelungsfähig sind, wo größere Städte nicht existiren — da wird der Schwerpunkt der kommunalen Entwickelung im Kreise liegen, überall aber der Boden für selbstthätiges partikulares Leben gegeben sein.

Das, meine Herren, ist die ehrenamtliche Selbstverwaltung, wie sie die gegenwärtige Vorlage dem Kreise und seinen Gliedern überträgt.

Ich komme nun zu dem dritten Grundzuge der Vorlage, von dem Sie mir sofort werden zugeben können, daß er die Bezeichnung als eines Reform-Gedankens vor Allem anderen verdient. Es ist dies die Richtung, die Verwaltung, die ich Ihnen soeben geschildert habe, nach Gesetzen und in den traditionellen Formen der Rechtspflege sich gestalten und in die Erscheinung treten zu lassen.

Sehen wir uns die Entwickelung des Staates auf dem Kontinent an, so finden wir, daß in dem Stadium, als der absolute Staat an die Stelle des patrimonialen Verbandes von Korporationen trat, der sich damals Staat nannte, dieser absolute Staat dennoch sich eine Schranke setzte, das ist die Schranke des Privatrechtes. Er verfällt nicht der byzantinischen oder asiatischen Auffassung der Dinge, nach welcher dem Herrscher gegenüber kein Privatrecht gilt. Das Privatrecht bleibt geheiligt, es werden für das Privatrecht Garantien geschaffen. Es wird, meine Herren, die Justiz von der Verwaltung getrennt, denn man sagt, das Privatrecht soll geschützt werden, die Justiz soll unabhängig sein. Die Justiz geht ihren eigenen Weg, die Verwaltung ebenfalls. Das öffentliche Recht, meine Herren, erkennt man in dieser Phase gar nicht als Recht an, sondern es gilt nur als precarium, der Staat ist der absolute Herr aller öffentlichen Angelegenheiten. Die Verwaltung erfolgt nirgends durch die Betheiligten, sondern überall durch die unmittelbaren Staatsorgane, nicht nach Gesetzen, sondern nach Staatsraison, nicht unter schützenden Formen, sondern nach Verwaltungs-Maximen. —

Nun, meine Herren, daraus entstand der Zwiespalt, an dem wir heute noch laboriren; daß ein solcher Zustand unmöglich ist im Verfassungsstaate, kann keinem Zweifel unterliegen. Sie haben diesen Zwiespalt in früheren Zeiten dadurch beseitigen wollen, daß sie in den Verfassungen unter dem Namen der Grundrechte gewisse Befugnisse eximirten, von denen Sie sagten, diese sollen geschützt sein, diese sollen nicht jene precaire Natur haben, sondern wie Privatrechte behandelt werden, für sie soll ein Klagerecht vorhanden sein, für sie soll der Einzelne einen auch gegen die Staatsgewalt erzwingbaren Anspruch haben. —

Meine Herren, — ich gehe viel weiter: jedes öffentliche Recht ist ein Grundrecht und muß gerade so wie das Privatrecht geschützt werden in derjenigen Form, die überhaupt für den Schutz der Rechte nothwendig ist. Das, meine Herren, ist das charakteristische Merkmal der englischen Freiheit, und in dieser Beziehung scheuen wir uns nicht davor, ein fremdes Land zu kopiren. Das charakteristische Merkmal der französischen Freiheit war es dagegen stets, diesen Gesichtspunkt zu ignoriren, und das Recht des Einzelnen brechen zu lassen durch die Souveränetät desjenigen, der gerade im Besitz der Staatsmacht sich befand.

Die Garantie des öffentlichen Rechtes, meine Herren, wird aber in keiner Weise dadurch allein gegeben, daß wir Selbstverwaltung haben; die Selbstverwaltung kann eben so willkürlich sein wie die Staats-Verwaltung, ja, meine Herren, es liegt sogar die Gefahr nahe, daß die Selbstverwaltung vielfach so aufgefaßt wird, als sei sie nicht eine Verwaltung, wie ich sie vorhin schilderte, als eine obrigkeitliche, objektive, im Dienste des Staates, sondern als sei sie eine Verwaltung im Sinne der Interessen, in deren Kreisen sie sich bewegt, als sei sie nur dazu da, diese Sonder-Interessen zu fördern. Diese Gefahr ist bei der Selbstverwaltung im höheren Maße vorhanden, als bei der Staats-Verwaltung, weil der Beamte, mag er das Ding Staatsraison oder wie immer nennen, sich doch, wenn er seine Pflicht überhaupt thut, auf einen hohen allgemeinen Standpunkt stellt.

Die Vorlage hat sich bemüht, die Willkür auszuschließen, erstens dadurch, daß sie diejenigen Rechte, die ich als öffentliche Befugnisse bezeichnete, grade so beschreibt, wie man das in Gesetzen über privatrechtliche Verhältnisse zu thun gewohnt ist, indem man für die einzelnen Befugnisse Titel definirt. Was verfolgt und geschützt werden soll, muß greifbar und begrenzt sein, nicht in allgemeinen Umrissen verschwimmen.

Die Vorlage hat versucht, für die einzelnen Befugnisse, die sie konstituirt, specielle Rechtstitel zu schaffen, sowohl für den Einzelnen als für den Amtsträger, denn darin besteht dieses System, daß die Rechte des Einzelnen bestimmt sind und ebenso die Rechte desjenigen, der ein Amt inne hat. Eine weitere Ergänzung wird später folgen müssen, — ich bemerke dies gleich von vorn herein, Mißverständnissen gegenüber; — dahin zielend, daß die Verantwortlichkeit der Amtsträger ebenfalls geordnet und bestimmt durch die Gesetze definirt wird. Daß dies in diesem Augenblicke und in diesem Gesetze nicht möglich war, ohne Letzteres aus dem Rahmen herauszubringen, in dem es sich bewegt, und ohne das Zustandekommen desselben wesentlich zu gefährden, werden Sie mir zugeben. Ich meinerseits aber glaube konstatiren zu dürfen, daß Eines die nothwendige Folge des Anderen ist. Die Vorlage hat dies zweitens versucht, sie für die öffentlichen Befugnisse ein Klagerecht, ein bestimmtes Verfahren und bestimmte Instanzen zu schaffen, nach dem Muster desjenigen, was nach der Entwickelung des Justizwesens an traditionellen Garantien allseitig anerkannt worden ist. Meine Herren, bei dieser Gelegenheit möchte ich recht augenscheinlich vorführen, was ich von meinem Standpunkte aus bei dem Eingange meiner Auseinandersetzung unter innerer Versöhnung der Gegensätze verstanden wissen wollte. Es schien meine Behauptung im ersten Augenblicke auf einigen Seiten Befremden zu erregen, ich glaube, wenn ich Ihnen nun ein schlagendes Beispiel gebe, daß dann jenes Befremden sich einigermaßen verlieren wird. Das Gefühl, daß gegen die bestehende Willkür in der Verwaltung Abhülfe geschaffen werden müsse, hatten vor allen Dingen die liberalen Parteien, sie suchten diese Abhülfe einfach darin, daß sie es als Postulat aufstellten: über alle Verhältnisse entscheidet die Justiz, sowie sie besteht, das heißt, die öffentlichen Befugnisse sind gerade so zu schützen wie die privatrechtlichen. Man nannte das auf dieser Seite (rechts) die Herstellung der Omnipotenz des Kreisrichters. Auf jener Seite (rechts) hatte man die entgegengesetzte Stellung, man sagte richtig: „Die öffentlichen Dinge sind ein wesentlich Anderes, wie die privaten, sie wollen anders behandelt sein wie die privaten; die Gerichte, die wir besitzen, sind auf Privatrechts-Pflege hin angelegt, sie eignen sich nicht als Gerichtshöfe des öffentlichen Rechtes; folglich sollen die Verwaltungs-Behörden allein entscheiden in der Weise, wie sie bisher entschieden haben. Das nannte man auf dieser Seite (links) die Omnipotenz des Landraths, und bei jeder Gelegenheit stießen diese Gegensätze aufeinander, ohne daß man in der Reform auch nur einen Schritt weiter gekommen wäre.

Nun, meine Herren, diese beiden Anschauungen, die dieselbe Sache von verschiedenen Seiten ins Auge fassen, enthalten etwas Richtiges, und die Lösung der Frage erfolgt jetzt mit Zustimmung beider Theile so, daß das Richtige in beiden Auffassungen zur Geltuug gelangt und das Falsche von beiden Auffassungen vermieden wird. Dadurch, daß wir die Verwaltungs-Justiz organisiren unter den schützenden Formen der Rechts-Pflege, daß wir die Verwaltungs-Gerichte zusammensetzen aus Männern der Verwaltung und aus Männern der Justiz, und daß wir beiden Elementen das Laien-Element hinzufügen, durch welches wir sie vor allzu theoretischer Behandlung der Dinge bewahren, finden wir den befriedigenden Abschluß jener alten Controverse. Ich will auf Spezialitäten hier nicht eingehen. Charakteristisch ist nach meinem Dafürhalten, die starke Vertretung des Laien-Elements, zweitens der Schutz durch die traditionellen Formen der Rechtspflege, und endlich drittens, das für das öffentliche Recht geschaffene wahre Klagerecht. Bisher hatten wir auch sogenannte Befugnisse; wenn uns dieselben gemindert wurden, so beschwerten wir uns; über die Beschwerde wurde von demjenigen, der uns verletzt hatte, an die entscheidende Instanz hinter unserem Rücken berichtet, und dann bekamen wir den Bescheid. Ja, meine Herren, das ist kein Recht, das so verfolgt wird, ein Recht erzeugt auf der einen Seite eine Befugniß, auf der andern Seite eine Pflicht, und daraus folgt, daß, wenn über das Recht gestritten wird, beide Theile mit gleichen Waffen kontestiren müssen: der Gekränkte als Kläger, derjenige der gekränkt hat, als Verklagter. Ein großer Schritt, der gemacht wird, wenn dasjenige Amt, was gekränkt hat, als Verklagter vor den Schranken des Gerichts erscheinen muß und nicht wie bisher Instanz in eigenen Angelegenheiten ist. Dadurch wird das erreicht, was ich vorher behauptete; es wird Alles, was überhaupt in den Gesetzen als verfolgbares Recht definirt und anerkannt ist, zum Grundrecht, d. h. zu einem solchen Recht, welches erzwingbar ist, auch selbst gegen den Willen der verwaltenden Organe des Staates.

Meine Herren, die drei Grundzüge, die ich Ihnen vorführte, sind nach meinem Dafürhalten die charakteristischen Haupt-Momente der Vorlage. Nur Eins lassen Sie mich noch erwähnen, was ja leider bei der Unvollkommenheit der menschlichen Dinge nirgends fehlen darf, nämlich den Geldpunkt. In dieser Beziehung hat zunächst die Staats-Regierung in ihrer Vorlage anerkannt, daß der Staat eine Verpflichtung habe für diejenigen Kosten, die ihm abgenommen werden, einzutreten. Der Staat hat dies anerkannt, indem er die ersparten Kosten der Polizei-Verwaltung ohne Weiteres den Kreisen überweist.

Ganz unabhängig davon, meine Herren, ist die Frage der Provinzialfonds. Unsere Staats-Regierung hat bei einer anderen Gelegenheit konstatirt, daß sie Provinzialfonds dem Lande gewähren wird, sobald diejenige Kriegsentschädigung eingegangen ist, die dies möglich macht. Die Provinzialfonds sind dazu bestimmt, gewisse staatliche Aufgaben materieller Natur den Provinzen zu übertragen und für deren Uebernahme ein Aequivalent zu bieten. Darum handelt es sich hier nicht. Die Kommission mußte sich sagen, daß dadurch, daß eine Reihe staatlicher Funktionen auf die Kreise übergeht, in dem Maaße, daß der Kreisausschuß gewissermaßen an die Stelle der Bezirks-Regierungen tritt, die Pflicht für den Staat erwächst, für die Mehrbelastung die kommunalen Verbände zu entschädigen. Es kann nicht verlangt werden, daß das, was im

Namen des Staates fungirt, an Stelle des Staats-Beamtenthums von den Kommunal-Verbänden allein ausgestattet wird. Das, meine Herren, hat die Kommission nothwendig gefunden, auszudrücken.

Sie meint, daß, wenn die Bestimmung des §. 67, Alinea 3 Gesetzeskraft erlangt, dann die Staats-Regierung die Verpflichtung übernimmt, in dem nächsten Zeitpunkte nach der Gesetzeskraft der Kreisordnung, in welchem Ueberschüsse disponibel sind, ein Finanzgesetz vorzulegen, in welchem über diese Ueberschüsse oder mindestens über einen Theil derselben zu Gunsten der Kreise verfügt wird, behufs ihrer Entschädigung für Uebernahme staatlicher Funktionen.

Dies mußte ich konstatiren, um den Sinn der vorgeschlagenen Bestimmung über allen Zweifel klar zu stellen. Im Uebrigen habe ich schon erwähnt, daß auch, was die Kreisbesteuerung betrifft, reformatorische Gesichtspunkte zur Geltung gelangen. Als solche bezeichne ich es in erster Linie, daß die Autonomie bei der Kreisbesteuerung aufgehoben wird. Es ist ein Recht des Staatsbürgers, daß über seine staatlichen Leistungen nur die Gesammtvertretung im Einvernehmen mit der Krone entscheidet; nicht einzelne Verbände dürfen die Macht haben, Finanzexperimente zu machen und für die Leistungen ihrer Angehörigen nach Interessen-Majoritäten oder Kompromissen inkommensurable Maßstäbe zu erfinden. Es darf aber auch ferner nicht im einzelnen Falle der Maßstab gefunden werden, weil dadurch die unbefangene Prüfung der betreffenden kommunalen Maßregel getrübt und in diese Prüfung der Interessenstreit hineingetragen wird. Es muß ein für allemal, soweit die Gesetze eine Latitüde lassen, die Ergänzung des gesetzlich vorgeschriebenen Maßstabes fixirt werden.

Ein zweiter reformatorischer Gesichtspunkt, der hierbei in Frage kommt, ist der, daß die Vorlage sowohl wie die Kommissionsbeschlüsse den Zusammenhang der Staatssteuer mit der Kommunalbesteuerung prinzipiell feststellen. Zunächst nimmt die Kommission an, daß die Frage der Steuerreform zwar nicht bei Gelegenheit dieses organisatorischen Gesetzes gelöst werden kann, sondern für sich; daß aber ein besonderes Gesetz über die Kommunalbesteuerung ergehen, und nur bis dahin vorläufig die Regelung der Sache durch dieses Gesetz gelten soll. Nach meinem Dafürhalten ist dabei gemeint, daß die Reform der Staatsbesteuerung sich an die der Kommunalbesteuerung anlehnen soll, denn wie der Staat aus den Kommunen herauswächst und sich gliedert, so muß auch die Staatssteuer sich aufbauen auf der Kommunalsteuer und nicht umgekehrt. Nach gegenwärtiger Lage der Sache konnte indessen der Zusammenhang der Staatssteuer und der Kommunalsteuer nicht anders festgehalten werden, als dadurch, daß man das System der Kommunal-Zuschläge zu den Staatssteuern wählte. Welche Zuschläge man vorgeschlagen hat, meine Herren, das mag hier vorläufig übergangen bleiben; nur erwähnen muß ich, daß man dabei von dem Standpunkte des Kompromisses ausging, wenn man glaubte, von der Linie nicht abweichen zu sollen, die nach langen, eingehenden Verhandlungen vor zwei Jahren bei der Berathung dieses Punktes vom Plenum des Abgeordnetenhauses gezogen worden ist.

Das, meine Herren, sind die Grundzüge der Vorlage der Regierung und der Kommission. Wenn Sie mir gestatten, mich mit wenigen Worten zu resumiren: Ausgangspunkt vom Kreise und Wiedervereinigung der dualistisch zerlegten obrigkeitlichen Verwaltung; Gliederung des Kreises und auf ihn die Uebertragung der ehrenamtlichen Selbstverwaltung; Verwaltung nach Gesetzen und in den traditionellen Formen der Rechtspflege; und endlich Zusammenhang in der finanziellen Gestaltung, sowohl was die Beitragspflicht, als auch was die Besteuerung betrifft, zwischen dem Staat und der Kommune.

Meine Herren, daß es ein eminentes politisches Bedürfniß ist, ein Gesetz, das ich mir erlaubt habe, wie geschehen zu schildern, endlich zur Durchführung zu bringen, diese Ueberzeugung geht durch das ganze Land. Ein Bedürfniß, das keinen Aufschub duldet. Dies gebietet, abgesehen von den politischen Motiven, auch noch das soziale und das nationale Interesse, welche hierbei obwalten.

Das soziale Interesse, meine Herren, ist ein eminent konservatives. Nach meinem Dafürhalten war bisher die soziale Bewegung, wie sie in den großen Städten vor unser Aller Augen sich abspielt, eine höchst ungefährliche, weil sie das platte Land nicht ergriffen hat; das platte Land ist intakt geblieben und tritt mit seiner ganzen Schwere so kompakt für den Bestand des Staates ein, daß jene Zersetzungsbestrebungen bisher nur auf der Oberfläche geblieben sind, und nach meinem Dafürhalten keine nahe Gefahr enthielten. Ganz anders gestaltet sich die Sache in dem Augenblick, wo jene Bewegung das platte Land ergreift. Ich, meine Herren, weiß mir keinen besseren Damm dagegen aufzurichten, ich weiß nicht besser das platte Land vor der Ansteckung zu schützen, als dadurch, daß man die sozialen Gruppen, die jetzt auf dem Lande isolirt nnd ohne eine den Verhältnissen der Gegenwart entsprechende Organisation zerfahren, zu lebendigen Gliedern des Staates macht, daß man ihnen die Solidarität der Interessen unter einander und entgegen allen Denjenigen, die die festen Grundlagen der Gesellschaft zerstören wollen, dadurch einimpft, daß man sie selbst zu Trägern des öffentlichen Lebens erhebt, wie ich vorhin schon des Näheren mir auszuführen erlaubte. Dies läßt keinen Aufschub zu. Politische Nothstände kann man allenfalls eine leidliche Zeit hinziehen, aber die soziale Frage duldet nicht, daß man auf das Unbestimmte hin mit ihr spielt.

Es ist endlich eine nationale Frage von höchster Bedeutung, die wir vor uns haben. Es gilt, wie ich darzulegen versuchte, die Volkskraft im Dienste des Staates zu organisiren. Diese Aufgabe hat Preußen nach der Seite der Wehrhaftigkeit in der glänzendsten Weise gelöst; und als es dieselbe gelöst hatte, in dem Augenblick vermochte es alle Hemmnisse zu beseitigen, die der Bildung des Deutschen Staates entgegenstanden. Vor der organisirten Volkskraft zerstob Alles, was sich der nationalen Sache entgegenstemmte.

Nun, meine Herren, zu erfüllen haben wir noch die erhabene Mission des Staates, die menschliche Gesellschaft in der Richtung der Kultur freiheitlich fortzuentwickeln und dabei zu erhalten die Grundlagen der gesellschaftlichen Ordnung, Sitte, Rechtssinn, Gottesfurcht. Meine Herren, wie wir Volkswehr und Disziplin miteinander zu verbinden gewußt haben, so wolle es uns gelingen, Freiheit und Disziplin im Staate zu vereinigen. Das ist die Aufgabe dieser Vorlage, und wenn wir das Rechte finden, so wird dies typisch werden für Deutschland und den Kontinent. Dann mögen wir dessen sicher sein, daß der Deutsche Staat innerlich fest zusammenwächst, daß der unberechtigte Partikularismus ohnmächtig dahinschwindet vor dem unwiderstehlichen Drange der organisirten Volkskraft. Das, meine Herren, ist die Bedeutung des Werkes, das wir vorhaben! Möge der echt Deutsche Geist der Objektivität und der Mäßigung, der den Gegner nicht erdrückt, sondern mit sich versöhnt, der feste Wille und die Vaterlandsliebe, die über dem Großen das Kleine zu vergessen weiß, uns bei unserer Arbeit begleiten und leiten, dann werden wir ein Werk ausführen, uns zur Ehre und dem Vaterlande zum Heil — (Lebhafter Beifall.)

Bei der Spezialberathung wurde, wie dies nachstehend aus den Bemerkungen zu den einzelnen Bestimmungen der Kreis-Ordnung des Näheren hervorgeht, ein sehr großer Theil der Abänderungsvorschläge der Kommission vom Abgeordnetenhause angenommen, in mehreren, zum Theil auch wichtigen Punkten, z. B. bezüglich der passiven Wahlberechtigung zum Kreistage (§ 106) wurden dieselben verworfen. Darauf wurde die Kreis-Ordnung, wie sie sich nach diesen Beschlüssen gestaltet hatte, in der Sitzung vom 23. März 1872 in namentlicher Abstimmung mit 256 gegen 61 Stimmen angenommen. Namens derjenigen Mitglieder der konservativen Partei, welche hierbei für diese Kreis-Ordnung gestimmt hatten, hatte zuvor der Abg. von Wedell-Malchow bei der Debatte über § 100 erklärt:

„Ich nehme die Gelegenheit wahr, um hier für mich und einen großen Theil meiner politischen Freunde zu erklären, daß wir wahrscheinlich — die Abstimmungen sind ja noch nicht vollständig gefallen, ich habe aber doch immer noch die Hoffnung, daß in einigen Punkten noch etwas zu unsern Gunsten sich herausstellen wird — daß wir, sage ich, bei der Schlußabstimmung entschlossen sind, wenn die Abstimmung über die folgenden Paragraphen es uns irgend erlaubt, für das Ganze der Kommissions-Vorlage und der Berathungen des Hauses zu stimmen. Wir thun dies aus dem politischen Grunde, weil auch wir mit vielen Herren jener Seite wünschen, daß die Vorlage an das Herrenhaus kommt; wir erklären aber dabei ausdrücklich, daß wir bei diesem Vorgehen von der Hoffnung getragen sind, daß das letzte Wort in dieser Angelegenheit auch von diesem Hause noch nicht gesprochen ist, und daß also, wenn wir später uns entschließen sollten, der Vorlage in der Schlußabstimmung beizustimmen, daraus kein Schluß auf unsere endgültige und definitive Abstimmung am Ende der ganzen Verhandlungen gezogen werden kann. Wir wünschen also, daß unsere diesmalige Schlußabstimmung nicht als präjudiziell für die Zukunft angesehen werden möchte."

Seitens des Herrenhauses wurde der vom Abgeordnetenhause sonach dorthin gelangte Entwurf einer Kommission zur Vorberathung überwiesen, welcher folgende Mitglieder angehörten: von Plötz (Vorsitzender), U. von Alvensleben, Graf von Arnim, Beyer, Graf zu Eulenburg, Graf von der Gröben-Ponarien, Hasselbach, Graf Keyserlingk, von Kleist-Retzow, Graf Krassow, von Kröcher, Graf zur Lippe, H. von Rochow, Graf von Schwerin, Graf von der Schulenburg-Angern, Baron von Senfft-Pilsach, Graf zu Solms-Baruth, Dr. Tellkampf und von Waldaw-Steinhöfel. Die Kommission erstattete über ihre Berathungen einen umfassenden schriftlichen Bericht, welcher durch die Berichterstatter von Kröcher (bezüglich der allgemeinen Beurtheilung des Entwurfs und einen Theil der speziellen Bestimmungen), von Kleist-Retzow, Graf Krassow, von Waldaw-Steinhöfel und Hasselbach (bezüglich des übrigen Theils der Spezialberathung) verfaßt war. Dieser Kommissionsbericht schickte bezüglich der Gesammt-Auffassung der Vorlage nach einer historischen Darstellung über die bisherigen Kreisordnungs-Verhältnisse und über die Versuche der Umgestaltung der letzteren folgende allgemeine Bemerkungen voraus:

„Blickt man zurück auf die vorstehend in der Kürze dargelegte Geschichte der mit der Kreis-Ordnung angestellten legislatorischen Versuche, so ergiebt es sich, daß der erste Versuch (1850), die bestehenden Kreis-Ordnungen durch eine neue zu ersetzen, ganz mißlang (1853), und daß seitdem wiederum 19 Jahre verflossen sind, ohne daß es bis zu der eben erwähnten diesjährigen Abstimmung im Abgeordnetenhause gelungen war, über eins der verschiedenen Gesetzesprojekte die definitive Beschlußnahme auch nur eines der beiden Häuser des Landtags herbeizuführen.

Die Ursache dieser langen Verzögerung wird Mancher vielleicht in der herrschenden Reaktion zu suchen geneigt sein. Indessen dies könnte doch nur etwa für die fünf Jahre von 1853 bis 1858 passen, während seitdem wiederum 14 Jahre resultatlos verflossen sind. Man wird daher nach anderen Gründen zu suchen haben und dabei von vornherein zu der Annahme geführt, daß die kreisständische Verfassung den Versuchen ihrer Beseitigung eben deshalb widerstanden hat, weil sie eine gesunde, lebensfähige, eine widerstandsfähige Institution ist. Daß diese Annahme der sachlichen Begründung nicht entbehrt, wird sich aus dem Verfolge dieses Vortrages ergeben.

Zuvor mag noch angeführt werden, daß sich hinsichtlich des Geltungsbereichs der neuen Kreis-Ordnung ein eigenthümliches Schwanken bemerkbar gemacht hat. Der Gesetzentwurf von 1860 bezog sich nur auf die sechs östlichen Provinzen, der Entwurf von 1862 auch auf Westphalen und die Rheinprovinz, die Entwürfe von 1869 und 1871 wiederum nur auf die sechs östlichen Provinzen; endlich der Entwurf nach den diesjährigen Beschlüssen des Abgeordnetenhauses nur auf fünf Provinzen, denn die Provinz Posen soll nach § 165 davon bis auf Weiteres ausgenommen sein.

Eine Vernehmung der Provinzialbehörden über den Gesetzentwurf, wie dies in früheren Jahren üblich war, scheint nicht erfolgt zu sein, obwohl eine solche bei einem so wichtigen, in das praktische Leben so tief eingreifenden Gesetze in mehr als einer Beziehung geboten und zweckmäßig gewesen sein dürfte.

Geht man auf den Inhalt der Vorlage ein, so ist vor Allem darauf aufmerksam zu machen, daß dieselbe mit dem Artikel 3 des Gesetzes vom 24. Mai 1853, welcher eine Fortbildung der Kreisverfassungen durch besondere provinzielle Gesetze verheißt, in direktem Widerspruch steht; denn die Vorlage ist keine provinzielle, sondern eine allgemeine, die sechs östlichen Provinzen umfassende, und ihre Wirkung würde nicht eine Fortbildung, sondern eine Umgestaltung der bestehenden Kreisverfassung sein.

Diesen Widerspruch mit dem Gesetze vom 24. Mai 1853 zu motiviren, ist nicht einmal versucht worden.

Zwar enthalten die Motive des Gesetzentwurfs von 1869 S. 67 die Versicherung, daß „die Staatsregierung zu legislatorischen Experimenten nach theoretischen Gesichtspunkten" nicht geneigt ist, daß sie klar „die Aufgabe einer gesunden staatlichen Entwickelung darin erkannt hat, bestehende Einrichtungen, welche sich als innerlich berechtigt und mit dem Volksleben verwachsen, auch durch ihre Leistungen bewährt haben, nicht mit unerprobten lediglich von der Doctrin erzeugten Gebilden je nach dem Wechsel politischer Strömungen zu vertauschen, dieselben vielmehr nur in derjenigen Richtung fortzubilden, welche der fortschreitenden wirthschaftlichen und intellektuellen Entwickelung des Staatswesens entspricht." So richtig indessen diese Grundsätze sind, so wenig sind sie befolgt, denn die Vorlage enthält eine Reihe von wesentlichen Veränderungen des bestehenden Rechtes, für welche es an jeder sachlichen Begründung des Bedürfnisses fehlt und die zum Theil mit Recht als „legislatorische Experimente nach theoretischen Gesichtspunkten" und als „unerprobte lediglich von der Doctrin erzeugte Gebilde" bezeichnet werden können, wie später des Näheren nachgewiesen werden wird.

Noch weiter als die Regierungsvorlage, die immerhin noch einige Anknüpfungspunkte an die bisherige Verfassung bietet, gehen die Beschlüsse des Abgeordnetenhauses, welche unter Anderem die Kreisvertretung wesentlich auf einen Census basiren. Von ihnen kann man mit Recht sagen, was in den Motiven der Kreisordnung vom 11. März 1850 zur Last gelegt wird, daß sie die Kreisverfassung „ohne Anknüpfung an die bisherigen Institutionen" ganz neu aufbauen. Sollte die Vorlage, wider alles Erwarten, nach den Beschlüssen des Abgeordnetenhauses zum Gesetz erhoben werden, so dürfte es nicht unwahrscheinlich sein, daß sie ein ähnliches Schicksal, wie das der Kreis-Ordnung vom 11. März 1850, treffen würde, nämlich als undurchführbar wieder aufgehoben zu werden, es sei denn, daß die fortschreitende Zerrüttung der Verhältnisse es zu einer heilsamen Reaktion nicht mehr kommen lassen sollte.

Das Prinzip, auf welchem die jetzige Kreisverfassung beruht, ist das ständische. Es sind auf dem Kreistage vertreten die Städte und das platte Land und von letzterem der Stand der Rittergutsbesitzer (provinziell auch anderer größerer Grundbesitzer) und der Bauern, als Repräsentanten des großen und des kleinen Grundbesitzes. Das Recht der Rittergutsbesitzer ist kein Standesvorrecht, denn die Erwerbung eines Ritterguts steht jedem Stande frei Der Rittergutsbesitzer ist im Großen und Ganzen der Repräsentant des großen

Grundbesitzes und sollte es auch nach der Absicht des Gesetzgebers sein, wie daraus hervorgeht, daß die Eigenschaft als Rittergut verloren geht durch freiwillige Zerstückelung unter ein gewisses Minimum, welches verschieden, z. B. für die Kurmark nach Artikel VII. der Verordnung vom 17. August 1825 auf 1000 Morgen Grundfläche, oder 1000 Thlr. baare Gefälle oder 50 Wispel Pächte, normirt ist.

In Folge dieser Bestimmung sind denn auch im Laufe der Zeit zahlreiche Güter in der Ritterguts-Matrikel gelöscht. Indessen außer den freiwilligen gab es auch unfreiwillige Zerstückelungen, bei welchen die Löschung nicht erfolgen konnte. So ist es gekommen, daß eine Anzahl von Rittergütern auf eine Bedeutung reduzirt worden ist, welche die Besitzer zur Führung einer Stimme auf dem Kreistage in der That nicht mehr qualifizirt. Ferner ist durch den in manchen Gegenden verbreiteten Güterhandel die Stabilität des Besitzes und die Qualifikation der Besitzer zur Ausübung öffentlicher Rechte beeinträchtigt worden. Endlich sind durch Zusammenlegung von Grundstücken, durch Veräußerung von Domainenvorwerken rc. große Güter neu entstanden, deren Besitzer nicht mit Unrecht eine Gleichstellung mit den vorhandenen Rittergütern in Anspruch nehmen.

Das sind Unvollkommenheiten, die sich im Laufe der Zeit herausgestellt haben, und die der Abhülfe bedürftig sind, aber solche auch gewiß längst gefunden hätten, wenn man nicht über unmotivirte weitgehende Reformpläne die wahre Bedeutung der Sache verkannt hätte. Denn eine Abhülfe im Wege der Gesetzgebung wäre leicht herbeizuführen gewesen, und hinsichtlich des letztgedachten Mangels bedurfte es nicht einmal eines neuen Gesetzes, da schon nach dem bestehenden Recht die Rittergutseigenschaft an größere Güter neu verliehen werden kann.

Dann kommt noch ein anderer Punkt in Betracht, der ebenfalls als ein Mangel der bestehenden Gesetzgebung bezeichnet werden muß.

Das Virilstimmrecht der Rittergutsbesitzer bringt es mit sich, daß dieselben im Verhältniß zu den beiden anderen Ständen zum Theil sehr stark vertreten sind. Zwar giebt die der Vorlage beigelegte statistische Uebersicht kein richtiges Bild von der Zusammensetzung der Kreistage, weil die Rubrik: „jetzige Vertretung" nicht die Zahl der stimmführenden Besitzer, sondern die der Rittergüter enthält, deren viele in einer Hand, manche im Besitz von Städten sich befinden; ferner weil thatsächlich die Zusammensetzung dadurch sich ganz anders gestaltet, daß sehr häufig die durch Krankheit und sonst am persönlichen Erscheinen Verhinderten sich nicht vertreten lassen, worauf in der Vorlage hinzudeuten einer objektiven Darstellung entsprechend gewesen sein dürfte. Indessen bleibt doch immer das bestehen, daß in vielen (aber keineswegs in allen) Kreisen der erste Stand regelmäßig die Majorität, zum Theil eine übergroße Majorität hat.

Allein trotz dieser Majorität sind die Fälle, wenn überhaupt, doch gewiß höchst selten vorgekommen, daß die beiden anderen Stände benachtheiligt wären. So weit erinnerlich, ist in keiner Verhandlung über die Kreis-Ordnung auch nur ein einziger derartiger Fall nachgewiesen. Das ist sicher für 234 Kreisversammlungen, die seit 40 und mehr Jahren alljährlich getagt haben, und für die ständische Verfassung überhaupt ein außergewöhnliches Lob.

Fragt man, woher dies komme? so mag immerhin die durch höhere gesellschaftliche Stellung und ökonomische Selbstständigkeit der Regel nach bedingte größere Unabhängigkeit des Charakters in etwas dabei mitwirken; ingleichen der Umstand, daß die Rittergutsbesitzer schon durch ihr eigenes Interesse darauf hingewiesen sind, die Rechte der kleinen Leute, ihrer Tagelöhner, zu wahren. Der Hauptgrund aber liegt ohne Zweifel in der Befugniß jedes Standes, wenn er sich in seinen Interessen verletzt findet, dem Majoritätsbeschluß zu widersprechen und auf die Entscheidung einer höheren Instanz zu provoziren. Nicht als ob von dieser Befugniß der Sonderung in Theile (itio in partes) häufig Gebrauch gemacht würde — das ist nicht der Fall und wäre auch gar nicht wünschenswerth — sondern dieselbe ist so zu sagen ein Erziehungsmittel für die ständischen Institutionen gewesen, welches diesen im Laufe der Zeiten einen schonenden, die Minoritäten achtenden und vermittelnden Charakter aufgeprägt hat. Das lehrt die Erfahrung aller unserer ständischen Versammlungen, während wir alljährlich beobachten können, daß parlamentarische Versammlungen die Neigung haben, die Minoritäten zu tyrannisiren und zu unterdrücken.

Wo die Sonderung in Theile zulässig ist, kommt es also bei kollidirenden Interessen hinsichtlich der Abstimmung auf die Zahl der Stimmen innerhalb des einzelnen Standes gar nicht an. Ein Stand mag durch 30 oder durch 3 Mitglieder vertreten sein, das ändert in der Bedeutung seines Votums nichts. Dies wissen auch die Betheiligten recht gut und haben vielfach gar nicht das Verlangen nach einer größeren Vertretung. Als im Jahre 1851 die Vermehrung der Kreistags-Abgeordneten den Städten und Landgemeinden freigestellt war (bei welcher Vermehrung es dann nach Artikel 6 des Gesetzes vom 24. Mai 1853 sein Bewenden behielt), ist solche häufig abgelehnt worden, wie die statistische Nachweisung ergiebt, wonach die Zahl der bäuerlichen Mitglieder noch jetzt in vielen Kreisen drei beträgt.

Indessen hat die Sache doch noch eine andere Seite. Wenn auch bei kollidirenden Interessen die Zahl der Stimmen als solche von keinem Einflusse ist, so muß doch den Städten und den Landgemeinden die Gewähr gegeben werden, daß ihr Interesse bei den Berathungen gehörig vertreten wird. Es mag sein, daß in manchen, vielleicht in vielen Kreisen jene beiden Stände das Bedürfniß und das Verlangen nach größerer Vertretung haben. Wo dies der Fall, da mag man dem Verlangen nachgeben: das alterirt, wenn die Sonderung in Theile beibehalten wird, das ständische Prinzip in keiner Weise. Wo es aber nicht der Fall ist, da obtrudire man den Betheiligten nicht etwas, was sie nicht wollen.

Das sind die Unvollkommenheiten unserer Kreisverfassung, die anzuerkennen sind und deren Beseitigung zu wünschen ist. Damit ist aber auch dasjenige erschöpft, was aus praktischem Bedürfnisse zu einer Abhülfe Anlaß giebt.

Daß trotz dieser Unvollkommenheiten und, obwohl sie seit 20 und mehr Jahren durch die Gesetzgebung in ihrer Existenz bedroht sind, die Kreisstände ihre Aufgaben erfüllt haben, wie von Niemand geleugnet wird, das scheint in der That der beste Beweis dafür zu sein, daß es sich um eine gesunde lebensfähige Institution handelt Auch die Königliche Regierung kann nicht umhin, im nämlichen Moment, wo sie die Kreisverfassung wesentlich umformen will, derselben ein glänzendes Zeugniß zu geben. So heißt es S. 65 der Motive der Vorlage von 1869: „Die Würdigung der bedeutenden Dienste, welche die Kreis-Korporationen in Krieg und Frieden dem Preußischen Staatswesen geleistet haben, führte alsbald zu dem Entschlusse, auch in den hinzutretenden Landestheilen Kreisverbände herzustellen.“ Und S. 68 wird gesagt: „Die Staatsregierung würdigt die Erfolge, welche die Kreis-Korporationen bisher erzielt haben, in hohem Grade. In unscheinbaren Formen haben sie nach allen Richtungen Bedeutendes geleistet und niemals dem Gemeinwesen ihre Dienste versagt.“

Was die Königliche Regierung zu der vorgeschlagenen Aenderung der Kreisverfassung veranlaßt hat, findet sich S. 68 und 69 der Motive von 1869 vermerkt, wovon das Wesentliche Folgendes sein dürfte: „Unvollkommenheiten in der Zusammensetzung ihrer Vertretung sind es, welche am lautesten gerügt worden sind, und deren Beseitigung am bestimmtesten gefordert wird. Dennoch durfte die Reform nicht auf die Zusammensetzung der Kreisvertretung beschränkt werden,“ sondern es war „auch für die Staatsregierung die Aufgabe erwachsen: die bewährten kreisständischen Korporationen zu wahren Kommunal-Verbänden umzubilden, mit dem Berufe, ihre eigenen wie verwandte öffentliche Angelegenheiten selbstthätig zu verwalten.“ „Der Entwurf soll, indem er für die Selbstverwaltung die Basis schafft, die Reform der inneren Verwaltung überhaupt einleiten.“ Gelingt die Umbildung der Kreisverfassung in diesem Sinne, „so wird der Ausbau sowohl nach der Seite der Gemeinden als nach der der Provinz als ein durch innere Nothwendigkeit gebotener sich darstellen, und das Zustandebringen der erforderlichen Gesetze hierüber keine Schwierigkeiten mehr bieten.“

Alles, was die Motive der bestehenden Kreisverfassung Uebeles nachsagen können, besteht also darin, daß die Zusammensetzung ihrer Vertretung eine unvollkommene sei. Um diese Unvollkommenheiten zu beseitigen, würde es aber keines umfassenden Gesetzes, sondern nur einiger ergänzenden Bestimmungen bedürfen. Wie sich schon hieraus ergiebt, ist nicht dies der Grund der Vorlage, sondern der Grund hierzu liegt, nach dem Ausdruck der Motive, in der Aufgabe: „die bewährten kreisständischen Korporationen zu wahren Kommunalverbänden umzubilden, mit dem Berufe, ihre eigenen, wie verwandte öffentliche Angelegenheiten selbstthätig zu verwalten.“

Indessen auch dieser Grund ist zum Theil nur ein scheinbarer. Wahre Kommunalverbände sind die Kreiskorporationen schon jetzt, ihre eigenen Angelegenheiten verwalten sie selbstthätig ebenfalls schon jetzt, und zwar in einer der wichtigsten Beziehungen, nämlich hinsichtlich des Besteuerungsrechts mit weit größerer Selbstständigkeit, als dies nach der Vorlage künftig der Fall sein soll.

Der eigentliche und Hauptgrund der Vorlage wird mithin darin zu suchen sein, daß die Kreis-Korporationen auch „verwandte öffentliche Angelegenheiten selbstthätig zu verwalten“, berufen werden, daß der Entwurf „die Reform der inneren Verwaltung überhaupt einleiten“ soll. Es liegt also ein organisatorischer Plan vor, welcher die sogenannte Selbstverwaltung (ein Wort, mit dem jetzt viel Mißbrauch getrieben wird) einführen soll und der dahin geht, gewisse Angelegenheiten der allgemeinen Landesverwaltung, welche bisher von Königlichen Behörden wirklich oder vermeintlich mangelhaft verwaltet sind, an Organe des Kreises zu übertragen, wobei wieder andere derartige Angelegenheiten von der Kompetenz der Kreise gänzlich ausgeschlossen sind, wie z. B. alle zum Ressort des Finanzministeriums gehörige, oder vorläufig, wie (wenigstens nach der Regierungs-Vorlage) die Unterrichts-Angelegenheiten.

Daß dieser organisatorische Plan — dessen Zweckmäßigkeit bei dem betreffenden Abschnitte des Entwurfs näher erörtert werden wird — ein legislatorisches Experiment ist, liegt auf der Hand, obwohl die Königliche Regierung noch in den Motiven von 1869 gegen die Neigung „zu legislatorischen Experimenten nach theoretischen Gesichtspunkten" sich verwahrt hat. Auch der Herr Minister des Innern muß es zugeben, wie sich aus folgenden Aeußerungen ergiebt, die er in der Sitzung vom 16. März d. J. im Hause der Abgeordneten (Stenogr. Ber. S. 1303) gethan hat: „Wie die Sachen heutzutage stehen, giebt es ja nur wenige, die sich einbilden, daß jetzt schon das absolut Richtige gefunden wäre. Bei organischen Gesetzen überhaupt bleibt doch immer die Schwierigkeit bestehen, daß man sich auf das Gebiet des Experimentirens begiebt. Eine neue Organisation, blos darauf basirt, daß die bisherige Organisation fehlerhaft geworden ist und hinkt, begiebt sich gewöhnlich auf das Gebiet des Experimentirens, und ich möchte wohl wissen, ob man sich bei Emanation der Städteordnung ganz klar darüber war und keinen Zweifel darüber hatte, wie die Handhabung derselben sich bewähren werde. Viele Vorschläge, welche die Regierung seit einer Reihe von Jahren gemacht hat, sind ihr nicht in voller Lebendigkeit als die einzigen richtigen erschienen, viele von den Beschlüssen, die Ihre Kommission gefaßt hat, laboriren an demselben Fehler. Herr v. Meyer hat darin gewiß Recht, und die Herren, von denen die Vorschläge ausgehen, werden ihm darin zustimmen müssen, daß es sich um ein Experiment handelt."

Also eines Experiments wegen, dessen Bedürfniß zweifelhaft, dessen Erfolg unsicher ist, soll eine Institution umgestaltet werden, die nach den eigenen Worten der Königlichen Regierung „bedeutende Dienste in Krieg und Frieden dem Preußischen Staatswesen geleistet" hat, deren Erfolge die Königliche Regierung „in hohem Grade würdigt", welche „nach allen Richtungen Bedeutendes geleistet und niemals dem Gemeinwesen ihre Dienste versagt" hat.

Es ist dies ein Vorgang, der in der Geschichte der Gesetzgebung ohne Beispiel dastehen dürfte.

Dazu kommt, daß, um die Ausführung jenes Experiments mit der Selbstverwaltung zu ermöglichen, eine Umgestaltung der altbewährten Kreisverfassung gar nicht einmal erforderlich zu sein scheint, indem das Experiment füglich auch dann gemacht werden könnte, wenn nur die obenerwähnten „Unvollkommenheiten" in der Zusammensetzung der Kreisvertretung beseitigt würden.

Wie die Beseitigung eines dieser Mängel in einfacher und zweckmäßiger Weise zu bewirken sein möchte, dafür findet sich ein Fingerzeig in den Kreisordnungen für die Provinz Sachsen vom 17. Mai 1827 und die Provinz Preußen vom 17. März 1828, wo im § 5 Folgendes bestimmt ist:

> „Wir wollen auch der ganzen Ritterschaft des Kreises gestatten, sich, wenn die Mehrheit derselben es wünscht, durch eine aus ihrer Mitte zu wählende Deputation auf den Kreistagen vertreten zu lassen."

Legt man, was hier der Ritterschaft freigestellt ist, derselben unter gewissen

Voraussetzungen als Pflicht auf, giebt man etwa, wenn die Stimmen der Ritterschaft die Hälfte der Gesammtzahl der Stimmen übersteigt, den beiden andern Ständen das Recht: entweder eine Verminderung jener Stimmen oder für sich eine verhältnißmäßige Vermehrung ihrer Stimmen, etwa unter Berücksichtigung der Steuerkraft, zu verlangen, und überweist man die nähere Ausführung der Sache dem Kreisstatute — so läßt sich ohne Schwierigkeit ein richtiges Zahlenverhältniß in der Kreisvertretung herstellen, wobei bemerkt werden mag, daß der von dem Herrn Minister Grafen Schwerin im Jahre 1860 vorgelegte Entwurf einer Kreisordnung dem großen Grundbesitz stets mindestens die Hälfte aller Stimmen zutheilen wollte.

Der vielleicht wichtigste Theil der Reform der Kreisverfassung würde hiernach durch Kreisstatut zu regeln sein. Erwägt man die auch durch die obenerwähnten Gutachten der Provinziallandtage konstatirte Verschiedenartigkeit der Bedürfnisse und Wünsche in den einzelnen Provinzen, erwägt man ferner die Mannichfaltigkeit der Verhältnisse in den verschiedenen Kreisen innerhalb einer Provinz, so scheint es in der That völlig unmöglich, allgemeine detaillirte Bestimmungen, die für alle Kreise passen, zu treffen, vielmehr scheint der einzig richtige Weg der zu sein, im Gesetze nur allgemeine Grundsätze aufzustellen, deren Anwendung auf die einzelnen Kreise nach Maßgabe des örtlichen Bedürfnisses der statutarischen Festsetzung überlassen bleibt.

Hiermit würde gleichzeitig dem Artikel 3. des Gesetzes vom 24. Mai 1853 insofern genügt werden, als für die Berücksichtigung der provinziellen Eigenthümlichkeiten durch die statutarische Regelung eine Garantie gegeben wird; auch findet sich ein Vorbild für diese Art der Rechtsbildung bereits in dem Gesetze, betreffend die Landgemeinde-Verfassungen in den sechs östlichen Provinzen vom 14. April 1856, das sich vortrefflich bewährt hat, wo die Regelung des Stimmverhältnisses in den Gemeinden gleichfalls dem Statute überwiesen ist.

Nicht größere Bedenken und Schwierigkeiten, wie die Herstellung eines richtigen Verhältnisses in der Zahl der Vertreter, würde die Beseitigung der anderen Unvollkommenheiten haben, an denen die Zusammensetzung der Kreisvertretung laborirt: wenn erstens bestimmt würde, daß sämmtliche Güter von einem Grundsteuerreinertrag von 1000 Thalern und mehr zum Stimmrecht berechtigen sollen, wobei die billige Rücksicht zu empfehlen sein möchte, daß bei Rittergütern geringeren Ertrages nur im Falle der Veräußerung an Fremde die Rechte verloren gehen sollen; und wenn sodann etwa angeordnet würde, daß der Käufer eines Gutes erst nach 3- oder 5jährigem Besitze oder vielleicht nach vorgängiger Aufnahme durch seinen Stand das Stimmrecht auszuüben befugt sein soll.

In dieser Art lassen sich also die wirklich vorhandenen Mängel der Kreisverfassung beseitigen, ohne die altbewährte Institution, welche nach allen „Richtungen Bedeutendes geleistet und niemals dem Gemeinwesen ihre Dienste versagt" hat, in ihren Grundlagen zu gefährden. Was über diese Aenderungen hinausgeht, dazu liegt im Allgemeinen ein praktisches Bedürfniß gewiß nicht vor, jedoch mag man in dem Gesetze Vorsorge treffen, daß, wo etwa in einzelnen Kreisen weitere Aenderungen, z. B. die Vertretung von Handel und Gewerbe auf dem Kreistage, erforderlich erscheinen, solche durch das Kreisstatut bewirkt werden können.

Dabei ist wiederholt hervorzuheben, daß vor Allem die Sonderung in Theile (itio in partes) aufrecht erhalten werden muß.

Es ist ein unrichtiger Weg, wenn man das Gleichgewicht auf dem Kreistage allein durch Veränderung des Zahlenverhältnisses in der Vertretung herstellen will. Auf diesem Wege die Rechte jedes einzelnen Standes zu wahren gegen Ueberstimmung durch Mehrheitsbeschluß, ist völlig unmöglich. Die denkbar beste Repräsentation nach jenem Gesichtspunkte wäre doch, wenn alle drei Stände gleich viel Stimmen hätten. Aber selbst dann, wo bleibt die Garantie, wenn zwei Stände sich vereinigen, um den dritten zu benachtheiligen? Eine endgültige, inappellable Entscheidung durch Majoritätsbeschluß, welche bei anderer Repräsentation unvermeidlich erscheint, ist mit der ständischen Verfassung unvereinbar.

Zwar wird in der Regierungs-Vorlage der Ausdruck „Stände" sorgfältig vermieden, allein die Macht der Thatsachen ist zu groß, als daß sich die Königliche Regierung derselben ganz hätte entziehen können. Die alten Stände: der große Grundbesitz, die Landgemeinden und die Städte, werden als „an sich naturwüchsige Gliederung", als „gesellschaftliche Gruppen, verbunden durch charakteristische Merkmale wirthschaftlicher und intellektueller Natur", noch beibehalten. Also auch die Regierungs-Vorlage enthält eine Art von Vertretung nach Ständen oder nach Berufsklassen aufrecht, für welche das eben Gesagte gleichmäßig Anwendung findet.

Gerade der Vorzug einer solchen Verfassung liegt darin, daß es nicht nöthig ist, einen Stand oder eine Berufsklasse der Tyrannei durch Mehrheitsbeschluß Preis zu geben, sondern daß sie in ihren Interessen durch Sonderung in Theile geschützt werden können — ein Schutz, der, falls dessen Handhabung durch zweckmäßige Bestimmungen gehörig ausgebildet ist, so weit überhaupt menschliche Institutionen Garantien zu geben im Stande sind, völlig und für alle Fälle ausreichend erscheint.

Die Königliche Regierung selbst ist früher davon ausgegangen, daß die Sonderung in Theile nicht zu entbehren sei, wie aus den im Jahre 1867 erlassenen Kreisordnungen für die Provinzen Hannover und Schleswig-Holstein und den Regierungsbezirk Kassel sich ergiebt, und auch jetzt scheint die Königliche Regierung es wohl gefühlt zu haben, daß mit der Sonderung in Theile eine Garantie für unparteiische Behandlung der Angelegenheiten fortfalle, denn sonst wäre es kaum erklärlich, weshalb in direktem Widerspruch mit der ausgesprochenen Absicht, „die bewährten kreisständischen Korporationen zu wahren Kommunalverbänden umzubilden", das Besteuerungsrecht derselben gegen früher beschränkt und das statutarische Recht auf ein Minimum herabgesetzt wird. Schon in den Bestimmungen des vorliegenden Gesetz-Entwurfs trägt also das unrichtige Prinzip seine Folgen, und die Selbstverwaltung der Kreise, statt sie zu befördern, wird verkümmert.

Am Schlagendsten aber wird durch die Ausnahmsbestimmungen für die Provinz Posen dargethan, daß die Vorschriften des Entwurfs keine Garantie geben für die Wahrung der Interessen und Rechte der Betheiligten, daß die Königliche Regierung und das Abgeordnetenhaus ihrem eigenen Werke mißtrauen.

Während die Regierungsvorlage nur die Vorschriften über die Amtsbezirke und die Anstellung von Amtsvorstehern für die Provinz Posen ausschließen will, soll nach §. 165. der Beschlüsse des Abgeordnetenhauses das ganze Gesetz bis auf Weiteres, vorbehaltlich der Einführung durch Königliche Verordnung, dort außer Anwendung bleiben. Es konstituirt dieser Paragraph für die in Rede stehende Provinz ein Ausnahmsgesetz, und zwar ein Ausnahmsgesetz sehr ungewöhnlicher Art, obgleich der Herr Ministerpräsident erst kürzlich, bei der Verhandlung des Herrenhauses über das Schulaufsichts-Gesetz vom 6. März d. J. (Stenographische Berichte S. 205), sich dahin ausgesprochen hat: „Ausnahmegesetze halte ich nicht annehmbar, das ist ein System, auf das die Regierung wiederum aus politischen Gründen ablehnt, einzugehen."

Der ausgesprochene Grund dieser Ausnahmsbestimmung, daß es bei der nationalgemischten Bevölkerung in der Provinz Posen an der Garantie für eine dem Landeswohl zuträgliche Anwendung der Kreisordnung fehle, ist gewiß ein zutreffender. Indessen abgesehen davon, daß es in einigen Theilen anderer Provinzen ähnliche Verhältnisse giebt, greift dieser Grund viel weiter. Außer den nationalen giebt es Gegensätze mancherlei Art, unter anderen die sozialen, welche auf dem Gebiete der Kreisordnung nicht minder tief oder wohl tiefer gehen, als jene: man denke nur an die sozial-demokratische Partei, vielleicht die Partei der Zukunft, wenn ihr durch fortschreitende Desorganisation unserer altbewährten Zustände die Wege geebnet werden.

Die Annahme, daß die Kreisordnung aus politischen Gründen für gewisse Landestheile augenblicklich nicht passe, führt nothwendiger Weise zu der Ueberzeugung, daß sie überhaupt auf falscher Grundlage beruht, daß sie keine objektive und dauernde Garantie bietet für allseitige Wahrung der Staats- wie der Lokal-Interessen. Ein Gesetz, welches diese Garantie nicht bietet, ist eben ein verwerfliches.

Schon aus den vorstehend entwickelten Gründen erscheint die Regierungsvorlage über die Kreisordnung im engeren Sinne und noch mehr die Vorlage nach den Beschlüssen des Abgeordnetenhauses unannehmbar. Diesen Gründen treten aber noch andere gewichtige Gründe hinzu.

Der zweite Titel des Gesetzentwurfs enthält eine Anzahl von Bestimmungen, welche sich auf die Verfassung der Landgemeinden beziehen. Indessen damit soll die Reform auf diesem Gebiete nicht abgeschlossen sein, vielmehr hat die Königl. Regierung in den Motiven, wie durch Erklärungen im Abgeordnetenhause, neben einer Provinzial-Ordnung auch die Vorlage einer kodifizirten Landgemeinde-Ordnung in nahe Aussicht gestellt, sobald die Kreisordnung zum Gesetz erhoben sein werde.

Das Herrenhaus, wenn es der Kreisordnung seine Zustimmung giebt, muß sich daher klar machen, daß es sich dabei nur um einen Theil eines Reformprojekts handelt, welchem weitere Reformen bald nachfolgen werden. Diese Erwägung und der Umstand, daß der vorliegende Entwurf schon in die Landgemeindeverfassung hinübergreift, machen es erforderlich, auch letztere in den Kreis dieser Betrachtungen zu ziehen.

Leidet die Kreisverfassung im engeren Sinne an einigen Unvollkommenheiten, welche zu beseitigen die Gesetzgebung unterlassen hat, deren Remedur aber auf statutarischem Wege jetzt nicht statthaft ist, so verhält es sich anders mit der Landgemeindeverfassung in den sechs östlichen Provinzen. Diese konnte sich bis zum Jahre 1846 durch Observanzen und kann sich seit dem Erlaß des Gesetzes vom

14. April 1856, insbesondere nach den §§. 4., 8. und 11. dieses Gesetzes, auf statutarischem Wege fortbilden; wo die Betheiligten säumig sind, ist den Aufsichtsbehörden eine gesetzlich geregelte weitgreifende Einwirkung gegeben, genügend, um alle Mängel zu beseitigen — allerdings auf einem für lässige Behörden unbequemen, aber für das Land heilsamen Wege der lokalen Untersuchung, Prüfung und Entscheidung.

Nach diesen Bestimmungen sind die Gemeindeverhältnisse in zahlreichen einzelnen Fällen geregelt worden; soweit es aber nicht ausreichend geschehen sein sollte, würde dies Schuld der leitenden und ausführenden Behörden sein, indem sie von den ihnen zustehenden Befugnissen keinen hinlänglichen Gebrauch gemacht hätten.

Demgemäß hat sich die Landgemeindeverfassung, den Bedürfnissen der Zeit entsprechend, fortentwickeln können, jedenfalls im Großen und Ganzen in der That auch fortentwickelt, und dabei erfreuen sich die Gemeinden eines so hohen Grades von Freiheit, wie sie die westlichen Provinzen mit ihren kodifizirten Gemeindeordnungen nicht kennen. Ein praktisches Bedürfniß zur Aenderung liegt nicht vor, das wird jeder anerkennen, der mit den Verhältnissen bekannt und dessen Blick nicht durch büreaukratische oder politisch befangene Anschauungen getrübt ist, und das ist auch in der That von früheren, wie von dem jetzigen Herrn Minister des Innern anerkannt worden.

Der Herr Minister Graf Schwerin hat bei Vorlegung des Entwurfs der Kreisordnung vom 21. März 1860 im Abgeordnetenhause sich in dieser Beziehung, wie folgt, geäußert: „Ich will mich hier nicht darüber äußern, vielmehr ganz dahingestellt sein lassen, ob es möglich gewesen wäre, in dem Rahmen des Gesetzes vom 11. März 1850 die Gemeindeverhältnisse in den östlichen Provinzen angemessen zu reguliren. Soviel ist unzweifelhaft, daß es nicht nur eine entgegengesetzte Strömung in den Regierungskreisen war, die sich der Ausführung entgegenstellte, sondern daß die konkreten Verhältnisse im Lande selbst sich mit großer Sprödigkeit dem entgegensetzten, so daß, nachdem einmal ein anderer Weg beschritten worden ist, es in keinerlei Weise zweckmäßig sein kann, auf den Weg zurückzugehen, der mit der Gemeindeordnung vom 11. März 1850 beschritten war. Vielmehr scheint es mir angemessen, zunächst noch innerhalb der Grenzen des jetzt geltenden Gesetzes den Weg weiter zu verfolgen, der später eingeschlagen worden ist, nämlich durch das Gemeindegesetz vom 14. April 1856. Worauf, meine Herren, kommt es bei der angemessenen Reorganisation der Gemeinden am wesentlichsten an? Auf die Stellung des Ortsvorstandes, auf eine angemessene Repräsentation der Gemeinden, Ordnung des Stimmrechts und endlich auf angemessene Vertheilung und Regulirung des Maßstabes für die Abgaben. Diese Verhältnisse lassen sich reguliren ohne eine neue Gemeinde-Ordnung. Das Gesetz von 1856 giebt dazu die Anknüpfungspunkte, namentlich in dem §. 4. bez. 11. und 12; ich glaube daher, ohne mit dieser Meinung hier abschließen zu wollen, daß es angemessen sein wird, für jetzt sich darauf zu beschränken, zu sehen, wie weit man auf dem Wege komme, durch konsequente und angemessene Anwendung der betreffenden Bestimmungen des Gesetzes vom Jahre 1856 die eben hervorgehobenen Momente lokal in der Gemeinde angemessen zu ordnen.“

Der jetzige Herr Minister des Innern hat sich in der Sitzung des Abgeordnetenhauses vom 19. Oktober 1869 folgendermaßen ausgesprochen: „Ich hatte ursprünglich die Absicht, eine Gemeinde-Ordnung vorzulegen, sie ist auch zum Theil ausgearbeitet. Ich bin aber davon zurückgekommen, diese Absicht zu effektuiren. Der Herr Abg. Miquél irrt, wenn er den Mangel einer Gemeinde-Ordnung in dem Sinne hervorhebt, daß er sagt, es existire kein Gemeindeleben auf dem platten Lande der sechs östlichen Provinzen. Das ist ein wirklicher Irrthum. Was uns fehlt, ist eine kodifizirte Gemeinde-Ordnung; aber diejenigen Gemeinden, die diesen Namen bei uns verdienen — ich gebe zu, daß es einige kleinere Gemeinden giebt, die einer Abhülfe bedürfen — diejenigen Gemeinden aber, die diesen Namen verdienen, haben ein sehr reges Bewußtsein derjenigen Verpflichtungen, welche ihnen obliegen, und sie haben sich in die Art und Weise, wie diesen Verpflichtungen nachzukommen sei, so hineingelebt, daß von irgend einem Mangel an gesetzlichen oder Gewohnheitsbestimmungen nicht die Rede ist. Unser kommunales Leben auf dem Lande ist ein ganz frisches — das werden mir diejenigen Herren bezeugen, die in der Lage sind, dasselbe aus der Nähe zu beobachten. Hätte ich nun eine Gemeinde-Ordnung vorgelegt, die mehr zum Nutzen der dieselben handhabenden Behörden, als zum Nutzen der Gemeinden gedient haben würde, die vor der Hand einen Mangel nicht fühlen, so wäre natürlich diese Gemeinde-Ordnung zuerst zur Berathung des Hauses gekommen 2c. 2c."

Während also der Herr Minister Graf Schwerin anerkannt und ausgesprochen hat, daß die wesentlichsten Punkte, worauf es bei der angemessenen Reorganisation der Gemeinden ankommt, sich ohne eine neue Gemeindeordnung reguliren lassen, während inzwischen im Verlauf von 12 Jahren Regulirungen vielfach stattgefunden haben: spricht der jetzige Herr Minister des Innern unumwunden aus — was durchaus richtig und zutreffend ist — daß „von irgend einem Mangel an gesetzlichen und Gewohnheitsbestimmungen nicht die Rede ist, unser kommunales Leben ein ganz frisches ist" und eine Gemeindeordnung „mehr zum Nutzen der dieselbe handhabenden Behörden, als zum Nutzen der Gemeinden gedient haben würde."

Ist hierdurch offiziell konstatirt worden, daß es sich bei der Landgemeindeverfassung der sechs östlichen Provinzen handelt: „um bestehende Einrichtungen, welche sich, als innerlich berechtigt und mit dem Volksleben verwachsen, auch durch ihre Leistungen bewährt haben"; daß ein praktisches Bedürfniß zur Aenderung nicht vorliegt: so darf mit Gewißheit behauptet werden, daß der Erlaß einer neuen kodifizirten Gemeindeordnung lediglich „ein legislatorisches Experiment nach theoretischen Gesichtspunkten" sein würde.

Ist aber, nach Ansicht der Königl. Regierung, die Vorlegung einer neuen Landgemeindeordnung eine nothwendige theoretische Konsequenz der Zustimmung zu dem vorliegenden Entwurfe der Kreisordnung, so müssen sich dadurch die Bedenken gegen Annahme dieses Entwurfes noch wesentlich erhöhen.

Ob und inwiefern aus sonstigen Bestimmungen des Gesetzentwurfs sich noch weitere Bedenken gegen Annahme der Vorschriften der Kreisordnung im engeren Sinne ergeben, das zu erörtern, würde hier nicht der Ort sein, es muß dies vielmehr späterer Berathung überlassen bleiben. Die seither erörterten Gründe aber werden mehr als genügen, um die Unannehmbarkeit darzuthun. Diese Unannehmbarkeit beruht nicht auf einzelnen Bestimmungen, sondern auf der Grundlage der Vorschläge, insbesondere in den Bestimmungen über die sogenannte Selbstverwaltung. Durch Amendirung wird daher kaum ein angemessenes Resultat herbeizuführen sein, die Ausarbeitung eines anderweiten Entwurfs auf neuer Grundlage kann aber nicht in der Aufgabe der Kommission liegen, wiewohl sie sich andererseits der Obliegenheit nicht entziehen darf, die Vorlage auch im Einzelnen zu berathen und nach bestem Wissen zu amendiren.

Deshalb wird es, wenn es nicht gelingt, durch Amendirung den Gesetzentwurf annehmbar zu machen, der Lage der Sache entsprechen, bei dem Herrenhause zu beantragen: unter Verwerfung der Vorlage die Königliche Staatsregierung zu ersuchen, daß zur Fortbildung der Kreisverfassung dem Landtage eine neue Vorlage unter Berücksichtigung folgender Punkte zu machen sei:

1. daß die Sonderung in Theile (itio in partes) beibehalten werde,
2. daß wo die Stimmen der Ritterschaft die Hälfte der Gesammtzahl der Stimmen übersteigen, den beiden anderen Ständen das Recht gegeben werde, entweder die Verminderung jener Stimmen (durch Wahl unter sich) oder eine verhältnißmäßige Vermehrung ihrer Stimmen, etwa unter Berücksichtigung der Steuerkraft, zu verlangen; die nähere Ausführung hiervon dem Kreisstatut zu überlassen,
3. daß sämmtlichen Gütern mit einem Grundsteuerreinertrag von 1000 Thalern und mehr ein Stimmrecht im Stande der Ritterschaft beigelegt werde, mit der Maßgabe, daß bei Rittergütern geringeren Ertrages im Falle der Veräußerung an Fremde das Stimmrecht verloren gehen soll,
4. daß in Erwägung genommen werde, ob nicht zu bestimmen sein möge, daß der Käufer eines Gutes erst nach vorgängiger drei- oder fünfjähriger Besitzzeit das Stimmrecht auszuüben befugt sein soll,
5. daß durch erweiterte statutarische Befugnisse die Möglichkeit gegeben werde, je nach dem Bedürfniß in den einzelnen Kreisen auch sonstige Aenderungen in der Kreisverfassung zu treffen, z. B. dem Handel und Gewerbe eine Vertretung darin zu gewähren,
6. Voraussetzung dabei ist, daß das Zustandekommen eines Kreisstatuts nicht lediglich von dem Belieben des Kreistages abhängen darf, sondern daß nöthigenfalls, auch ohne den Antrag des Kreistags, die erforderlichen Aenderungen etwa durch Königliche Verordnung auf das Gutachten des Provinzial-Landtages angeordnet werden können.

Glaubt man, daß durch den unter 2. ausgesprochenen Grundsatz die Ritterschaft noch zu sehr bevorzugt sei, so mag man das gedachte Recht den beiden andern Ständen schon dann beilegen, wenn die Stimmen der Ritterschaft die eines der beiden andern Stände an Zahl übersteigen. Unter Beibehaltung der Sonderung in Theile würde auch eine solche Bestimmung keinem wesentlichen Bedenken unterliegen.

Hat man aber Bedenken, dem Kreisstatut soviel zu überlassen, wie der vorstehende Antrag besagt, so würde, bei der großen Verschiedenheit der Verhältnisse, eine provinzielle Regelung der Sache unerläßlich sein, mithin der Antrag sich rechtfertigen:

> die Königliche Staatsregierung um die Vorlage provinzieller Gesetze zu ersuchen, ähnlich wie die im Jahre 1867 für die neuen Provinzen erlassenen Verordnungen.

Die alten Provinzen würden es schwer empfinden, wenn ihnen auch das versagt werden sollte, was den neuen Provinzen aus freien Stücken gewährt worden ist.

Dabei mag schließlich einem Einwande begegnet werden, welcher von konservativer Seite wohl gemacht wird, dahin gehend, daß es rathsam sei, die Vorlage um deswillen anzunehmen, weil die Besorgniß vorliege, daß sonst das Gesetz später in einer Gestalt werde erlassen werden, welche unsere Zustände noch mehr verschlechtern würde.

Einem solchen Einwande dürfte jede Berechtigung abzusprechen sein. Denn abgesehen davon, daß die Zeit wohl kaum in naher Aussicht steht, wo die Königliche Regierung und beide Häuser des Landtages einem Gesetze ihre Zustimmung geben sollten, welches die ländlichen Verhältnisse noch mehr zerrütten würde, wie die Vorlage nach den Beschlüssen des Abgeordnetenhauses, abgesehen hiervon ist hervorzuheben, daß die Emanation eines derartigen oder eines Gesetzes in der gemäßigteren Richtung der Regierungsvorlage in keiner Weise Sicherheit dagegen giebt, daß nicht später noch weiter gehende Aenderungen vorgenommen werden können; vielmehr wird der nächste politische Sturm Institutionen, die auf unrichtiger Grundlage beruhen, leicht beseitigen, gewiß leichter, wie die jetzige Kreisverfassung, welche ihre Widerstandsfähigkeit bereits lange Jahre hindurch bewährt hat.

Diejenigen Gegenstände anlangend, welche der Gesetzentwurf außer der eigentlichen Kreisordnung betrifft und welche vorstehend zum Theil schon mit berührt sind, so wird hier nicht der Ort sein, darauf näher einzugehen, vielmehr wird es sich empfehlen, dies erst bei den bezüglichen Abschnitten zu thun.

Die Kommission des Herrenhauses hatte demnächst den Entwurf im Einzelnen durchberathen und bezüglich der einzelnen Bestimmungen, wie sich dies aus den Bemerkungen zu denselben ergeben wird, größtentheils grundsätzlich abweichende Abänderungen in Vorschlag gebracht, schließlich aber den von ihr dergestalt amendirten Entwurf im Ganzen nicht angenommen, sondern dem Herrenhanse die Verwerfung empfohlen. Bei der Berathung, welche über den Kommissionsbericht in den Sitzungen vom 22. Oktober bis 31. Oktober 1872 im Herrenhause stattfand, hatte der Minister des Innern Graf zu Eulenburg in der Sitzung vom 22. Oktober 1872 sich, wie folgt, ausgesprochen:

„Meine Herren! Was den Antrag betrifft, über welchen Graf Brühl zuletzt gesprochen hat, so geht er doch nicht darauf hinaus, den Provinzialständen Befugnisse in Bezug auf die Regelung der Kreisordnungen beizulegen, sondern er ist dahin gerichtet, die Königliche Staats-Regierung um die Vorlage provinzieller Gesetze zu ersuchen. Ich halte dies für einen Weg, der nicht zum Ziele führt, schon aus dem einfachen Grunde, weil die möglicherweise wünschenswerthe Verschiedenheit der Kreisverfassungen in den älteren Provinzen sich nur auf die Frage erstrecken könnte: wie ist der Kreistag zusammenzusetzen? Giebt es aber nur einen einzigen Punkt, um den die Verschiedenheit sich drehen kann, so ist es durchaus unerfindlich, warum man dieser Verschiedenheit in so und so viel Gesetzen Ausdruck geben soll. Man kann die Bestimmungen über die wichtigen Materien, welche für alle Provinzen gemeinschaftlich geregelt werden können, in einem gemeinschaftlichen Gesetze niederlegen und für die Punkte, bei welchen man glaubt, provinziellen Verschiedenheiten Rechnung tragen zu müssen, in einem Paragraphen des gemeinschaftlichen Gesetzes bestimmte Vorkehrungen treffen, oder die Regelung derselben, sei es Königlicher Verordnung, sei es der Autonomie der ständischen Versammlungen der einzelnen Provinzen überlassen.

Ich kann nicht dazu gelangen, die Feststellung der Kreisordnungen auf dem Wege provinzieller Gesetze für etwas zum Ziele Führendes anzusehen. Vielmehr glaube ich, daß innerhalb der alten Provinzen, für welche diese Kreisordnung zunächst bestimmt ist, so viel Homogenität derjenigen Verhältnisse, welche durch die Kreisordnung geregelt werden sollen, besteht, daß es theoretisch und praktisch gerechtfertigt erscheint, für dieselben nur Eine Kreisordnung ins Leben zu rufen. Ich spreche mich daher ganz bestimmt gegen den Antrag der Kommission aus, und bin überzeugt, daß derselbe bei dem Hause keinen Anklang finden wird. Vielmehr hoffe ich, daß man geneigt sein wird, zunächst den weiteren Kommissionsbericht zur Grundlage einer eingehenden Berathung zu machen.

Ich will nun auf diejenigen Einwürfe und Bedenken, die im Allgemeinen gegen das Projekt der Regierung erhoben worden sind, auch im Allgemeinen antworten. Meine Herren! Schon der Kommissionsbericht setzt auseinander, welche Vorwürfe seit einer langen Reihe von Jahren der Zusammensetzung der Kreistage gemacht worden sind und welche Uebelstände aus der bisherigen Kreisverfassung hervorgegangen sind. Er meint dann aber, es wäre ja einfach, diese Schäden zu repariren, diejenigen Verbesserungen vorzunehmen, welche allseitig als nothwendig erkannt würden, und auf diese Art ein Institut, das sich bewährt habe, zu verbessern, ohne an seinen Grundfesten zu rütteln. Ich gebe zu, daß bis vor einer Reihe von Jahren dieser Weg der richtige gewesen wäre, und ich bedaure mit dem Herrn Referenten, daß die Gesetzgebung früher diesen Weg nicht eingeschlagen hat. Allein sie hat es nicht gethan, und der fehlerhafte Zustand ist bestehen geblieben, bis neue großartige staatliche Zustände eingetreten sind, welche nun die Verbesserung nicht bloß an und für sich noch nothwendiger machten als früher, sondern derselben eine Richtung anwiesen, an welche bis dahin noch nicht gedacht worden war.

Ich bin gern bereit, das zu wiederholen, was die Motive zum Kreisordnungs-Entwurfe sagen, daß die Kreisvertretungen bisher Bedeutendes geleistet und niemals dem Gemeinwesen ihre Dienste versagt haben. Allein, meine Herren, ich folgere daraus nicht, daß das Institut intakt bleiben müsse, sondern ich argumentire so: Es steckt in der Abgrenzung unserer Kreise, in der Art, wie die Kreiseingesessenen mit einander in Berührung kommen, in der Gemeinschaftlichkeit ihres Wirkens, in der gemeinschaftlichen patriotischen Aufopferung, die sie oft im Fall gewesen sind, an den Tag legen zu müssen, ein Bindemittel, welches die Kreiskorporationen zu ausgezeichneten Leistungen befähigt, und zwar zu viel größeren und nachhaltigeren, als sie ihnen bisher zugemuthet worden sind.

Der Ruf nach Selbstverwaltung ist nicht, wie hier gesagt wurde, als eine offiziöse Redensart in die Welt geschleudert worden, sondern, wo der Wunsch nach Selbstverwaltung im Volke lebendig geworden ist, hat die Regierung demselben ihr Ohr weder verschließen können noch wollen. Meine Herren! Die Selbstverwaltung drückt sich nicht darin aus, daß man, statt ein paar Beamte, ein paar Nichtbeamte an den grünen Tisch zusammensetzt: aber sehen Sie sich doch um, ob nicht in den letzten 30 Jahren ein reges Leben in die Bevölkerung gekommen ist, reger, als man es ahnen und erwarten konnte. Was hat eine Provinzial-Regierung heutzutage zu thun, und was hatte sie früher zu thun? Früher mußte sie belehren, treiben, anregen; heutzutage ist ihre Hauptaufgabe zu regeln, zu beaufsichtigen, was gährt und kocht, und sich selbst die Wege bahnt — das sind Symptome der keimenden Selbstverwaltung. Die Leute verwalten sich selbst in der Familie, in den Kommunen, sie wollen es auch in den größeren Kreisen; für den Staat kommt es darauf an, diese emporsprudelnde Quelle zu fassen und nutzbar zu machen.

In dem Augenblicke, wo das Bedürfniß nach Abänderung der bisherigen Kreisverfassung deshalb, weil sie fehlerhaft war, zusammenfiel mit dem allgemeinen Ruf nach Selbstverwaltung, mußte der Plan, den die Regierung aufstellte, ein ganz anderer werden, als er früher sein konnte, es mußte der höheren Leistungsfähigkeit der Kreise auch zugetraut werden, höhere kommunale Pflichten zu übernehmen, und dem Staate die Erfüllung seiner Pflichten zu erleichtern. So kann ich das Lob, welches ich der Tüchtigkeit der früheren Kreistage gern gezollt habe, sehr wohl mit dem Wunsch nach Umgestaltung der bisherigen Verhältnisse verbinden, ohne daß daraus der Vorwurf der Inkonsequenz erhoben werden könnte, und um so mehr, wenn sich die neue Institution an das anschließt, was wir bisher hatten. Daß die Vorschläge der Regierung ein vollständiges Losreißen von der bisherigen geschichtlichen Entwickelung der Institution enthielten, kann ich nicht zugeben; die Stände, in dem Sinne, wie der Herr Graf von Brühl sie bestehen zu lassen wünscht, kann ich nicht für haltbar anerkennen; ich glaube aber, wir können ein Analogon dazu konstruiren, wir können gesellschaftliche Gruppen zusammenfassen, Stände in dem alten feudalen Sinne sind nicht aufrecht zu erhalten, ebensowenig nach meiner Ansicht das obrigkeitliche erbliche Amt; aber ich halte es für eine verständige Regung der liberalen Parteien, wenn sie von ihren früheren Wünschen und Bestrebungen nach Verallgemeinerung aller Rechte zurückgekommen sind, und im Einverständnisse mit der Regierung wenigstens die Stände so weit aufrecht zu erhalten resp. zu reorganisiren gesucht haben, als die jetzige Gestaltung der bürgerlichen Gesellschaft Anhaltspunkte dafür bietet.

Die Regierung will eine Umgestaltung der Kreisvertretung und der Kreisverwaltung, welche, anschließend an das bisher Bestandene, dasselbe in so weit modifizirt, als erforderlich erscheint, um die wirklich leistungsfähigen Kräfte des Kreises mehr als bisher zur Entwickelung einer materiellen und intellektuellen Thätigkeit gelangen zu lassen. Die Regierung will, daß ein Theil derjenigen Funktionen, die bisher von staatlichen Organen ausgeübt worden sind, auf Organe der Selbstverwaltung übergehe; sie hat die feste Ueberzeugung, daß diese Organe sich finden werden, sobald die Bedeutung der ganzen Institution zum klaren Bewußtsein der Bevölkerung gekommen sein wird. Es liegt absolut kein Mißtrauen gegen Beamte vor, aber ein Vertrauen zu Nichtbeamten.

Die Regierung wird es nicht zugeben, daß die Selbstverwaltung die

Autorität des Staats, des Königs untergrabe. Finden Sie irgend etwas in dem Entwurfe, was in dieser Beziehung Bedenken zuläßt, so werden Sie die Regierung bereit finden, Ihren Ansichten sich anzuschließen. Bei aller Anerkennung der Berechtigung zur freien Entwickelung der Volkskräfte wird man immer festhalten müssen, daß, wenn eine gedeihliche Wirksamkeit derselben möglich sein soll, die starke Hand des Staates und seine Autorität nicht störend und hemmend, aber beaufsichtigend und regelnd auf ihnen liegen muß. Ich denke, daß diesen Anschauungen in dem Entwurfe vollständig Rechnung getragen worden ist. Ich komme zur gutsherrlichen Polizei. Rufe nach Aufrechthaltung derselben erschallen nur sehr vereinzelt: sie haben meiner Ansicht nach keine Berechtigung. Lassen Sie mich Ihnen ein Beispiel geben, wohin dergleichen Polizei führt. Der bekannte Fall des muthmaßlich geraubten Böckler'schen Kindes hatte Veranlassung gegeben, etwa 47 sogenannte Zigeuner in Stettin, Landsberg, Polnisch-Lissa und Flatow zu arretiren. Von diesen 47 hatten 46 Legitimationspapiere, aber nur 3 hatten Gewerbescheine zum Umherziehen. 44 Vagabonden zogen im Lande umher als Musiker, Seiltänzer, Kesselflicker, Wahrsager, kein einziger hatte die Berechtigung zum Gewerbebetriebe im Umherziehen, aber keiner polizeilichen Behörde ist es eingefallen, danach zu fragen.

Ich frage Sie, meine Herren, ist ein solcher Zustand aufrecht zu erhalten gegenüber der Beweglichkeit, welche die Bevölkerung überhaupt zeigt? Man klagt, man könne sich nicht vor Vagabonden retten, aber wer trägt die Schuld? Die ländliche Polizei selbst, welche die erste sein sollte, Hand anzulegen. Ich glaube, daß dieser Zustand unmöglich aufrecht erhalten werden kann, ich glaube, daß er zweckmäßig verbessert wird durch die Art und Weise, die der Entwurf vorschlägt.

Endlich der Kostenpunkt. Da der Herr Finanzminister bereits den Etat dem Abgeordnetenhause vorgelegt hat, so kann ich sagen, daß die Regierung diejenigen Provinzen, welche bisher Provinzialfonds noch nicht hatten, mit solchen ausstatten will; sie will diese Fonds schon jetzt flüssig machen, den Zeitpunkt der Ausantwortung derselben an die Provinzen aber von dem Abschlusse der Gesetzgebung über die Verfassung und Verwaltung derselben abhängig machen. Wir wollen bei der Abmessung der Summen, welche zu gewähren sein werden, das Verhältniß des Flächenraums und der Einwohnerzahl von Hannover zu dem Flächenraum und der Einwohnerzahl der noch zu dotirenden Provinzen zum Grunde legen. Wir wollen außerdem zu Kreisverwaltungszwecken eine Summe geben, die ungefähr der sich anschließt, die die Kommission des Herrenhauses arbitrirt hat, etwa 2500 Thlr. für jeden Kreis, und es würde sonach ungefähr eine Summe von 1 Million Thalern zu Kreisverwaltungszwecken verwendet werden können. Wenn ein solcher Vorschlag der Regierung von den Häusern acceptirt wird, so werden die Bedenken wegen des Geldpunktes, die ihrer Natur nach sonst schwer wiegen würden, wohl an Gewicht verlieren.

Es bleibt mir noch ein Wort zu erwidern übrig auf die Klage über den unerträglichen Zwang, der gegen den Staatsbürger ausgeübt werden wird, wenn die Selbstverwaltung ihn zwingt, seine Zeit und Kräfte dem Staate zu widmen, ohne daß er dazu Lust hat. Dieser Klage gegenüber charakterisire ich den Entwurf und seine Absicht so: Er will die allgemeine Dienstpflicht, die auf dem militairischen Gebiete Preußen groß gemacht hat, auf das bürgerliche Gebiet übertragen. Die allgemeine Dienstpflicht, sie ist die Parole, die ich ausgebe, sie ist das Motto des Kreisordnungs-Entwurfes. (Bravo!)"

und des Weiteren äußerte der Minister des Innern Graf zu Eulenburg in der nächsten Sitzung vom 23. Oktober 1872:

Meine Herren! Ich glaube, es giebt kaum ein unheimlicheres Gefühl als das, welches Jemand hegt, der aus einem gemüthlichen Hause, das er allein bewohnt, wenn es auch klein gewesen ist, herausgehen soll, um in ein größeres zu ziehen, was er noch mit einem Andern theilen muß. So ungefähr kommt es mir vor, wenn Herr von Kleist mit der ihm aus dem Herzen kommenden Wärme die Position verficht, in der er und seine Standesgenossen sich bisher befunden haben, und ich kann diese Wärme durchaus erklärlich finden. Ich bin nun in keiner sehr günstigen Lage, wenn ich dem gegenüber, mit prosaischer Kritik, entgegnen muß, daß, so gemüthlich die Stellung sein mag, sie in den Augen der Regierung ganz unhaltbar ist, wie ich dies schon gestern erklärt habe.

Stände in dem Sinne, wie sie jetzt existiren, sind in der neuen Kreis-Ordnung nicht mehr aufrecht zu erhalten, sie sind es schon deshalb nicht, weil eben aus der Kreisvertretung eine Institution hervorgehen soll, die Herr von Kleist zu meiner großen Befriedigung selbst als eine gut gedachte und hoffentlich wirksame ansieht; denn die Kreisvertretung soll die Mutter des Ausschusses werden, und wenn die Kreisausschüsse wirken sollen, so dürfen sie nicht aus ständischer Vertretung hervorgehen, sie müssen hervorgehen aus der Mitte der Bevölkerung, über die sie sitzen sollen, und die zu ihnen das Vertrauen haben muß, daß sie die Besten und Fähigsten des Kreises in sich schließen. Sie sagen: Die Stände sind Glieder des Staates, die Beine des Staates. Ich will diese Definition zugeben, allein die Stände, die Rittergutsstände, wie sie sich bei uns gestaltet haben, leiden an Mängeln, die selbst in dem Kommissionsberichte hervorgehoben sind.

Eine große Anzahl von Rittergutsbesitzern ist nicht mehr das, was dereinst ein Rittergutsbesitzer vorstellte, sie sind an den Beinen, von denen Herr von Kleist spricht, die podagristischen Erscheinungen. Ich will den Stand in dem Sinne, daß er ein Glied, ein Bein, ein Stützpunkt des Staates sein soll, gewiß aufrecht erhalten, aber nicht dadurch, daß ich ihn abschließe, sondern dadurch, daß ich die einzelnen Stände sich gegenseitig zugänglich mache. Ich halte es für wünschenswerth, den Uebergang von einem Stand in den anderen zu erleichtern und dadurch die Bevölkerung zu heben, während die Abschließung der Stände zum Drucke führt. Ich theile die Ansicht, die Herr von Kleist über die Bauern im Allgemeinen ausgesprochen hat. Der Bauer ist nicht freigebig, er bleibt Bauer, auch wenn er zwei große Bauergüter hat; aber er bleibt es gewiß, wenn Sie ihn durch Gesetz ein für alle Mal zum Bauer stempeln, er wird möglicherweise etwas mehr, er wird Rittergutsbesitzer, wenn Sie ihm die Schranken öffnen und ihn nach und nach in bessere Gesellschaft einführen. Herr von Kleist hat mit Wärme diejenigen Herren widerlegt, die den Satz aufgestellt haben, daß man gar keine Elemente für die Ausschüsse finden werde. Er hat mit Recht hervorgehoben, daß wir sie nicht nur finden werden, sondern daß mit den Pflichten und Rechten, die ihnen zugetheilt werden sollen, auch ihre Kräfte wachsen werden. Ich behaupte dasselbe von den Kreisständen, wie der Entwurf sie einzuführen gedenkt. Lassen Sie die Nicht-Rittergutsbesitzer hineintreten in diese Kreisversammlungen, die jetzt mit mehr Rechten und Pflichten ausgestattet sein werden, als früher; stellen Sie sie den früher vor ihnen Bevorzugten gleich, so werden Sie auch das Gefühl und die Lust in ihnen wachrufen, sich auch innerlich ihm gleichzustellen wagen, und Sie werden in dem bisherigen Bauern nach und nach einen Schlag Menschen heranziehen, der es wohl würdig ist, neben dem Rittergutsbesitzer in den Kreisversammlungen zu sitzen.

Herr von Kleist macht mir den Vorwurf der Inkonsequenz namentlich darin, daß ich bei Reorganisation der neu hinzugetretenen Provinzen einfach die Kreisverfassung Preußens dort eingeführt hätte, während ich jetzt damit umginge, die Preußischen Kreise radikal umzugestalten. Das ist nicht ganz richtig. Erstlich waren die Verhältnisse damals ganz andere als jetzt, ich hatte als Beirath nur Vertrauensmänner, während mir jetzt die Landesvertretung zur Seite steht; ich konnte durchgreifende große Gesetze nicht füglich machen, und mußte mich auf das beschränken, was nothwendig war, um die dort bestehenden Einrichtungen mit denen Preußens zu amalgamiren. Allein schon damals ist bei den sämmtlichen Kreisverfassungen in den neuen Provinzen der durchschlagende Grundsatz zum Ausdruck gebracht worden, daß der Rittergutsbesitzerstand als solcher nicht mehr repräsentirt, sondern als Großgrundbesitzer qualifizirt wurde und im Durchschnitt, wenigstens mit geringen Ausnahmen, in den Kreisvertretungen nur ein Drittel der Stimmen hatte. Das sind Grundsätze, die damals schon maßgebend waren und die ich jetzt nur in anderer Form auf die neue Kreisvertretung in Anwendung bringen will. Sie sagen von meinen Vorschlägen, ich ginge radikal vor und wollte die bisherige Kreisvertretung mit Stumpf und Stiel ausrotten. Das ist eine Behauptung, aber es wird andere Leute geben, die die Kreisordnung lesen und studiren und mir beistimmen werden, wenn ich sage, ich schließe mich so viel als irgend möglich an die bisherigen Institutionen an und ändere nur soweit, als ich glaube, daß es absolut nothwendig ist.

Daß die Kreistage bisher ihre Pflicht erfüllt haben, habe ich schon gesagt; es wird mir heute wieder vorgeworfen, daß ich eine durchaus gesunde Institution beseitigen wolle. Ich will sie nicht beseitigen, ich mit sie verbessern. Es wäre doch eigenthümlich gewesen, wenn wir nun nach dem Kriege von 1866 und 1870 hätten sagen wollen: wir haben unsere Feinde mit Zündnadelbüchsen todtgeschossen, darum werden wir in unserem Leben nichts weiter wie Zündnadelbüchsen gebrauchen; ich denke, meine Herren, wir sind bei der Arbeit, die Zündnadelbüchsen abzuthun und ein besseres Gewehr einzuführen. So will ich es mit dem Kreistage machen. Das Prinzip derselben ist richtig, die Manipulation war, soweit die früheren Zeitumstände es verlangten, hinreichend und wirksam, jetzt, meine ich, ist sie es nicht mehr, und es kann, glaube ich, für den Krieg wie für den Frieden keine größere Aufgabe geben, als auf der Hut zu sein und darauf zu wachen, daß wir in jeder Beziehung mit unseren Einrichtungen an der Spitze bleiben und keinen Anderen an uns vorbeikommen lassen. Die Thätigkeit, die wir jetzt im Innern entwickeln müssen, nachdem der glorreiche Krieg uns hoffentlich lange Zeit Frieden geschaffen hat, ist gegen früher eine so exorbitante, daß diejenigen Werkzeuge, die wir bisher benutzten, nicht mehr ausreichen, sondern daß darauf Bedacht genommen werden muß, sie den Anforderungen anzupassen, die an sie gestellt werden. Nur aus diesem Grunde, und aus den Motiven heraus, die ich gestern die Ehre hatte, auseinanderzusetzen, ist die Regierung an das Werk gegangen, die Kreisstände zu reorganisiren. Ich muß den Vorwurf, als ob die Regierung bei diesem ganzen Procedere kein anderes Motiv gehabt habe, als das Drängen liberaler Parteien, absolut zurückweisen. Nicht liberale Parteien sind es, die gedrängt haben, sondern Anschauungen, die in einer Zeit sich gebildet haben, in der die Welt wie in den letzten zehn Jahren ein ganz anderes Gesicht bekommen hat. Wenn liberale Parteien veränderten Anschauungen einen Ausdruck geben, so kann man von denjenigen, die dieselben Anschauungen haben, nicht sagen, sie seien von liberalen Parteien gedrängt; ein Theil dieser Anschauungen ist meiner Ansicht nach ein durchaus berechtigter, und nicht bloß meiner Anschauung nach, sondern auch nach der Anschauung der ganzen Regierung, wie sie jetzt konstituirt ist.

Wenn wir Maßregeln vorschlagen, die einem Theil dieses Hauses liberal erscheinen, so sind wir deshalb nicht liberal geworden; wir bilden uns ein, erst recht konservativ zu sein, indem wir die nothwendig erachteten Verbesserungen zur richtigen Zeit und in der richtigen Form zur Ausführung zu bringen suchen. Sie sagen: wir gehen gegen die alten Kreistage jetzt vor, wo die Tage ruhig sind; wir würden sie noch einst vermissen! Sie haben in dem Konflikt einen guten Dienst geleistet und wenn ein Konflikt wiederkommt, so werden wir noch nach ihnen rufen. Meine Herren! Der Konflikt — war er denn ein Streit, dessen Folge weiter nichts ist, als daß der Besiegte nach Revanche schreit? Ich glaube nicht. Ich glaube, der Konflikt war ein Läuterungsprozeß für alle Parteien, und allen Parteien werden daraus Vortheile erwachsen nnd sind ihnen erwachsen. Gerade auf dem Boden dessen, was wir während der Konflikszeit gelernt haben, ist eine Reihe der Gesetze entstanden, die in den letzten sechs oder acht Jahren emanirt sind. Schwierigkeiten der Ausführung derselben haben sich natürlich geboten. Wie sollte es anders sein?

Herr von Kleist hat Recht: es entwickelt sich fast über jeder Gesetzgebung, die liberalere Anschauungen zur Geltung bringt, eine gewisse radikale Athmosphäre. Ich gebe dies zu und gerade in den Ausführungsperioden liegt die ganze Schwierigkeit. Auch in Bezug auf die Ausführung der Kreis-Ordnung, wenn sie zu Stande kommen sollte, wird eine solche radikale Atmosphäre sich verbreiten. Aber seien Sie sicher, sie ist vorübergehend.

Verzweifeln Sie darum nicht, haben Sie mehr Muth, als Sie zu haben scheinen. Sie vertheidigen bisher Besessenes als gut und wollen sich dem Besseren verschließen; Sie haben den Muth nicht, Sie haben das Zutrauen nicht zu der Bevölkerung, welches die Regierung hat. Mit denselben Gefühlen haben wir gekämpft, als wir in den Krieg gingen. Wir sind nicht siegesgewiß gewesen, wir haben die Möglichkeit eines argen Revers vorausgesehen.

Aber wir hatten die Ueberzeugung, daß, wenn wir einmal geschlagen würden, dann würden wir uns desto glorreicher wieder erheben. So wollen wir es auch jetzt machen! Versuchen Sie es einmal mit der Kreis-Ordnung!

Das Herrenhaus faßte seine Beschlüsse in gleichem Sinne, wie seine Kommission dies gethan hatte. Es nahm die Bestimmungen der einzelnen Paragraphen fast überall in derjenigen Fassung an, welche die Kommission vorgeschlagen hatte, lehnte demnächst aber das gesammte Gesetz, wie es sich nach den einzelnen Beschlüssen gestaltet hatte, in namentlicher Abstimmung mit 145 gegen 18 Stimmen ab, wobei sowohl die rechte Seite des Hauses, wie auch dessen linke Seite gegen den so veränderten Kreisordnungs-Entwurf stimmte. Es wurde darauf ein Antrag, den von Below gestellt hatte:

„die Königliche Staats-Regierung zu ersuchen:
einen Gesetz-Entwurf vorzulegen, welcher die Normativbestimmungen zu einer Kreisordnung für die gesammte Monarchie enthält,
gleichzeitig aber
behufs der Berücksichtigung berechtigter Eigenthümlichkeiten und Verschiedenheiten in den einzelnen Provinzen den entsprechenden Spielraum durch Zulassung provinzial- und kreisstatutarischer Anordnung gewährt. Diese können nach Bedürfniß durch Königliche Verordnung, nach Anhörung der Provinzialvertretung, erlassen werden."

mit 100 gegen 64 Stimmen angenommen.

Zufolge dieser Abstimmungen wurde die Landtagssession geschlossen, der Landtag jedoch alsbald auf den 13. November 1872 zu einer neuen Session wieder einberufen, und hierbei dem Abgeordnetenhause der Entwurf der Kreisordnung anderweit vorgelegt, wie er aus den Berathungen des Staats-Ministeriums auf Grund eines Kompromisses mit Vertretern derjenigen Fraktionen des Abgeordnetenhauses, welche sich dem Zustandekommen der Kreisordnung früherhin im Allgemeinen günstig gezeigt hatten, andrerseits unter Berücksichtigung derjenigen Wünsche sich gestaltet hatte, welche von der neugebildeten Fraktion des Herrenhauses zur Geltung gebracht worden war, die unter Führung des Grafen von Münster sich für die Förderung der Kreisordnungsreform interessirt hatte. Der Minister des Innern Graf zu Eulenburg brachte diesen neuesten Entwurf, welcher mit der jetzt emanirten Kreisordnung gleichlautend ist, mit folgender Rede ins Abgeordnetenhaus (Sitzung vom 16. November 1872):

„Zum dritten Male, meine Herren, lege ich Ihnen den Entwurf einer Kreis-Ordnung vor. Während der letzten Berathung über den Entwurf im Abgeordnetenhause hat sich ein Einverständniß mit der Regierung nicht überall herausgestellt, die Regierung hatte gegen einzelne Beschlüsse des Abgeordnetenhauses Bedenken, hoffte aber zu einem ausgleichenden Resultate durch das Hinüberschieben des Gesetz-Entwurfes von einem Hause zum andern mit der Zeit zu gelangen; diese Hoffnung ist, wie Ihnen bekannt, nicht in Erfüllung gegangen. Es kommt jetzt darauf an, den Gesetz-Entwurf auf's Neue in Angriff zu nehmen, und es war Zeit für die Regierung, nun mit Bestimmtheit in dem neuen Entwurfe klar zu legen, welche Beschlüsse des Abgeordnetenhauses für sie annehmbar seien, welche nicht. Die Zahl derjenigen Beschlüsse, welche die Regierung geändert zu sehen wünscht, ist nicht groß, aber sie legt auf ihre Abänderungs-Vorschläge um so größeren Werth. Motive habe ich dem Gesetz-Entwurf nicht beigegeben, weil ich nur hätte schreiben können, was doch eigentlich Ihnen Allen bekannt ist. Ich darf mich deshalb wohl darauf beschränken, auf diejenigen Hauptpunkte aufmerksam zu machen, welche in den jetzigen Entwurf eine Neuerung gegen die Beschlüsse des Abgeordnetenhauses bringen. Ich folge dabei der Zahl der Pragraphen des neuen Entwurfs.

Die §§. 17 und 18 handeln von der Befreiung von den Kreisabgaben. Das Abgeordnetenhaus wollte den Dienstwohnungen keine Befreiung zu Theil werden lassen, und wollte auch das Diensteinkommen der Beamten und Geistlichen in demselben Maße zu den Kreisabgaben heranziehen, wie das Einkommen der übrigen Kreisangehörigen. — Dies wünscht die Regierung geändert, sie glaubt, daß die Kreisordnung nicht der Platz sei, um eine Steuerfrage von so großer Bedeutung gelegentlich hier zu entscheiden. Die Frage der Kommunal-Besteuerung ist eine prinzipielle und wird in einem nur dieses Thema behandelnden Gesetze besser entschieden werden, als gelegentlich bei der Kreisordnung. Die Regierung schlägt Ihnen deßhalb vor, als definitiv befreit alle diejenigen Kategorien aufzunehmen, über die eine Meinungsverschiedenheit zwischen den verschiedenen legislativen Faktoren nicht existirt, in Bezug auf die Dienstgrundstücke und Beamten aber die jetzt geltende Gesetzgebung auch in Bezug auf die Kreisverhältnisse bestehen zu lassen, jedoch mit Hinweisung auf eine spätere Regulirung dieser Frage im Allgemeinen.

Der zweite Punkt ist die Bildung der Amtsbezirke. Was ein Amtsbezirk zu erfüllen haben soll, darüber sind Regierung und Abgeordnetenhaus einer Meinung, das Abgeordnetenhaus aber hatte geglaubt, als nähere Präzisirung des Begriffes eines Amtsbezirkes und zugleich als Instruktion für die Ausführung des Gesetzes Zahlen in das Gesetz aufnehmen zu müssen, welche bei der Bildung der Amtsbezirke maßgebend sein sollten, sowohl wenn es sich darum handelte, eine einzelne Gemeinde zu einem Amt zu machen, als auch namentlich wenn es sich darum handelte, den Amtsbezirk aus mehreren Gemeinden und Gutsbezirken zusammenzusetzen. Diesen Zahlen war eine Menge von Vorbehalten in der Art beigefügt, daß gesagt war, die Zahlen sollten nur im Allgemeinen Normativbestimmungen sein, es sei aber gestattet, unter den und den Umständen von diesen Regeln abzuweichen. Die Regierung ist der Ansicht, daß eine solche Instruktion, die zudem noch mit einer Menge von Kautelen und Ausnahmen umgeben ist, nicht in das Gesetz gehört, sondern daß hinreichender Anhalt für die Ausführung des Gesetzes schon in den Bestimmungen enthalten sei, welche überhaupt über den Begriff des Amtsbezirks, seine Bedeutung und seine Aufgabe handeln. Rechnet man dazu, daß grade diese Zahlenbestimmungen in vielen Kreisen Besorgnisse wegen der Ausführbarkeit des Gesetzes hervorgerufen haben, so hat die Regierung zu dem Entschlusse kommen müssen, Ihnen vorzuschlagen, diese Zahlenbestimmungen fortzulassen. Der neue Entwurf bringt sie nicht mehr.

Der dritte Punkt ist die Ernennung des Amts-Vorstehers. Sie erinnern sich, daß darüber Einverständniß herrschte, daß der Amts-Vorsteher ernannt werden sollte, es kam nur darauf an, aus welchen Personen derselbe zu nehmen sei. Die Vorschläge des Abgeordneten-Hauses gingen dahin, daß der Kreistag eine Liste der zum Amte Befähigten vorlegen und daß der Ober-Präsident gehalten sein sollte, aus dieser Liste seine Ernennungen vorzunehmen. Es sind Bedenken darüber aufgestoßen, ob es nicht vorkommen könne, daß ein Kreistag aus irgend einer falschen Auffassung Personen aus dieser Liste wegließe, welche zu dem Amte eines Vorstehers vollständig befähigt seien und daß es daher, unter Umständen, unthunlich sein werde, die Ernennung eines durchaus Befähigten vorzunehmen, blos deshalb, weil sich sein Name nicht in der Liste finde. Die verschiedenen Vorschläge, welche gemacht worden sind, um diesem Mangel der Bestimmungen abzuhelfen, haben die Regierung dahin geführt, Ihnen zu rathen, schon hier in dem Gesetze auszusprechen, daß solche Abhülfe nothwendig sei, die Form der Abhülfe aber dem künftigen Provinzial-Gesetze, der Provinzial-Ordnung, vorzubehalten.

Der vierte Punkt ist der Erlaß von Polizei-Verordnungen Seitens der Amtsvorsteher. Es handelte sich um die Frage, ob derselbe verpflichtet sein solle, die Zustimmung des Amtsausschusses zur Grundlage des Erlasses einer Polizei-Verordnung zu machen, oder ob er nur verpflichtet sein solle, den Amtsausschuß zu hören. Das Abgeordnetenhaus legte einen besonderen Werth darauf, die Zustimmung des Amtsausschusses für obliglatorisch zu erklären. Das Bedenken dagegen basirt darauf, daß möglicherweise diejenigen Personen, welche den Amtsausschuß bildeten, oft nicht geneigt sein würden, dem Erlasse einer Polizei-Verordnung zuzustimmen, weil sie mehr oder weniger selbst von derselben betroffen würden, und es wurde nach einem Auskunftsmittel gesucht, um eine solche Verneinung des Amtsausschusses in den dazu geeigneten Fällen zu brechen. Die Regierung schlägt Ihnen vor, eine Gesetzbestimmung aufzunehmen, welche sagt: daß, wenn der Amtsausschuß die Zustimmung versagt, dieselbe auf Antrag des Amtsvorstehers durch den Kreisausschuß ergänzt werden kann.

Der fünfte und hervorragendste Punkt betrifft die Zusammensetzung des Kreistages. Was in dieser Beziehung die Regierung Ihnen vorgeschlagen und was das Abgeordnetenhaus beschlossen hat, ist Ihnen bekannt. Gegen die Beschlüsse des Abgeordnetenhauses sind von vielen Seiten ich glaube auch Seitens des Abgeordnetenhauses selbst — Bedenken laut geworden. Darüber war alle Welt einig, daß man in den Stand der großen Grundbesitzer diejenigen Personen bringen wollte, welche wirklich nach dem allgemeinen Begriffe und nach der Stellung innerhalb ihres Kreises den Namen eines Grundbesitzers verdienen, und daß es nicht die Absicht sein könne, den Grundbesitzerstand durch Elemente zu vermehren, die absolut nicht hineingehören, ebenso wie es auf der anderen Seite die Absicht war, den Stand der kleineren ländlichen Grundbesitzer nicht dadurch zu schwächen, daß man ihm Elemente der Intelligenz entzog. Die Regierung ist der Ansicht, daß die Beschlüsse, welche das Abgeordnetenhaus gefaßt hat, diesen Absichten nicht hinlänglich Rechnung trage und glaubt Ihnen einen Vermittelungs-Vorschlag machen zu dürfen. Sie schlägt Ihnen nämlich vor, zwar nicht auf die Regierungs-Vorlage znrückzugehen, aber folgende Bestimmungen anzunehmen, — ich werde am klarsten sein, wenn ich die Bestimmungen vorlese:

Der Wahlverband der größeren ländlichen Grundbesitzer besteht aus allen denjenigen zur Zahlung von Kreisabgaben verpflichteten Grundbesitzern, mit Einschluß der juristischen Personen, Aktiengesellschaften und Kommanditgesellschaften auf Aktien, welche von ihrem gesammten auf dem platten Lande innerhalb des Kreises belegenen Grundeigenthume den Betrag von mindestens 75 Thlr. an Grund- und Gebäudesteuern entrichten, beziehungsweise zu entrichten haben würden, wenn sie nach Maßgabe des Gesetzes vom 21. Mai 1861 zur Grund- beziehungsweise Gebäudesteuer veranlagt wären. Nach Erlaß der Provinzial-Ordnung bleibt den Provinzial-Vertretungen überlassen, für ihre Provinz oder auch für einzelne Kreise derselben den Betrag von 75 Thlr. auf den Betrag von 100 Thlr. zu erhöhen oder bis auf den Betrag von 50 Thlr. zu ermäßigen.

Für einzelne Kreise der Provinz Sachsen darf diese Erhöhung bis zu dem Betrage von 150 Thlr. erfolgen. Dem Wahlverbande der größeren ländlichen Grundbesitzer treten diejenigen Gewerbetreibenden und Bergwerksbesitzer hinzu, welche wegen ihrer auf dem platten Lande innerhalb des Kreises betriebenen gewerblichen Unternehmungen in der Klasse A. I. der Gewerbesteuer mit dem Mittelsatze veranlagt sind.

Als Korrelat hierzu ist noch eine Uebergangsbestimmung in den Gesetzentwurf aufgenommen, welche ihre Veranlassung darin hat, daß, wie bekannt, die Grundsteuerverhältnisse in Neuvorpommern ganz besondere sind. Es ist nämlich in dem §. 183 gesagt:

Bis zu einer anderweiten Beschlußfassung der Provinzialvertretungen tritt an die Stelle des im §. 86 festgestellten Betrages von 75 Thlr. Grund- und Gebäudesteuer für die Kreise der Provinz Sachsen der Betrag von 100 Thlr., und für die Kreise des Regierungsbezirks Stralsund der Betrag von 250 Thlr.

Diese Sätze basiren auf statistischen Erhebungen, welche über die Zweckmäßigkeit derselben, wenn Sie sie näherer Prüfung unterziehen wollen, keinen Zweifel lassen werden.

Nun, meine Herren, giebt es noch andere Punkte, bei welchen Ihnen Abweichungen von Ihren früheren Beschlüssen vorgeschlagen werden, die ich aber hier nicht näher berühre und die von keiner besonderen Tragweite sind.

Worauf es jetzt ankommt, das ist ein vollständiges Einverständniß zwischen der Regierung und dem Abgeordnetenhause. Von welcher Bedeutung es sein muß, wenn eben zwischen der Regierung und dem Abgeordnetenhause über jeden Paragraphen des weittragenden Gesetzes ein Einverständniß zu Stande kommt, das brauche ich nicht näher anszuführen. Die Regierung hat gegeben, was sie kann, sie fordert, was sie muß. Thun Sie nun das Ihrige, meine Herren. Ich lebe nicht blos der Hoffnung, ich gebe mich der festen Zuversicht hin, daß das Abgeordnetenhaus die Lage verstehen und wirklich Hand in Hand mit der Regierung einer Gesetzgebung von so enormer Bedeutung die Wege bahnen wird. (Bravo!)

Das Abgeordnetenhaus nahm nach dreimaliger Lesung, von denen die erste am 28. November, die zweite am 22. und 23. November, die dritte am 26. November stattfand, unter Verwerfung aller Amendements, von denen ein Theil von der rechten, ein Theil von der linken Seite des Hauses gestellt war, die Kreisordnung schließlich in namentlicher Abstimmung mit 288 gegen 91 Stimmen genau so an, wie sie von der Staats-Regierung vorgelegt war.

Im Herrenhause, welches inzwischen durch die Allerhöchst erfolgte Berufung von 25 neuen Mitgliedern verstärkt worden war, wurde die vom Abgeordnetenhause solchergestalt dorthin gelangte Vorlage in Vorberathung und demnächst in Schlußberathung genommen. Die erstere fand am 6. und 7. Dezember 1872 statt. Es waren zu derselben aus dem Schoße der rechten Seite des Hauses eine größere Zahl Abänderungsanträge eingebracht worden. Nachdem jedoch bezüglich der ersten dieser Anträge sich herausgestellt hatte, daß dieselben nicht die Mehrheit fanden, und danach sich mit Gewißheit ergab, daß auch die übrigen Abänderungsanträge nicht Annahme finden würden, vielmehr die Majorität des Hauses entschlossen war, den Kreisordnungs-Entwurf von Anfang bis zu Ende ohne irgend welche Abänderung wörtlich in der Fassung anzunehmen, wie er von der Staats-Regierung vorgelegt war, und die Zustimmung des Abgeordnetenhauses gefunden hatte, zogen die Antragsteller behufs Abkürzung der Berathung die weiteren Abänderungsanträge zurück. Es wurden sodann alle einzelnen Paragraphen angenommen. Am 9. Dezember 1872 erfolgte die Schlußberathung im Herrenhause, und als deren Resultat in namentlicher Abstimmung mit 116 gegen 90 Stimmen die Annahme der gesammten Kreisordnung. Dieselbe hat unterm 13. Dezember 1872 die Allerhöchste Sanktion erhalten und ist in Nr. 41 der Gesetz-Sammlung pro 1872 (ausgegeben zu Berlin den 23. Dezember 1872) unter Nr. 8080 publizirt worden.

Kreis-Ordnung

für

die Provinzen Preußen, Brandenburg, Pommern, Posen, Schlesien und Sachsen.

Wir Wilhelm, von Gottes Gnaden, König von Preußen ꝛc. verordnen mit Zustimmung beider Häuser des Landtages für die Provinzen Preußen, Brandenburg, Pommern, Posen, Schlesien und Sachsen, was folgt:

Erster Titel.

Von den Grundlagen der Kreis-Verfassung.

Erster Abschnitt.

Von dem Umfange und der Begrenzung der Kreise.

§. 1.

Die Kreise bleiben in ihrer gegenwärtigen Begrenzung als Verwaltungs-Bezirke bestehen.

§. 2.

Jeder Kreis bildet nach näherer Vorschrift dieses Gesetzes einen Kommunal-Verband zur Selbstverwaltung seiner Angelegenheiten mit den Rechten einer Korporation.

Zu § 1.

Ein Verzeichniß der Kreise der sechs östlichen Provinzen ist in den im Anhange beigefügten statistischen Nachrichten enthalten.

Zu § 2.

Korporation, Körperschaft ist ein vom Staate genehmigter und in seinem Bestehen anerkannter, auf fortdauernde gemeinnützige Zwecke gerichteter und zu einem Rechtssubjekt nach Innen und Außen errichteter Verein von mehreren Personen, mit rechtlicher Persönlichkeit. Wesentlich dabei ist, daß die Vereinigung zu einer vermögensrechtlichen Verbindung erfolgt ist — sei

§. 3.

Veränderung der Kreisgrenzen und Bildung neuer Kreise.

Die Veränderung bestehender Kreisgrenzen und die Bildung neuer, sowie die Zusammenlegung mehrerer Kreise erfolgt durch Gesetz.

Die in Folge einer derartigen Veränderung erforderliche Auseinandersetzung zwischen den betheiligten Kreisen ist im Verwaltungswege zu bewirken.

Streitigkeiten, welche hierbei entstehen, unterliegen, vorbehaltlich

---

es, daß dieselbe allein eine vermögensrechtliche oder noch eine weitere Bedeutung hat — in der Art, daß die Vermögensfähigkeit und die vermögensrechtlichen Beziehungen nicht den mehreren Einzelnen für sich oder in ihrer Vereinigung zukommen, sondern vielmehr ihrer von der Individualität der einzelnen Personen losgelösten Einheit. Der Verein erscheint wegen der ihm zukommenden Vermögensfähigkeit als Einheit; das Vermögen tritt sekundair zu ihm als dem Subjekt hinzu, begründet aber nicht erst die Persönlichkeit. Die Korporation gilt danach äußerlich für eine juristische Person; sie kann Vermögen erwerben und Schulden contrahiren (§§ 81 ff. Tit. 6. Th. II. A. L. R.). Von den der Korporation hierbei zustehenden Rechten sind hier insbesondere folgende zu erwähnen: Die Verjährung läuft gegen sie (innerhalb des Geltungsgebiets des Allgemeinen Landrechts) erst in 20 resp. 44 Jahren ab (§§ 629—630 Tit. 9 Th. I. A. L. R.); ihre Gläubiger müssen sich Abschlagszahlungen gefallen lassen (§ 98 Tit. 6 Th. II. l. c.) und sie kann daher nicht in Konkurs gerathen; sofern gegen sie Exekution vollstreckt werden soll, so muß das betreffende Gericht sich zuvor in Einvernehmen mit der Bezirksregierung setzen; sie hat zur Einlegung der Rechtsmittel längere Zeitfristen. Als ihr Domizil und Forum erscheint der Ort, welcher nach ihrer Verfassung der Mittelpunkt ihrer Verwaltung und Rechtsverhältnisse ist. Sie kann nicht undankbar sein. Sie hat die Wiedereinsetzung in den früheren Stand gegen die Versäumung der kürzeren Verjährungen innerhalb 4 Jahren (gegen andere Fristen und Prozeßfristen nicht) (§§ 174—177 Tit. 14 Th. I. A. L. R. Art. 13 Dekl. vom 6. April 1839.). Sie hat als bloß gedachte Person kein Gewissen, daher fehlt ihr der Boden der Zurechnungsfähigkeit, sowohl für die civile als die kriminelle Schuld (culpa); trotz dieses Grundes ist sie aber nicht unfähig, nothwendige Eide zu schwören. Sie kann Subjekt von Vermögensverhältnissen, sowie von Ehren- und Statusrechten, nur nicht von Familienrechten sein. Gegen sie kann der Besitz eines negativen oder Untersagungsrechtes nicht erworben werden, sobald auch nur ein Mitglied widerspricht (§§ 92, 93 Tit. 7. Th. I. A. L. R.). (O. Stobbe, Deutsches Privatrecht, Berlin 1871, S. 319 ff. — M. v. Oesfeld, Preußen in staatsrechtlicher &c. Beziehung, Bresl. 1871. Th. I. S. 270 ff.).

Zu § 3.

1. Die ursprüngliche Regierungsvorlage wollte die Veränderung bestehender Kreisgrenzen und die Bildung neuer, sowie die Zusammenlegung mehrerer Kreise nach Anhörung der betheiligten Kreisvertretungen und des Provinzial-Landtags durch Königliche Verordnung herbeiführen, ein Eintreten der Gesetzgebung hierüber aber nur dann statuiren, sofern damit eine Aenderung der Wahlbezirke für die Landesvertretung verbunden wäre. Die Regierung ging hierbei davon aus, daß das Recht des Landesherrn zur Veränderung bestehender Kreisgrenzen und zur Bildung neuer Kreise ein Ausfluß der Organisationsgewalt der Krone und als ein solches auch bisher geübt worden sei. Es sei nicht anzunehmen, daß die Interessen, um die es sich bei der Veränderung bestehender und der Bildung neuer Kreise handle, beim Erlaß einer Königlichen Verordnung mindere Berücksichtigung zu erwarten haben würden, als beim Erlaß eines Gesetzes, wie denn bezüglich der erheblicheren Veränderungen dieser Art die Kognition der Landesvertretung ohnehin deshalb eintreten würde, weil die sich daraus etwa ergebende Vermehrung der Verwaltungskosten durch den Staatshaushaltsetat zu bewilligen sei. Seitens der Kommission des Abgeordnetenhauses wurde darauf Gewicht ge-

der Bestimmung im §. 5., der Entscheidung des Verwaltungsgerichts. (§. 187. ff.).

Veränderungen solcher Gemeinde- oder Gutsbezirksgrenzen, welche zugleich Kreisgrenzen sind, ziehen die Veränderung dieser Kreisgrenzen

---

legt, daß es sich hier nicht allein um Organisation neuer Behörden, sondern um Organisation neuer und zwar sehr bedeutender kommunaler Verbände handle, daß dabei sehr wichtige öffentliche Interessen im Spiel seien, und daß diese Interessen am meisten durch die Gesetzgebung gewahrt und gesichert würden, überdies aber gegenüber der Regierungsvorlage, nach welcher schon für sehr viele Fälle der Kreisbezirks-Veränderungen ein Eintreten der Gesetzgebung vorgesehen sei, es sich empfehle, für alle Fälle, in denen es sich um Veränderungen der Kreisgrenzen handelt, ein einheitliches Verfahren vorzuschreiben und hierüber stets das Gesetz entscheiden zu lassen. Das Abgeordnetenhaus trat seiner Kommission bei. Bei der Berathung im Herrenhause wurde, insbesondere auch von dessen Kommission anerkannt, daß der Vorschlag der Regierung an sich den Vorzug verdiene, der Gegenstand wurde aber nicht für erheblich genug erachtet, um einen vom Abgeordnetenhaus abweichenden Beschluß zu fassen, welchen demnächst auch die Regierung in ihrer neuesten Vorlage acceptirte.

Namens der Kommission des Abgeordnetenhauses ist noch besonders die Erklärung abgegeben worden, daß, wenn nach ihrem Vorschlage die Worte „nach Anhörung der betheiligten Kreisvertretungen und des Provinzial-Landtages" weggelassen sind, dies keineswegs in der Absicht geschehen ist, daß man das ausschließen wolle, sondern sie hat es für selbstverständlich erachtet, daß vor der Vorberathung des Gesetzes eine derartige Anhörung der Kreisvertretung und des Provinzial-Landtages erforderlich sei.

2. Die in Folge einer Veränderung der Kreise erforderliche Auseinandersetzung zwischen den Betheiligten wollte der frühere Entwurf (1869) dem Verwaltungswege mit Ausschluß des Rechtsweges überlassen, während die Majorität des Hauses der Abgeordneten sich damals dahin entschied, daß — nach Festsetzung der Auseinandersetzungs-Grundsätze durch ein Gesetz — die Entscheidung entstehender Streitigkeiten nach diesen Grundsätzen dem Civilrichter überlassen bleiben solle. Hierin lag das Anerkenntniß, daß der Civilrichter in Ermangelung zutreffender allgemeiner gesetzlicher Bestimmungen nicht in der Lage sein würde, die Auseinandersetzung einer theils auf staatsrechtlichen, theils auf privatrechtlichen Verhältnissen beruhenden Gemeinschaft zu bewirken, wenn ihm nicht die gesetzlichen Bestimmungen in jedem einzelnen Falle durch Spezialgesetz gegeben würden. Die Weitläufigkeit eines solchen Verfahrens, sowie die Schwierigkeit, die Grundsätze für die Entscheidung aller sich bei der Auseinandersetzung möglicherweise ergebenden Differenzen im Voraus gesetzlich zu fixiren, wird sich, wie die Motive des Regierungsentwurfs von 1871 hervorheben, aber ebenso wenig in Abrede stellen lassen, wie der Umstand, daß durch die Beschäftigung mit einer derartigen Detailgesetzgebung der Landesvertretung die für die Erledigung ihrer größeren Aufgaben nothwendige Zeit entzogen wird, während sich nicht einmal wird behaupten lassen, daß sie zur Festsetzung der Grundsätze einer verwickelten Auseinandersetzung geeigneter sei, als ein kleineres, den Verhältnissen näher stehendes Kollegium. Ein solches Kollegium aber bietet sich in dem Verwaltungsgerichtshof dar. Dieser Gerichtshof wird in der Lage sein, unterstützt durch seine Kenntniß der provinziellen und lokalen Verhältnisse, gleichzeitig die Grundsätze der Auseinandersetzung und zwar ex aequo et bono, soweit das Gesetz keine Vorschriften enthält, festzusetzen, und danach über die sich herausstellenden Streitpunkte zu entscheiden, während das für seine Verhandlungen vorgesehene Verfahren (§§ 187 ff.) dieselben Garantien bieten wird, wie das prozessualische Verfahren der Civilgerichte.

3. Veränderungen bestehender Kreisgrenzen finden erfahrungsmäßig größtentheils nur in Folge einer im gesetzlich vorgeschriebenen Verfahren erfolgenden anderweiten Begrenzung von Gemeinden und Gutsbezirken statt und auch dann nur in geringem Umfange und machen in den bei weitem meisten Fällen sich nur in Bezug auf unbewohnte Grundstücke nothwendig; es würde somit einerseits die

und, wo die Kreis- und Wahlbezirksgrenzen zusammenfallen, auch die Veränderung der letzteren ohne Weiteres nach sich.

Verwaltung außerordentlich erschweren und andererseits die Faktoren der Gesetzgebung unverhältnißmäßig belästigen, wenn auch in diesen Fällen die Aenderung der Kreisgrenzen und sonach auch die, dieselbe bedingende Veränderung von Gemeinde- und Gutsbezirken nur im Königlichen Verordnungs- beziehungsweise legislativen Wege sollte erfolgen können. Zur Vermeidung dieser Weiterungen bestimmt daher der vierte Absatz des § 3., daß Veränderungen solcher Gemeinde- und Gutsbezirksgrenzen, welche zugleich Kreisgrenzen sind, die Veränderungen dieser Grenzen, und wo die Kreis- und Wahlbezirksgrenzen zusammen fallen, auch der letzteren ohne Weiteres nach sich ziehen sollen.

4. Ueber die Veränderungen der Grenzen von Gemeinde- und Gutsbezirken ist Folgendes gesetzlich bestimmt, und zwar bezüglich des platten Landes durch den § 1 des Gesetzes betreffend die Landgemeindeverfassungen in den sechs östlichen Provinzen vom 14. April 1856 (G. S. S. 359):

„Den Bezirk einer ländlichen Gemeinde oder eines selbstständigen Guts bilden alle diejenigen Grundstücke, welche demselben bisher angehört haben.

Jedes Grundstück, welches bisher noch keinem Gemeinde- oder selbstständigen Gutsbezirke angehört hat, ist nach Vernehmung der Betheiligten und nach Anhörung des Kreistages durch den Ober-Präsidenten mit einem solchen Bezirke zu vereinigen. Eignet sich ein solches Grundstück, nach seinem Umfange und seiner Leistungsfähigkeit, zu einem besondern Gemeinde- oder selbstständigen Gutsbezirke, so kann dasselbe mit Unserer Genehmigung dazu erklärt werden.

Die Vereinigung eines ländlichen Gemeindebezirks oder eines selbstständigen Gutsbezirks mit einem andern Bezirke kann nur unter Zustimmung der betheiligten Gemeinden und des betheiligten Gutsbesitzers, nach Anhörung des Kreistages, mit Unserer Genehmigung erfolgen.

Die Abtrennung einzelner Grundstücke, Abbaue, Kolonieen von einem Gemeinde- oder selbstständigen Gutsbezirke und deren Vereinigung mit einem andern solchen Bezirke kann, wenn die betheiligten Gemeinden oder Gutsbesitzer und die Besitzer jener Grundstücke darin einwilligen, mit Genehmigung des Ober-Präsidenten geschehen; soll aber aus dergleichen Grundstücken ein besonderer Gemeindebezirk oder ein selbstständiger Gutsbezirk gebildet werden, so ist die Anhörung des Kreistages und Unsere Genehmigung erforderlich. In diesem letzteren Wege können Bezirks-Veränderungen der vorbezeichneten Art, welche im öffentlichen Interesse nothwendig sind, selbst dann vorgenommen werden, wenn die Betheiligten nicht darin eingewilligt haben.

In allen vorstehend bezeichneten Fällen ist den Betheiligten der Beschluß des Kreistages vor Einholung der höheren Genehmigung mitzutheilen.

Wird in Folge einer Bezirks-Veränderung eine Auseinandersetzung zwischen den Betheiligten nothwendig, so ist dieselbe im Verwaltungswege zu bewirken; zu ihrer Feststellung genügt, wenn die Betheiligten einig sind, die Genehmigung der Regierung; entstehen Streitigkeiten dabei, so entscheidet solche der Ober-Präsident. Privatrechtliche Verhältnisse dürfen durch dergleichen Veränderungen niemals gestört werden.

Eine jede Bezirks-Veränderung ist durch das Amtsblatt bekannt zu machen.

Der § 9 der Verordnung vom 31. März 1833 (Gesetz-Sammlung S. 62) ist aufgehoben."

5. Wegen Veränderung städtischer Gemeindebezirke ordnet der §. 2. der Städteordnung für die sechs östlichen Provinzen vom 30. Mai 1853 (G. S. S. 261.) Folgendes an:

„Den städtischen Gemeindebezirk (Stadtbezirk) bilden alle diejenigen Grundstücke, welche demselben bisher angehört haben.

Eine jede Veränderung der Kreisgrenzen ist durch das Amtsblatt bekannt zu machen.

§. 4.

Städte, welche mit Ausschluß der aktiven Militairpersonen eine Einwohnerzahl von mindestens 25,000 Seelen haben, und gegenwärtig einem Landkreise angehören, sind befugt, für sich einen Kreis- Ausscheiden der großen Städte aus den Kreis-Verbänden.

Grundstücke, welche bisher noch keinem Gemeinde- oder selbstständigen Gutsbezirke angehört haben, können nach Vernehmung der Betheiligten und nach Anhörung des Kreistages unter Genehmigung des Ministers des Innern mit dem Stadtbezirk vereinigt werden.

Eine Vereinigung eines ländlichen Gemeinde- oder eines selbstständigen Gutsbezirks mit einer Stadtgemeinde kann nur unter Zustimmung der Vertretungen der betheiligten Gemeinden, so wie des betheiligten Gutsbesitzers nach Anhörung des Kreistages mit Genehmigung des Königs erfolgen.

Die Abtrennung einzelner Grundstücke von einem Stadtbezirk und deren Vereinigung mit einem angränzenden Gemeinde- oder selbstständigen Gutsbezirk, so wie die Abtrennung einzelner bisher zu einer andern Gemeinde oder zu einem selbstständigen Gute gehörender Grundstücke und deren Vereinigung mit einem angränzenden Stadtbezirk kann nach Anhörung des Kreistages mit Genehmigung des Ministers des Innern vorgenommen werden, wenn außer den Vertretungen der betheiligten Gemeinden und den betheiligten Grundbesitzern auch die Eigenthümer jener Grundstücke darin einwilligen. In Ermangelung der Einwilligung aller Betheiligten kann eine Veränderung dieser Art in den Gemeinde- oder Gutsbezirken nur in dem Falle, wenn dieselbe im öffentlichen Interesse als nothwendiges Bedürfniß sich ergiebt, und alsdann nur mit Genehmigung des Königs nach Vernehmung der Betheiligten und nach Anhörung des Kreistages stattfinden.

In allen vorstehenden Fällen ist der Beschluß des Kreistages vor Einholung der höheren Genehmigung den Betheiligten nachrichtlich mitzutheilen.

Wo und soweit in Folge einer derartigen Veränderung eine Auseinandersetzung zwischen den Betheiligten sich als nothwendig ergiebt, ist solche im Verwaltungswege zu bewirken.

Wird hierbei eine Uebereinkunft der Betheiligten vermittelt, so genügt die Genehmigung der Regierung; im Falle des Widerspruches entscheidet der Minister des Innern.

Privatrechtliche Verhältnisse dürfen durch dergleichen Veränderungen niemals gestört werden.

Eine jede solche Veränderung ist durch das Amtsblatt bekannt zu machen. Veränderungen, welche bei Gelegenheit einer Gemeinheitstheilung vorkommen, unterliegen diesen Bestimmungen nicht."

Zu § 4.

1. In den Regierungsentwürfen von 1869 und 1871 war die Zahl der Einwohner, bei welcher die Befugniß der Städte, aus dem Kreisverbande auszuscheiden, zu gewähren sei, auf 30,000 angenommen. Zur Begründung hierfür sagen die Motive (1869):

„Das in neuerer Zeit mehrfach hervorgetretene Bestreben größerer Städte, sich aus dem Kreisverbande auszusondern, kann von der Staatsregierung als ein überall berechtigtes nicht angesehen werden. Mögen auch im Laufe der Zeit die kommerziellen, gewerblichen, sozialen und sonstigen Verhältnisse einer Anzahl größerer zu einem gewissen Grade der Wohlhabenheit gediehener Städte sich häufig verschieden von denen der kleineren hauptsächlich Ackerbau treibenden Städte und des platten Landes des Kreises gestaltet haben, so sind doch die

verband, Stadtkreis (§. 169.) zu bilden und zu diesem Behufe aus dem bisherigen Kreisverbande auszuscheiden.

Auf den Antrag der Stadt wird dieselbe durch den Minister des Innern für ausgeschieden erklärt.

Es ist jedoch zuvor in allen Fällen eine Auseinandersetzung darüber zu treffen, welchen Antheil die ausscheidende Stadt an dem ge-

---

Zwecke, welche der Kreisverband als solcher verfolgt, weit überwiegend derartige, daß sie gleichmäßig die Interessen des einen wie des anderen Theiles berühren oder doch nur in unerheblicheren Beziehungen auseinander gehen. Die Organisation der Kreise ist schon nach der bestehenden Verfassung eine solche, daß in ihnen die mannigfaltigsten Interessen ihre Förderung und Befriedigung finden können. Zweck der beabsichtigten Reorganisation ist es, auch diejenigen Hemmnisse zu beseitigen, welche der Erfüllung der den Kreisen auf dem Gebiete des wirthschaftlichen Lebens zufallenden Aufgaben zur Zeit noch entgegenstehen. Das anregende Element der Städte ist für eine gedeihliche Entwickelung des kommunalen Lebens der Kreise um so unentbehrlicher, ein je weiteres Feld der Thätigkeit demselben durch den gegenwärtigen Gesetz-Entwurf eingeräumt werden soll.

Die Staatsregierung vermag daher das allgemeine Ausscheiden der größeren Städte und die dadurch bedingte Auflösung zahlreicher Kreisverbände, deren einzelne Theile durch lange Gewöhnung und gemeinsame Interessen sowohl zu ihrem eigenen, wie auch zum Wohle des Ganzen innig mit einander verwachsen sind, für eine politisch richtige Maßregel nicht zu erachten. Dagegen hält sie es für zulässig, den wenigen, in den östlichen Provinzen vorhandenen, durch ihre Einwohnerzahl und Leistungsfähigkeit hervorragenden Städten, welche wenigstens Kreisen von kleinerem Umfange gleichgestellt werden können, das Recht einzuräumen, für sich eigene Kreisverbände zu bilden und zu diesem Behufe aus den bisherigen Kreisverbänden auszuscheiden. Es ist hierbei als Minimalzahl die Zahl von 30,000 Einwohnern angenommen worden, da Städte, welche diese Einwohnerzahl noch nicht erreichen, dem Staate der Regel nach auch noch nicht die volle Gewähr geben, daß sie den an die Kreisverbände gesetzlich zu stellenden Anforderungen zu aller Zeit ohne Ueberbürdung ihrer Einwohner zu entsprechen im Stande sein würden."

Das Abgeordnetenhaus beschloß auf Vorschlag seiner Kommission, die Zahl auf 25,000 festzusetzen, wodurch für jetzt nur die drei Städte Elbing, Bromberg und Stralsund außer der vom Regierungsentwurf allein berührten Stadt Görlitz aus dem Kreisverband würden ausscheiden dürfen.

Seitens des Herrenhauses war noch ein Zusatz dahin beantragt gewesen, daß „Städte mit einer Einwohnerzahl von 15,000 bis 25,000 Seelen befugt sein sollen, aus dem Kreisverbande auszuscheiden und für sich einen Stadtkreis zu bilden, wenn die Vertretung der Stadt und die Vertretung des Kreises darüber einig sind, für welchen Fall die Beschlußnahme der Kreisvertretung durch den Kreistag mit Ausschluß der Vertreter der auszuscheidenden Stadt zu erfolgen habe." Der Kommissionsbericht führte für diesen Antrag folgende Motive an:

„Der Grundsatz, daß Städte von mindestens 25,000 Einwohnern aus dem Kreisverbande auszuscheiden befugt sein sollen, fand keine Anfechtung. Dagegen erachtete es ein Theil der Kommission für rathsam, weiter zu gehen und die Möglichkeit zu gewähren, daß auch kleinere Städte bis zu 15,000 Einwohnern bei allseitigem Einverständniß ausscheiden könnten. Einerseits sei es — so wurde ausgeführt — notorisch, daß die größeren Städte mehrentheils den Wunsch hätten, einen Kreis für sich zu bilden, und dieser Wunsch habe seine Berechtigung in der Natur der Sache, denn immer bilden solche Städte ein fremdartiges Element in den Landkreisen, was künftig vermehrten Bedenken unterliegen würde, da es bei der vorgeschlagenen Veränderung der Kreisvertretung und bei dem Wegfall der itio in partes an einer Garantie für die Wahrung der Interessen der verschiedenen Stände gänzlich fehlen würde. Anderer Seits könne aus eben diesen

meinsamen Aktiv- und Passiv-Vermögen des bisherigen Kreises, sowie etwa an fortdauernden Leistungen zu gemeinsamen Zwecken der beiden neuen Kreise zu übernehmen hat.

Kommt eine Einigung der Betheiligten nicht zu Stande, so entscheidet über die Streitpunkte das Verwaltungsgericht.

§. 5.

Privatrechtliche Verhältnisse werden durch Veränderungen der Kreisgrenzen (§§. 3., 4.) nicht berührt.

Zweiter Abschnitt.

Von den Kreis-Angehörigen, ihren Rechten und Pflichten.

§. 6.

Angehörige des Kreises sind, mit Ausnahme der nicht angesessenen

---

Gründen leicht der Fall eintreten, daß die Landkreise den Wunsch haben, die Vereinigung mit der Stadt gelöst zu sehen. Deshalb müsse man das Ausscheiden der Städte aus dem Kreisverband, sofern es irgend ohne wesentlichen Nachtheil nach der einen oder andern Seite geschehen könne, nach Thunlichkeit erleichtern. Das sei die Absicht, die man habe, und die zu bedingende Uebereinstimmung beider Theile sichere vor Schädigung wirklicher Interessen."

Die Staatsregierung hat aus den oben hervorgehobenen Gründen solche Bestimmung nicht für sachgemäß erachtet, weshalb dieselbe in der zuletzt vereinbarten Kreisordnung keine Aufnahme gefunden hat.

2. Nach der Regierungsvorlage (1871) sollte die Erklärung über die Ausscheidung der betreffenden Stadt durch Königliche Verordnung erfolgen. Zufolge Beschlusses des Abgeordnetenhauses soll der formelle Akt der Ausscheidung durch eine Erklärung des Ministers des Innern stattfinden. Es geschah dies aus dem Grunde, weil man in einer Königlichen Verordnung einen der Gesetzgebung ähnlichen Akt erblickt, den man nicht für nothwendig hielt für den Fall, wo die Städte nur von ihrem Recht Gebrauch machen, die Königliche Verordnung also von vornherein vinkulirt ist und unbedingt erfolgen muß, was man mit der Bedeutung einer Königlichen Verordnung nicht vereinbar fand.

3. Nach einer Erklärung des Berichterstatters der Kommission des Abgeordnetenhauses in der Plenar-Sitzung vom 18. März 1872 (St. B. S. 1314), welche keinen Widerspruch gefunden, ist von der Kommission und der Regierung übereinstimmend angenommen worden, daß nach der obenstehenden Wortfassung des §. 4. diejenigen Städte, welche bei Erlaß des Gesetzes noch nicht 25,000 Einwohner haben, später aber diese Einwohnerzahl erlangen, dann das Recht haben sollen, aus dem Kreisverband auszuscheiden.

4. Daß der Abtrennung von Städten der gedachten Art, welche nach Maßgabe der im §. 4. Alinea 1 enthaltenen Bestimmungen geschehen soll, die vermögensrechtliche Auseinandersetzung des Kreises mit der Stadt vorherzugehen hat, liegt im Interesse beider Theile, vornehmlich aber in dem der Städte, damit dieselben nicht etwa selbst unter ihnen ungünstig erscheinenden, von dem Minister des Innern festgestellten Bedingungen zum Ausscheiden aus dem Kreisverbande genöthigt, vielmehr in solchen Fällen noch vor erfolgter Abtrennung in den Stand gesetzt sind, ihren hierauf gerichteten Antrag zurückzuziehen, sofern sie dies ihrem Interesse entsprechender erachten.

Zu § 6.

1. Der Begriff der Kreisangehörigkeit bestimmt sich nach dem Begriffe der Gemeinde-Angehörigkeit; danach ist kreisangehörig ein Jeder, welcher innerhalb des

servisberechtigten Militairpersonen des aktiven Dienststandes, alle diejenigen, welche innerhalb des Kreises einen Wohnsitz haben.

§. 7.

Rechte der Kreisangehörigen.

Die Kreisangehörigen sind berechtigt:

1) zur Theilnahme an der Verwaltung und Vertretung des Kreises, nach näherer Vorschrift dieses Gesetzes,
2) zur Mitbenutzung der öffentlichen Einrichtungen und Anstalten des Kreises.

§. 8.

Pflichten der Kreisangehörigen:

Die Kreis-Angehörigen sind verpflichtet, unbesoldete Aemter in der Verwaltung und Vertretung des Kreises zu übernehmen.

Kreises seinen Wohnsitz hat. Ausgenommen von der Kreisangehörigkeit sind ebenso, wie von der Gemeinde-Angehörigkeit, nur die servisberechtigten Militairpersonen, soweit sie nicht im Kreise angesessen sind. Besitzen sie dagegen im Kreise Grundeigenthum oder betreiben sie in demselben ein stehendes Gewerbe, so ergiebt sich ihre Kreisangehörigkeit als eine Konsequenz der sie als Grundbesitzer oder Gewerbetreibende treffenden Steuerpflicht. (Motive von 1869.)

2. Bezüglich der Merkmale des „Wohnsitzes" nimmt die Allgemeine Gerichts-Ordnung im zweiten Titel des ersten Theils Folgendes an:

§ 10. Die Absicht, seinen beständigen Wohnsitz an einem Orte nehmen zu wollen, kann sowohl ausdrücklich, als durch Handlungen oder Thatsachen geäußert werden.

§ 11. Für eine solche stillschweigende Aeußerung ist es zu achten, wenn Jemand an einem gewissen Orte ein Amt, welches seine beständige Gegenwart daselbst erfordert, übernimmt, Handel oder Gewerbe daselbst zu treiben anfängt, **oder** sich daselbst Alles, was zu einer eingerichteten Wirthschaft gehört, anschafft.

Zu § 7.

Ebenso wie das Gesetz die aus der Kreisangehörigkeit folgenden Pflichten festzustellen hat, muß dasselbe auch die hieraus herzuleitenden Rechte bestimmen. Es gestattet jedoch der §. 7. nicht die Schlußfolgerung, daß die darin aufgezählten Rechte nur allein den Kreisangehörigen zustehen sollen. Eine Theilnahme an denselben kann auch den Forensen mit Rücksicht auf die Kommunal-Abgaben-Pflicht nicht versagt werden. In welchem Maße eine solche in Beziehung auf die Vertretung des Kreises stattfinden soll, kann nur im Speziellen bestimmt werden und ist aus den betreffenden späteren Parapraphen des Gesetzes wie z. B. §§ 96., 97., 106. u. s. w. zu entnehmen. Eine Theilnahme der Forensen an der Verwaltung des Kreises verbietet sich durch ihre Abwesenheit vom Kreise in der Regel von selbst. Wie weit ihnen eine Mitbenutzung der öffentlichen Einrichtungen und Anstalten des Kreises zusteht, ergiebt sich theils aus der Natur dieser Einrichtungen, theils aus den hierüber erlassenen beziehungsweise noch zu erlassenden Statuten, z. B. für eine Kreissparkasse, ein Kreiskrankenhaus u. s. w. (Motive von 1869.)

Zu § 8.

1. Die Pflichten der Kreisangehörigen bestehen:
   1. in der Verpflichtung zur Annahme von unbesoldeten Aemtern in der Verwaltung und Vertretung des Kreises,
   2. in der Beitragspflicht zu den Kreisabgaben.

Zu den unbesoldeten Aemtern des Kreises werden im weiteren Sinne gerechnet:

1. das Gemeinde-Vorsteher- und Schöffenamt,
2. das Amt des Amtsvorstehers,

Zur Ablehnung oder zur früheren Niederlegung solcher Aemter berechtigen folgende Entschuldigungsgründe:

a) Verpflichtung zur Annahme von unbesoldeten Aemtern. (Gründe der Ablehnung, Folgen einer ungerechtfertigten Ablehnung.)

1) anhaltende Krankheit;
2) Geschäfte, die eine häufige oder lange dauernde Abwesenheit vom Wohnorte mit sich bringen;
3) das Alter von 60 Jahren;
4) die Verwaltung eines unmittelbaren Staatsamtes;
5) sonstige besondere Verhältnisse, welche nach dem Ermessen des Kreistages eine gültige Entschuldigung begründen.

Beträgt die Amtsdauer mehr als drei Jahre, so kann das Amt nach Ablauf von drei Jahren niedergelegt werden.

Wer ein unbesoldetes Amt in der Verwaltung oder Vertretung des Kreises während der vorgeschriebenen regelmäßigen Amtsdauer

---

3. das Amt eines Mitgliedes des Kreistages,
4. das Amt eines Mitgliedes des Kreisausschusses oder einer Kreiskommission.

2. Die Regierungsvorlage von 1871 wollte auch in „ärztlicher oder wundärztlicher Praxis" einen Entschuldigungsgrund finden. Jedoch sowohl das Abgeordnetenhaus, wie das Herrenhaus wollte diesen Entschuldigungsgrund nicht gelten lassen, um so weniger, als nach Nr. 5 als Entschuldigungsgründe angenommen werden können: „sonstige besondere Verhältnisse, welche nach dem Ermessen des Kreistages eine gültige Entschuldigung begründen." Man ging davon aus, daß hiermit alle diejenigen besonderen Verhältnisse, welche die ärztliche oder wundärztliche Praxis mit sich führen könne, zur Genüge berücksichtigt werden könnten, daß aber an und für sich z. B. bei einer auf die Kreisstadt beschränkten ärztlichen Praxis ein innerer Grund nicht zu finden sei, weshalb man dem Arzte ein Privilegium vor den übrigen Kreiseingesessenen geben sollte.

3. Das nothwendige Korrelat des Rechtes auf Selbstverwaltung — führen die Regierungs-Motive aus — ist die Verpflichtung zur Uebernahme unbesoldeter Ehrenämter. Indem der Staat den kommunalen Korporationen die Selbstverwaltung ihrer Angelegenheiten und die Besorgung von Geschäften der allgemeinen Landesverwaltung überträgt, muß er auch die Gewißheit haben, daß die Funktionen zum Wohle des Ganzen, wie jedes Einzelnen überall ordnungs- und regelmäßig geübt werden. Wo im Einzelnen die Hingebung und Opferwilligkeit für die Erfüllung öffentlicher Pflichten fehlt, sind im Interesse der Gesammtheit Zwangsmittel nicht zu entbehren, um pflichtwidrige Selbstsucht zu brechen oder wenigstens als solche zu kennzeichnen. Insbesondere erscheinen Koerzitive für das neu zu schaffende Amt des Amtsvorstehers und die Mitgliedschaft im Kreisausschuß geboten, Aemter, m t denen die Ausübung wichtiger Staatsfunktionen verbunden werden soll.

Die Einführung einer solchen Zwangspflicht erscheint aber auch nicht neu; sie findet sich schon in den Städte-Ordnungen und den Landgemeinde-Ordnungen für die westlichen Provinzen und ist dieselbe demgemäß im §. 8. im Wesentlichen den gedachten Vorschriften entsprechend geregelt.

4. Gegen die im fünften Absatz des §. 8. angedrohten Strafen war von einigen Seiten im Abgeordnetenhause — hier allerdings ohne Zustimmung der Mehrheit — insbesondere aber im Herrenhause das Bedenken erhoben worden, daß Zwangs- und Strafbestimmungen für die Annahme von Kreisämtern sich nicht wohl rechtfertigen ließen, indem lediglich eine moralische Verpflichtung zur Annahme derartiger Aemter anzuerkennen sei. Dem gegenüber ward von Seiten des Regierungs-Kommissars hervorgehoben, daß der §. 8. nicht nur auf die eigentlichen Kreisämter, sondern auch auf die Aemter im Kreise Anwendung finden

versehen hat, kann die Uebernahme desselben oder eines gleichartigen für die nächsten drei Jahre ablehnen.

Wer sich ohne einen der vorbezeichneten Entschuldigungsgründe weigert, ein unbesoldetes Amt in der Verwaltung oder Vertretung des Kreises zu übernehmen, oder das übernommene Amt während der vorgeschriebenen regelmäßigen Amtsdauer zu versehen, sowie derjenige, welcher sich der Verwaltung solcher Aemter trotz vorhergegangener Aufforderung Seitens des Kreis-Ausschusses thatsächlich entzieht, kann für einen Zeitraum von drei bis sechs Jahren der Ausübung seines Rechtes auf Theilnahme an der Vertretung und Verwaltung des Kreises für verlustig erklärt und um ein Achtel bis ein

---

solle, und daß man genöthigt sein würde, zu letzteren, namentlich dem eines Gemeindevorstehers, auch weniger Gebildete heranzuziehen, bei denen ein Zwang mitunter nicht zu entbehren sein werde; überhaupt aber könne bei der beabsichtigten Selbstverwaltung die Mitwirkung der Kreisangehörigen nicht entbehrt werden, und müßten daher auch einzelne Widerwillige dazu genöthigt werden können.

Von anderer Seite wurde hierauf entgegengesetzt, daß die Ausschließung von der Theilnahme an der Vertretung und Verwaltung des Kreises, als Strafe, sich wohl rechtfertigen lasse. Die Geldstrafen aber anlangend, so könnten dieselben zwar für Gemeinde-Aemter vielleicht nicht entbehrt werden. Anders jedoch verhalte es sich bei Aemtern für einen größeren Bezirk, die oft viel beschwerlicher seien, und der Fähigkeit und den Gewohnheiten der dazu Gewählten nicht entsprechen. Diese Aemter müßten dadurch annehmbarer gemacht werden, daß Rechte mit ihnen verbunden würden, so etwa Sitz und Stimme auf den Kreistagen, und daß die Ausübung der Funktionen soweit als möglich erleichtert würde.

Auf diese und anderweit erhobene Einwendungen wurde Seitens des Ministers des Innern, Grafen zu Eulenburg, in der Sitzung des Herrenhauses vom 24. Oktober 1872 Folgendes erwidert:

„Wenn die Ueberzeugung dieses Hauses die ist, daß zu solchen Verwaltungsämtern, von welchen in diesem Paragraphen die Rede ist, sich eine Masse von Leuten drängen werden, dann ist dies ein glänzendes Zeugniß für die jetzige Regierungsvorlage. Dann werden Sie auch keine Geldstrafe brauchen und hätte ich diese Ueberzeugung getheilt, dann hätte ich eine solche Bestimmung in den Gesetzentwurf nicht aufgenommen. Aber Sie stellen diese Behauptung in dem Augenblicke auf, wo Sie eine Regierungsbestimmung bekämpfen wollen, während Sie an einer anderen Stelle gesagt haben, daß das Material zur Selbstverwaltung schwer zu finden sein werde. Ich glaube, die Wahrheit liegt in der Mitte. Ueberfluß werden wir nicht haben, aber hinreichendes Material werden wir finden.

Was der Herr Graf Sierstorpff gesagt hat, klingt verführerisch: „Wie können Sie ein Ehrenamt in Verbindung bringen mit irgend einer Geldstrafe für den Fall, daß es nicht angenommen wird?“ Ja, meine Herren, derjenige, der das Ehrenamt freiwillig übernimmt, für den ist es ein Ehrenamt, und der Begriff einer Geldstrafe im Hintergrunde spielt keine Rolle. Aber habe ich nicht Recht, wenn ich behaupte, es werden in jedem Kreise eine, zwei oder drei Personen sein, die zur Ausfüllung eines Ehrenamtes vollständig geeignet sind, die der Kreis als solche im Auge hat, und die doch entweder zu bequem, oder zu egoistisch, oder wie Sie es nennen wollen, sein werden, um das Ehrenamt anzunehmen, die sich um das Ehrenamt, um den vulgären Ausdruck zu gebrauchen, werden drücken wollen? Auf diese Leute ist es abgesehen, nicht um sie zu bestrafen, sondern um diejenigen Herren, die aus eigenem Antriebe die Aemter übernehmen, zu erleichtern, um sie nicht unausgesetzt auf dem Posten, um den es sich handelt, sitzen, sondern ihnen eine Abwechselung angedeihen zu lassen, indem man Andere veranlaßt, einmal die Mühen und Sorgen des Amtes zu übernehmen. Ich bin überzeugt, wenn Sie

Viertel stärker, als die übrigen Kreis-Angehörigen, zu den Kreis-Abgaben herangezogen werden.

Die Entscheidung erfolgt, sofern der Kreistag den Ablehnenden für nicht entschuldigt erklärt, durch den Kreis-Ausschuß mit Vorbehalt der Berufung an das Verwaltungs-Gericht. In dem Verfahren nimmt ein vom Kreistage gewählter Kommissarius die Obliegenheiten des Klägers wahr.

§. 9.

Die Kreisangehörigen sind verpflichtet, zur Befriedigung der Bedürfnisse des Kreises Abgaben aufzubringen, insofern der Kreistag

b) Beitrags-Pflicht zu den Kreis-Abgaben.

---

den Paragraphen in Ihrer Weise amendiren oder überhaupt das Zwangsmittel herausbringen, dann wird die Zeit kommen, wo die Kreisversammlungen und die Kreisausschüsse selber einen Antrag stellen werden, ein solches Zwangsmittel einzuführen." (Stenogr. Bericht Seite 417.)

Das Herrenhaus beschloß in namentlicher Abstimmung mit 98 gegen 54 Stimmen die Beseitigung der Strafbestimmungen, welche demnächst im letzten, von beiden Häusern des Landtags angenommenen Regierungsentwurf in obenstehender Fassung wieder Aufnahme fanden. Diese Fassung unterscheidet sich von dem Seitens des Abgeordnetenhauses am 18. März 1872 gefaßten Beschluß insofern, als letzterer für den Fall der unentschuldigten Weigerung der Annahme 2c. der Kreis-Ehrenämter die Strafe der Ausschließung von der Theilnahme an der Verwaltung und Vertretung des Kreises nicht fakultativ zulassen, sondern unbedingt anordnen wollte, davon ausgehend, daß die Strafe die nothwendige Ergänzung des Ausdrucks Pflicht sei und es danach, wenn man dies anerkennt, nicht in das Belieben des Kreistages gestellt werden könne, ob er strafen wolle oder nicht. Außerdem hatte das Abgeordnetenhaus die Befugniß des Kreistages zur Verhängung von Geldstrafen dahin erweitern wollen, daß Derjenige, welcher sich der Uebernahme eines Amtes entzieht, bis 100 Prozent stärker, als die übrigen Kreisangehörigen zu den Kreisabgaben herangezogen werden könne.

Zu § 9.

1. Die Kommission des Abgeordnetenhauses hatte beantragt, dem § 9 die nachstehende Fassung zu geben:

„Insoweit die Bedürfnisse des Kreises nicht aus den Einnahmen des Vermögens oder sonstigen Einnahmen bestritten werden können, sind die Kreisangehörigen zur Befriedigung dieser Bedürfnisse Abgaben aufzubringen verpflichtet."

Es wurde jedoch von mehreren Seiten hiergegen hervorgehoben, daß hierdurch die Kreisvertretung sowohl bezüglich der etwaigen Absicht, aus den Vermögens-Einnahmen Fonds anzusammeln, wie überhaupt gegenüber ihren bisherigen Befugnissen in der freien Disposition über die Einnahmen des Kreises in nachtheiliger Weise beschränkt werden wurde, und es wurde deshalb unter Verwerfung des vorstehenden Kommissionsvorschlages die Wiederherstellung der Regierungsvorlage beschlossen. (Sitzung vom 18. März 1872. Stenogr. Ber. Seite 1322.)

2. Im Herrenhause wurde das Bedenken erhoben, daß im §. 9. nur von Abgaben und nicht auch von sonstigen Leistungen, z. B. Hand- und Spanndiensten für Wegebauten, die für Kreiszwecke erforderlich werden könnten, die Rede sei.

Es wurde daher der Antrag gestellt, den Paragraphen so zu fassen:

„Die Kreisangehörigen sind verpflichtet, die zur Befriedigung der Bedürfnisse des Kreises erforderlichen Abgaben und Leistungen aufzubringen."

Dazu ward ausgeführt: Es handle sich um die Frage, ob die Kreis-Einsassen für Kreiszwecke auch zu Naturalleistungen verpflichtet sind, bez. verpflichtet werden

nicht beschließt, diese Bedürfnisse aus dem Vermögen des Kreises oder aus sonstigen Einnahmen zu bestreiten (§. 116. Nr. 3.).

§. 10.

Grundsätze über die Vertheilung und Aufbringung der Kreis-Abgaben.

Die Vertheilung der Kreis-Abgaben darf nach keinem anderen Maßstabe, als nach dem Verhältnisse der von den Kreisangehörigen zu entrichtenden direkten Staatssteuern, beziehungsweise der Mahl- und

---

sollen; derartige Leistungen, namentlich bei Wegebauten, kommen schon jetzt nicht nur vielfach vor, sondern es sei auch die Verpflichtung dazu in verschiedenen provinziellen Gesetzen begründet, so besonders im Schlesischen Wegebau-Reglement, das unter gewissen Voraussetzungen den principaliter verpflichteten Adjazenten eine Hülfsleistung des Kreises zuspreche, ferner könne eine solche Verpflichtung nicht entbehrt werden, da unter Umständen die erforderlichen Arbeiter gar nicht zu beschaffen wären. Auch sehe die Vorlage von derartigen Naturalleistungen keineswegs gänzlich ab, wie §. 13. zeige.

Der Regierungs-Kommissar erklärte sich gegen das Amendement. Die Vorlage wolle die Kreis-Einsassen zu Naturalleistungen für Kreiszwecke nicht verpflichten und spreche deshalb im §. 9. mit Vorbedacht nur von Abgaben, welche der Kreistag solle beschließen können. Dies schließe indessen keineswegs aus, daß nach Beschluß der Kreisvertretung je nach Umständen den Kreis-Einsassen freigestellt werde, die sie treffende Abgabenquote durch Naturalleistungen abzutragen, und lediglich in diesem Sinne gedenke auch §. 13. der Naturalleistungen. Zu einer Bestimmung, wie sie das Amendement wolle, liege, wie die Erfahrung seit 50 Jahren bewiesen, kein Bedürfniß vor. Es handle sich hier nämlich ausschließlich um Leistungen für Kreiszwecke und nicht auch um solche, welche für den Staat vom Kreise, oder innerhalb der Gemeinden als Gemeindelast zu leisten wären. Allerdings enthielten einzelne provinzielle Gesetze auch derartige Bestimmungen für die Kreise als solche, diese Bestimmungen aber würden durch die Kreis-Ordnung nicht alterirt. (Kommissionsbericht des Herrenhauses S. 27).

Das Herrenhaus nahm den Zusatz „und Leistungen" an, welcher demnächst in der letzten Regierungsvorlage wieder beseitigt wurde.

Zu § 10.

1. Zur Sicherung einer gerechten und gleichmäßigen Vertheilung der Kreislasten auf alle Kreisangehörigen erschien die Einführung eines auf festen Grundlagen beruhenden Kreissteuer-Systems unentbehrlich. Es war zwar in der Kommission des Herrenhauses die Frage angeregt worden, ob nicht die größere Autonomie, welche den bisherigen Kreistagen bezüglich der Feststellung des Maßstabes für die Kreissteuern zustand, auch fernerhin für die Kreistage festzuhalten sei; die Kommission des Herrenhauses hat jedoch hiervon Abstand genommen, einerseits, weil schon bisher in der Mehrzahl der Kreise der Maßstab der Staatssteuern mit gewissen Modifikationen derjenige sei, nach welchem auch die Kreissteuern erhoben werden, andererseits in zu geringem Grade im Voraus beurtheilt werden könne, in welcher Qualifikation die Zusammensetzung der künftigen Kreistage nach dem neuen Gesetz sich gestalten werde, und es in dieser Rücksicht nicht rathsam erscheine, den neuen Kreisversammlungen autonome Befugnisse in gleichem Umfange beizulegen, wie sie die alten Kreistage gehabt haben. (Rede des Grafen von Krassow in der Sitzung des Herrenhauses vom 24. Oktober 1872. Stenogr. Ber. S. 422).

2. Nach dem System, welches das Gesetz zu vorbezeichnetem Zweck in den §§ 10. bis 19. aufstellt, sollen alle Kreissteuern durch Zuschläge zu den direkten Staatssteuern aufgebracht und soll der Beschlußnahme der Kreistage nur die Festsetzung des Maßes der Belastung der einzelnen Staatssteuern mit Kreiszuschlägen innerhalb fester Grenzen überlassen, auch für die Aufbringung sämmtlicher Kreislasten nach diesen Normen ein allgemeiner Abgaben-Vertheilungs-Maßstab ein für alle Mal beschlossen werden, von welchem Abweichungen nur unter bestimmten

Schlachtsteuer, und zwar nur durch Zuschläge zu denselben, beziehungsweise zu den nach §§. 14. und 15. zu ermittelnden fingirten Steuersätzen der Forensen, juristischen Personen ꝛc. erfolgen.

Voraussetzungen und Bedingungen mit ministerieller Genehmigung zulässig sind. (§. 176.)

Dieses System entspricht im Wesentlichen den Grundsätzen, welche sich bereits in der überwiegenden Mehrzahl der Kreise herausgebildet und in ihrer Anwendung bewährt haben. Indem diese Grundsätze gesetzlich fixirt wurden, war es die Absicht, auch diejenigen Kreise zum Uebergang zu einer gerechteren Vertheilung der Kreislasten zu veranlassen, in welchen die widerstreitenden Interessen der verschiedenen Bevölkerungsklassen dies bisher verhindert haben. In weiterer Folge soll aber auch durch die Festsetzung eines, zur dauernden gleichmäßigen Anwendung auf alle Kreisangehörigen und alle Kreisausgaben bestimmten allgemeinen Abgaben-Vertheilungs-Maßstabes der Streit über die Vertheilung der Kreislasten auf die verschiedenen Klassen der Bevölkerung aus dem Schooße der Kreisversammlungen vollständig verbannt werden.

Die Selbstbestimmung der Kreistage auf dem Gebiete der Kreisbesteuerung aber gänzlich auszuschließen und in dem Gesetze selbst bis in die Einzelheiten hinein das Verhältniß festzusetzen, nach welchem die Steuerzuschläge in allen Kreisen gleichmäßig aufgebracht werden sollen, konnte nicht für zulässig erachtet werden, da die individuellen wirthschaftlichen Verhältnisse der verschiedenen Klassen der Bevölkerung in den einzelnen Kreisen, sowie das Maß ihrer Theilnahme an den kommunalen Einrichtungen derselben eine besondere Berücksichtigung erfordern, welche ihnen nur zu Theil werden kann, wenn den Kreistagen für die Bemessung der Höhe der Belastung der einzelnen Staatssteuern noch immer ein gewisser Spielraum gelassen wird.

Aus diesen Gründen wurde auch insbesondere die von mehreren Seiten als allgemeine gesetzliche Norm empfohlene Belastung sämmtlicher direkter Staatssteuern mit gleich hohen Kreiszuschlägen, vornehmlich nach den in den beiden westlichen Provinzen hierüber gemachten Erfahrungen, als ein für alle Kreise zutreffender und gerechter Steuermodus nicht betrachtet, um so weniger, als in der überwiegenden Zahl von Gemeinden jener beiden Provinzen das System ungleichmäßiger Zuschläge als ein angemessenes sich bewährt hat. Nach jenem System erfolgt die Belastung der verschiedenen Staatssteuern mit Kommunalzuschlägen in der Regel der Art, daß, wenn der Zuschlag zur Klassen- und klassifizirten Einkommensteuer 100 Prozent beträgt, zur Grund- und Gebäudesteuer nur ein Zuschlag von 50 bis 75 und zur Gewerbesteuer, sofern dieselbe nicht ganz frei bleibt, ein solcher bis zu etwa 25 Prozent erhoben wird.

Der § 10 stellt hiernach nur die positive Vorschrift auf, daß die Aufbringung der Kreisabgaben nicht durch Zuschläge zu den persönlichen Staatssteuern allein erfolgen darf, sondern daß hierzu auch die Grund- und Gebäudesteuer sowie (zufolge eines vom Abgeordnetenhause in der Sitzung vom 18. März 1872 angenommenen Antrages der Abgeordneten von Denzin und von Gottberg) die von dem Gewerbebetriebe auf dem platten Lande aufkommende Gewerbesteuer der Klasse A. I. und zwar mindestens mit der Hälfte desjenigen Antheils herangezogen werden muß, mit welchem die Klassen- und klassifizirte Einkommensteuer belastet wird, während andererseits das Maß der Belastung der Grund- und Gebäudesteuer das der Klassen- und klassifizirten Einkommensteuer nicht überschreiten soll.

Diese Vorschrift enthält weder eine Ungerechtigkeit gegen die Grundbesitzer, noch auch die Anordnung einer Doppelbesteuerung derselben. Der Grundbesitz steht durch alle an ihm haftenden Arbeitskräfte und Erwerbsquellen mit dem Kreisverbande so eng verbunden da und nimmt in allen Kreisen für die Förderung seiner Interessen die Geldmittel der Kreiskorporation in so starkem Maße in Anspruch, daß die Beitragspflicht der Grundbesitzer nicht nur nach der zufälligen Höhe ihres persönlichen Reineinkommens bemessen werden kann, sondern ergänzend auch durch den Ertragswerth des Grundbesitzes selbst — mag derselbe mehr oder weniger mit Hypotheken belastet sein — bestimmt werden muß.

Die Grund-, Gebäude- und die von dem Gewerbebetriebe auf dem platten Lande aufkommende Gewerbesteuer der Klasse A. I. ist hierbei mindestens mit der Hälfte und höchstens mit dem vollen Be-

---

Von den Beziehungen des Gewerbebetriebes zum Kreisverbande läßt sich dagegen im Allgemeinen ein Gleiches nicht behaupten und werden der Regel nach nur in gewerbreicheren Kreisen die Bedingungen für eine dem Grundbesitze analoge Behandlung desselben hinsichtlich der Kreisbesteuerung vorhanden sein, während in gewerbearmen Kreisen der dort vorhandene unbemittelte Handwerkerstand oft schon allein durch die von ihm zu entrichtenden Zuschläge zur Klassensteuer hinreichend belastet erscheint. Demgemäß gestattet der §. 9., die Gewerbesteuer von der Heranziehung zu den Kreisabgaben ganz freizulassen, und bestimmt andererseits das Maß ihrer Belastung nach dem für die Grund- und Gebäudesteuer festgestellten Verhältnisse. (Motive zum Regierungsentwurf von 1869.)

Bei der Berathung im Abgeordnetenhause (Sitzung vom 18. März 1872. Stenogr. Ber. S. 1325) führte der Abg. Dr. Glaser gegen das Prinzip des §. 10. Folgendes aus:

„Meine Herren! Ich kann in vielen Punkten den Gründen beitreten, welche der Herr Abgeordnete Lasker entwickelt hat, freilich komme ich schließlich zu einem anderen Resultat. Nach meiner Ansicht, m. H., laborirt der Gesetzentwurf sowohl in der Fassung der Kommissionsvorlage, als in der Fassung der Regierungsvorlage an einem prinzipiellen Fehler. Es wird, — ich gebe zu, daß das im Uebrigen mit dem Prinzipe des Gesetzentwurfs in Uebereinstimmung ist — es wird der Versuch gemacht, die Staatssteuern zur Grundlage für die Kreisbesteuerung zu machen. M. H., das sind aber inkommensurable Größen, es giebt kein Mittel, wodurch die Kreisbesteuerung auf die Staatssteuer reduzirt werden könnte und umgekehrt, denn die Grundlage für beide Besteuerungen ist eine ganz verschiedene, für die Staatssteuern ist der Maßstab der Beitragspflicht die Leistungsfähigkeit, ein jeder Staatsangehöriger hat zu den Staatslasten nach Maßgabe seiner Leistungsfähigkeit beizutragen, zu den Kreisabgaben hat er aber nicht nach Maßgabe seiner Leistungsfähigkeit beizutragen, sondern nach Maßgabe seines Interesses an dem Kreisverbande. Deswegen ist die Auseinandersetzung, welche mein verehrter Freund, der Herr Abgeordnete v. Wedell-Menzlin gemacht hat, nach meiner Ansicht eine unrichtige; man kann sehr bedeutende Interessen im Kreise haben und doch zu den Staatslasten eine verhältnißmäßig geringe Leistungsfähigkeit besitzen und folglich verhältnißmäßig stärker zu den Kreislasten, als zu den Staatslasten herangezogen werden. Darum, weil dies ganz inkommensurable Verhältnisse sind, darum ist es der Kommission gar nicht gelungen, irgend ein Verhältniß zu finden, wodurch die Kreislasten auf die Staatslasten zurückgeführt werden können; sobald man die eine Steuer annimmt, zeigt sich, daß die eine Klasse zu hoch belastet wird, nimmt man eine andere Steuer mit hinzu, so ist eine andere Klasse zu hoch oder zu niedrig belastet, es müssen daher immer Ausnahmen gemacht werden. Sie haben daher Ausnahmen von jeder Steuer; es soll nicht nach der Klassen- und Einkommensteuer die Umlage der Kreise stattfinden, denn das würde die arbeitenden Klassen zu hoch belasten, es soll nicht nach der ganzen Grund- und Gebäudesteuer veranlagt werden, denn das würde für gewisse Kreiszwecke die Grund- und Gebäudebesitzer zu hoch belasten, es darf nicht die Gewerbesteuer herangezogen werden, weil dadurch die Gewerbtreibenden zu hoch betroffen würden, man darf nicht alle Kreiseinwohner zu allen Kreisinstituten gleichmäßig belasten, weil viele nur örtliche Interessen haben. Ja, m. H., wenn man solche ganz unvereinbare Dinge vereinigen will, dann kommt man eben zu einem solchen unannehmbaren Resultate. Ich glaube, daß von vornherein der Gesichtspunkt aufgegeben werden muß, welcher dem Entwurf zu Grunde liegt, daß nämlich die Kreislasten auf die Staatssteuern zurückgeführt werden müssen, — das ist ein Fehler. Ich gebe ja zu, daß es vortheilhaft ist für die Verwaltung, für die Regierung, einen Maßstab zu haben, nachdem sie in den einzelnen Kreisen die Veranlagung stattfinden läßt, aber, nichtsdestoweniger ist das ganz und gar unrichtig, weil nämlich der Kreis ein individuelles Leben hat,

trage desjenigen Prozentsatzes heranzuziehen, mit welchem die Klassen- und klassifizirte Einkommensteuer belastet wird. Im Uebrigen kann die Gewerbesteuer von der Heranziehung ganz frei gelassen, darf aber

---

weil er eine Korporation für sich ist, mit eigenen Interessen, mit eigenen Einrichtungen; kein Kreis ist ganz übereinstimmend mit einem andern. Deswegen kann es auch gar keinen Maßstab geben, der für alle Kreise paßt, es giebt gewisse Analogien zwischen den verschiedenen Kreisen, aber es giebt keine Gleichheit zwischen ihnen; viele Lasten in den Kreisen mögen ja unter Umständen auf die Staatssteuer zurückgeführt werden, die meisten aber können nicht darauf zurückgeführt werden und dennoch soll hier die Regel aufgestellt werden, daß die Kreissteuern immer auf die Staatssteuern zurückgeführt werden. Warum denn, m. H., hat man den städtischen Kommunen nicht auch diese Verpflichtung auferlegt? Doch offenbar darum, weil man einsieht, daß in den Kommunen das nicht möglich ist, weil in den Kommunen eigenthümliche Verhältnisse sind, weil die Beziehung der Einwohner der Kommune zu dem Leben der Kommune eine ganz verschiedene ist von der Beziehung zu dem Staat, daß man ihnen deswegen eine besondere Besteuerung zugestehen muß. Ich würde daher gewünscht haben, daß man nur dazu geschritten wäre, die Staatssteuern zum Maßstabe zu nehmen, da, wo man ausnahmsweise einen anderen Maßstab nicht hat einführen können, wo die Kreisversammlung sich nicht hat über einen Maßstab einigen können, da hätte man sollen Ausnahmen machen, da hätte man als Ausnahme und als letztes Refugium diese Art der Besteuerung hinstellen und dann die Staatssteuern zur Grundlage machen sollen. Es kommt, m. H., nun noch hinzu, daß unser Staatssteuersystem in seiner heutigen Gestaltung nicht mehr den Verhältnissen entspricht. Wenn wir erst eine reformirte Steuergesetzgebung für den Staat haben, dann vielleicht wäre es möglich, für gewisse Verhältnisse die Staatssteuern zur Grundlage zu nehmen, für solche Lasten nämlich, die gewissermaßen die Bewohner der Kreise als politische Lasten tragen, aber nicht für diejenigen, die sie als Theilnehmer der Kreiskommune tragen; für diese dürfte dann wahrscheinlich die Belastung des Grundbesitzes, des Gewerbebetriebes, der Gebäude u. s. w. herangezogen werden. So lange wir nicht ein reformirtes Staatssteuer-System haben, können nur Ungerechtigkeiten und Härten durch eine solche Einrichtung entstehen.

Ich gebe nun ganz gern zu, daß, wenn man von dem Satze ausgeht, den der Herr Referent bei der Einleitung der Generaldiskussion gegeben hat, daß es sich nämlich wesentlich darum handele, die Autonomie der Kreise aufzuheben und sie nur noch zu Verwaltungskörpern für den Staat zu machen, daß man dann allerdings zu diesem Resultate kommt und kommen muß. Aber, m. H., ich stehe auf einem ganz verschiedenen Standpunkte, ich halte den Versuch, dieses Prinzip in die praktischen Verhältnisse einzuführen, für einen Fehler. Nach meiner Auffassung sind unsere Verhältnisse nicht so geartet, daß wir, wie der Herr Referent sich ausgedrückt hat, in den Kreisen die Träger schaffen müssen für eine staatliche Partikularverwaltung. Nach meiner Auffassung wird durch dieses Experiment das Gegentheil eingeführt werden; es wird nämlich eine partikulare Staatsverwaltung eingeführt, es wird auf diese Weise der Staat, der sich als ein einheitliches, organisches Ganze gestaltet hat, unseren Bedürfnissen entsprechend, zerrissen in — ich möchte sagen — eine Anzahl von Staatsaktien. So wie man heut zu Tage viele gewerbliche Etablissements durch Gründungs-Gesellschaften in Aktienvereine umgestaltet, so wird auch hier der Staat zu einem Gründungsgeschäft auf Aktien, wovon die Kreise die Aktionäre sind. Es ist ganz dasselbe Prinzip der Zerreißung des organischen Lebens, welches auch in anderen Verhältnissen bei der Gutsschlächterei eintritt. Ja, m. H., wenn man auf diese Weise die Verhältnisse, die bei uns organisch geworden sind, auseinanderreißt, dann kommt man allerdings nicht blos in der Besteuerung, sondern auch in vielen anderen Verhältnissen zu dem Resultat, welches dieser Entwurf enthält. Nach meiner Auffassung — es würde ja zu weit führen und ich kann hier nicht in die Generaldiskussion zurückgreifen — ich sage nach meiner Auffassung, sind der Staat und die Kommunen die Träger unseres gesammten Volkslebens und die Kreise sind nur eine Ergänzung

keinenfalls dazu mit einem höheren Prozentsatze, als die Grund- und Gebäudesteuer, herangezogen werden. Ausgeschlossen von der Heranziehung bleibt die Gewerbesteuer vom Hausirgewerbe.

---

des Kommunalverbandes und nicht diejenigen Organe, welche jetzt geschaffen werden sollen, um sie mit einer Fülle des politischen Lebens auszustatten. Ich habe keinen Antrag gestellt, eine Aenderung vorzunehmen, m. H., und zwar aus dem Grunde, weil auch ich von der Ansicht ausgehe, daß es nothwenig ist, wenn man einen Antrag stellt, irgend ein praktisches Resultat damit zu erzielen. Ich glaube nicht, daß bei der gegenwärtigen Lage es möglich sein würde, mit einem Abänderungsantrage durchzukommen; ich schmeichle mir aber, daß diese Vorlage noch kein Gesetz wird. Wir kommen noch einmal zur Berathung dieser Angelegenheit zurück, und wenn wir wiederum darauf zurückkommen, dann bin ich überzeugt, hat sie eine andere Gestalt, und dann würde ich auch vielleicht in der Lage sein, einen Verbesserungsantrag stellen zu können.

Hierauf erwiderte der Regierungskommissarius, Geh. Regierungsrath Persius: M. H.! Der geehrte Herr Vorredner verwirft den Maßstab der Staatssteuern als Vertheilungs-Maßstab für die Kreisabgaben und empfiehlt, es der Autonomie der Kreise zu überlassen, wie sie ihre Abgaben aufbringen wollen, nur subsidiär soll der Staatssteuer-Maßstab als Vertheilungs-Maßstab für die Kreisabgaben gelten. Nun, m. H., Ihre Kommission hat sich redlich bemüht, einen anderen Vertheilungs-Maßstab für die Kreislasten zu erfinden, als denjenigen, den die Regierung vorgeschlagen hat. Ihre Kommission und auch die verschiedenen Fraktionen dieses Hohen Hauses sind aber nicht in der Lage gewesen, einen solchen Maßstab ausfindig zu machen und ich habe Namens der Staatsregierung die Erklärung abzugeben, daß, ungeachtet schon seit längerer Zeit Verhandlungen darüber gepflogen werden, nach welchem besonderen Maßstabe die Vertheilung der Orts-, Kommunal- und Kreislasten zweckmäßig erfolgen könne, es bisher auch der Staatsregierung noch nicht gelungen ist, einen anderen Maßstab zu ermitteln, als den Staatssteuer-Maßstab, welcher unter den obwaltenden Verhältnissen noch immer als der gerechteste und zweckmäßigste zu erachten sein wird. Wenn nun einerseits die Staatsregierung und andererseits die Fraktionen dieses Hohen Hauses bisher nicht im Stande gewesen sind, einen besonderen Maßstab für die Aufbringung der Kreislasten vorzuschlagen, so glaube ich, wird es auch den einzelnen Kreistagen nicht gelingen, einen solchen Maßstab zu erfinnen, und die Erfahrung lehrt die Richtigkeit dieser Behauptung. Ich habe hier vor mir liegen eine Nachweisung von den Vertheilungs-Maßstäben für die Kreislasten aus einer großen Anzahl von Kreisen der östlichen Provinzen. Aus dieser Nachweisung ergiebt sich, daß in allen diesen Kreisen, mit Ausnahme von zweien, die Kreislasten nach dem Maßstabe der Staatssteuern aufgebracht werden, und daß es nur zwei Kreisen gelungen ist, besondere Maßstäbe für die Aufbringung ihrer Kreislasten zu erfinden, und ich kann hinzufügen, daß die Kreistage dieser beiden Kreise selbst davon überzeugt sind, daß der Maßstab, den sie beschlossen haben, kein angemessener und gerechter ist, und daß ein großer Theil der Mitglieder dieser Kreistage die Ansicht hegt, daß es zweckmäßiger wäre, auch dort die Kreislasten nach dem Maßstabe der Staatssteuern zu vertheilen. — Die Kreise, aus denen mir die gedachten Nachrichten vorliegen, bringen schon gegenwärtig ihrer großen Mehrheit nach die Kreislasten nach dem Maßstabe der sämmtlichen direkten Staatssteuern bezw. nach dem Maßstabe der direkten Staatssteuern mit Ausschluß der Gewerbesteuer auf. Es sind 59 von 77 Kreisen, die alle diesen Maßstab gewählt haben und nur 19 derselben vertheilen die Kreisabgaben lediglich nach dem Maßstabe der Klassensteuer und der klassifizirten Einkommensteuer. — Die Staatsregierung kann nun ihrerseits nicht dafür erachten, daß die ausschließliche Anwendung der Klassensteuer und der klassifizirten Einkommensteuer als Maßstab für die Aufbringung der Kreislasten der Gerechtigkeit entspräche, weil die Leistungsfähigkeit der Kreiseingesessenen in diesen Steuern allein ihren richtigen Ausdruck nicht findet, es vielmehr nothwendig ist, eine Kombinirung sämmtlicher Steuern eintreten zu lassen, um einen gerechten Steuermaßstab zu erzielen. Mit Rücksicht darauf schlägt nun die Regierungsvor-

Die drei untersten Stufen der Klassensteuer (§. 9. zu a. des Gesetzes vom 1. Mai 1851. Ges.=S. S. 193.) können von der Heranziehung zu den Kreisabgaben ganz freigelassen oder dazu mit einem geringeren

---

tage vor, daß auch die Grund= und Gebäudesteuer, sowie die Gewerbesteuer, wenn auch zu geringeren Prozentsätzen als die Klassen= und klassifizirte Einkommensteuer, als Vertheilungs=Maßstab verwerthet werden sollen. Es bleibt dabei den Kreistagen noch immer der Spielraum zwischen 50 und 100 Prozent, um den konkreten Verhältnissen entsprechend den Maßstab zu bestimmen. — Wenn der Herr Vorredner angeführt hat, es käme bei der Aufbringung der Kreislasten nicht sowohl auf die Leistungsfähigkeit, als auf das Interesse an, welches die Kreiseingesessenen an den Kreiseinrichtungen haben, so kann ich dieser Ansicht doch nicht unbedingt zustimmen; denn ich vermag nicht zuzugeben, daß die Leistungsfähigkeit der Kreiseingesessenen bei der Aufbringung der Kreisabgaben ganz außer Betracht gelassen werden darf. Wollte man hierbei lediglich das Interesse entscheidend sein lassen, so würde man dahin gelangen, viele Kreislasten ausschließlich nach der Grund= und Gebäudesteuer aufzubringen, wodurch aber in vielen Fällen eine zu starke Belastung des Grundbesitzes herbeigeführt werden würde. Ich glaube, m. H., daß nach dem Gange, welchen die Debatte in dieser Frage schon vor zwei Jahren genommen hat, es sich empfehlen wird, bei der Regierungsvorlage stehen zu bleiben. Die Regierung verkennt nicht, daß der Vorschlag, den sie dem Hohen Hause gemacht hat, an verschiedenen Mängeln laborirt; unter den obwaltenden Umständen ist es aber der einzig mögliche Weg, auf dem zu einer entsprechenden Lösung dieser Frage zu gelangen ist. — Die Staatsregierung wird fortfahren, in ihren Bemühungen, ein besonderes Kommunalsteuer=System zu erfinden, sie ist aber für jetzt noch nicht in der Lage, Ihnen ein solches zur Prüfung vorzulegen.

Demnächst erwiderte noch der Abgeordnete Miquel: „M. H.! Der Herr Abgeordnete Dr. Glaser hat die Hoffnung ausgesprochen, daß die Kreisordnung diesmal noch nicht zu Stande käme. Wenn er von dieser Hoffnung aus gegen den Paragraphen spricht, so werden Diejenigen, die da hoffen, daß wir endlich einmal die Kreisordnung zu Stande bringen, um so mehr Veranlassung haben, für den Paragraphen zu stimmen. Es hat der Herr Abgeordnete Dr. Glaser gemeint, es werde durch die Einführung der Kreisordnung der Staat in seiner Einheit vollständig erschüttert, und es trete eine Auflösung ein, als wenn der Staat sich auflöse in einzelne Aktiengesellschaften. Er hat dies damit motiviren wollen, daß er sagt: es wäre richtiger, die Kreiskommunen blos als privatrechtliche Kommunen bestehen zu lassen: aber ihnen politische Rechte zu geben, wäre nicht rathsam. Man hätte nun gerade umgekehrt denken sollen, so lange man die Kreiskommunen nur als privatrechtliche Kommunen bestehen läßt, so lange sind sie Aktiengesellschaften gleichzuachten. Dieses ganze Bedenken hört gerade auf, sobald man die Kreise mit politischen Rechten konstituirt. Daß aber die nothwendige Einheit des Staates darum, daß diese Zentralisation der Verwaltung einigermaßen beschränkt wird und an Stelle desselben eine dezentralisirte Verwaltung tritt, d. h. eine Entscheidung lokaler Fragen durch lokale Körperschaften unter Vorbehalt der großen Verwaltungsfragen, welche die Gesammtheit des Staates angehen, für zentrale Körperschaften, daß das bei voller Aufrechterhaltung der Einheitlichkeit der Gesetzgebung, der Wehrpflicht u. s. w. in keiner Weise zu einer gefährlichen Zersplitterung der staatlichen Kräfte führt, das, glaube ich, liegt so sehr auf der Hand, daß ich darauf nicht näher eingehen will. — Wenn wir nun auch dem § 10 im Allgemeinen zustimmen, so möchte ich mich in dieser Beziehung Namens meiner Freunde noch vollständig anschließen den Bemerkungen des Herrn Kollegen Lasker und will nur noch hinzufügen, daß nach meiner Meinung nicht blos nach der ausdrücklichen Aufnahme der Aenderung in dem ersten Alinea dieses Paragraphen derselbe formell ein provisorischer ist, sondern daß er dies auch sachlich ist. Ich bin in dieser Beziehung vielleicht nicht einverstanden mit meinem Freunde Lasker, wenn ich ihn recht verstanden habe, daß er an die Staatsregierung den Wunsch gerichtet hat, sobald als möglich und sehr schleunig ein Gesetz vorzulegen über die Kommunalbesteuerung. Ich bin nämlich

Prozentsatz, als die übrigen Stufen der Klassensteuer und die klassifizirte Einkommensteuer herangezogen werden. In diesem Falle ist den wahl=

---

der Ueberzeugung, daß für die nächsten Jahre die Lösung der Frage von der Kommunalbesteuerung überhaupt noch nicht möglich ist, uud ich gehe sogar so weit, daß ich meine, die Lösung der Frage, wie man die Mehrbesteuerung oder die Doppelbesteuerung in der Kommune verhindern kann, ist auch noch nicht möglich, sondern sie ist auch nur möglich mit einem wirklich materiellen Gesetz über die Kommunalverwaltung. Ich will Ihnen auch den Grund sagen, der vielleicht denn doch von der Ansicht der Herren etwas abweicht, die mir eben zustimmen: ich bin der Meinung, daß sich erst durch die Erfahrung festsetzen läßt auf Grund der neuen Kreisordnung, wie die Aufgaben, die der Kreis sich stellt, sich regeln im Verhältniß zu den Aufgaben der ersten Kommune. Es wird sich erst allmählig zeigen, welche Aufgaben naturgemäß dem Kreise zufallen und welche naturgemäß der einzelnen Kommune bleiben. Wir, der Herr Abgeordnete Lasker und ich, haben bei der ersten Berathung der Kreisordnung versucht, in dieser Beziehung die Kompetenz des Kreises schon jetzt zu fixiren. Ich habe mich selbst überzeugt, daß dies heute noch nicht möglich ist; ich habe aber die Ueberzeugung, wollen wir nicht in eine vollständige Anarchie der Aufgaben, welche die Provinz, der Kreis, die Kommune u. s. w. sich stellen, hineingerathen, so müssen wir allmählig zu einer festen, gesetzlichen Beschränkung kommen, müssen wir wissen, welche Aufgaben jede Organisation im Gesammtkörper der Staatsverwaltung zu lösen hat, und wird es erst dann möglich, weil wir die Natur der Ausgaben kennen, auch klar zu werden über die Natur der Einnahmen, woher sie zu nehmen sind, welcher Klasse sie vorzugsweise zu Gute kommen u. s. w.; die Frage, welche Steuern eine einzelne Klasse zu zahlen hat, kann man nicht allein regeln nach dem Wahlrecht dieser Klasse; auch glaube ich nicht, daß man sie regeln kann allein nach dem Interesse, welches eine einzelne Klasse an den Ausgaben hat; aber im Großen und Ganzen ist doch richtig, daß die Rechte sehr wesentlich harmoniren mit den Pflichten auch in Beziehung auf Steuerfragen, und daß ebenso das Interesse allerdings auch sehr maßgebend sein muß, namentlich dann, wenn ein solches Interesse ein einseitiges Meliorationsinteresse einzelner Klassen ist. Wenn wir auch ein definitives Gesetz machen wollten, ein Provisorium würde der Paragraph immer bleiben, ein Provisorium zweitens nach der Richtung hin, daß, wie Kollege Glaser angedeutet hat, wir vor einer Reform der Staatssteuern stehen, und ich persönlich bin sogar der Meinung, daß wir niemals in Preußen zu einer solchen befriedigenden Regelung des Kommunalsteuerwesens kommen, so lange nicht die Grund= und Gebäudesteuer wesentlich den Kommunen übertragen ist. (Sehr richtig! rechts.) Ist dies richtig, stehen wir heute vor einer allgemeinen Reform, sind wir in der Unmöglichkeit, heute ein materiell definitives Kommunalsteuer=System zu machen, so wird es für Alle sehr leicht, für diesen Paragraphen zu stimmen; denn die verschiedenen Interessen sagen: wir beschließen nur ein Nothprovisorium. Wollten wir heute den Versuch machen, zu einem Definitivum zu gelangen, so würde das mißlingen, aber bewirken, daß die Kreisordnung scheitert; wollten wir die Frage diskutiren, so würden wir mehrere Tage dazu gebrauchen, und daher ist der Weg der Kommission formell richtig gewählt, daß sie das Resultat der vorjährigen Berathung angenommen hat, ohne es als definitiven Kompromiß zu bezeichnen."

Das Abgeordnetenhaus nahm demnächst die Fassung an, wie sie der §. 10. jetzt enthält.

In der Kommission des Herrenhauses wurde — wie der Kommissionsbericht ausführt — zunächst ebenfalls darauf hingewiesen, wie die Kreistage bisher rücksichtlich der Besteuerung eine größere Befugniß und Freiheit gehabt hätten, als der Gesetzentwurf ihnen bewillige. Zum Begriff einer Korporation und ihrer Autonomie gehöre doch vor allen Dingen das Recht der Selbstbesteuerung. Wenn nun der Entwurf dies gegen früher wesentlich beschränke, so sei das einer der Beweise, wie unzutreffend die Behauptung sei, daß durch denselben allgemein eine größere Selbstverwaltung, als bisher, den Kreisen bewilligt werde. Ganz dasselbe zeige sich bei der Verringerung der statutarischen Befugnisse, sowie bei den gegen

und schlachtsteuerpflichtigen Städten ein verhältnißmäßiger Erlaß an ihrem Gesammtantheile an den Kreisabgaben zu gewähren.

Für die mahl= und schlachtsteuerpflichtigen Städte ist bei Ver=

---

früher mehr beschränkenden Bestimmungen der Mitbestimmung der Kreise rücksichtlich der Wahl der Landräthe. Es könne keine sichereren Kennzeichen geben, welche Besorgnisse der Regierung selbst und dem anderen Hause die von ihnen vorgeschlagene Zusammensetzung des Kreistages einflöße. Diese Zusammensetzung sei nun allerdings von der Kommission des Herrenhauses wesentlich verbessert und für die Wahrnehmung der Verwaltung der Kreisangelegenheiten durch unabhängige sachverständige Mitglieder des Kreistages eine größere Garantie gegeben, allein immerhin gäben die Vorschläge, namentlich wenn sie in Verbindung mit den ganzen politischen Verhältnissen betrachtet würden, noch nicht die Gewißheit der allezeit entsprechenden Anwendung einer größeren Freiheit rücksichtlich der Kreiskommunalbesteuerung, und müsse deshalb von derartigen Anträgen abgesehen werden. Vielmehr biete die Bestimmung des §. 10. noch in mehrfachen Beziehungen, und zum Theil gerade nach der anderen Seite hin, Ursache zu ernsten Bedenken.

Es ward hervorgehoben, daß die Grund= und Gebäudesteuer ꝛc. zu den Kreiskommunal=Abgaben jederzeit **mindestens** mit der Hälfte desjenigen Prozentsatzes herangezogen werden soll, mit welchem die Klassen= und klassifizirte Einkommensteuer belastet wird, daß sich jener Prozentsatz aber **bis zum vollen Betrage** der Steuern steigern kann, und deshalb der Antrag gestellt: Zu Anfang des Absatzes im §. 10. die Worte: „mindestens“ „und höchstens mit dem vollen Betrage“ zu streichen.

Der Regierungs=Kommissar machte dagegen geltend, daß die Einigung im Abgeordnetenhause schon über die Bestimmungen der Vorlage sehr schwer zu erreichen gewesen wäre. Von ihm und einem Mitgliede der Kommission ward ferner hervorgehoben, daß selbst bei einer Zusammensetzung der Kreistage nach den Beschlüssen des anderen Hauses eine Heranziehung der Grundsteuer in unangemessener Weise nicht zu besorgen sei, während andererseits jetzt schon in vielen Kreisen die Heranziehung der Grundsteuer mit einem höheren Prozentsatze stattfinde.

Von anderer Seite wurde dagegen geltend gemacht, daß die Heranziehung der Grundsteuer zu einem höheren Prozentsatze für gewöhnliche Kreiskommunalabgaben prinzipiell unrichtig und eine Ueberlastung, weil Doppelbesteuerung, des Grundbesitzes sei. Aus landwirthschaftlichen Kreisen werde jetzt vielfach jede Heranziehung nach der Grundsteuer zur Kreiskommunalbesteuerung neben der Einkommensteuer als eine noch überdies besonders drückende Doppelbesteuerung abgewiesen und nur die Heranziehung nach der persönlichen Steuer beansprucht. Letzteres sei jedoch ebenfalls prinzipiell unrichtig. Als Momente, welche für die Heranziehung zur Besteuerung in einer Korporation wie der Kreis von Einfluß seien, böte sich nicht blos das persönliche Einkommen der Kreisangehörigen dar, sondern auch der Vortheil, welcher ihnen daraus erwächst, oder die Last, welche sie dabei dem Kreise zubringen; der Besitz als solcher sei meistentheils nach den beiden letzteren Beziehungen maßgebend, nicht ob und wie weit er verschuldet sei. So sei dies z. B. für die allem Grundbesitze zu gute kommenden Anlagen, oder für die Unterstützungen der auf dem Gute wohnhaften Landwehrfrauen völlig gleichgültig. Für Beides und zu allen ähnlichen Kreisbedürfnissen sei eine Heranziehung nach Maßgabe des Gesammtbesitzes in der That gerechtfertigt. Aber es sei allerdings nicht gerechtfertigt, daß, soweit dies geschehe, noch gleichzeitig die Besteuerung nach Maßgabe der Einkommensteuer in Anspruch genommen werde, welche auf den schuldenfreien Reinertrag eben desselben Grundbesitzes gelegt sei. Darin liege unzweifelhaft eine nicht zu duldende Doppelbesteuerung. Es würde mithin, bei einer Besteuerung nach Maßgabe der Grundsteuer, rücksichtlich der persönlichen Steuern zu unterscheiden sein, aus welchem Einkommen sie fließen. Dies aber sei praktisch nicht wohl durchführbar, und darum sei es gerechtfertigt, einen Grundsatz festzustellen, welcher im Großen und Ganzen den realen Verhältnissen in jener Beziehung möglichst entspreche. Nehme man an, daß die Grundsteuer —

theilung der Kreis-Abgaben die Einkommensteuer nur nach Abzug der Mahl- und Schlachtsteuer-Vergütigung von 20 Thalern (§. 2. zu b. des Gesetzes vom 1. Mai 1851.) die Mahl- und Schlachtsteuer aber

---

wenn freilich auch nicht allenthalben in Wirklichkeit — von dem vollen Reinertrag der Besitzungen unter Berücksichtigung des Werthes des Inventarii und der Gebäude, die dabei nicht in Anschlag gebracht sind, etwa 5 Prozent betrage, und daß hinwiederum im Großen und Ganzen der Grundbesitz etwa zur Hälfte verschuldet sei, mithin die Einkommensteuer aus dem Ertrage des Grundbesitzes nur von der Hälfte des Besitzes gezahlt würde, so werde bei der Annahme des Antrages der Grundbesitz im Großen und Ganzen von der Hälfte des Ertrages 5 Prozent, von der anderen Hälfte 3 Prozent, im Durchschnitt 4 Prozent tragen. Die Höherbesteuerung mit 1 Prozent gegen das Einkommen aus der Arbeit des Besteuerten und auch aus dem Kapitalbesitze möchte bei Kreiskommunalabgaben nicht ungerechtfertigt sein. Jedenfalls würde ein richtigerer Maßstab nur etwa durch eine eigene Kreiskommunalsteuer zu finden sein. Ein Hinausgehen der Inanspruchnahme des Grundbesitzes über die Hälfte der Grundsteuer sei aber in keinem Falle gerechtfertigt, und eine gesetzlich dies festhaltende Bestimmung um so mehr geboten, als bisher in ungerechtfertigter Weise meist durch die Nöthigung der Behörden vielfach darüber hinausgehende Besteuerungen des Grundbesitzes eingeführt seien.

Der Antrag wurde bei der Abstimmung mit allen gegen eine Stimme angenommen.

Gegen den Zusatz in den ersten Zeilen des zweiten Absatzes, daß nur die Gewerbesteuer in Klasse A. I. auf dem platten Lande der Grund- und Gebäudesteuer gleich zu den Kreiskommunalabgaben herangezogen werden soll, ward Widerspruch erhoben und der Antrag gestellt: die Worte „von dem Gewerbebetriebe auf dem platten Lande aufkommende“ zu streichen.

Es wurde hervorgehoben, daß, wenn neben den persönlichen Steuern die Grund- und Gebäudesteuer zur Grundlage der Kreiskommunalbesteuerung gemacht werde, dies prinzipiell in gleicher Weise mit der Gewerbesteuer geschehen müsse. Neben dem Gesammteinkommen des Betreffenden, besteuere die eine wie die andere noch die gewerbliche Thätigkeit ohne Rücksicht auf die Schulden. Der Gewerbebetrieb im Allgemeinen biete rücksichtlich seiner Verhältnisse dieselben Momente für eine Heranziehung zur Kreiskommunalbesteuerung dar, welche vorher rücksichtlich des Grundbesitzes hervorgehoben seien. Wenn dennoch das kleinere Gewerbe mehrfach von einer derartigen Heranziehung freigelassen sei, so liege der Grund in der gedrückten Lage, in welcher es sich meist auf dem Lande und in den kleinen Städten befinde. Dieser Grund treffe aber bei dem Großgewerbe, welches in der Klasse A. besteuert werde, in keiner Weise zu, vielmehr befinde gerade dieses sich im ganzen Lande am wohlsten, und seine Staatsbesteuerung entspreche diesem Zustande noch nicht einmal. In dieser Rücksicht finde gar kein Unterschied zwischen demselben statt, je nachdem es auf dem Lande oder in den Städten betrieben werde. Es sei eine Ueberlastung des platten Landes, wenn diese seine Steuerkraft nur dann dem Kreise zu gut kommen solle, wenn es auf letzterem betrieben werde. Verkannt solle nicht werden, daß seine Gleichstellung mit dem Grundbesitze im §. 10. rücksichtlich der Kreiskommunalbesteuerung zunächst hervorgegangen sein möge aus der ihm rücksichtlich der Kreisvertretung auf dem Lande neu eingeräumten Berechtigung. Das sei aber eine untergeordnete Rücksicht gegen die volle Berechtigung, seine große Steuerkraft überhaupt für die Kreislasten in Anspruch zu nehmen. Ihm vornehmlich kämen die Hauptsteuern des Kreises für Verkehrsmittel zu gute, und doch würde ihre allgemeine Mehrbelastung für solche Zwecke nach §. 13. nicht ausführbar sein, wenn sie nicht überhaupt schon im §. 10. bei der Kreisbesteuerung dem Grundbesitz gleichgestellt würden.

Es wurde hiergegen vom Regierungskommissar und aus der Kommission selbst geltend gemacht, daß dadurch eine drückende Mehrbelastung für die Städte entstehe, namentlich wenn sie ihr Kontingent nach den gewöhnlichen städtischen

mit der Maßgabe in Anwendung zu bringen, daß die Mahlsteuer nur mit zwei Dritttheilen ihres Rohertrages herangezogen werden darf. Haben diese Städte eine Militärbevölkerung, so ist von der

---

Kommunalsteuern abführten. Darauf wurde erwidert: daß die Städte vielmehr dem platten Lande gegenüber, wenn dessen ganze Grundsteuer in Anrechnung käme, ohne daß gleichzeitig die ganze Gewerbesteuer herangezogen werde, immer noch einen überwiegenden Vortheil hätten, welchen auch der bedeutende Grundbesitz einzelner Städte durchaus nicht aufwiege. Die Heranziehung eines Theiles der Gewerbesteuer der Klasse A. sei nur ein mäßiger Ersatz. Die Städte könnten ja die Grundsätze, welche der Kreis für seine Besteuerung angenommen, auch in sich zur Ausführung bringen, und wenn sie die Lasten nach den städtischen Kommunalabgaben aufbrächten, würde dazu wohl auch schon jetzt vielfach die ganze oder ein Theil der Gewerbesteuer herangezogen. Sie brauchten endlich ja nur eine eigene Kommunal-Einkommensteuer einzuführen und dabei eventuell jene Gewerbetreibenden der Klasse A. entsprechend höher zu besteuern. Keinenfalls sei diese etwaige Schwierigkeit ein Grund, den Kreisen eine so gerechtfertigte Besteuerung zu untersagen.

Der Antrag wurde mit allen gegen zwei Stimmen angenommen.

Das Herrenhaus, in dessen Plenarsitzung vom 24. Oktober 1872 die Anträge der Kommission durch den Berichterstatter Grafen v. Krassow, Baron v. Sennft, v. Kleist-Retzow vertheidigt, durch v. Winter, Hasselbach, Wilckens und den Reg.-Kommissarius Geh. Reg.-Rath Persius bekämpft wurden, nahm die Kommissionsanträge an, nachdem es den Antrag des Dr. Baumstarck auf Herstellung der Beschlüsse des Abgeordnetenhauses mit 82 gegen 48 Stimmen abgelehnt hatte, die dann im neuesten Regierungsentwurf wieder aufgenommen wurden.

3. Bezüglich der Veranlagung zur Klasse A. I. der Gewerbesteuer bestimmt das Gesetz vom 19. Juli 1861 (Ges.-Samml. S. 697) betreffend einige Abänderungen des Gesetzes wegen Entrichtung der Gewerbesteuer vom 30. Mai 1820 Folgendes:

§ 1. Die Veranlagung der Gewerbesteuer vom Handel erfolgt fortan in drei Steuerklassen: A. I., A. II. und B.

§ 2. 1) Bei dieser Veranlagung (§ 1) ist von der mittleren Klasse — A. II. — auszugehen, in der Art, daß nur die umfangreicheren Geschäfte zur Klasse A. I., dagegen die geringfügigen zur Klasse B. nach Maßgabe der nachstehend zu 2 und 3 ertheilten Bestimmungen ausgesondert werden.

2) Die erste Klasse — A. I. — umfaßt diejenigen Fabrik- und Handels-Unternehmungen, mit Einschluß der Kommissions-, Speditions-, Agentur-, Bank-, Geld-, Wechsel-, Versicherungs- und Rhederei-Geschäfte, sowie der auf Vermittelung von Handels- oder Geldgeschäften gerichteten Gewerbe, bei welchen theils nach der Höhe des dazu erforderlichen Anlage- und Betriebskapitals, theils nach der Erheblichkeit ihres jährlichen Umsatzes auf einen Betrieb von bedeutendem Umfange zu schließen ist.

3) In der dritten Klasse — Klasse B. — sind die Handels-Geschäfte der geringsten Art, mit Einschluß der nicht handwerksmäßigen Anfertigung von Waaren auf den Kauf, zu veranlagen, wie diejenigen der Höker, Trödler, Viktualien-, Obst- und Gemüsehändler und die diesen ähnlichen Gewerbe. Wird jedoch ein Gewerbe der zuletzt gedachten Art in einem für dasselbe ungewöhnlich erheblichen Umfange betrieben, so erfolgt dessen Veranlagung in einer der Klassen A.

Eine im Inlande belegene Fabrik, welche mit dem dazu gehörigen, örtlich von ihr getrennten Comtoir (Verkaufsstätte) dergestalt in Verbindung steht, daß der Verkauf ausschließlich von dem Comtoir aus stattfindet, ist mit demselben zusammen nur als ein Geschäft, also nur einmal zu veranlagen, und zwar in demjenigen Rollenbezirk, in welchem sich das Comtoir (Verkaufsstätte) befindet.

nach Vorstehendem ermittelten Summe eine nach Verhältniß der Militärbevölkerung zur Civilbevölkerung zu bemessende Quote abzusetzen.

---

§ 4. Die zur Klasse A. I. (§. 2. Nr. 2.) gehörigen Steuerpflichtigen bilden Steuergesellschaften (§ 26. ff. des Gesetzes wegen Entrichtung der Gewerbesteuer vom 30. Mai 1820, Ges.-Samml. für 1820, S. 147.), deren Steuerbezirk in der Regel den ganzen Regierungsbezirk umfaßt.

Die Stadt Berlin bildet einen Steuerbezirk für sich.

§ 5. Die Steuerbezirke der Klasse A. I. (§. 4.) zerfallen je nach der Zahl und der Bedeutung der in denselben vorhandenen Unternehmungen und Geschäfte der im § 2. zu 2. bezeichneten Art in zwei Abtheilungen. Zur ersten Abtheilung gehören die Regierungsbezirke Aachen, Arnsberg, Breslau, Köln, Danzig, Düsseldorf, Königsberg, Liegnitz, Magdeburg, Merseburg, Potsdam, Stettin und die Stadt Berlin, zur zweiten Abtheilung die übrigen Regierungsbezirke.

§ 6. Wenn in Beziehung auf Handel und Fabrikation wesentliche Verschiedenheiten zwischen größeren Theilen eines Regierungsbezirks obwalten, so kann derselbe durch Königliche Verordnung hinsichtlich der Klasse A. I. in zwei oder mehrere Steuerbezirke (§. 4.) zerlegt werden, welche nicht nothwendig derselben Abtheilung (§. 5.) zuzuweisen sind.

Treten wesentliche Veränderungen in den gewerblichen Verhältnissen einzelner Steuerbezirke ein, so kann deren Versetzung in eine andere Abtheilung durch Königliche Verordnung bestimmt werden.

§ 7. Die Besteuerung findet in drei Handelsklassen (§§. 1., 2.) nach Mittelsätzen statt.

§ 8. Für die Klasse A. I. (§ 2. Nr. 2.) beträgt

a) der Mittelsatz der Gewerbesteuer
  1. in der ersten Abtheilung (§. 5.) 96 Thlr. jährlich oder monatlich 8 Thlr.,
  2. in der zweiten Abtheilung (§. 5) 72 Thlr. jährlich oder monatlich 6 Thlr.,

b) der niedrigste Satz
  in beiden Abtheilungen 48 Rthlr. jährlich oder monatlich 4 Rthlr.

Für Steuerbezirke (§. 4.), in denen die gewerblichen Verhältnisse so ungünstige sind, daß die Anwendung des Mittelsatzes der zweiten Abtheilung zu einer unverhältnißmäßig hohen Besteuerung der Mitglieder der Klasse A. I. führen würde, kann durch Königliche Verordnung der Mittelsatz bis auf 48 Thlr. und der niedrigste Satz bis auf 24 Rthlr. herabgesetzt werden.

§ 9. 1) Die Vertheilung der Steuer in der Klasse A. I. unter die Mitglieder der Steuergesellschaft (§ 4) wird durch Abgeordnete bewirkt, welche unter der Leitung eines von der Bezirksregierung für jeden Steuerbezirk zu bestellenden Kommissarius aus der Mitte der Gesellschaft auf drei Jahre gewählt werden. 2c. 2c.

5) Ueber die Abgrenzung der Wahlbezirke und das bei den Wahlen zu beobachtende Verfahren wird das Nähere durch eine von dem Finanzminister zu erlassende Anweisung bestimmt.

2c. 2c.

§ 10. Für die Klasse A. II. beträgt

a) der Mittelsatz der Gewerbesteuer:
  1. in der ersten Abtheilung 24 Thlr. jährlich, oder monatlich 2 Thlr.,
  2. in der zweiten Abtheilung 16 Thlr. jährlich, oder monatlich 1 Thlr. 10 Sgr.,
  3. in der dritten und vierten Abtheilung 10 Thlr. jährlich, oder monatlich 25 Sgr.;

b) der niedrigste Satz:
  1. in der ersten Abtheilung 12 Thlr. jährlich, oder monatlich 1 Thlr.,
  2. in der zweiten Abtheilung 8 Thlr. jährlich, oder monatlich 20 Sgr.,

Von dem hiernach ermittelten Betrage der Mahl- und Schlachtsteuer noch einen Abzug bis höchstens zwanzig Prozent zu beschließen, bleibt der Kreisvertretung überlassen.

§. 11.

Unter Anwendung des nach diesen Grundsätzen (§. 10.) vom Kreistage beschlossenen Vertheilungs-Maßstabes wird das Kreis-Ab-

---

3. in der dritten und vierten Abtheilung 6 Thlr. jährlich oder monatlich 15 Sgr.

§ 12. Für die Klasse B. (§ 2. Nr. 3.) beträgt
  a) der Mittelsatz der Gewerbesteuer:
    1. in der ersten Abtheilung 8 Thlr. jährlich, oder monatlich 20 Sgr.,
    2. in der zweiten Abtheilung 6 Thlr. jährlich, oder monatlich 15 Sgr.,
    3. in der dritten Abtheilung 4 Thlr. jährlich, oder monatlich 10 Sgr.,
    4. in der vierten Abtheilung 2 Thlr. jährlich, oder monatlich 5 Sgr.,
  b) der niedrigste Satz:
    1. in der ersten, zweiten und dritten Abtheilung 2 Thlr. jährlich, oder monatlich 5 Sgr.,
    2. in der vierten Abtheilung 1 Thlr. jährlich, oder monatlich 2 Sgr. 6 Pf.

4. Sofern der dem gegenwärtig versammelten Landtag vorliegende Gesetzentwurf wegen Abänderung des Gesetzes vom 1. Mai 1851 betreffend die Klassen- und klassifizirte Einkommensteuer Gesetzeskraft erlangen sollte, Inhalts dessen eine Befreiung aller derjenigen Personen von der Klassensteuer beabsichtigt ist, deren Jahreseinkommen den Betrag von 140 Thlr. nicht erreicht, und für die danach klassensteuerpflichtig bleibenden Personen eine neue Klasseneintheilung eintreten soll, würde der Absatz 3. im §. 10. der Kreisordnung keine Bedeutung behalten.

5. Der Schlußpassus im Alinea 4. wegen Abrechnung der auf die Militairbevölkerung fallenden Quote der Mahl- und Schlachtsteuer ist auf Antrag des Abgeordneten Grafen Lehndorff hinzugefügt worden. Derselbe muß um so mehr gerechtfertigt erscheinen, als nach §. 6. die servisberechtigten Militairpersonen nicht zu den Kreisangehörigen, auch nach §. 3. der Städteordnung vom 30. Mai 1853 nicht zur Stadtgemeinde gehören, und danach die Städte in keinem Falle in der Lage gewesen wären, den etwa auf die Mahl- und Schlachtsteuer der Militairbevölkerung gelegten Kreissteuer-Zuschlag auf diese abzuwälzen.

6. Der Absatz 5. im §. 10. ist auf Veranlassung des Herrenhauses aus dem Grunde hinzugefügt worden, weil in Rücksicht der bedeutenden, durchschnittlich etwa auf 20 Prozent des Brutto-Ertrages anzunehmenden Erhebungskosten der Mahl- und Schlachtsteuer der Netto-Ertrag für den Staat sich dem entsprechend geringer herausstellt. Hierbei wird auch noch in Betracht kommen, daß zur Mahl- und Schlachtsteuer auch in mehr oder minder erheblichem Maße die durch die betreffende Stadt passirenden Fremden kontribuiren müssen, und es danach vielfach eine nicht zu rechtfertigende Härte sein würde, wenn bei Bemessung des dieser Stadt aufzulegenden Kontingents zu den Kreissteuern der den Nichtbewohnern der Stadt zur Last fallende Mahl- und Schlachtsteuerbetrag mit zur Berechnung gezogen würde. Der vom Herrenhause veranlaßte Zusatz schützt danach die Städte vor einer sonst leicht möglichen Ueberbürdung.

Zu § 11.

1. Das den Vorschriften des § 11 zu Grunde liegende System, wie es sich in der Praxis der meisten Kreise herausgebildet hat, hält gewissermaßen die Mitte zwischen den Systemen der sogenannten Kontingentirung und der Individual-Besteuerung. Indem das Kreisabgaben-Soll für die einzelnen Gemeinden und selbstständigen Gutsbezirke im Ganzen berechnet und denselben zur Einziehung

gaben-Soll für die einzelnen Gemeinden und selbstständigen Gutsbezirke im Ganzen berechnet und denselben zur Untervertheilung auf die einzelnen Steuerpflichtigen nach demselben Maßstabe, zur Einziehung, sowie zur Abführung im Ganzen an die Kreis-Kommunal-Kasse überwiesen.

Den Städten bleibt die Beschlußnahme darüber, wie ihre Antheile an den Kreis-Abgaben aufgebracht werden sollen, vorbehalten.

§. 12.

Feststellung des Kreisabgaben-Vertheilungs-maßstabes.

Der Maßstab, nach welchem die Kreisabgaben zu vertheilen sind, ist für jeden Kreis bis zum 30. Juni 1874 ein für alle Mal festzu-

und Abführung an die Kreiskommunal-Kasse im Ganzen überwiesen werden soll, folgt daraus, daß wie den einzelnen Gemeinden und Gutsbezirken die gegen das Soll entstehenden Zugänge zu Gute kommen, ihnen anderseits dem Kreise gegenüber auch die Deckung der Abgänge und Ausfälle obliegt. Den einzelnen Gemeinden ist jedoch die Untervertheilung des auf sie im Ganzen entfallenden Kreisabgaben-Solls auf die Steuerpflichtigen nicht nach einem selbstständig zu beschließenden beziehungsweise nach dem für die Aufbringung der Gemeindeabgaben bestehenden Maßstabe überlassen; sie haben vielmehr für die Untervertheilung wiederum denselben Maßstab anzuwenden, welcher vom Kreistage für die Vertheilung der Kreisabgaben allgemein beschlossen ist. Im Hinblick auf die in noch vielen Landgemeinden bestehenden unvollkommenen und unentwickelten Gemeindeabgaben-Systeme, sowie auf die eigenthümlichen kommunalen Verhältnisse der selbstständigen Gutsbezirke erschien die Festsetzung eines solchen allgemeinen Individual-Besteuerungs-Maßstabes wenigstens für das platte Land unentbehrlich, um eine gerechte und gleichmäßige Kreisbesteuerung nicht nur für die einzelnen Kommunalverbände als solche, sondern auch für alle denselben angehörige Steuerpflichtigen zu erzielen. Dagegen wurde den Städten, welche — wenigstens der Mehrzahl nach — schon vollkommenere, dem Staatssteuer-System nachgebildete Kommunalabgaben-Verfassungen besitzen, die Beschlußnahme darüber, wie sie ihre Gesammtantheile an den Kreisabgaben aufbringen wollen, vorbehalten. Jedoch sollen auch die Gesammtantheile der Städte an den Kreisabgaben keine ein für alle Mal feststehende Kontingente bilden, sondern bei jedem Kreissteuerausschreiben nach dem allgemeinen Vertheilungsmaßstabe von Neuem berechnet werden. (Motive von 1869.)

2. Das Herrenhaus hatte zu §. 11. folgende Zusätze beschlossen:

„Für die ländlichen Ortschaften kann der Kreistag die Berechnung des Mehr- oder Minder-Aufkommens durch Zu- oder Abgangslisten beschließen, deren Gesammtergebniß bei der Ausschrift des nächsten Jahres dem platten Lande in Rechnung gebracht wird.

In den Kreisen, zu welchen Städte gehören, kann der Kreistag beschließen, das Kreisabgaben-Soll zunächst zwischen dem platten Lande und den Städten im Ganzen zu vertheilen, für beide Gruppen demnächst aber einen verschiedenen Maßstab innerhalb der Grenzen des §. 10. festzustellen."

Diese Zusätze wurden jedoch bei dem neuesten Regierungsentwurf nicht adoptirt.

Zu §. 12.

1. Vgl. die Anmerkungen Nr. 3. und 4. zum §. 10.

2. Der Absatz 2. des §. 12. wurde auf Antrag des Abgeordneten von Denzin durch Beschluß des Abgeordnetenhauses vom 18. März 1872 (Stenogr. Ber. S. 1330) dem Regierungsentwurf hinzugefügt.

stellen und demnächst unverändert zur Anwendung zu bringen. Der Kreistag ist jedoch befugt, hierbei zu den Kreisabgaben für Verkehrsanlagen die Grund- und Gebäudesteuer, sowie die von dem Gewerbebetriebe auf dem platten Lande aufkommende Gewerbesteuer der Klasse A. I. innerhalb der im §. 10. festgesetzten Grenzen mit einem höheren Prozentsatze als zu den übrigen Kreisabgaben heranzuziehen, beziehungsweise nach Maßgabe des §. 10. Absatz 3. die drei untersten Stufen der Klassensteuer von der Heranziehung zu diesen Kreisabgaben ganz freizulassen oder dazu mit einem geringeren Prozentsatze heranzuziehen.

---

3. Die Kommission des Herrenhauses hatte beantragt, der Bestimmung im Absatz 1, wonach der Kreistag befugt sein soll, zu den Kreisabgaben für Verkehrsanlagen die Grund- und Gebäudesteuer sowie die Gewerbesteuer der Klasse A. I. mit einem höheren Prozentsatz heranzuziehen, als zu den übrigen Kreisabgaben, die Einschränkung hinzuzufügen:

„jedoch höchstens bis zu zwei Drittheilen desjenigen Prozentsatzes, mit „welchem die Klassen- und klassifizirte Einkommensteuer belastet wird."

Der Berichterstatter von Kleist-Retzow bemerkte hierzu: „Ihre Kommission hat es für ganz billig erachtet, daß bei solchen Verkehrsanlagen, bei denen der Grundbesitz vorwiegend interessirt ist, von denen derselbe und das große Gewerbe, welches in Klasse A. I. steuert, den größten Vortheil hat, daß diese Kategorien, sage ich, mit einem höheren Prozentsatz als zu anderen Kreisabgaben herangezogen werden. Sie hat aber doch Bedenken getragen, der Kreisvertretung eine fast illimitirte Freiheit zur Belastung des Grundbesitzes durch Aufschlag auf die Grund- und Gebäudesteuer einzuräumen, und hat daher geglaubt, diese Befugniß der Mehrbelastung bis zu zwei Drittel desjenigen Prozentsatzes, mit welchem die klassifizirte Einkommensteuer belastet wird, beschränken zu dürfen. Die Gründe, weshalb Ihre Kommission überhaupt eine gewisse Einschränkung der Besteuerung der Grund- und Gebäudesteuer, sowie der Gewerbesteuer A. I. vorgeschlagen hat, sind bei §. 10. ausführlich erörtert worden. Ich glaube mich einer Wiederholung enthalten zu dürfen."

Der Finanzminister Camphausen sprach sich hierbei, wie folgt, aus: (Sitzung vom 25. Oktober 1872): „M. H. Ich wünsche nur zu einem Punkte in §. 12. das Wort zu nehmen, nämlich zu dem Punkte, der sich auf Heranziehung der Grundsteuern zu den Verkehrsanlagen u. s. w. bezieht. Meiner Ansicht nach wird durch die Bestimmung des §. 12., wie sie vom Abgeordnetenhause angenommen und wie sie vom Herrn Dr. Baumstark wieder aufgenommen worden ist, die Härte wesentlich gemildert, die in der Annahme des §. 10. nach dem Vorschlage der Kommission des Herrenhauses, resp. nach dem gestrigen Beschlusse des Hohen Hauses liegen würde. Ich erkenne an, daß nach der heutigen Lage der Gesetzgebung es sehr schwer fällt, die Kommunalbesteuerung richtig zu regeln, sowohl für die Gemeinden als solche, wie auch für die Kommunalverbände von größerer Ausdehnung. Ich bin sehr lebhaft davon durchdrungen, daß es nothwendig sein wird, einen gerechten Maßstab zu finden. Ich bin aber auch von der Schwierigkeit der Lösung einer solchen Aufgabe durchdrungen, und ich würde mich nicht anheischig machen, sie ohne Weiteres meinerseits lösen zu wollen. Das, glaube ich, wird man bei allen Kommunalverbänden nicht außer Acht lassen dürfen, zu welchem Zwecke die Einnahmen erhoben werden, und es wird sich durchaus nicht bestreiten lassen, daß in Kommunalverbänden sehr viele Ausgaben stattfinden, die wesentlich den Besitzern von Grundstücken, den Besitzern von Gebäuden zum Nutzen gereichen. Der Herr Berichterstatter hat gestern am Schlusse seines Vortrages, wo Niemand mehr antworten konnte, ohne die Generaldiskussion wieder hervorzurufen, Beispiele von der Besteuerung Berliner Bürger aufgeführt und hat geglaubt, einen unwiderleglichen Beweis von der Härte einer solchen Be-

Kommt ein gültiger Kreistagsbeschluß über den Vertheilungsmaßstab innerhalb der festgesetzten Zeit nicht zu Stande, so werden bis zur Herbeiführung dieses Beschlusses die Kreis-Abgaben auf die sämmtlichen direkten Staatssteuern, mit Ausschluß der Hausirgewerbesteuer, und auf die Mahl- und Schlachtsteuer nach Maßgabe des §. 10. Absatz 1. und 4. gleichmäßig vertheilt.

Der Kreistag kann den festgestellten Maßstab von fünf zu fünf Jahren einer Revision unterziehen.

Wo gegenwärtig mit Königlicher Genehmigung zu bestimmten Zwecken Kreis-Abgaben nach besonderer Vertheilungsart erhoben werden, behält es dabei bis zum 31. Dezember 1875 sein Bewenden, sofern nicht der Kreistag schon in der Zwischenzeit auch hierfür den Uebergang zu dem, nach dem gegenwärtigen Gesetze festgestellten Maß-

---

steuerung beizubringen, indem er die Steuersätze von solchen, die von Kapitaleinkommen leben und von anderen, die in Berlin Gebäude und Grundstücke besitzen, einander gegenübergestellt; ich glaube, daß die Schlußfolgerung, die er daraus gezogen hat, eine fundamental irrige ist. Hier in Berlin mögen die Gebäudebesitzer noch so viel an Kommunalsteuern beigetragen haben, natürlich innerhalb der Schranken der bestehenden Gesetzgebung, mag ihr Beitrag zu Zeiten mehr oder weniger groß ausgefallen sein, davon können Sie versichert sein, daß, wenn Sie die Beiträge auf 20 Jahre rückwärts addiren, die Hausbesitzer in dem gestiegenen Werthe ihrer Gebäude eine reichliche Entschädigung gefunden haben. Ein großer Theil der Ausgaben, die eine Kommune zu machen hat, hat solchen Zwecken zu dienen, die den Werth des Grundstücks steigern, und es entspricht der Gerechtigkeit und Billigkeit, daß dafür der Ertrag des Grund und Bodens vorzugsweise in Anspruch genommen wird, und zwar, meine Herren, der Ertrag des Grund und Bodens an sich und ohne Rücksicht auf die Verhältnisse, in denen sonst der Eigenthümer des bestimmten Grundstücks stehen mag. Es hat einer der Herren Redner auf die Kommunalsteuer in England hingewiesen, als vom Selfgovernment die Rede war in Bezug auf die Kommunalsteuer. Soweit der Herr Redner behauptet hatte, daß in England in einem ganz anderen Verhältnisse als bei uns die Grundbesitzer zur Tragung der Kommunallast herangezogen werden, hatte er unbedingt Recht, von Zuschlägen zur Landtaxe hat er natürlich nicht sprechen können. Ich setze meinerseits voraus, wie ihm bekannt sein wird, daß die ganze Landtaxe in England gegenwärtig nur noch 1,117,570 Pfund Sterling beträgt. Ich habe eine Uebersicht aus dem Jahre 1869, und es hat sich seitdem nicht wesentlich geändert, daß dagegen das für Lokalsteuer zu den verschiedenartigsten Zwecken erhobene Steuerquantum im Jahre 1869 15,899,341 Pfund Sterling betrug. Sie werden sich nun selbst sagen, wie bedeutend dieser Steuerbetrag größer ist, wie die Landtaxe. Es kann aber derselbe auch richtigerweise mit der Landtaxe in keine Vergleichung gebracht werden, denn es ist notorisch, daß in England zur Ausschreibung der gedachten Taxen der Ertragswerth der Liegenschaften alljährlich abgeschätzt zu werden pflegt, oder in noch kürzeren Perioden. Das nur beiläufig, denn ich bekenne mich unbedingt zu der Ansicht, daß wir in Preußen zu thun haben, was für uns passend ist, und daß diese Englischen Einrichtungen, die man in ihrem Zusammenhange auffassen muß, in keiner Weise maßgebend sein können. Nur der Behauptung des Herrn Referenten von gestern gegenüber habe ich es für nützlich gehalten, in dieser Beziehung die thatsächlichen Verhältnisse einigermaßen näher darzulegen. Wenn nun bei uns Ausgaben für Kreiszwecke vorkommen, so ist anzuerkennen, daß diese Ausgaben sich auf Gegenstände beziehen können, an denen alle Schichten der Bevölkerung ein gleiches oder ähnliches Interesse haben. Wenn es sich aber, wie hier in diesem

stabe für die Vertheilung der Kreis-Abgaben beschließt. Vom 1. Januar 1876 ab tritt der nach diesem Gesetze festzustellende Maßstab (Absatz 1. und 2.) auch für die bezeichneten Abgaben von selbst in Kraft.

§. 13.

Mehr- oder Minderbelastung einzelner Kreistheile.

Sofern es sich um Kreiseinrichtungen handelt, welche in besonders hervorragendem oder in besonders geringem Maße einzelnen Kreistheilen zu Gute kommen, kann der Kreistag beschließen, für die Kreisangehörigen dieser Kreistheile eine nach Quoten zu bemessende

---

Paragraphen vorgesehen ist, um Verkehrsanlagen handelt, wenn es sich darum handelt, neue Chausseen zu bauen, so ist evident, daß derjenige Einwohner eines solchen Kreises, der mit seinem Kapitalvermögen denselben vielleicht am folgenden Tage wieder verläßt, in ganz anderer Lage wie der Grundbesitzer, der an den Kreis gefesselt ist, und dem die Verbesserung, die durch die Mittel der Steuerpflichtigen geschaffen wird, in dem Kapitalwerthe seines Grundeigenthums zu Gute kommt. Nun scheint mir, wenn man den Beschluß des Abgeordnetenhauses kombinirt mit dem Beschlusse des Herrenhauses vom gestrigen Tage, die Gesetzgebung ausspricht: im Allgemeinen gilt die Regel §. 10. Absatz 1., wie er gestern beschlossen ist. Wenn es sich aber speziell um Verkehrsanlagen handelt, um solche Einrichtnugen, die dem Kapitalvermögen der eingesessenen Bevölkerung zum Vortheil gereichen, dann soll die Kreisvertretung befugt sein, über den in §. 10. festgesetzten Prozentsatz hinauszugehen. Das scheint mir doch in der That das Billige und Gerechte vorgesehen zu haben, und ich kann dem Vorschlage der Herrenhauskommission, wonach wiederum dieses freie Arbitrium so eingeengt werden soll, daß sie nur sagen dürfen: 50 bis 66²/₃ Prozent soll genommen werden dürfen: aber mehr unter keinen Umständen; das scheint mir in der That eine völlig unhaltbare Bestimmung zu sein und ich bitte Sie daher, dem Antrage des Dr. Baumstark in diesem Punkte zustimmen zu wollen."

Bei der Abstimmung wurde das Amendement des Dr. Baumstark, welches dahin lautete, in dem Kommissionsantrage anstatt der Worte „jedoch höchstens bis zu zwei Drittel" zu setzen: „jedoch höchstens bis zum vollen Betrag desjenigen Prozentsatzes, mit welchem die Klassen- und klassifizirte Einkommensteuer belastet wird" vom Herrenhause angenommen (St. B. S. 441), welcher mit der jetzigen Fassung des § 12 resp. dem früheren Beschluß des Abgeordnetenhauses in Rücksicht der dabei gesetzten Einschränkung: „innerhalb der im § 10 festgesetzten Grenzen" gleichbedeutend ist.

Zu § 13.

Bezüglich der Absicht der Bestimmung des §. 13. äußerte sich der Regierungs-Kommissarius Geh. Regierungsrath Persius in der Sitzung des Herrenhauses vom 24. Oktober 1872 (St. B. S. 420. und 421.) folgendermaßen:

„Der § 13 bestimmt, daß Mehrbelastungen einzelner Theile stattfinden und nach Maßgabe der Beschlüsse des Kreistages durch Naturalleistungen ersetzt werden können; der Kreistag hat also zunächst in Geld festzustellen, welche Beiträge ein bestimmter Kreistheil mehr zu leisten hat, als der übrige Kreis, und ist es dem Kreistage alsdann gestattet, zu beschließen, daß an Stelle der präzipualen Geldleistungen Naturalprästationen nach den anschlagsmäßigen Preisen geleistet werden dürfen. Wenn also beispielsweise ein Chausseebau auszuführen ist, welcher einer bestimmten Gegend vorzugsweise zum Vortheil gereicht, so kann der Kreistag beschließen: zu den Kosten bringt der ganze Kreis auf, ich will sagen, eine Summe von 5000 Thalern und die adjacirenden Ortschaften als Präzipualleistung eine gleich hohe Summe. Es ist den adjacirenden Ortschaften jedoch gestattet, entweder diese Summe in Geld abzuführen, oder statt der Summe folgende Naturalleistungen zu leisten; so und so viele Fuhren Kies, die angerechnet werden zu dem Preise

Mehr- oder Minderbelastung eintreten zu lassen. Die Mehrbelastung kann nach Maßgabe der Beschlüsse des Kreistages durch Naturalleistungen ersetzt werden.

§. 14.

Heranziehung der Forensen, juristischen Personen u. s. w. zu den Kreis-Abgaben.

Diejenigen physischen Personen, welche, ohne in dem Kreise einen Wohnsitz zu haben, beziehungsweise in demselben zu den persönlichen Staats-Steuern veranlagt zu sein, in demselben Grundeigenthum besitzen, oder ein stehendes Gewerbe, oder außerhalb einer Gewerkschaft Bergbau betreiben (Forensen), mit Einschluß der nicht im Kreise wohnenden Gesellschafter einer offenen Handelsgesellschaft oder einer Kommandit-Gesellschaft (Art. 85. und 150. des Allgemeinen Deutschen Handelsgesetzbuches), sind verpflichtet, zu denjenigen Kreisabgaben beizutragen, welche auf den Grundbesitz, das Gewerbe, den

---

von so und so vielen Thalern für die Schachtruthe, so und so viele Fuhren Lehm, so und so viel Schachtruthen Steine, zum Preise von so und so viel Thalern u. s. w. Also in der Weise soll die Sache in Gemäßheit der Bestimmungen des §. 13. geordnet werden."

Zu § 14.

Der Regierungsentwurf vom Jahre 1869 enthält bezüglich der Heranziehung der Forensen zu den Kreisabgaben im Prinzip dieselben Bestimmungen, wie sie jetzt im ersten Absatz des §. 14. getroffen sind, wonach die Forensen nicht blos zu denjenigen Kreisabgaben heranzuziehen sind, welche auf den Grundbesitz oder das Gewerbe gelegt werden, also durch Zuschläge zu der Grund-, Gebäude- und Gewerbesteuer, sondern auch zu denjenigen, welche auf das aus diesen Quellen fließende E i n k o m m e n gelegt werden, also durch fingirte Einschätzung zur Klassen- und Einkommensteuer und durch Kreisaufschläge nach Verhältniß der hierbei ermittelten Klassen- und Einkommensteuersätze.

„Der hier aufgestellte Grundsatz der forensischen Besteuerung, sagten die Motive von 1869, wonach ein Einkommen nicht in der Person seines Inhabers, sondern unmittelbar an seiner Quelle besteuert wird, weil zwar diese vermöge ihrer Lage, nicht aber die Person des Inhabers dem Hoheitsrechte des Besteuernden unterliegt, ist auch der Staatssteuer-Gesetzgebung nicht fremd. Abgesehen von der Grundsteuer, welche ihrer Natur nach, und der Gewerbesteuer, welche nach der Art ihrer Veranlagung die Person des Inhabers außer Betracht läßt, trifft auch die Einkommensteuer gemäß §. 18. des Gesetzes vom 1. Mai 1851 das Einkommen aus Grundstücken, sowie aus gewerblichen und Handelsanlagen in denjenigen Fällen besonders, wo die Besitzer Ausländer sind. Man kann die letztere Bestimmung nicht wohl anders, als eine von den allgemeinen Grundsätzen über die Veranlagung der Einkommensteuer abweichende ansehen, indem danach nicht das Gesammteinkommen der steuerpflichtigen Person unter Berücksichtigung der, denselben als solchen obliegenden Schuldverbindlichkeiten, sondern nur eine bestimmte Quelle ihres Einkommens erfaßt und zum Gegenstande einer mehr dinglichen, als persönlichen Besteuerung gemacht wird. Inzwischen findet diese exceptionelle Bestimmung ihre Rechtfertigung darin, daß die betreffenden Ausländer durch die Gewinnung des in Rede stehenden Einkommens zu dem Staate in ein, seiner Natur nach Leistung und Gegenleistung in sich schließendes Verhältniß getreten sind, bei welchem die Leistung des Staats zwar ebenso, wie den Inländern gegenüber unschätzbar, die korrelate Steuerpflicht des Ausländers aber lediglich nach seiner realen Steuerfähigkeit zu bemessen ist. — Ein ähnliches Verhältniß waltet auch zwischen den einzelnen im Staate vorhandenen Kommunalverbänden aller Art und deren Forensen ob, wiewohl die Leistungen dieser Verbände weit begrenzter, als diejenigen des Staates sind, und demgemäß auch die Steuerpflicht

Bergbau oder das aus diesen Quellen fließende Einkommen gelegt werden.

Ein Gleiches gilt von den juristischen Personen, von den Kommandit-Gesellschaften auf Aktien und Aktien-Gesellschaften (Art. 173. und 207. des Handelsgesetzbuches), sowie Berg-Gewerkschaften, welche im Kreise Grund-Eigenthum besitzen oder ein stehendes Gewerbe oder Bergbau betreiben.

---

derjenigen, welche den ersteren nicht mit ihrer Person, sondern nur mit ihrem Grundbesitze oder Gewerbebetriebe angehören, eine beschränktere sein muß. — Von diesem Gesichtspunkte aus kann daher auch die Besteuerung der Forensen für Kreiszwecke um so weniger einem Bedenken unterliegen, als der Grundsatz der Steuerpflicht der Forensen bereits in dem für die städtischen Gemeinden der sämmtlichen älteren Provinzen und der Provinz Schleswig-Holstein, sowie für die ländlichen Gemeinden der beiden westlichen Provinzen bestehenden Besteuerungssysteme Aufnahme gefunden hat. — Wenn die angeführten Gründe es rechtfertigen, das aus dem Grundbesitze und Gewerbebetriebe gewonnene Einkommen des Forensen dem Besteuerungsrechte desjenigen Kreises zu unterwerfen, welchem jene Produktionsfaktoren angehören, so folgt hieraus zugleich, daß demjenigen Kreise, in welchem der Steuerpflichtige seinen Wohnsitz hat, ein Anspruch auf die Besteuerung des nämlichen Einkommens nicht einzuräumen ist. — Es liegt somit allerdings die Möglichkeit vor, daß dem Kreise des Wohnsitzes dadurch, daß der Steuerpflichtige sein Vermögen in Grundbesitz außerhalb desselben Kreises oder in einem außerhalb desselben Kreises betriebenen Gewerbe anlegt, der bis dahin von dem Einkommen aus jenem Vermögen bezogene Steuerbetrag entgeht. Indeß erübrigt nur, mit dem ein Mal als begründet anerkannten Prinzip auch dessen Konsequenzen hinzunehmen und dafür Sorge zu tragen, daß eine doppelte Heranziehung desselben Einkommens für gleichartige Zwecke vermieden werde."

Der Umstand, daß im Jahre 1869 die Kommission des Abgeordnetenhauses nicht bloß die Forensen und Aktiengesellschaften, wie die Regierung dies beabsichtigt hatte, sondern auch die juristischen Personen mit der fingirten Einkommensteuer zu den Kreisabgaben heranziehen wollte, wobei insbesondere auch der Fiskus betroffen worden sein würde, gab der Regierung bei Ausarbeitung des Entwurfs von 1871 Veranlassung, die Frage wegen Heranziehung der Forensen, juristischen Personen &c. einer erneuten prinzipiellen Erwägung zu unterziehen, wobei dieselbe zu dem Resultat gelangte, die Heranziehung der Aktiengesellschaften, Erwerbsgesellschaften, juristischen Personen und auch der Forensen zu den Kreisabgaben nach Maßgabe einer fingirten Einkommensteuer für irrationell zu erklären. Diese Irrationalität wollte die Regierung mit Berufung auf die Natur der Klassensteuer sowohl, als der Einkommensteuer begründen. Was die Klassensteuer betrifft, so wurde gesagt, es sei doch nicht möglich, einen Forensen, der nicht im Kreise wohnt, sondern nur einzelne Vermögensobjekte in demselben hat, in der Weise zu den Steuern heranzuziehen, wie es das Klassensteuergesetz vorschreibt, nämlich nach dem Umfange seines ganzen gewerblichen Seins und seines ganzen Vermögens, wie es sich darstellt innerhalb der Gesellschaft; dies könne man nicht beurtheilen, weil der Forense nicht in dem Kreise wohnt. Noch unmöglicher sei ein korrektes Verfahren bei der Einschätzung zur Einkommensteuer, da im Einkommensteuergesetz ausdrücklich vorgeschrieben sei, daß das gesammte Aktivvermögen nach Abzug der gesammten Passiva, also das Reineinkommen in dieser Ermittelung in Gegenüberstellung der gesammten Vermögensfaktoren nicht anwendbar sei auf die Einschätzung der Forensen, daß daher die fingirte Einkommensteuer, als auch die fingirte Klassensteuer etwas irrationelles sei. Es wurde weiter daraus gefolgert, daß nothwendig aus diesem theoretischen Grunde die Sache praktisch zur ungerechten Besteuerung führe, weil man nicht die Schulden in der Weise berücksichtigen und das Gesammtvermögen in der Weise übersehen könne, wie es im Gesetz vorgeschrieben sei, und daß daraus namentlich für die Forensen eine stärkere Heran-

Der Fiskus kann zu den Kreisabgaben wegen seines aus Grundbesitz, Gewerbe- und Bergbau-Betrieb fließenden Einkommens nicht herangezogen, dagegen mit der Grund- und Gebäudesteuer um die Hälfte desjenigen Prozentsatzes stärker belastet werden, mit welchem die Klassen- und klassifizirte Einkommensteuer dazu herangezogen wird.

---

ziehung im Allgemeinen erfolgen würde, für die Inhaber von Aktien aber eine Art Doppelbesteuerung eintreten, und endlich für den Staat und andere juristische Personen eine derartige Heranziehung zur Einkommensteuer überhaupt nicht möglich sei, weil man das Verhältniß der Schulden zum Aktivvermögen nicht klar übersehen könne.

Weder das Abgeordnetenhaus noch das Herrenhaus haben diese Folgerungen der Regierung als zutreffend erkannt. Selbst diejenigen, — und es war dies nur ein kleiner Theil, welche zustimmten, daß die Klassensteuer und die Einkommensteuer theoretisch nicht ganz geeignet seien, um die Forensen, Erwerbsgesellschaften und juristischen Personen zu besteuern, waren dennoch der Ansicht, es sei hieraus doch noch nicht zu folgern, daß nun die genannten Persönlichkeiten von der Steuer gänzlich frei zu lassen seien; es sei, meinte man, daraus doch nur zu folgern, daß man einen anderen geeigneteren und theoretisch richtigeren Modus suchen müsse, um die Personen heranzuziehen zur Steuer; daß man aber dadurch dahin kommen solle, sie von der Steuer ganz frei zu lassen, erschien fast allen Seiten ungeeignet. Im Hinblick auf die sehr bedeutende Entwickelung der Industrie namentlich, welche die Kreisanstalten und die Verkehrsanlagen des Kreises besonders in Anspruch nimmt, nahm man übereinstimmend an, daß an und für sich die Billigkeit unbedingt dafür spreche, auch die Forensen, die Erwerbsgesellschaften und juristischen Personen, soweit das überhaupt ausführbar ist, mit heranzuziehen. Man sah sich daher in der Lage, nach Mitteln und Wegen zu suchen, wie man dahin kommen könne, diese Unbilligkeit zu vermeiden und gleichzeitig die vorhandenen theoretischen Unzuträglichkeiten des in den Städten gegenwärtig gebräuchlichen Systems der Besteuerung der Forensen zu vermeiden. Es wurde vorgeschlagen, man solle eine Art von Kompromiß, mit unbekannten Personen, d. h. mit Forensen, Erwerbsgesellschaften und juristischen Personen, eingehen und solle sie zu 50 Prozent desjenigen Satzes, zu welchem die Einkommen- und Klassensteuer belegt wird, stärker mit der Grund- und Gebäudesteuer heranziehen. Man hat in der Grund- und Gebäudesteuer ein ganz klares Objekt, während das Finden des Einkommens bei Forensen, Erwerbsgesellschaften und juristischen Personen seine Schwierigkeiten hat. Es war dies ein offenbarer Vorzug, aber man konnte sich nicht davon überzeugen, daß man für die Forensen, die außerordentlich verschieden verschuldet sind, für die Erwerbsgesellschaften, bei denen dasselbe zutrifft, ein für alle Mal diesen selben Kompromißsatz annehmen könne. Anders dagegen lag die Sache gegenüber dem Staatsfiskus; gerade vom Staatsfiskus sagte man sich, daß es außerordentlich schwer sei, das Einkommen des im Kreise gelegenen, dem Fiskus gehörigen Vermögensobjektes — es gehören dahin in erster Reihe Forsten, Domainen u. s. w. — klar zu stellen, da im Zusammenhang mit dem Einkommen dieser Vermögensobjekte die Staatsschulden stehen und man kein Mittel hat, die Staatsschulden auf die einzelnen Vermögensobjekte so zu vertheilen, daß sich daraus ein klares Bild gewinnen ließe für die Einschätzung zur Einkommensteuer in den einzelnen Kreisen. Man glaubte, daß, wenn irgendwo, dieser vorhin angedeutete Kompromiß hier allerdings angezeigt sei, um so mehr, als man in dem Vertreter der Königlichen Staatsregierung Jemand hat, mit dem man einen derartigen Kompromiß schließen kann, was bei den Forensen, Erwerbsgesellschaften u. s. w. nicht der Fall ist. Beim Staate mußte es zwar in Frage kommen, ob und inwieweit mit dem vorgeschlagenen 50 Prozent Zuschlag zur Grund- und Gebäudesteuer annähernd der richtige Satz getroffen sei, der an Stelle der kaum zu ermittelnden fingirten Einkommensteuer zu setzen sei; daß indeß der Fiskus ganz frei zu lassen sei mit einem Ersatz für die fingirte Einkommensteuer oder mit einer solchen, das glaubte die große Majorität der Kommission des Abgeord-

Im Falle des §. 12. Absatz 2. tritt diese Belastung auch ohne Beschluß des Kreistages ein.

Bergwerksbesitzer, welche in dem Umfange ihres Bergwerksbetriebes den in der Klasse A. I. der Gewerbesteuer veranlagten Ge-

---

netenhauses nicht anerkennen zu dürfen, da der einzelne Kreis nichts dafür kann, wenn ein großer Theil von ihm aus staatlichen Vermögensobjekten besteht, offenbar aber, wenn die Einkommensteuer dieser Objekte ihm entzogen wird, er dadurch den übrigen Kreisen gegenüber in einer Weise benachtheiligt werden würde, wozu ein theoretischer Grund und ein Grund der Gerechtigkeit und Billigkeit absolut nicht zu finden ist. Was dagegen die übrigen juristischen Personen, was die Erwerbsgesellschaften und Forensen betrifft, so vergegenwärtigte sich die Kommissi n des Abgeordnetenhauses zweierlei: erstens, daß ihre Heranziehung zu einer fingirten Personalsteuer gegenwärtig bestehendes Recht in den Städten ist, und daß doch durch die Erfahrungen, namentlich in den westlichen industriereichen Landestheilen der Beweis geführt worden ist, daß sie nicht unausführbar ist. Die Kommission vergegenwärtigte sich aber zweitens, daß es in der Absicht sei, ja nothwendig werden würde, die ganze Frage des Kommunalsteuerwesens einer gemeinsamen und umfassenden Reform zu unterziehen, daß es aber, wenn dies der Fall sei, nicht zweckmäßig sein dürfte, hier in dieses Kommunalgesetz Etwas von den, in den übrigen Gemeinde-Gesetzgebungen geltenden Grundsätzen, die insbesondere auch in die allerneuesten Gesetze — z. B. das Armengesetz — aufgenommen worden sind, mit einem Male plötzlich Abweichendes aufzunehmen, und zwar in einer Weise abweichend, die dem Gefühl der Billigkeit und den Rechtsansprüchen nicht gerecht wird. Man glaubte vielmehr, daß man nach Lage der Sache bezüglich dieser Persönlichkeiten nichts Anderes thun könne, als für sie dasselbe Recht einzuführen, was für die übrigen Kommunen im Lande bereits Rechtens ist, und es der späteren Revision und Reform im Wege der Gesetzgebung zu überlassen, ob sie Mittel und Wege finden wird, um eine theoretisch richtigere und in der Praxis einfachere, vielleicht auch gerechtere Besteuerungsweise der Forensen, juristischen Personen ꝛc. herbeizuführen. (Mündl. Bericht des Abg. von Brauchitsch in der Sitzung des Abgeordnetenhauses vom 18. März 1872 Stenogr. Ber. S. 1330.)

2. Allgemeines Deutsches Handelsgesetzbuch.

Art. 85. Eine offene Handelsgesellschaft ist vorhanden, wenn zwei oder mehrere Personen ein Handelsgewerbe unter gemeinschaftlicher Firma betreiben, und bei keinem der Gesellschafter die Betheiligung auf Vermögenseinlagen beschränkt ist.

Zur Gültigkeit des Gesellschaftsvertrages bedarf es der schriftlichen Abfassung oder anderer Förmlichkeiten nicht.

Art. 150. Eine Kommanditgesellschaft ist vorhanden, wenn bei einem unter einer gemeinschaftlichen Firma betriebenen Handelsgewerbe ein oder mehrere Gesellschafter sich nur mit Vermögenseinlagen betheiligen (Kommanditisten), während bei einem oder mehreren anderen Gesellschaftern die Betheiligung nicht in dieser Weise beschränkt ist (persönlich haftende Gesellschafter).

Art. 173. Das Kapital der Kommanditisten kann in Aktien oder Aktienantheile zerlegt werden.

Die Aktien oder Aktienantheile müssen auf Namen lauten. Sie müssen auf einen Betrag auf mindestens Fünfzig Vereinsthaler gestellt werden, wenn nicht die Landesgesetze nach Maßgabe der besonderen örtlichen Bedürfnisse einen geringeren Betrag gestatten. Aktien oder Aktienantheile, welche auf Inhaber lauten, oder welche auf einen geringeren als den gesetzlich bestimmten Betrag gestellt werden, sind nichtig. Die Ausgeber solcher Aktien oder Aktienantheile sind den Besitzern für allen durch die Ausgabe verursachten Schaden solidarisch verhaftet.

Die vorstehenden Bestimmungen gelten auch von Promessen und Interimsscheinen. (Ges. vom 11. Juni 1870. Bundesgesetzbl. S. 375).

Art. 207. Eine Gesellschaft ist eine Aktiengesellschaft, wenn sich die sämmtwerbetreibenden gleichstehen, sind zu den Steuersätzen der Klasse A. I. einzuschätzen und nach Maßgabe dieser Einschätzung zu den Kreisabgaben heranzuziehen.

§. 15.

Die Einschätzung der Forensen, der Bergwerksbesitzer, der Kommandit-Gesellschaften auf Aktien, der Aktien-Gesellschaften und der juristischen Personen zu den Kreis-Abgaben erfolgt, soweit sie zu den, der Vertheilung der letzteren zum Grunde gelegten Staats-Steuern (§. 10.) nicht schon unmittelbar herangezogen sind, von dem Kreisausschuß, nach den für die Veranlagung dieser Staats-Steuern bestehenden gesetzlichen Vorschriften, unter Anwendung des für die Kreis-Abgaben bestimmten Antheils-Verhältnisses.

§. 16.

Unzulässigkeit einer Doppelbesteuerung desselben Einkommens.

Niemand darf von demselben Einkommen in verschiedenen Kreisen zu den Kreisabgaben herangezogen werden. Es muß daher dasjenige Einkommen, welches einem Abgabenpflichtigen aus seinem außerhalb des Kreises belegenen Grund-Eigenthume, oder aus seinem außerhalb des Kreises stattfindenden Gewerbe- oder Bergbau-Betriebe zufließt,

---

lichen Gesellschafter nur mit Einlagen betheiligen, ohne persönlich für die Verbindlichkeiten der Gesellschaft zu haften.

Das Gesellschaftskapital wird in Aktien oder auch in Aktienantheile zerlegt. Die Aktien oder Aktienantheile sind untheilbar.

Zu § 16.

Der § 16 bezieht sich sowohl auf die außerhalb des Kreises ihren Wohnsitz habenden Personen (Forensen), wie auf die innerhalb des Kreises wohnenden Personen bezüglich ihres in anderen Kreisen erwachsenden Einkommens, und auch auf diejenigen Personen, welche einen Wohnsitz in mehreren Kreisen haben. Bezüglich der letzteren ist nach den Motiven des Regierungsentwurfes von 1869 Folgendes zu entnehmen:

„Wenn der § 14 diejenigen Personen, welche einen doppelten Wohnsitz in verschiedenen Kreisen haben, den Forensen hinsichtlich ihrer Besteuerung in den Kreisen, in welchen sie nicht zu den persönlichen Staatssteuern veranlagt sind, gleichstellt, so geschieht dies zur Vermeidung einer komplizirten und zu vielfachen Streitigkeiten Veranlassung gebenden Theilung des dem betreffenden Steuerpflichtigen aus anderen Quellen, als aus Grundbesitz oder Gewerbebetrieb zufließenden Einkommens zwischen denjenigen Kreisen, in deren jedem sie einen Wohnsitz haben. Es wird im Allgemeinen angenommen werden dürfen, daß ein Steuerpflichtiger, welcher einen doppelten Wohnsitz hat, mit seinem Hauptwohnsitze demjenigen Kreise angehört, in welchem er zu den persönlichen Staatssteuern veranlagt ist, indem sich der Regel nach hier seine gesammte erwerbende Thätigkeit konzentrirt. Von diesem Gesichtspunkte aber erscheint es gegen die anderen Kreise, in welchen der Steuerpflichtige zwar auch einen Wohnsitz hat, aber nicht zu den persönlichen Staatssteuern veranlagt ist, nicht unbillig, sie von der Besteuerung des aus anderen Quellen, als aus Grundbesitz und Gewerbebetrieb fließenden Einkommens, welches der Kreis des Hauptwohnsitzes allein in Anspruch nehmen darf, auszuschließen und ihnen nur die Besteuerung des in ihren Grenzen belegenen Grundeigenthums beziehungsweise des dort betriebenen Gewerbes zu gestatten."

bei Feststellung des im Kreise zu veranlagenden Einkommens desselben außer Berechnung gelassen werden. Dies geschieht durch Absetzung der bezüglichen Einkommens-Quote von dem zur Staatssteuer veranlagten Gesammt-Einkommen und durch verhältnißmäßige Herabsetzung des festgestellten Steuersatzes.

§. 17.

Befreiung von den Kreis-Abgaben.

Die dem Staate gehörigen, zu einem öffentlichen Dienste oder Gebrauche bestimmten Liegenschaften und Gebäude, die Königlichen

---

Gegen diese Voraussetzung läßt sich das Bedenken geltend machen, daß Jeder, der einen doppelten Wohnsitz hat, befugt ist, willkürlich zu wählen, an welchem dieser Wohnorte er seine persönlichen Staatssteuern entrichten will, und er diese Wahl gewöhnlich nicht aus der Rücksicht trifft, wo er seinen Hauptwohnsitz hat, sondern aus der Rücksicht, an welchem Orte die Gemeinde- und Kreisabgaben höher oder niedriger sind.

Zu § 17.

1. Der §. 4. des Gesetzes vom 21. Mai 1861 betreffend die anderweite Regelung der Grundsteuer (G. S. S. 253) bezeichnet sub. c. und d. als von der Grundsteuer befreit die nachbenannten Grundstücke:

c) Die den Provinzen, kommunalständischen Verbänden, den Kreisen, den Gemeinden oder zu selbstständigen Gutsbezirken gehörenden Grundstücke, insofern sie zu einem öffentlichen Dienste oder Gebrauche bestimmt sind, insonderheit also: Gassen, Plätze, Brücken, Fahr- und Fußwege u. s. w.

d) Brücken, Kunststraßen, Schienenwege der Eisenbahnen und schiffbare Kanäle, welche mit Genehmigung des Staats von Privatpersonen oder Aktiengesellschaften zum öffentlichen Gebrauche angelegt sind.

2. Im §. 3. des Gesetzes betreffend die Einführung einer allgemeinen Gebäudesteuer vom 21. Mai 1861 (G. S. S. 317.) sind unter pos. 2. bis 6. die nachbezeichneten Gebäude von der Gebäudesteuer befreit:

2. diejenigen Gebäude, welche dem Staate, den Provinzen, den kommunalständischen Verbänden, den Kreisen oder den Gemeinden resp. zu selbstständigen Gutsbezirken gehören, insofern sie zu einem öffentlichen Dienste oder Gebrauch bestimmt sind, insonderheit also die zum Gebrauche öffentlicher Behörden oder zu Dienstwohnungen für Beamte bestimmten Gebäude, als Militair-, Regierungs-, Justiz-, Polizei-, Steuer- und Postverwaltungs-Gebäude, Kreis- und Gemeindehäuser, sowie Bibliotheken und Museen;

3. Universitäts- und andere zum öffentlichen Unterricht bestimmte Gebäude;

4. Kirchen, Kapellen und andere dem öffentlichen Gottesdienste gewidmete Gebäude, sowie die gottesdienstlichen Gebäude der mit Korporationsrechten versehenen Religions-Gesellschaften;

5. die Diensthäuser der Erzbischöfe, der Bischöfe, der Dom- und Kurat- oder Pfarrgeistlichen und sonstiger mit geistlichen Funktionen bekleideter Personen, der mit Korporationsrechten versehenen Religions-Gesellschaften, ferner der Gymnasial-, Seminar- und Schullehrer, der Küster und anderer Diener des öffentlichen Kultus;

6. Armen-, Waisen- und Krankenhäuser, Besserungs-, Aufbewahrungs- und Gefängniß-Anstalten, sowie Gebäude, welche milden Stiftungen angehören und für deren Zwecke unmittelbar benutzt werden.

3. Das Herrenhaus wollte auf Antrag seiner Kommission, dem §. 17. noch einen Zusatz geben, daß auch befreit von Kreisabgaben sein sollen:

„Ebenso diejenigen Grundstücke, welche schon zur Zeit der Publikation des Gesetzes, betreffend die anderweite Regelung der Grundsteuer vom 21. Mai 1861, zum Vermögen evangelischer oder römisch-katholischer Kirchen oder Kapellen gehörten und bisher von Kommunalabgaben befreit waren."

Schlösser, sowie die im §. 4. zu c. und d. des Gesetzes vom 21. Mai 1861, betreffend die anderweite Regelung der Grundsteuer (G.-S. S. 253.) und die im §. 3. zu 2. bis 6. des Gesetzes vom 21. Mai 1861,

---

Der Regierungskommissarius, Geh. Regierungsrath Persius erklärte gegen diesen Antrag: „Meine Herren! Im Anschluß an das, was der geehrte Herr Vorredner so eben geäußert, möchte ich mir nur die Bemerkung gestatten, daß der Schlußsatz, den Ihre Kommission der Regierungsvorlage hinzuzufügen empfiehlt, eine Bestimmung enthält, welche in anderen Kommunalgesetzen noch nicht enthalten ist. Die Regierung ist bei ihren Vorschlägen davon ausgegangen, daß es wünschenswerth sei, diese Materie für die Kreise ebenso zu ordnen, wie sie bereits für die Städte und Landgemeinden mehrerer Provinzen durch die bezüglichen Gemeindegesetze geordnet worden ist. Dieser Absicht entspricht es, wenn in der Regierungsvorlage bestimmt wird, daß die dem Staate gehörigen, zu einem öffentlichen Dienste oder Gebrauche bestimmten Liegenschaften und Gebäude, die Königlichen Schlösser, sowie die im §. 4. zu c. und d. des Gesetzes vom 21. Mai 1861, betreffend die anderweite Regelung der Grundsteuer, und die im § 3 zu 2 bis 6 des Gesetzes vom 21. Mai 1861, betreffend die Einführung der allgemeinen Gebäudesteuer, bezeichneten Grundstücke und Gebäude, desgleichen die Dienstgrundstücke der Geistlichen, Kirchendiener und Elementarschullehrer von den Kreislasten befreit werden sollen. Dagegen hat die Regierungsvorlage keine Bestimmung, die darauf abzielt, auch die Grundstücke, welche zum Vermögen der evangelischen und römisch-katholischen Kirchen gehören, gleichfalls von den Kreiskommunalabgaben zu befreien. Die Regierung hat eine derartige Bestimmung, wie bemerkt, deswegen nicht aufgenommen, weil eine solche in keinem der bisher erlassenen Gemeindegesetze enthalten ist. Sie würden durch Annahme des Kommissionsvorschlages hinsichtlich der Kreise ein ganz neues Kommunalsteuer-Privilegium einführen. Dazu liegt aber keine genügende Veranlassung vor: die Staatsregierung erachtet es vielmehr für dringend wünschenswerth, die Grundsätze, welche bezüglich der Steuerexemtionen in den Städten und Landgemeinden bestehen, möglichst auch für die Kreise zu acceptiren, um nicht Divergenzen hervorzurufen, die in der Ausführung nur zu Schwierigkeiten Veranlassung geben würden. Ich glaube, Ihnen im Namen der Staatsregierung daher nur die Annahme der ursprünglichen Regierungsvorlage empfehlen zu dürfen, wenn Sie es nicht vorziehen sollten, die Anträge des Herrn Dr. Baumstarck anzunehmen, die im Wesentlichen auf die Regierungsvorlage hinauskommen, und hauptsächlich nur in redaktioneller Beziehung von derselben abweichen."

Es erwiderte hierauf der Berichterstatter Graf von Krassow: „Zu dem, was zur Empfehluug des Kommissionsantrages gesagt ist, erlaube ich mir noch zwei kurze Bemerkungen zu machen. Einmal ist der Zusatz, den Ihre Kommission beantragt hat, vom Herrn Regierungskommissarius damit bekämpft worden, daß eine solche Bestimmung sich in keinem Kommunalgesetz bisher befände, und daß es deshalb nicht wünschenswerth sei, sie in dieses Gesetz aufzunehmen. Ja, meine Herren, dieser Gesetzentwurf enthält sehr viel Neues, was in keinem anderen Kommunalgesetz enthalten ist, und ich glaube daher, daß wir uns dadurch nicht abhalten lassen dürfen, hier etwas Anderes zu beschließen, wenn wir es sonst nur für zweckmäßig halten. Ich bin nicht gegen das Neue deshalb, weil es neu ist, sondern ich entscheide mich gern dafür, wenn ich es für zweckmäßig halte, sonst bin ich dagegen. Ich befürworte also, dieses Novum einer Kommunalgesetzgebung in dies Gesetz aufzunehmen, welches aber in der Praxis, wie Herr von Kleist sagte, gewiß kein Novum ist, sondern in der großen Mehrzahl der Kreise als herkömmliches Recht besteht. Was nun das Bedenken des Herrn Dr. Zachariä gegen den Zusatz betrifft, daß er etwas Verfassungswidriges enthalte, weshalb er ihn nicht annehmen wolle, so glaube ich meinerseits mein Gewissen beruhigen zu können, wenn ich den Zusatz annehme, und glaube, keine Verfassungsverletzuug zu begehen, und zwar berufe ich mich als Autorität auf die beiden Häuser des Landtages und die Krone, welche ein Gesetz sanktionirt haben, in dem ganz dasselbe enthalten ist, nämlich das Grundsteuergesetz vom Jahre 1861, wo es §. 4. Litt. E. heißt: Diebetreffend die Einführung einer allgemeinen Gebäudesteuer (G.=S. S. 317) bezeichneten Grundstücke und Gebäude sind von den Kreislasten befreit.

§. 18.

Bis zur anderweiten gesetzlichen Regelung bleiben die Dienstgrundstücke der Geistlichen, Kirchendiener und Elementar=Schullehrer gleich=

---

jenigen bisher von der Grundsteuer befreiten Grundstücke, welche zur Zeit des Erscheinens dieses Gesetzes zu dem Vermögen evangelischer oder römisch=katholischer Kirchen oder Kapellen, öffentlicher Schulen, höherer Lehranstalten oder besonderer, zur Unterhaltung von Kirchen, Schulen und höheren Lehranstalten stiftungsmäßig bestimmter Fonds oder milder Stiftungen, sowie zur Dotation der Erzbischöfe, Bischöfe, Dom= und Kurat= oder Pfarrgeistlichen oder sonstiger, mit geistlichen Funktionen bekleideter Personen, oder der Küster und anderen Diener des öffentlichen Kultus oder an öffentlichen Schulen oder höheren Lehranstalten angestellten Lehrer gehören."

Der Zusatz wurde vom Herrenhause angenommen, in dem neuesten Regierungsentwurf jedoch die ursprüngliche Regierungsvorlage wieder hergestellt.

Zu § 18.

1. Für die Aufrechthaltung derjenigen Privilegien, welche den Beamten, Geistlichen, Lehrern ꝛc. bisher gesetzlich zustehen, welche die Regierungsvorlage von 1871 sowie das Herrenhaus festhielt, welche aber das Abgeordnetenhaus beseitigt wissen wollte, äußerte der Regierungs=Kommissarius, Geh. Reg.=Rath Persius, in der Sitzung des Abgeordnetenhauses vom 18. März 1872 (Stenogr. Ber. S. 1338):

„Der § 18 führt keine neue Bevorzugung der Beamten ein, sondern hält nur den gegenwärtigen Rechtszustand aufrecht. Die Gründe, welche eine mindere Heranziehung der Beamten zu den Kommunalsteuern rechtfertigen, sind bereits so oft und so eingehend dargelegt worden, daß es nicht nothwendig erscheint, alle diese Gründe nochmals ausführlich zu erörtern. Die Beschränkung der Beamten in der freien Wahl ihres Aufenthaltsortes, ihr bestimmtes, klar zu Tage liegendes Einkommen, welches sie in Beziehung auf die Steuereinschätzung ungünstiger stellt, als andere Einwohnerklassen, der noch immer mäßige Betrag der Gehälter vieler Beamten=Kategorien ungeachtet der erfolgten allgemeinen Aufbesserung der Beamten=Gehälter, die Abhängigkeit des Diensteinkommens der Beamten von ihrer Person, von ihrer Gesundheit und anderen zufälligen Verhältnissen, endlich das geringere Interesse der Beamten an nicht wenigen kommunalen Einrichtungen, — das sind nach der Ansicht der Staatsregierung diejenigen Gründe, welche die Beibehaltung der sogenannten Beamtenprivilegien rechtfertigen. Sollten aber, m. H., die Beamtenprivilegien beseitigt werden, dann müssen sie allgemein außer Kraft gesetzt, nicht aber in Betreff der Ortskommunallasten beibehalten, in Betreff der Kreislasten aufgehoben werden. Durch ein solches Vorgehen, schaffen Sie eine nicht zu rechtfertigende Rechtsungleichheit. Sie konserviren den in den Städten wohnenden Beamten — wenigstens der Regel nach — diese Privilegien, während Sie die Beamten auf dem platten Lande der Kreisbesteuerung unterwerfen. Denn überall da, wo die Städte ihr Kontingent an Kreissteuern aus den Einnahmen der gewöhnlichen Orts=Kommunal=Steuern bezahlen, werden die in den Städten wohnenden Beamten Beiträge zu den Kreissteuern thatsächlich nicht zu entrichten haben. Anders verhält es sich mit den auf dem platten Lande wohnenden Beamten. Ist der allgemeine Abgaben=Vertheilungsmaßstab vom Kreistage einmal beschlossen worden, so kommt derselbe auch in den einzelnen Landgemeinden unter allen Umständen als Individual=Besteuerungs=Maßstab zur Anwendung, und werden danach auch die in den Landgemeinden wohnenden Beamten zu den Kreisabgaben zu kontribuiren haben. Welche Beamten werden denn aber vorzugsweise davon betroffen werden, meine Herren? Es sind dies auf der einen Seite die Geistlichen, auf der anderen Seite die Schullehrer; von

falls von den Kreislasten befreit. Auch ist bis zu dieser Regelung die Besteuerung des Dienst-Einkommens der unmittelbaren und mittelbaren Staats-Beamten nur insoweit zulässig, als die Beiträge

---

anderen Beamten pflegen nur wenige in Landgemeinden ihren Wohnsitz zu haben. In Betreff der Schullehrer wird allseitig anerkannt, wie gering und unzureichend das Gehalt derselben zur Zeit noch bemessen ist; dieselben werden in der That das bisherige Steuerprivilegium nicht entbehren können. Was aber die Geistlichen betrifft, so haben diese bei der Erhöhung der Beamtenbesoldungen nicht bedacht werden können. (Sehr richtig! rechts.) Bei der Unzulänglichkeit des Diensteinkommens vieler Geistlichen sollte ich meinen, könnte man auch ihnen das bisherige Privilegium noch fernerhin belassen, bis etwa einmal diese Frage für alle Arten von Kommunallasten anderweit gesetzlich geregelt werden sollte."

Der Abg. Dr. Glaser trat ebenfalls für die Regierungsvorlage ein. Er sagte: „Alle diese Gründe, die bis jetzt für die Kommissionsvorlage vorgebracht sind, haben nur eine theilweise Berechtigung. Wenn der Herr Abgeordnete Miquel gemeint hat, daß die Schulgebäude und Lehrerwohnungen schon dadurch, daß sie der Schulgemeinde angehören, befreit seien, so glaube ich, ist das eine Auffassung, die wohl wenig getheilt werden wird; denn es wird nicht leicht Jemand glauben, daß unter den Gemeinden auch die Schulgemeinden verstanden sind. Dazu wird es wenigstens einer besonderen Interpretation bedürfen. Wenn er ferner gesagt hat, daß die Beamtenwohnungen dann besteuert werden müssen, wenn die Beamtengehälter besteuert würden, so würde nach meiner Auffassung dadurch eine doppelte Besteuerung herbeigeführt; denn, meine Herren, die Beamten zahlen ja für die Wohnungen schon eine Steuer, da ihnen die Miethe vom Gehalt abgezogen wird, indem ihr Gehalt besteuert wird; es würde also, wenn sie zu gleicher Zeit vom Gehalt und für die Wohnung besteuert würden, eine doppelte Besteuerung herbeigeführt; es müßte denn sein, daß man diese Steuer auf Staat und Korporationen übertragen wollte. Andere Verhältnisse sind schon angeführt worden, wo die Steuer ungerecht belasten würde. Ich glaube also, was den § 19 betrifft, so ist es nöthig, die Regierungsvorlage anzunehmen. Ferner aber, meine Herren, enthält der § 20 eine doppelte Ungerechtigkeit. Sie lassen für gewisse Verhältnisse von der Kreislast einzelne Klassen der Kreiseinwohner ganz oder theilweise frei; Sie wollen aber den Beamten mit seinem ganzen Einkommen, seiner ganzen Steuerkraft heranziehen, ihn, der in der Regel am allerwenigsten in die Kreisinteressen verflochten ist. Wenn die Kreisbesteuerung gerecht ist, so muß nach meiner Auffassung die Theilnahme an den Kreiseinrichtungen der Maßstab sein, nach dem die Einzelnen zu den Kreislasten herangezogen werden. Nun frage ich Sie, welches ganz besondere Interesse liegt denn für die Beamten vor, daß sie mehr als alle Anderen, daß sie stets nach ihrer ganzen Leistungsfähigkeit herangezogen werden? Es sollen doch für gewisse Verhältnisse wenigstens die Grundbesitzer, die Gewerbtreibenden, die arbeitenden Klassen freigelassen werden können, wenn auch nicht unter allen Umständen. Wenn ferner die Beamten zu den Kreislasten herangezogen werden in der Weise, wie die Kommission vorgeschlagen hat, so ist schon von dem Herrn Regierungskommissar mit Recht hervorgehoben worden, daß dadurch die Beamten auf dem Lande besonders belastet werden durch die Kreislasten, während Sie diejenigen, die in den Städten wohnen, nicht gleichmäßig heranziehen können — denn diese sind kraft des Gesetzes von 1822 frei — Sie begehen also wiederum eine Ungerechtigkeit. Ich sage deshalb, es ist eine doppelte Ungerechtigkeit, wenn Sie den Paragraph nach dem Kommissionsvorschlage annehmen. Ich bitte Sie daher, die beiden Paragraphen in der Kommissionsvorlage abzulehnen und sie in der Fassung der Regierungsvorlage anzunehmen."

Das Abgeordnetenhaus nahm die Vorschläge seiner Kommission an (St. Ber. S. 1340), wonächst das Herrenhaus die Regierungsvorlage wiederherstellte. (St. Ber. S. 456.)

Der Minister des Innern, Graf zu Eulenburg nahm in der Rede, mit welcher er den neuesten Entwurf der Kreisordnung am 16. November 1872 ins Abgeordnetenhaus einbrachte (Sten. Ber. S. 14) hierauf, wie folgt, Bezug:

derselben zu den Bedürfnissen der Gemeinde ihres Wohnorts nicht bereits das in Gemäßheit der §§. 2. und 3. des Gesetzes vom 11. Juli 1822 (G.=S. S. 184.) bestimmte Maximum¹ erreichen, und auch

„Die §§ 17 und 18 handeln von der Befreiung von den Kreisabgaben. Das Abgeordnetenhaus wollte den Dienstwohnungen keine Befreiung zu Theil werden lassen, und wollte auch das Diensteinkommen der Beamten und Geistlichen in demselben Maße zu den Kreisabgaben heranziehen, wie das Einkommen der übrigen Kreisangehörigen. — Dies wünscht die Regierung geändert, sie glaubt, daß die Kreisordnung nicht der Platz sei, um eine Steuerfrage von so großer Bedeutung gelegentlich hier zu entscheiden. Die Frage der Kommunalbesteuerung ist eine prinzipielle und wird in einem nur dieses Thema behandelnden Gesetze besser entschieden werden, als gelegentlich bei der Kreisordnung. Die Regierung schlägt Ihnen deshalb vor, als definitiv befreit alle diejenigen Kategorien aufzunehmen, über die eine Meinungsverschiedenheit zwischen den verschiedenen legislativen Faktoren nicht existirt, in Bezug auf die Dienstgrundstücke und Beamten aber die jetzt geltende Gesetzgebung auch in Bezug auf die Kreisverhältnisse bestehen zu lassen, jedoch mit Hinweisung auf eine spätere Regulirung dieser Frage im Allgemeinen."

2. Gesetz, die Heranziehung der Staatsdiener zu den Gemeindelasten betreffend. Vom 11. Juli 1822. (G. S. 1822 Nr. 740 S. 184.)

Wir Friedrich Wilhelm rc. rc.

Da diejenigen Bestimmungen, welche in den §§ 2 und 3 der unterm 11. Dezember 1809 ergangenen Deklaration des § 44 der Städteordnung vom 19. November 1808 enthalten sind, theils mehrfache Zweifel veranlaßt haben, theils nicht mehr überall zu den gegenwärtigen Verhältnissen passen; so haben Wir auf den Antrag Unseres Staatsministeriums und nach erfordertem Gutachten Unseres Staatsraths beschlossen, mit Aufhebung jener Bestimmungen Nachstehendes zu verordnen:

§ 1. Das Diensteinkommen der Beamten kann von den Gemeinden, zu welchen dieselben gehören, überhaupt nur dann besteuert werden, wenn auch der Beitrag der übrigen Einwohner des Orts in der Form einer allgemeinen Einkommensteuer erhoben wird.

§ 2. Das Diensteinkommen soll bei einer solchen Beschatzung fortan im Uebrigen zwar wie das Einkommen der Bürger behandelt, darf aber, weil es einerseits seinem ganzen Dasein nach von dem Leben, der Gesundheit und andern zufälligen Verhältnissen der Person abhängig und andererseits seinem ganzen Betrage nach bestimmt ist, und dadurch auf der einen Seite gegen Grund- und Kapitaleinkommen und auf der andern gegen Gewerbseinkommen im Nachtheil steht, immer nur mit einem Theile seines Betrages zur Quotisirung gebracht werden, welcher hierdurch auf die Hälfte bestimmt wird.

§ 3. Da auch dem Staate daran liegen muß, daß den Beamten, welche als solche ihr Einkommen durch die den übrigen Einwohnern vermittelst des städtischen Vereins dargebotene Gelegenheit zum Erwerb nicht vermehren können, ihr Unterhalt unter keinerlei Umständen zu sehr geschmälert werde, so verbleibt es bei der Bestimmung, daß im äußersten Fall an direkten Beiträgen aller Art und zu sämmtlichen Gemeindebedürfnissen bei Gehalten unter Zweihundert und Funfzig Thalern nicht mehr als Ein Prozent, bei Gehalten von Zweihundert und Funfzig Thalern bis zu Fünfhundert Thalern ausschließlich nicht mehr als Anderthalb Prozent und bei höheren Gehalten nicht mehr als Zwei Prozent des gesammten Diensteinkommens gefordert werden können.

§ 4. Zu den sämmtlichen Gemeindebedürfnissen in diesem Sinne sind zwar, wie sich von selbst versteht, die Staatssteuern und Staatslasten, welche gemeindeweise erhoben und abgetragen werden, nicht zu zählen; die Beiträge der Gemeinden zu provinziellen Institutionen und zur Abwickelung sowohl der Provinzial- und Kreis-, als ihrer besondern Kriegs- und andern Schulden, Rückstände und Verdann nur innerhalb der Grenzen des im §. 2. am angeführten Orte bestimmten höchsten Satzes. Ebenso findet der §. 10. des Gesetzes

---

pflichtungen sind aber darunter mit begriffen. Es darf auch derentwegen bei Besteuerung der Gehalte der Staatsbeamten über das vorbestimmte Maximum nicht hinausgegangen werden.

§ 5. Das Diensteinkommen von zufälligen Emolumenten wird gleich den fixen Gehalten besteuert. Zu diesem Behuf bestimmt den Betrag derselben nach einer runden Summe die dem steuerpflichtigen Beamten vorgesetzte Behörde.

§ 6. Nach diesen Grundsätzen haben die steuerpflichtigen Individuen alle diejenigen Gemeindesteuerbeiträge zu leisten, welche innerhalb der Zeit, da sie der Gemeinde angehören, auf dieselben vertheilt und zugleich fällig werden, wenn auch das Bedürfniß vor ihrem Eintritte entstanden ist. Dagegen werden sie, wenn sie die Stadt verlassen, auch von jeder fernern Beitragsverbindlichkeit völlig befreit.

§ 7. Von ihrem etwanigen besonderen Vermögen und andern Einkommen haben auch die Staatsbeamten ihre Beiträge zu den Gemeinelasten ihres Wohnorts gleich anderen Bürgern oder Schutzverwandten, je nachdem sie das eine oder das andere sind, zu entrichten.

§ 8. Alles Vorstehende gilt nur von Unseren besoldeten unmittelbaren Staatsdienern, wohin also städtische Beamte, die von den Städten besoldeten Polizeibeamten mit eingeschlossen, landschaftliche, Wittwenkassen- und andere Sozietätsbeamte, Justizkommissarien und Notarien, Justiziarien bei Patrimonialgerichten, Aerzte, Künstler und dergleichen nicht zu zählen sind. Jeder Staatsbeamter aber, welcher einer Behörde angehört und bei derselben seinen beständigen Wohnsitz haben muß, ist unter allen Umständen als ein Einwohner derjenigen Stadt zu betrachten, in welcher diese Behörde ihren Sitz hat.

§. 9. Civil- und Militairbeamte, nicht minder sämmtliche Empfänger von Wartegeldern und Pensionen, werden zwar übrigens nach gleichen Grundsätzen behandelt.

§. 10. Jedoch bleiben von allen direkten Beiträgen zu den Gemeindelasten befreit:

a) die aus Staatskassen zahlbaren Pensionen der Wittwen und die Erziehungsgelder für Waisen ehemaliger Staatsdiener; (vgl. die Deklaration vom 21. Januar 1829, (Ges.-Samml. S. 9.).
b) eben dergleichen Pensionen, ingleichen Wartegelder der Staatsdiener selbst, sofern deren jährlicher Betrag die Summe von Zweihundert und Funfzig Thalern nicht erreicht;
c) die Sterbe- und Gnadenmonate;
d) alle diejenigen Dienstemolumente, welche blos als Ersatz baarer Auslagen zu betrachten sind;
e) alle Besoldungen und Emolumente der beim stehenden Heer und bei den Landwehrstämmen in Reihe und Glied befindlichen aktiven Militairpersonen, ingleichen der auf Inaktivitätsgehalt gesetzten Offiziere; und
f) diejenigen der Geistlichen und Schullehrer.

§. 11. Auch werden außerordentliche und einstweilige Gehülfen in den Bureaux der Staatsbehörden in Hinsicht der Gemeindelasten den Staatsdienern nicht gleich und als solche überhaupt nicht für Einwohner des Orts geachtet, sondern nur, wenn sie anderweitig ihren Wohnsitz im rechtlichen Sinne am Orte haben, gleich andern Bürgern und Schutzverwandten behandelt, je nachdem sie zu der einen oder andern Klasse gehören.

§. 12. Zu den indirekten Gemeindeabgaben muß aber ein Jeder und auch die von den direkten Gemeindebeiträgen befreiten Personen beitragen. Auch sind die Staatsdiener nicht berechtigt, dasjenige, was sie hierauf entrichten, bei den direkten Beiträgen von den Besoldungen in Anrechnung zu bringen.

§. 13. Die gegenwärtigen Bestimmungen gelten zunächst nur für diejenigen Städte, woselbst die Städteordnung vom 19. November 1808 eingeführt ist. In den übrigen Städten bleiben die jeden Orts bisher bestandenen gesetzlichen Vorschriften wegen Erhebung der Gemeindesteuern in Kraft; wo aber solche zweifelhaft sind oder Lücken haben, sind dieselben dergestalt, wie sie den gegenwärtigen Bestimmungen am nächsten kommen, beziehungsweise zu deuten und zu ergänzen.

vom 11. Juli 1822 auf die Heranziehung zu den Kreis-Abgaben Anwendung.

§. 19.

Beschwerden der Gemeinden und einzelner Kreis-Angehörigen wegen ihrer Heranziehung oder Veranlagung zu den Kreis-Abgaben unterliegen, mit Vorbehalt der Bestimmungen der §§. 78. und 79. Titel 14. Theil II. des Allgemeinen Landrechts und des Gesetzes vom 24. Mai 1861, betreffend die Erweiterung des Rechtsweges (Gesetz-Sammlung von 1861 Seite 241 ff.), der Entscheidung des Verwaltungsgerichts; jedoch sind Beschwerden wegen Ueberbürdung zuvor beim Kreis-Ausschusse (§§. 130 ff.) zur nochmaligen Prüfung und Entscheidung anzubringen. Beschwerden wegen der Veranlagung der Kreis-Abgaben.

Urkundlich unter Unserer Allerhöchsten Unterschrift und mit Beidrückung Unseres Königlichen Insiegels.

Gegeben Berlin, den 11. Juli 1822.

(L. S.) **Friedrich Wilhelm.**

3. Der §. 8. des Ges. v. 11. Juli 1822 ist durch Kab.-Order vom 14. Mai 1832 dahin abgeändert worden, daß dieses Gesetz auch auf städtische, landschaftliche und andere nach §. 69. Tit. 10. Th. II. A. L. R. als mittelbare Staatsdiener zu betrachtende Beamte in Anwendung gebracht werden soll.

Zu § 19.

1. Allgemeines Landrecht für die Preußischen Staaten. Theil II. Tit. 14.

„§ 78. Ueber die Verbindlichkeit zur Entrichtung allgemeiner Anlagen, denen sämmtliche Einwohner des Staats oder alle Mitglieder einer gewissen Klasse derselben nach der bestehenden Landesverfassung unterworfen sind (§ 2, 3) findet kein Prozeß statt.

§ 79. Behauptet aber Jemand aus besonderen Gründen die Befreiung von einer solchen Abgabe (§§ 4—8) oder behauptet er in der Bestimmung seines Antheils über die Gebühr belastet zu sein (§ 9), so soll er darüber rechtlich gehört werden."

2. Gesetz vom 24. Mai 1861 betreffend die Erweiterung des Rechtsweges (Ges.-Samml. S. 241 ff.).

„§ 9. Wegen allgemeiner Anlagen und Abgaben (§§ 36, 41 der Verordnung vom 26. Dezember 1808, Ges.-Samml. von 1817, Seite 283, §§ 78, 79, Theil II. Titel 14 A. L. R.) kann auf Grund der Behauptung, daß die einzelne Forderung bereits früher getilgt oder verjährt sei, die Klage auf Erstattung des Gezahlten angestellt werden, jedoch bei Verlust des Klagerechts nur binnen spätestens sechs Monaten nach erfolgter Beitreibung oder geleisteter Zahlung.

§ 10. Der Rechtsweg findet ferner statt, wenn der Herangezogene behauptet, daß die geforderte Abgabe keine öffentliche Abgabe sei, sondern auf einem aufgehobenen privatrechtlichen Fundamente, insbesondere einem früheren gutsherrlichen, schutzherrlichen oder grundherrlichen Verhältnisse beruhe."

Dritter Abschnitt.
Kreis-Statuten und Reglements.

§. 20.

Jeder Kreis ist befugt:

1) zum Erlasse besonderer statutarischer Anordnungen über solche Angelegenheiten des Kreises, hinsichtlich deren das gegenwärtige Gesetz Verschiedenheiten gestattet (§§. 104. Absatz 2.,

---

Zu § 20.

Die gegenwärtige Fassung des § 20 entspricht im Wesentlichen den Beschlüssen des Herrenhauses, welche dort im Allgemeinen in Uebereinstimmung der verschiedenen darin vertretenen Parteien gefaßt wurden, gegenüber der Regierungsvorlage von 1871, welche unter Billigung des Abgeordnetenhauses die Befugniß der Kreise zum Erlasse statutarischer Anordnungen erheblich enger begrenzte, indem sie lautete:

„Für jeden Kreis kann auf Beschluß des Kreistages ein Kreis-Statut errichtet werden. Dasselbe hat den Zweck, diejenigen die Kreisverfassung betreffenden Gegenstände näher zu ordnen, hinsichtlich deren das gegenwärtige Gesetz Verschiedenheiten gestattet (§§ 100 Absatz 2 und 104 Absatz 1) oder welche sonst das Gesetz der statutarischen Regelung überweist."

Die Absicht des Herrenhauses, welches hierzu noch für „alle Angelegenheiten, bezüglich deren das Gesetz keine ausdrücklichen Bestimmungen enthält", sowie über sonstige eigenthümliche Verhältnisse des Kreises das Recht zu statutarischen Anordnungen der Kreise vorbehalten wissen wollte, ergiebt sich aus nachstehender in der Sitzung des Herrenhauses vom 26. Oktober 1872 gehaltenen Rede des Prof. Dr. Zachariä. Dieser sagte: „Ich fühle mich verpflichtet, in diesem Falle den Ausführungen des Herrn Regierungskommissars gegenüber für den Vorschlag der offiziellen Kommission einzutreten, weil ich ihn prinzipiell für den richtigen halte. Die Vorschläge des Regierungsentwurfs und der offiziellen Kommission differiren besonders in zwei Punkten, von welchen der eine allerdings minder wichtig zu sein scheint, der andere aber von besonderer prinzipieller Bedeutung sein dürfte. Sie differiren erstens darin, daß der Regierungsentwurf nur von einem Kreisstatut redet, während der Vorschlag der Kommission davon spricht, es sei jeder Kreis befugt, besondere statutarische Anordnungen zu treffen; also nicht mit einer Kodifikation soll die Sache abgemacht sein, sondern überall, wo das Bedürfniß hervortritt, soll der Kreis berechtigt sein, statutarische Anordnungen zu treffen. Das Zweite und Wichtigere, worin die beiden Fassungen von einander abweichen, ist auch vom Herrn Regierungskommissarius bereits hervorgehoben worden, nämlich die Abweichung, daß nach dem Vorschlage der Regierung, die auch vom Abgeordnetenhause adoptirt ist, nur in den Fällen, wo die allgemeinen Gesetze den Kreisen Verschiedenheiten gestatten, oder wo etwas ihnen ausdrücklich zugewiesen wird, um es statutarisch zu regeln, daß nur in diesen Fällen das jus statuendi der Kreise begründet sein könne. Dieses ist es nun, was ich nicht als richtig anerkennen kann. Es stehen sich, meine Herren, in Beziehung auf das jus statuendi der Gemeinden und anderer mit einer selbstständigen Rechtssphäre existirender Korporationen zwei verschiedene Theorien gegenüber, insbesondere in Betreff des jus statuendi der Gemeinden. Die eine Theorie, die ich als die Französische bezeichnen möchte, geht davon aus, daß die Gemeinden nur untergeordnete Administrationsdistrikte seien; die andere Theorie, die die Selbstständigkeit der Gemeinden anerkennt oder davon ausgeht, sagt: sie sind an und für sich vermöge ihrer natürlichen Bestimmung und der ihnen zukommenden sittlich rechtlichen Aufgabe von Ursprung an, also originair, selbstberechtigt in ihrer Sphäre. Die erste Theorie hat natürlich die nothwendige Konsequenz, daß die Gemeinden nur das statutarisch regeln können, was ihnen durch die Gesetzgebung übertragen ist. Hier wird das jus statuendi der Gemeinden abgeleitet aus der Gesetzgebung des Staates. Nach der anderen Theorie

108. Absatz 1, und 109.), oder das Gesetz auf statutarische Regelung verweist, sowie über solche Angelegenheiten, deren Gegenstand nicht durch Gesetz geregelt ist,

2) zum Erlasse von Reglements über besondere Einrichtungen des Kreises.

---

aber, die ich immer als die richtige betrachtet und vertreten habe, gebührt jeder Gemeinde von Anfang an originair ein jus statuendi, was ihr nicht vom Staate verliehen ist, sondern was sie als autonomische Befugniß in Anspruch nehmen kann; und wenn man von dieser letzteren Ansicht ausgeht, so muß man zu der Folge kommen, daß nicht bloß das, was ihr vom Staate ausdrücklich übertragen ist, von ihr auch durch Statuten geregelt werden kann, sondern Alles, was eben zu ihrer natürlichen Rechtssphäre gehört, oder als zu ihrer Sphäre gehörig anerkannt ist, und wo eben nicht gesetzliche allgemeine Bestimmungen entgegenstehen. Deshalb ist es natürlich nothwendig, diese letztere Theorie auch hier anzuerkennen. Der Kreis kann keine Statuten machen, die im Widerspruch mit allgemeinen gesetzlichen Bestimmungen stehen, aber er muß nicht bloß Statuten machen können, wo ihm besonders die Erlaubniß dazu ertheilt ist, sondern auch dann, wo es sich um etwas handelt, was in seine Rechtssphäre gehört, wenn ihm auch nicht ausdrücklich diese Befugnisse beigelegt sind. Jedenfalls muß ich auch die Nr. 2 in Schutz nehmen, daß der Kreis berechtigt sein soll, über sonstige eigenthümliche Verhältnisse und Einrichtungen des Kreises Bestimmungen zu treffen. Das sind natürlich nicht Einrichtungen, die durch die allgemeine Gesetzgebung in allgemeiner Weise geschaffen sind, sondern es handelt sich hier wirklich um eigenthümliche Verhältnisse und Einrichtungen des Kreises, und da kann es keine Gefahr haben, wenn man dem Kreise das jus statuendi wirklich beilegt, und wenn irgendwie ein sonstiges Bedenken gegen den Vorschlag der Kommission geltend gemacht werden könnte, so ist ja noch die landesherrliche Bestätigung vorbehalten, wodurch in der That jede Gefahr beseitigt wird, die durch mögliche Ueberschreitungen der natürlichen oder gesetzlich bestimmten Sphäre des jus statuendi begründet werden könnte. Aus diesem Grunde möchte ich Ihnen den Vorschlag der offiziellen Kommission zur Annahme empfehlen, um so mehr, als der Vorschlag weiter nichts, als eine Wiederholung derjenigen Festsetzungen enthält, welche in der Städteordnung ausgesprochen sind. (Sten. Ber. S. 459.)

Auch der Professor Dr. Schultze sprach sich in derselben Sitzung in gleichem Sinne aus, und äußerte dabei noch: „Es wurde von dem Herrn Regierungskommissar geltend gemacht, es sei ein Unterschied zwischen Selbstverwaltung und Autonomie. Ich schließe mich seinen Ausführungen vollständig an: es sind zwei Momente, die neben einander gehen. Wir wollen die Selbstverwaltung, wir wollen aber zugleich auch die Autonomie im Deutschen Sinne des Wortes. Meine Herren! Im Mittelalter war die Autonomie fast die einzige Art der Gesetzgebung; der Staat hatte sein höchstes Souverainetätsrecht noch nicht in die Hände genommen, Gesetze zu geben, und jedes Dorf, jede Stadt, jeder Kreis, jede ritterschaftliche Korporation gab sich allein Gesetze. Dieses Verhältniß ist natürlich im modernen Staate nicht mehr denkbar; der Staat hat in allen Punkten, die er zu seinem Leben rechnet, das Gesetz zu geben, dem sich Alles fügen muß; die Selbstverwaltung muß dem Staate gehorchen. Aber damit ist nicht gesagt, daß die Autonomie ganz beseitigt sei; die Autonomie muß innerhalb des Rahmens der Gesetze noch fortbestehen. Die Autonomie soll der Ausdruck des selbstständigen korporativen Lebens in der Kommune sein. Meine Herren! Eine Kommune, ein korporativer Verband ohne Autonomie ist meiner Ansicht nach eines guten Theiles seiner Selbstständigkeit beraubt; die Autonomie muß ihren Rektifikator haben in dem Staatswillen, und es versteht sich deshalb von selbst, daß jedes Kreisstatut der Genehmigung bedarf und natürlich der Genehmigung durch Königliche Verordnung. Aber neben dieser Aufsicht des Staats und innerhalb der Grenzen der Gesetzgebung müssen wir die Autonomie der Kreisverbände wahren."

Zweiter Titel.

Von der Gliederung und den Aemtern des Kreises.

Erster Abschnitt.

Allgemeine Bestimmungen.

§. 21.

Gliederung des Kreises.

Die Kreise mit Ausnahme der Stadtkreise (§§. 4. und 169.) zerfallen in Amtsbezirke, beziehungsweise in Stadt- und Amts-Bezirke.

Die Amts-Bezirke bestehen aus einer oder mehreren Landgemeinden oder aus einem oder mehreren Guts-Bezirken, beziehungsweise aus Landgemeinden und Gutsbezirken.

An der Spitze der Verwaltung des Kreises steht der Landrath, an der Spitze der Verwaltung des Amts-Bezirks der Amts-Vorsteher, an der Spitze der Verwaltung der Gemeinde der Gemeinde-Vorsteher. Für den Bereich eines selbstständigen Guts-Bezirks führt der Gutsvorsteher die dem Gemeinde-Vorsteher obliegende Verwaltung.

Zweiter Abschnitt.

Von dem Gemeinde-Vorsteher und dem Schöffen-Amte, sowie von der Orts-Verwaltung der selbstständigen Gutsbezirke.

§. 22.

Gemeinde-Vorsteher und Schöffen.

Der Gemeinde-Vorstand besteht aus dem Gemeinde-Vorsteher

Zum zweiten Titel.

Wenn die Vorschriften dieses Titels — heben die Regierungs-Motive von 1869 resp. 1871 hervor — auf den ersten Blick über die Grenzen eines die Verfassung und Verwaltung der Kreise ordnenden Gesetzes hinauszugehen und nur lose in das System eingefügt zu sein scheinen, so wird doch eine eingehendere Prüfung erkennen lassen, daß gerade sie das Fundament für den Aufbau der neuen Kreisverfassung und Verwaltung bilden sollen und deshalb ein unentbehrliches Glied in dem ganzen System der Kreisordnung sind.

Zur Erfüllung seiner umfangreichen kommunalen und administrativen Aufgaben bedarf der Kreis einer festen Gliederung. Hierfür können die bestehenden Kommunalverbände, die Stadt-, Land-Gemeinden und Gutsbezirke für ausreichend nicht erachtet werden. Es ist vielfach die Zusammenfassung mehrerer Landgemeinden und Gutsbezirke zu Verwaltungsbezirken nothwendig.

Diese Vervollständigung der administrativen und korporativen Gliederung des Kreises führt zu einer theilweisen Umgestaltung der Landgemeinde-Verfassung und zu einer vollständigen Reform der ländlichen Polizeiverfassung unter gleichzeitiger Aufhebung der polizeiobrigkeitlichen Gewalt der Rittergutsbesitzer. Die besonderen Vorschriften hierüber sind in den folgenden Abschnitten dieses Titels erlassen, bei welchen sie näher erläutert werden sollen.

Zu § 22.

1. Die Wünsche, welche sich bezüglich einer Reform der ländlichen Gemeinde-

(Schulze, Scholze, Richter, Dorfrichter) und zwei Schöffen (Schöppen, Gerichtsmänner, Gerichts- oder Dorfgeschworne), welche den Gemeinde-Vorsteher in den ihm obliegenden Amtsgeschäften zu unterstützen und in Behinderungsfällen zu vertreten haben.

Verfassung von verschiedenen Seiten zu erkennen gegeben haben, konzentriren sich, wie die Regierungs-Motive von 1869 resp. 1871 näher ausführen, hauptsächlich auf die Befreiung der Landgemeinden von der kommunalen Aufsicht der Polizei-Obrigkeiten, auf die Beseitigung des den letzteren zustehenden Ernennungsrechts der Schulzen und Schöppen und auf die Verleihung des Rechts der Wahl derselben an die Gemeinden. Indem die Kreisordnung diesen Wünschen Befriedigung gewährt, soll damit die Reform der ländlichen Gemeindeverfassung noch nicht ihren Abschluß erreichen; die Staatsregierung beabsichtigt vielmehr, nachdem der Kreisordnungs-Entwurf zum Gesetz geworden, dem Landtage auch den Entwurf einer Landgemeinde-Ordnung zur Beschlußnahme vorzulegen, welche nicht nur eine vollständige Kodifikation des jetzt bestehenden in einer größeren Zahl von Gesetzen und Verordnungen zerstreuten Gemeinderechts enthalten, sondern zugleich auch eine zeitgemäße Fortbildung der wichtigsten Gemeinde-Institutionen erstreben will.

Die Kreisordnung beschränkt sich hiernach vorerst in der Hauptsache auf die Ordnung des Gemeinde-Vorsteher- und Schöppenamtes unter gleichzeitiger Aufhebung des Erb- und Lehnschulzen-Verhältnisses, sowie auf die Regelung der Ortsverwaltung der selbstständigen Gutsbezirke.

Die amtliche Stellung des Gemeinde-Vorstehers ergiebt sich hierbei als eine zwiefache; er ist einerseits Ortsobrigkeit und Organ des Amtsvorstehers für die Polizeiverwaltung, andererseits die leitende kommunale Verwaltungsbehörde des Gemeindebezirks. Dieser doppelten Stellung und Amtsthätigkeit des Gemeinde-Vorstehers entspricht es, daß bei seiner Bestellung die Staatsbehörde und die Gemeinde zusammenwirken. Dieses Zusammenwirken kann entweder in einem Vorschlagsrechte der Gemeinde mit einem korrespondirenden Ernennungsrechte der Staatsbehörde oder in einem Wahlrechte der Ersteren mit einem korrespondirenden Bestätigungsrechte der Letzteren bestehen. In ihrer Wirkung werden die einen wie die anderen Rechte nicht wesentlich von einander verschieden sein. Wenn das Gesetz den Gemeinden das von ihnen vielfach gewünschte, prinzipiell weitere und wirksamere Wahlrecht unter Vorbehalt des Bestätigungsrechts des Landraths einräumt, so ist bei Vorlegung des Gesetzentwurfs für die Regierung dabei noch die besondere Rücksicht leitend gewesen, daß die Gemeindevorsteher im Verein mit ihren in gleicher Weise zu wählenden und zu bestätigenden Gehülfen, den Schöffen, berufen werden sollten, die Wahl der Kreistags-Abgeordneten der Landgemeinden zu vollziehen (§ 84 des Entwurfes), um die Nothwendigkeit der Einführung eines besonderen indirekten Wahlsystems für das platte Land zu vermeiden; eine Rücksicht, die zufolge der vom Abgeordnetenhause zu § 100 gefaßten und demnächst zum Gesetz gewordenen Beschlüsse wegen Wahl besonderer Wahlmänner Behufs Wahl der Deputirten der Landgemeinden leider bedeutungslos geworden ist.

Der § 22 beabsichtigt keine Aenderung der amtlichen Stellung der Schöffen zu dem Gemeindevorsteher; die Ersteren sollen, wie bisher, die Gehülfen des Letzteren sein, ohne indeß mit ihm ein Kollegium zu bilden, welches nach Stimmenmehrheit Beschlüsse faßt.

Für sehr umfangreiche und bevölkerte oder aus mehreren Ortschaften bestehende Gemeinden ergiebt sich öfter das Bedürfniß zur Anstellung mehrerer, als zwei Schöffen. Die Vorschriften in dem zweiten und dritten Alinea des § 22 halten die Einrichtungen, welche in dieser Beziehung bereits bestehen, aufrecht und bezeichnen den Weg, wie derartige Einrichtungen neu ins Leben gerufen werden können.

2. In der Kommission des Herrenhauses war zu § 22 beantragt worden, hinter das Wort „vermehrt" zu setzen „oder vermindert", weil in manchen kleinen

Wo die Zahl der Mitglieder des Gemeinde-Vorstandes nach den bestehenden Bestimmungen eine größere ist, verbleibt es bei derselben.

Auch kann auf Antrag der Gemeinde die Zahl der Schöffen durch den Kreisausschuß nach Anhörung des Amts-Vorstehers vermehrt werden.

§. 23.

a) Wahl derselben. Der Gemeinde-Vorsteher und die Schöffen werden von der Ge-

---

Gemeinden zwei geeignete Schöffen nicht zu finden sein würden. Nachdem der Regierungskommissar erwidert hatte, daß schon das Allgemeine Landrecht die Bestimmung, daß zwei Schöffen zu wählen seien, enthalte, im Uebrigen die vollständige Regelung der Gemeindeverhältnisse der beabsichtigten Organisation dieser Angelegenheit vorbehalten bleiben müsse, auch der Fall gewiß nur selten vorkommen würde, daß in einer Gemeinde nicht zwei geeignete Schöffen zu finden seien, wurde der Antrag abgelehnt.

3. Es wurde in der Kommission des Herrenhauses ferner zur Sprache gebracht, ob es sich nicht empfehlen dürfte, in dem jetzigen Gesetz der Gemeindeschreiber Erwähnung zu thun, zumal bisher in Schlesien und Sachsen die Anstellung derartiger Schreiber, denen zugleich gerichtliche Funktionen übertragen sind, Seitens der Behörden verlangt worden sei. Es machte sich aber allgemein die Ansicht geltend, daß auch zur Regelung dieser Einrichtung hier nicht der Ort sei, und es wurde bei erneuter Anregung dieses Gegenstandes in der Plenarsitzung des Herrenhauses vom 26. Oktober 1872 Seitens des Regierungskommissarius, Geh. Regierungsraths Persius, wiederholt darauf hingewiesen, daß der § 22 der Kreisordnung keine Aenderung in dem Institut der Gemeindeschreiberei hervorrufen würde. (St. Ber. S. 463.)

Zu § 23.

1. Seitens der Kommission des Herrenhauses war beantragt und im Plenum des Hauses beschlossen worden, dem § 23 die nachstehende Fassung zu geben:

„Die Schöffen, desgleichen, wo das Schulzen- (Richter-) Amt nicht mit dem Besitze gewisser Grundstücke verbunden ist, der Gemeindevorsteher werden von der Gemeindeversammlung beziehungsweise der Gemeindevertretung aus der Zahl der stimmberechtigten Gemeindemitglieder durch absolute Stimmenmehrheit gewählt.

Vater und Sohn dürfen nicht gleichzeitig Mitglieder des Gemeindevorstandes sein.

Die Wahlen erfolgen nach näherer Vorschrift eines von dem Minister des Innern zu erlassenden Wahlreglements."

Es wurden zwar von einigen Seiten (von Senfft-Pilsach, Graf von Brühl) gegen die Gewährung des Rechts zur Wahl von Schulzen und Schöffen an die Gemeinden überhaupt Bedenken erhoben. Graf von Brühl sagte hierüber:

„Ich bin aus Erfahrung ein großer Freund des Erbschulzenamtes, und würde es nach Möglichkeit zu erhalten trachten. Ich bin aber ein eben so großer Feind gewählter Schulzen in den Gemeinden, und zwar bin ich ein Feind dieser Einrichtung, weil ich glaube, daß in so kleinen Kreisen, wie sie in ländlichen Gemeinden im Durchschnitt wohl meistens sind, die zu erwählende Obrigkeit immer eine sehr schwache, nach beiden Seiten gehinderte sein wird. Ich kenne Dörfer, die aus sechs, acht bis zehn Feuerstellen bestehen. Von diesen sind vielleicht zwei oder drei Wirthe wegen ihres Alters unfähig zum Schulzenamt. Außerdem ist ein Schänker im Orte, der, ich weiß nicht, ob nach einer Regierungsverordnung oder nach gesetzlichen Bestimmungen, zum Schulzenamt nicht zulässig ist. Wieviel bleiben dann übrig, die zum Schulzen gewählt werden können? Sie brauchen es verhältnißmäßig nur kurze Zeit zu übernehmen; dann muß die Gemeinde wieder wählen; ihre Auswahl wird immer kleiner, und schließlich wird es in vielen Fällen darauf

meinde-Versammlung beziehungsweise der Gemeinde-Vertretung aus der Zahl der stimmberechtigten Gemeinde-Mitglieder durch absolute Stimmenmehrheit gewählt.

---

hinauskommen, daß wirklich blos ein Kandidat möglich ist, der ein Schulzenamt übernehmen kann; auch nicht, daß er besonders dazu geeignet wäre, sondern eben, weil er der einzige ist in der Gemeinde, dieses Amt zu übernehmen. Nun frage ich Sie: wenn in einer kleinen Gemeinde sich die Parteien sehr spalten, wenn jeder Theil, wie es sehr häufig vorkommen wird, nicht den Kandidaten wählt, den er für den geeignetsten hält, sondern den Kandidaten, den man durch die Uebernahme des Schulzenamts, ich möchte sagen „strafen“ will, oder in dem man durch die Uebertragung des Schulzenamtes wenigstens die guten Freunde nicht strafen will, — es giebt also Jeder demjenigen seine Stimme, dem er am ersten etwas Uebles gönnt, — da frage ich Sie, ob das eine rechte Art der Erwählung einer Gemeindeobrigkeit ist? Ich habe mit der Ernennung sehr vieler Schulzen zu thun und ich habe große Schwierigkeiten, diese Schulzen zu finden; denn die guten Schulzen wehren sich immer, es zu werden, und ich weiß, daß auf die Schulzen, die ich dazu bringe, trotz ihres Widerspruches in der Regel die Wahl nicht fallen wird. Die Wahl würde auf solche fallen, die sich um das Schulzenamt bei mir bewerben, und das sind gewöhnlich nicht die besten, es sind meistens solche, die ehrgeizige Rücksichten im Auge haben; das glaube ich Ihnen auch versichern zu können. Es ist dies wieder ein Punkt, wo Theorie und Praxis sich unterscheiden; in der Theorie ist es allerdings einleuchtend, daß man die Wahl des Gemeindevorstandes der Gemeinde überläßt. Hätten wir es mit lauter Gemeinden wie der Stadt Berlin zu thun, so würde auch ich dafür stimmen. Aber für unsere ländliche Bevölkerung paßt dies größtentheils nicht, und Sie werden der ländlichen Bevölkerung ein Geschenk zu ihrem Schaden machen, wenn Sie ihr die Wahl zum Schulzenamt aufdringen. Ich glaube, hier noch darauf aufmerksam machen zu müssen, daß es mir ein Uebelstand zu sein scheint, wenn in ein Gesetz soviel hineingeworfen wird. Wir haben hier in der Kreisordnung eine ländliche Polizeiordnung, wir haben eine Gemeindeordnung, und es greift noch sehr Vieles mit ein. Wie soll man jetzt sich für die Wahl der Schulzen entscheiden, wenn man noch nicht weiß, wer sie allenfalls ernennen könnte. Dies dem Landrath zu überlassen, ist nicht möglich, oder vielleicht dem Amtsvorsteher? Ich für meine Person wünschte, daß es nach wie vor den erblichen Gutsobrigkeiten überlassen bliebe. Daß ich dies nicht erreichen werde, weiß ich wohl: aber ich halte es für das allein Richtige und Gute.“ (Sten. Ber. S. 466.)

Der Berichterstatter von Kröcher hatte zur Vertheidigung des Kommissionsantrages hervorgehoben (St. Ber. S. 464): „Ueber die Lehnschulzen ist in dem Kommissionsberichte ausführlich gehandelt. Ich kann mich darauf für jetzt lediglich beziehen, und habe nur zu bemerken, daß von der Kommission der allergrößte Werth auf die Beibehaltung dieses Instituts gelegt wird. Was die Setzschulzen anlangt, so erinnere ich zunächst daran, daß die Kommission überhaupt ein großes Gewicht darauf legt, daß die Betheiligten in übergroßer Majorität die Vorlage im Allgemeinen nicht wollen. Dieser Grund trifft indessen bei der Schulzenwahl nicht zu, denn, soviel mir bekannt, ist es im Gegentheil im Allgemeinen der Wunsch der Gemeinden, ihre Schulzen zu wählen. Ich halte diesen Wunsch aber auch prinzipiell für einen berechtigten, denn ich bin der Meinung, daß die Wahl der Gemeindevorsteher durch die Gemeinde an sich der wahren Selbstverwaltung entspricht. Dabei habe ich allerdings auch hier zu bedauern, daß die Sache nicht provinziell geordnet wird, denn ich kann mir wohl denken, daß in manchen Gegenden die Gemeinden noch nicht reif für dieses Recht sind. Indessen, wenn mir die Frage so allgemein vorgelegt wird, wie das jetzt der Fall ist, kann ich nicht anders, als für die Schulzenwahl stimmen. Sie wissen, daß die Bedenken, die ich dagegen immerhin noch habe, dadurch salvirt sind, daß ich in der Kommission gegen den ganzen Entwurf gestimmt habe, und wahrscheinlich auch in diesem Hause dagegen stimmen werde. — Das sind die prinzipiellen Gründe, weshalb die Majorität der Kommission der Schulzenwahl nicht entgegen ist. Ich

Vater und Sohn dürfen nicht gleichzeitig Mitglieder des Gemeinde-Vorstandes sein.

---

habe aber auch noch praktische Gründe. Bekanntlich haben die Gemeinden in einzelnen Gegenden schon jetzt das Wahlrecht, und soviel ich habe erfahren können, hat sich dies ganz gut bewährt. Ferner stellen die Gegner der Wahl sich den Erfolg doch wohl etwas zu tragisch vor; ich meine, daß dadurch gar nicht soviel gegen den jetzigen Zustand geändert wird. Nach §. 21 des Gesetzes vom 14. April 1856 über die ländlichen Ortsobrigkeiten in den sechs östlichen Provinzen der Preußischen Monarchie hat jetzt die Ortsobrigkeit nach Anhörung der Gemeinde den Schulzen zu ernennen, vorbehaltlich der Bestätigung durch den Landrath; künftig soll auf die Wahl der Gemeinde nach Anhörung der Ortsobrigkeit der Landrath den Schulzen bestätigen. Meine Herren! Ich meine der praktische Unterschied ist wirklich nicht so groß. — Aus allen diesen Gründen glaube ich Ihnen die Annahme des Paragraphen empfehlen zu können, und will nur noch in Bezug auf die Aenderung des letzten Satzes dieses Paragraphen bemerken, daß die Kommission es für außerordentlich unzweckmäßig hält, für die Wahl in den Gemeinden ein Reglement gesetzlich festzustellen; daraus ist der Abänderungsantrag zum dritten Absatz hervorgegangen."

2. Vgl. bezüglich der Frage über die Beibehaltung des Instituts der Lehnschulzen die Anm. zu §. 36.

3. Wie die Motive zum Regierungsentwurf von 1871 besonders hervorheben, ist bezüglich der Stimmberechtigung in der Gemeindeversammlung hier eine neue Anordnung nicht getroffen worden, weil es sich nicht empfiehlt, in die Kreisordnung andere Fragen der Gemeindeverfassung hineinzuziehen, als diejenigen, welche mit dem Ausbau der Kreisverfassung in direktem Zusammenhange stehen. Es bleibt vielmehr bezüglich der Stimmberechtigung in der Gemeindeversammlung bei dem bisherigen Verhältniß, resp. bei den Anordnungen der §§. 3 bis 9 des Gesetzes betreffend die Landgemeinde-Verfassungen in den 6 östlichen Provinzen vom 14. April 1856 (G.-S. S. 359), welche folgendermaßen lauten:

§. 3.

„Die Theilnahme an dem Stimmrechte und die Art der Ausübung desselben in der Gemeindeversammlung wird durch die bestehende Ortsverfassung bestimmt.

§. 4.

Ergiebt sich das Bedürfniß einer neuen Feststellung oder Regelung der Stimmrechte, weil die Ortsverfassung darüber dunkel oder zweifelhaft ist oder weil danach wesentliche Mängel in Ansehung der Theilnahme an dem Stimmrechte, namentlich erhebliche Mißverhältnisse gegen die Theilnahme an den Gemeindelasten bestehen, so ist eine solche Ergänzung oder Abänderung der Ortsverfassung unter Beachtung der Vorschriften der §§. 5 und 6 durch einen von der Regierung zu bestätigenden Gemeindebeschluß herbeizuführen.

Kommt ein solcher Beschluß nicht zu Stande, so ist die Regierung befugt, nach Anhörung des Kreistages und mit Genehmigung des Ministers des Innern die in Ansehung des Stimmrechts erforderliche Ergänzung oder Abänderung der Ortsverfassung nach Maßgabe der §§. 5 und 6 vorzuschreiben.

§. 5.

1. Zur Theilnahme am Stimmrechte dürfen nur solche Einwohner des Gemeindebezirks verstattet werden, welche einen eigenen Hausstand haben und zugleich in dem Bezirke mit einem Wohnhause angesessen sind.
2. Wenn aber Jemand in dem Gemeindebezirk ein Grundstück besitzt, welches wenigstens den Umfang einer, die Haltung von Zugvieh zu ihrer Bewirthschaftung erfordernden Ackernahrung hat, oder auf dem sich eine Fabrik oder eine andere gewerbliche Anlage befindet, deren Werth dem einer Ackernahrung mindestens gleichkommt, so ist derselbe zur Theilnahme am Stimmrechte auch dann zuzulassen, wenn er nicht Einwohner des Gemeindebezirks ist (Forense). Dasselbe gilt auch von juristischen Per-

Die Wahlen erfolgen nach näherer Vorschrift des diesem Gesetze beigefügten Wahlreglements.

---

sonen, welche Grundstücke von einem solchen Umfange im Gemeindebezirke besitzen.

3. Den Besitzern solcher Grundstücke, welche die übrigen an Werth oder Größe erheblich übersteigen, kann mehr als Eine Stimme beigelegt werden.
4. Auch können die Gemeindeglieder in Ansehung ihrer Theilnahme am Stimmrechte in verschiedene Klassen getheilt werden.
5. Die Stimmen der Besitzer derjenigen kleineren Grundstücke, welche zu ihrer Bewirthschaftung kein Zugvieh erfordern, können zu Gesammt-Stimmen (Kollektiv-Stimmen) verbunden werden. Dergleichen Besitzer haben alsdann das Stimmrecht in der Gemeinde-Versammlung durch Abgeordnete auszuüben, welche sie aus ihrer Mitte auf mindestens drei und höchstens sechs Jahre wählen.

§. 6.

In der Ausübung des Stimmrechts, zu welchem ihr Grundbesitz befähigt, können vertreten werden:

1. Minderjährige durch ihren Vater, Stiefvater oder Vormund;
2. die Ehefrau durch ihren Ehemann,

   sofern zu 1 und 2 der Vater, der Stiefvater, der Vormund und der Ehemann im Gemeindebezirk wohnt, der Stiefvater das zum Stimmrechte befähigende Grundstück bewirthschaftet und der Vormund im Gemeindebezirk Grundbesitzer ist; fehlen bei einer dieser Personen diese Vorbedingungen, so kann dieselbe die Vertretung einem Stimmberechtigten aus der Klasse des zu Vertretenden oder aus der nächst angrenzenden übertragen;
3. unverheirathete Besitzerinnen;
4. auswärts wohnende und juristische Personen,

   zu 3 und 4 durch Stimmberechtigte derselben oder der nächst angrenzenden Klasse, — zu 4 aber auch durch Pächter oder Nießbraucher der zum Stimmrechte befähigenden Grundstücke.

§. 7.

Die Vorschriften der §§. 5 und 6 finden auch Anwendung, wenn in Folge der Zertheilung von Grundstücken oder der Bildung neuer Ansiedelungen, Kolonieen oder Gemeinden über die Theilnahme der Bewohner am Stimmrechte zu beschließen ist.

§. 8.

Auf den Antrag einer Gemeinde kann an die Stelle der Gemeindeversammlung eine Vertretung derselben durch gewählte Gemeindeverordnete eingeführt werden.

Wo dies geschehen soll, sind zuvor durch ein Statut die dazu erforderlichen Festsetzungen zu treffen, insbesondere über die Gesammtzahl der Gemeindeverordneten, die Wahlperiode, die etwaige Klasseneintheilung der Wähler, die hierbei aus jeder Klasse zu wählende Zahl von Gemeindeverordneten, und die Wahlordnung.

Ueber ein solches, von der Gemeinde unter Mitwirkung der Ortsobrigkeit und des Landraths zu entwerfendes Statut ist der Kreistag zu hören, und dasselbe dann mit dem Gutachten der Regierung und des Oberpräsidenten dem Minister des Innern zur Bestätigung vorzulegen.

§. 9.

Der Minister des Innern ist befugt, eine Gemeindeverordneten-Versammlung aufzulösen und eine Neuwahl anzuordnen.

§. 24.

Die Wahl der Gemeinde-Vorsteher und der Schöffen erfolgt auf sechs Jahre.

§. 25.

Wegen der Verpflichtung zur Uebernahme, so wie wegen der Gründe der Ablehnung des Amtes eines Gemeinde-Vorstehers oder Schöffen, und wegen der Folgen einer ungerechtfertigten Ablehnung finden die Vorschriften des §. 8. mit der Maßgabe entsprechende Anwendung, daß an die Stelle des Kreistages die Gemeinde-Versammlung, beziehungsweise die Gemeinde-Vertretung und an die Stelle des Kommissarius des Kreistages der Gemeindevorsteher tritt, und daß statt einer Erhöhung der Kreis-Abgaben eine solche für die Gemeinde-Abgaben beschlossen werden kann.

§. 26.

b) Bestätigung derselben.

Die gewählten Gemeinde-Vorsteher und Schöffen bedürfen der Bestätigung durch den Landrath.

Zu § 24.

An einer mindestens sechsjährigen Wahlperiode für die Mitglieder des Gemeindevorstandes, besonders des Gemeindevorstehers (gegenüber der im Jahre 1869 vom Abgeordnetenhause beschlossenen dreijährigen Wahlperiode) war festzuhalten, weil nur sie den Gemeindevorstehern genügende Zeit gewährt, sich in ihr schwieriges Amt hineinzuleben und die gewonnene Uebung zum gemeinen Besten zu verwerthen, namentlich auch sich solchen Aufgaben für das Wohl ihrer Gemeinden zu unterziehen, deren Erledigung längere Zeit erfordert. Nur durch eine sechsjährige Amtszeit erscheint die neben der Freiheit der Gemeinde zu berücksichtigende Stabilität der Gemeindeverwaltung hinreichend gesichert. (Motive zum Reg.-Entwurf von 1871.)

Ein im Herrenhause von v. Kleist-Retzow gestellter Antrag: anstatt der „sechsjährigen" Wahlperiode die lebenslängliche Wahl zu beschließen, wurde abgelehnt. (Sitzg. v. 26. Okt. 1871. St. B. S. 477.)

Zu § 26.

Der Regierungs-Entwurf von 1869, welcher das Bestätigungsrecht der gewählten Gemeindevorsteher und Schöffen dem Landrath übertrug, und denselben hierbei nur dahin einschränkte, daß er das Gutachten des Amtshauptmanns einzuholen habe, und die Bestätigung nur nach Anhörung des Kreisausschusses versagen dürfe, auch bezüglich der im Falle der Nichtbestätigung von ihm auf Vorschlag des Amtshauptmanns zu bewirkenden kommissarischen Ernennung des Gemeindevorstehers ꝛc. nur die Anhörung des Kreisausschusses verlangte, wurde bei der damals (1869) hierüber stattgehabten Vorberathung im Plenum des Abgeordnetenhauses folgendermaßen modifizirt:

Die gewählten Gemeindevorsteher und Schöffen werden von dem Kreisausschuß auf das Gutachten des Amtshauptmannes bestätigt.

Diese Bestätigung darf nur versagt werden, wenn

1. der Gewählte sich nicht im Vollbesitz der bürgerlichen Ehrenrechte befindet;
2. wenn er wegen Krankheit oder Aufenthalts außerhalb der Gemeinde nicht im Stande sein würde, die Geschäfte ordnungsmäßig zu führen, oder

Vor der Bestätigung ist der Amts-Vorsteher mit seinem Gutachten zu hören.

---

3. wenn er nicht die zur Leitung der Geschäfte genügenden Kenntnisse besitzt.

Die Gründe der Versagung der Bestätigung sind der Gemeinde schriftlich mitzutheilen.

Versagt der Kreisausschuß aus einem dieser Gründe die Bestätigung, so giebt er der Gemeinde auf, innerhalb vier Wochen eine Neuwahl zu vollziehen. Wird die Bestätigung wiederholt versagt, so ernennt der Kreisausschuß auf Vorschlag des Amtshauptmannes einen Stellvertreter auf so lange, bis eine erneuerte Wahl die Bestätigung erlangt hat.

Indem der Regierungsentwurf von 1871 die bezüglichen Bestimmungen im Wesentlichen so aufnahm, wie sie jetzt in der Kreisordnung (§ 26) zum Gesetz geworden sind, motivirte er dies mit nachstehenden Anführungen:

„Wenn der gegenwärtige Entwurf sich den Beschlüssen des Abgeordnetenhauses, welche die Bestätigung des Gemeindevorstandes dem Kreisausschusse übertragen wollten, insoweit anschließt, als er das Recht zur Versagung der Bestätigung nicht allein in die Hand des Landraths legt, sondern von der Zustimmunng, statt nur von der Anhörung des Kreisausschusses abhängig macht, so ist doch im Uebrigen prinzipiell daran festzuhalten, daß das Bestätigungsrecht, als Ausfluß der Staatsgewalt, wenn nicht von der Krone direkt, doch nur durch ein von derselben ernanntes Organ, nicht aber durch den gewählten Kreisausschuß, ausgeübt werden kann. Es wird sich aber auch aus praktischen Gesichtspunkten empfehlen, dem Landrathe da, wo er keine Bedenken findet, die Bestätigung allein zu überlassen, während einem etwaigen Mißbrauche des Versagungsrechtes dadurch vorgebeugt wird, daß dasselbe nur mit Zustimmung des Kreisausschusses geübt werden soll.

Das Versagungsrecht aber nicht blos subjektiv, sondern auch objektiv auf gewisse im Gesetze bestimmte Fälle zu beschränken, erscheint der Staatsregierung nicht unbedenklich. Bei der Bestätigung eines gewählten Gemeindevorstehers kommt es auf die Prüfung nicht nur der geschäftlichen, sondern vor Allem auch der moralischen Qualifikation des Gewählten an. Eine gesetzliche Definirung des Begriffs der moralischen Qualifikation aber bietet besondere Schwierigkeiten dar. Wollte man die Prüfung der moralischen Qualifikation eines gewählten Gemeindevorstehers auf die Frage beschränken, ob derselbe sich im Besitze der bürgerlichen Ehrenrechte befinde, so liegt auf der Hand, daß danach unter Umständen notorisch bescholtene Personen, wie Trunkenbolde, Wilddiebe ꝛc. bestätigt werden müßten, daß damit aber die Bedeutung des Bestätigungsrechtes — das Mitwirken der Staatsgewalt neben dem Votum der Gemeinde — zu einem lediglich formellen Akte herabsinken würde. Man würde damit auch weit über ähnliche Versuche gesetzlicher Definirung des Bestätigungsrechtes hinausgehen, die in andern Gesetzgebungen gemacht sind, wie denn z. B. die Landgemeinde-Ordnung für das vormalige Königreich Hannover vom 28. April 1859 die Bestimmung enthält: „die Bestätigung ist zu versagen, wenn dem Gewählten die zu dem Amte nöthige Befähigung fehlt, kann aber außerdem aus verschiedenen anderen Gründen versagt werden.“ — Wenn endlich die Mittheilung der Gründe der Versagung einer Bestätigung — nach dem Beschlusse des Abgeordnetenhauses — dem Kreisausschusse zur Pflicht gemacht werden sollte, so würde eine solche Bestimmung nicht nur die Freiheit der Entschließung desselben unter Umständen wesentlich beeinträchtigen, sondern auch für den Betroffenen selbst die öffentliche Mittheilung gewisser ihm anhaftender Mängel unter Umständen von nachtheiligen Folgen begleitet sein.“

In der Kommission des Abgeordnetenhauses war einerseits gegenüber der Regierungsvorlage der Antrag gestellt, den gesammten Paragraphen zu streichen und dadurch zu dem Resultate zu gelangen, daß überhaupt eine Bestätigung der gewählten Gemeindevorsteher nicht stattzufinden habe. Es war ferner der Antrag gestellt, daß die Bestätigung zwar stattfinden solle, daß die Versagung an die Mitwirkung des Kreisausschusses geknüpft sei, daß aber auch dann die Ver-

Die Bestätigung kann unter Zustimmung des Kreis-Ausschusses versagt werden.

---

sagung nur unter Angabe bestimmter Gründe erfolgen könne und diese Gründe sollten in der Hauptsache entweder darin bestehen, daß derjenige, dem die Bestätigung versagt würde, nicht die genügenden Kenntnisse zur Wahrnehmung seines Amts oder nicht die genügende Befähigung zur Wahrnehmung desselben habe.

Die Kommission lehnte in überwiegender Mehrheit alle diese Anträge ab und vereinigte sich auf der Basis der Regierungsvorlage, weil sie annahm, „daß genügende Garantien, welche die Gemeinden für die Freiheit ihres Wahlrechts haben müßten, darin gefunden würden, daß eine kommunale Autorität, der Kreisausschuß, allein die Versagung bindend auszusprechen habe."

Der Berichterstatter der Kommission, Dr. Friedenthal, betonte diesen Paragraphen als einen der wesentlichen Kompromisse, auf Grund deren die Kommission sich über die Gesammtvorlage vereinigt habe. (Sitzung vom 18. März 1872 St. Ber. S. 1345.)

In der Kommission des Herrenhauses wurde dagegen beantragt:

„1. in Absatz 3 anstatt der Worte „unter Zustimmung des Kreisausschusses" zu setzen: „nach Anhörung des Kreisausschusses."

2. in Absatz 4 die Worte „auf den Vorschlag des Amtsvorstehers unter Zustimmung des Kreisausschusses" zu streichen.

Zur Vertheidigung des ersten Antrags wurde angeführt, daß sonst dem Landrath gegenüber der Schwerpunkt in den Kreisausschuß gelegt werde, und hinsichtlich des zweiten Antrags wurde bemerkt, daß die Vorschriften im Absatz 4 der Vorlage nicht ausführbar sein würden, da nicht gesagt sei, wie bei bestehender Divergenz der verschiedenen Organe verfahren werden solle, auch erscheine es nicht bedenklich, dem Landrathe in einem solchen Falle die Einsetzung des Stellvertreters zu überlassen, da zwei Wahlen vorangegangen sein müßten und es sich nur darum handle, die für das Interimistikum nothwendigen Anordnungen zu treffen.

Dazu wurde noch hervorgehoben, daß die Bestimmungen der Absätze 3 und 4 in Betreff der Mitwirkung des Kreisausschusses mit einander nicht im Einklange stehen, außerdem sei es nicht erwünscht, daß der Landrath durch den Kreisausschuß zu sehr beschränkt werde; namentlich in Personalfragen müsse der Landrath zur Wahrung seiner Autorität ein entscheidendes Votum behalten, zumal er auch die beste Personalkenntniß haben werde.

Der Regierungskommissar befürwortete die unveränderte Annahme der Vorlage, welche erst nach harten Kämpfen im Abgeordnetenhause zu Stande gekommen sei. Ein Widerspruch zwischen Alinea 3 und 4 wurde von ihm nicht zugegeben. Wenn zwischen den verschiedenen Organen keine Einigung zu Stande komme, entscheide das Verwaltungsgericht, übrigens werde der Landrath als Vorsitzender des Kreisausschusses immer noch großen Einfluß bei Personalangelegenheiten behalten, die Mitglieder des Kreisausschusses aber würden ihn oft mit ihrer eigenen Personalkenntniß unterstützen können.

Auch einige Mitglieder der Kommission sprachen sich für Beibehaltung der Vorlage aus, dieselben finden darin den geeigneten Schutz gegen etwaige Willkür. Bei jeder Selbstverwaltung sei eine Beschränkung der sämmtlichen Behörden geboten, zumal die Versagung der Bestätigung für die Betroffenen besonders empfindlich sei.

Nachdem andererseits hervorgehoben worden, daß, wo eine Entscheidung des Verwaltungsgerichts nothwendig werde, immer erheblicher Zeitverlust unvermeidlich sein würde, wurde von der Kommission der erste der obenerwähnten Anträge mit 12 gegen 6 Stimmen, der zweite mit 14 gegen 4 Stimmen und sodann der ganze §. 26 mit den beschlossenen Abänderungen und einer weiteren Fassungsänderung angenommen."

Bei der Plenarberathung im Herrenhause am 28. Oktober 1872 sagte Professor Dr. Schultze zur Vertheidigung des Regierungsentwurfs:

„M. H.! Wir stehen hier an einem Punkt, welcher für die ganze Kreisordnung und deren Schicksal geradezu entscheidend ist. Von Seiten der äußersten Linken und der radikalen Partei im Abgeordnetenhause und im Lande hat man

Wird die Bestätigung versagt, so ist eine Neuwahl anzuordnen. Erhält auch diese die Bestätigung nicht, so ernennt der Landrath auf den Vorschlag des Amtsvorstehers unter Zustimmung des Kreis-

---

die Wahlen der Gemeindebeamten ohne jede Bestätigung der Regierung häufig als Prinzip aufgestellt. Es ist dies aber ein dem republikanischen Staatswesen entsprechender Gedanke; in der konstitutionellen Monarchie kann an keiner Stelle ein wirkliches obrigkeitliches Amt ausgeübt werden, was nicht in irgend einer Form die Bestätigung der höchsten Staatsgewalt erhalten hat. Es ist das nun einer der Hauptstreitpunkte zwischen den verschiedenen Parteien gewesen; denn, meine Herren, wenn wir einerseits die Wahl, andererseits das unbedingte Bestätigungsrecht zulassen, so kann die Wahl auch wieder völlig illusorisch gemacht werden; wir haben auch dergleichen vielfach in unserem Staat erlebt, daß man die Wahlen in zahlreichen Fällen nicht bestätigt, und dadurch das Wahlrecht der Gemeindekörper, zu Zeiten geradezu paralysirt hat. Ich glaube, es ist in dem Regierungsentwurf sowohl, wie in den Vorschlägen des Abgeordnetenhauses gerade hier ein sehr weiser und staatsmännisch durchdachter Ausweg gefunden worden. Man hat früher auch einen anderen Weg vorgeschlagen, der in manchen Deutschen Gemeindeordnungen beliebt worden ist, nämlich den, daß die Regierung allerdings die Bestätigung versagen kann, aber nur aus ganz bestimmten gesetzlichen Gründen, welche ausdrücklich ausgesprochen werden müssen. Soviel ich weiß, ist dies auch das Prinzip der älteren Hannöverschen Gemeindeordnung, die unter dem Einfluß des Stüve'schen Ministeriums entstanden ist. — M. H.! Ich halte auch diesen Ausweg für keinen empfehlenswerthen, weil damit vielfach eine Kränkung des Gewählten verbunden ist. Es können Gründe vorhanden sein, die man fühlt und allgemein kennt, aber nicht aussprechen kann, ohne den betreffenden Gewählten persönlich zu kränken, etwa weil man ihn für unzuverlässig oder für leichtsinnig hält, oder wegen irgend eines anderen Fehlers, den ein Jeder kennt, den man aber doch nicht aussprechen kann. Darum ist dieser Weg kein irgendwie entsprechender; ich kann mir eben keinen besseren Weg denken, als den in dem Entwurf der Regierung angegebenen. In der Regel genügt die Entscheidung des Landraths, wenn sie positiver Art ist; das ist nur ein formeller Akt und da ist der Landrath vollkommen genügend. Kommt aber der Fall vor, wo der Landrath die Bestätigung versagt, so ist das ein Fall von ganz anderer Tragweite, der im ganzen Kreise Aufsehen macht und besprochen wird. Nach dem Kommissionsentwurf soll in solchen Fällen der Kreisausschuß nur gehört werden, er hat also nur ein Gutachten abzugeben, was der Landrath beachten kann oder auch nicht. In welche Lage bringen Sie den Landrath, wenn er das Gutachten des Kreisausschusses unberücksichtigt lassen darf? Er wird, wie auch schon von anderer Seite bemerkt wurde, dadurch nur im Vertrauen des Kreises sinken. Man wird fragen, warum hat der Landrath gegen den Rath des Kreisausschusses nicht bestätigt, vielleicht weil der gewählte Schulze einmal liberal gewählt hat? Und wenn es auch nicht solche Motive sein sollten, so werden sie dem Landrathe doch untergeschoben werden; dagegen, wenn der Kreisausschuß die Ansicht des Landraths bestätigt, so muß die wählende Gemeinde, deren Wahl verworfen worden ist, ja die ganze Kreisbevölkerung, sich selbst sagen, daß hier vollständig gerecht, sachgemäß und objektiv verfahren worden ist. —

M. H.! Wir werden auf diesen Punkt noch öfter zurückkommen. Sie haben an verschiedenen Stellen nur die Anhörung des Kreisausschusses beliebt, während Regierung und Abgeordnetenhaus Zustimmung verlangen. Ich glaube, das kommt daher, weil Sie dem Kreisausschuß eine ganz andere Stellung einräumen wollen, als die Regierung und das Abgeordnetenhaus. Diese legen in den Kreisausschuß den Schwerpunkt der Selbstverwaltung. In den Regierungsmotiven heißt es: der Kreisausschuß soll Mittelpunkt der Selbstverwaltung sein, wir wollen in dem Kreisausschuß kein blos berathendes Französisches Konseil, sondern einen selbstverwaltenden, mitentscheidenden und ausführenden Körper, ein Regierungskollegium des Kreises im Kleinen. Bei diesem Charakter des Kreisausschusses werden Männer in demselben sitzen, welche über die wichtigsten Ver-

Ausschusses einen Stellvertreter auf so lange, bis eine erneuerte Wahl die Bestätigung erlangt hat.

---

waltungsangelegenheiten der laufenden Verwaltung entscheiden, die sogar nach dem Entwurfe die Aufsicht über die Kommunalangelegenheiten zu führen haben. Es sind also nicht blos Dilettanten, die bisweilen zusammenkommen, sondern Vertrauensmänner des Kreises, die in der Verwaltung geübt sind, und deshalb muß man ihnen auch die entscheidende Stimme geben. Es liegt in alledem, was der Kommissionsentwurf in Betreff des Kreisausschusses bestimmt, ein gewisses Mißtrauensvotum gegen die ganze Institution; man sieht im Kreisausschusse gewissermaßen ein demokratisches Institut, einen Klub von unruhigen Elementen, die nur reden, aber nicht arbeiten wollen; das soll der Kreisausschuß nicht und das wird er nicht sein, wenn Sie ihm nur die gehörigen Befugnisse einräumen. Dadurch, daß der Kreistag ihn wählt, dadurch, daß in dem Kreistag der große Grundbesitz durch seine Stimmen einen so bedeutenden Einfluß hat und wenn er ihn brauchen will, immer tüchtige Männer in den Kreisausschuß bringen wird, werden Sie aus dem Kreisausschuß wirklich einen zuverlässigen Körper der Selbstverwaltung des Kreises unter dem Vorsitz des Landraths gestalten können. Wenn Sie dagegen hier an dem Entwurf der Regierung und des Abgeordnetenhauses ändern, wenn Sie den Kreisausschuß degradiren, indem Sie ihn seiner besten Rechte berauben, dann wird er ein Französisches Konseil werden, dann wird er keine Behörde, die selbst verwaltet, sondern eine bloße berathende und deliberirende Versammlung ohne jeden wesentlichen Nutzen für die Weiterentwickelung unseres Staats- und Volkslebens. Darum kann ich nur dringend rathen, daß Sie den Kreisausschuß hier nicht auf Anhörung beschränken, sondern ihm das volle Recht der Zustimmung gewähren. Nur so können Sie ihm die Würde und Bedeutung eines selbstverwaltenden Körpers in echt Deutschem Sinne geben."

von Kleist-Retzow erwiderte: „Die Art und Weise, wie die Regierungsvorlage, wie das Abgeordnetenhaus es ordnet, ist zunächst praktisch nicht wohl ausführbar. Zunächst ist bei der Bestätigung das Gutachten des Amtsvorstehers zu hören, das ist eine Autorität, welche der Landrath zuzuziehen hat; dann hat er aber weiter die Zustimmung des Kreisausschusses zu erlangen, wenn er nicht bestätigen will. Und wenn er dann unter Zustimmung des Kreisausschusses die Bestätigung verweigert hat, und er will einen anderen ernennen, so muß er wieder erst den Vorschlag des Amtsvorstehers haben und sogar die Zustimmung des Kreisausschusses, um auch nur einen Stellvertreter zu ernennen. Ich möchte wohl wissen, wenn Sie es sich denken, wie die Sache sich abspielen soll im praktischen Leben. Der Landrath soll auch den Stellvertreter nur berufen unter Zustimmung des Kreisausschusses. Wenn nun Beide nicht einstimmig werden, was wird dann? Es ist eine Kette von Zustimmen und von Hören und wieder von Zustimmen, welche die Verwaltung geradezu unmöglich machen kann. Wer irgend das Leben praktisch kennt, der wird sich sagen müssen, daß dieser Gang die Ordnung der Verwaltung auf das schwerste schädigt. Auf der anderen Seite, m. H., finden Sie hier den Anfang eines Systems der Bestimmung in der Ernennung unserer Polizeiorgane auf dem Lande, was allerdings konsequent vom Abgeordnetenhause erst durchgebildet ist. Der Schulze als solcher ist ein Polizeiorgan, er soll, wenn er sonst fähig ist, vom Oberpräsidenten die Befugniß des Amtsvorstehers bekommen, aber sofern die Wahl eines solchen nicht bestätigt werden kann, entscheidet eigentlich der Ausschuß, dieser bestimmt also die Persönlichkeit. Aehnlich haben sie beim Abgeordnetenhause in Fortsetzung dieses Systems die Bestimmung des Kreistages für den Amtsvorsteher festgestellt. Also während gegenwärtig diese Personen berufen und ernannt werden, wollen sie nicht etwa die freie Wahl der Schulzen und die Bestätigung der Polizeiobrigkeit von der Exekutivbehörde, sondern sie wollen die Bestimmung unserer Polizeibehörden von dem Kreisausschusse und Kreistage, von Organen, die Sie noch nicht kennen, und welche die Persönlichkeiten, um die es sich handelt, nicht einmal kennen können. Das wäre eine Umänderung unserer jetzigen Verhältnisse, von den allergrößten Bedenken und nach meiner Ueberzeugung von Seiten der Regierung gerade unannehmbar.

Dasselbe findet statt, wenn keine Wahl zu Stande kommt.

§. 27.

Die Gemeinde-Vorsteher und die Schöffen werden vor ihrem Amtsantritte von dem Landrathe oder in seinem Auftrage von dem Amts-Vorsteher vereidigt. c) Vereidigung derselben.

§. 28.

Die Gemeinde-Vorsteher haben Anspruch auf Ersatz ihrer baaren d) Dienstunkosten-Entschädigung derselben.

Die Bedenken des Grafen von Sierstorpff werden vollständig dadurch beseitigt, daß, wie Ihre Kommission vorschlägt, das Organ des Kreisausschusses gehört werden muß, und leichtfertig wird der Landrath gegen die Ansicht des Kreisausschusses seine Bestätigung nicht verweigern. Daß der Landrath es aber darauf ankommen lassen sollte, sich zu decken durch den Kreisausschuß, dürfte eine Persönlichkeit des Landraths voraussetzen, wie sie ihn überhaupt als ungeeignet darstellt. Wenn er nicht die Energie hat, seinerseits mit seiner ganzen Person einzutreten, ist er nicht der Mann, wie wir ihn gebrauchen können. Warum setzen Sie voraus, daß er von ungehörigen Motiven ausgeht. Hat er die richtigen Gründe und die richtige Entscheidung getroffen, so wird es ihm der Kreis danken, daß er die Wahl nicht bestätigte. In diesen Tagen hat mir ein Mitglied dieses Haus mitgetheilt, wie er bei Ernennung eines Schulzen befragt worden, ob er es nicht auf die Wahl der Gemeinde ankommen lassen wolle; er ernennt den Schulzen, der ihm von bekannter Seite als tüchtig vorgeschlagen wird. Da kommt ein Mitglied der Gemeinde zu ihm und dankt ihm dafür, daß er die Ernennung eintreten ließ und nicht hat wählen lassen; sie würde unzweifelhaft durch die Wahl einen Schulzen bekommen haben, der die Gemeinde wesentlich geschädigt haben würde. Aber, meine Herren, es gilt hier in der That, wie der Herr Graf Brühl gesagt hat, insofern einen Entscheidungspunkt für uns: wollen wir die Kreisausschüsse nur haben als Organe, welche Angelegenheiten, die bisher die Regierung verwaltete, entscheiden unter Leitung des Landraths, oder sollen diese Kreisausschüsse, die ein großer Theil von Ihnen schon so gefährlich genug erachtet, nun noch obenein die Autorität des Landraths aufs Bedenklichste einschränken und hindern? Hier entscheidet es sich zuerst. Die Landräthe haben bisher diese Entscheidung selbstständig gehabt, sollen sie nun gebunden sein von einem Ausschusse ähnlich wie von einem Magistrate? Haben Sie die Wahl der Schulzen votirt, so ist es auf der andern Seite durchaus nothwendig, daß die Entscheidung über die Wahl der Regierungs-Exekutive, dem Landrathe, vollkommen frei gebührt."

Das Herrenhaus nahm die Vorschläge seiner Kommission mit 83 gegen 61 Stimmen an. In der gegenwärtigen Kreisordnung wurden demnächst die Beschlüsse des Abgeordnetenhauses im Wesentlichen wieder hergestellt.

2. Das letzte Alinea, wonach im Falle, daß keine Wahl zu Stande kommt, ebenso verfahren werden soll, wie im Falle der Nichtbestätigung, ist zufolge Antrages des Abg. von Denzin vom Abgeordnetenhause hinzugefügt. (St. Ber. S. 1346.)

Zu § 27.

Bei der Kommissionsberathung im Herrenhause wurde unter Zustimmung des Regierungskommissars konstatirt, daß die Verweisung auf einen bereits früher geleisteten Diensteid der Vereidigung gleichsteht. (Kommissionsbericht S. 48.)

Zu § 28.

Zur Erläuterung des §. 28 sagen die Motive (1871): „Die Absätze 1 bis 3 entsprechen dem früheren Entwurfe und den Beschlüssen des Abgeordnetenhauses von 1869. Dagegen ist im vierten Absatze, abweichend von dem Votum des genannten Hauses, wiederum eine Bestimmung aufgenommen worden, welche darauf abzielt, das vielfach bestehende Verhältniß, nach welchem dem Gemeindevorsteher gegen den Nießbrauch von Landdotationen allein oder in Verbindung

Auslagen und auf die Gewährung einer mit ihren amtlichen Mühewaltungen im billigen Verhältnisse stehenden Entschädigung.

Die Aufbringung derselben liegt der Gemeinde ob.

Alle fortlaufenden Geld- und Naturalbeiträge des Gutsherrn zur Remuneration des Gemeinde-Vorstehers fallen fort.

Landdotationen, welche für die Verwaltung des Schulzenamts ausgewiesen sind, können auf Grund des gegenwärtigen Gesetzes nicht zurückgefordert werden. Sind solche Landdotationen allein oder in Verbindung mit Geld- oder Natural-Beiträgen von dem Gutsherrn

---

mit Geld- oder Naturalbeiträgen die Verpflichtung zur Wahrnehmung der Gutsvorstehergeschäfte obliegt, aufrecht zu erhalten. Ein wesentlicher Theil der hiergegen erhobenen Bedenken wird jedoch dadurch beseitigt sein, daß dieses Verhältniß nach dem vorliegenden Entwurf nicht mehr zu einem für alle Zeit unlösbaren gemacht, vielmehr sowohl dem Gutsherrn wie der Gemeinde das Recht beigelegt werden soll, dasselbe zu kündigen, im Falle der Kündigung überdies die Gemeinde insofern günstiger gestellt wird, als ihr freistehen soll, statt der Landdotation eine entsprechende Geldentschädigung zurückzugewähren. — Auch wird die Bestimmung im Absatz 4 dieses Paragraphen, nach welchem Landdotationen, welche für die Verwaltung des Schulzenamtes ausgewiesen sind, auf Grund dieses Gesetzes nicht sollen zurückgefordert werden können — eine Bestimmung, welche sich zur Vermeidung verwickelter Prozesse empfiehlt — ohne eine Ungerechtigkeit zu begehen, nur dann in das Gesetz Aufnahme finden können, wenn zugleich auch die gedachten Gegenleistungen so lange bestehen bleiben, bis auf den Antrag eines der beiden Interessenten das Vertragsverhältniß gelöst wird. — Sind dagegen derartige Landdotationen gewährt worden, ohne die Verpflichtung, gewisse Geschäfte für den Gutsbezirk zu besorgen, so wird die Annahme der in Rede stehenden Bestimmung erhebliche rechtliche Bedenken nicht gegen sich haben. Dieser Fall wird jedoch zu den Ausnahmen gehören; die Regel bildet das erwähnte zweiseitige Rechtsverhältniß. Dieses Verhältniß besteht — und das ist neben dem rechtlichen der praktische Gesichtspunkt bei der Sache — zur Befriedigung nicht nur des Gutsherrn, sondern auch der Gemeinde, welcher die Remuneration des Schulzen dadurch nicht unwesentlich erleichtert, ja unter Umständen ganz abgenommen ist, ohne daß die in der Regel nicht umfangreichen Geschäfte des Gutsbezirkes als eine erhebliche Mehrbelastung des Gemeindevorstehers empfunden worden sind. Solche noch bestehenden Beziehungen zwischen Gutsherrn und Gemeinden, Beziehungen, welche nebenbei die Vereinfachung vieler Geschäfte und eine Ersparniß von Arbeitskraft im Gefolge haben, gegen den Willen der Interessenten aufzulösen, würde sich nur durch ein überwiegendes Staatsinteresse rechtfertigen lassen, welches in keiner Weise vorliegt."

In der Herrenhaus-Kommission wurden die ersten Absätze nicht beanstandet, dagegen erhoben sich gegen die folgenden Bestimmungen Bedenken, welche dagegen sich richten, daß die Landdotationen nicht nach gleichen Grundsätzen wie die fortlaufenden Geld- und Naturalbeiträge behandelt werden. Die Rechtskonsequenz fordere dies und die Abweichung, die hier konstituirt werde, erscheine in keiner Weise durch innere sachliche Gründe motivirt. Wenn dabei zugleich bezweckt werde, eine Gemeinsamkeit in Wahrnehmung der Schulzen- und Gutsvorsteher-Geschäfte, wo solche bestehe, möglichst zu konserviren, so stimme man dem vollkommen bei; bei gänzlich freier Vereinigung darüber mit der Gemeinde werde sich aber ein solches Verhältniß am günstigsten stellen.

Von Seiten des Regierungskommissars wurde die Annahme der Vorlage befürwortet und dabei hervorgehoben: die Schwierigkeiten bei Ermittelung des Ursprungs der Landdotationen; die unvermeidlichen verwickelten Prozesse, wenn man die Rückgabe der Landdotationen vorweg als Regel hinstelle; die Weiterungen, welche dabei wegen der inzwischen eingetretenen Meliorationen nicht ausbleiben

gewährt, so ist derselbe berechtigt, hierfür von dem Gemeinde-Vorsteher auch ferner die Wahrnehmung der Gutsvorsteher-Geschäfte beziehungsweise die Vertretung hierbei in dem bisherigen Umfange (§. 31. Absatz 3.) zu fordern.

Der Gutsherr wie die Gemeinde kann die Lösung eines derartigen Verhältnisses gegen Fortfall der Geld- und Natural-Beiträge und gegen Entschädigung für die Landdotationen verlangen. Der Gemeinde steht dabei das Recht zu, statt der Gewährung einer Entschädigung die Landdotationen herauszugeben.

---

könnten; endlich die Gefahr, daß das so wünschenswerthe Verhältniß gemeinsamer Verwaltung in der Hand des Schulzen sich lösen werde.

Die Kommission erachtete diese Gründe nicht für durchschlagend und nahm bei der Abstimmung in Stelle der Absätze 3, 4 und 5 der Vorlage folgenden Passus einstimmig an:

„Alle fortlaufenden Geld- und Naturalbeiträge, sowie etwaige Landdotationen des Gutsherrn für die Verwaltung des Schulzenamts fallen fort. Beiden Theilen bleibt indessen die freie Vereinbarung über die Fortdauer des bisherigen Verhältnisses überlassen, wonach dem Gemeindevorsteher die Wahrnehmung der Gutsvorstehergeschäfte obliegt."

Gegen diesen Vorschlag erklärte bei der Verhandlung im Herrenhause (Sitzung vom 28. Oktober 1872, S. 486) der Regierungskommissarius, Geh. Reg.-Rath Persius:

„Die Landdotationen, von denen hier die Rede ist, sind mit selteneren Ausnahmen nur geringfügige. Sie sind in den meisten Fällen schon vor einer langen Reihe von Jahren gegeben, in der Regel bei Gelegenheit der gutsherrlich-bäuerlichen Regulirungen und Separationen. Es kommen aber auch Fälle vor, wo die Gewährung solcher Landdotationen in frühere Jahrhunderte hinaufreicht. Nach Ansicht der Staats-Regierung können nun diese Landdotationen sehr füglich als eine Abfindung angesehen werden, welche von Seiten der Gutsherren zum Zwecke der Ablösung der aus dem gutsobrigkeitlichen Verhältnisse entsprungenen Verpflichtung zur antheiligen Remunerirung des Schulzen gewährt worden ist und dieser Auffassung entspricht, wenn hier ausgesprochen werden soll, daß es unzulässig sei, derartige Ablösungen deshalb zu revoziren, weil ein neueres Gesetz das Recht aufhebt, aus welchem die abgelöste Verpflichtung entsprungen ist. Dazu kommt die fernere Erwägung, daß die betreffenden Landdotationen im Laufe der Jahre gegen ihren ursprünglichen Zustand sehr erheblich meliorirt worden sind, und daß, wenn man diese Landdotationen jetzt an die Gutsherren zurückgeben wollte, es der Billigkeit entsprechen würde, von ihnen für diese Meliorationen eine Entschädigung zu beanspruchen. Die Normirung einer solchen Entschädigung aber würde große Schwierigkeiten haben, ja vielfach geradezu unmöglich sein, weil der ursprüngliche Kulturzustand der vor langen Jahren gegebenen Ländereien sich nicht mehr feststellen lassen wird.

Andererseits, meine Herren, hat die Regierung anerkennen müssen, daß unter Umständen in der Belassung der Landdotation in den Händen der Gemeinden eine Ungerechtigkeit gegen die Gutsherren liegen würde, nämlich dann, wenn die Schulzen gegen den Genuß der Landdotation bisher auch die Gutsvorsteher-Geschäfte besorgt haben. Zur Vermeidung einer solchen Ungerechtigkeit und um zugleich die bisherige Gemeinsamkeit der Verwaltung in den Gutsbezirken und den Gemeinden, welche sich überall bewährt hat, aufrecht zu erhalten, hat die Regierung vorgeschlagen, daß die Landdotationen zwar den Gemeinden verbleiben sollen, daß aber die Schulzen gegen den Genuß derselben auch nach wie vor verpflichtet sein sollen, die Gutsvorstehergeschäfte wahrzunehmen. Dabei ist indeß, um der Gerechtigkeit nach allen Seiten hin zu entsprechen, die Bestimmung für nothwendig erachtet worden, daß sowohl die Gemeinde, wie der Gutsherr, befugt

In Betreff der Auseinandersetzung kommen die Vorschriften der §§. 41 bis 45 mit der Maßgabe zur Anwendung, daß zu den im ersten Absatze des §. 45. erwähnten Kosten auch die Gutsherrn Nichts beizutragen haben.

Die Schöffen haben ihr Amt in der Regel unentgeltlich zu verwalten und nur auf den Ersatz baarer Auslagen Anspruch.

§. 29.

Rechte und Pflichten des Gemeinde-Vorstehers.

Der Gemeinde-Vorsteher ist die Obrigkeit des Gemeinde-Bezirks und, sofern er nicht zugleich selbst Amtsvorsteher ist (§. 56. Absatz 4.), das Organ des Amtsvorstehers für die Polizei-Verwaltung.

---

sein soll, auf Lösung dieses Verhältnisses anzutragen, und wenn ein solcher Antrag erfolgt, die Gemeinde dem Gutsherrn eine Entschädigung für die empfangene Landdotation gewähren soll. Dagegen macht Ihre Kommission den Vorschlag, ebenso wie fortlaufende Geld- und Naturalbeiträge, auch etwaige Landdotationen des Gutsherrn für die Verwaltung des Schulzenamtes fortfallen zu lassen, also auch in den Fällen, wo eine Besorgung der Gutsvorstehergeschäfte durch die Schulzen nicht stattgefunden hat. In letzterer Beziehung geht nach meinen vorherigen Ausführungen dieser Vorschlag zu weit. Was aber die Zurückgewährung der Landdotationen in den Fällen anlangt, wo für dieselben die Besorgung der Gutsvorstehergeschäfte durch die Schulzen stattgehabt hat, so würde nach der Ansicht der Staatsregierung eine derartige gesetzliche Anordnung nur Streitigkeiten zwischen dem Gutsherrn und der Gemeinde hervorrufen, da die letztere nicht bereit sein wird, die Landdotation ohne Weiteres zurückzugeben. Wenn aber einmal Streitigkeiten entstanden sind, wird es nicht so leicht möglich sein, den Streit im Wege des Vergleiches in der Art beizulegen, wie Ihre Kommission vorschlägt, daß beide Theile sich vereinigen, das bisherige Verhältniß bestehen zu lassen. Der Unterschied zwischen der Regierungsvorlage und dem Vorschlage Ihrer Kommission besteht wesentlich darin, daß die Regierung den status quo aufrecht erhalten will, während Ihre Kommission vorschlägt, den bestehenden Rechtszustand zunächst aufzuheben, und sodann einen neuen gleichartigen an Stelle des bestehenden zu setzen, woraus nach Ansicht der Staatsregierung nur Weiterungen und Streitigkeiten entstehen können. Ich will noch erwähnen, daß die Vorlage vom Jahre 1869 abweichende Vorschläge enthielt, daß aber der gegenwärtige Vorschlag der Regierung einem Antrage der konservativen Seite des Abgeordnetenhauses entnommen worden ist. Ich bitte um Annahme der Regierungsvorlage."

Es erwiderte der Berichterstatter von Kröcher: „Die Kommission geht von der Ansicht aus, daß keine sachlichen Gründe dafür vorliegen, die Geld- und Naturalbeiträge anders zu behandeln, als die Landdotationen. Was der Herr Regierungskommissar dagegen angeführt hat: die möglichen Streitigkeiten, die Schwierigkeit des Nachweises, so kann dies die Kommission nicht als sachliche Gründe betrachten. Die Kommission glaubt ferner, daß es besser ist, es der freien Vereinigung zwischen dem Gutsbesitzer und dem Schulzen zu überlassen, ob das bisherige Verhältniß zwischen ihnen fortbestehen soll oder nicht. Die Kommission hat einstimmig die Abänderungsvorschläge beschlossen, ich empfehle Ihnen dieselben."

Der Antrag der Kommission wurde vom Herrenhause nach Verwerfung eines auf Herstellung der Regierungsvorlage lautenden Amendements des Dr. Baumstark angenommen. Bei der neuesten Regierungsvorlage ist auf die Fassung des Regierungsentwurfs von 1871 zurückgegangen worden.

Zu § 29.

Wie wenig auch die gesetzlichen Befugnisse des Schulzen nach dem Allgemeinen Landrecht und den einzelnen Dorfordnungen u. s. w. über die eines untergeordneten polizeilichen Exekutivbeamten hinausgingen, so nöthigten ihn doch die praktischen

Der Gemeinde-Vorsteher hat vermöge dessen das Recht und die Pflicht, da, wo die Erhaltung der öffentlichen Ruhe, Ordnung und Sicherheit ein sofortiges polizeiliches Einschreiten nothwendig macht, das dazu Erforderliche vorläufig anzuordnen und ausführen zu lassen (§. 79.).

§. 30.

Der Gemeinde-Vorsteher hat das Recht und die Pflicht:

Verhältnisse, wenigstens überall da, wo der Polizeiherr nicht an Ort und Stelle wohnte, eine gewisse obrigkeitliche Gewalt, das Recht und die Pflicht des ersten polizeilichen Einschreitens auf.

Durch die Vorschriften der §§. 29, 30 und 79 wird dieses Verhältniß, wie es sich praktisch schon bisher meistentheils herausgebildet hat, gesetzlich anerkannt, befestigt, und soweit es das Ansehen der Gemeindevorsteher erfordert und die Bildung derselben im Allgemeinen gestattet, ausgedehnt. Es erscheint dies um so mehr geboten, als es nur auf diese Weise möglich wird, bei der Ausdehnung der für die Ortspolizeiverwaltung zu bildenden Amtsbezirke, den Anforderungen des Publikums gerecht zu werden ohne den Dienst des Amtsvorstehers zu einem für ein Ehrenamt unerträglichen zu machen. Dieser Absicht entsprechen die den Gemeindevorstehern im §. 30 auferlegten speziellen Pflichten, die zu erfüllen sie selbst bei geringer Bildung sehr wohl im Stande sind, und das ihnen im §. 79 verliehene beschränkte Exekutionsrecht. (Motive zum Regierungsentwurf 1869.)

Zu § 30 Pos. 1.

1. Gesetz zum Schutze der persönlichen Freiheit vom 12. Februar 1850.
(Ges.-S. S. 45.)

„Wir Friedrich Wilhelm von Gottes Gnaden, König von Preußen rc. rc. verordnen mit Zustimmung beider Kammern, unter Aufhebung des Gesetzes vom 24. September 1848, was folgt:

§. 1. Die Verhaftung einer Person darf nur kraft eines schriftlichen, die Beschuldigung und den Beschuldigten bestimmt bezeichnenden richterlichen Befehls bewirkt werden.

Dieser Befehl muß bei der Verhaftung oder spätestens im Laufe des folgenden Tages dem Beschuldigten zugestellt werden.

§. 2. Die vorläufige Ergreifung und Festnahme einer Person kann ohne richterlichen Befehl erfolgen: 1. wenn die Person bei Ausführung einer strafbaren Handlung oder gleich nach derselben betroffen oder verfolgt wird; 2. wenn sich, selbst später, Umstände ergeben, welche die Person als Urheber oder Theilnehmer einer strafbaren Handlung und zugleich der Flucht dringend verdächtig machen.

§. 3. Zu der vorläufigen Ergreifung und Festnahme (§. 2) sind die Polizeibehörden und andere Beamte, welchen nach den bestehenden Gesetzen die Pflicht obliegt, Verbrechen und Vergehen nachzuforschen, so wie die Wachtmannschaften, berechtigt, letztere jedoch nur in dem Falle des §. 2, Nr. 1.

Wenn in dem Falle des §. 2, Nr. 1 der Thäter flieht oder der Flucht dringend verdächtig ist oder Grund zu der Besorgniß vorliegt, daß die Identität der Person sonst nicht festzustellen sein werde, so ist jede Privatperson ermächtigt, den Thäter zu ergreifen.

Der Ergriffene muß sofort einem der oben bezeichneten Beamten, behufs Bestimmung über die vorläufige Festnahme, oder einer Wachtmannschaft zugeführt werden.

§. 4. Bei jeder Verhaftung ist sofort das Erforderliche zu veranlassen, um den Beschuldigten dem Richter vorzuführen, welcher den Befehl dazu erlassen hat. — Jeder vorläufig Festgenommene muß spätestens im Laufe des folgenden Tages entweder in Freiheit gesetzt oder es muß in dieser Zeit das Erforderliche veranlaßt werden, um ihn dem Staatsanwalte bei dem zuständigen Gerichte vorzuführen. Der Staatsanwalt muß entweder die sofortige Freilassung verfügen oder unver-

1) der vorläufigen Festnahme und Verwahrung einer Person nach den Vorschriften des §. 2. zu 1. und §. 6. des Gesetzes zum

---

züglich bei dem Gerichte den Antrag stellen, daß über die Verhaftung Beschluß gefaßt werde. — Ist Jemand außerhalb des Bezirks des zuständigen Gerichts vorläufig festgenommen worden, so kann er verlangen, zunächst vor den Staatsanwalt des Bezirks, in welchem er ergriffen worden, geführt zu werden. Dieser ist nur dann befugt, den Festgenommenen in Freiheit zu setzen, wenn derselbe nachweist, daß der Festnahme ein Mißverständniß zum Grunde lag. Anderenfalls hat er die Vorführung vor den Staatsanwalt des zuständigen Gerichts zu veranlassen.

§. 5. Jeder Verhaftete oder vorläufig Festgenommene muß spätestens im Laufe des folgenden Tages nach seiner Vorführung vor den zuständigen Richter so vernommen werden, daß ihm der Gegenstand der Anschuldigung mitgetheilt und ihm die Möglichkeit zur Aufklärung eines Mißverständnisses gegeben werde.

§. 6. Die in §. 3 genannten Behörden, Beamten und Wachtmannschaften sind befugt, Personen in polizeiliche Verwahrung zu nehmen, wenn der eigene Schutz dieser Personen oder die Aufrechthaltung der öffentlichen Sittlichkeit, Sicherheit und Ruhe diese Maßregel dringend erfordern. Die polizeilich in Verwahrung genommenen Personen müssen jedoch spätestens im Laufe des folgenden Tages in Freiheit gesetzt oder es muß in dieser Zeit das Erforderliche veranlaßt werden, um sie der zuständigen Behörde zu überweisen.

§. 7. In eine Wohnung darf wider den Willen des Inhabers Niemand eindringen, außer auf Grund einer aus amtlicher Eigenschaft folgenden Befugniß oder eines von einer gesetzlich dazu ermächtigten Behörde ertheilten Auftrages.

§. 8. Das Eindringen in die Wohnung während der Nachtzeit ist verboten. Die Nachtzeit umfaßt für die Zeit vom 1. Oktober bis 31. März die Stunden von 6 Uhr Abends bis 6 Uhr Morgens und für die Zeit vom 1. April bis 30. September die Stunden von 9 Uhr Abends bis 4 Uhr Morgens.

§. 9. Das Verbot, in eine Wohnung zur Nachtzeit einzudringen, begreift nicht die Fälle einer Feuer- oder Wassersnoth, einer Lebensgefahr oder eines aus dem Innern der Wohnung hervorgegangenen Ansuchens; es bezieht sich nicht auf die Orte, in welchen während der Nachtzeit das Publikum ohne Unterschied zugelassen wird, so lange diese Orte dem Publikum zum ferneren Eintritt oder dem eingetretenen Publikum zum ferneren Verweilen geöffnet sind.

§. 10. Zum Zweck der vorläufigen Ergreifung und Festnahme einer Person, welche bei Ausführung einer strafbaren Handlung oder gleich nach derselben verfolgt worden, so wie zum Zweck der Wiederergreifung eines entsprungenen Gefangenen, darf der verfolgende oder zugezogene Beamte, ingleichen die verfolgende oder zugezogene Wachtmannschaft, auch zur Nachtzeit in eine Wohnung eindringen. Außerdem darf zum Zwecke der Verhaftung oder vorläufigen Festnahme der verfolgende Beamte nur dann zur Nachtzeit in eine Wohnung eindringen, wenn dringende Gründe dafür sprechen, daß bei längerer Verzögerung der Verfolgte sich der Festnahme ganz entziehen werde. Der Zutritt zu den von Militairpersonen benutzten Wohnungen darf den Militairvorgesetzten oder Beauftragten, behufs Vollziehung dienstlicher Befehle, auch zur Nachtzeit nicht versagt werden. Das Verbot, in eine Wohnung bei Nachtzeit einzudringen, bezieht sich nicht auf diejenigen Räume, welche die Zoll- und Steuerbeamten zur Vollziehung der ihnen obliegenden Revisionen zu betreten berechtigt sind, ohne durch die Bestimmungen der Zoll- und Steuergesetze auf die Tageszeit beschränkt zu sein.

§. 11. Haussuchungen dürfen nur in den Fällen und nach den Formen des Gesetzes unter Mitwirkung des Richters oder der gerichtlichen Polizei und, wo diese nicht eingeführt ist, der Polizei-Kommissarien oder der Kommunal- oder der Ortspolizei-Behörde geschehen. Sie müssen, soweit dies geschehen kann, unter Zuziehung des Angeschuldigten oder der Hausgenossen erfolgen.

§. 12. Das Verbot, Haussuchungen bei Nachtzeit vorzunehmen (§. 8.), findet keine Anwendung: 1) auf Wohnungen der Personen, welche durch ein Straferkenntniß unter Polizei-Aufsicht gestellt sind; 2) auf Orte, welche der Polizei als Schlupfwinkel des Hazardspiels, als Herbergen und Versammlungsorte von

Schutze der persönlichen Freiheit vom 12. Februar 1850 (Ges.=S. S. 45.). Er hat aber von einer solchen Festnahme sofort und

---

Verbrechern, als Niederlagen verbrecherisch erworbener Sachen oder als Aufenthaltsorte lüderlicher Frauenzimmer bekannt sind; 3) wenn dringende Gründe dafür sprechen, daß bei längerer Zögerung die in einer Wohnung befindlichen Gegenstände, in Bezug auf welche eine strafbare Handlung begangen worden, oder die daselbst vorhandenen Beweismittel abhanden gebracht oder gefährdet werden möchten.

§. 13. In den Landestheilen, in welchen bisher die Stellung unter Polizeiaufsicht durch ein Straferkenntniß nicht stattgefunden hat, sind Haussuchungen bei Nachtzeit in den Wohnungen derjenigen Personen zulässig, welche vor dem Eintritt der Gesetzeskraft des Gesetzes, die Stellung unter Polizeiaufsicht betreffend, vom 12. Februar d. J. wegen Diebstahls, Raubes, Hehlerei oder wegen Contrebande oder Zolldefraudation in den Fällen der §§. 3, 4, 11 Nr. 2, §§. 13, 14, 15, 24 des Zollstrafgesetzes vom 23. Januar 1838 zu einer sechswöchentlichen oder längeren zeitigen Freiheitsstrafe von einem Kollegialgerichte verurtheilt sind.

Die Befugniß zu nächtlichen Haussuchungen in den Wohnungen dieser Personen dauert von dem Tage, an welchem die Freiheitsstrafe verbüßt worden ist, mindestens ein Jahr, in denjenigen Fällen, in welchen auf eine längere als einjährige Freiheitsstrafe erkannt worden, jedoch während eines der erkannten Freiheitsstrafe gleichkommenden Zeitraums.

Den Personen, welche in den vorstehend bezeichneten Fällen wegen Contrebande oder Zolldefraudation verurtheilt sind, kann von der Polizei=Behörde auch untersagt werden, bei Vermeidung einer Polizeistrafe von 2 bis 5 Rthlrn. oder Gefängnißstrafe bis zu acht Tagen, während der von der Polizei=Behörde zu bestimmenden Stunden der Nachtzeit (§. 8.) ihre Wohnungen zu verlassen.

Die vorstehenden Bestimmungen finden, so weit dieselben die wegen Contrebande oder Zolldefraudation verurtheilten Personen betreffen, auch auf den Bezirk des Appellationsgerichtshofes zu Köln Anwendung.

Urkundlich unter Unserer Höchsteigenhändigen Unterschrift und beigedrucktem Königlichen Insiegel.

Gegeben Charlottenburg, den 12. Februar 1850.

(L. S.) **Friedrich Wilhelm.**

Graf von Brandenburg. von Ladenberg. von Manteuffel. von Strotha. von der Heydt. von Rabe. Simons. von Schleinitz."

2. Der am Schlusse des Alinea 1 in der Regierungsvorlage befindlich gewesene Zusatz, wonach der Gemeindevorsteher über eine erfolgte Festnahme gleichzeitig mit der Anzeige an den Amtsvorsteher auch Abschrift dieser Anzeige an den Staatsanwalt einsenden sollte, ist auf Antrag des Abg. von Denzin in der Sitzung des Abgeordnetenhauses vom 18. März 1872 mit 146 Stimmen gegen 143 Stimmen gestrichen worden. Es ist durch diese Streichung neben der nicht nothwendigen Vermehrung des Schreibwerks vermieden worden, daß möglicherweise von Seiten des Staatsanwalts und von Seiten des Amtsvorstehers verschiedene sich durchkreuzende Dispositionen ergehen. Es läßt sich der Fall denken, daß, wenn Jemand verhaftet worden uud von dem Gemeindevorsteher die beiden Anzeigen gleichzeitig an die beiden verschiedenen Instanzen gekommen wäre, die eine gleichzeitig die Fortdauer der Verhaftung, die andere gleichzeitig die Entlassung verfügt und dadurch also ein Zustand der Verwirrung eingetreten wäre, der zu vermeiden war.

Zu § 30 Pos. 2.

1. Strafgesetzbuch für das Deutsche Reich.

§. 38. „Neben einer Freiheitsstrafe kann in den durch das Gesetz vorgesehenen Fällen auf die Zulässigkeit von Polizeiaufsicht erkannt werden.

Die höhere Landespolizeibehörde erhält durch ein solches Erkenntniß die Befugniß, nach Anhörung der Gefängnißverwaltung den Verurtheilten auf die Zeit von höchstens fünf Jahren unter Polizeiaufsicht zu stellen.

spätestens innerhalb zwölf Stunden dem Amts-Vorsteher Anzeige zu machen, welcher über die Aufrechthaltung der Gewahr-

---

Diese Zeit wird von dem Tage berechnet, an welchem die Freiheitsstrafe verbüßt, verjährt oder erlassen ist.

§. 39. Die Polizeiaufsicht hat folgende Wirkungen: 1) dem Verurtheilten kann der Aufenthalt an einzelnen bestimmten Orten von der höheren Landespolizeibehörde untersagt werden; 2) die höhere Landespolizeibehörde ist befugt, den Ausländer aus dem Bundesgebiete zu verweisen; 3) Haussuchungen unterliegen keiner Beschränkung hinsichtlich der Zeit, zu welcher sie stattfinden dürfen."

2. Instruktion des Ministers des Innern zur Ausführung der §§. 38 und 39 des Strafgesetzbuchs vom 31. Mai 1870, die Stellung unter Polizeiaufsicht betreffend.

„Zur Ausführung der §§. 38 und 39 des Strafgesetzbuchs für den Norddeutschen Bund vom 31. Mai 1870 wird in Betreff der Stellung unter Polizei-Aufsicht bestimmt, was folgt:

§. 1. Die gegenwärtige Instruktion findet bezüglich aller, nach dem 1. Januar 1871 verurtheilten Personen, gegen welche auf Zulässigkeit von Polizeiaufsicht erkannt worden ist, mit der Maßgabe Anwendung, daß in Betreff der nur vorläufig entlassenen Verurtheilten (§§. 23 u. ff. des Strafgesetzbuchs) die Vorschriften der allgemeinen Verfügung vom 21. Januar 1871 (Min.-Bl. S. 47) in Kraft bleiben.

Personen, deren Verurtheilung vor dem 1. Januar 1871 erfolgt ist, sind, soweit im Nachfolgenden nichts Anderes bestimmt ist (§. 11), der in dem Erkenntnisse angeordneten Polizei-Aufsicht in der bisherigen Weise zu unterwerfen.

§. 2. Die Stellung unter Polizei-Aufsicht soll nur stattfinden, wenn begründete Besorgniß besteht, daß der Verurtheilte, die wieder erlangte Freiheit in gemeingefährlicher Weise mißbrauchen werde.

Neben dem der Verurtheilung zu Grunde liegenden Verbrechen und dem sonstigen bisherigen Verhalten des Verurtheilten ist dessen Führung während der Strafverbüßung in Betracht zu ziehen und auf die Verhältnisse Rücksicht zu nehmen, in welche derselbe nach der Haft-Entlassung eintritt.

Verurtheilte, welche, nach stattgefundener vorläufiger Haft-Entlassung, sich bis zum Ablaufe, der in dem Erkenntnisse festgesetzten Strafzeit ordnungsmäßig geführt haben, sind der Polizei-Aufsicht in der Regel nicht zu unterwerfen.

Ebenso sollen von derselben andere Verurtheilte, welche sich während der Strafverbüßung gut geführt haben, und deren Unterkommen in der Freiheit ein gesichertes ist, in der Regel befreit bleiben.

§. 3. Die Stellung unter Polizei-Aufsicht wird von derjenigen Landes-Polizeibehörde (Regierung, Landdrostei) angeordnet, zu deren Bezirke der Ort gehört, nach welchem der Verurtheilte aus der Strafhaft entlassen wird (Entlassungsort), oder an welchem derselbe später Aufenthalt nimmt.

In Ansehung von Ausländern (§. 8), welche einen festen Wohnsitz innerhalb des Preußischen Staatsgebietes bisher nicht gehabt haben, steht die Anordnung der Maßregel der Landes-Polizeibehörde des Bezirkes zu, in welchem die Freiheitsstrafe verbüßt ist.

Die Stellung unter Polizei-Aufsicht kann nur bis zum Ablaufe von fünf Jahren, von dem Tage der Beendigung der Freiheitsstrafe gerechnet, angeordnet oder aufrecht erhalten werden.

Bei vorläufig zur Entlassung gekommenen Verurtheilten wird die Freiheitsstrafe erst mit dem Tage als beendigt angesehen, an welchem die in dem Erkenntnisse festgesetzte Strafzeit abgelaufen ist.

§. 4. Behufs Vorbereitung der Beschlußnahme, über die nach §. 3. dieser Instruktion zu treffende Anordnung hat der Gefängnißvorstand 14 Tage vor der Entlassung eines Verurtheilten, gegen welchen auf Zulässigkeit von Polizei-Aufsicht erkannt worden ist, der Orts-Polizeibehörde des Entlassungsortes ein Zeugniß über die Führung des Verurtheilten während der Strafverbüßung nebst einem

sam ungesäumt zu entscheiden und das Weitere nach den Vorschriften des angeführten Gesetzes anzuordnen hat,

---

Gutachten der Konferenz der Gefängniß-Oberbeamten über die Angemessenheit der Polizei-Aufsicht zu übersenden.

Besteht bei der betreffenden Anstalt eine Beamten-Konferenz nicht, so ist das Gutachten von dem Vorstande in Gemeinschaft mit dem Anstaltsgeistlichen abzugeben.

Ist der Verurtheilte ein Ausländer, welcher einen festen Wohnsitz innerhalb des Preußischen Staats-Gebiets bisher nicht gehabt hat, so werden die vorbezeichneten Schriftstücke der Landes-Polizeibehörde, in deren Bezirk die Anstalt belegen ist, und zwar mindestens 4 Wochen vor Beendigung der Strafzeit, unmittelbar übersandt.

§. 5. Unter Berücksichtigung des Gutachtens der Gefängnißbehörde (§. 4.) und der sonst in Betracht kommenden Umstände (§. 2.) hat die Polizei-Behörde des Entlassungsortes alsbald nach dem Eintreffen des Verurtheilten, über dessen weitere Behandlung Beschluß zu fassen, und, falls sie die Stellung unter Polizei-Aufsicht für nothwendig erachtet, die Anordnung derselben bei der Landes-Polizeibehörde sofort in Antrag zu bringen.

Die Stellung des Antrages bleibt, falls Seitens der Orts-Polizeibehörde zunächst davon Abstand genommen worden sein sollte, innerhalb der im §. 3. dieser Instruktion bezeichneten Zeitdauer auch nachträglich zulässig.

Die Zuständigkeit zur Stellung des Antrages geht, falls der Verurtheilte verzieht, auf die Polizeibehörde des jedesmaligen neuen Aufenthaltsortes desselben über.

In dem Antrage ist die Zeit, für welche die Stellung unter Polizei-Aufsicht für nothwendig erachtet wird, zu bezeichnen.

Demselben werden die im §. 4 bezeichneten Schriftstücke, sowie, falls der Verurtheilte den Aufenthalt gewechselt hat, die Führungsatteste der betreffenden Orts-Polizeibehörden beigefügt.

Bezieht sich der Antrag auf einen Verurtheilten, welcher bis zum Ablaufe der Strafzeit vorläufig entlassen gewesen ist, so genügt die Beifügung der Führungsatteste der Orts-Polizeibehörden. Das Gutachten der Gefängniß-Behörde wird in diesem Falle von der Landes-Polizeibehörde unmittelbar erfordert.

Die Anträge derjenigen Orts-Polizeibehörden, welche der Aufsicht des Landraths unterliegen, sind der Landes-Polizeibehörde durch Vermittelung des Letzteren vorzulegen.

§. 6. Ueber den Antrag der Orts-Polizeibehörde resp. in dem Falle des letzten Absatzes des §. 4 dieser Instruktion, über den Bericht der Gefängniß-Behörde ist von der Landes-Polizeibehörde unter Berücksichtigung der Bestimmungen im §. 2, übrigens aber nach freiem Ermessen schleunige Entscheidung zu treffen.

Gegen diese Entscheidung findet eine Berufung nicht statt.

Die Landes-Polizeibehörde ist indeß berechtigt, ihre Entscheidung nach Befinden der Umstände durch spätere Anordnungen selbst abzuändern, insbesondere die für die Stellung unter Polizei-Aufsicht festgesetzte Zeitdauer abzukürzen oder unter Innehaltung der gesetzlichen Frist (§. 3) zu verlängern.

Die gleiche Befugniß steht im Falle des Verziehens einer unter Polizei-Aufsicht stehenden Person in einen anderen Regierungs- (Landdrostei-) Bezirk der Landes-Polizeibehörde des neuen Aufenthaltsortes zu.

Vor Abänderung einer einmal getroffenen Entscheidung muß die Orts-Polizeibehörde des jeweiligen Aufenthaltsortes des Verurtheilten gehört werden.

§. 7. Die Stellung unter Polizei-Aufsicht ist, soweit die Bestimmungen im §. 3 dieser Instruktion nicht entgegenstehen, mindestens auf die Dauer von sechs Monaten anzuordnen.

Eine Abkürzung dieser Frist durch spätere Anordnung der Landes-Polizei-Behörde (§. 6) ist nicht zulässig.

Die Entscheidung der Landes-Polizeibehörde, welche die Stellung unter Polizei-Aufsicht anordnet, ist dem Verurtheilten zu Protokoll zu eröffnen.

2) die unter Polizei-Aufsicht stehenden Personen zu beaufsichtigen,
3) die ihm vom Amts-Vorsteher, der Staats- oder Polizei-Anwalt-

---

Die in der Entscheidung festgesetzte Zeit wird von dem Tage dieser Eröffnung an berechnet.

§. 8. Die Entscheidung der Landes-Polizeibehörde kann zugleich die Bestimmung darüber enthalten:

1) ob und an welchen einzelnen Orten dem Verurtheilten der Aufenthalt untersagt,
2) ob ein verurtheilter Ausländer aus dem Bundesgebiete verwiesen werden soll.

Ist eine Bestimmung dieser Art in der Entscheidung selbst nicht erfolgt, so kann dieselbe während der Dauer der Polizei-Aufsicht jederzeit nachgeholt werden.

Angehörige der Staaten des Deutschen Reiches werden als Ausländer nicht angesehen.

Als Bundesgebiet gilt das Gebiet sämmtlicher zum Deutschen Reiche vereinigten Staaten.

§. 9. Die Ausführung der von der Landes-Polizeibehörde angeordneten Polizei-Aufsicht liegt der Orts-Polizeibehörde des jeweiligen Aufenthaltsortes des Verurtheilten ob, welche hierbei von den vorgesetzten Polizeibehörden zu überwachen ist.

Die Orts-Polizeibehörde ist nicht befugt, dem unter Polizei-Aufsicht Stehenden Beschränkungen aufzuerlegen, welche in dem Strafgesetzbuche nicht vorgesehen sind.

Insbesondere dürfen periodische persönliche Meldungen bei der Polizeibehörde oder sonstige außergewöhnliche Kontrollmaßregeln, welche mit Beschränkungen der persönlichen Freiheit verbunden sind, von demselben nicht gefordert werden.

Zuwiderhandlungen des Verurtheilten gegen die ihm in Folge der Stellung unter Polizei-Aufsicht auferlegten Beschränkungen sind in Gemäßheit des §. 361. des Strafgesetzbuches zu verfolgen.

Die Anordnung von Exekutivstrafen deshalb ist nicht zulässig.

§. 10. Ueber die Art und Weise, in welcher die in Folge der Stellung unter Polizei-Aufsicht gegen einen Ausländer angeordnete Verweisung aus dem Bundesgebiete zur Ausführung zu bringen ist, hat die Landes-Polizeibehörde in jedem Falle besondere Bestimmung zu treffen.

Die durch die Ausführung der Maßregel entstehenden Kosten, insbesondere die etwaigen Kosten des Transports und der zum Zwecke desselben erforderlichen Detention, werden auf den allgemeinen Polizei-Fonds übernommen.

§. 11. Die Bestimmung des §. 28. des Strafgesetzbuches vom 14. April 1851, nach welcher gegen die wegen Diebstahls 2c. verurtheilten und unter Polizei-Aufsicht gestellten Personen die Aufsicht durch ortspolizeiliche Anordnung dahin erweitert werden kann, daß dieselben während der Nachtzeit ihren Wohnort und selbst ihre Wohnung ohne Erlaubniß nicht verlassen dürfen, findet auch in Ansehung der vor dem 1. Januar 1871 verurtheilten Personen nicht mehr Anwendung. Die durch den Erlaß vom 22. Mai 1866 angeordnete Eintheilung der unter Polizei-Aufsicht stehenden Personen in zwei Klassen, kommt in Folge dessen allgemein in Wegfall.

Berlin, den 12. April 1871.

Der Minister des Innern. Graf zu Eulenburg."

Zu § 30 Pos. 4.

1. Gesetz über die Aufnahme neu anziehender Personen. Vom 31. Dezember 1842. (Ges.-Samml. pro 1843 S. 5.)

Wir Friedrich Wilhelm 2c. 2c.

verordnen über die Aufnahme neu anziehender Personen in einen Gemeinde- oder Gutsbezirk auf den Antrag Unseres Staatsministeriums, nach Anhörung Unserer getreuen Stände und nach erfordertem Gutachten Unseres Staatsraths für den ganzen Umfang der Monarchie, was folgt:

§. 1. Keinem selbstständigen Preußischen Unterthan darf an dem Orte, wo

schaft aufgetragenen polizeilichen Maßregeln auszuführen und Verhandlungen aufzunehmen,

---

er eine eigene Wohnung oder ein Unterkommen sich selbst zu verschaffen im Stande ist, der Aufenthalt verweigert oder durch lästige Bedingungen erschwert werden.

§. 2. Ausnahmen hiervon (§. 1) finden statt:

1. wenn Jemand durch ein Strafurtheil in der freien Wahl seines Aufenthalts beschränkt ist;
2. wenn die Landes-Polizeibehörde nöthig findet, einen entlassenen Sträfling von dem Aufenthalte an gewissen Orten auszuschließen. Hierzu ist die Landes-Polizeibehörde jedoch nur in Ansehung solcher Sträflinge befugt, welche zu Zuchthaus oder wegen eines Verbrechens, wodurch der Thäter sich als einen für die öffentliche Sicherheit oder Moralität gefährlichen Menschen darstellt, zu irgend einer anderen Strafe verurtheilt worden oder in einer Korrektionsanstalt eingesperrt gewesen sind.

Ueber die Gründe einer solchen Maßregel ist die Landes-Polizeibehörde nur dem vorgesetzten Ministerium, nicht aber der Partei Rechenschaft zu geben schuldig.

§. 3. Die Angehörigen eines in einer Straf- oder Korrektionsanstalt noch Eingesperrten bei sich aufzunehmen, kann eine Gemeinde, in welcher dieselben ihren Aufenthalt bisher nicht gehabt haben, nicht angehalten werden.

§. 4. Denjenigen, welche weder hinreichendes Vermögen noch Kräfte besitzen, sich und ihren nicht arbeitsfähigen Angehörigen den nothdürftigen Lebensunterhalt zu verschaffen, solchen auch nicht von einem zu ihrer Ernährung verpflichteten Verwandten zu erwarten haben, kann der Aufenthalt an einem andern Orte, als dem ihres bisherigen Aufenthalts, verweigert werden.

§. 5. Die Besorgniß künftiger Verarmung eines Neuanziehenden genügt nicht zu dessen Abweisung; offenbart sich aber binnen Jahresfrist nach dem Anzuge die Nothwendigkeit einer öffentlichen Unterstützung, und weiset die Gemeinde nach, daß die Verarmung schon vor dem Anzuge vorhanden war, so kann der Verarmte an die Gemeinde seines früheren Aufenthaltsorts zurückgewiesen werden.

§. 6. Einem Jeden, der nicht nachweiset, daß er Preußischer Unterthan ist, kann die Aufnahme (§. 1) von der Gemeinde versagt werden.

§. 7. Was in den §§. 3—6 von den Gemeinden bestimmt ist, gilt auch von denjenigen Gutsherrschaften, deren Gutsbezirk sich nicht in einem Gemeindeverbande befindet.

§. 8. Wer an einem Orte seinen Aufenthalt nehmen will, muß sich bei der Polizeiobrigkeit dieses Orts melden, und über seine persönlichen Verhältnisse mit Rücksicht auf die Vorschriften der §§. 1—6 die erforderliche Auskunft geben. Ueber die erfolgte Meldung ist eine Bescheinigung zu ertheilen.

§. 9. Ein jeder, welcher einem Neuanziehenden Wohnung oder Unterkommen gewährt, ist verpflichtet, bei Vermeidung einer Polizeistrafe, darauf zu halten, daß die Meldung (§. 8) geschehe.

§. 10. An den Orten, wo die Polizeiobrigkeit von dem Gemeindevorstande getrennt ist, hat die erstere vor der Entscheidung darüber: ob dem Neuanziehenden der Aufenthalt zu gestatten sei, den Gemeindevorstand mit seiner Erklärung zu hören.

§. 11. Hat der Neuanziehende die im §. 8 vorgeschriebene Meldung unterlassen, so kann er einen Wohnsitz im Sinne des Gesetzes vom heutigen Tage über die Verpflichtung zur Armenpflege (§. 1 Nr. 2) nicht erwerben. Ist aber in einem solchen Falle durch den fortgesetzten Aufenthalt (§. 1 Nr. 3 des angeführten Gesetzes) eine Fürsorge der Gemeinde- oder Gutsherrschaft für den Verarmten nothwendig geworden, so bleibt ihr der Anspruch auf Schadloshaltung gegen denjenigen, welcher nach Vorschrift des §. 9 für die Meldung zu sorgen verpflichtet war, nach den allgemeinen Rechtsgrundsätzen vorbehalten.

§. 12. Ein nach Vorschrift dieses Gesetzes gestatteter Aufenthalt hat auf andere Rechtsverhältnisse, namentlich Bürgerrecht, Theilnahme an Gemeindenutzungen u. s. w. keinen Einfluß.

§. 13. In den Vorschriften über die Beschränkung der Juden in der Wahl ihres Aufenthalts wird durch dieses Gesetz nichts geändert.

4) die in den §§. 8. ff. des Gesetzes über die Aufnahme neu an=

§. 14. Die Bestimmungen des gegenwärtigen Gesetzes sind auf solche Personen, welche sich blos als Fremde oder Reisende an einem Orte aufhalten, nicht zu beziehen; in Ansehung dieser Personen behält es bei den Vorschriften über die Fremdenpolizei sein Bewenden.

§. 15. Die Vorschriften dieses Gesetzes finden auch auf diejenigen Fälle Anwendung, welche bei Publikation desselben durch Entscheidung der Behörden noch nicht vollständig erledigt sind.

Urkundlich unter Unserer Höchsteigenhändigen Unterschrift und beigedrucktem Königlichen Insiegel.

Gegeben Berlin, den 31. Dezember 1842.

(L. S.) **Friedrich Wilhelm.**

v. Müffling. Mühler. v. Rochow. v. Savigny.

Das vorstehende Gesetz, insbesondere die §§. 1—6, welche bei der zufolge §. 8 vorzunehmenden Vernehmung zu berücksichtigen sind, finden einige Abänderung in dem Reichsgesetz über die Freizügigkeit, welches nachfolgend abgedruckt ist.

2. Gesetz über die Freizügigkeit vom 1. November 1867 (Bundes-Ges.-Bl. S. 55). (Dieses Gesetz ist durch § 2 des Gesetzes vom 16. April 1871 betreffend die Verfassung des Deutschen Reiches zum Reichsgesetz erklärt.)

„Wir Wilhelm, von Gottes Gnaden König von Preußen 2c. verordnen im Namen des Norddeutschen Bundes, nach erfolgter Zustimmung des Bundesrathes und des Reichstages, was folgt:

§. 1. Jeder Bundesangehörige hat das Recht, innerhalb des Bundesgebietes 1. an jedem Orte sich aufzuhalten oder niederzulassen, wo er eine eigene Wohnung oder ein Unterkommen sich zu verschaffen im Stande ist; 2. an jedem Orte Grundeigenthum aller Art zu erwerben; 3. umherziehend oder an dem Orte des Aufenthalts, beziehungsweise der Niederlassung, Gewerbe aller Art zu betreiben, unter den für Einheimische geltenden gesetzlichen Bestimmungen.

In der Ausübung dieser Befugnisse darf der Bundesangehörige, soweit nicht das gegenwärtige Gesetz Ausnahmen zuläßt, weder durch die Obrigkeit seiner Heimath, noch durch die Obrigkeit des Ortes, in welchem er sich aufhalten oder niederlassen will, gehindert oder durch lästige Bedingungen beschränkt werden.

Keinem Bundesangehörigen darf um des Glaubensbekenntnisses willen oder wegen fehlender Landes- oder Gemeindeangehörigkeit der Aufenthalt, die Niederlassung, der Gewerbebetrieb oder der Erwerb von Grundeigenthum verweigert werden.

Unter dem Worte „Unterkommen" ist nicht der Nachweis eines reellen Erwerbsverhältnisses, sondern nur Wohnung gemeint. R. d. Min. d. Inn. v. 31. Aug. 1868 (B. M. Bl. S. 266).

§. 2. Wer die aus der Bundesangehörigkeit folgenden Befugnisse in Anspruch nimmt, hat auf Verlangen den Nachweis seiner Bundesangehörigkeit und, sofern er unselbstständig ist, den Nachweis der Genehmigung desjenigen, unter dessen (väterlicher, vormundschaftlicher oder ehelicher) Gewalt er steht, zu erbringen.

§. 3. Insoweit bestrafte Personen nach den Landesgesetzen Aufenthaltsbeschränkungen durch die Polizeibehörde unterworfen werden können, behält es dabei sein Bewenden.

Solchen Personen, welche derartigen Aufenthaltsbeschränkungen in einem Bundesstaate unterliegen, oder welche in einem Bundesstaate innerhalb der letzten zwölf Monate wegen wiederholten Bettelns oder wegen wiederholter Landstreicherei bestraft worden sind, kann der Aufenthalt in jedem anderen Bundesstaate von der Landespolizeibehörde verweigert werden.

Die besonderen Gesetze und Privilegien einzelner Ortschaften und Bezirke, welche Aufenthaltsbeschränkungen gestatten, werden hiermit aufgehoben.

§. 4. Die Gemeinde ist zur Abweisung eines neu Anziehenden nur dann befugt, wenn sie nachweisen kann, daß derselbe nicht hinreichende Kräfte besitzt, um sich und seinen nicht arbeitsfähigen Angehörigen den nothdürftigen Lebensunterhalt zu verschaffen, und wenn er solchen weder aus eigenem Vermögen bestreiten kann, noch von einem dazu verpflichteten Verwandten erhält. Den Landesgesetzen bleibt vorbehalten, diese Befugniß der Gemeinden zu beschränken.

ziehender Personen vom 31. Dezember 1842. (Ges.-S. pro 1843 S. 6.) vorgeschriebene Meldung entgegenzunehmen.

Die Besorgniß vor künftiger Verarmung berechtigt den Gemeindevorstand nicht zur Zurückweisung.

§. 5. Offenbart sich nach dem Anzuge die Nothwendigkeit einer öffentlichen Unterstützung, bevor der neu Anziehende an dem Aufenthaltsorte einen Unterstützungswohnsitz (Heimathsrecht) erworben hat, und weist die Gemeinde nach, daß die Unterstützung aus anderen Gründen, als wegen einer nur vorübergehenden Arbeitsunfähigkeit nothwendig geworden ist, so kann die Fortsetzung des Aufenthalts versagt werden.

Die Wieder-Ausweisung erfordert nothwendig den Nachweis einer dauernden Arbeitsunfähigkeit. R. d. Min. d. Inn. v. 27. Juli 1871 (Verw. M. Bl. S. 249).

§. 6. Ist in den Fällen, wo die Aufnahme oder die Fortsetzung des Aufenthalts versagt werden darf, die Pflicht zur Uebernahme der Fürsorge zwischen verschiedenen Gemeinden eines und desselben Bundesstaates streitig, so erfolgt die Entscheidung nach den Landesgesetzen.

Die thatsächliche Ausweisung aus einem Orte darf niemals erfolgen, bevor nicht entweder die Annahme-Erklärung der in Anspruch genommenen Gemeinde oder eine wenigstens einstweilen vollstreckbare Entscheidung über die Fürsorgepflicht erfolgt ist.

§. 7. Sind in den in §. 5. bezeichneten Fällen verschiedene Bundesstaaten betheiligt, so regelt sich das Verfahren nach dem Vertrage wegen gegenseitiger Verpflichtung zur Uebernahme der Auszuweisenden d. d. Gotha, den 15. Juli 1851, sowie nach den späteren, zur Ausführung dieses Vertrages getroffenen Verabredungen.

Bis zur Uebernahme Seitens des verpflichteten Staates ist der Aufenthaltsstaat zur Fürsorge für den Auszuweisenden am Aufenthaltsorte nach den für die öffentliche Armenpflege in seinem Gebiete gesetzlich bestehenden Grundsätzen verpflichtet. Ein Anspruch auf Ersatz der für diesen Zweck verwendeten Kosten findet gegen Staats-, Gemeinde- oder andere öffentliche Kassen desjenigen Staates, welchem der Hülfsbedürftige angehört, sofern nicht anderweitige Verabredungen bestehen, nur insoweit statt, als die Fürsorge für den Auszuweisenden länger als drei Monate gedauert hat.

Die Bestimmungen des §. 7 sind auf Deutsche nicht mehr anwendbar. §. 1 des Gesetzes vom 6. Juni 1870 über den Unterstützungswohnsitz. (Bundesgesetzblatt S. 360.)

§. 8. Die Gemeinde ist nicht befugt, von neu Anziehenden wegen des Anzugs eine Abgabe zu erheben. Sie kann dieselben, gleich den übrigen Gemeinde-Einwohnern, zu den Gemeindelasten heranziehen. Uebersteigt die Dauer des Aufenthalts nicht den Zeitraum von drei Monaten, so sind die neu Anziehenden diesen Lasten nicht unterworfen.

§. 9. Was vorstehend von den Gemeinden bestimmt ist, gilt an denjenigen Orten, wo die Last der öffentlichen Armenpflege verfassungsmäßig nicht der örtlichen Gemeinde, sondern anderen gesetzlich anerkannten Verbänden (Armen-Kommunen) obliegt, auch von diesen, sowie von denjenigen Gutsherrschaften, deren Gutsbezirk sich nicht in einem Gemeindeverbande befindet.

§. 10. Die Vorschriften über die Anmeldung der neu Anziehenden bleiben den Landesgesetzen mit der Maßgabe vorhalten, daß die unterlassene Meldung nur mit einer Polizeistrafe, niemals aber mit dem Verluste des Aufenthaltsrechts (§. 1.) geahndet werden darf.

§. 11. Durch den bloßen Aufenthalt oder die bloße Niederlassung, wie sie das gegenwärtige Gesetz gestattet, werden andere Rechtsverhältnisse, namentlich die Gemeindeangehörigkeit, das Ortsbürgerrecht, die Theilnahme an den Gemeindenutzungen und der Armenpflege, nicht begründet.

Wenn jedoch nach den Landesgesetzen durch den Aufenthalt oder die Niederlassung, wenn solche eine bestimmte Zeit hindurch ununterbrochen fortgesetzt worden, das Heimathsrecht (Gemeindeangehörigkeit, Unterstützungswohnsitz) erworben wird, behält es dabei sein Bewenden.

§. 12. Die polizeiliche Ausweisung Bundesangehöriger aus dem Orte ihres

5

§. 31.

Gutsvorsteher. Für den Bereich eines selbstständigen Gutsbezirks ist der Besitzer des Guts zu den Pflichten und Leistungen verbunden, welche den Gemeinden für den Bereich ihres Gemeinde-Bezirks im öffentlichen Interesse gesetzlich obliegen.

Derselbe hat insbesondere die in den §§. 29. 30. und 79. aufgeführten obrigkeitlichen Befugnisse und Pflichten entweder in Person oder durch einen von ihm zu bestellenden, zur Uebernahme des Amtes befähigten Stellvertreter auszuüben. Der Letztere muß seinen beständigen Aufenthalt im Guts-Bezirke oder in dessen unmittelbarer Nähe haben.

---

dauernden oder vorübergehenden Aufenthalts in anderen als in den durch dieses Gesetz vorgesehenen Fällen ist unzulässig.

Im Uebrigen werden die Bestimmungen über die Fremdenpolizei durch dieses dieses Gesetz nicht berührt.

§. 13. Dies Gesetz tritt am 1. Januar 1868 in Kraft.

Urkundlich unter Unserer Höchsteigenhändigen Unterschrift und beigedrucktem Bundes-Insiegel.

Gegeben Schloß Blankenburg, den 1. November 1867.

(L. S.) **Wilhelm.**

Gr. v. Bismarck-Schönhausen."

Zu § 31.

Der der Vollständigkeit und Uebersichtlichkeit wegen an die Spitze dieses Paragraphen gestellte Satz, daß die Inhaber selbstständiger Gutsbezirke die gesetzlichen Pflichten der Gemeinden zu erfüllen haben, ist schon bestehenden Rechtens und nur die Konsequenz der im §. 1. des Gesetzes, betreffend die Landgemeinde-Verfassungen ꝛc., vom 14. April 1856 ausgesprochenen parallelen Stellung der selbstständigen Gutsbezirke und der Landgemeinden. Hieraus ergiebt sich sodann auch die Stellung des Gutsherrn beziehungsweise des von ihm zu bestellenden Stellvertreters, nachdem seine bisherigen polizei-obrigkeitlichen Befugnisse auf den Amtsvorsteher übergegangen sind, von selbst als die eines Vorstehers des Gutsbezirks mit den analogen Rechten und Pflichten eines Gemeindevorstehers.

Die Bestimmung im Alinea 3, daß Seitens des Inhabers eines selbstständigen Gutsbezirks sämmtliche oder einzelne Gutsvorstehergeschäfte, wie namentlich die Anfertigung der Klassensteuer-, Militair-Stammrollen und anderer Listen und Nachweisungen an den Vorsteher einer benachbarten Gemeinde unter Beider Zustimmung gegen eine angemessene Entschädigung übertragen werden kann, wird einem in der Praxis vielfach hervortretenden Bedürfnisse entsprechen. (Motive zum Regierungsentwurf von 1869).

In der Kommission des Herrenhauses wurde darauf hingewiesen, daß durch die Bestimmungen der §§. 31 ff. insbesondere durch die Unterordnung der Gutsvorsteher unter das Disziplinargesetz, die Stellung der Gutsbesitzer herabgedrückt werde, indessen überwog doch die Ansicht, daß, soweit es sich speziell um den §. 31 handelt, das Gesetz ganz angemessen disponirt habe, daß das Verhältniß sich auch voraussichtlich ganz gut gestalten werde, sofern nur dafür gesorgt werde, dem Gutsbesitzer die Erfüllung seiner Funktionen thunlichst zu erleichtern und alle unnöthigen Belästigungen fern zu halten.

In dieser Beziehung erschien es besonders wichtig: einerseits, daß der Gutsbesitzer ermächtigt sei, für einzelne untergeordnete Geschäfte Gehülfen, ähnlich wie die Schöffen zum Schulzen stehen, anzunehmen, daß diese auch vereidigt würden und eine entsprechende Bezeichnung, etwa als Gerichtsmann, erhalten könnten; andererseits, daß die Zulässigkeit eines Stellvertreters gesichert sei,

Es können jedoch auch außer dem im §. 28. Absatz 4. vorgesehenen Falle Seitens des Besitzers des Guts sämmtliche oder einzelne Gutsvorsteher-Geschäfte an den Vorsteher einer benachbarten Gemeinde unter Beider Zustimmung gegen eine angemessene Entschädigung übertragen werden.

Ehefrauen werden rücksichtlich der angeführten Rechte und Pflichten durch den Ehemann vertreten, Kinder unter väterlicher Gewalt durch den Vater, Pflegebefohlene durch ihren Vormund oder Kurator.

§. 32.

Die Bestellung eines Stellvertreters muß erfolgen, wenn

1) das Gut einer juristischen Person, einer Aktien-Gesellschaft oder einer Kommandit-Gesellschaft auf Aktien gehört, oder, wenn mehrere Mitbesitzer sich nicht darüber einigen, wer von ihnen die Geschäfte des Gutsvorstehers wahrnehmen soll,
2) der Gutsbesitzer kein Angehöriger des Deutschen Reiches ist,
3) derselbe nicht seinen beständigen Aufenthalt im Guts-Bezirke oder in dessen unmittelbarer Nähe hat,

oder

4) wegen Krankheit oder aus anderen in seiner Person liegenden Gründen außer Stande ist, die Pflichten eines Gutsvorstehers zu erfüllen.

Für die von dem Hauptgute entfernt belegenen Theile eines selbstständigen Gutsbezirks kann von dem Kreis-Ausschusse die Bestellung besonderer Stellvertreter angeordnet werden, sofern dies für eine ordnungsmäßige örtliche Verwaltung erforderlich ist.

---

und zwar nicht blos eines solchen, der im Sinne des §. 32 dauernd einzutreten hat, sondern auch eines solchen, welchem der Gutsbesitzer je nach Umständen einzelne Geschäfte überweisen und welchen er auch zeitweise ganz für sich eintreten lassen kann.

Das erstere Desiderat hielt der Regierungskommissar für unbedenklich, und schienen daher in dieser Beziehung weitere vorsorgende Bestimmungen nicht erforderlich. Auch in Bezug auf das Verhältniß des Stellvertreters wurden vom Regierungskommissar keine prinzipielle Bedenken erhoben; er bemerkte vielmehr ausdrücklich, daß die Frage, ob dem Gutsbesitzer ein Stellvertreter im obigen Sinne dauernd zur Seite zu stellen, nicht unerwogen geblieben sei, und daß man von einer desfallsigen gesetzlichen Bestimmung nur aus Rücksicht auf die kleineren Gutsbesitzer, für die eine solche Verpflichtung leicht drückend werden möchte, Abstand genommen habe. Der Regierungskommissar glaubte aber, daß es für die vorangedeuteten Zwecke besonderer Bestimmungen nicht bedürfe, die Fassung des §. 31 vielmehr auch in dieser Beziehung genüge. (Kommiss.-Ber. d. Herrenhauses S. 50).

§. 33.

Der Gutsbesitzer beziehungsweise der Stellvertreter wird in seiner Eigenschaft als Gutsvorsteher von dem Landrathe bestätigt. Die

---

Zu § 33.

1. Gegen die im §. 33. vorgesehene Bestätigung des Gutsbesitzers in seiner Eigenschaft als Gutsvorsteher, welche im Regierungsentwurf von 1871 nicht erfordert war und erst durch Beschluß des Abgeordnetenhauses eingefügt wurde, sowie gegen die im §. 35. hervorgehobene Unterstellung desselben unter das Disziplinargesetz wurden in der Kommission des Herrenhauses lebhafte Bedenken zur Geltung gebracht. Diese Bestimmungen gehen — sagte man — über das Ziel hinaus, indem damit, ohne daß ein Bedürfniß dazu vorliege, dem Gutsbesitzer der Charakter als Staatsbeamter aufgeprägt würde, was der wahren Selbstverwaltung nicht entsprechen und der Bereitwilligkeit der Gutsbesitzer, jene Funktionen selbst zu übernehmen, nicht förderlich sein würde. Es stehen also die von dem Abgeordnetenhause beschlossenen Aenderungen nicht im Einklange mit dem in der Kommission allseitig getheilten Wunsche, die Uebernahme der Stellung durch den Gutsbesitzer thunlichst zu erleichtern und zu befördern.

Gegen diese Ausführungen wurde von anderer Seite geltend gemacht, daß in dem Bestätigungsrecht ein Bindemittel zwischen Staat und Kommune zu finden sei, und kein Grund vorliege, die Gutsbezirke anders zu behandeln wie die Gemeindebezirke, da auch der Besitzer eines selbstständigen Gutsbezirks unbrauchbar sein könne.

Der Regierungskommissar widersprach jenen Ausführungen ebenfalls, indem er zwar zugab, daß mit den Vorschriften der Regierungsvorlage, deren Wiederherstellung jetzt in Frage stehe, im staatlichen Interesse auszukommen sei, indessen doch auch die Beschlüsse des Abgeordnetenhauses für annehmbar erklärte. Dabei wies er darauf hin, daß den Gutsvorstehern auch polizeiliche Funktionen nicht unerheblicher Art übertragen werden sollen, und bezeichnete es als eine Konsequenz der Stellung der Gutsvorsteher als mittelbare Staatsbeamten, daß sie dem Disziplinargesetz unterworfen würden, was sich auch dadurch empfehle, daß in den Bestimmungen des Disziplinargesetzes und dem darin angeordneten Verfahren ein Schutz gegen Willkür um so mehr zu finden sei, als die Entscheidung nicht Staatsbehörden, sondern dem Kreis-Ausschuß und dem Verwaltungsgericht, also einem judicium parium, zugewiesen werden solle.

In Erwiderung hierauf bemerkte man von der entgegengesetzten Seite, daß es sich bei dem Gutsvorsteher um weit geringere polizeiliche Befugnisse, wie die der jetzigen gutsherrlichen Polizeigewalt handle, nämlich nur um Funktionen, welche denen der Schulzen völlig gleichstehen. Sodann die Stellung unter das Disziplinargesetz anlangend, so könne man darin keinen Schutz, sondern nur eine Belästigung und Beeinträchtigung erkennen, zumal die Besorgniß obwalte, daß bei der voraussichtlichen Zusammensetzung des Kreisausschusses von einem judicium parium vielfach nicht die Rede sein werde. Endlich sei wiederholt hervorzuheben, daß man nur die Wiederherstellung von Bestimmungen in Absicht habe, welche von der Regierung selbst in ihrer Vorlage vorgeschlagen seien.

Aus vorstehenden Erörterungen gingen folgende Anträge hervor:

1) im §. 33. die Bestätigung des Gutsbesitzers als Gutsvorsteher, und
2) im §. 35. seine Stellung unter das Disziplinargesetz in Wegfall zu bringen, ferner aber
3) im §. 32. Nr. 4. hinter den Worten „außer Stande" die Worte „oder nicht geeignet" einzuschalten,

Letzteres zu dem Zwecke, um die Absicht der desfallsigen Vorschrift stärker zum Ausdruck zu bringen, daß ungeeignete Gutsbesitzer zur Bestellung eines Stellvertreters genöthigt werden können.

Die Annahme dieser Anträge in der Fassung der Kommissions-Vorschläge erfolgte mit 10 gegen 1 Stimme, nachdem zuvor, unter Widerspruch des Regierungs-Kommissars, die Umänderung des Wortes „Zustimmung" in den §§. 33.

Bestätigung kann unter Zustimmung des Kreis-Ausschusses versagt werden.

Der Gutsvorsteher wird vor seinem Amtsantritte von dem Landrath oder in dessen Auftrage von dem Amtsvorsteher vereidigt.

§. 34.

Unterläßt der Besitzer des Guts in den im §. 32. angegebenen Fällen oder wenn ihm die Bestätigung als Gutsvorsteher versagt worden ist, die Bestellung eines Stellvertreters, oder befindet er sich im Konkurse oder befindet er sich nicht im Besitze der bürgerlichen Ehrenrechte, so steht dem Landrathe unter Zustimmung des Kreis-Ausschusses die Ernennung des Stellvertreters auf Kosten des Besitzers zu.

§. 35.

Hinsichtlich der Dienstvergehen der Gemeindevorsteher, Schöffen

Dienstvergehen der Gemeindevorsteher, Schöffen und Gutsvorsteher.

---

und 34. in „Anhörung" von der Mehrheit beschlossen worden war. (Komm.-Ber. S. 51.)

Das Herrenhaus trat diesen Anträgen in der Sitzung vom 28. Oktober 1872 bei (St. B. S. 489.). In der gegenwärtigen Kreisordnung wurde jedoch auf die bezüglichen Beschlüsse des Abgeordnetenhauses zurückgegangen.

2. Bezüglich der Vereidigung vgl. die Anmerkung zu §. 27.

Zu § 35.

1. Vergl. hierzu die Anm. Nr. 1. zu §. 33.

2. Der §. 35. ist im Allgemeinen in Uebereinstimmung mit den Vorschlägen der Kommission des Abgeordnetenhauses, denen im Absatz 1. Seitens des Herrenhauses eingeschaltet wurde, daß an Stelle des vorgesetzten Ministers der Vorsitzende des Verwaltungsgerichts tritt.

Der Absatz 6. ist im Abgeordnetenhause (Sitzung vom 18. März 1872. St. B. S. 1349) auf Antrag des Abg. Hahn hinzugefügt worden, nachdem dieser zur Begründung des Antrags geäußert hatte:

„Wenn der §. 35 ohne das Amendement angenommen würde, so würde der Kreisausschuß in Bezug auf die vom Landrath festgestellten Disziplinarstrafen als Instanz über den Landrath gesetzt werden; denn Alinea 1 des §. 35 bestimmt, nachdem das Disziplinargesetz im Allgemeinen eingeführt worden ist, die Maßgabe, daß an Stelle der Bezirksregierung der Kreisausschuß tritt. Nun steht nach dem bisherigen Disziplinargesetz einerseits dem Landrath die Befugniß zu, Geldstrafen bis zum Betrage von 3 Thlrn. gegen die Schulzen festzusetzen; andererseits steht es der Regierung zu, in höherer Instanz über diese Disziplinarstrafen zu entscheiden, sowie die Regierung das weitere Recht hat, höhere Disziplinarstrafen zu bestimmen und insbesondere auch das Verfahren der Amtsentsetzung gegen die Schulzen einzuleiten. In Folge dieser Bestimmnng, daß im Disziplinarverfahren an Stelle der Bezirksregierung der Kreisausschuß tritt, würde also auch in Bezug anf diejenigen Verfügungen, welche die Bezirksregierungen als Instanz über den Landrath wegen der von ihm verhängten Disziplinarstrafen getroffen hat, der Kreisausschuß eintreten. Das würde in zweierlei Beziehungen den Voraussetzungen widersprechen, von welchen die Kommissionsvorlage bei Einrichtung des Kreisausschusses ausgegangen ist, indem eben der Kreisausschuß nicht Instanz über den Landrath sein soll, sondern nur da, wo der Landrath eine vorläufige Festsetzung im Namen des Kreisausschusses getroffen hat, die weitere Kognition des Kreisausschusses eintritt. Das würde aber auch in weiteren Beziehungen den Voraussetzungen widersprechen, die hier gehegt sind, indem dann anstatt zwei Instanzen

und Gutsvorsteher finden die Vorschriften des Gesetzes vom 21. Juli

in Beziehung auf die kleinen Disziplinarstrafen drei Instanzen geschaffen würden; es würde erst der Landrath, dann der Kreisausschuß und dann noch das Verwaltungsgericht eintreten. Das würde zu viel sein."

3. Gesetz, betreffend die Dienstvergehen der nicht richterlichen Beamten, die Versetzung derselben auf eine andere Stelle oder in den Ruhestand. Vom 21. Juli 1852. (G.-S. S. 465).

„Wir Friedrich Wilhelm ꝛc. ꝛc.
verordnen, mit Zustimmung der Kammern, was folgt:

§. 1. Das gegenwärtige Gesetz findet unter den darin ausdrücklich gemachten Beschränkungen auf alle in unmittelbarem oder mittelbarem Staatsdienste stehenden Beamten Anwendung, die nicht unter die Bestimmungen des die Richter betreffenden Gesetzes vom 7. Mai 1851 fallen.

Erster Abschnitt.

Allgemeine Bestimmungen über Dienstvergehen und deren Bestrafung.

§. 2. Ein Beamter, welcher 1) die Pflichten verletzt, die ihm sein Amt auferlegt, oder 2) sich durch sein Verhalten in oder außer dem Amte der Achtung, des Ansehens oder des Vertrauens, die sein Beruf erfordert, unwürdig zeigt, unterliegt den Vorschriften dieses Gesetzes.

§. 3. Ist eine der unter §. 2 fallenden Handlungen (Dienstvergehen) zugleich in den gemeinen Strafgesetzen vorgesehen, so können die durch dieselben angedrohten Strafen nur auf Grund des gewöhnlichen Strafverfahrens von denjenigen Gerichten ausgesprochen werden, welche für die gewöhnlichen Strafsachen zuständig sind.

§. 4. Im Laufe einer gerichtlichen Untersuchung darf gegen den Angeschuldigten ein Disziplinarverfahren wegen der nämlichen Thatsachen nicht eingeleitet werden.

Wenn im Laufe eines Disziplinarverfahrens wegen der nämlichen Thatsachen eine gerichtliche Untersuchung gegen den Angeschuldigten eröffnet wird, so muß das Disziplinarverfahren bis zur rechtskräftigen Erledigung des gerichtlichen Verfahrens ausgesetzt werden.

§. 5. Wenn von den gewöhnlichen Strafgerichten auf Freisprechung erkannt ist, so findet wegen derjenigen Thatsachen, welche in der gerichtlichen Untersuchung zur Erörterung gekommen sind, ein Disziplinarverfahren nur noch insofern statt, als dieselben an sich und ohne ihre Beziehung zu dem gesetzlichen Thatbestande der Uebertretung, des Vergehens oder des Verbrechens, welche den Gegenstand der Untersuchung bildeten, ein Dienstvergehen enthalten.

Ist in einer gerichtlichen Untersuchung eine Verurtheilung ergangen, welche den Verlust des Amtes nicht zur Folge gehabt hat, so bleibt derjenigen Behörde, welche über die Einleitung des Disziplinarverfahrens zu verfügen hat, die Entscheidung darüber vorbehalten, ob außerdem ein Disziplinarverfahren einzuleiten oder fortzusetzen sei.

§. 6. Spricht das Gesetz bei Dienstvergehen, welche Gegenstand eines Disziplinarverfahrens werden, die Verpflichtung zur Wiedererstattung oder zum Schadenersatze, oder eine sonstige civilrechtliche Verpflichtung aus, so gehört die Klage der Betheiligten vor das Civilgericht, jedoch vorbehaltlich der Bestimmung des §. 100.

§. 7. Ist von dem gewöhnlichen Strafrichter auf eine Freiheitsstrafe von längerer als einjähriger Dauer, auf eine schwerere Strafe, auf Verlust der bürgerlichen Ehre, auf zeitige Untersagung der Ausübung der bürgerlichen Ehrenrechte, auf immerwährende oder zeitige Unfähigkeit zu öffentlichen Aemtern oder auf Stellung unter Polizei-Aufsicht erkannt, so zieht das Straferkenntniß den Verlust des Amtes von selbst nach sich, ohne daß darauf besonders erkannt wird.

§. 8. Ein Beamter, welcher sich ohne den vorschriftsmäßigen Urlaub von seinem Amte entfernt hält, oder den ertheilten Urlaub überschreitet, ist, wenn

1852 (Gesetz-S. S. 465.) mit der Maßgabe Anwendung, daß:

---

ihm nicht besondere Entschuldigungsgründe zur Seite stehen, für die Zeit der unerlaubten Entfernung seines Diensteinkommens verlustig.

§. 9. Dauert die unerlaubte Entfernung länger als acht Wochen, so hat der Beamte die Dienstentlassung verwirkt.

Ist der Beamte dienstlich aufgefordert worden, sein Amt anzutreten oder zu demselben zurückzukehren, so tritt die Strafe der Dienstentlassung schon nach fruchtlosem Ablauf von vier Wochen seit der ergangenen Aufforderung ein.

§. 10. Die Entziehung des Diensteinkommens (§. 8) wird von derjenigen Behörde verfügt, welche den Urlaub zu ertheilen hat. Im Falle des Widerspruchs findet das förmliche Disziplinarverfahren statt.

§. 11. Die Dienstentlassung kann nur im Wege des förmlichen Disziplinarverfahrens ausgesprochen werden. Sie wird nicht verhängt, wenn sich ergiebt, daß der Beamte ohne seine Schuld von seinem Amte fern gewesen ist.

§. 12. Die Einleitung eines Disziplinarverfahrens wegen unerlaubter Entfernung vom Amte und die Dienstentlassung vor Ablauf der Fristen (§. 9) ist nicht ausgeschlossen, wenn sie durch besonders erschwerende Umstände als gerechtfertigt erscheint.

§. 13. Die in dem §. 9 erwähnte Aufforderung, sowie alle anderen Aufforderungen, Mittheilungen, Zustellungen und Vorladungen, welche nach den Bestimmungen dieses Gesetzes erfolgen, sind gültig und bewirken den Lauf der Fristen, wenn sie demjenigen, an den sie ergehen, unter Beobachtung der für gerichtliche Insinuationen vorgeschriebenen Formen in Person zugestellt oder wenn sie in seiner letzten Wohnung an dem Orte insinuirt werden, wo er seinen letzten Wohnsitz im Inlande hatte. Die vereideten Verwaltungsbeamten haben dabei den Glauben der Gerichtsboten.

§. 14. Die Disziplinarstrafen bestehen in Ordnungsstrafen, Entfernung aus dem Amte.

§. 15. Ordnungsstrafen sind: 1) Warnung, 2) Verweis, 3) Geldbuße, 4) gegen untere Beamte auch Arreststrafe auf die Dauer von höchstens acht Tagen, welche jedoch nur in solchen Räumen zu vollstrecken ist, die den Verhältnissen der zu bestrafenden Beamten angemessen sind. Zu dieser Beamtenklasse werden im Allgemeinen nur gerechnet: Exekutoren, Boten, Kastellane, Diener und die zu ähnlichen, sowie die zu blos mechanischen Funktionen bestimmten Beamten. Außerdem ist das Staatsministerium ermächtigt, in der Steuer-, Post-, Polizei- und Eisenbahnverwaltung diejenigen Beamtenkategorien speziell zu bezeichnen, gegen welche Arreststrafen verhängt werden können.

§. 16. Die Entfernung aus dem Amte kann bestehen: 1) in Versetzung in ein anderes Amt von gleichem Range, jedoch mit Verminderung des Diensteinkommens und Verlust des Anspruches auf Umzugskosten, oder mit einem von beiden Nachtheilen. Diese Strafe findet nur auf Beamte im unmittelbaren Staatsdienste Anwendung; 2) in Dienstentlassung. Diese Strafe zieht den Verlust des Titels und Pensionsanspruches von selbst nach sich; es wird darauf nicht besonders erkannt, es sei denn, daß vor Beendigung des Disziplinarverfahrens aus irgend einem von dessen Ergebniß unabhängigen Grunde das Amtsverhältniß bereits aufgehört hat und daher auf Dienstentlassung nicht mehr zu erkennen ist. Gehört der Angeschuldigte zu den Beamten, welche einen Anspruch auf Pension haben, und lassen besondere Umstände eine mildere Beurtheilung zu, so ist die Disziplinarbehörde ermächtigt, in ihrer Entscheidung zugleich festzusetzen, daß dem Angeschuldigten ein Theil des reglementsmäßigen Pensionsbetrages auf Lebenszeit oder auf gewisse Jahre als Unterstützung zu verabreichen sei.

§. 17. Welche der in den §§. 14 bis 16 bestimmten Strafen anzuwenden sei, ist nach der größeren oder geringeren Erheblichkeit des Dienstvergehens mit Rücksicht auf die sonstige Führung des Angeschuldigten zu ermessen, unbeschadet der besonderen Bestimmungen der §§. 8 und 9.

1) an die Stelle der Bezirks-Regierung der Kreisausschuß, an die

---

Zweiter Abschnitt.

Von dem Disziplinarverfahren.

§. 18. Jeder Dienstvorgesetzte ist zu Warnungen und Verweisen gegen seine Untergebenen befugt.

§. 19. In Beziehung auf die Verhängung von Geldbußen ist die Befugniß der Dienstvorgesetzten begrenzt, wie folgt:

Die Vorsteher derjenigen Behörden, welche unter den Provinzialbehörden stehen, einschließlich die Landräthe, können gegen die ihnen selbst untergebenen Beamten, sowie gegen die Beamten der ihnen untergeordneten Behörden Geldbußen bis zu drei Thalern verfügen. Gleiche Befugniß haben die Vorsteher der Postanstalten in Bezug auf ihre Untergebenen und die Postinspektoren in Bezug auf die Unterbeamten ihres Bezirks.

Andere Vorgesetzte der unteren Beamten dürfen solche Geldbußen nur in sofern verfügen, als ihnen die Befugniß zur Verhängung von Geldbußen durch besondere Gesetze oder auf Grund solcher Gesetze erlassene Instruktion beigelegt ist.

Den Oberpostdirektoren, dem Telegraphendirektor, sowie den von der Staatsregierung eingesetzten Behörden der Eisenbahnverwaltung steht die Befugniß zu, gegen alle ihnen untergebenen Beamten Geldbußen bis zu zehn Thalern zu verhängen.

Die Provinzialbehörden sind ermächtigt, die ihnen untergeordneten Beamten mit Geldbuße bis zu dreißig Thalern zu belegen, besoldete Beamte jedoch nicht über den Betrag des einmonatlichen Diensteinkommens hinaus.

Gleiche Befugniß haben die Vorsteher der Provinzialbehörden in Ansehung der bei letzteren angestellten unteren Beamten.

Die Minister haben die Befugniß, allen ihnen unmittelbar oder mittelbar untergebenen Beamten Geldbußen bis zum Betrage des monatlichen Diensteinkommens, unbesoldeten Beamten aber bis zur Summe von dreißig Thalern aufzuerlegen.

Welche Beamten im Sinne dieses Paragraphen zu den unteren zu rechnen sind, wird durch das Staatsministerium bestimmt.

§. 20. Nur diejenigen Dienstvorgesetzten, welche gegen die, in §. 15 Nr. 4 bezeichneten Beamten Geldbuße verhängen können, sind ermächtigt, gegen dieselben Arreststrafen zu verfügen.

Diejenigen Vorgesetzten, deren Strafgewalt auf Geldbuße bis zu drei Thalern beschränkt ist, dürfen bei den Arreststrafen das Maß von drei Tagen nicht überschreiten.

§. 21. Gegen die Verfügung von Ordnungsstrafen findet nur Beschwerde im vorgeschriebenen Instanzenzuge statt.

§. 22. Der Entfernung aus dem Amte muß ein förmliches Disziplinarverfahren vorhergehen. Dasselbe besteht in der von einem Kommissar zu führenden schriftlichen Voruntersuchung und in einer mündlichen Verhandlung nach den folgenden näheren Bestimmungen.

§. 23. Die Einleitung des Disziplinarverfahrens wird verfügt und der Untersuchungskommissar ernannt: 1) wenn die Entscheidung der Sache vor dem Disziplinarhof gehört (§. 24 Nr. 1), von dem Minister, welcher dem Angeschuldigten vorgesetzt ist. Ist jedoch Gefahr im Verzuge, so kann diese Verfügung und Ernennung vorläufig von dem Vorsteher der Provinzialbehörde des Ressorts ausgehen. Es ist alsdann die Genehmigung des Ministers einzuholen und, sofern dieselbe versagt wird, das Verfahren einzustellen; 2) in allen anderen Fällen von dem Vorsteher der Behörde, welche die entscheidende Disziplinarbehörde bildet (§. 24 Nr. 2), oder von dem vorgesetzten Minister.

§. 24. Die entscheidenden Disziplinarbehörden erster Instanz sind: 1) der Disziplinarhof zu Berlin (§. 29) in Ansehung derjenigen Beamten, zu deren Anstellung nach den Bestimmungen, welche zur Zeit der verfügten Einleitung der Untersuchuug gelten, eine von dem Könige oder von den Ministern ausgehende Ernennung, Bestätigung oder Genehmigung erforderlich ist; 2) die Provinzialbehörden, als: die Regierungen, die Provinzialschulkollegien, die Provinzialsteuerdirektionen,

Stelle des Präsidenten der Bezirks-Regierung der Landrath, an

---

die Oberbergämter, die Generalkommissionen, die Militairintendanturen, das Polizeipräsidium zu Berlin, die Eisenbahnkommissariate, in Ansehung aller Beamten, die bei ihnen angestellt oder ihnen untergeordnet und nicht vorstehend unter 1) begriffen sind.

Den Provinzialbehörden werden in dieser Beziehung gleichgestellt die unter den Ministern stehenden Centralverwaltungsbehörden in Dienstzweigen, für welche keine Provinzialbehörden bestehen, sowie die Generallandschafts- und Hauptritterschaftsdirektionen.

§. 25. Für diejenigen Kategorien von Beamten, welche nicht unter den im §. 24 bezeichneten begriffen sind, ist die entscheidende Disziplinarbehörde die Regierung, in deren Bezirk sie fungiren, und für die in Berlin oder im Auslande fungirenden die Regierung in Potsdam.

§. 26. Die Zuständigkeit der Provinzialbehörden kann von dem Staatsministerium auf einzelne Kategorien solcher Beamten ausgedehnt werden, welche von den Ministern ernannt oder bestätigt werden, aber nicht zu den etatsmäßigen Mitgliedern einer Provinzialbehörde gehören.

§. 27. Für den Fall, daß bei der zuständigen Disziplinarbehörde die beschlußfähige Anzahl von Mitgliedern nicht vorhanden ist, oder wenn auf den Antrag des Beamten der Staatsanwaltschaft oder des Angeschuldigten der Disziplinarhof das Vorhandensein von Gründen anerkennt, aus welchen die Unbefangenheit der zuständigen Disziplinarbehörde bezweifelt werden kann, tritt eine andere durch das Staatsministerium substituirte Disziplinarbehörde an deren Stelle.

§. 28. Streitigkeiten über die Kompetenz der Disziplinarbehörden als solcher werden von dem Staatsministerium, nach Vernehmung des Gutachtens des Disziplinarhofes, entschieden.

§. 29. Der Disziplinarhof besteht aus einem Präsidenten und zehn anderen Mitgliedern, von denen wenigstens vier zu den Mitgliedern des Obertribunals gehören müssen.

Die Mitglieder des Disziplinarhofes werden von dem Könige auf drei Jahre ernannt.

Ein Mitglied, welches im Laufe dieser Periode ernannt wird, bleibt nur bis zum Ende derselben in Thätigkeit.

Die ausscheidenden Mitglieder können wieder ernannt werden.

§. 30. Zur Erledigung der Disziplinarsachen ist bei dem Disziplinarhofe die Theilnahme von wenigstens sieben Mitgliedern mit Einschluß des Vorsitzenden erforderlich, von denen wenigstens zwei zu den Mitgliedern des Obertribunals gehören müssen.

§. 31. Bei den Provinzialbehörden werden die Disziplinarsachen in besonderen Plenarsitzungen erledigt, an welchen mindestens drei stimmberechtigte Mitglieder Theil nehmen müssen. In diesen Plenarsitzungen steht, bei den Regierungen, den Mitgliedern derselben nur dasjenige Stimmrecht zu, welches ihnen durch die allgemeinen Vorschriften für Verhandlung im Plenum beigelegt ist. Bei den übrigen Provinzialbehörden nehmen an den zur Erledigung der Disziplinarsachen bestimmten Plenarsitzungen nur die etatsmäßigen Mitglieder und diejenigen Theil, welche eine etatsmäßige Stelle versehen. Bei den Eisenbahnkommissariaten tritt zur Erledigung der Disziplinarsachen der ein- für allemal hierzu bestimmte Kommissarius der Regierung, in deren Bezirk das Eisenbahnkommissariat seinen Sitz hat, in Berlin der Justitiarius des Polizeipräsidiums ein. Alle in dieser Weise zur Theilnahme Berufenen haben ein volles Stimmrecht, auch wenn die Behörde sonst keine kollegialische Einrichtung hat.

§. 32. In der Voruntersuchung wird der Angeschuldigte unter Mittheilung der Anschuldigungspunkte vorgeladen und wenn er erscheint, gehört; es werden die Zeugen eidlich vernommen und die zur Aufklärung der Sache dienenden sonstigen Beweise herbeigeschafft.

Die Verrichtungen der Staatsanwaltschaft werden durch einen Beamten wahrgenommen, welchen die Behörde ernennt, von der die Einleitung des Disziplinarverfahrens verfügt wird.

die Stelle des vorgesetzten Ministers der Vorsitzende des Verwal-

---

Bei der Vernehmung des Angeschuldigten und dem Verhöre der Zeugen ist ein vereideter Protokollführer zuzuziehen.

§. 33. Der dem Angeschuldigten vorgesetzte Minister ist ermächtigt, mit Rücksicht auf den Ausfall der Voruntersuchung, das fernere Verfahren einzustellen und geeigneten Falles nur eine Ordnungsstrafe zu verhängen.

Ist eine sonstige Behörde, welche die Einleitung der Untersuchung verfügt hat, der Ansicht, daß das fernere Verfahren einzustellen sei, so muß sie darüber an den Minister zu dessen Beschlußnahme berichten.

In beiden Fällen erhält der Angeschuldigte Ausfertigung des darauf bezüglichen, mit Gründen zu unterstützenden Beschlusses.

§. 34. Wird das Verfahren nicht eingestellt, so wird nach Eingang einer von dem Beamten der Staatsanwaltschaft anzufertigenden Anschuldigungsschrift der Angeschuldigte unter abschriftlicher Mittheilung dieser Anschuldigungsschrift zu einer, von dem Vorsitzenden der Disziplinarbehörde zu bestimmenden Sitzung zur mündlichen Verhandlung vorgeladen.

§. 35. Bei der mündlichen Verhandlung, welche in nicht öffentlicher Sitzung stattfindet, giebt zuerst ein von dem Vorsitzenden der Behörde aus der Zahl ihrer Mitglieder ernannter Referent eine Darstellung der Sache, wie sie aus den bisherigen Verhandlungen hervorgeht.

Der Angeschuldigte wird vernommen.

Es wird darauf der Beamte der Staatsanwaltschaft mit seinem Vor- und Antrage, und der Angeschuldigte in seiner Vertheidigung gehört.

Dem Angeschuldigten steht das letzte Wort zu.

§. 36. Wenn die Behörde auf den Antrag des Angeschuldigten oder des Beamten der Staatsanwaltschaft, oder auch von Amtswegen die Vernehmung eines oder mehrerer Zeugen, sei es durch einen Kommissar, oder mündlich vor der Behörde selbst, oder die Herbeischaffung anderer Mittel zur Aufklärung der Sache für angemessen erachtet, so erläßt sie die erforderliche Verfügung und verlegt nöthigenfalls die Fortsetzung der Sache auf einen anderen Tag, welcher dem Angeschuldigten bekannt zu machen ist.

§. 37. Der Angeschuldigte, welcher erscheint, kann sich des Beistandes eines Advokaten oder Rechtsanwaltes als Vertheidigers bedienen. Der nicht erscheinende Angeschuldigte kann sich durch einen Advokaten oder Rechtsanwalt vertreten lassen. Der Disziplinarbehörde steht es jedoch jederzeit zu, das persönliche Erscheinen des Angeschuldigten unter der Warnung zu verordnen, daß bei seinem Ausbleiben ein Vertheidiger zu seiner Vertretung nicht werde zugelassen werden.

§. 38. Bei der Entscheidung hat die Disziplinarbehörde, ohne an positive Beweisregeln gebunden zu sein, nach ihrer freien, aus dem ganzen Inbegriffe der Verhandlungen und Beweise geschöpften Ueberzeugung zu beurtheilen, in wieweit die Anschuldigung für begründet zu erachten.

Die Entscheidung kann auch auf eine bloße Ordnungsstrafe lauten.

Die Entscheidung, welche mit Gründen versehen sein muß, wird in der Sitzung, in welcher die mündliche Verhandlung beendigt worden ist, oder in einer der nächsten Sitzungen verkündigt und eine Ausfertigung derselben dem Angeschuldigten auf sein Verlangen ertheilt.

§. 39. Ueber die mündliche Verhandlung wird ein Protokoll aufgenommen, welches die Namen der Anwesenden und die wesentlichen Momente der Verhandlung enthalten muß. Das Protokoll wird von dem Vorsitzenden und dem Protokollführer unterzeichnet.

§. 40. Das Rechtsmittel des Einspruchs (Restitution oder Opposition) findet nicht statt.

§. 41. Gegen die Entscheidung steht die Berufung an das Staatsministerium, sowohl dem Beamten der Staatsanwaltschaft, als dem Angeschuldigten offen.

§. 42. Die Anmeldung der Berufung geschieht zu Protokoll oder schriftlich bei der Behörde, welche die anzugreifende Entscheidung erlassen hat. Von Seiten des Angeschuldigten kann sie auch durch einen Bevollmächtigten geschehen.

Die Frist zu dieser Anmeldung ist eine vierwöchentliche, welche mit dem Abtungs-Gerichts und an die Stelle des Staats-Ministeriums das Verwaltungsgericht tritt;

laufe des Tages, an welchem die Entscheidung verkündigt worden ist, und für den Angeschuldigten, welcher hierbei nicht zugegen war, mit dem Ablaufe des Tages beginnt, an welchem ihm die Entscheidung zugestellt worden ist.

§. 43. Zur schriftlichen Rechtfertigung der Berufung steht demjenigen, der dieselbe rechtzeitig angemeldet hat, eine fernere vierzehntägige Frist offen.

Diese Frist kann auf den Antrag des Appellanten angemessen verlängert werden.

Neue Thatsachen, welche die Grundlagen einer anderen Beschuldigung bilden, dürfen in zweiter Instanz nicht vorgebracht werden.

§. 44. Die Anmeldung der Berufung und die etwa eingegangene Appellationsschrift wird dem Appellanten in Abschrift zugestellt, oder dem Beamten der Staatsanwaltschaft, falls er Appellat ist, in Urschrift vorgelegt.

Innerhalb vierzehn Tagen nach erfolgter Zustellung oder Vorlegung kann der Appellat eine Gegenschrift einreichen.

Diese Frist kann auf den Antrag des Appellaten angemessen verlängert werden.

§. 45. Nach Ablauf der in dem §. 44. bestimmten Frist werden die Akten an das Staatsministerium eingesandt.

Das Staatsministerium beschließt auf den Vortrag eines von dem Vorsitzenden ernannten Referenten; in Sachen jedoch, in welchen der Disziplinarhof in erster Instanz geurtheilt hat, auf den Vortrag zweier von dem Vorsitzenden ernannten Referenten, von denen einer dem Justizministerium angehören muß.

Ist die Berufung von der Entscheidung einer Provinzialbehörde eingelegt, so kann das Staatsministerium keinen Beschluß fassen, bevor das Gutachten des Disziplinarhofes eingeholt worden ist.

Der Disziplinarhof kann die zur Aufklärung der Sache etwa erforderlichen Verfügungen erlassen. Er kann auch eine mündliche Verhandlung anordnen, zu welcher der Angeschuldigte vorzuladen und ein Beamter der Staatsanwaltschaft zuzuziehen ist. Der Letztere wird in diesem Falle vom Minister des Ressorts bezeichnet.

§. 46. Lautet die Entscheidung oder das Gutachten des Disziplinarhofes auf Freisprechung des Angeschuldigten, oder nur auf Warnung oder Verweis, so kann das Staatsministerium, wenn es den Angeschuldigten strafbar findet, nicht die Strafe der Dienstentlassung, sondern nur eine geringere Disziplinarstrafe verhängen, oder die einstweilige Versetzung in den Ruhestand mit Wartegeld verfügen.

§. 47. Eine jede Entscheidung der Disziplinarbehörde, gegen die kein Rechtsmittel mehr stattfindet und durch welche die Dienstentlassung ausgesprochen ist, bedarf der Bestätigung des Königs, wenn der Beamte vom Könige ernannt oder bestätigt worden ist.

Dritter Abschnitt.

Vorläufige Dienstenthebung.

§. 48. Die Suspension eines Beamten vom Amte tritt kraft des Gesetzes ein: 1) wenn in dem gerichtlichen Strafverfahren seine Verhaftung beschlossen, oder gegen ihn ein noch nicht rechtskräftig gewordenes Urtheil erlassen ist, welches auf den Verlust des Amtes lautet, oder diesen kraft des Gesetzes nach sich zieht; 2) wenn im Disziplinarverfahren eine noch nicht rechtskräftige Entscheidung ergangen ist, welche auf Dienstentlassung lautet.

§. 49. In dem im vorhergehenden Paragraphen unter Nr. 1. vorgesehenen Falle dauert die Suspension bis zum Ablauf des zehnten Tages nach Wiederaufhebung des Verhaftungsbeschlusses oder nach eingetretener Rechtskraft desjenigen Urtheils höherer Instanz, durch welches der angeschuldigte Beamte zu einer andern Strafe als der bezeichneten verurtheilt wird.

Lautet das rechtskräftige Urtheil auf Freiheitsstrafe, so dauert die Suspension bis das Urtheil vollstreckt ist. Wird die Vollstreckung des Urtheils, ohne Schuld des Verurtheilten aufgehalten oder unterbrochen, so tritt für die Zeit des Aufenthalts oder der Unterbrechung eine Gehaltsverkürzung (§. 51.) nicht ein. Dasselbe gilt für die im ersten Absatze dieses Paragraphen erwähnte Zeit von

2) das Verfahren mit Rücksicht auf den Ausfall der Vorunter-

---

zehn Tagen, wenn nicht vor Ablauf derselben die Suspension vom Amte im Wege des Disziplinarverfahrens beschlossen wird.

In dem §. 48. unter Nr. 2. erwähnten Falle dauert die Suspension bis zur Rechtskraft der in der Disziplinarsache ergehenden Entscheidung.

§. 50. Die zur Einleitung der Disziplinaruntersuchung ermächtigte Behörde kann die Suspension, sobald gegen den Beamten ein gerichtliches Strafverfahren eingeleitet, oder die Einleitung einer Disziplinaruntersuchung verfügt wird, oder auch demnächst im ganzen Laufe des Verfahrens bis zur rechtskräftigen Entscheidung verfügen.

§. 51. Der suspendirte Beamte behält während der Suspension die Hälfte seines Diensteinkommens.

Auf die für Dienstunkosten besonders angesetzten Beträge ist bei Berechnung der Hälfte des Diensteinkommens keine Rücksicht zu nehmen.

Der innebehaltene Theil des Diensteinkommens ist zu den Kosten, welche durch die Stellvertretung des Angeschuldigten verursacht werden, der etwaige Rest zu den Untersuchungskosten zu verwenden. Einen weiteren Beitrag zu den Stellvertretungskosten zu leisten, ist der Beamte nicht verpflichtet.

§. 52. Der zu den Kosten (§. 51.) nicht verwendete Theil des Einkommens wird dem Beamten nicht nachgezahlt, wenn das Verfahren die Entfernung aus dem Amte zur Folge gehabt hat.

Erinneruugen über die Verwendung des Einkommens stehen dem Beamten nicht zu; wohl aber ist ihm auf Verlangen eine Nachweisung über diese Verwendung zu ertheilen.

§. 53. Wird der Beamte freigesprochen, so muß ihm der innebehaltene Theil des Diensteinkommens vollständig nachgezahlt werden.

Wird er nur mit einer Ordnungsstrafe belegt, so ist ihm der innebehaltene Theil, ohne Abzug der Stellvertretungskosten nachzuzahlen, soweit derselbe nicht zur Deckung der Untersuchungskosten und der Ordnungsstrafe erforderlich ist.

§. 54. Wenn Gefahr im Verzuge ist, kann einem Beamten auch von solchen Vorgesetzten, die seine Suspension zu verfügen nicht ermächtigt sind, die Ausübung der Amtsverrichtungen vorläufig untersagt werden; es ist aber darüber sofort an die höhere Behörde zu berichten.

Vierter Abschnitt.

Nähere und besondere Bestimmungen in Betreff der Beamten der Justizverwaltung.

§. 55. Hinsichtlich der Beamten der Justizverwaltung, welche kein Richteramt bekleiden, gelten die nachfolgenden näheren Bestimmungen.

§. 56. Der Justizminister kann gegen alle Beamte Ordnungsstrafen jeder Art (§§. 15, 19.) verhängen, vorbehaltlich der in den §§. 66. bis 68. enthaltenen Einschränkungen.

§. 57. Der Staatsanwalt bei einem Appellationsgerichte (Oberstaatsanwalt, Generalprokurator) ist befugt, gegen alle im Bezirke des Appellationsgerichts angestellten Beamten der Staatsanwaltschaft Warnungen und Verweise gegen die Beamten der Staatsanwaltschaft bei den Polizeigerichten (Polizeianwalte) und gegen die Beamten der gerichtlichen Polizei Warnungen, Verweise und Geldbuße bis zu zehn Thalern zu verhängen.

Die Artikel 280. 281. 282. der Rheinischen Strafprozeßordnung sind aufgehoben.

§. 58. Der Staatsanwalt bei einem Gerichte erster Instanz (Oberprokurator) ist befugt, allen Beamten der Staatsanwaltschaft und der gerichtlichen Polizei im Bezirke dieses Gerichtes Warnungen zu ertheilen.

§. 59. Die Vorgesetzten, welche außer dem Justizminister befugt sind, von Amtswegen oder auf den Antrag der Staatsanwaltschaft gegen Büreau- und Unterbeamte der Gerichte Ordnungsstrafen zu verhängen, sind vorbehaltlich der Bestimmungen der §§. 60. und 61.: 1) der Erste Präsident des Obertribunals in Ansehung der bei demselben angestellten Beamten. Die Geldbuße darf die Summe von dreißig Thalern nicht übersteigen. 2) der Erste Präsident eines

suchung nur durch Beschluß des Kreisausschusses eingestellt werden kann;

Appellationsgerichts, in Ansehung der Beamten innerhalb des Appellationsgerichtsbezirks, mit der nämlichen Beschränknng in Betreff der Geldbußen. 3) der Präsident oder Direktor eines Gerichts erster Instanz in Ansehung der Beamten innerhalb des Bezirks dieses Gerichts. Die Geldbuße darf die Summe von zehn Thalern nicht übersteigen. 4) der Dirigent einer Kreisgerichtsdeputation in Ansehung der bei derselben angestellten Beamten. Die Geldbuße darf die Summe von drei Thalern nicht übersteigen. 5) der Einzelrichter in Ansehung der bei dem Gerichte (Gerichtskommission) angestellten Beamten mit der nämlichen Beschränkung in Betreff der Geldstrafe. 6) der Präsident des Revisionskollegiums in Ansehung der bei dieser Behörde angestellten Beamten. Die Geldbuße darf die Summe von dreißig Thalern nicht übersteigen. 7) der Generalauditeur in Ansehung der bei dem Generalauditoriate angestellten oder dieser Behörde untergeordneten Beamten. Die Geldbuße darf die Summe von dreißig Thalern nicht übersteigen.

§. 60. In Ansehung der Gerichtsvollzieher, welche für das Gebiet des Rheinischen Rechtsverfahrens angestellt sind, finden die Bestimmungen des §. 59 mit der Modifikation Anwendung, daß Arreststrafen gegen sie nicht zu verhängen sind, und die Befugniß, Warnungen, Verweise und Geldbuße auszusprechen, nur den Beamten der Staatsanwaltschaft zusteht, und zwar: 1) Dem Generalstaatsanwalt bei dem Obertribunal in Ansehung der bei diesem Gerichtshofe angestellten Gerichtsvollzieher. Die Geldbuße darf die Summe von dreißig Thalern nicht übersteigen. 2) Dem Generalprokurator bei dem Appellationsgerichtshofe in Ansehung derjenigen, welche in dem Appellationsgerichtsbezirke angestellt sind, mit der nämlichen Beschränkung in Ansehung der Geldbuße. 3) Dem Oberprokurator eines Landgerichts in Ansehung derjenigen, welche in dem Bezirke dieses Gerichts angestellt sind. Die Geldbuße darf die Summe von zehn Thalern nicht übersteigen.

§. 61. Die Befugniß, Ordnungsstrafen gegen Parketsekretaire auszusprechen, steht zu: 1) Dem Generalstaatsanwalt bei dem Obertribunal und dem Generalprokurator bei dem Appellationsgerichte zu Köln gegen diejenigen, welche in deren Parket angestellt sind. Die Geldbuße darf die Summe von dreißig Thalern nicht übersteigen: 2) Dem Oberprokurator bei einem Landgerichte gegen diejenigen, welche in seinem Parket angestellt sind. Die Geldbuße darf die Summe von zehn Thalern nicht übersteigen.

§. 62. Die Beschwerde gegen Ordnungsstrafen geht: 1) in den Fällen des §. 59 Nr. 1 und 2 an den Justizminister; 2) in den Fällen des §. 59 Nr. 3, 4 und 5 an den Ersten Präsidenten des Appellationsgerichts, und von dessen Verfügung an den Justizminister; 3) von den Verfügungen eines Beamten der Staatsanwaltschaft an den höheren Beamten derselben, und von dessen Verfügung an den Justizminister; 4) in den Fällen des §. 59 Nr. 6 an den Minister für die landwirthschaftlichen Angelegenheiten; 5) in den Fällen des §. 59 Nr. 7 an den Kriegsminister.

§. 63. Die Bestimmungen über die Entfernung aus dem Amte (§. 23 Nr. 1, §§. 24 ff.) finden auf die Beamten der Staatsanwaltschaft Anwendung. In Ansehung der Polizeianwalte und der Beamten der gerichtlichen Polizei ist deren sonstige amtliche Eigenschaft für die Zuständigkeit der Disziplinarbehörde maßgebend.

§. 64. Hinsichtlich der Bureau- und Unterbeamten bei den Gerichten (§. 59) treten folgende Modifikationen ein: 1) Die Verfügung wegen Einleitung des Disziplinarverfahrens steht, auch bei den von dem Justizminister ernannten Beamten, dem Appellationsgerichte, und die Ernennung des Untersuchungskommissars dem Ersten Präsidenten des Gerichts zu, unbeschadet der Befugniß des Justizministers zu dieser Verfügung und Ernennung; 2) die entscheidende Disziplinarbehörde erster Instanz ist das Appellationsgericht und zwar in derjenigen Abtheilung, in welcher der Erste Präsident gewöhnlich den Vorsitz führt; 3) der Staatsanwalt bei dem Appellationsgerichte kann die Einleitung des Disziplinar-

3) das Gutachten des Disziplinarhofes nicht einzuholen ist;

---

verfahrens beantragen. Es werden demselben vor dem Abschlusse der Voruntersuchung die Akten zur Stellung seines Antrages vorgelegt; 4) wenn der Beamte bei dem Revisionskollegium angestellt ist, so werden die den Appellationsgerichten und deren Ersten Präsidenten unter Nr. 1 und 2 beigelegten Befugnisse von dieser Behörde und deren Präsidenten wahrgenommen, unbeschadet der Befugniß des Ministers für die landwirthschaftlichen Angelegenheiten, die Einleitung der Untersuchung zu verfügen und den Kommissar zu ernennen; 5) ist der Beamte bei dem Generalauditoriate angestellt oder demselben untergeordnet, so werden die unter Nr. 1 und 2 bezeichneten Befugnisse von dem Generalauditoriate und dem Generalauditeur wahrgenommen, unbeschadet der Befugniß des Kriegsministers, die Einleitung der Untersuchung zu verfügen und den Kommissar zu ernennen.

§. 65. Wenn ein Gerichtsschreiber oder Gerichtsvollzieher im Bezirke des Rheinischen Appellationsgerichtshofes zu Köln ein Dienstvergehen begangen hat, welches mit schwererer Strafe als Verweis oder Geldbuße zu ahnden ist, so findet das durch die Verordnung vom 21. Juli 1826 vorgeschriebene Verfahren statt.

An der Befugniß der Gerichte, jede der im §. 3 jener Verordnung bestimmten Strafen zu verhängen, sowie über die in der Sitzung stattfindenden Dienstvergehen zu erkennen, wird nichts geändert.

Die §§. 2 bis 7, 48 bis 50 des gegenwärtigen Gesetzes finden ebenfalls Anwendung; in Ansehung der Gerichtsschreiber auch die §§. 8 bis 13 und 51 bis 53. Jedoch steht die Verfügung der Amtssuspension (§. 50), welche auf den schriftlichen Antrag des Staatsanwalts erfolgen kann, nur dem Gerichte zu, welches in der Disziplinarsache zu erkennen hat, vorbehaltlich der von einer Verfügung des Landgerichtes zulässigen Beschwerde an den Appellationsgerichtshof.

§. 66. Auf die Advokaten, Rechtsanwalte und Notarien finden nur die Bestimmungen der §§. 2 bis 7 und der §§. 48 bis 50 dieses Gesetzes Anwendung. Im Uebrigen gelten die nachstehenden Vorschriften (§§. 67 bis 77).

§. 67. Hinsichtlich der Notarien im Bezirke des Rheinischen Appellationsgerichtshofes zu Köln verbleibt es bei der Verordnung vom 25. April 1822.

Wegen der Amtssuspension gelten die Bestimmungen des letzten Absatzes des §. 65.

§. 68. Die Verordnung vom 7. Juni 1844, betreffend die Ausübung der Disziplin über Advokaten und Anwalte, und die Verordnung vom 30. April 1847 über die Bildung eines Ehrenrathes bleiben mit den nachstehenden Modifikationen in Kraft.

§. 69. Die von einem Disziplinarrathe in Gemäßheit des §. 50 des gegenwärtigen Gesetzes verfügte Amtssuspension bedarf der Bestätigung des Disziplinarsenates, wegen welcher auf den schriftlichen Antrag des Generalprokurators Beschluß gefaßt wird. Der Disziplinarsenat kann auch auf den schriftlichen Antrag des Generalprokurators die Amtssuspension verfügen.

§. 70. Wenn

1. auf den Antrag der Staatsanwaltschaft oder des Angeschuldigten das betreffende Appellationsgericht das Vorhandensein von Gründen anerkennt, aus welchen die Unbefangenheit des zuständigen Ehrenrathes oder Disziplinarrathes bezeichnet werden kann, oder
2. ein Ehrenrath oder Disziplinarrath eine Disziplinaruntersuchung in Fällen, wo sie stattfinden sollte, nicht einleitet, oder die Erledigung einer eingeleiteten Disziplinaruntersuchung in einer dem Dienste nachtheiligen Weise verzögert,

so kann das Appellationsgericht — in den Fällen zu 2 nach fruchtlos erlassener Aufforderung zur Einleitung, beziehungsweise zur Beschleunigung der Untersuchung — durch einen in einer Plenarsitzung gefaßten Beschluß, die Sache zur Untersuchung und Entscheidung an sich ziehen.

§. 71. Wenn das Appellationsgericht die Sache an sich zieht, so beauftragt dessen Erster Präsident einen Richter mit der Voruntersuchung, und es kommen die Bestimmungen des zweiten und dritten Abschnittes des die Richter betreffenden Gesetzes vom 7. Mai 1851 zur Anwendung.

4) die Verhandlung vor dem Verwaltungsgerichte in mündlichem Verfahren stattfindet;

Die Berufung steht der Staatsanwaltschaft bei dem Appellationsgerichte und dem Angeschuldigten gegen jedes Endurtheil zu.

§. 72. So lange für die Rechtsanwalte bei dem Obertribunale ein Ehrenrath oder Disziplinarrath nicht besteht, werden die Disziplinarsachen von dem Gerichtshofe nach den Bestimmungen des zweiten und dritten Abschnittes des die Richter betreffenden Gesetzes vom 7. Mai 1851 erledigt.

§. 73. Hinsichtlich der Disziplinarstrafen kommt in Fällen der §§. 71, 72 und 75 die Verordnung vom 30. April 1847 und für das Gebiet des Rheinischen Rechtsverfahrens die Verordnung vom 7. Juni 1844 zur Anwendung.

§. 74. Die §§. 15, 16 und 17 der Verordnung vom 30. April 1847 werden aufgehoben. Gegen jede definitive Entscheidung des Ehrenraths steht sowohl der Staatsanwaltschaft, als dem Angeschuldigten die Berufung an das Ober-Tribunal offen. Die Anmeldung erfolgt bei dem Ehrenrathe, der die angefochtene Entscheidung erlassen hat. Im Uebrigen kommen für das Verfahren die Vorschriften der §§. 37 bis 43 des die Richter betreffenden Gesetzes vom 7. Mai 1851 zur Anwendung.

§. 75. Wenn Dienstvergehen eines Advokaten oder Rechtsanwalts in der Sitzung des Obertribunals, eines Appellationsgerichtshofes, eines Schwurgerichtshofes, eines Landgerichts, Kreisgerichtes oder Stadtgerichtes vorfallen, so ist das Gericht, welches die Sitzung hält, selbst wenn es nur eine Abtheilung des ganzen Gerichtes bildet, befugt, über diese Vergehen sofort oder in einer fortgesetzten Sitzung zu erkennen. Dieselbe Befugniß hat das Gericht oder die Abtheilung desselben in Ansehung der in der Sitzung ermittelten Dienstvergehen, wenn darüber sofort erkannt werden kann.

§. 76. Gegen die von einem andern Gerichte als dem Obertribunale erlassenen Urtheile findet die Berufung an dieses letztere Gericht statt.

Im Uebrigen kommen die §§. 37 ff. des zweiten und dritten Abschnittes des die Richter betreffenden Gesetzes vom 7. Mai 1851 zur Anwendung. Der §. 1 der Verordnung vom 7. Juni 1844 ist aufgehoben.

§. 77. Wenn ein Rechtsanwalt, ein Notar oder ein Gerichtsvollzieher durch Blindheit, Taubheit oder ein sonstiges körperliches Gebrechen, oder wegen Schwäche seiner körperlichen oder geistigen Kräfte zu der Erfüllung seiner Amtspflichten dauernd unfähig ist, so hat der Staatsanwalt bei dem Appellationsgerichte ihn oder seinen nöthigenfalls zu bestellenden Kurator schriftlich unter Angabe der Gründe zur Niederlegung des Amtes aufzufordern.

Tritt innerhalb sechs Wochen nach dieser Aufforderung die freiwillige Niederlegung des Amtes nicht ein, so beschließt das Appellationsgericht in seiner Plenarversammlung, nachdem das im §. 61 des die Richter betreffenden Gesetzes vom 7. Mai 1851 vorgeschriebene und geeigneten Falls das im §. 62 daselbst zugelassene Verfahren stattgefunden hat, nach Anhörung der Staatsanwaltschaft endgültig darüber, ob der Fall der Niederlegung des Amtes vorliege.

Beschließt das Gericht, daß dieser Fall vorhanden sei, so kann der Justizminister die Stelle für erledigt erklären.

Fünfter Abschnitt.

Besondere Bestimmungen in Betreff der Gemeindebeamten.

§. 78. In Bezug auf solche Gemeindebeamte, die weder von dem Könige, noch von der Bezirksregierung oder deren Präsidenten ernannt oder bestätigt werden, gilt die nachstehende besondere Vorschrift:

Außer dem Präsidenten der Bezirksregierung kann auch diejenige Behörde, welcher die Ernennung oder Bestätigung der Beamten zusteht, wenn Veranlassung zu einem förmlichen Disziplinarverfahren vorliegt, die Einleitung desselben verfügen und den Untersuchungs-Kommissar ernennen.

Nach geschlossener Voruntersuchung werden die Akten dem Präsidenten der Bezirksregierung übersandt.

5) ein Vertreter der Staatsanwaltschaft für die Berufungsinstanz

---

Sechster Abschnitt.

Besondere Bestimmungen in Betreff der Beamten der Militair-Verwaltung.

§. 79. Gegen Beamte der Militairverwaltung, welche nicht zu den im §. 24. bezeichneten Kategorien gehören, verfügt der kommandirende General des Armeekorps die Einleitung der Untersuchung und ernennt den Kommissar. Die entscheidende Disziplinarbehörde erster Instanz ist die Militair-Disziplinarkommission.

§. 80. Die Militair-Disziplinarkommission hat ihren Sitz am Garnisonorte des Generalkommandos und besteht für jedes Armeekorps aus einem Obersten als Vorsitzenden und sechs anderen Mitgliedern, von welchen drei zu den Stabsoffizieren, Hauptleuten oder Rittmeistern, die übrigen zu den oberen Beamten der Militairverwaltung gehören müssen. Ist der Angeschuldigte ein Militairarzt, so müssen die drei letztgenannten Mitglieder der Kommission stets Militair-Oberärzte sein.

Die Mitglieder der Kommission werden von dem Kriegsminister ernannt.

§. 81. Die Verrichtungen der Staatsanwaltschaft bei den Militairintendanturen und Militair-Disziplinarkommissionen werden von dem Korpsauditeur oder einem anderen durch den Kriegsminister bezeichneten Auditeur wahrgenommen.

§. 82. In Betreff der Verfügung von Disziplinarstrafen, die nicht in der Entfernung aus dem Amte bestehen, gegen Militairbeamte kommen die auf diese Beamten bezüglichen besonderen Bestimmungen zur Anwendung.

Dasselbe gilt von der Amtssuspension aller Beamten der Militairverwaltung im Falle des Krieges.

Siebenter Abschnitt.

Besondere Bestimmungen in Betreff der Entlassung von Beamten, welche auf Widerruf angestellt sind, der Referendarien u. s. w.

§. 83. Beamte, welche auf Probe, auf Kündigung oder sonst auf Widerruf angestellt sind, können ohne ein förmliches Disziplinarverfahren von der Behörde, welche ihre Anstellung verfügt hat, entlassen werden.

Dem auf Grund der Kündigung entlassenen Beamten ist in allen Fällen bis zum Ablaufe der Kündigung sein volles Diensteinkommen zu gewähren.

§. 84. Referendarien oder Auskultatoren, welche durch eine tadelhafte Führung zu der Belassung im Dienste sich unwürdig zeigen, oder in ihrer Ausbildung nicht gehörig fortschreiten, können von dem vorgesetzten Minister, nach Anhörung der Vorsteher der Provinzial-Dienstbehörde, ohne weiteres Verfahren aus dem Dienste entlassen werden.

§. 85. In Ansehung der Entlassung der Supernumerarien und der sonst zur Erlernung des Dienstes bei den Behörden beschäftigten Personen kommen die darauf bezüglichen besonderen Bestimmungen zur Anwendung.

§. 86. In Bezug auf Kanzleidiener, Boten, Kastellane und andere in gleicher Kategorie stehende oder blos zu mechanischen Dienstleistungen bestimmte Diener, welche bei den obersten Verwaltungsbehörden oder in solchen Verwaltungszweigen angestellt sind, in welchen keine Provinzialdienstbehörden bestehen, entscheidet endgültig der Minister, nach Anhörung des Angeschuldigten und auf den Vortrag zweier Referenten, zu denen stets ein Justitiar, oder wenn ein solcher bei der Verwaltungsbehörde nicht angestellt ist, ein Rath des Justizministeriums gehören muß.

Achter Abschnitt.

Verfügungen im Interesse des Dienstes, welche nicht Gegenstand eines Disziplinarverfahrens sind.

§. 87. Die nachbenannten Verfügungen, welche im Interesse des Dienstes getroffen werden können, sind nicht Gegenstand des Disziplinarverfahrens, vorbehaltlich des im §. 46. vorgesehenen Falles: 1) Versetzung in ein anderes Amt von nicht geringerem Range und etatsmäßigem Diensteinkommen, mit Vergeltung der reglementsmäßigen Umzugskosten. Als eine Verkürzung im Einkommen ist es nicht anzusehen, wenn die Gelegenheit zur Verwaltung von Nebenämtern entzogen wird, oder die Beziehung der für die Dienstunkosten besonders ausgesetzten

von dem Vorsitzenden des Verwaltungsgerichts ernannt wird,

Einnahmen mit diesen Unkosten selbst fortfällt. Landräthe, welche für einen bestimmten Kreis auf Grund ihrer Ansässigkeit und in Folge vorgängiger Wahl ernannt worden, können außer im Wege des Disziplinarverfahrens wider ihren Willen in ein anderes Amt nicht versetzt werden, so lange die Erfordernisse erfüllt bleiben, durch welche ihre Wahl bedingt war.

2) Einstweilige Versetzung in den Ruhestand mit Gewährung von Wartegeld nach Maßgabe der Vorschriften der Verordnungen vom 14. Juni und 24. Oktober 1848. Außer dem daselbst vorgesehenen Falle können durch Königliche Verfügung jederzeit die nachbenannten Beamten mit Gewährung des vorschriftsmäßigen Wartegeldes einstweilig in den Ruhestand versetzt werden: Unterstaatssekretaire, Ministerialdirektoren, Oberpräsidenten, Regierungspräsidenten und Vicepräsidenten, Militairintendanten, Beamte der Staatsanwaltschaft bei den Gerichten, Vorsteher Königlicher Polizeibehörden, Landräthe, die Gesandten und andere diplomatische Agenten.

Wartegeldempfänger sollen bei Wiederbesetzung erledigter Stellen, für welche sie sich eignen, vorzugsweise berücksichtigt werden.

3) Gänzliche Versetzung in den Ruhestand mit Gewährung der vorschriftsmäßigen Pension, nach Maßgabe der §§. 88. ff. dieses Gesetzes.

§. 88. Ein Beamter, welcher durch Blindheit, Taubheit oder ein sonstiges körperliches Gebrechen oder wegen Schwäche seiner körperlichen oder geistigen Kräfte zu der Erfüllung seiner Amtspflichten dauernd unfähig ist, soll in den Ruhestand versetzt werden.

§. 89. Sucht der Beamte in einem solchen Falle seine Versetzung in den Ruhestand nicht nach, so wird ihm oder seinem nöthigenfalls hierzu besonders zu bestellenden Kurator von der vorgesetzten Dienstbehörde unter Angabe des zu gewährenden Pensionsbetrages und der Gründe der Pensionirung eröffnet, daß der Fall seiner Versetzung in den Ruhestand vorliege.

§. 90. Innerhalb sechs Wochen nach einer solchen Eröffnung (§. 89.) kann der Beamte seine Einwendungen bei der vorgesetzten Dienstbehörde anbringen. Ist dieses geschehen, so werden die Verhandlungen an den vorgesetzten Minister eingereicht, welcher, sofern nicht der Beamte von dem Könige ernannt ist, über die Pensionirung entscheidet.

Gegen diese Entscheidung steht dem Beamten der Rekurs an das Staatsministerium binnen einer Frist von vier Wochen nach Empfang der Entscheidung zu.

Des Rekursrechtes ungeachtet kann der Beamte von dem Minister sofort der weiteren Amtsverwaltung vorläufig enthoben werden.

Ist der Beamte von dem Könige ernannt, so erfolgt die Entscheidung von dem Könige auf den Antrag des Staatsministeriums.

§. 91. Dem Beamten, dessen Versetzung in den Ruhestand verfügt ist, wird das volle Gehalt noch bis zum Ablaufe desjenigen Vierteljahres fortgezahlt, welches auf den Monat folgt, in dem ihm die schließliche Verfügung über die erfolgte Versetzung in den Ruhestand mitgetheilt worden ist.

§. 92. Wenn der Beamte gegen die ihm gemachte Eröffnung (§. 89.) innerhalb sechs Wochen keine Einwendungen erhoben hat, so wird in derselben Weise verfügt, als wenn er seine Pensionirung selbst nachgesucht hätte.

Die Zahlung des vollen Gehaltes dauert bis zu dem im §. 91. bestimmten Zeitpunkte.

§. 93. Ist ein Beamter vor dem Zeitpunkte, mit welchem die Pensionsberechtigung für ihn eingetreten sein würde, dienstunfähig geworden, so kann er gegen seinen Willen nur unter Beobachtung derjenigen Formen, welche für die Disziplinaruntersuchung vorgeschrieben sind, in den Ruhestand versetzt werden.

Wird es jedoch für angemessen befunden, dem Beamten eine Pension zu dem Betrage zu bewilligen, welcher ihm bei Erreichung des vorgedachten Zeitpunktes zustehen würde, so kann die Pensionirung desselben nach den Vorschriften der §§. 88. bis 92. erfolgen.

6) Beschwerden über Disziplinar-Verfügungen des Landraths der Entscheidung des Verwaltungsgerichts unterliegen.

---

§. 94. Die vorstehenden Bestimmungen über einstweilige und gänzliche Versetzung in den Ruhestand finden nur auf Beamte in unmittelbarem Staatsdienste Anwendung.

§. 95. In Bezug auf die mittelbaren Staatsdiener bleiben die wegen Pensionirung derselben bestehenden Vorschriften in Kraft.

Wenn jedoch mittelbare Staatsdiener vor dem Zeitpunkte, mit welchem eine Pensionsberechtigung für sie eingetreten sein würde, dienstunfähig geworden, so können auch sie gegen ihren Willen nur unter den für Beamte im unmittelbaren Staatsdienste vorgeschriebenen Formen (§. 93.) in den Ruhestand versetzt werden.

§. 96. Auf Universitätslehrer finden die Bestimmungen der §§. 87. bis 95. keine Anwendung.

Neunter Abschnitt.

Allgemeine und Uebergangsbestimmungen.

§. 97. Die Vorschriften des gegenwärtigen Gesetzes gelten auch in Ansehung der zur Disposition gestellten oder einstweilen in Ruhestand versetzten Beamten.

§. 98. Rücksichtlich der Vergehen der Civilstandsbeamten im Bezirke des Rheinischen Appellationsgerichtshofes zu Köln gegen die Gesetze über den Civilstand wird an den Bestimmungen der bisherigen Gesetzgebung durch dieses Gesetz nichts geändert.

§. 99. Die gerichtlichen Untersuchungen, welche zur Zeit der Verkündigung der Verordnung vom 11. Juli 1849 bereits eröffnet waren, werden in der bisherigen Weise zu Ende geführt. Die Untersuchung wird als eröffnet betrachtet, wenn der Beschuldigte als solcher vernommen oder behufs seiner Vernehmung vorgeladen ist. Die ergangenen oder ergehenden Strafurtheile werden ohne Rücksicht auf die Bestimmungen dieser Verordnung vollstreckt.

Die bereits eingeleiteten Disziplinaruntersuchungen werden bis zum Abschlusse der Voruntersuchung nach den zur Zeit der Einleitung gültig gewesenen Vorschriften zu Ende geführt. Im Uebrigen finden auf das Verfahren die Bestimmungen dieses Gesetzes Anwendung.

§. 100. Alle diesem Gesetze entgegenstehenden Bestimmungen sind aufgehoben. Dagegen wird durch dasselbe in der Befugniß der Aufsichtsbehörden, im Aufsichtswege Beschwerden Abhülfe zu verschaffen, oder Beamte zur Erfüllung ihrer Pflichten in einzelnen Sachen anzuhalten, und dabei Alles zu thun, wozu sie nach den bestehenden Gesetzen ermächtigt sind, nichts geändert.

§. 101. Insofern bei Verkündigung dieses Gesetzes die verfassungsmäßige Vereinigung der beiden obersten Gerichtshöfe, des Obertribunals und des Rheinischen Revisions- und Kassationshofes, noch nicht ausgeführt ist, gelten alle in diesem Gesetze für ein Obertribunal gegebenen Bestimmungen für die oben genannten beiden Gerichtshöfe in ihren Ressorts.

§. 102. Dieses Gesetz tritt an die Stelle der vorläufigen Verordnung vom 11. Juli 1849.

Urkundlich unter Unserer Höchsteigenhändigen Unterschrift und beigedrucktem Königlichen Insiegel.

Gegeben Sanssouci, den 21. Juli 1852.

(L. S.) **Friedrich Wilhelm.**

v. Manteuffel. v. d. Heydt. Simons. v. Raumer. v. Westphalen. v. Bodelschwingh. v. Bonin."

Dritter Abschnitt.

Aufhebung der mit dem Besitze gewisser Grundstücke verbundenen Berechtigung und Verpflichtung zur Verwaltung des Schulzenamtes.

§. 36.

Die mit dem Besitze gewisser Grundstücke verbundene Berechtigung und Verpflichtung zur Verwaltung des Schulzen- (Richter-) Amts ist aufgehoben.

Zu §§ 36.—45.

1. Bezüglich der Aufhebung der mit dem Besitze gewisser Grundstücke verbundenen Berechtigung und Verpflichtung zur Verwaltung des Schulzenamtes enthält der Regierungsentwurf von 1869 — der Entwurf von 1871 nimmt hierauf lediglich Bezug — folgende Motive:

„Die Gemeinde-Ordnung vom 11. März 1850 bestimmte im §. 7:

„Die mit den Lehn- und Erbschulzengütern verbundenen Rechte und Pflichten in Beziehung auf die Verwaltung des Schulzen-Amtes sind aufgehoben."

Das Gesetz vom 24. Mai 1853 stellte, indem es die Gemeinde-Ordnung vom 11. März 1850 aufhob und die früheren Gesetze und Verordnungen über die Landgemeinde-Verfassungen in den sechs östlichen Provinzen von Neuem in Kraft setzte, auch das frühere Verhältniß der Lehn- und Erbschulzen wieder her. Sowohl der Staats-Regierung, als dem Abgeordnetenhause sind seitdem zahlreiche Petitionen um definitive Beseitigung dieses Instituts zugegangen. In Folge besonderer der Staats-Regierung von dem Hause der Abgeordneten in der Session des Jahres 1861 hierzu gegebener Anregungen legte der damalige Minister des Innern auf Grund Allerhöchster Ermächtigung vom 16. Dezember 1861 dem Abgeordnetenhause in der Sitzung vom 22. Januar 1862 einen Gesetz-Entwurf zur verfassungsmäßigen Beschlußnahme vor, welcher die Ablösung der mit dem Besitze gewisser Grundstücke verbundenen Berechtigung und Verflichtung zur Verwaltung des Schulzen-Amts bezweckte. — Indem der §. 1. des Entwurfs diese Berechtigung und Verpflichtung für ablösbar erklärt, legt der §. 2. sowohl den Besitzern der Schulzengüter, als den Gemeinden die Befugniß bei, auf die Ablösung anzutragen, und der §. 5. normirt die Grundsätze für die Ablosung dahin:

„Für den Fortfall der Verpflichtung zur Verwaltung des Schulzen-Amts ist von dem Besitzer des Schulzenguts an die Gemeinde eine Abfindung zu gewähren, welche der nach den örtlichen Verhältnissen zu bemessenden Schulzen-Remuneration entspricht. Auf diese Abfindung kommt der Jahreswerth der Vortheile in Anrechnung, welche dem Besitzer mit Rücksicht auf die gedachte Verpflichtung der Gemeinde gegenüber zustehen.

Uebersteigt der Jahreswerth der letzteren den Betrag der Schulzen-Remuneration, so braucht die Gemeinde einen solchen Ueberschuß nicht zu vergüten; der Schulzenguts-Besitzer muß sich vielmehr mit der Kompensation seiner Verpflichtung und der von der Gemeinde bezogenen Vortheile begnügen."

Die Kommission, welcher der Gesetz-Entwurf von dem Abgeordnetenhause zur Vorberathung überwiesen wurde, konnte wegen des inzwischen eingetretenen Schlusses der Session sich ihrer Aufgabe nicht entledigen. Es ist jedoch im Schooße derselben die prinzipielle Frage: ob das bestehende Verhältniß der Lehn- und Erbschulzen im Wege der Ablösung allmälig zu beseitigen oder ohne Entschädigung alsbald aufzuheben sei, einer eingehenden Diskussion unterworfen und danach von der Kommission mit Stimmenmehrheit der Beschluß gefaßt worden:

§. 37.

In Folge der Aufhebung der im §. 36. gedachten Berechtigung und Verpflichtung treten auch diejenigen Festsetzungen außer Kraft, welche in Folge der Zerstückelung von Lehn- und Erbschulzengütern nach §. 16. des Gesetzes vom 3. Januar 1845 (Ges.-S. S. 25.) über die Verbindung der Verwaltung des Schulzenamtes mit dem Besitze eines der Theile des zerstückelten Grundstücks oder die Ausweisung eines auskömmlichen Schulzengehalts in Grundstücken oder in Geld, beziehungsweise die Vertheilung des Geldbeitrages auf die einzelnen Trennstücksbesitzer getroffen worden sind.

---

im §. 1 des Gesetz-Entwurfes statt der Worte: „ist . . . ablösbar" die Worte: „ist aufgehoben" zu setzen.

Auch von der damaligen Staatsregierung wurde zwar nach den Motiven des Gesetz-Entwurfs der Weg der sofortigen Aufhebung des Instituts für den prinzipiell richtigeren gehalten, gleichwohl aber von ihr in der Legislation der Weg der Ablösung betreten: „weil die Rücksicht auf die besonderen Verhältnisse in einer großen Zahl von Gemeinden mit entscheidendem Gewichte für die Wahl dieses letzteren Weges zu sprechen schien. In vielen solcher Gemeinden werde das Schulzenamt von dem Besitzer des verpflichteten Grundstücks bereitwillig und zur Zufriedenheit verwaltet, während es außer ihm an qualifizirten Personen in der Gemeinde zur Zeit fehle. In solchen Fällen erfordere es das staatliche Interesse nicht, das bestehende Verhältniß gewaltsam zu lösen und dürfe daher die Beurtheilung des Zeitpunkts der Ablösung den zunächst Betheiligten, der Gemeinde und dem Besitzer des Schulzenguts, überlassen werden. Werde von dem einen oder dem anderen Theile der Antrag auf Ablösung gestellt, so entspreche es der Gerechtigkeit und Billigkeit, wie auch dem historischen Ursprunge des Rechtsverhältnisses der Erbschulzereien, daß der Besitzer des verpflichteten Schulzenguts für die Abnahme des Schulzenamts, welches ein viel höheres Maaß von Pflichten als von Rechten begreife, der Gemeinde für die Uebernahme der Kosten der Schulzenamts-Verwaltung eine Entschädigung gewähre, welche nach der Höhe der mit dieser Amts-Verwaltung verbundenen Amtsunkosten unter Berücksichtigung der örtlichen Verhältnisse zu bemessen sei."

Nach diesen Vorgängen hat die Frage, ob die Ablösung oder die Aufhebung des Lehnschulzen-Institus als Grundsatz für die Gesetzgebung anzunehmen sei, im Schooße der Staats-Regierung von Neuem der reiflichsten Erwägung unterlegen. Die Entscheidung ist danach für die sofortige Aufhebung des Lehn- und Erbschulzen-Verhältnisses, unter Abstandnahme von der Gewährung einer Entschädigung an die Gemeinden Seitens der Schulzengutsbesitzer, ausgefallen. Für diese Entscheidung waren hauptsächlich folgende Gründe maßgebend:

Mit der Aufhebung der polizei-obrigkeitlichen Gewalt der Rittergutsbesitzer einerseits und mit der Einführung der Wahl der Gemeinde-Vorsteher durch die Gemeinden andererseits, erscheint das Fortbestehen der mit dem Besitze gewisser Grundstücke verbundenen Berechtigung und Verpflichtung zur Verwaltung des Schulzenamts unvereinbar. So wenig aber in dem Gesetz-Entwurfe, in der Erwägung, daß eine nicht geringe Anzahl von Rittergutsbesitzern die Polizei mit Umsicht und Hingebung, sowie zur vollen Zufriedenheit der Gemeinden verwaltet, die Aufhebung der polizeiobrigkeitlichen Gewalt für die einzelnen Polizei-Bezirke von den Anträgen der Grundbesitzer oder der Gemeinden abhängig gemacht worden ist, so wenig darf auch für die Aufhebung der Lehn-Schulzenämter, welche auf wesentlich gleicher Basis beruhen, wie die Polizeigewalt der Rittergutsbesitzer, die Provokation der Schulzen-Gutsbesitzer oder Gemeinden zur Bedingung gestellt werden.

Die sofortige Aufhebung des Lehn- und Erbschulzen-Verhältnisses ist aber

§. 38.

Grundstücke, Gerechtigkeiten und Einkünfte, welche den Schulzengutsbesitzern erweislich von der Gemeinde selbst für die Amtsverwaltung verliehen sind, fallen an die Gemeinde zurück.

---

um so mehr geboten, als dieselbe eine nothwendige Voraussetzung für die Konstituirung der Kreistage in ihrer projektirten neuen Zusammensetzung bildet. Der Gesetz=Entwurf beruft die Schulzen und Schöppen zu Wahlmännern der Landgemeinden für die Wahl der Kreistags=Abgeordneten; als solche können dieselben aber nur dann fungiren, wenn sie selbst aus der Wahl der Gemeinden hervorgegangen sind und deren Vertrauen besitzen, eine Präsumtion, welche hinsichtlich der Lehn= und Erbschulzen auch da nicht überall als zutreffend angenommen werden darf, wo von den Gemeinden Anträge auf Aufhebung des Lehnschulzen=Verhältnisses aus bewegenden Gründen noch nicht gestellt worden sind.

Aber auch die Forderung einer Entschädigung von den Lehn= und Erbschulzen=Gutsbesitzern für die Aufhebung der Verpflichtung zur Verwaltung des Schulzenamts stellt sich bei näherer Betrachtung weder als eine durch die Gerechtigkeit gebotene, noch auch als eine in der Billigkeit beruhende Maßregel dar, zumal wenn — wie beabsichtigt — die Aufhebung des Instituts sofort ex officio und nicht allmälig im Wege der Ablösung auf vorherigen ausdrücklichen Antrag der Betheiligten erfolgt. Die Verwaltung des Lehnschulzenamts ist ebenso wie die Ausübung der polizeiobrigkeitlichen Gewalt nicht minder eine Pflicht, als ein Recht der Besitzer. Ob die damit verbundenen Pflichten die Rechte überwiegen, oder umgekehrt, ist eine Frage, die zunächst der subjektiven Beurtheilung der Besitzer selbst anheimgestellt bleiben muß, von diesem Standpunkte aus aber gewiß eine verschiedene Beurtheilung erfahren wird. Will man dieselbe aber rein objektiv vom finanziellen Standpunkte entscheiden, so ist zu konstatiren, daß einerseits einer großen Zahl von Rittergutsbesitzern die Verwaltung der Polizei bei weitem größere Kosten verursacht, als sie ihnen Früchte trägt, und daß andererseits in nicht wenigen Gemeinden die Verwaltung des Lehnschulzenamts ein so wenig mühevolles und zeitraubendes ist, daß damit nennenswerthe finanzielle Opfer für den Schulzengutsbesitzer in der That nicht verknüpft sind. Es würde hiernach der Gerechtigkeit nicht entsprechen, den Rittergutsbesitzern für die Abnahme der polizeiobrigkeitlichen Gewalt eine Entschädigung nicht aufzuerlegen, von den Lehnschulzengutsbesitzern aber für die Befreiung von der Schulzenamts=Verwaltung eine solche zu fordern. Auch würde der Vorgang in der Preußischen Gesetzgebung einzig dastehen, daß von demjenigen, dem ein öffentliches Recht entzogen wird, für dessen Entziehung noch außerdem die Leistung einer Entschädigung verlangt wird.

Selbst wenn man sich bei der Beurtheilung dieser Frage auf den Standpunkt der zunächst betheiligten Gemeinden stellt, wird man in der Aufhebung des Lehnschulzenverhältnisses ohne eine Entschädigung einen Akt der Ungerechtigkeit gegen dieselben nicht erblicken können, da mit Recht behauptet werden darf, daß die ihnen zu Theil werdende Verleihung des Rechts der freien Schulzenwahl für sie ein vollkommen angemessenes Kompensationsobjekt für die künftige Uebernahme der Kosten der Schulzenamts=Verwaltung bilde.

Prüft man endlich auch noch den historischen Ursprung der Rechtsverhältnisse der Erb= und Lehnschulzereien, so wird man nach der Ansicht der Staats=Regierung darin gleichfalls kein Moment finden, welches es als gerechtfertigt erscheinen ließe, den Schulzengutsbesitzern eine Entschädigung für die Abnahme des Schulzenamts aufzuerlegen. Die Entstehung und Geschichte des Lehn= und Erbschulzen=Verhältnisses hängt eng zusammen mit der ältesten Kulturgeschichte der auf dem Boden deutscher Kolonisation erwachsenen östlichen Landestheile des Preußischen Staates rechts der Elbe, wie eines Theiles der Provinz Sachsen. Die Lehn= und Erbschulzen sind die eigentlichen ältesten Unternehmer dieser Deutschen Kolonisation, vorzugsweise in Schlesien und in der Mark Brandenburg, einschließlich der Alt= und Neumark, des Landes Lebus u. s. w., ebenso auch in Ost= und Westpreußen.

Schon in dem 13. Jahrhundert überließen Landes= und Grundherren, Kirchen

§. 39.

Ebenso hören diejenigen Vorrechte und Befreiungen auf, welche dem Schulzengutsbesitzer für die Verwaltung des Schulzenamts in Beziehung auf die aus dem Kommunal-Verbande oder aus anderen Verbänden, z. B. dem Kirchen- und Schulverbande, entspringenden Dienste und Abgaben, der Gemeinde oder deren Mitgliedern gegenüber bisher zustanden.

Auf weitere Vergütigungen hat die Gemeinde keinen Anspruch.

---

und Klöster weite Landstrecken an einen Entrepreneur, den Schulzen (scultetus, praefectus, magister civium oder villicus als emtor oder locator) mit der Verpflichtung, dieselben an bäuerliche Kolonisten, welche aus Westphalen, Sachsen und Holland, sowie vom Rheine herbeigezogen wurden, zu Deutschem Rechte, d. h. als Erb und Eigen, gegen die für den Grundherrn von ihm zu erhebenden Ackerzinsen und Zehnten wieder auszuthun. Der Schulze erhielt dafür als der Unternehmer zu seinem Schulzenhofe eine größere Zahl von Hufen mit der Freiheit vom Ackerzins oder Zehnt, außerdem aber auch häufig Bau- und Brennholz-, Waldstreu-, Schäferei-, Weide-, Jagd-, Mühlen- und Fischereiberechtigungen auf der Ortsfeldmark, ferner Krugverlagsrecht u. s. w. Dagegen hat er ein Lehnpferd, auch wohl einen Heerwagen beim Aufgebot zum Kriegsdienste zu stellen (für welche Leistungen später eine Geldabgabe gegeben wurde), öfters auch Lehnwaare bei Besitzveränderungen zu zahlen, Gerichtsfolge als Schöppe zu leisten, den Gerichts- und Gutsherrn bei dessen Anwesenheit im Orte zu beherbergen und zu beköstigen, ferner die niedere Gerichtsbarkeit gegen einen Antheil an den Gerichtsgebühren (meist den dritten Pfennig) zu verwalten, sowie die gutsherrlichen Abgaben einzufordern und die gutsherrlichen Hofdienste anzusagen, — außer diesen publizistischen und privatrechtlichen Verpflichtungen gegen den Landes-, Grund- und Gerichtsherrn aber auch endlich noch in der Gemeinde die Kommunal-Angelegenheiten zu leiten und zu besorgen.

Im Laufe der Zeit sind demnächst zwar viele Lehn- und Erbschulzengüter einerseits in rittermäßige Scholtiseien, auch in wirkliche Rittergüter verwandelt oder mit solchen durch Ankauf oder Heimfall verbunden, andererseits, besonders in Schlesien, durch die bei freiem Eigenthum zulässige Dismembration zerstückelt und untergegangen. Dagegen wurden auch andere von den Gutsherren erworbene oder denselben heimgefallene Schulzengüter nach Abtrennung der einen oder der anderen Berechtigung, insbesondere der Schäferei-, Jagd-, Mühlen- und Krugverlags-Gerechtsame, wiederum anderweit zu erblichem oder Lehnrecht verliehen. (Vergl. Tzschoppe und Stenzel: Urkunden-Sammlung zur Geschichte des Ursprungs der Städte und der Einführung Deutscher Kolonisten und Rechte in Schlesien und der Oberlausitz, besonders Seite 121 ff., 148 ff.; Riedel: die Mark Brandenburg im Jahre 1250 Theil II. Seite 199 ff., 216 ff.; Wohlbrück: Geschichte des ehemaligen Bisthums Lebus und dieses Landes, Theil I. Seite 201 ff., 210 bis 225; Lette und von Rönne: die Landeskultur-Gesetzgebung des Preußischen Staates Band I., Einleitung Seite XV. XXXIII. u. s. w. a. a. O.)

Viele der den Lehn- und Erbschulzengütern bei ihrer Gründung oder in der Folge von den Landes-, Grund- und Gerichtsherren verliehenen Gerechtsame sind im Laufe dieses Jahrhunderts zufolge der neueren Gerichts- und Steuerverfassung, der Agrar- und Gewerbe-Gesetzgebung, theils unentgeltlich, theils gegen Entschädigung in Land, Kapital oder Rente bei den Separationen, Ablösungen und gutsherrlichbäuerlichen Regulirungen aufgehoben. Häufig finden sich in den Rezessen die Landabfindungen, welche den Lehn- und Erbschulzenguts-Besitzern von den Gutsherren oder auch von den Gemeinden für bestimmte, den ersteren von dem Gutsherrn auf der Gemeindefeldmark eingeräumte Berechtigungen gewährt worden sind, als Schulzenland, Schulzenwiese, Schulzenacker u. s. w. bezeichnet, ohne daß dieselben die Natur besonderer, erst von dem Gutsherrn oder der Gemeinde neu verliehener Schulzenamts-Dotationen hätten.

§. 40.

Die Beziehungen zwischen dem Besitzer des Schulzenguts und dritten Personen werden von den Vorschriften dieses Gesetzes nicht berührt.

In keinem Falle können jedoch Grundstücke, Gerechtigkeiten oder Befreiungen, welche dem Schulzengute, wenngleich mit Beziehung auf die dem Besitzer zustehende Verwaltung des Schulzenamtes, von Dritten, insbesondere von dem Landesherrn oder von Gerichts- oder Gutsherrn, sei es bei der Fundation des Schulzenguts oder später, ohne ausdrücklichen Vorbehalt des Widerrufs verliehen worden sind,

---

Nach den vorliegenden Nachrichten hat bei Gelegenheit der Separation von Seiten der Gemeinden die Ausstattung der Lehnschulzenämter mit besonderen Landdotationen nur in seltenen Fällen stattgefunden. Es lag für sie auch hierzu weder eine gesetzliche Nöthigung, noch eine sonstige Veranlassung vor, da die Lehn- und Erbschulzenguts-Besitzer in der Regel schon weit begüterter und von Altersher von der Gutsherrschaft mit einem überwiegend größeren Landbesitz ausgestattet waren, als die bäuerlichen Wirthe. Dagegen befinden sich viele Besitzer von Lehn- und Erbschulzengütern im Besitze von Vorrechten und Befreiungen, welche ihnen für die Verwaltung des Schulzenamts in Beziehung auf die aus dem Kommunalverbande oder aus anderen Verbänden, z. B. dem Kirchen- und Schulverbande entspringenden Dienste und Abgaben den Gemeinden oder deren Mitgliedern gegenüber zustehen. Auch sind ihnen in neuerer Zeit, als der Umfang der Schulzengeschäfte mehr und mehr zunahm und von den Schulzen nicht nur einen größeren Aufwand an Zeit und Mühe, sondern auch an baaren Auslagen für den Dienst erforderte, von den Gemeinden Entschädigungen für derartige Auslagen, insbesondere für Dienstreisen gewährt, auch in nicht seltenen Fällen, wo die Gemeinden die Gewährung solcher Entschädigungen verweigerten, dieselben für sie durch die Aufsichtsbehörden festgesetzt worden. Es galt dabei der Grundsatz, daß die Lehn- und Erbschulzen zwar für ihre persönliche Mühewaltung keine Remuneration zu fordern haben, daß ihnen aber auch keine baaren Ausgaben für den Dienst zugemuthet werden können, ihnen vielmehr die etwaigen Auslagen ersetzt und bei Reisen Entschädigungen bewilligt werden müssen, wenn nicht durch besonderes Abkommen, oder, nach den bei Verleihung der Lehn- und Erbschulzen festgestellten Bedingungen, ihnen die Verbindlichkeit auferlegt worden ist, dergleichen Verläge ohne Anspruch auf Ersatz zu bestreiten.

Aus dieser historischen Entwickelung des Lehn- und Erbschulzen-Verhältnisses ergiebt sich:

1) daß die von den Schulzengutsbesitzern bei ihrer Ansetzung von den Landes- beziehungsweise Grund- und Gerichtsherren verliehenen Grundstücke und Gerechtsame ihnen vorzugsweise für die Uebernahme einer größeren Zahl dem Lehns- beziehungsweise Grund- und gerichtsherrlichen Nexus angehöriger Verpflichtungen und wohl nur zum allergeringsten Theil für die Verwaltung des Gemeindeschulzenamts verliehen worden sind;
2) daß eine Aussonderung derjenigen Grundstücke und Gerechtsame, welche ihnen speziell für die Uebernahme des Schulzenamts verliehen worden sind, unmöglich ist, und daß, wollte man eine Schätzung vornehmen, für das Schulzenamt, dessen Geschäfte in älteren Zeiten nur äußerst einfache und unbedeutende waren, gegenüber den anderen bei weitem umfangreicheren Verpflichtungen nur ein sehr geringer Antheil berechnet werden dürfte;
3) daß, abgesehen von den den Schulzengutsbesitzern gewährten Dienstaufwand-Entschädigungen und Befreiungen von Kommunal- und Sozietätslasten, eine Dotirung der Lehn- und Erbschulzenämter mit Grundstücken oder Gerechtigkeiten von Seiten der Gemeinden nur in vereinzelten Fällen stattgefunden hat.

sowie die etwa an Stelle der verliehenen Gerechtigkeiten und Freiheiten getretenen Landabfindungen oder sonstigen Entschädigungen von den Verleihern oder deren Rechtsnachfolgern in Anspruch genommen und zurückgefordert werden. Dieselben verbleiben vielmehr dem Schulzengutsbesitzer auch nach Aufhebung der mit dem Schulzengute verbundenen Amtsverwaltung.

Die Schlußfolgerungen, welche aus vorstehendem Ergebnisse zu ziehen sind, bilden den Inhalt der §§. 30.—33. des Gesetz-Entwurfs:

1) das Lehn- und Erbschulzen-Verhältniß wird aufgehoben (§. 30.),
2) die Schulzen-Gutsbesitzer haben an die Gemeinden alle diejenigen Vortheile zurückzugewähren, welche sie erweislich von denselben für die Verwaltung des Schulzenamts empfangen haben; auf weitere Vergütigungen haben die Gemeinden keinen Anspruch, (§§. 31. und 32.),
3) die Schulzen-Gutsbesitzer verbleiben auch nach Aufhebung der mit dem Schulzenamte verbundenen Amtsverwaltung im Besitze derjenigen Grundstücke, Gerechtigkeiten und Befreiungen, welche dem Schulzengute, wenngleich mit Beziehung auf die dem Besitzer obliegende Verwaltung des Schulzenamts, von der Grundherrschaft ohne ausdrücklichen Vorbehalt des Widerrufs verliehen worden sind. (§. 33.)

Es ist diese letztere Bestimmung eine Konsequenz der Thatsache, daß eine Aussonderung der den Schulzengutsbesitzern von der Grundherrschaft speziell für die Verwaltung des Schulzenamts gewährten Vortheile — vielleicht einige wenige Fälle ausgenommen — unmöglich ist. Jeder Versuch einer solchen Aussonderung würde eine ernstliche Gefährdung der wohlerworbenen Besitzstände und Privateigenthumsrechte der Schulzengutsbesitzer zur Folge haben.

Die Staatsregierung verkennt nicht, daß die Aufhebung des Lehnschulzen-Instituts ungeachtet der dafür sprechenden gewichtigen Gründe eine einschneidende Maßregel ist, sie bezweifelt aber auch andererseits nicht, daß die Folgen derselben von den Gemeinden leichter werden überwunden werden, als wenn das Institut im Wege der Ablösung allmählig beseitigt würde. Nach der Ansicht der Staats-Regierung bietet die Normirung und die Anwendung von Ablösungsgrundsätzen für die Erb- und Lehnschulzen-Verpflichtung, welche im konkreten Falle Härten und Ungerechtigkeiten nach der einen und der anderen Seite hin vermeiden, außerordentliche Schwierigkeiten dar und auch der im Jahre 1862 dem Landtage vorgelegte Gesetzentwurf hat diese Aufgabe in befriedigender Weise nicht zu lösen vermocht, wie die Berathungen in der Kommission des Abgeordnetenhauses zur Genüge ergeben haben. Es liegt deshalb die Besorgniß nahe, daß der Friede und die Eintracht in vielen Gemeinden auf längere Zeit und nachhaltiger gestört werden würde, wenn in der Gesetzgebung der Weg der Ablösung beschritten, als wenn die sofortige Aufhebung des Instituts ausgesprochen wird.

Als eine nothwendige Folge der Aufhebung des Lehn- und Erbschulzen-Verhältnisses, ergiebt sich auch das Außerkrafttreten derjenigen Festsetzungen, welche in Veranlassung der Zerstückelung von Lehn- und Erbschulzengütern nach §. 16. des Gesetzes vom 3. Januar 1845 über die Verbindung der Verwaltung des Schulzenamts mit dem Besitze eines der Theile des zerstückelten Grundstücks oder die Ausweisung eines auskömmlichen Schulzengehalts in Grundstücken oder in Geld, beziehungsweise die Vertheilung des Geldbeitrages auf die einzelnen Trennstücksbesitzer, getroffen worden sind. Denn wie aus den Motiven des Gesetzes vom 3. Januar 1845 zu ersehen, bezweckten die Vorschriften des §. 16. nicht eine Ablösung der Lehn- und Erbschulzen-Verpflichtung, sondern nur eine Umwandlung, eine Novation dieses Rechtsverhältnisses in öffentlich rechtlicher Beziehung. Mit der Tendenz einer Ablösung würde die Verbindung der Verwaltung des Schulzenamts mit dem Besitze eines der Theile des zerstückelten Grundstücks schlechterdings unvereinbar sein. Es kann daher auch von einer Verletzung wohlerworbener Privatrechte der Gemeinden nicht die Rede sein, wenn in Folge der allgemeinen Aufhebung des Erb- und Lehnschulzen-Verhältnisses auch diejenigen

§. 41.

Die nach den §§. 38. und 39. etwa erforderliche Auseinandersetzung zwischen der Gemeinde und dem Schulzengutsbesitzer wird durch einen von dem Kreis=Ausschusse zu ernennenden Kommissarius bewirkt.

Der über die Auseinandersetzung aufzunehmende Rezeß unterliegt der Prüfung und Bestätigung des Kreis=Ausschusses.

Festsetzungen außer Kraft gesetzt werden, welche in Folge der Zerstückelung von Lehn= und Erbschulzengütern lediglich im öffentlichen Interesse so lange getroffen werden mußten, als jenes Rechtsverhältniß überhaupt bestand."

Im Abgeordnetenhause sprachen sich die Abgeordneten von Mitschke=Collande und von Meyer (Arnswalde) gegen die Beseitigung der Lehn= und Erbschulzen aus. Letzterer hatte für den Fall, daß diese Beseitigung dennoch erfolgen sollte, einen Zusatz zu §. 36. beantragt, dahin lautend:

„Vorbehalten bleibt jedoch die Festsetzung der Entschädigung, welche die „Besitzer der bisher verpflichteten Grundstücke nach ihrer Wahl durch Ka= „pitalszahlung oder Landabtretung den Berechtigten zu gewähren haben."

Das Abgeordnetenhaus nahm mit großer Majorität den §. 36. — unter Ablehnung des Amendements von Meyer — an. (St. B. S. 1356.)

Vielseitigeren Widerstand fand die Aufhebung des Instituts der Erbschulzen rc. sowohl in der Kommission des Herrenhauses, wie auch bei den Debatten im Plenum desselben, welches schließlich den Antrag seiner Kommission annahm, welche beantragt hatte, anstatt des §. 36. hierüber folgende Bestimmung zu treffen:

„Den Landgemeinden, in welchen Lehn= oder Erbschulzengüter befindlich „sind, steht die Beschlußnahme darüber zu, ob die mit diesen Gütern ver= „bundene Berechtigung und Verpflichtung zur Verwaltung des Schulzen= „(Richter=) Amts fortbestehen oder aufgehoben werden soll.

„Beschließt die Gemeinde, daß dieses Verhältniß fortbestehen soll, so „behält es dabei nach Maßgabe der gegenwärtig geltenden Vorschriften, „vorbehaltlich der Bestimmung des §. 46., sein Bewenden, bis die Ge= „meinde etwa einen anderen Beschluß faßt.

„Beschließt die Gemeinde, daß das Verhältniß aufgehoben werden soll, „so finden, in Ermangelung einer anderweiten Einigung mit den Schulzen= „gutsbesitzern, die nachstehenden Vorschriften (§§. 37. bis 45.) Anwendung."

wonächst bezüglich derjenigen Gemeinden, welche die Aufhebung der qu. Berechtigung beschließen würden, die in den §§. 37. bis 45. vorgesehenen Bestimmungen unverändert die Zustimmung der Kommission fanden, welche hierbei am Schluß des dritten Abschnitts noch einen Zusatzparagraphen dahin beantragte:

„Der Erb= und Lehnschulzengutsbesitzer bedarf zur Uebernahme des „Amts der Bestätigung durch den Landrath nach Anhörung des Amts= „vorstehers. Die Bestätigung kann nach Anhörung des Kreisausschusses „versagt werden. Wird die Bestätigung versagt, so ernennt der Landrath „auf Kosten des Schulzengutsbesitzers einen Stellvertreter auf so lange, „bis der Besitzer die Bestätigung erlangt hat."

Der Bericht der Herrenhaus=Kommission (S. 39. ff.) motivirt deren Ansicht, wie folgt:

„Während für den Fall der Annahme der Kreisordnung der Erlaß einer modifizirten vollständigen Landgemeindeordnung in Aussicht gestellt ist, handelt es sich vorläufig, bei der gegenwärtigen Vorlage, nur um einige Punkte, die in die Landgemeindeordnung hinüber greifen, weil es sich — nach ausdrücklicher Erklärung der Motive S. 55. — „nicht empfiehlt, in den gegenwärtigen Entwurf andere Fragen der Gemeindeverfassung hineinzuziehen, als diejenigen, welche mit dem Ausbau der Kreisverfassung in direktem Zusammenhange stehen." Zu jenen Punkten gehört vornehmlich die Wahl der Schulzen und Schöffen.

Nach der Regierungsvorlage soll die Vertretung der Gemeinden bei der

§. 42.

Entstehen bei dem Auseinandersetzungs-Verfahren (§. 41.) Streitigkeiten darüber, ob mit einem Grundstücke die Verpflichtuug zur Verwaltung des Schulzenamtes verbunden ist, oder ob und welche Grundstücke, Gerechtigkeiten, Vorrechte oder Befreiungen der in den §§. 38. und 39. gedachten Art zurück zu gewähren, beziehungsweise

Wahl zum Kreistage durch Schulzen und Schöffen erfolgen, so daß ein gewisser, wenn auch entfernter, Zusammenhang der Schulzenwahl mit der Kreisordnung anerkannt werden konnte. Nach den Beschlüssen des Abgeordnetenhauses indessen erfolgt die Vertretung der Gemeinden bei der Wahl zum Kreistage durch gewählte Wahlmänner. Von einem „direkten Zusammenhange mit dem Ausbau der Kreisverfassung" kann daher hiernach füglich nicht mehr die Rede sein, und, die Annahme dieser Beschlüsse vorausgesetzt, würde es sich demgemäß selbst nach der ausdrücklichen Erklärung der Motive nicht mehr empfehlen, die Frage wegen der Schulzenwahl in den gegenwärtigen Entwurf hineinzuziehen, mithin ließe schon aus diesem Grunde die Ablehnung der desfallsigen Bestimmungen sich rechtfertigen.

Dazu kommt noch Folgendes: Der Wahl der Schulzen durch die Gemeinden, vorbehaltlich der Bestätigung durch den Landrath, würden wesentliche Bedenken zwar an sich kaum entgegenstehen, indem die Wahl für manche Landestheile allerdings keine Verbesserung, für andere aber ganz angemessen sein dürfte, auch die vorgängige Anhörung der Gemeinde jetzt schon gesetzlich vorgeschrieben ist: so daß man in dieser Beziehung der Vorlage mit einigen Modifikationen wohl zustimmen könnte. Allein nicht unerheblich sind diejenigen Bedenken, welche sich daraus ergeben, daß sofort die weitere Konsequenz gezogen wird, es müsse auch das Institut der Erbschulzen aufgehoben werden. Diese Bedenken bedürfen daher einer vorgängigen Erörterung.

Bevor indessen hierauf näher eingegangen wird, mag noch hervorgehoben werden, daß, abweichend von den bestehenden Grundsätzen, die Vereidigung der Gutsvorsteher vorgeschrieben ist und sie, wie die Schulzen und Schöffen, nach den Beschlüssen des Abgeordnetenhauses — gegen die Ansicht der Königlichen Regierung — dem Disziplinargesetz vom 21. Juli 1852 mit gewissen Modifikationen unterworfen werden sollen. Den Gutsbesitzern, welche bisher lediglich Organe der Selbstverwaltung waren, wird daher der Charakter von (mittelbaren) Staatsbeamten aufgeprägt. Es zeigt sich hier wiederum eine auch auf anderen Rechtsgebieten hervortretende eigenthümliche Richtung der Zeit, welche theoretisch nach Selbstverwaltung strebt, praktisch aber den büreaukratischen Beamtenstaat fördert.

Von der Aufhebung des Lehn- oder Erbschulzen-Verhältnisses handelt der dritte Abschnitt des zweiten Titels. Etwaige Vorrechte und Befreiungen von Diensten und Abgaben, die den Erbschulzen für die Verwaltung ihres Amts zustehen, sollen zwar fortfallen (§. 32.), dagegen verbleiben ihnen die Schulzengüter, Gerechtigkeiten und Einkünfte — ausgenommen die nach der eigenen Angabe der Motive von 1869 (S. 91.) nur vereinzelt vorkommenden Fälle, wo solche Güter ꝛc. den Besitzern erweislich von der Gemeinde selbst für die Verwaltung des Schulzen-Amts verliehen worden sind (§. 31.).

Nach einer der Vorlage angehängten Nachweisung giebt es in den sechs östlichen Provinzen 26,294 Landgemeinden, und darunter 4745, also der fünfte oder sechste Theil, etwa 18 Prozent, mit Erbschulzengütern. Man erkennt hieraus die weitgreifende Bedeutung des Instituts, welche überdies in einigen Landestheilen um so stärker hervortritt, als die Vertheilung eine sehr verschiedene ist, denn während in dem Regierungsbezirk Gumbinnen auf 3225 Gemeinden nur zwei mit Erbschulzengütern kommen, ist es z. B. im Regierungsbezirke Potsdam, Breslau und Liegnitz mehr als der dritte Theil sämmtlicher Landgemeinden, welcher Erbschulzengüter besitzt.

In diesen 4745 Gemeinden sollen die Erbschulzen ihrer Verpflichtung entaufzuheben sind, oder wird die Vollziehung des Rezesses von den Betheiligten verweigert, so sind die Verhandlungen zum weiteren Verfahren und zur Entscheidung an die betreffende Auseinandersetzungs-Behörde abzugeben.

Auf eine Appellation von der Entscheidung der General-Kommission beziehungsweise des betreffenden Spruch-Kollegiums für landwirthschaftliche Angelegenheiten des Regierungs-Bezirks erkennt das Re-

---

hoben sein, ihre Schulzengüter 2c. aber behalten, und die Kosten der Schulzenverwaltung sollen fortan von der Gemeinde getragen werden. Rechnet man diese Kosten nur auf 50 Thlr. für die Gemeinde, was bei den erhöhten Anforderungen an die Schulzen im Durchschnitt nicht ausreichen dürfte, so wird den Erbschulzen auf Kosten der Gemeinden jährlich ein Geschenk von 200,000 Thalern gemacht. Zieht man hierzu in Betracht, daß, wie die Vorlage selbst (S. 87) aus den Motiven eines früheren Gesetzentwurfs anführt, „in vielen solchen Gemeinden das Schulzenamt von dem Besitzer des verpflichteten Grundstückes bereitwillig und zur Zufriedenheit verwaltet werde, während es außer ihm an qualifizirten Personen in der Gemeinde zur Zeit fehle;" daß also in diesen vielen Gemeinden gar nichts Anderes übrig bleibt, als den alten Erbschulzen das Amt wiederum zu übertragen, nur mit dem Unterschiede, daß sie fortan von der Gemeinde remunerirt werden müssen: so giebt dies das vollendete Bild einer Maßregel, die das Rechtsbewußtsein im Volke aufs Tiefste erschüttern muß; und wenn die Motive S. 89 hierin einen Akt der Ungerechtigkeit gegen die Gemeinden nicht erblicken können, „da mit Recht behauptet werden dürfe, daß die ihnen zu Theil werdende Verleihung des Rechts der freien Schulzenwahl für sie ein vollkommen angemessenes Kompensationsobjekt für die künftige Uebernahme der Kosten der Schulzenamts-Verwaltung bilde," so würde diese Argumentation, welche den Wünschen und Bedürfnissen der Landgemeinden eines großen Theils der Monarchie kaum entsprechen dürfte, doch nur dahin führen können, die Aenderung von der Beschlußnahme der Gemeinden abhängig zu machen.

Eben so wenig kann einer anderen Ausführung beigetreten werden, welche Seitens der Königlichen Regierung im Abgeordnetenhause (Sten. Ber. S. 1355) gemacht worden ist: daß die Rechte der Gemeinden um deswillen in vollem Maße gewahrt seien, weil die Lehnschulzen nicht von Seiten der Gemeinden, sondern von dem Landesherrn, dem Grund- und Lehnsherrn dotirt worden, und wo ausnahmsweise Seitens der Gemeinden eine Dotation stattgefunden, dieselbe nach §. 31. der Vorlage zurückfallen solle. Diese Ausführung trifft offenbar nicht zu, da — der Ursprung des Jahrhunderte alten Rechts mag sein, welcher er will — die vermögensrechtliche Beschädigung der Gemeinden immer dieselbe bleibt.

Die Gründe für die in Rede stehende tiefeingreifende Maßregel anlangend, so ist S. 86 der Motive hervorgehoben, daß sowohl der Staatsregierung als dem Abgeordnetenhause zahlreiche Petitionen um definitive Aufhebung des Instituts zugegangen seien.

Von wem diese Petitionen herrühren, ist nicht gesagt worden. Bei den Verhandlungen im Abgeordnetenhause (Stenogr. Ber. S. 1353) hat ein Abgeordneter die Behauptung ausgesprochen, daß dieselben sämmtlich von verpflichteten Erbschulzengutsbesitzern ausgegangen seien, und nicht eine um unentgeltliche Aufhebung von betheiligten Gemeinden. Die provocirte Berichtigung dieser Behauptung ist ausgeblieben, so daß man dieselbe als begründet annehmen muß. Dies vorausgesetzt, wird aber wenig Werth auf die Petitionen zu legen sein. An Personen, welche den Wunsch haben, sich ihrer Verpflichtungen auf Unkosten Anderer zu entledigen, fehlt es weder unter den Erbschulzen, noch hinsichtlich der Polizeiobrigkeit unter den Rittergutsbesitzern, während gewiß die große Mehrzahl eine Ehre darin setzt, ihre Pflichten zu erfüllen.

Die sonstigen Gründe für die Maßregel anlangend, so beschäftigen sich die Motive vorzugsweise mit der Frage, weshalb der durch einen Gesetzentwurf vom

visions-Kollegium für Landeskultur-Sachen endgültig und findet gegen dessen Entscheidung weder ein ordentliches noch ein außerordentliches Rechtsmittel statt.

Vor der Entscheidung in erster und zweiter Instanz ist das Gutachten des Kreis-Ausschusses einzuholen und den Betheiligten zur Erklärung mitzutheilen.

Jahre 1861 vorgeschlagene Modus der Ablösung nicht zu empfehlen sei. Die dabei mehr gelegentlich geltend gemachten Gründe für die Aufhebung sind etwa folgende: Das Fortbestehen des Instituts erscheine mit der Aufhebung der polizeiobrigkeitlichen Gewalt der Rittergutsbesitzer einerseits und mit der Wahl der Schulzen durch die Gemeinden andererseits unvereinbar; auch bilde die sofortige Aufhebung eine nothwendige Voraussetzung für die Konstituirung der Kreistage in ihrer neuen Zusammensetzung, weil nur gewählte, das Vertrauen der Gemeinden besitzende Schulzen als Wahlmänner der Kreistags-Abgeordneten fungiren könnten.

Diese Gründe sind aber lediglich doktrinärer Natur; sie setzen ein Prinzip voraus, welches erst zu beweisen wäre. Dazu kommt, daß die Vorlage selbst diesem Prinzip wieder untreu wird, indem im §. 28. für selbstständige Gutsbezirke dem Gutsherrn die Rechte und Pflichten der Gemeindevorsteher beigelegt, also gewissermaßen neue Erbschulzen — und zwar in viel größerer Zahl wie bisher — konstituirt werden. Ferner kommt in Betracht, daß nach den Beschlüssen des Abgeordnetenhauses die Gemeindevorsteher nicht Wahlmänner zum Kreistage sein sollen, so daß danach dieser Grund für Beseitigung der Erbschulzen seine Bedeutung ganz verlieren würde.

Im Uebrigen scheinen darüber, ob erfahrungsmäßig Uebelstände eingetreten sind, ob etwa die Erbschulzen im Allgemeinen ihr Amt weniger gut wie die Setzschulzen verwalten, die Provinzialbehörden nicht gehört zu sein. Auch wird in den Motiven gar nicht behauptet, daß in dieser Beziehung Ausstellungen zu machen seien; vielmehr ist bereits oben das Anerkenntniß erwähnt: „in vielen solchen Gemeinden werde das Schulzenamt von dem Besitzer des verpflichteten Grundstücks bereitwillig und zur Zufriedenheit verwaltet." Und hierzu kann aus den Motiven des Gesetzentwurfs von 1861 noch folgender Passus citirt werden: „Aber auch in seiner bisherigen Gestalt habe das Amt eine Eigenschaft gehabt, welche von allen Seiten als gut und heilsam anerkannt worden und, welche einem verbesserten Gemeindeleben zu erhalten, die Pflicht der Gesetzgebung sei: das Schulzenamt sei bisher in der Hauptsache ein Ehrenamt gewesen und müsse ein solches bleiben."

Auch bei den Verhandlungen des Abgeordnetenhauses ist nichts angeführt worden, was irgendwie zur Begründung der unbedingten Aufhebung des Instituts dienen könnte. Die Königliche Regierung hat sich hier wesentlich auf die Erklärung beschränkt, daß die entgegenstehenden Bedenken in den Motiven „bereits eingehend gewürdigt und ausführlich widerlegt worden" seien, was aber von dieser Würdigung und Widerlegung zu halten, ist oben dargelegt worden, so daß das Resultat gegenwärtiger Erörterungen dahin zusammengefaßt werden kann, daß es an einer sachlichen Motivirung des Vorschlags, wie er formulirt ist, gänzlich fehlt, und daß man der Aufhebung des Instituts nur etwa dann zustimmen könnte, wenn dabei das Selbstbestimmungsrecht der Gemeinde gewahrt bliebe.

Bei einem Theile der Kommission fanden vorstehende Ausführungen keinen Anklang. Es wurde entgegnet, daß wenn man die Fortdauer der gutsherrlichen Polizei wolle, damit die Beibehaltung der Lehnschulzen allerdings in vollem Einklang stehe. Aber die Gemeinden fänden darin, daß der Gutsherr der geborene Polizeiverwalter sei, ihrerseits keineswegs eine Selbstverwaltung. Hier sei eine Vermittelung der Prinzipien nicht möglich; entweder müsse man das Alte behalten oder die Vorlage annehmen. Die Vorlage gehe von dem ganz gesunden Gedanken aus, daß amtliche Autorität niemals Ausfluß eines eigenen Rechtes

§. 43.

Ist das Auseinandersetzungs-Verfahren zufolge §. 42. auf die

---

sein, sondern stets nur vom Staate sich ableiten könne. In Betreff der Gerichtsbarkeit sei dieser Gedanke durchgeführt; werde jetzt auch die gutsherrliche Polizeigewalt aufgehoben, so seien die Erbschulzen gar nicht mehr zu halten. Es sei ein entscheidender Schritt, der aber durch höhere Rücksichten geboten erscheine. Dabei werde die angebliche Rechtsverletzung viel zu scharf betont; es handele sich gar nicht um einen Gegenstand des Privatrechts. Auch sei — so wurde von einem Mitgliede bemerkt — der Werth der Institution ein sehr geringer. Die Vertheidiger gehen immer von dem Bilde eines vorzüglichen Erbschulzen aus; diese bilden indessen die Ausnahme. In Betreff der Entschädigungsfrage können wohl Bedenken auftauchen; doch darum handele es sich hier noch nicht, hier sei zunächst die Frage des Fortbestandes der Institution in Erörterung.

Ein anderes Mitglied führte aus: In den vorligenden Bestimmungen fehle allerdings viel an Selbstverwaltung, das sei aber kein Vorwurf gegen die Vorlage, die nothwendig auf die gegebenen Verhältnisse habe rücksichtigen müssen. Unsere Gemeinden mögen noch wenig für die Selbstverwaltung befähigt sein, daher mußten die vorliegenden Bestimmungen sich mehr nach der polizeilichen Seite wenden. Wahre Selbstverwaltung aber sei ungemein bildend für das Volk und ächt konservativ; sie lehre Freiheit mit Ordnung verbinden. Er wolle daher im Ganzen gegen die Vorlage nicht opponiren; in Betreff einzelner Punkte aber müsse er sich seine Einwürfe vorbehalten. Die Wahl der Schulzen und Schöffen sei unbedingt nothwendig. Daß die Gutsvorsteher rc. unter das Disziplinar-Gesetz gestellt würden, sei dagegen allerdings mißlich. Nach dem Prinzipe der Selbstverwaltung dürfe gegen die Amtsverwalter eine Strafe eigentlich nur bei Verletzung der Gesetze verhängt, sonst aber keine Disziplinargewalt geübt werden.

Vorstehenden Ausführungen wurde entgegengesetzt: Die Debatte scheine abzuschweifen. Von einem Streben nach Aufrechthaltung der gutsherrlichen Polizeigewalt sei hier gar keine Rede, sondern nur von Schulzen und Schöffen. Auf Grund der Erfahrungen müsse man sich gegen die Wahl der Schulzen erklären. Häufig würden Quärulanten gewählt werden, und die Bestätigung durch den Landrath biete wenig Garantie, das illustriren die öfter schlechten Bürgermeister in den kleinen Städten. Die Versagung der Bestätigung müsse auf bestimmte Thatsachen sich gründen und diese darzuthun, sei mitunter äußerst schwer. Im Uebrigen sei man nicht gegen die Aufhebung der Erbschulzen, man solle aber die Gemeinden dabei nicht übergehen, denn um Rechte der Gemeinden, nicht um Rechte der Schulzen handle es sich vorzugsweise, das jenen auferlegte Opfer sei bedeutend; früher habe für die Schulzen eine Entschädigung von 5—10 Thlr. genügt, jetzt beanspruchten sie 50—100 Thlr.

Von anderer Seite erachtete man, unter Hinweisung auf die in der Rheinprovinz während der Herrschaft der Gemeindeordnung vom 11. März 1850 gemachten Erfahrungen die Schulzenwahl ebenfalls nicht für unbedenklich, gleichwohl wolle man derselben nicht unbedingt entgegentreten, da solche kaum zu vermeiden sein werde, wenn, wie es in der Absicht liege, die Abgeordneten der Landgemeinden zu dem Kreistage künftig von den Schulzen rc. gewählt werden sollten.

Der Bemerkung eines Mitglieds, daß eine gute Verwaltung des Amts durch die Lehnschulzen die Ausnahme bilde, wurde von mehreren Seiten aus eigener Erfahrung entgegengetreten, vielmehr hervorgehoben, daß der Regel nach gerade die Lehnschulzen die besten Schulzen seien, namentlich ihre Betheiligung bei den Kreistagen sehr nützlich sei. Ein Mitglied führte an, daß nach seinen Erfahrungen — und er habe auf seinen Gütern 16 Lehn- und 10 Setzschulzen — die Erbschulzen der überwiegenden Mehrzahl nach sich gut bewährt haben. Er bedauere deßhalb die Abschaffung des Instituts. Jedenfalls läge aber große Ungerechtigkeit für die Gemeinden darin, wenn ihnen nicht wenigstens eine Beihülfe für die gewählten Schulzen gewährt würde.

Endlich wurde darauf hingewiesen, daß gegen die Aufhebung der Erbschulzen zahlreiche Petitionen namentlich aus dem Oderbruch eingegangen seien, in denen

Auseinandersetzungs-Behörde übergegangen, so steht dieser Behörde auch die Aufnahme, Prüfung und Bestätigung des Rezesses zu.

---

zum Theil die den Schulzen zu gewährende Entschädigung bis auf 300 Thaler jährlich berechnet werde.

Der Regierungskommissar konstatirte zunächst, daß in Betreff der Wahl der Gemeindevorsteher ziemliche Uebereinstimmung herrsche, ingleichen der Hauptsache nach auch bezüglich der Aufhebung der Erbschulzengerechtigkeit, indem hier die Ansichten nur darüber aus einander gingen, ob diese Aufhebung ohne oder nur mit Zustimmung der Gemeinden erfolgen solle. Für die unbedingte Aufhebung sprechen — so fuhr er fort — zunächst prinzipielle Gründe, wie sie schon angegeben sind. Es muß vor Allem der staatsrechtliche Grundsatz betont werden, daß die Fortdauer der Verbindung des Rechts obrigkeitlicher Gewalt mit dem Besitz gewisser Güter ohne Rücksicht auf die Person des Besitzers nicht zulässig erscheint. Die Ausführung dieses Grundsatzes kann keinenfalls in das Belieben der Gemeinden gestellt werden. Es sprechen aber auch wichtige praktische Gründe für die unbedingte Aufhebung. Man hat die Anführung solcher Gründe in den Motiven vermißt und es bemängelt, daß die Provinzial-Regierungen nicht vorher gehört werden wären. Letzteres ist allerdings nicht geschehen, der Gegenstand ist aber in Ministerial-Konferenzen unter Zuziehung der betreffenden Regierungspräsidenten eingehend berathen worden, und Letztere haben sich durchweg zustimmend ausgesprochen. Auch enthalten die Ministerial-Akten eine große Zahl von Beschwerden. Nicht wenige Erbschulzen sind durch die Erfüllung der ihnen obliegenden Verpflichtungen in Vermögensverfall gerathen. In einer Gemeinde z. B., welche ursprünglich etwa 150 Einwohner zählte, hatte der Schulze nur ein etwas größer ausgemessenes Bauergut zur Entschädigung erhalten. Jetzt, wo die Gemeinde über 1200 Seelen zählt, muß der Schulze, durch Krankheit am Dienst behindert, für seinen Stellvertreter bis 300 Thlr. zahlen. Er ist hierdurch vollständig ruinirt. Solcher Fälle sind mehrere vorgekommen. In anderen Fällen stellten sich die größten Mißstände dadurch ein, daß die Güter schnell wechselnd in andere wenig qualifizirte Hände übergingen. Das Bestätigungsrecht der Behörden bot nicht immer ein genügendes Mittel zur Abhülfe, denn es muß die Bestätigung ertheilt werden, wenn der Besitzer sittlich untadelhaft ist und nothdürftig lesen und schreiben kann. Einen ferneren Grund zu argen Mißständen gaben die fortschreitenden Parzellirungen. Die Parzellenerwerber müssen allerdings die Entschädigung tragen, sobald das Hauptgut nicht mehr prästationsfähig bleibt. Kleinere Theile werden aber hiervon frei gelassen, weil durch ihre Abtrennung das Hauptgut noch nicht prästationsunfähig wird. Dadurch geschieht es leicht, daß das Hauptgut bis auf die äußerste Grenze der Prästationsfähigkeit herabsinkt, und wenn dann endlich, wie dies häufig geschehen ist, dieser Ueberrest in viele kleine Theile zerschlagen wird, die auf eine große Zahl kleiner Leute übergehen, dann hilft ein Zurückgreifen auf diese Besitzer auch nichts, es führt vielmehr nur deren Ruin herbei. Nach solchen mehrfach gemachten Erfahrungen erscheint die Aufhebung des Erbschulzen-Instituts dringend geboten.

Der Regierungskommissar ging hiernächst auf den Ursprung des Instituts ein und führte die geschichtliche Entstehung desselben näher aus, indem er das darüber in den Motiven der Vorlage Gesagte rekapitulirte. Danach sei die Dotation vom Gutsherrn und nicht von der Gemeinde gewährt und zwar dem überwiegend größten Theile nach nicht für die zu leistenden Kommunaldienste, sondern für Verpflichtungen, welche auf dem lehns- und gerichtsherrlichen Verbande beruhen. Wie solle nun hier eine Ausscheidung erfolgen? Das Gesetz wolle durchaus keine Beraubung der Gemeinden; denn wo eine Gemeindedotation vorliege, da solle solche auch an die Gemeinde zurückfallen. Die frühere Vorlage des Ministeriums Graf Schwerin habe allerdings eine Ablösung beabsichtigt; eine nähere Erwägung aber habe die Unausführbarkeit herausgestellt. Eine solche Ablösung würde auch viel mehr Unzufriedenheit erzeugen.

Wenn endlich darauf hingewiesen sei, daß die Vorlage dem Grundsatze, daß obrigkeitliche Rechte nicht mit einem Grundbesitz verbunden sein dürften, selbst untreu werde, indem sie im §. 32. dem Gutsbesitzer, als solchem, die Rechte und

§. 44.

In Betreff des Verfahrens (§§. 41. bis 43.), sowie der Wirkung und Ausführung der Rezesse, gelten die hinsichtlich der Ablösung

---

Pflichten der Gemeindevorsteher zuweise, mithin gewissermaßen neue Erbschulzenämter konstituire, so sei zu bemerken, daß die Regierung die Existenz der Gutsbezirke nicht habe ignoriren und, wenn sie dieselben nicht inkommunalisiren wollte, nur wie geschehen, habe disponiren können. Der Titel für die Ausübung der obrigkeitlichen Funktionen liege allerdings im Besitze des Guts, aber der Gutsherr erlange das Recht obrigkeitlicher Gewalt doch erst durch die Bestätigung. Dieser Grundsatz sei in der Regierungsvorlage ursprünglich nicht so scharf ausgesprochen gewesen, habe aber durch die Fassung des Abgeordnetenhauses einen ganz präzisen Ausdruck erhalten. Aus allen diesen Gründen bitte er um Annahme der fraglichen Bestimmungen, die Regierung lege großes Gewicht darauf.

Seitens der Majorität der Kommission wurden die vorstehend entwickelten Gründe in keiner Weise für durchgreifend erachtet. Zunächst sei immer nur einseitig das Interesse der Erbschulzen ins Auge gefaßt worden, das Interesse der Gemeinden aber, welche dabei mehr als 200,000 Thlr. jährlich einbüßen, außer Acht gelassen, was um so weniger zu rechtfertigen sei, als es sich zum Theil um arme Gemeinden handele, auf deren Kosten den meist wohlhabenderen Erbschulzen ein Geschenk gemacht werde. Den Letzteren liege die Verpflichtung doch von Rechts wegen für die empfangene Dotation auf, und wenn angeführt worden, daß diese Dotation zum überwiegend größten Theile nicht für Kommunaldienste, sondern für Verpflichtungen, die auf dem lehns- und gerichtsherrlichen Verbande beruhen, gewährt worden, so beweise dieser Grund das Gegentheil dessen, was er beweisen solle: gewiß liege kein Grund vor, nach der meist unentgeltlich erfolgten Aufhebung der letztgedachten größeren Verpflichtungen, den Erbschulzen nun auch die geringeren kommunalen Verpflichtungen abzunehmen. Seien diese Verpflichtungen durch Zunahme der Einwohnerzahl der Gemeinden in einzelnen Fällen größer geworden, so stehe dem gegenüber, daß der Werth der Erbschulzengüter im Laufe der Zeit gestiegen sei, und sofern dessen ungeachtet Fälle vorkommen, wo die Last unverhältnißmäßig drückend sei, so bleibe der Ausweg übrig, — der thatsächlich auch öfter eingeschlagen worden — dem Erbschulzen eine besondere Entschädigung zuzugestehen.

Auffallen müsse ferner die Behauptung, daß das Bestätigungsrecht nicht genüge, um für unqualifizirte Personen den Eintritt in das Amt zu hindern; die Vorlage wolle allgemein die Wahl der Schulzen vorbehaltlich der Bestätigung einführen, gäbe aber die Bestätigung bei den Erbschulzen keine genügende Garantie, so werde sie eine solche bei den gewählten Schulzen auch nicht geben. Zeige sich bei einem im Amte befindlichen Erbschulzen, daß er sich dazu nicht eigene, so könne gesetzlich überdies ein Stellvertreter ernannt werden, so daß es auch in dieser Hinsicht den Behörden an Befugnissen nicht fehle.

Endlich die aus Parzellirungen entstehenden Nachtheile und Mißstände anlangend, so beruhen dieselben zum großen Theil auf Schuld der Behörden, indem diese der Vorwurf treffe, von den ihnen zustehenden Befugnissen keinen genügenden Gebrauch gemacht zu haben.

Auf diesen letzteren Vorwurf bemerkte der Regierungs-Kommissar, daß die Behörden streng gesetzlich verfahren wären. Sie hätten nur zu prüfen, ob das Hauptgut noch prästationsfähig sei, und bis zu dieser Grenze könnten sie die Parzellenerwerber zu Entschädigungen nicht verpflichten. Dadurch trete aber endlich ein Zustand ein, wo bei der weiteren Parzellirung die oben geschilderten Mißstände sich herausstellen.

Darauf wurde von der anderen Seite entgegnet, daß die Erwiderung nicht zutreffe, da durch §. 16. des Gesetzes über die Zertheilung von Grundstücken vom 3. Januar 1845 den Behörden ausdrücklich die Pflicht auferlegt sei, nach Umständen zu ermessen, ob die Verwaltung des Schulzen-Amts mit dem Besitze eines der Theile des Grundstücks verbunden bleiben könne, oder ob für ein auskömmliches Schulzengehalt in Grundstücken oder hypothekarisch sicher zu stellenden Geldder Reallasten und der Regulirung der gutsherrlichen Verhältnisse bestehenden Vorschriften.

---

beiträgen gesorgt werden müsse. Die Behörden haben daher vollkommen ausreichende Befugnisse, um etwaigen Uebelständen vorzubeugen."

Bei der im Plenum des Herrenhauses am 26. Oktober 1872 hierüber stattgehabten Debatte wurden die Gründe zu Gunsten des Kommissionsberichtes durch von Senfft-Pilsach, von Kleist-Retzow und den Berichterstatter von Kröcher, dagegen zu Gunsten der Regierungsvorlage durch Dr. Zachariä, Dr. Dernburg, Dr. Baumstark, v. Winter und Graf zu Eulenburg zur Geltung gebracht. Der Minister des Innern, Graf zu Eulenburg, erklärte hierbei:

„Die Regierung legt auf die Ablehnung der Kommissions-Vorschläge einen noch größeren Werth, wie es nach dem Schlusse der Rede meines Kommissars den Anschein haben könnte. Ich muß die Vorschläge der Kommission in diesem Punkte für inacceptabel erklären. Die Aufrechthaltung der Lehnschulzen, auch selbst nur theilweise da, wo ein gegenseitiges Einverständniß stattfinden sollte, würde einen Riß in das System des Gesetzentwurfes hineinbringen. Die obrigkeitliche Gewalt soll ein Ausfluß der Staatsgewalt sein, sie ist den Rittergütern genommen, den Lehnschulzen will die Kommission sie lassen. Welcher Unterschied in dieser Beziehung zwischen Rittergutsbesitzern und Lehnschulzen sein soll, ist mir nicht klar geworden. Keiner der Herren, die für die Aufrechthaltung der Lehnschulzen gesprochen haben, hat diesen Punkt klar gestellt. Die Annahme des Kommissions-Antrages würde eine arge Inkonsequenz sein. Wenn Sie hervorheben, daß 4700 Lehnschulzen jetzt noch existiren und daß es also hart wäre, das Institut aufzuheben, so kann ich mit demselben Rechte umgekehrt sagen, daß es, weil eine so große Zahl von Lehnschulzen noch existirt, um so mehr geboten erscheint, sie zu beseitigen, weil sonst in einem großen Theile der Monarchie ein Institut fortbestehen würde, welches mit der Idee des Gesetzes unvereinbar ist. Wenn der Herr Referent sagt: die Lehnschulzen wirkten, wenn auch bisweilen Klagen vorgekommen seien, ziemlich gut, und wenn er fragt, warum sie nicht da bestehen bleiben könnten, wo über ihr Fortbestehen eine Einigung zwischen ihnen und der Gemeinde zu Stande komme, so entgegene ich darauf, daß jetzt auch noch die Rittergutsbesitzer als Inhaber der Polizeigewalt bestehen, und Viele von ihnen ihr Amt sehr gut verwalten: trotzdem ist es Niemand eingefallen, zu verlangen, daß das Institut der Rittergutspolizei zwar aufgegeben, in einzelnen Fällen aber, wo der Kreis sich damit einverstanden erklärt, aufrecht erhalten werden solle. Meine Herren! Wenn Petitionen von Seiten der Gemeinden für oder wider die Aufhebung des Lehnschulzenamtes eingegangen sind, so wird man nicht außer Acht lassen dürfen, in welcher Zeit dies geschehen ist. Es kamen eine Menge Petitionen um Aufhebung des Lehnschulzenamtes, als den Gemeinden eine Entschädigung gewährt werden sollte, und gegen die Aufhebung, als der umgekehrte Grundsatz aufgestellt wurde. Ich kann nur dabei stehen bleiben, daß die Aufrechthaltung des Instituts der Lehnschulzen, selbst wenn sie eine Einigung zur Basis haben sollte, dem System dieses Gesetzes derartig widerspricht, daß die Regierung gegen den Kommissionsvorschlag ernstlich Widerspruch erheben muß." (Sten. Ber. S. 472).

Bei der Abstimmung wurde der Antrag des Dr. Baumstark, welcher die Regierungsvorlage herstellen wollte, mit 72 gegen 64 Stimmen abgelehnt, und demnächst der ganze Abschnitt (3) nach den Kommissionsanträgen angenommen. Der neuste Regierungsentwurf ging demnächst wieder auf die frühere Vorlage der Regierung zurück.

2. Bei der Beschlußnahme über §. 37. kam in der Kommission des Herrenhauses zur Erörterung, daß es in den Fällen, wo in Folge von Parzellirungen kein zur eigenen Ausübung der Schulzen-Befugnisse bez. Pflichten berechtigendes Gut zurückgeblieben, vielmehr nur auf die einzelnen Trennstücke ein antheiliger Beitrag zur Schulzen-Remuneration hypothekarisch eingetragen sei, besonderer Vorschriften nicht bedürfe, da nach §. 23. die Wahl des Schulzen auf die Gemeinde übergehe, den Parzellenbesitzern aber die Verpflichtung zur Fortzahlung

§. 45.

Zu den Kosten, welche die Ausführung der in diesem Gesetze den Kreis-Ausschüssen und deren Kommissarien übertragenen Geschäfte verursacht, haben die Gemeinden und die Schulzengutsbesitzer nichts beizutragen.

Für das Verfahren bei den Auseinandersetzungs-Behörden gelten die für dieselben bestehenden Kosten-Bestimmungen.

Vierter Abschnitt.

Von den Amtsbezirken und dem Amte der Amtsvorsteher.

§. 46.

Aufhebung der gutsherrlichen Polizei-Verwaltung.

Die Polizei wird im Namen des Königs ausgeübt.

Die gutsherrliche Polizeigewalt ist aufgehoben.

---

jener Beiträge verbleiben müsse, indem kein Grund zu ihrer Liberirung abzusehen sei.

3. Das im §. 37. in Bezug genommene Gesetz vom 3. Januar 1845 (Ges. S. 25.) betr. die Zertheilung von Grundstücken 2c. vgl. in der Anmerkung zu §. 135. Nr. VII. und VIII.

4. Zu **§ 45** Absatz 1 waren in der Kommission des Herrenhauses insofern Bedenken angeregt, als danach die Kosten, wie es scheine, von der Kreis-Kommunal-Kasse getragen werden müssen. Der Regierungs-Kommissar bestätigte dies, verwies auf §. 164., zugleich aber auch auf die Staats-Zuschüsse, welche nach §. 70. in Aussicht stehen, und meinte, daß die hier fraglichen Kosten keinenfalls erheblich sein würden, worauf von weiterem Widerspruch Abstand genommen wurde.

Zu §§ 46—49.

1. Die Motive zum Regierungsentwurf von **1869**, welcher bei Aufhebung der gutsherrlichen Polizeigewalt Bezirke von 2000 bis 10000, im Durchschnitt von 4000 bis 6000 Seelen bilden wollte, in welchen Amtsbezirken die örtliche Polizeiverwaltung durch die an ihre Spitze gestellten „Amtshauptmänner" gehandhabt werden sollte, enthalten hierüber Folgendes:

„Abgesehen von den prinzipiell staatsrechtlichen Gesichtspunkten, welche gegen die Fortdauer der Verbindung des Rechts obrigkeitlicher Exekutive mit dem Besitze gewisser bevorrechteter Güter sprechen, findet aus praktischen Gründen die Reform-Bedürftigkeit der ländlichen Polizei-Verfassung eine so allgemeine Anerkennung, daß es einer wiederholten eingehenden Erörterung der hierauf bezüglichen Fragen nicht zu bedürfen scheint. Die Käuflichkeit des Ritterguts-Besitzes und der damit verbundenen polizeiobrigkeitlichen Gewalt, der in Folge dessen eintretende häufige Wechsel in der Person der Polizeiherren, die immer mehr zunehmende Abneigung unter den Ritterguts-Besitzern gegen die Ausübung der Polizei in eigener Person, die sehr häufige Uebertragung derselben an Wirthschafts-, Forstbeamte, Pächter u. s. w., welche als aufkündbare gutsherrliche Diener oder Pächter noch häufiger wechseln, als ihre Mandanten, denen es außerdem aber nicht selten an dem richtigen Takt und demjenigen durch eine unabhängige bürgerliche Lebensstellung, wie durch höhere Bildung gehobenen Bewußtsein fehlt, welches bei Verwaltung gerade dieses Amts vorausgesetzt werden muß — das sind in der Kürze die dem gegenwärtigen System anhaftenden Mängel, welche mit der Zunahme der Bevölkerung und der Kultur auf dem platten Lande sich von Jahr zu Jahr gesteigert und immer mehr geltend gemacht haben.

§. 47.

Amtsbezirke. Behufs Verwaltung der Polizei und Wahrnehmung anderer öffentlicher Angelegenheiten wird jeder Kreis, mit Ausschluß der Städte, in Amtsbezirke getheilt.

Für die Durchführung der nothwendigen Reform bieten sich vier Wege dar: Die Uebertragung der Ortspolizei-Verwaltung 1) an die Gemeinde-Vorsteher, 2) an besonders hierfür anzustellende Königliche Beamte, 3) an die Landräthe unter Verstärkung ihres Exekutivpersonals, oder 4) an angesehene und unabhängige Männer innerhalb kleinerer Bezirke als ein unentgeltliches Ehrenamt.

Eine wiederholte eingehende Prüfung der thatsächlichen Verhältnisse hat eine Organisation auf einem der drei ersteren Wege theils als unzweckmäßig, theils als geradezu unausführbar erkennen lassen. Den Gründen, welche in den Motiven zu dem auf Grund Allerhöchster Ermächtigung vom 11. Januar 1862 dem Abgeordnetenhause vorgelegten Gesetz-Entwurfe, betreffend die ländliche Polizei-Verwaltung in den sechs östlichen Provinzen, gegen derartige Organisationen von der früheren Staats-Regierung geltend gemacht worden sind, muß im Wesentlichen auch die gegenwärtige Staats-Regierung beitreten.

Es bleibt hiernach nur der Weg: die örtliche Polizei-Verwaltung innerhalb kleinerer Bezirke angesehenen und unabhängigen Männern und zwar mit dem ihrer Stellung entsprechenden Titel „Amtshauptmann" als ein unentgeltlich auszuübendes Ehrenamt zu übertragen.

Gegen die Lebensfähigkeit des Instituts der Amtshauptleute sind zwar von verschiedenen Seiten Bedenken erhoben worden, welche hauptsächlich aus der Besorgniß entspringen, das es in einer größeren Zahl von Kreisen an einer genügenden Zahl zur Uebernahme des Amtes befähigter und bereiter Männer fehlen würde. Es mag nicht in Abrede gestellt werden, daß die Neigung zur Uebernahme eines solchen Ehrenamtes im Allgemeinen zunächst nur eine geringe sein wird, und sind deshalb auch die im §. 6 des Gesetz-Entwurfs vorgesehenen Koerzitive für dasselbe nicht zu entbehren gewesen. Allein die sehr günstigen Resultate, welche das Institut der Schiedsmänner geliefert hat, die Leichtigkeit, mit welcher die Schwurgerichte überall eingeführt werden konnten, die lebhafte und erfolgreiche Theilnahme vieler Kreistagsmitglieder an den oft mühevollen Geschäften der Kreis-Verwaltung, die Administration der Provinzial-Landschaften, die Leistungen größerer Deichgenossenschaften, und vor Allem der Vorgang der Grundsteuer-Veranlagung, für deren umfangreiche und schwierige Aufgaben von dem Gesetzgeber die freiwillige Kooperation der betheiligten Grundbesitzer mit dem besten Erfolge in Anspruch genommen worden ist, ungeachtet dagegen gleichfalls von den verschiedensten Seiten die lebhaftesten, aus der Abneigung der Grundbesitzer hergeleiteten Bedenken geltend gemacht worden waren: das Alles sind Erfahrungen, welche die Zweifel an der Befähigung und Opferwilligkeit der Staatsangehörigen für eine ausgedehntere Selbstverwaltung beseitigen und die Hoffnung als berechtigt erscheinen lassen, daß sich auch die jetzt intendirte Reorganisation der ländlichen Polizei-Verfassung ohne zur große Schwierigkeiten in's Leben rufen lassen werde, wenn dieselbe nur mit Energie, mit gutem Willen und Liebe zur Sache in Angriff genommen wird. Die anfänglich fehlende Neigung zur Uebernahme des Ehrenamtes eines Amtshauptmanns wird alsdann allmälig in immer weiteren Kreisen hervortreten, je mehr die bedeutsame Stellung erkannt wird, welche diesem Amte in dem ganzen Organismus der Verwaltung angewiesen werden soll.

Der Amtshauptmann, welcher sein Amt auf Grund Königlicher Berufung verwaltet, soll nicht nur die Polizei und die unmittelbare Aufsicht über die Landgemeinden und Gutsbezirke in demselben Umfang handhaben, wie sie bisher den Ortsobrigkeiten zustanden; auf ihn soll außerdem noch eine Anzahl wichtiger Befugnisse übertragen werden, welche gegenwärtig der Landrath übt, welche nach ihrer mehr örtlichen Natur jedoch besser in die Hand des Amtshauptmanns zur selbstständigen Ausübung auf eigene Verantwortung gelegt werden.

Die Stellung des Amtshauptmanns soll nicht die eines untergeordneten

§. 48.

Für die Bildung der Amtsbezirke gelten folgende Grundsätze: Bildung der Amtsbezirke.

Organs und Gehilfen des Landraths sein; er soll vielmehr innerhalb seiner gesammten Kompetenz unter den aus seinen Berufsgenossen bestehenden Kreis-Ausschuß gestellt werden, welchem allein auch die Dienst-Aufsicht über ihn zusteht. —

Soll ferner die Ortspolizei als ein Ehrenamt von unabhängigen Männern verwaltet werden, so müssen Amtsbezirke gebildet werden, welche groß genug sind, um in ihnen auf eine Auswahl geeigneter, achtbarer Männer rechnen zu können, sowie auch um gleichzeitig dem Amte das erforderliche Gewicht zu sichern, und wieder nicht so groß, daß den Einsassen das Anrufen des Amtshauptmanns oder dem letzteren die selbstständige Ausübung seiner Pflichten mehr, als unumgänglich nöthig, erschwert werde.

Von der Staats-Regierung war anfänglich nur eine Größe der Amtsbezirke von etwa 1000 bis 3000 Seelen in Aussicht genommen. Nach der Ansicht der überwiegenden Mehrzahl der zur Sache gehörten Provinzial-Behörden werden die Amtsbezirke jedoch einen erheblich größeren Umfang erhalten müssen, wenn es nicht in vielen Kreisen an einer genügenden Zahl der zur Amtshauptmannschaft geeigneten Persönlichkeiten fehlen soll. Es werde dann um so eher möglich sein, Amtshauptleute ausfindig zu machen, welche bei der Bevölkernng durch ihre persönlichen Eigenschaften in Ansehen stehen, und welche zugleich die Garantie bieten, daß sie es mit ihrem Amte ernst nehmen und ihre Stellung nicht zu persönlichen Zwecken ausbeuten werden. Allerdings würden an den Amtshauptmann in einem größeren Bezirke größere Anforderungen herantreten; er werde jedoch in der Lage sein, sich durch die Uebertragung gewisser lokaler Geschäfte an die geübteren Guts- und Gemeinde-Vorsteher eine wesentliche Erleichteruug zu verschaffen.

In Anerkennung dieser Gründe ist daher in dem Gesetz-Entwurfe die Einwohnerzahl der Amtsbezirke auf 2000 bis etwa 10,000, im Durchschnitt auf 4000 bis 6000 Seelen, je nach der Dichtigkeit der Bevölkerung angenommen; dabei aber die Bildung kleinerer als 2000 und größerer als 10,000 Einwohner umfassender Amtsbezirke in einzelnen durch besondere örtliche Verhältnisse bedingten Fällen nachgelassen worden.

Auch der im §. 41. ausgesprochenen Absicht des Gesetzgebers, die zu einem Amtsbezirke gehörigen Gemeinden und selbstständigen Gutsbezirke zu besonderen Kommunal-Verbänden zu vereinigen, steht die Bildung größerer Amtsbezirke nicht hindernd entgegen. Im Gegentheil liegt der Absicht, größere Bezirks-Kommunal-Verbände zu organisiren, der Gedanke zu Grunde, diejenigen kommunalen Funktionen, für deren Erfüllung die Einzel-Gemeinden und Gutsbezirke in ihrer Isolirung zu schwach sind, auf größere und mannigfaltig komponirte Verbände zu übertragen. Zu Erreichung dieses Zieles aber erscheint die Bildung von Bezirken nothwendig, welche kompakt und stark genug sind, um als selbstständige Träger staatlicher Funktionen gelten zu können. Im Uebrigen wird es keiner Rechtfertigung bedürfen, daß für die kommunale Organisation der Amtsbezirke in dem vorliegenden Kreis-Ordnungs-Entwurfe nähere Vorschriften noch nicht erlassen worden sind, es wird vielmehr die Aufgabe des dem Landtage demnächst vorzulegenden Gemeinde-Ordnungs-Entwurfs sein, die Formen für die Errichtung von Amts-Kommunal-Verbänden zu schaffen, welche sodann in der weiteren Legislation das Gebiet ihrer Wirksamkeit für die Erfüllung bestimmter kommunaler Aufgaben finden werden.

Nur die eine Bemerkung wird hier noch am Orte sein, daß in den größeren Amts-Kommunal-Verbänden auch den selbstständigen Gutsbezirken die ihnen gebührende kommunale Stellung neben den Landgemeinden zu Theil werden wird, während durch die zwangsweise Vereinigung je eines einzelnen Gutsbezirks mit je einer einzelnen Dorfgemeinde die Entwickelung des kommunalen Lebens und Wirkens in der Regel nicht gefördert, sondern nur gehemmt werden würde."

Der Regierungsentwurf von 1871, welcher bezüglich der Größe und Bildung der Amtsbezirke im Wesentlichen der neuen Kreisordnung zu Grunde liegt, enthält hierüber folgende Motive (S. 59):

1) Jeder Amtsbezirk soll thunlichst ein räumlich zusammenhängendes und abgerundetes Flächengebiet umfassen, dessen Größe und

„Wenn bei der Berathung dieses Abschnittes 1869 das Haus der Abgeordneten sich zwar dahin einverstanden erklärte, daß die gutsherrliche Polizei aufzuheben sei, so walteten doch über die Institutionen, welche an die Stelle derselben zu setzen sein werden, erhebliche Meinungsverschiedenheiten ob. Es lag daher um so mehr Anlaß vor, den gegenwärtigen Abschnitt der sorgfältigsten Revision zu unterwerfen, als gerade das Institut der Amtshauptleute auch in Presse und in öffentlichen Besprechungen Gegenstand der lebhaftesten Erörterungen geworden ist.

Die Vorschläge des früheren Entwurfes gingen im Wesentlichen dahin, behufs Verwaltung der Polizei und anderer öffentlicher Angelegenheiten größere, der Regel nach aus mehreren Gemeinde- und Gutsbezirken bestehende Amtsbezirke mit einer Einwohnerzahl von durchschnittlich 4- bis 6000 Seelen zu bilden, und an die Spitze des Amtsbezirks einen vom Könige aus der Zahl der größeren Grundbesitzer zu berufenden Amtshauptmann zu stellen. Diesen Vorschlägen entgegen fanden im Abgeordnetenhause Anträge Annahme, nach welchen der Amtsbezirk zu einem Kommunalverbande mit einer Einwohnerzahl von 2- bis 5000 Seelen konstituirt, demselben eine Amtsvertretung gegeben, und von der letzteren der Amtshauptmann unter Bestätigung des Kreis-Ausschusses gewählt werden sollte.

Danach sollte also das Amt des Amthauptmanns ein kommunales Wahlamt werden, während es nach der Regierungsvorlage als ein im Auftrage und unter der Autorität der höchsten Staatsgewalt auszuübendes obrigkeitliches Amt gedacht war. Und ein solches kann das Amt des Amthauptmanns — und ebenso in dem gegenwärtigen Entwurfe das des Amtsvorstehers — seinem Wesen nach in der That nur sein. Denn die hauptsächlichsten Befugnisse des Amtshauptmanns — die Beschließung über Verhaftung und Freilassung, die Mehrzahl der Zwangsmaßregeln der Sicherheits- und Wohlfahrtspolizei, die Strafgerichtsbarkeit der Feldpolizei, die vorläufige Straffestsetzung für Uebertretungen, die Civilgerichtsbarkeit in Gesindestreitsachen u. s. w. — gehören nicht sowohl dem Gebiete der kommunalen Verwaltung, als vielmehr dem der Rechtssprechung an. Solche jurisdiktionelle Funktionen aber werden eine sichere Grundlage und hinreichende Gewähr für eine unbefangene und damit unparteiische Handhabung eher in einem Auftrage der Staatsgewalt, als in einem von den Interessenten auf kurze Fristen ertheilten Vertrauens-Mandate finden.

Wenn dem entgegen darauf hingewiesen worden ist, daß in den Städten der sechs östlichen Provinzen der Monarchie der gewählte Bürgermeister diejenigen obrigkeitlichen Funktionen auszuüben habe, welche für den Amtsbezirk dem Amts-Vorsteher zufallen sollen, so wird diese Analogie doch nicht für zutreffend erachtet werden können. Denn während in dem Amte des Bürgermeisters — abgesehen davon, daß derselbe auf zwölf Jahre gewählt wird und der Bestätigung der Regierung beziehungsweise des Königs unterliegt — die kommunale Seite die obrigkeitliche weit überwiegt, würde in den Amtsbezirken, selbst wenn dieselben zu Kommunalverbänden erklärt werden, das umgekehrte Verhältniß obwalten.

Die Amtsbezirke — wenigstens die zusammengesetzten — entbehren thatsächlich zur Zeit jedes kommunalen Inhaltes. Wollte man ihnen, wie es die Absicht des Abgeordnetenhauses war, hier nur den Weg zu einer freiwilligen kommunalen Vereinigung zeigen, so ist doch nach den bisherigen Erfahrungen und der nicht zu verkennenden Abneigung der ländlichen Bevölkerung in den östlichen Provinzen gegen die Bildung von Sammtgemeinden — sei es auch nur in einzelnen Beziehungen des kommunalen Lebens — billig zu bezweifeln, daß die zu einem Amtsbezirke gehörigen Gemeinde- bez. Gutsbezirke diesen Weg betreten würden. Die Frage aber, ob überwiegende Gründe vorliegen, den Amtsbezirken einen wirklichen kommunalen Inhalt im Wege gesetzlicher Vereinigung der zu demselben gehörigen Gut- und Gemeindebezirke zu bestimmten öffentlichen Zwecken zu verschaffen, wird, wie dies auch von der Mehrheit des Abgeordnetenhauses anerkannt wurde, in dem gegenwärtigen Entwurfe ihre Erledigung nicht finden

Einwohnerzahl dergestalt zu bemessen ist, daß einerseits die Erfüllung der durch das Gesetz der Amtsverwaltung auferlegten

---

können; es soll indeß andererseits der Lösung dieser Frage durch den Entwurf auch in keiner Weise präjudizirt werden.

Sollte es gleichwohl auf die eine oder die andere Weise gelingen, eine kommunale Vereinigung der einzelnen Glieder eines Amtsbezirks herbeizuführen, so würde es sich dennoch — auch abgesehen von den oben dagegen angeführten prinzipiellen Gründen — wegen der zusammengesetzten Natur solcher Amtsbezirke nicht empfehlen, den Amtsvorsteher aus der Wahl der Amtseingesessenen hervorgehen zu lassen. Denn, wenn auch die Schwierigkeiten, welche der Auffindung eines gerechten Maßstabes für die Vertheilung der Wahlstimmen auf die einzelnen Ortschaften des Amtsbezirkes entgegenstehen, überwunden werden, so wird ein solcher Maßstab doch noch immer keine sichere Gewähr bieten gegen die Majorisirung der kleineren Ortschaften durch die größeren, besonders Angesichts der noch vielfach ungelösten Differenzen nachbarlicher Interessen, und damit gegen die Betonung der Lokalinteressen bei der Wahl im Gegensatze zu einem objektiven Verfahren. Aufgabe des Amtsvorstehers aber soll nicht die Wahrnehmung von Lokalinteressen, sondern die gerechte Handhabung des öffentlichen Rechts im Amtsbezirke sein.

Hiernach blieb nur übrig, den Amtsbezirk lediglich als staatlichen Verwaltungsbezirk, mit einem von der Staatsgewalt ernannten Amtsvorsteher an der Spitze, wiederum in Vorschlag zu bringen. Es erschien jedoch nothwendig, dabei dem Gesichtspunkte einer wirksamen örtlichen Polizei-Verwaltung einerseits, und der — vielfach angezweifelten — Durchführbarkeit der neuzuschaffenden Institutionen andererseits auf das sorgfältigste Rechnung zu tragen. Dies glaubt der gegenwärtige Entwurf zu erreichen, indem er sich enger als der vorige, an die thatsächlich gegebenen Verhältnisse anschließt, den Amtsbezirk nur als eine Ergänzung der Gemeinde- und Gutsbezirke nach der Seite der staatlichen Verwaltung hin und damit im Allgemeinen kleinere Bezirke, wie der frühere Entwurf, in's Auge faßt, ohne die Möglichkeit der Bildung größerer Bezirke da, wo sie durch die Verhältnisse angezeigt erscheint, auszuschließen. Es wird demgemäß in dem Gesetz-Entwurfe vorgeschlagen, statt die Bildung größerer Amtsbezirke von mehreren tausend Einwohnern als Regel aufzustellen, die Bildung von Amtsbezirken nur in soweit als nothwendig zu bezeichnen, als sie zur Sicherstellung einer wirksamen Polizei-Verwaltung und, aus örtlichen Verhältnissen, wobei insbesondere das Verhältniß der in einem und demselben Orte befindlichen Güter und Gemeinden in Betracht kommt — unerläßlich erscheint. Im Uebrigen will der Entwurf für eine, den Wünschen und Interessen der Betheiligten, sowie den lokalen Bedürfnissen entsprechende Abgrenzung der Amtsbezirke möglichste Freiheit gewähren und beschränkt sich deshalb darauf, allgemeine Grundsätze aufzustellen, welchen die den Verhältnissen nahestehende Kreisversammlung bei ihren dem Minister des Innern für die Bildung der Amtsbezirke zu machenden Vorschlägen zu beachten hat.

Nach diesen Grundsätzen sollen Gemeinden, sowie auch Gutsbezirke von erheblichem Umfange, welche eine wirksame Polizei-Verwaltung aus eigenen Kräften herzustellen vermögen, zu besonderen Amtsbezirken erklärt, alle übrigen Gemeinde- und Gutsbezirke aber, zu je zwei oder mehreren, unter Anlehnung an die bestehenden polizeiobrigkeitlichen Bezirke, zu Amtsbezirken vereinigt werden.

Die Bildung eigener Amtsbezirke aus größeren wohlhabenden Gemeinden, deren Anzahl, namentlich in den Provinzen Sachsen, Schlesien und Brandenburg eine nicht geringe ist, wird einem erheblichen Bedenken um so weniger begegnen, als eine solche Einrichtung sowohl in dem Hause der Abgeordneten als außerhalb desselben vielfach dringend befürwortet worden ist. In gleicher Weise wird es sich aber auch empfehlen, umfangreiche Gutsbezirke, namentlich da, wo die isolirte Lage derselben, wie z. B. bei vielen königlichen Oberförstereibezirken, eine Vereinigung mit anderen Bezirken von dem Gesichtspunkte einer zweckentsprechenden örtlichen Polizeiverwaltung aus, nicht angemessen erscheinen läßt, als eigene Amtsbezirke bestehen zu lassen.

Aufgaben gesichert, andererseits die Unmittelbarkeit und die ehrenamtliche Ausübung der örtlichen Verwaltung nicht erschwert wird.

Indem im Uebrigen die Bildung der Amtsbezirke thunlichst an die bestehenden Polizeibezirke, welche der Regel nach von einem nur mäßigem Umfange sind, angelehnt, und den Amtsvorstehern dadurch die Möglichkeit einer überall örtlich und persönlich eingreifenden Thätigkeit ohne Vernachlässigung ihrer eigenen Angelegenheiten gewährt wird, dürfte es an der Bereitwilligkeit der Betheiligten zur dauernden Mitwirkung bei der Durchführung der beabsichtigten Reorganisation der ländlichen Polizeiverwaltungen nicht fehlen.

Auch die Bedenken, welche gegen das frühere Reformprojekt von vielen Seiten aus dem Kostenpunkte hergeleitet worden sind, werden gegen das jetzt in Aussicht genommene Projekt nicht in gleicher Weise geltend gemacht werden können. Wird die Zahl der Amtsbezirke nach dem neuen Entwurfe auch eine erheblich größere werden als nach dem älteren, so wird doch die Belastung der Kreise durch Aufbringung der Polizei-Verwaltungskosten um deshalb nicht wachsen. Im Gegentheile darf erwartet werden, daß die Belastung der Kreise sich ermäßigen wird, indem die zu eigenen Amtsbezirken zu konstituirenden Gemeinden und Gutsbezirke die Kosten selbst tragen sollen, die Verwaltung in den übrigen durchschnittlich weniger umfangreichen Amtsbezirken aber verhältnißmäßig geringere Amtsunkosten verursachen wird, als in den nach dem früheren Entwurfe projektirten großen Amtsbezirken. Insbesondere wird es der Anstellung besonderer Amtssekretaire für die kleineren Bezirke der Regel nach nicht bedürfen. Auch wird die Nothwendigkeit der Anstellung besoldeter kommissarischer Polizei-Verwalter voraussichtlich viel seltener eintreten, da sich zur Uebernahme des Ehrenamtes eines Amtsvorstehers geeignete und bereite Personen für kleinere Bezirke leichter finden lassen dürften, als für größere.

Ueberdies beabsichtigt der vorliegende Entwurf den Kreisen die Aufbringung der Kosten der Amtspolizei dadurch wesentlich zu erleichtern, daß ihnen aus der Staatskasse diejenigen Summen überwiesen werden, welche durch das Eingehen der Königlichen Polizeiverwaltungen, durch den Wegfall der Schulzen-Remunerationen und anderer Polizei-Verwaltungskosten werden erspart werden."

Der Regierungsentwurf von 1871 hatte danach für die Bildung und Abgrenzung der Amtsbezirke folgende Bestimmungen vorgesehen:

„Die Bildung der Amtsbezirke, sowie die etwa erforderliche spätere Abänderung derselben erfolgt auf Vorschlag der Kreis-Versammlung durch Anordnung des Ministers des Innern nach folgenden Grundsätzen:

1. diejenigen Gemeinden, welche eine wirksame Polizei-Verwaltung aus eigenen Kräften herzustellen vermögen, werden zu besonderen Amtsbezirken erklärt, sofern nicht die örtlichen Verhältnisse die Zulegung anderer Gemeinden und Gutsbezirke nothwendig machen;
2. unter denselben Voraussetzungen können auch Gutsbezirke von erheblichem Umfange für sich bestehende Amtsbezirke bilden;
3. alle übrigen Gemeinden und Gutsbezirke werden, je zwei oder mehrere zu Amtsbezirken vereinigt;
4. jeder Amtsbezirk soll ein räumlich zusammenhängendes Flächengebiet umfassen. Außerdem ist bei Abgrenzung desselben neben der Rücksicht auf angemessene Größe und Abrundung möglichst darauf zu achten, daß einerseits Gemeinde- und Gutsbezirke, welche bisher unter einer gemeinschaftlichen Polizei-Verwaltung standen, nicht von einander getrennt und andererseits die innerhalb der Kreise bestehenden Verbände (Kirchspiele, Schulverbände, Wegebau-Bezirke, Feuerlöschdistrikte u. s. w.) nicht zerrissen werden."

Die Kommission des Abgeordnetenhauses veränderte diese Bestimmungen, indem sie die Größe der Amtsbezirke von einer bestimmten Einwohnerzahl abhängig machen wollte, dahin:

„Für die Bildung der Amtsbezirke gelten folgende Grundsätze:

2) Gemeinden, welche eine den Bestimmungen des Gesetzes entsprechende Amtsverwaltung aus eigenen Kräften herzustellen

---

1. Jeder Amtsbezirk soll thunlichst ein räumlich zusammenhängendes und abgerundetes Flächengebiet umfassen, dessen Größe und Einwohnerzahl dergestalt zu bemessen ist, daß einerseits die Erfüllung der durch das Gesetz der Amtsverwaltung auferlegten Aufgaben gesichert, andererseits die Unmittelbarkeit der örtlichen Verwaltung nicht erschwert wird.
2. Gemeinden, welche eine den Bestimmungen des Gesetzes entsprechende Amtsverwaltung aus eigenen Kräften herzustellen vermögen, sind, wenn nicht die örtliche Lage die Zuschlagung anderer Gemeinden oder Gutsbezirke nothwendig macht, auf ihren Antrag zu Amtsbezirken zu erklären, sofern sie entweder mindestens 500 Einwohner zählen, oder sofern sie bei geringerer Einwohnerzahl den Nachweis führen, daß besondere Verhältnisse die Erklärung zum Amtsbezirke im Sinne dieses Gesetzes rechtfertigen.
3. Gutsbezirke von abgesonderter Lage, welche ohne wesentliche Unterbrechung ein räumlich zusammenhängendes Gebiet von erheblichem Flächeninhalte umfassen, können auf Antrag ohne Rücksicht auf ihre Einwohnerzahl unter den übrigen Voraussetzungen der Nummern 1 und 2 zu Amtsbezirken erklärt werden.
4. Alle übrigen Gemeinden und Gutsbezirke werden zu Amtsbezirken vereinigt. Insbesondere sollen Gemeinden und Gutsbezirke, welche eine örtlich verbundene Lage haben, zu einem und demselben Amtsbezirke gehören.
5. Die zusammengesetzten Amtsbezirke sollen in der Regel nicht unter 800 und nicht über 3000 Einwohner umfassen. Bei Abgrenzung derselben ist möglichst darauf zu achten, daß die innerhalb der Kreise bestehenden Verbände (Kirchspiele, Schulverbände, Wegebaubezirke, Feuerlöschdistrikte u. s. w.) nicht zerrissen werden."

Zur Unterstützung der von der Kommission gegenüber dem Regierungsentwurf durch Einfügung der Zahlengrenzen vorgenommenen Veränderungen führte der Berichterstatter, Abgeordnete Dr. Friedenthal, in der Sitzung vom 19. März 1872 (Sten. Ber. S. 1359) noch des Näheren aus:

„Die Kommission hat bestimmte Kriterien geben zu müssen geglaubt, welche den Amtsbezirk als solchen charakterisiren, und dadurch einerseits eine feste Direktion für die Ausführung des Gesetzes geben, andererseits dem Lande klar machen, was die neue Bildung bedeuten soll. Diese Kriterien, m. H., finden Sie in den Nummern 1 bis 5. Im Ganzen ist die Kommission davon ausgegangen, daß die Amtsbezirke so beschaffen sein müssen, um diejenigen Ziele der Reform sicher zu stellen, welche ich mir erlaubt habe, Ihnen bei der Generaldiskussion als die großen Gesichtspunkte der gesammten Vorlage zu bezeichnen. Es soll der Amtsbezirk eine Ergänzung überall da herbeiführen, wo die Einzelgemeinde in ihrer Isolirtheit zu schwach erscheint, um denjenigen Ansprüchen gerecht zu werden, welche das öffentliche Leben an sie stellt; die Kommission hat ferner geglaubt, dem Amtsbezirk diejenige Figur geben zu müssen, daß in demselben eine Selbstverwaltung im wahren Sinne des Wortes stattfindet, d. h. daß eine Individualisirung der Verwaltung möglich ist. Diese beiden Gesichtspunkte finden Sie, um nunmehr auf die einzelnen Positionen überzugehen, in der Nr. 1 der Kommissionsbeschlüsse ausgedrückt, wo es heißt, daß die Amtsbezirke nicht so groß sein sollen, daß die Unmittelbarkeit der örtlichen Verwaltung erschwert wird, und doch so groß, daß die Erfüllung der durch dieses Gesetz auferlegten Aufgaben gesichert wird. Den bestehenden kommunalen Verhältnissen wird Rechnung getragen dadurch, daß überall, wo Gemeinde- und Gutsbezirke die so eben bezeichneten Funktionen tragen können, die Direktion dahin gegeben ist, daß solche Gemeinde- und Gutsbezirke unter gewissen Garantien selbstständige Amtsbezirke bilden können. Dies finden Sie in den Nummern 2 und 3. In den Nummern 4 und 5 endlich ist dem Gedanken Ausdruck gegeben, daß die Amtsbezirke durch ihre Größe und Einwohnerzahl, durch ihre Zusammensetzung aus einer Mehrheit

vermögen, sind, wenn nicht die örtliche Lage die Zuschlagung anderer Gemeinde- oder Gutsbezirke nothwendig macht, auf ihren Antrag zu einem Amtsbezirke zu erklären.

---

von Gemeinden Konsistenz haben, daß sie kompakt genug sein sollen, um ihrer Aufgabe gerecht zu werden, und daß die bestehenden Verbände, so weit thunlich, nicht gestört und beeinträchtigt werden sollen.

Im Ganzen scheint die Auffassungsweise der Kommission die Billigung des Hauses gefunden zu haben, was ich daraus entnehme, daß prinzipiell entgegenstehende Amendements überhaupt nicht gestellt worden sind. Das Amendement, welches uns vorliegt, beschäftigt sich nur damit, eins derjenigen Kriterien, welche die Kommission für nothwendig gefunden hat, wiederum auszuscheiden — das Kriterium der Ziffer. Nun, meine Herren, ich gebe freiwillig zu — und wer sollte es leugnen, — daß Schranken durch Ziffern zu setzen, für die Gesetzgebung immer etwas Mißliches hat, weil ja jede Ziffer willkürlich gegriffen sein muß. Ich nehme auch an, daß in der Diskussion gewichtige Gründe dafür, daß man gerade diese Ziffer gewählt hat, noch werden angeführt werden, und ich will dem nicht vorgreifen. Nur zwei Gesichtspunkte möchte ich gleich hier betonen, von denen aus die Mehrheit der Kommission auf die Beibehaltung dieser Ziffern ein großes Gewicht legt. Diese Ziffern sollen nämlich dazu dienen, gegen zwei Gefahren zu schützen. Die eine Gefahr ist die, daß bei der Ausführung des Gesetzes eine sehr starke Neigung vieler Betheiligten vorhanden sein wird, die alten Verhältnisse unter einem neuen Namen fortbestehen zu lassen, und dieser Neigung werden Sie Vorschub leisten, wenn Sie nicht äußere Schranken ziehen, die den ausführenden Organen eine gute Waffe gegen jenen Andrang in die Hand geben. Die zweite Gefahr liegt darin, daß ebenso der Partikularismus der Gemeinden und der Partikularismus der Gutsbezirke danach trachten wird, zunächst möglichst gegen die Verbindung zu Amtsbezirken anzukämpfen, so lange man sich nicht von deren Nutzen und Entwickelung überzeugt hat. Auch hiergegen bietet die Vorschrift der Einwohnerzahl einen gewissen Schutz.

Seitens des Abg. von Gottberg wurden die Zahlengrenzen bekämpft. Er sagte:

„Was dann den zweiten Punkt anbetrifft, daß nämlich von Seiten der Kommission eine bestimmte Seelenzahl vorgeschrieben ist, meine Herren, so möchte ich doch darauf aufmerksam machen, daß, wenn Sie das Minimum für die einfachen Amtsbezirke, wie Sie es gethan haben, in Nr. 2. auf 500 Seelen beschränken, Sie damit gleich eine Menge von einzeln stehenden Gutsbezirken und einzelnen Gemeinden ausschließen werden. Wir haben ja dergleichen Bildungen vorzunehmen gehabt, als die Wahlbezirke für die zweite Kammer konstituirt werden mußten. Da ist es ja deutlich zu Tage getreten, daß Kommunen und einzeln stehende Gutsbezirke, die 500 Seelen enthielten, zu den allergrößten Seltenheiten gehören. Bei der Wahl für das Abgeordnetenhaus soll der Wahlbezirk 750 Seelen haben; aber ich frage alle diejenigen, die mit der Bildung der Wahlbezirke betraut gewesen sind, ob es ihnen gelungen ist, von einzelnen Ortschaften dergleichen Wahlbezirke zu bilden, ob sie nicht in der Regel genöthigt gewesen sind, Gutsbezirke und Gemeinden zusammenzulegen, weil eben die Zahl von 500 bis 750 in den seltensten Fällen erreicht wird. Ja, ich möchte behaupten, es giebt wenige einzelne Gutsbezirke, die mehr Seelen haben als 300; bei einzeln stehenden Gemeinden ist die Zahl von 500 in den östlichen Provinzen ja schon eine ziemlich bedeutende. Ich will aber davon einmal absehen und möchte nur behaupten, daß gerade diese Bestimmung von Zahlen um deshalb etwas Mißliches hat, weil die Verhältnisse provinziell so sehr verschieden liegen. Es mögen ja in Sachsen dergleichen größere Gemeinden vorhanden sein; es mag ja auch Gutsbezirke geben, die mehr als 500 Seelen haben, aber bei der größten Zahl der östlichen Provinzen, namentlich in Pommern und in Preußen, wird doch dasjenige, was ich eben angeführt habe, die Regel sein und das Andere die Ausnahme. So wie es aber im Kommissions-Entwurf vorgeschrieben ist, so ist die vorgeschriebene Seelen-

3) Gutsbezirke von abgesonderter Lage, welche ohne wesentliche Unterbrechung ein räumlich zusammenhängendes Gebiet von

---

zahl immer als die Regel angenommen. Es muß ja nach §. 2. jede Gemeinde einen bestimmten Nachweis führen, wenn sie ausnahmsweise, ohne 500 Seelen zu haben, zu einem eigenen Amtsbezirk erklärt werden soll; eben so wird ein derartiges Kriterium auch für die Gutsbezirke verlangt. Es ist also als Regel angenommen, daß kein Gutsbezirk und keine Gemeinde, die unter 500 Seelen haben, einen eigenen Amtsbezirk bilden darf; es wird nur ausnahmsweise zugelassen, wenn sie das Vorhandensein von bestimmten Voraussetzungen nachzuweisen vermögen. Hieraus ergiebt sich ja schon, meine Herren, daß die beiden Entwürfe auf ganz verschiedenen Standpunkten stehen. Der Regierungsentwurf schließt sich an das Bestehende an. Der Herr Referent hat ja vorher auch gesagt, daß man, wenn man nicht dergleichen Verhältnisse so ordnen könne, daß man eine lebhafte Unterstützung bei denjenigen fände, für die sie bestimmt wären, es doch bedenklich sein müßte, sie einzuführen. Er sollte sich also auch hier möglichst an das Bestehende anschließen, sowie das die Königliche Staats-Regierung thut. Sie geht von den bestehenden Polizeibezirken aus und hält nur als Kriterium fest, daß sie im Stande sein sollen, eine geordnete Polizeiverwaltung herzustellen. Können sie dies, so werden sie für berechtigt erklärt, einen Amtsbezirk zu bilden. Der Kommissionsentwurf verfährt umgekehrt. Er stellt nicht dies Kriterium, sondern das Kriterium der Seelenzahl an die Spitze, betrachtet das andere als Ausnahme und verlangt außerdem, daß das Vorhandensein anderer Erfordernisse Seitens der Betheiligten nachgewiesen wird."

Der Abg. von Rauchhaupt fügte dem noch hinzu:

„Ich mache Sie nun aber auf den ungeheuren Schritt aufmerksam, den die Kommission mit dem Vorschlage, daß nur Gemeinden von 500 Seelen berechtigt zur Bildung eines eigenen Amtsbezirks sein sollen, überhaupt in den Organismus unserer Landgemeinden thut. Wir haben in den sechs östlichen Provinzen 25,446 Landgemeinden; Ihre Kommission entzieht durch ihren Vorschlag 19,024 Gemeinden dieses Recht — es bleiben da nur 6400 Gemeinden übrig, welche so glücklich sein sollen, einen eigenen Amtsbezirk zu bilden. Das ist ja eine so völlige Verleugnung des ganzen kommunalen Organismus unserer östlichen Provinzen, daß ich mich dazu bei der größten Geneigtheit für das Zustandekommen der Kreisordnung nicht verstehen kann.

Noch viel schlimmer — und das ist jedenfalls vollbewußt von der Majorität der Kommission geschehen — wird dieser Schritt gethan in die selbstständigen Gutsbezirke. Nach ihrem Vorschlage würden 13,729 Gutsbezirke das Recht verlieren, einen Amtsbezirk bilden zu können; es blieben nur 423 hierzu berechtigte Gutsbezirke übrig. Das ist doch entschieden zu weit gegangen. —

Es bleibt mir noch übrig, Sie auf einen Punkt aufmerksam zu machen, auf die Inkonsequenz in Ihren Zahlen. Sie lassen das Recht zu einem Amts-Bezirk für eine einzelne Gemeinde mit 500 Seelen beginnen, für den zusammengesetzten Amts-Bezirk fordern Sie aber 800 Seelen. Das ist eine so absolute Inkonsequenz, daß Sie in der Wirklichkeit auf die allerschlimmsten Folgen stoßen werden. Ich will Ihnen das an einem Beispiele sofort zeigen. Eine Land-Gemeinde mit 500 Seelen liegt neben einer anderen mit einem Guts-Bezirke örtlich verbundenen Gemeinde, mit ebenfalls 500 Seelen. Die erstere Gemeinde würde sich als ein einfacher, die letztere als ein zusammengesetzter Amts-Bezirk charakterisiren. Die erstere Gemeinde würde ein gesetzliches Recht haben, ein Amts-Bezirk zu werden; die letztere würde kein Recht haben, weil Sie sagen, daß ein zusammengesetzter Amts-Bezirk erst mit 800 Seelen beginnen kann. Das ist eine Inkonsequenz in den Zahlen, und Sie bringen uns Verwaltungs-Beamte, die wir den redlichsten Willen haben, die Sache auszuführen, in die allerschlimmste Lage, wie wir vorgehen sollen."

Anderseits wurden die Kommissionsvorschläge vom Abg. von Kardorff vertheidigt, und vom Abgeordnetenhause angenommen, nachdem ein Amendement des Abg. von Denzin, welches die Ziffern aus dem Kommissionsvorschlage

erheblichem Flächeninhalte umfassen, können auf Antrag ohne Rücksicht auf ihre Einwohnerzahl unter den übrigen Voraussetzungen der Nummern 1 und 2 zu Amtsbezirken erklärt werden.

---

gestrichen wissen wollte, in namentlicher Abstimmung mit 200 gegen 157 Stimmen abgelehnt worden war.

Der Kommissionsbericht des Herrenhauses sagte demnächst hierüber:

„Der wichtige Gegenstand, welchen dieser Abschnitt der Vorlage behandelt, steht nicht in unmittelbarem Konnex mit der Verfassung der Kreise und ist daher auch in den Entwürfen zu einer neuen Kreis-Ordnung von 1860 und 1862 nicht mit aufgenommen; es waren vielmehr derzeit behufs Umgestaltung der ländlichen Polizei besondere Gesetz-Entwürfe vorgelegt. Erst in dem, 1869 dem Landtage vorgelegten Entwurf zu einer Kreis-Ordnung hat die Staats-Regierung sich veranlaßt gesehen, auch diese Materie mit aufzunehmen.

Die Motive zu jenen besonderen Gesetzentwürfen verbreiten sich über die Gründe dafür ebensowenig, wie die zu dem jetzt vorgelegten. Dieselben liegen aber nahe, da die Vorlage nicht blos den Zweck hat, die Verfassung der Kreis-Korporationen anders zu regeln, sondern auch den, den Organen derselben gewisse staatliche Funktionen zu übertragen, und da die Organisation der ländlichen Polizei-Verwaltung hiermit in engem Zusammenhange steht.

In den 6 östlichen Provinzen, für welche der Entwurf bestimmt ist, ist die ländliche Polizei-Verwaltung sehr verschieden organisirt.

In der Provinz Posen giebt es keine gutsherrliche Polizei; die Polizei wird dort von Staatsbeamten — Distrikts-Kommissarien — verwaltet. Auch in Neu-Vorpommern, in einigen Theilen der Provinz Sachsen, sowie in einigen Kreisen des Regierungsbezirks Marienwerder existirt die gutsherrliche Polizei nicht, beziehungsweise nicht überall. In Neu-Vorpommern war sie nach Aufhebung der Patrimonial-Gerichtsbarkeit im Jahr 1806 nur der Universität Greifswald für ihre ausgedehnten Besitzungen (das Amt Eldena) geblieben. Einzelnen Rittergutsbesitzern ist zwar die polizeiobrigkeitliche Gewalt wieder verliehen; in großen Theilen der Kreise aber verwalten die Landräthe die Polizei unmittelbar.

Im Uebrigen dagegen besteht in den östlichen Provinzen das Institut der gutsherrlichen Polizei auch nach Aufhebung der Patrimonial-Gerichtsbarkeit, von welcher sie einen Theil bildete, in ausgedehntester Weise fort. Die Rittergutsbesitzer rc. und der Domainenfiskus üben dieselbe aus. In der Provinz Preußen ist — nach einer vom Herrn Vertreter des Königlichen Finanzministeriums gegebenen Auskunft — mehr als die Hälfte der Bewohner des platten Landes der Polizei des Domainenfiskus unterworfen. Diese Institution soll nun aufgehoben, und die Polizei-Verwaltung neu organisirt werden.

Es wurde bei Einleitung der Diskussion in der Kommission darauf hingewiesen, daß es sich nach Inhalt des vorliegenden Abschnittes um drei wichtige Fragen handle:

1. ob die gutsherrliche Polizei aufzuheben sei?
2. was eventuell an ihre Stelle zu setzen sei?
3. ob, wenn das Institut der Amtsbezirke angenommen wird, denselben auch eine kommunale Bedeutung beizulegen sei?

Ueber den Werth oder Unwerth der gutsherrlichen Polizei möchten — so wurde hinzugefügt — verschiedene Ansichten auch in der Kommission obwalten, jedenfalls bestehe gegen das Institut eine sehr weit verbreitete, große Ungunst; am wenigsten freilich trete dieselbe hervor in den doch besonders dabei interessirten Bevölkerungsschichten, welche unter dieser Polizei-Gewalt ständen. Nach der ganzen Richtung und Entwickelung der Zeit und der Stellung, welche die Staats-Regierung dazu genommen, sei kaum zu erwarten, daß das Institut in unveränderter Gestalt auf die Dauer haltbar sein werde. Man werde sich daher seiner Aufhebung in jetziger Gestalt, beziehungsweise seiner Umwandlung und der Einigung, in welcher Weise diese am geeignetsten zu erfolgen habe, nicht entziehen können.

In der Vorlage von 1869 sei hierfür die Bildung großer Amtsbezirke von

4) Alle übrigen Gemeinden und Gutsbezirke werden zu Amtsbezirken vereinigt. Insbesondere sollen Gemeinden und Gutsbezirke, welche eine örtlich verbundene Lage haben, zu einem und demselben Amtsbezirke gehören.

---

mehreren Tausend Einwohnern in Aussicht genommen. Es sei als ein wesentlicher Vorzug des gegenwärtigen Entwurfs anzusehen, daß dieser Weg verlassen und die Bildung kleiner Amtsbezirke vorgeschlagen sei; nur auf diese Weise werde es in der Regel möglich sein, Personen zu finden, welche sich der unentgeltlichen Verwaltung der Polizei unterzögen. Dieser Grundgedanke der Vorlage sei empfehlenswerth, und die ganze Behandlung dieses Abschnittes in der ursprünglichen Regierungsvorlage überhaupt der Art, daß sich durch leichte Veränderungen derselben ein entsprechender gesetzlicher Zustand herstellen lassen werde.

Das Abgeordnetenhaus habe aber neben anderen Erschwerungen einer geeigneten Polizei-Organisation wiederum wie bereits im Jahre 1869 beschlossen, die Kompetenz der Amts-Verbände auch auf Gegenstände der Kommunal-Verwaltung auszudehnen, und hierdurch die Vorlage wesentlich verschlechtert. Solche kommunale Verbände würden entweder nur ein Scheinleben führen oder, wenn sie wirkliches Leben gewönnen, mit nicht zu vermeidender Konsequenz, selbst gegen die Absicht der gegenwärtigen Gesetzgebung, zur Bildung von Sammtgemeinden führen, gegen welche mit vollstem Rechte eine allgemeine entschiedene Abneigung herrsche, indem dieselben das jetzt herrschende gesunde kommunale Leben der Einzel-Gemeinden ertödten, die Wirksamkeit der Kreis-Korporationen absorbiren und sehr drückende Verwaltungskosten zur unausbleiblichen Folge haben würden, wie die anderweitig gemachte Erfahrung dies zeige.

Im weiteren Verlaufe der Verhandlungen wurden in der Kommission über den Werth und die Zeitgemäßheit der gutsherrlichen Polizei-Verwaltung verschiedene Ansichten geltend gemacht.

Ein großer Theil der Kommission sprach sich zu Gunsten derselben aus. Es ward hervorgehoben: Nach dem Gesetz vom 14. April 1856 hätten überall befriedigende Zustände herbeigeführt werden können. Die Regierung treffe der schwere Vorwurf, die Durchführung des Gesetzes gar nicht ernstlich versucht zu haben. Ueberdies treten, wie wohl allgemein anerkannt werde, die Mängel vorwiegend in den der Polizei des Domänenfiskus unterliegenden Ortschaften hervor, weil dort das Beamtenpersonal in ungenügender Zahl vorhanden sei. Nun solle die Gesetzgebung das gut machen, was die Verwaltung versäumt habe, dazu aber sei dieselbe nicht bestimmt und auch nicht ausreichend. Dazu komme, daß die Vorlage dem Ministerium von der liberalen Seite des Abgeordnetenhauses abgenöthigt sei, wie Aeußerungen des Herrn Ministers des Innern im Abgeordnetenhause aus dem vorigen Jahre offen darlegen.

Je nach den Gegenden, namentlich wo wenig größere Güter sich finden und bäuerliche Gemeinden unter der Polizei-Verwaltung des Domänenfiskus vorherrschen, sei die Vorlage aus Mangel an geeigneten Personen auch gar nicht ausführbar. Schreiberwesen würde die Folge sein. Die großen Vorzüge der gutsherrlichen Polizei seien gar nicht zu verkennen, sie sei, wie keine andere, billig und wohlwollend. Die großen Grundbesitzer seien mit den gesammten Interessen des Bezirks verwachsen, sie hätten das lebendigste Interesse an der Erhaltung der Ordnung und Sitte, des Gehorsams und der Treue gegen König und Obrigkeit, aber in demselben Grade wären sie nach ihrer Unabhängigkeit Gegner aller unnöthigen polizeilichen Plackereien, aller Polizei-Willkür und unnöthigen Beschränkungen freier wirthschaftlicher Bewegung. Es gebe keine schlechtere Polizei als durch kleine, abhängige, schlecht besoldete und darum meist wenig gebildete Beamte, leicht geneigt, ihre Stellung zu überschätzen und zu mißbrauchen.

Vor Allem sei darauf aufmerksam zu machen, daß es sich nicht blos um ein Recht der Gutsbesitzer, sondern vorwiegend um eine Pflicht derselben handele, welcher ein Recht der Gemeinden auf unentgeltliche Verwaltung der Polizei gegenüber stehe. Während für die Gutsbesitzer ein persönliches Interesse kaum vorliegen werde, außer auf ihren Gütern auch in fremden Gemeinden die Polizei

Bei Abgrenzung der zusammengesetzten Amtsbezirke ist möglichst darauf zu achten, daß die innerhalb der Kreise bestehenden Verbände (Kirchspiele, Schulverbände, Wegebaubezirke u. s. w.) nicht zerrissen werden.

---

zu üben, würden durch die in Folge der neuen Organisation entstehenden Kosten die Interessen der Gemeinden stark gekränkt werden, namentlich in den, wie schon erwähnt, sehr ausgedehnten bisherigen Domainen-Polizei-Bezirken, sowie in großen Herrschaften, wo zur Uebernahme der Amtsverwaltung befähigte Personen häufig fehlen würden. Wenn daher die Aufhebung der gutsherrschaftlichen Polizei-Verwaltung von der Wahl der Gemeinde abhängig gemacht werde, so würde voraussichtlich die große Mehrheit sich dagegen erklären.

Von anderer Seite ward darauf entgegnet: Man wolle über das Institut der gutsherrlichen Polizei nicht absprechend urtheilen, aber im Bewußtsein der lebenden Generation sei die Verbindung der obrigkeitlichen Gewalt mit einem bestimmten Grundbesitz abgestorben, und daher nicht länger zu halten. In der That werde über die Mängel der Polizei am meisten in den Domainen-Bezirken geklagt, weil die Größe dieser Bezirke häufig eine ordnungsmäßige Ausübung nicht gestatte, allein der Mißkredit, in den das Institut verfallen, sei auch durch die übrigen Polizei-Herren selbst mit verschuldet, die sich der eigenen Wahrnehmung der Polizei-Verwaltung entzogen und dieselbe mehr als eine Last, wie als ein mit wichtigen Pflichten verbundenes Recht empfunden hätten. Allerdings würde die Ausführung des Gesetzes vielleicht auf nicht unerhebliche Schwierigkeiten stoßen, diese seien aber nicht unüberwindlich.

Eine vermittelnde Auffassung in der Kommission ging dahin: daß die Verbindung der Wahrnehmung obrigkeitlicher Befugnisse mit einem größeren Grundbesitze nach der socialen Stellung, welche dessen Eigenthümer über die Bewohner desselben habe, der Natur der Verhältnisse so entsprechend sei, daß ja auch die ursprüngliche Regierungs-Vorlage sie für den Kreis des Gutsbezirks völlig anerkenne und bestehen lasse. Es solle nicht verkannt werden, daß nach der Entwickelung der Ideen über öffentliches Recht die unbedingte Festhaltung dieses Verhältnisses auch über Bauergemeinden ihre Schwierigkeit habe, und daß sich der gegenwärtig gesunde Zustand auch erhalten lasse, wenn man den umgekehrten Weg der jetzigen Gesetzgebung einschlage. Nach dem Gesetze vom 14. April 1856 trete die obrigkeitliche Gewalt mit dem Besitze ein, könne aber, wo das Verhältniß sich als ungeeignet erweise, auf das leichteste von der Regierung gelöst werden. Man müsse bedingen, daß das geschichtliche und den realen Verhältnissen in aller Weise allein entsprechende Verhältniß der Regel nach fortbestehe, sofern der Besitzer die geeignete Persönlichkeit sei, daß darüber aber eine nach allen Seiten Vertrauen erweckende Instanz, der Ober-Präsident nach Anhörung des Kreistages, zu befinden habe.

Die Vorlage errege zwar in dem, was sie an die Stelle des jetzigen Rechtes setzen wolle, noch mancherlei Bedenken, sei aber in der Art verbesserungsfähig, daß die großen Vorzüge der bisherigen Einrichtung dem Wesen nach erhalten bleiben könnten. Zu den erforderlichen Verbesserungen gehöre außer dem schon Angeführten, daß die Bezirke möglichst klein bemessen und daß sie nicht dauernd so abgegrenzt würden, wie das Abgeordnetenhaus dies wolle, sondern je nach den Persönlichkeiten, welche sich hier oder da als geeignet und bereit zur unentgeltlichen Uebernahme einer solchen Verwaltung fänden, beweglich blieben. Die Verwaltung müsse auch möglichst erleichtert und mit der Verwaltung müßten, so wurde bemerkt, wirkliche Ehren, so namentlich bei der freiwilligen Uebernahme bedeutenderer derartiger Verwaltungen die Kreisstandschaft verbunden, endlich aber jede kommunale Beziehung von den Amts-Bezirken fern gehalten werden.

Nachdem der Regierungskommissar bestritten, daß die Staatsregierung bei Vorlage dieser Bestimmungen einem Drängen der liberalen Seite des Abgeordnetenhauses nachgegeben habe, und ausgeführt hatte, daß sie dabei ihrer eigenen Ueberzeugung von der ferneren Unhaltbarkeit des Instituts gefolgt, daß sie auch

§. 49.

Die Bildung der Amtsbezirke, sowie die etwa erforderliche Abänderung derselben erfolgt nach Anhörung der Betheiligten auf Vor-

---

bisher bemüht gewesen sei, das Gesetz vom 14. April 1856 thunlichst auszuführen, dies aber gegen ihren Wunsch nicht entsprechend zu erreichen gewesen sei, wurden die §§. 46 und 47 von der Mehrheit der Kommission mit 12 gegen 5 Stimmen in der Voraussetzung angenommen, daß es gelingen werde, die weiteren Bestimmungen den voraufgehenden Ausführungen entsprechend zu gestalten.

Das Herrenhaus trat diesen Anträgen bei, und nahm demnächst auch den §. 48 in nachstehender von seiner Kommission vorgeschlagenen Fassung an:

„Für die Bildung der Amtsbezirke gelten folgende Grundsätze:

1. Jeder Amtsbezirk soll ein Flächengebiet umfassen, dessen Größe und Einwohnerzahl dergestalt zu bemessen ist, daß einerseits die Erfüllung der durch das Gesetz der Amtsverwaltung auferlegten Aufgaben gesichert, andererseits die Unmittelbarkeit und die unentgeltliche Ausübung der örtlichen Verwaltung nicht erschwert wird.
2. Gemeinden, welche eine den Bestimmungen des Gesetzes entsprechende Amtsverwaltung aus eigenen Kräften herzustellen vermögen, sind, wenn nicht die örtliche Lage die Zuschlagung anderer Gemeinde- oder Gutsbezirke nothwendig macht, auf ihren Antrag zu einem Amtsbezirke zu erklären.
3. Gutsbezirke können auf Antrag des Gutsbesitzers ohne Rücksicht auf ihre Einwohnerzahl unter den übrigen Voraussetzungen der Nummern 1 und 2 zu Amtsbezirken erklärt werden.
4. Alle übrigen Gemeinden und Gutsbezirke werden zu Amtsbezirken vereinigt. Insbesondere sollen Gemeinden und Gutsbezirke, welche eine örtlich verbundene Lage haben, zu einem und demselben Amtsbezirke gehören."

Bei Einbringung des neuesten Entwurfs der Kreisordnung, welcher die bezüglichen Bestimmungen so enthielt, wie sie demnächst zum Gesetz geworden sind, äußerte der Minister des Innern Graf zu Eulenburg (Sitzung des Abgeordnetenhauses vom 16. November 1872. Sten. Ber. S. 13):

„Der zweite Punkt (der Abänderungen gegenüber den früheren Beschlüssen des Abgeordnetenhauses) ist die Bildung der Amtsbezirke. Was ein Amtsbezirk zu erfüllen haben soll, darüber sind Regierung und Abgeordnetenhaus einer Meinung, das Abgeordnetenhaus aber hatte geglaubt, als nähere Präcisirung des Begriffes eines Amtsbezirkes und zugleich als Instruktion für die Ausführung des Gesetzes Zahlen in das Gesetz aufnehmen zu müssen, welche bei der Bildung der Amtsbezirke maßgebend sein sollten, sowohl wenn es sich darum handelte, eine einzelne Gemeinde zu einem Amt zu machen, als auch namentlich, wenn es sich darum handelte, den Amtsbezirk aus mehreren Gemeinden und Gutsbezirken zusammenzusetzen. Diesen Zahlen war eine Menge von Vorbehalten in der Art beigefügt, daß gesagt war, die Zahlen sollten nur im Allgemeinen Normativ-Bestimmungen sein, es sei aber gestattet, unter den und den Umständen von diesen Regeln abzuweichen. Die Regierung ist der Ansicht, daß eine solche Instruktion, die zudem noch mit einer Menge von Kautelen und Ausnahmen umgeben ist, nicht in das Gesetz gehört, sondern daß hinreichender Anhalt für die Ausführung des Gesetzes schon in den Bestimmungen enthalten sei, welche überhaupt über den Begriff des Amtsbezirks, seine Bedeutung und seine Aufgabe handeln. Rechnet man dazu, daß gerade diese Zahlenbestimmungen in vielen Kreisen Besorgnisse wegen der Ausführbarkeit des Gesetzes hervorgerufen haben, so hat die Regierung zu dem Entschlusse kommen müssen, Ihnen vorzuschlagen, diese Zahlenbestimmungen fortzulassen. Der neue Entwurf bringt sie nicht mehr."

Gegenüber mehreren bei der Berathung im Abgeordnetenhause am 22. November 1872 erhobenen Anfragen, ob nicht bei den vertraulichen Vorbesprechungen, welche der Einbringung des neuesten Regierungsentwurfs vorausgegangen, Seitens des Ministers des Innern eine bestimmtere Zusicherung wegen Wiederaufnahme

schlag des nach diesem Gesetze gewählten Kreistages, durch den Minister des Innern.

---

der Zahlengrenzen in die Ministerial-Instruktion gegeben worden sei, welche zur Ausführung des §. 48 erlassen werden würde, wurde (in Abwesenheit des Ministers) Seitens des Regierungskommissarius, Geheimen Regierungsraths **Persius** die Erklärung abgegeben (Sitzung vom 18. November 1872. Sten. Ber. S. 77):

„Was die von dieser Seite (rechts) wie von jener Seite (links) gedachten Erklärungen anbetrifft, welche der Herr Minister hinsichtlich der Zahlengrenzen einerseits in den Konferenzen, die mit mehreren Mitgliedern dieses Hohen Hauses stattgefunden haben, und andererseits von dieser Stelle bei der General-Debatte am vorgestrigen Tage abgegeben hat, so kann ich selbst hierüber nur meine persönliche Ansicht aussprechen. Ich glaube aber konstatiren zu müssen, daß beide Erklärungen des Herrn Ministers völlig übereinstimmen und daß die bei der General-Debatte von ihm abgegebene Erklärung so klar war, daß sie zu solchen Mißdeutungen, wie sie stattgefunden haben, keinen Anlaß geben kann. Besonders betonen muß ich aber, daß nicht die Mittheilungen, die der Herr Minister in den Konferenzen gemacht hat, für die Beschlußnahme des Hohen Hauses maßgebend sein können, sondern nur die Erklärungen, die er hier in öffentlicher Sitzung abgegeben hat."

2. Bezüglich der Kompetenzbestimmungen über die Bildung der Amtsbezirke (§. 49.) war schon in früheren Stadien der Berathung konservativerseits beantragt worden, dieselbe in die Hände der Oberpräsidenten zu legen, der bezugliche Antrag des Abg. von Denzin jedoch Seitens des Abgeordnetenhauses abgelehnt worden. (Sitzung vom 19. März 1872. St. B. S. 1365.)

Der Kommissionsbericht des Herrenhauses sagt hierüber (S. 58.):

„Der Oberpräsident würde — wie mehrseitig bemerkt wurde — am besten in der Lage sein, die konkreten Verhältnisse zu beurtheilen, und es erscheine daher nicht nothwendig, die Bilduug der Amtsbezirke dem Minister des Innern zu übertragen. Bei dieser Bildung die jetzigen Kreistage auszuschließen, falls dieselben dann überhaupt noch bestehen würden, erscheine ferner durchaus nicht geboten. Noch weniger könne es sich empfehlen, eine Mitwirkung bei Bildung der Amtsbezirke dem künftigen Provinzial-Ausschuß zu übertragen, da jetzt noch nicht bekannt sei, ob und wann derselbe in's Leben treten und wie zusammengesetzt sein würde.

In Folge dessen war beantragt: den §. 49. folgendermaßen zu fassen:

„Die Bildung der Amtsbezirke, sowie ihre später erforderliche Abänderung erfolgt nach Anhörung der Betheiligten und des Kreistages durch den Ober-Präsidenten."

Der Vertreter der Staatsregierung widersprach dem Antrage, indem er geltend machte, daß bei der Schwierigkeit der Organisation es zweckmäßig sei, die erste Bildung nur als eine vorläufige anzusehen, dann aber die neu zu schaffenden Provinzial-Organe mitwirken zu lassen. Nach erfolgter Revision müsse dagegen die Organisation definitiv festgestellt werden, um Stabilität zu erlangen. Die erste Bildung der Amtsbezirke müsse um deshalb dem Minister des Innern übertragen werden, weil dabei allgemeine Gesichtspunkte zur Geltung kommen würden.

Dieser Anführung pflichtete ein Theil der Kommission bei, während von anderer Seite hervorgehoben ward, daß jene allgemeinen Gesichtspunkte durch Ministerial-Instruktionen gewahrt werden könnten.

Der Antrag ward in der Kommission mit 12 gegen 4 Stimmen angenommen und fand demnächst auch im Herrenhause Annahme.

Bei der Berathung des neuesten Entwurfs wurde im Abgeordnetenhause nochmals durch den Abg. v. **Gottberg** der Antrag gestellt, im Alinea 1 des §. 49 statt der darin enthaltenen Worte „durch den Minister des Innern" zu setzen „durch den Oberpräsidenten" und zu Gunsten dieses Antrages vom Abg. v. Gottberg hervorgehoben:

„Es ist von mir vorgeschlagen, statt des Ministers des Innern den Ober-Präsidenten zu setzen. Das allgemeine Prinzip, welches diesem Antrage zu

Die Revision und endgültige Feststellung, sowie jede spätere Abänderung derselben findet nach näherer Vorschrift der zu erlassenden Provinzial-Ordnung statt.

Veränderungen solcher Gemeinde- oder Gutsbezirks-Grenzen, welche zugleich Amtsbezirks-Grenzen sind, ziehen die Veränderung der letzteren ohne Weiteres nach sich.

Grunde liegt, ist dasjenige, welches ich auch bei der früheren General-Diskussion als meine Ansicht ausgesprochen habe, daß man doch versuchen möchte, die Sache so viel wie möglich provinziell zu ordnen.

Ich würde allerdings nicht dahin kommen, den Gesetz-Entwurf deshalb, weil dies nicht geschehen, abzulehnen, aber es geht doch mein Bestreben bei jeder Gelegenheit dahin, den provinziellen Eigenthümlichkeiten so viel als möglich Rechnung zu tragen, und ich glaube, daß man dies mehr im Stande ist, wenn man die Bildung der Amtsbezirke in die Hand des Oberpräsidenten legt, als wenn man sie dem Herrn Minister des Innern überläßt. Es ist ein altes Sprichwort: Parva non curat praetor, und so kommt mir die Sache auch hier vor. Ich glaube nicht, daß es nothwendig ist, die Bildung der Amtsbezirke in die Hand des Ministeriums zu legen. Man kann sie dem Oberpräsidenten überlassen, der sich persönlich viel mehr mit der Sache wird beschäftigen können, als dem Herrn Minister möglich ist. Mein Amendement ist nicht gestellt, weil ich ein Mißtrauen gegen die Person des jetzigen Herrn Ministers hätte. Das fällt mir nicht im Traume ein, wie ich überhaupt auch nicht der Meinung bin, daß, wenn der Herr Minister dieses Gesetz vorgelegt hat und man sagt, es sei ein liberales Gesetz, daß nun daraus folgte, daß auch der Herr Minister ein liberaler Minister sei. Die Ansichten über dieses Gesetz entscheiden nicht über die allgemeine politische Richtung, die Jemand hat. Man kann sehr gut konservativ sein und doch zu gewissen Zeiten ein liberales Gesetz vorlegen. Für mich ist dies Amendement nur eine Sache der praktischen Zweckmäßigkeit, und ich glaube, solche Vorschläge wird der Herr Minister in diesem Stadium, wie auch in einem spätern Stadium wohl gestatten können. Die Sache wird in praxi den Weg nehmen, daß die Vorschläge in den unteren Instanzen gemacht werden. Die Landräthe werden die Vorschläge entwerfen, die Kreistage werden sich darüber aussprechen, und dann sehe ich nicht ein, weshalb ein Oberpräsident darüber nicht sollte entscheiden können. Der Oberpräsident wird allerdings eine Instruktion von dem Herrn Minister des Innern bekommen, aber diese Instruktion wird nicht so strikte sein, wie sie von jener Seite (links) angedeutet worden ist, sondern es wird eine allgemeine Instruktion sein, und innerhalb dieser allgemeinen Instruktion lege ich einen Werth darauf, daß die Entscheidung in die Hände einer Instanz gelegt wird, welche die Verhältnisse genauer kennt, und das ist der Oberpräsident. Von diesem praktischen Standpunkte geht der Vorschlag aus und ich empfehle Ihnen deshalb die Annahme desselben."

Der Minister des Innern, Graf zu Eulenburg, erwiderte hierauf:

„Ich schlage doch vor, bei der Vorlage der Regierung zu bleiben und zwar aus rein praktischen Gründen. Der Schwerpunkt für die Bildung der Amts-Bezirke wird ja immer in den Kreistagen liegen. Selbst der Ober-Präsident steht der Sache ferner, er wird nur kontrolirend einwirken können, aber eine Kontrole wird sich der Minister des Innern deshalb vorbehalten müssen, weil es darauf ankommt, eine gewisse Gleichmäßigkeit in der Ausführung des Gesetzes zu sichern. Ebenso, wie die Kreise, die sich am nächsten mit der Sache zu befassen haben, den Ober-Präsidenten haben, um die Kontrole im Bereiche der Provinz auszuüben, so glaube ich, ist es nothwendig, daß die Sache demnächst in die Hände des Ministers kommt, damit derselbe eine Uebersicht gewinnt, ob die Bestimmungen über die Bildung der Amts-Bezirke im Sinne der Kreis-Ordnung ausgeführt worden sind."

Der Antrag des Abg. von Gottberg wurde demnächst durch die Majorität abgelehnt.

§. 50.

Organe der Amtsverwaltung.

Die Organe der Amtsverwaltung in den Amtsbezirken sind nach näherer Vorschrift dieses Gesetzes der Amtsvorsteher und der Amtsausschuß.

Zu §§ 50 bis 55.

1. Anstatt des §. 50. wollte der Regierungsentwurf (1871) nur bestimmen: „In dem Amtsbezirke wird die Polizei im Namen des Königs von „einem Amtsvorsteher als ein Ehrenamt verwaltet."

Ein kommunaler Inhalt für den Amtsbezirk und eine kommunale Vertretung derselben war hierbei nicht vorgesehen. Das Institut des Amtsausschusses, wie es im §. 50 erwähnt wird, und bezüglich dessen Bildung ꝛc. die §§. 51 bis 55 die näheren Bestimmungen enthalten, ist vom Abgeordnetenhause auf Antrag seiner Kommission unter Widerspruch der rechten Seite des Hauses eingefügt worden.

Der Berichterstatter Abg. Dr. Friedenthal motivirte den Vorschlag der Kommission, indem er sagte: (Sitzung v. 19. März 1872. Sten. Ber. S. 1368):

„M. H. Der Amtsausschuß ist vorzugsweise das Organ, welches bestimmt ist, für die kommunalen Funktionen des Amtsbezirks thätig zu werden. Gestatten Sie mir, daß ich Ihnen die Nothwendigkeit dieses Instituts nur mit wenigen Worten vorführe. — Zunächst muß ich ein Mißverständniß berichtigen, das namentlich bei der Behandlung der Sache vor zwei Jahren, wie ich glaube, außerordentlich schädlich eingewirkt hat, nämlich das Mißverständniß, daß man den Amtsverband oder, wenn Sie wollen, die Amtsgemeinde identisch erklärt mit demjenigen, was man unter Sammtgemeinde versteht. Zwischen beiden besteht ein beträchtlicher Unterschied, ein großer Unterschied, daß nach meinem Dafürhalten grade der Amtsverband in seiner kommunalen Wesenheit das einzige Mittel ist, der Gestaltung zu Sammtgemeinden entgegen zu wirken. Der Unterschied liegt darin, daß der Amtsverband die Selbstständigkeit der Einzel-Gemeinde bestehen läßt, während die Sammtgemeinde die Einzelgemeinde aufsaugt. In der Sammtgemeinde ist der Hauptsache nach die Einzelgemeinde ähnlich situirt, wie der einzelne Stadtbezirk gegenübersteht der gesammten Stadt; nicht als selbstständiges Glied, sondern nur als Unterabtheilung. Beim Amtsverband, bei der Amtsgemeinde bleibt der Einzelgemeinde selbstständige Bewegung, selbstständige Thätigkeit. Für die gemeinsame Aktion sind zwei Gesichtspunkte maßgebend, zwei Gesichtspunkte, bei denen eben die Gemeinsamkeit nothwendig ist. Dies greift Platz erstens da, wo es sich um nachbarliche Interessen der verschiedenen Einzelgemeinden und Gutsbezirke handelt; denn es liegt auf der Hand, daß, wo solche gemeinsame nachbarliche Interessen vorhanden sind, auch eine gemeinschaftliche Thätigkeit eintreten muß. Ebenso, wo die Einzelgemeinde nicht fähig ist, dasjenige zu leisten, was im gemeinsamen Interesse nothwendig ist; da soll ein größerer Verband als subsidiärer Hilfsverband eintreten. Das ist die zweite Richtung, in welcher der Amtsverband, die Amtsgemeinde lebendig werden muß. Nach diesen Gesichtspunkten wird es natürlich der Gesetzgebung vorbehalten bleiben, überall da, wo sie dieselbe als vorhanden anerkennt; an die Bildungen, die wir heute zunächst im allerbescheidensten Maße vornehmen, entwickelnd anzuknüpfen.

Gestatten Sie mir einen Vergleich aus dem Völkerrecht, der vielleicht diejenigen Figuren, die sich hier gegenüberstehen, recht klar neben und gegeneinander stellt. Das Verhältniß, was bisher bestanden hat, nämlich daß für Vizinalinteressen ad hoc Vertreter der Gemeinden, Vertreter der Gutsbezirke zusammentraten, sich über das gemeinschaftlich Vorzunehmende einigten, und die Einigung Kommissarien übertrugen, die sie für den einzelnen Fall wählten, das entspricht dem Begriff der völkerrechtlichen Allianz, die für einen bestimmten Zweck zwischen selbstständigen Staatskörpern geschlossen wird. Die Sammtgemeinde entspricht begriffsmäßig dem Einheitsstaate; zwischen beiden bewegen sich die Formen des Bundes. Das, was wir Ihnen hier vorlegen, ist wie der Staatenbund zunächst ein Bund

§. 51.

Für die Bildung des Amtsausschusses gelten bis zum Erlaß der Landgemeinde-Ordnung folgende Bestimmungen: Amtsausschuß.

1) In den zusammengesetzten Amtsbezirken besteht der Amtsausschuß aus Vertretern sämmtlicher zum Amtsbezirke gehörigen Gemeinden und selbstständigen Gutsbezirke.

Die Vertretung der Gemeinden erfolgt zunächst durch den Gemeinde-Vorsteher, sodann durch die Schöffen und wenn auch deren Zahl nicht ausreicht, durch andere von der Gemeinde zu wählende Mitglieder.

Die Zahl der von jeder Gemeinde zu entsendenden Vertreter,

---

von Gemeinden und die Entwickelung wird allerdings in der Richtung des Bundesstaates vor sich gehen. — Ich glaube, vor dieser Vorstellung werden alle die Befürchtungen, die eine Bedrohung der Selbstständigkeit der einzelnen Gemeinden und Gutsbezirke in den Vordergrund stellen, in sich zusammenfallen. Im Gegentheil, ich behaupte, daß die Erhaltung dieser Selbstständigkeit allein dadurch gesichert wird, daß man da, wo eine gewisse Nothwendigkeit der Vereinigung vorhanden ist, sie in kontinuelle und gesetzliche Formen bringt. Deshalb bitte ich Sie, die Kommissions-Vorschläge anzunehmen."

Der Abg. von Gottberg entgegnete hierauf:

„Ich bin mit großem Interesse der Begründung der Konstituirung des Amts-Ausschusses und Amtsvertretung am Schlusse desjenigen Vortrages gefolgt, den uns der Herr Referent gehalten hat. Er ist auf das öffentliche Recht gekommen, hat vom Bundesstaat und Einheitstaat gesprochen und hat gesagt, der Amts-Bezirk repräsentire den Bundesstaat, während der Einheitsstaat der Sammtgemeinde entspräche. Ich muß doch sagen, daß die Verhältnisse so außerordentlich verschieden sind, daß, wenn er glaubt, durch seine Ausführung Anhänger für seine Idee gewonnen zu haben, er sich doch wohl irren wird. Er hat gesagt, es wäre ein großer Unterschied zwischen derjenigen Sammtgemeinde, die man früher bestätigt, und die ja in anderen Landestheilen existiren und dem Amts-Bezirk, den er jetzt will und der gebildet ist durch die Kommissions-Vorlage. Darin glaube ich, wird er sich sehr täuschen. Er ist allerdings auf Seite der liberalen Partei in diesem Punkt getreten, weil diese Herren auf seine Illusion eingegangen sind, und es so dargestellt haben, als ob ein großer Unterschied wäre, aber ich glaube, die Herren von der liberalen Seite sind sich sehr wohl bewußt, daß schließlich aus diesem Amtsbezirk sich nichts anders entpuppen wird, als eine ganz gewöhnliche Sammtgemeinde. Es wird dahin kommen, daß dieser Amtsbezirk nach und nach immer mehr Dinge in den Kreis seiner kommunalen Beziehungen zieht, und schließlich grade so gut wie die Sammtgemeinde die einzelnen Glieder, die Gemeinden und Gutsbezirke in sich aufsaugen wird. Das wird die ganz natürliche Folge sein. Das mag der Herr Referent und seine Fraktion allerdings nicht beabsichtigen, aber ich glaube, die Herren auf jener Seite (links) beabsichtigen das doch, und werden sich sehr freuen, wenn Sie mit Hülfe des Herrn Referenten und seiner Fraktion diese Ausschüsse und die Amtsvertretung durchbringen, und wenn schließlich die Gesammtgemeinde daraus entsteht. Ich habe ja schon manches von demjenigen, was sich gegen eine derartige kommunale Bildung sagen läßt, bei der General-Diskussion gesagt, ich will hier aber doch noch auf Einiges zurückkommen.

M. H., was ist denn eigentlich das Bedürfniß bei dieser ganzen Materie, das heißt bei derjenigen Materie, die von der Neubildung der Polizei und der Organisation der Polizei handelt? Da geht doch das Bedürfniß eigentlich nur dahin, Ersatz zu schaffen für dasjenige, was uns genommen wird, für die Aufhebung der gutsherrlichen Polizei und der Polizei, welche den Magisträten und

sowie der jedem Gutsbezirke einzuräumenden Stimmen wird mit Rücksicht auf die Steuerleistungen und die Einwohnerzahl durch ein nach Anhörung der Betheiligten auf den Vorschlag des Kreisausschusses von dem Kreistage zu erlassendes Statut geregelt.

Jede Gemeinde und jeder Gutsbezirk ist wenigstens durch einen Abgeordneten zu vertreten.

2) In denjenigen Amtsbezirken, welche nur aus einer Gemeinde bestehen, nimmt die Gemeinde-Versammlung beziehungsweise Gemeinde-Vertretung die Geschäfte des Amtsausschusses wahr.

---

den Königlichen Domainen- und Rent-Aemtern jetzt zusteht. Warum man nun in diese Materie noch die Bildung von neuen Kommunalverbänden hineinbringen will, das weiß ich in der That nicht. Sie werden mir doch zugeben, daß diese Materie an sich dazu keine Veranlassung giebt. Man kann sehr wohl Polizei-Bezirke bilden, ohne denselben kommunalen Inhalt zu geben. Man muß ihn erst künstlich hineinbringen. — Sie sagen, es giebt doch eine Menge gemeinschaftlicher Angelegenheiten, für die müssen wir doch eine solche kommunale Vertretung, einen solchen Kommunalbezirk haben. Da muß ich nun antworten: wir haben dergleichen gemeinschaftliche Angelegenheiten zwischen Gemeinden und Gemeinde-Gutsbezirken schon jetzt, und es geht die Betreibung und Verwaltung dieser gemeinsamen Angelegenheiten sehr gut, ohne daß man irgend eine Korporation aus dieser Gemeinsamkeit bildete oder einen Amtsausschuß oder eine Amtsvertretung konstituirte. Es sind ja dergleichen einzelne Bedürfnisse nur vereinzelt vorhanden. Die Schulen sind davon ausgenommen, diese können nicht kommunaliter konstruirt werden, bis wir ein Unterrichtsgesetz haben, welches sie mit kommunalen Verbänden zusammenfallen läßt. Nach der jetzigen Gesetzgebung existiren die Schulen nicht als Bildungen der Kommunen, sondern es sind apparte Schulsozietäten nach dem Landrechte: sie fallen nicht mit Kommunalverbänden zusammen. Sie werden daher nicht in den Amtsbezirk hineinkommen. — Es ist schon gestern davon gesprochen worden, es wären Spritzen-Verbände vorhanden. Ja, Spritzenverbände haben wir auch bei uns, die werden aber auch oft nicht mit dem Amtsbezirk zusammenfallen, sondern einen größeren Bezirk umfassen. Wenn ein Gutsbezirk und eine danebenliegende Gemeinde einen Amtsbezirk bilden, so wird dies für einen Spritzenverband noch nicht ausreichend sein — es werden da noch mehrere Gemeinden respektive Gutsbezirke hinzutreten müssen. Mir fallen wirklich im Augenblicke nicht noch mehr Gegenstände ein, und ich glaube auch, daß der Kreis dieser allgemeinen Angelegenheiten sehr klein, wenigstens so klein ist, daß es wirklich nicht lohnt, bei dieser Gelegenheit, dem Widerstreben gegen dergleichen kommunale Bildungen gegenüber, hier einen neuen Apparat in das Gesetz hineinzubringen, der über das Bedürfniß, nach meiner Ansicht, vollständig hinausgeht.

Wenn ich mir die Befugnisse ansehe, die diesem Amtsausschuß überwiesen werden, so finde ich zuerst die Kontrole sämmtlicher und die Bewilligung derjenigen Ausgaben der Amtsverwaltung, welche von dem Amtsbezirke aufgebracht werden. Man sollte in der That glauben, daß hier von einer großen Finanzwirthschaft die Rede wäre. Wenn Sie sich diesen kleinen Bezirk denken, also einen Gutsbezirk und eine Gemeinde, wie es bei uns häufig vorkommen wird, was werden da denn nun für große Ausgaben sein? Einnahmen existiren nicht, als die wenigen Groschen, die ausgeschrieben werden, um die geringen Ausgaben des Amtsbezirks für gemeinsame Angelegenheiten zu bestreiten. Die können von dem Gutsbezirke und von der Gemeinde aufgebracht werden, und damit wäre die Sache abgemacht. Dann heißt es weiter:

„Die Beschlußfassung über diejenigen Polizei-Verordnungen, welche der

3) In denjenigen Amtsbezirken, welche nur aus einem Gutsbezirke bestehen, fällt der Amtsausschuß weg.

§. 52.

Zu den Befugnissen des Amts-Ausschusses gehört:

1) die Kontrole sämmtlicher und die Bewilligung derjenigen Ausgaben der Amtsverwaltung, welche vom Amtsbezirke aufgebracht werden (§§. 69. und 70. Absatz 4);

Amts-Vorsteher zu erlassen befugt ist, sofern er die Zustimmung des Amts-Ausschusses erlangt";

ja, m. H., der Amtsvorsteher wird sehr selten von der Befugniß Gebrauch machen, Polizeiverordnungen zu erlassen, er wird sich mit denen begnügen, die der Landrath erlassen hat und welche die allgemeinen Gesetze enthalten, denn er wird in der Regel seine Polizei-Eingesessenen so wenig als möglich inkommodiren wollen, er wird möglichst wenig mit Polizeiverordnungen vorgehen. Wenn er aber einmal dazu schreitet, dann werden die davon Betroffenen keine geeigneten Rathgeber sein, sondern er wird besser thun, wenn er dieselben allein erläßt und Niemand zu Rathe zieht. Wenn er aber Einen zu Rathe ziehen will, dann ist der Nächste der Vorsteher des Gutsbezirks und der Schulze des andern Gemeindebezirks. Das sind immer die besten Rathgeber, die er in dieser Beziehung haben wird, und sie sind wahrscheinlich geeigneter als die Mitglieder des Amts-Ausschusses. Dann steht da: „die Aeußerung über Abänderung des Amts-Bezirks." Dies können doch in der Regel nur solche Abänderungen sein, die verbunden sind mit Abänderungen irgend eines Gemeinde- oder Gutsbezirks, und da muß man doch schon mit den Interessenten verhandeln, mit den Vertretern der einzelnen Gemeinde oder des Gutsbezirks. Wozu also da außerdem noch die Aeußerung des Amts-Ausschusses? Dann heißt es:

„Die Beschlußfassung über solche Kommunal-Angelegenheiten, welche die Gemeinden und Guts-Bezirke durch übereinstimmenden Beschluß dem Amts-Bezirke überweisen. Handelt es sich hierbei um Aufbringung von Abgaben Seitens des Amts-Bezirkes, deren Aufbringungsmaßstab nicht gesetzlich feststeht, so muß sich die Uebereinstimmung der Betheiligten auch auf den Aufbringungsmaßstab erstrecken."

In Bezug darauf habe ich schon gesagt, daß dergleichen Angelegenheiten sehr selten vorkommen werden, es ist also ein Bedürfniß aus diesem Punkte nicht abzuleiten. Dann kommt:

„Die Bestellung, sowie die Wahl besonderer Kommissionen oder Kommissarien zur Vorbereitung und Ausführung von Beschlüssen des Amtsausschusses."

Nun denken Sie sich, daß ein Amtsausschuß, der in der Regel aus drei Personen besteht, noch Kommissionen bilden und Kommissarien aussenden soll. Ja, meine Herren, das kommt mir wirklich für unsere östlichen Provinzen, ich möchte sagen, beinahe spaßhaft vor; wenn man die dortigen Verhältnisse kennt und ich als Landrath stehe diesen Sachen außerordentlich nahe und kann mir ein Bild davon machen. Ich habe mich mit großem Interesse an diese Vorlage gemacht und habe mir vergegenwärtigt, wie es sich gestalten wird, wenn ich sie ausführe, und da sind mir keine besonderen Schwierigkeiten aufgestoßen, wenn ich die Organisation nach der Regierungs-Vorlage durchführen sollte. Wenn ich mir aber nun denke, daß ich die Amtsvertretungen auch einführen sollte, so muß ich sagen, daß die Leute mich wunderbar ansehen und fragen würden, ob das mein Ernst wäre. (Sehr richtig! rechts.)

Dann kommt:

„Die Beschlußfassung über sonstige Angelegenheiten, welche der Amtsvorsteher aus dem Kreise seiner Amtsbefugnisse dem Amtsausschusse zu diesem Zwecke unterbreitet."

2) die Beschlußfassung über diejenigen Polizei-Verordnungen, welche der Amtsvorsteher unter Mitwirkung des Amtsausschusses zu erlassen befugt ist (§. 62.);
3) die Aeußerung über Abänderungen des Amtsbezirks (§. 49.);
4) die Bestellung, sowie die Wahl besonderer Kommissionen oder Kommissarien zur Vorbereitung und Ausführung von Beschlüssen des Amtsausschusses;

Ja, m. H., der Ausdruck „sonstige Angelegenheiten," von dem weiß ich allerdings nach dem, was ich früher schon spezifizirt habe, nicht, was ich mir darunter denken soll.

Ich muß mich daher dahin resumiren, daß ich und derjenige Theil meiner politischen Freunde, der mit mir stimmt, der Meinung sind, daß die Konstituirung des Amtsausschusses und die Einführung einer neuen Korporation in den Kreis der Kommunalbildung gang und gebe über das Bedürfniß hinausgeht, und wir werden deshalb dagegen stimmen. Aber nun möchte ich auch noch auf einen praktischen Gesichtspunkt bei der Frage aufmerksam machen. Wenn man den Amtsbezirk mit dem Amtsvorsteher bildet, dann hat man außerdem, wenn er aus einem Gutsbezirk und einer Gemeinde besteht, einmal den Amtsvorsteher, das ist der Gutsbesitzer — oder es kann auch nicht der Gutsbesitzer, es kann der Schulze sein — dann in dem Gutsbezirke den Schulzen, und dann in der Gemeinde noch einen Schulzen. In demselben örtlich zusammenliegenden Bezirk, der früher Gutsbezirk und Gemeinde zusammenfaßte, da war früher ein Gutsbesitzer, der war die Orts-Obrigkeit, hatte die Polizei-Verwaltung auch, und außerdem existirte ein Schulze. Jetzt bekommen wir drei dergleichen Persönlichkeiten. Wir haben den Gutsherrn, den Amtsvorsteher, einen Schulzen für den Gutsbezirk und einen Schulzen für die Gemeinde, also in der untersten Instanz doppelte Polizei-Organe, außerdem noch den Amtsausschuß und wahrscheinlich werden Sie auch noch einen Amtsdiener bekommen. Wir werden also bei weitem mehr Polizei-Beamte haben, als wir jetzt auf dem Lande haben. Es illustrirt das dasjenige, was ich schon früher zu sagen mir erlaubte, daß ich bei allen jetzigen neuen liberalen Gestaltungen noch nicht gefunden habe, daß die Zahl der Beamten, so sehr man sich auch über dieselbe beklagt, abgenommen hätte, im Gegentheil, mir scheint es, daß sie von Tage zu Tage zunimmt. („Beifall rechts.")

Der Minister des Innern, Graf zu Eulenburg, äußerte in derselben Sitzung hierüber Folgendes: (Sten. Ber. S. 1372).

„Die Stellung der Regierung zu dieser Frage ist ziemlich einfach. Wogegen die Regierung sich, so lange ich mich erinnern kann, erklärt hat, ist die zwangsweise Zusammenlegung von Gemeinden. Auch im Jahre 1850 hat die Regierung auf diesem Standpunkte gestanden, und dasjenige, was der Herr Abg. Miquél darüber angeführt hat, ist, glaube ich, nicht ganz korrekt; auch in der damaligen Gesetzgebung wurde die Bildung von Sammtgemeinden immer nur in das Belieben der einzelnen Gemeinden gestellt und ein Zwang nicht ausgesprochen. Gegen einen solchen Zwang muß sich die Regierung auch heute noch auf das Entschiedenste erklären; allein gegen eine Vereinigung von Gemeinden, mag man sie nun Sammtgemeinden oder Aemter nennen, wenn sie aus Freiwilligkeit hervorgeht, kann ich weder aus gouvernementalen, noch aus konservativen Rücksichten mich erklären; es ist eben ein Akt der Selbstbestimmung der Gemeinden, dessen Resultate vielleicht ganz gut ausfallen können. Der Zweifel daran, ob eine solche Institution werde lebendig werden, hat die Regierung abgehalten, eine auf Hervorrufung derselben zielende Bestimmung schon in ihrem eigenen Entwurf in Vorschlag zu bringen. Ich stehe auch heute noch auf dem Standpunkte, daß ich glaube, es wird sehr langer Zeit bedürfen, ehe die Institution lebendig werden wird, und darum halte ich die Bestimmung auch heute noch für nicht nothwendig, vielleicht sogar für überflüssig, schädlich aber auf keinen Fall, und da ein großer Theil dieser Versammlung einen entscheidend

5) die Beschlußfassung über sonstige Angelegenheiten, welche der Amtsvorsteher aus dem Kreise seiner Amtsbefugnisse dem Amtsausschusse zu diesem Zwecke unterbreitet.

§. 53.

Die zu einem Amtsbezirke gehörigen Gemeinden und Gutsbezirke sind befugt, durch übereinstimmenden Beschluß einzelne Kommunal-Angelegenheiten dem Amtsbezirke zu überweisen.

---

großen Werth auf diesen Vorschlag legt, so bin ich seitens der Regierung nicht in der Lage, mich gegen denselben zu erklären. Ich glaube, es wird die Aufnahme einer solchen Bestimmung in das Gesetz nicht die Folge haben, daß die einzelnen Gemeinden durch den größeren Verband absorbirt werden, sondern ich glaube, es wird so ziemlich Alles beim Alten bleiben. Ist diese Voraussetzung richtig, so könnte es sich fragen, ob Veranlassung vorliegt, die Amtsvertretung oder sonstige Institutionen, die sich daran knüpfen, ins Leben zu rufen, oder ob nicht die Rücksicht auf unnütze Arbeit dahin treiben soll, den Vorschlag der Kommission nicht anzunehmen. Ich rechne zu diesen Arbeiten namentlich die Ausarbeitung von Statuten für jeden einzelnen Amtsbezirk; dem gegenüber muß ich aber bemerken, daß die Vorschläge, wie sie in der Kommission formulirt sind, ziemlich einfach sind. Die Vertretung des Amtsbezirks ist in einfacher Weise konstruirt, wie sie theils in der Natur der Verhältnisse liegt, andererseits Wahlverhandlungen und sonstige größere Demarchen, nicht verlangt. Das giebt mir die Beruhigung, daß die Institution in die Bevölkerung keine Beunruhigung hineinwerfen wird; die größte Gefahr, der man sich bei der Annahme aussetzt, ist die, daß diese Bestimmungen vielleicht eine Zeit lang ein todter Buchstabe bleiben. Aber mehrere andere Paragraphen können möglicherweise dieses Schicksal auch theilen, ohne daß man gerade sagen kann, das wäre verwerflich. M. H., ich habe keine Veranlassung, mich gegen die Amendements, die gestellt sind, auszusprechen."

Seitens der Abgeordneten Miquél und von Brauchitsch wurde noch für den Kommissionsvorschlag, seitens des Abg. Graf von Schweinitz gegen denselben plaidirt. Die Majorität des Abgeordnetenhauses entschied sich, wie oben erwähnt, schließlich für die Einfügung des Amtsausschusses.

In der Kommission des Herrenhauses fand demnächst über die Principienfrage, ob überhaupt den Amtsbezirken eine kommunale Bedeutung beizulegen und das Institut des Amtsausschusses zu billigen sei, eine eingehende Erörterung statt. Diejenigen Mitglieder der Kommission — wird in deren Bericht (S. 59.) ausgeführt —, welche für die Vorlage eintraten, waren ihrerseits zwar ebenfalls der Ueberzeugung, daß Sammt-Gemeinden, wie sie die Rheinprovinz habe, keineswegs wünschenswerthe Bildungen seien. Was aber das Institut der Amts-Ausschüsse anlangt, wenn es auch voraussichtlich keine große praktische Bedeutung gewinnen werde, so konnten sie die Gefahren, die damit verbunden sein sollen, nicht oder doch nicht in irgend erheblichem Maaße als wirklich vorhanden anerkennen, während sie zugleich die Meinung aussprachen, daß das Institut je nach Umständen auch positiv günstig wirken und sich entwickeln könne.

Von irgend einem Zwange, so wurde hervorgehoben, sei keine Rede, das Gesetz überlasse vielmehr die Zuweisung kommunaler Angelegenheiten an die Amtsausschüsse der freien Entschließung der Gemeinden. Das sei ein ganz richtiger Standpunkt. Das Bedürfniß engerer kommunaler Gruppirung sei bereits mehrfach hervorgetreten oder werde später noch bestimmter sich zeigen, und da sei es ganz richtig, daß das Gesetz weder gebietend noch auch hindernd sich dazwischen stelle. Dazu komme die enge Beziehung zwischen den Polizei- und den Kommunal-Angelegenheiten, die eine volle Ausscheidung aller kommunalen Bedeutung aus den Amtsbezirken kaum zulassen werde; sei aber der Amtsbezirk einmal mit kommunalen Beziehungen betraut, dann sei auch ein Organ wie der Amtsausschuß gar nicht zu entbehren. Die Institution werde die Bildung von Sammtgemeinden

Handelt es sich hierbei um Aufbringung von Abgaben Seitens des Amtsbezirks, deren Aufbringungs-Maßstab nicht gesetzlich feststeht, so muß sich die Uebereinstimmung der Betheiligten auch auf den Aufbringungs-Maßstab erstrecken.

Ueber solche dem Amtsbezirke überwiesene Kommunal-Angelegenheiten steht alsdann die Beschlußfassung dem Amts-Ausschusse zu.

---

nicht nur nicht anbahnen, sondern gegentheils einer darauf gerichteten Strömung einen Damm entgegensetzen und zugleich der sonst vielleicht unausbleiblichen Inkommunalisirung der Gutsbezirke entgegenwirken.

Nach Ansicht der Gegner der Vorlage liegt dagegen zu einer Ausdehnung der Kompetenz der Amtsbezirke auf Gegenstände der Kommunal-Verwaltung nicht das geringste Bedürfniß vor. Zunächst hänge die Bildung überhaupt in keiner Weise mit der Kreisordnung nothwendig zusammen und gehöre schon darum nicht in dieses Gesetz. Sodann mache der §. 53. zwar die Ueberweisung einzelner Kommunal-Angelegenheiten an den Amtsausschuß von der freien Entschließung der Gemeinden abhängig, die Einsetzung des Amtsausschusses selbst hänge aber nicht von ihrem Belieben ab. Sei erst die Form, vorläufig ziemlich inhaltsleer, gegeben, dann würde das Bedürfniß der Ausfüllung in nothwendiger Konsequenz zu einer weiteren Zutheilung neuer Gegenstände führen, wie schon nach der Vorlage §. 52. Nr. 5. der Amtsvorsteher beliebige Angelegenheiten aus dem Kreise seiner Amtsbefugnisse dem Amtsausschusse zur Beschlußfassung übergeben könne, und es würde so in schließlicher Folge die Konstituirung förmlicher Sammtgemeinden kaum zu umgehen sein, sei es, daß bestimmte Gesetze auf sie rekurrirten, sei es, daß auch die Gemeinden, ehe sie den Erfolg zu übersehen vermöchten, hie und da wohl leicht zu bestimmen sein dürften, einzelne Zweige ihrer Verwaltung dem Amtsausschusse zu überweisen. Das Drängen nach einer solchen Institution habe doch schließlich den Zweck, die Bildung von Sammtgemeinden zu erreichen.

Die neue Institution werde entweder todt und bedeutungslos bleiben, oder Leben gewinnen und damit einerseits das Kommunalleben der einzelnen kleinen Gemeinden gänzlich ertödten, sowie andererseits das Leben, welches in unserer Kreisverwaltung bestände, absorbiren. Sie sei so wenig ein Damm gegen Aufhebung der Selbstständigkeit des kommunalen Lebens der kleineren Gemeinden und Gutsbezirke, daß sie diese Inkommunalisirung bereits enthalte. Damit höre die Mannichfaltigkeit des kommunalen Lebens je nach den Verhältnissen der desfallsigen Organe auf, es solle Alles in Allem in derselben reichen Weise zur Darstellung kommen, wie in großen Gemeinden. Deshalb müßten die wohlhabenden Gemeinden die armen übertragen und die Kommunalbedürfnisse würden unerträglich hoch. So sei es am Rhein. Dort seien sie ursprünglich von Frankreich eingeführt, um das Land mit Beamten zu überziehen, die von diesem zu besolden und doch vom Staate abhängig wären. Der Erfolg würde hier derselbe sein.

Gerade das gesunde korporative Leben, das sich in unseren Landgemeinden noch finde, müsse in jeder Weise gekräftigt und konservirt werden. Eine Ausstattung der Amtsbezirke mit kommunalen Funktionen mache es unmöglich, daß geeignete Personen das Amt als Amtsvorsteher unentgeltlich übernehmen könnten. Kleine Amtsbezirke würden sich dabei gar nicht halten lassen, es auch gar nicht möglich sein, die Bezirke, sobald sie korporative Gestaltung erhielten, in ihren Grenzen möglichst flüssig zu halten, wofür sich die Kommission doch entschieden habe, um die unentgeltliche Verwaltung des Amts zu erleichtern. Solche Institution würde im Lande den größten Widerspruch erregen und vor Allem dazu beitragen, die Einführung des ganzen Gesetzes verhaßt zu machen.

Dazu komme, daß die Bildung der Bezirke nach ganz verschiedenen, zum Theil widersprechenden Gesichtspunkten erfolgen müßte, je nachdem sie lediglich für die Zwecke der Polizei- oder zugleich auch der Kommunalverwaltung bestimmt würden. Wo ein Bedürfniß zu einer Vereinigung mehrerer Gemeinden für ein-

§. 54.

Der Amts-Vorsteher beruft den Amts-Ausschuß und führt den Vorsitz mit vollem Stimmrechte. Die Sitzungen des Amts-Ausschusses sind öffentlich. Für einzelne Gegenstände kann durch einen in geheimer Sitzung zu fassenden Beschluß die Oeffentlichkeit ausgeschlossen werden.

Der Amts-Ausschuß kann nur beschließen, wenn mehr als die Hälfte der Mitglieder anwesend ist. Eine Ausnahme hiervon findet statt, wenn die Mitglieder zum zweiten Male zur Verhandlung über

---

zelne Kommunalzwecke hervortrete, würde diese aus freien Stücken, wie auch jetzt schon, sich leicht vollziehen lassen; eine derartige Vereinigung aber folge ganz anderen Gesichtspunkten und werde nur äußerst selten gerade nach den Grenzen der Amtsbezirke abzuschließen sein, vielmehr würde die Bildung eines Amts-Kommunalbezirks die desfallsigen Interessen mannichfach durchkreuzen. Rücksichtlich des Wegebaues, der Entwässerung, der Aufstellung gemeinsamer Spritzen, der Armenpflege, der Schulen fänden so verschiedene Gesichtspunkte und zu einer Vereinigung mit anderen Gemeinden treibende Gründe statt, daß eine ein- für allemal eingegangene kommunale Verbindung nicht vielfach geradezu hemmend wirken sollte. Rücksichtlich der für Polizeizwecke gemeinsamen Kosten würden die Vorstände der einzelnen Gemeindebezirke zuzuziehen, und die eventuelle Entscheidung bei Widerspruch oder bei Verweigerung von Leistungen dem Kreisausschusse zu übertragen sein.

Nach Schluß der Diskussion wurden zunächst, um vorweg über die Prinzipienfrage eine Entscheidung zu erlangen, die Worte im §. 50 „und der Amtsausschuß" zur Abstimmung gestellt, und mit 12 gegen 5 Stimmen abgelehnt.

Im Plenum des Herrenhauses (Sitzung vom 23. Oktober 1872) war von Dr. Baumstark der Antrag gestellt worden, den Beschlüssen des Abgeordnetenhauses bezüglich des Amtsausschusses beizutreten. Derselbe wurde vom Minister des Innern, Grafen zu Eulenburg, nochmals befürwortet. Derselbe sagte:

„M. H.! Ihre Beschlußnahme über diesen Paragraphen ist nicht ohne Wichtigkeit im Hinblick auf die Stimmung, die in dieser Beziehung im Abgeordnetenhause herrscht. Ich möchte die Frage etwas klarer stellen, als sie bisher dem Publikum und selbst dem politischen Publikum geworden ist. Es finden immer noch Verwechselungen statt zwischen Sammtgemeinden und zwischen Gemeinden, welche sich zur Verfolgung bestimmter kommunaler Zwecke vereinigen. Was in der Gesetzesvorlage beabsichtigt wird, läuft darauf hinaus, daß ein ursprünglicher Polizeibezirk als ein solcher bezeichnet wird, der sich auch mit anderen öffentlichen Angelegenheiten beschäftigen könne. Diese Festsetzung haben Sie auch durch Ihre Beschlüsse gutgeheißen. Das Abgeordnetenhaus legt nun Werth darauf, daß man in dem Gesetze gleich eine Form biete, in der sich die Handhabung dieser weitergehenden öffentlichen Interessen bewegen könne, und daß man nicht dadurch, daß man eine solche Form aus dem Gesetze fortläßt, die Möglichkeit eines Zusammenschlusses in anderen als in polizeilichen Angelegenheiten raube.

Die Regierung hat stets die zwangsweise Einführung von Sammtgemeinden bekämpft.

In dieser Beziehung existiren in liberalen Kreisen Voreingenommenheiten, die darauf hinauslaufen, daß die Sammtgemeinde eigentlich das Ideal sei. Die Regierung ist anderer Ansicht. Sie leugnet nicht, daß Sammtgemeinden unter Umständen naturgemäß entstehen können, und ist der Ansicht, daß, der Bildung derselben entgegenzutreten, keine Veranlassung vorliege; aber sie kann es nur als eine Tödtung des Gemeindelebens ansehen, wenn die Gesetzgebung Beschlüsse gestattet, durch welche zwangsweise die Interessen der einzelnen Gemeinden zu Interessen einer Gesammtgemeinde gestempelt werden. Deshalb habe ich auch bei dieser Gelegenheit ausdrücklich erklärt, daß an dem Grundsatze der ganz freien Vereinbarung festgehalten werden müsse, und daß das Amt den Charakter einer

denselben Gegenstand berufen, dennoch nicht in beschlußfähiger Anzahl erschienen sind. Bei der zweiten Berufung muß auf diese Bestimmung ausdrücklich hingewiesen werden.

Die Beschlüsse des Amts-Ausschusses werden nach Mehrheit der Stimmen gefaßt. Bei Stimmengleichheit gilt der Antrag als abgelehnt.

Sammtgemeinde nur dann annehmen könne, wenn dies ohne Widerspruch irgend einer einzelnen Gemeinde geschehe. Dieser Gedanke ist in dem Beschlusse des Abgeordnetenhauses zum Ausdruck gekommen. Derselbe schließt die Befürchtung aus, daß gegen den Widerspruch auch nur eines einzelnen Bestandtheiles des Amtes eine Angelegenheit zu einer kommunalen Angelegenheit des Amtes gemacht werden könne. Wenn das aber der Fall ist, so frage ich, welchen Grund man hat, um dem so lebhaft gehegten Wunsche des Abgeordnetenhauses entgegenzutreten? Ich glaube, daß die Umgestaltung der Aemter zu kommunalen Bezirken sich in den östlichen Provinzen, wenn überhaupt, so doch nur sehr langsam entwickeln wird, aber wenn sie sich entwickeln will, wenn für gewisse kommunale Zwecke, für Feuerlöschwesen, für Wegebauten, für Schulen u. s. w. ein gegenseitiges Anschließen aneinander von den Gemeinden selbst für zweckmäßig erachtet wird, wenn sie bereit sind, ihre Stärke und Schwächen gegenseitig zu übertragen, welches Interesse kann der Staat haben, diesem Vorgehen mit einem Veto entgegenzutreten?

Das Zusammenleben in demselben Polizeibezirke, das Gefühl, unter derselben lokalen Polizeiobrigkeit zu stehen, schafft schon eine gewisse Gemeinschaft, und es sind mir häufig Fälle vorgekommen, wo zwischen Gutsherrschaft und Gemeinde, besonders dann, wenn letztere unter der Polizeigerichtsbarkeit des Gutsbesitzers steht, sich im Wege des Statuts Kommunalgemeinschaften gebildet haben, die zum Wohle beider ausgeschlagen sind.

Von allen Einwendungen, die gegen die Zulässigkeit der Bildung von Gesammtgemeinden erhoben worden sind, könnte mich, wenn er begründet wäre, nur einer stutzig machen, der ist, daß, wie in dem Kommissionsbericht gesagt ist, Sammtgemeinden die Kreisinteressen schädigen. Wenn das wahr wäre, so würde ich selbst Anstand nehmen, den Beschluß des Abgeordnetenhauses zu befürworten. Ich bin lebhaft davon durchdrungen, daß die Kreisgemeinde diejenige ist, die bei uns im vollen Leben steht und durch keine, ihrer ferneren Entfaltung hinderliche Einrichtung abgeschwächt werden darf; aber ich kann mir nicht denken, daß ein Amt, namentlich in dem verhältnißmäßig geringen Umfange, wie Sie es konstruiren wollen, ein kommunales Leben entwickeln könnte, welches dem Kreisleben hinderlich wäre.

Ich wünschte sehr, daß Sie sich entschließen könnten, meiner Argumentation Folge zu leisten und die Paragraphen, welche das Amendement des Dr. Baumstark vorschlägt, anzunehmen. Selbst in der Lage, in welcher die Hoffnung auf Verständigung zwischen den beiden Häusern sich jetzt befindet, darf ich nicht müde werden, auf eine Annäherung zwischen denselben hinzuwirken. Ich empfehle Ihnen daher das Amendement des Herrn Dr. Baumstark.

Auf eine Entgegnung von Kleist-Retzow's replizirte der Minister des Innern, Graf zu Eulenburg, nochmals:

„Ich möchte nur darauf aufmerksam machen, daß Herr von Kleist immer Rheinische Zustände im Auge hat. Die Sammtgemeinde der Rheinischen Gemeindeordnung ist eine ganz andere als diejenige, die hier besprochen wird, und die sich viel mehr dem nähert, was wir in Westphalen haben. Am Rheine — die Bürgermeistereien meinen Sie doch? — ist die Versammlung so zusammengesetzt, daß die Majorität der Bürgermeister beschließen kann, was künftig Bürgermeistereisache sein soll, das halte ich für einen nicht gesunden Zustand, und den bin ich weit entfernt einführen zu wollen. In Westphalen aber ist jede einzelne Gemeinde berechtigt, ihr Veto einzulegen, und sowie eine einzige Nein sagt, kommt Nichts zu Stande. Am Rhein sind die Bürgermeistereien in Folge ihrer Entwickelung zu

§. 55.

Für die nach näherer Vorschrift dieses Gesetzes den Gemeinden und Gutsbezirken gemeinsamen Angelegenheiten stehen dem Amts-Verbande die Rechte einer Korporation zu. Die Korporation wird nach außen durch den Amts-Vorsteher vertreten.

Urkunden, welche das Amt verpflichten sollen, sind von dem Amts-Vorsteher und mindestens einem Mitgliede des Amts-Aus-

---

starke Kommunalverbände geworden, die den Kreisinteressen Schaden thun mögen. Es giebt deren von 4-, 5-, 8- bis 9000 Seelen, die können ein anderes Gewicht in die Waagschale werfen, und den Kreisen Konkurrenz machen, aber doch nicht diejenigen Amtsbezirke, die Sie nach Ihrem Beschlusse in den alten Kreisen konstruiren wollen, und die nach Ihrem Wunsche möglichst klein sein sollen. Wie ist es denkbar, daß sie dem Drängen unserer Kreise, Chausseen zu bauen, irgendwie ein Hinderniß bieten könnten? sie werden ihre Aufmerksamkeit, wenn sie sich zusammenthun, darauf richten, gute Vizinalwege zu bauen, aber den Chausseebau werden sie den Händen des Kreises niemals entwinden."

Nachdem Dr. Tellkampf, Gobbin, Dr. Dernburg und Graf zu Eulenburg für den Amtsausschuß, von Kleist-Retzow, Baron von Senfft-Pilsach und der Berichterstatter Graf von Krassow gegen denselben sich ausgesprochen, wurde der Antrag des Dr. Baumstark in namentlicher Abstimmung mit 89 gegen 55 Stimmen abgelehnt.

Der neueste Regierungsentwurf nahm mit unwesentlichen redaktionellen Abänderungen die vom Abgeordnetenhause vorgeschlagenen Bestimmungen über den Amtsausschuß und seine Befugnisse wiederum auf.

2. Bezüglich des Rechts zur Theilnahme an der Gemeindeversammlung resp. wegen der Wahl einer Gemeinde-Vertretung (§ 51) vergl. die Anm. zu §. 23.

3. Auf die Aeußerung des Berichterstatters, Grafen von Krassow zu § 53 (in der Sitzung des Herrenhauses vom 28. Oktober 1872, St. B. S. 501):

> „Wir sind gemahnt worden, das Prinzip der Freiheit und Selbstständigkeit, welches hier durchgeführt sei, den Betheiligten doch nicht zu verbieten. M. H.! Dieses Prinzip wollen wir gerade gern wahren, weil wir es gefährdet glauben, weil wir meinen, daß mit Nothwendigkeit aus den Amtsausschüssen sich Sammtgemeinden entwickeln werden. Ich wiederhole, das liberum veto einzelner Gemeinden beruhigt uns keineswegs, die Verhältnisse werden mächtiger sein als die Stimme eines Schulzen. Denken Sie sich, in der einen Hälfte eines Kreises gelangen die Amtsausschüsse zu kommunalem Leben, in der andern Hälfte nicht, wird dann nicht bald gesagt werden: Wir müssen gleichmäßigere Einrichtungen haben? Es liegt doch in der ganzen Tendenz, alle Einrichtungen zu uniformiren. — Ich beneide diejenigen Herren, welche Sammtgemeinden nicht wollen und dennoch für die Amtsausschüsse stimmen, um ihre gute Zuversicht; die Mehrheit dieser Kommission hat diese Ansicht nicht theilen können und ich bitte Sie, lehnen Sie die Amtsausschüsse ab, und stimmen Sie den Anträgen Ihrer Kommission zu."

erwiderte der Graf von Rittberg zur „thatsächlichen Berichtigung":

> „Der Herr Referent hat gesagt, die Gemeinde hätte das liberum veto in Bezug auf Uebertragung der Geschäfte an die Amtsausschüsse. Ich will nur Folgendes verlesen: „Zu den Befugnissen der Amtsausschüsse gehört die Beschlußfassung über solche Kommunal-Angelegenheiten, welche die Gemeinden und Gutsbezirke durch übereinstimmenden Beschluß dem Amtsbezirke überweisen." Es ist also kein liberum veto, sondern ein einstimmiger Beschluß einer Gemeinde nothwendig, um ihre Angelegenheiten dem Amtsausschuß zu überweisen. Ich gehöre nicht zu den von Dr. Dernburg Bezeichneten, die sich für diese Ausschüsse en-

schusses unter Anführung des betreffenden Beschlusses des Amts-Ausschusses zu vollziehen.

§. 56.

Amts-Vorsteher. a) Berufung desselben.

Der Amtsvorsteher wird von dem Ober-Präsidenten ernannt.

Die Ernennung erfolgt auf Grund von Vorschlägen des Kreis-

---

thusiasmiren, aber nach der verlesenen Bestimmung halte ich sie für ganz ungefährlich."

worauf Graf von Krassow erklärte:

„Wenn ein übereinstimmender Beschluß aller Betheiligten dazu gehört, um einen gültigen Beschluß zu Stande zu bringen, so meine ich, hat jeder Einzelne ein liberum veto."

Ein Widerspruch gegen die Auffassung des Grafen von Rittberg, wonach der bezügliche Gemeinde-Beschluß ein einstimmiger sein müsse, wurde von keiner Seite erhoben.

4. Vergl. zu §. 55 bezüglich des Begriffs und der Rechte der Korporationen die Anmerkung zu §. 2.

Zu § 56.

Bezüglich der Ernennung des Amtsvorstehers für die zusammengesetzten Amtsbezirke enthielt der Regierungsentwurf von 1871 folgende Bestimmung:

„Der Amtsvorsteher wird von dem Oberpräsidenten ernannt. Für jeden Kreis ist von dem Kreistage eine alljährlich zu ergänzende und zu berichtigende Liste der zu Amtsvorstehern geeigneten Personen aufzustellen und dem Oberpräsidenten einzureichen."

Das Abgeordnetenhaus beschloß dagegen hierüber auf den Vorschlag seiner Kommission folgende Fassung:

„Der Amtsvorsteher wird von dem Oberpräsidenten aus der Zahl derjenigen Amtsangehörigen ernannt, welche der Kreistag als zu dem Amte befähigt vorschlägt."

Es war hierzu Seitens der linken Seite des Hauses, im Hinblick auf einen im Jahre 1869 bei der damaligen Berathung der Kreisordnung vom Abgeordnetenhause gefaßten Beschluß, welcher bezüglich der Berufung der Amtshauptleute den Kreistagen das vollständige Wahlrecht beilegen wollte, folgendes Amendement eingebracht worden:

„Der Amtsvorsteher wird aus der Zahl der Amtsangehörigen vom Kreistage gewählt und vom Minister des Innern bestätigt. Wird die Bestätigung versagt, so kann der Minister des Innern auf so lange einen kommissarischen Vertreter ernennen, bis eine erneuerte Wahl die Bestätigung erhalten hat. Die durch die kommissarische Stellvertretung erwachsenden besonderen Kosten trägt der Kreis."

Die Antragsteller (Abg. Miquél und Hänel) zogen das Amendement jedoch mit Rücksicht auf die mit den anderen, dem Zustandekommen der Kreisordnung günstigen Theilen des Hauses gepflogenen Kompromißverhandlungen zurück, und, als es vom Abg. von Mallinckrodt wieder aufgenommen war, wurde es durch Beschluß des Hauses verworfen. (Sitzung vom 19. März 1872. Sten. Ber. S. 1384).

In der Kommission des Herrenhauses fanden über das Recht der Ernennung der Amtsvorsteher ebenfalls eingehende Debatten statt. Von mehreren Seiten wurden, wie der Kommissions-Bericht (S. 61) ausführt, hervorgehoben, daß, wenn der Ober-Präsident bei Ernennung der Amtsvorsteher an die Vorschläge des Kreistages gebunden wäre, das Ernennungsrecht desselben illusorisch sein würde. Darin sei eine unzulässige Anomalie zu erblicken, von der unsere Gesetzgebung sonst kein Beispiel aufweise; auch bei den städtischen Wahlen, die doch vorzugsweise kommunale Interessen betreffen, sei die Staats-Regierung nicht verpflichtet, die Gewählten zu bestätigen. In dem vorliegenden Fall aber sei um so weniger Grund zu einer Abweichung von der Regel vorhanden, als die Amtstages, in welche aus der Zahl der Amtsangehörigen die zu Amtsvorstehern befähigten Personen aufzunehmen sind.

In welcher Art eine Vervollständigung dieser Vorschläge erfolgen kann, bestimmt die Provinzial-Ordnung.

---

vorsteher überwiegend polizeiliche Funktionen wahrzunehmen haben. Einem solchen Verhältnisse, welches dem Ober-Präsidenten die Verantwortung der Ernennung aufbürde, ohne daß ihm deshalb eine Einwirkung zusteht, würde selbst die absolute Wahl von Seiten des Kreistages vorzuziehen sein. Von anderer Seite ward dieser Ausführung zugestimmt, jedoch nur unter der Voraussetzung, daß den Amtsvorstehern nicht durch sonstige anderweitige Beschlüsse wieder kommunale Funktionen überwiesen werden sollten.

Es ward beantragt, dem Absatz 1 des §. 56. folgende Fassung zu geben:

„Der Amtsvorsteher wird von dem Ober-Präsidenten nach Anhörung des Kreistages ernannt."

Der Regierungs-Kommissar gab zu, daß das dem Kreistage nach der Vorlage eingeräumte Vorschlagsrecht für den Ober-Präsidenten bindend sein werde, glaubte aber annehmen zu dürfen, daß der Kreistag die geeignetsten Persönlichkeiten vorschlagen werde, da er an der ordnungsmäßigen Handhabung der Polizei selbst ein wesentliches Interesse habe, auch würde der Ober-Präsident bei etwaigen ungeeigneten Vorschlägen den Kreistag auffordern können, anderweite Vorschläge zu machen, und endlich sei in der Bestimmung des §. 58. wegen eventueller Ernennung kommissarischer Amtsverwalter ein Korrektiv enthalten. Derselbe hob außerdem noch hervor, daß im Jahre 1869 die Kreisordnung deshalb gescheitert sei, weil damals das Abgeordnetenhaus bei Ernennung der Amtshauptleute ein Wahlrecht der Amtsvertretung beansprucht habe, und daß bei der jetzigen Berathung der Vorlage im Abgeordnetenhause der Herr Minister des Innern ausdrücklich erklärt habe, er könne dem Kreistage die Wahl der Amtsvorsteher nicht zugestehen, während er sich mit dem dem Kreistage zugewiesenen Vorschlagsrecht einverstanden erklärt habe.

Daß in dem §. 58. ein Korrektiv enthalten sei, ward aus der Mitte der Kommission entschieden bestritten, da nach der Vorlage auch darüber, ob die Voraussetzungen für Ernennung eines kommissarischen Amtsvorstehers vorliegen, der Kreistag entscheiden solle. Gerade die Ausführungen des Herrn Regierungs-Kommissars thäten dar, wie es für das Herrenhaus ganz unmöglich sei, den Paragraphen in seiner jetzigen Fassung anzunehmen.

Außerdem ward mehrseitig der Wunsch ausgesprochen, daß die Ernennung der Amtsvorsteher nicht auf Amtsangehörige des Amtsbezirks beschränkt zu werden brauche, da sonst namentlich bei Gütern, die Korporationen gehören, die Beamten dieser Korporationen, weil sie meist nicht auf den Gütern wohnen, auch nicht zu Amtsvorstehern für diese Güter ernannt werden könnten, selbst wenn sie, wie dies häufig der Fall sei, ihren Wohnsitz in unmittelbarer Nähe derselben hätten. Zugleich wurde jedoch anerkannt, daß man nicht so weit gehen dürfe, die Verpflichtung zur Uebernahme der Kreisämter dadurch auszudehnen.

Die Vorschläge der Kommission des Herrenhauses gestalteten sich folgendermaßen und wurden vom Herrenhause angenommen:

„Der Amtsvorsteher wird von dem Oberpräsidenten nach Anhörung des Kreistags ernannt. Nicht dem Amtsbezirk Angehörige können zur Uebernahme des Amts wider ihren Willen nicht angehalten werden.

Die Ernennung erfolgt auf sechs Jahre. Der Amtsvorsteher wird von dem Landrathe vereidigt.

In denjenigen Amtsbezirken, welche nur aus einer Gemeinde, oder einem selbstständigen Gutsbezirk bestehen, ist der Gemeinde- beziehungsweise Gutsvorsteher zugleich Amtsvorsteher.

In den Amtsbezirken, welche aus einem Gemeindebezirk und einem oder mehreren Gutsbezirken in örtlich verbundener Lage bestehen, ist das Amt des Amtsvorstehers der Regel nach dem Gutsbesitzer und, wenn deren mehrere sind, einem derselben zu übertragen."

Die Ernennung erfolgt auf sechs Jahre. Der Amtsvorsteher wird von dem Landrathe vereidigt.

Bei Einbringung des neuesten Regierungsentwurfs, welcher die Bestimmungen so enthielt, wie sie in der Kreisordnung jetzt zur Geltung gekommen sind, äußerte hierüber der Minister des Innern, Graf zu Eulenburg:

„Der dritte Punkt ist die Ernennung des Amtsvorstehers. Sie erinnern sich, daß darüber Einverständniß herrschte, daß der Amtsvorsteher ernannt werden sollte, es kam nur darauf an, aus welchen Personen derselbe zu nehmen sei. Die Vorschläge des Abgeordnetenhauses gingen dahin, daß der Kreistag eine Liste der zum Amte Befähigten vorlegen und daß der Oberpräsident gehalten sein sollte, aus dieser Liste seine Ernennungen vorzunehmen. Es sind Bedenken darüber aufgestoßen, ob es nicht vorkommen könne, daß ein Kreistag aus irgend einer falschen Auffassung Personen aus dieser Liste wegließe, welche zu dem Amte eines Vorstehers vollständig befähigt seien und daß es daher, unter Umständen, unthunlich sein werde, die Ernennung eines durchaus Befähigten vorzunehmen, blos deshalb, weil sich sein Name nicht in der Liste finde. Die verschiedenen Vorschläge, welche gemacht worden sind, um diesem Mangel der Bestimmungen abzuhelfen, haben die Regierung dahin geführt, Ihnen zu rathen, schon hier in dem Gesetze auszusprechen, daß solche Abhülfe nothwendig sei, die Form der Abhülfe aber dem künftigen Provinzialgesetze, der Provinzialordnung, vorzubehalten."

Hiergegen wurde Seitens der Abg. Dr. Virchow und Löwe der Antrag gestellt, eine Aenderung dahin vorzunehmen:

> „Der Amtsvorsteher wird von dem Oberpräsidenten aus der Zahl derjenigen Amtsangehörigen ernannt, welche der Kreistag als zu dem Amte befähigt vorschlägt. In welcher Art eine Vervollständigung dieser Vorschläge erfolgen kann, bestimmt die Provinzial-Ordnung."

Gegenüber diesem Antrage bemerkte der Abg. Lasker:

„Als ich den Antrag des Abgeordneten Löwe gelesen, habe ich den Unterschied nicht verstanden, der zwischen ihm und der Regierungsvorlage herrschen soll, und auch jetzt noch bin ich zweifelhaft, ob etwas Anderes, als eine Redaktionsfrage vorliegt. Die in dem Antrage weiter aufgenommene Fassung rührt von der Kreisordnungs-Kommission aus der früheren Session her. Diese hatte beschlossen, daß alle diejenigen Personen, welche befähigt sind, das Amt auszuüben, in eine Liste aufgenommen werden sollen, und daß diese Liste bindende Kraft für die Regierung haben soll und der Oberpräsident aus dieser Liste den Amtsvorsteher ernennen muß. Alle, die befähigt sind, müssen aufgenommen werden. Nun weiß ich nicht, ob der Abgeordnete Bender oder der Abgeordnete Löwe mit seinem Antrage die Meinung verbindet, es solle der Kreistag berechtigt sein, eine Auswahl zu treffen unter den Befähigten und nur Einzelne auf die Liste zu setzen. (Zustimmung des Abgeordneten Bender.) Dann ist dies aber nicht mehr der Beschluß, den wir das vorige Mal gefaßt haben; denn die Mitglieder der Kommission waren darüber einig, darunter auch die Kommissionsmitglieder der Fortschrittspartei, daß es ihre Meinung war, daß alle diejenigen Personen, welche zu dem Amte befähigt sind, auf die Liste gesetzt werden müssen, und zwar ist dies eine moralische Verbindlichkeit für den Kreistag, eine andere Instanz giebt es nicht."

— —

„Die Herren wissen sehr wohl, in welcher Lage wir sind, daß wir nicht die Absicht haben, wenn dieser oder jener Abgeordnete einen Zweifel einwirft, oder wenn selbst eine größere Zahl von Abgeordneten dies thut, die für uns ziemlich endgiltig festgestellte Kreisordnung abzuändern. Wir befinden uns nicht, das haben wir in der General-Debatte offen erklärt und übernehmen die Verantwortlichkeit dafür vor dem ganzen Lande und vor Ihnen, in einer zweiten Berathung von gewöhnlicher Art, sondern wir haben in vorangegangenen Verhandlungen die Kreisordnung bis zum Abschluß vorbereitet und wollen jetzt nicht das Zustandekommen der Reform neuen Ungewißheiten aussetzen. Nun hat der Abgeordnete Löwe als Antragsteller selbst erklärt, daß sein Antrag nur die Bedeutung haben solle, wie der Vorschlag der Regierung klar gestellt ist. Der Herr

In denjenigen Amtsbezirken, welche nur aus einer Gemeinde oder einem selbstständigen Gutsbezirke bestehen, ist der Gemeinde- beziehungsweise Gutsvorsteher zugleich Amts-Vorsteher.

§. 57.

Für jeden Amtsbezirk wird nach den für die Ernennung des b) Stellvertretung desselben.

Abgeordnete Bender hat den Antrag etwas abweichend motivirt, und wenn auch nicht bestimmt erklärt, so doch als möglich durchblicken lassen, daß durch den Antrag Löwe der Kreistag auch moralisch das Recht erlangen soll, aus den Befähigten blos einige auszuwählen und auf die Liste zu setzen. (Zustimmung des Abgeordneten Dr. Bender.) Jawohl, sagt Herr Bender. Dies widerspricht aber durchaus dem, was der Herr Antragsteller Abgeordneter Löwe als den Sinn seines eigenen Antrages definirt hat. M. H., wir wollen keine Ungewißheit, selbst wenn diese Ungewißheit anscheinend unseren Bestrebungen zum Nutzen gereicht, weil wir uns nicht nachträglich den Vorwurf wollen machen lassen, daß wir den Dingen eine andere Bedeutung beilegen, als wir ursprünglich mit denselben verbunden haben. Ich bezeuge, daß auch die Vertreter aus der Fortschrittspartei den Beschlüssen der Kommission die Deutung gegeben haben, daß der Kreistag moralisch verpflichtet ist, alle befähigten Personen auf die Liste zu setzen. (Sehr richtig! links.) und das wollen wir hier auch ausgedrückt haben."

Seitens des Reg.-Kommissarius, Geh. Reg.-Raths Persius, war noch die folgende Erklärung abgegeben worden:

„Ich kann meinerseits dem Antrage des Herrn Dr. Virchow und Genossen auch keine andere Bedeutung beilegen, als daß die Herren Antragsteller das Vorschlagsrecht des Kreistages verwerfen und an Stelle des Vorschlagsrechts gewissermaßen ein indirektes Wahlrecht setzen wollen, indem sie den Kreistag ermächtigen, darüber zu befinden, ob er die eine oder andere befähigte Person von der Aufnahme in die Liste ausschließen will oder nicht. Wenn so verfahren wird, dann wird das Vorschlagsrecht zu einem Wahlrecht erweitert. Dann ist der Kreistag befugt, für jeden Amtsbezirk nur einen Kandidaten vorzuschlagen, dem der Ober-Präsident die Bestätigung ertheilen muß, denn er hat nicht das Recht, eine andere Person, die sich nicht unter den Vorgeschlagenen befindet, zum Amtsvorsteher zu ernennen. M. H., ich kann mich Namens der Regierung mit dem Herrn Abgeordneten Lasker nur darin einverstanden erklären, daß die Vorschläge, die der Kreistag für die Besetzung der Stellen der Amtsvorsteher zu machen hat, für den Ober-Präsidenten bindend sein sollen. Ich glaube auch, daß die Fassung der gegenwärtigen Regierungs-Vorlage in dieser Beziehung keinen Zweifel läßt; sollten aber Zweifel erhoben werden, meine Herren, so glaube ich, würden dieselben schwinden müssen gegenüber der Bestimmung im §. 58., worin ausdrücklich gesagt ist:

> Der Ober-Präsident ist nur dann berechtigt, auf Vorschlag des Kreis-Ausschusses einen kommissarischen Amts-Vorsteher zu ernennen, wenn nach der Erklärung des Kreistages für einen Amtsbezirk keine zum Amts-Vorsteher geeignete Person vorhanden ist.

Also die Erklärung des Kreistages über das Vorhandensein oder Nichtvorhandensein geeigneter Personen ist bindend für den Ober-Präsidenten, erst wenn der Kreistag erklärt, ich kenne keine geeignete Person, ist der Ober-Präsident berechtigt, einen kommissarischen Amtsvorsteher zu ernennen. Der §. 56. zusammengenommen mit §. 58. stellt es hiernach völlig klar, daß die Vorschlagsliste des Kreistags für den Ober-Präsidenten eine bindende sein soll."

Der Antrag Virchow-Löwe wurde vom Abgeordnetenhause verworfen.

Zu § 57.

1. Der Regierungsentwurf von 1871 hatte von der Ernennung eines dauernden Stellvertreters abgesehen, vielmehr nur für den Fall der Behinderung oder des Abgangs eines Amtsvorstehers die jedesmalige besondere Uebertragung der

Amts-Vorstehers geltenden Bestimmungen (§. 56.) ein Stellvertreter des letzteren ernannt.

Ist der Amts-Vorsteher an der Wahrnehmung seiner Amtsgeschäfte verhindert, so hat der Stellvertreter dieselben zu übernehmen; der Landrath ist hiervon zu benachrichtigen, sobald die Verhinderung länger als 3 Tage dauert.

Erledigt sich das Amt des Amts-Vorstehers, so tritt bis zur Ernennung seines Nachfolgers der Stellvertreter für ihn ein.

Findet sich im Amtsbezirke keine zur Ernennung als Stellvertreter geeignete Person, so hat der Kreis-Ausschuß die Stellvertretung einstweilen einem der benachbarten Amts-Vorsteher oder, nach vorherigem Einvernehmen mit der städtischen Vertretung, dem Bürgermeister einer benachbarten Stadt zu übertragen. Eine gleiche Anordnung erfolgt

---

Stellvertretung an einen benachbarten Amtsvorsteher durch den Kreisausschuß herbeiführen wollen. Die Kommission des Abgeordnetenhauses war dem beigetreten. Im Abgeordnetenhause selbst war durch den Abg. v. Denzin die Berufung eines permanenten Stellvertreters für den Amtsvorsteher in derjenigen Weise, wie der §. 57 sie jetzt bestimmt, in Antrag gebracht worden, wurde aber insbesondere vom Abg. Lasker lebhaft bekämpft. Er sagte hierüber:

„Den Antrag des Herrn Abg. von Denzin bitte ich abzulehnen. Dieser Antrag verlangt, daß neben dem Amtsvorsteher zugleich ein Stellvertreter vorgeschlagen und ernannt werde. Bei der Mühe, die wir nach dem Zeugniß vieler Herren von der anderen Seite (rechts) ohnehin haben werden, den Amtsvorsteher im Amtsbezirk zu finden, wird, wenn Sie anordnen, daß neben demselben ein Stellvertreter gewählt werden muß, die Sache der Regel nach vermuthlich sich so entwickeln, daß der Gutsbesitzer zum Amtsvorsteher und sein Inspektor zum Stellvertreter bestimmt wird, und wir kommen auf einem Umwege wieder zu einer Vertretung durch subalterne Personen, die wir nicht haben wollen. Bei dieser bequemen Art der Vertretung wird es dem Amtsvorsteher sehr leicht sein, durch den untergeordneten Inspektor die Geschäfte führen zu lassen. Ich halte den Ausweg, den uns die Regierung selbst giebt, für viel besser, daß im Falle vorübergehender Verhinderung die Vertretung zeitweise dem Amtsvorsteher des Nachbarbezirks übertragen werde; dadurch kommt ein gewisser kollegialischer Zusammenhang in die Amtsbezirke, der Vertreter des einen Bezirks nimmt Kenntniß von dem, was in dem anderen Bezirk vorgeht, und wir nähern uns damit ungefähr der Anschauung von der Selbstverwaltung, welche in einem anderen Lande vorherrscht, in welchem die Magistrate sich in einem kollegialischen Verbande befinden. Diese Ordnung verdient bei Weitem den Vorzug. Ich will zugeben, daß ab und zu Hindernisse entstehen können, daß z. B. durch eine plötzliche Abreise das Amt einige Stunden oder vielleicht einen ganzen Tag lang ohne Repräsentanten der Amtsvorsteherschaft bleibt; diese Gefahr veranschlage ich jedoch nicht sehr hoch. Weit mehr fürchte ich die Gefahr, daß bei dem Stellvertreter in zweiter Linie auf eine ungeeignete Person zurückgegriffen werden könnte und in den meisten Fällen wahrscheinlich auch würde zurückgegriffen werden müssen. Deshalb bitte ich Sie um Ablehnung des Antrages von Denzin. (Sitzung vom 19. März 1872 St. B. S. 1379.)

Das Abgeordnetenhaus lehnte demnächst den Antrag von Denzin ab. Dagegen herrschte in der Kommission des Herrenhauses wie in dem Hause selbst darüber allgemeine Uebereinstimmung, daß dem Amtsvorsteher überhaupt ein Stellvertreter dauernd zur Seite zu setzen sei; nur darüber, wie diese Stellvertretung am zweckmäßigsten zu ordnen und für die verschiedenen dabei möglichen Fälle Fürsorge zu treffen sei, gingen die Ansichten anfänglich auseinander. Es

für den Fall des gleichzeitigen Abganges oder der gleichzeitigen Behinderung des Amts-Vorstehers und seines Stellvertreters.

Ist der Amts-Vorsteher bei der Erledigung eines Amts-Geschäftes persönlich betheiligt, so hat der Kreis-Ausschuß den Stellvertreter oder einen der benachbarten Amts-Vorsteher damit zu betrauen.

In den Gemeinden, welche einen eigenen Amtsbezirk bilden, vertritt nach der Bestimmung des Kreis-Ausschusses einer der Schöffen den Gemeinde-Vorsteher in seiner Eigenschaft als Amts-Vorsteher.

§. 58.

Bestellung kommissarischer Amts-Vorsteher.

Ist nach der Erklärung des Kreistages für einen Amtsbezirk weder eine zum Amtsvorsteher geeignete Person zu ermitteln, noch die zeitweilige Wahrnehmung der Amtsverwaltung durch den Vorsteher eines benachbarten Amtsbezirks, oder durch den Bürgermeister einer benachbarten Stadt thunlich, so bestellt der Ober-Präsident auf Vorschlag des Kreisausschusses einen kommissarischen Amtsvorsteher.

---

wurden in der Kommission mehrere Vorschläge gemacht, wobei die Diskussion sich auch darauf richtete, ob die Ernennung, soweit es sich nicht um die durch den Oberpräsidenten zu ernennenden dauernden Stellvertreter handelt, durch den Kreisausschuß, wie von einer Seite beantragt und von dem Vertreter der Staatsregierung befürwortet war, oder durch den Landrath, wie von anderer Seite vorgeschlagen ward, erfolgen solle. Es ward mit 11 gegen 6 Stimmen beschlossen, die Ernennung des Stellvertreters nicht dem Kreisausschuß, sondern dem Landrath zu übertragen, indem die Mehrheit der Kommission davon ausging, daß der Kreisausschuß die bisherige Stellung des Landraths nicht durch Eingreifen in dieselbe schwächen, vielmehr dadurch stärken soll, daß dem Landrathe in Gemeinschaft mit dem Ausschusse neue, früher der Regierung zustehende Befugnisse übertragen werden; derselbe solle aber nicht statt des Landraths die Exekutive übernehmen und die Entscheidung über die Personalfragen ihm nicht entwinden.

Schließlich erfolgte die Annahme in der Fassung der Kommissions-Vorschläge einstimmig.

Der neueste Regierungsentwurf adoptirte die Beschlüsse des Herrenhauses mit der Modifikation, daß die Herbeiführung der einstweiligen Stellvertretung durch einen benachbarten Amtsvorsteher nicht dem Landrath, sondern dem Kreisausschuß übertragen ist.

2. Nach der Bestimmung im fünften Absatze des §. 57. soll der Stellvertreter für den Amtsvorsteher auch dann eintreten, wenn letzterer bei einem von ihm wahrzunehmenden Amtsgeschäfte persönlich betheiligt ist. Hierdurch werden die Vorschriften des §. 57. Absatz 2. der Feldpolizei-Ordnung vom 1. November 1847 (Ges.-S. S. 276) und des §. 1. Absatz 3. des Gesetzes vom 24. April 1854, betreffend die Verletzung der Dienstpflichten des Gesindes und der ländlichen Arbeiter (Ges.-S. S. 214) abgeändert, wonach in den Fällen der persönlichen Betheiligung der Lokalpolizei-Behörde bei einer Pfandgeldstreitsache bezw. bei einer Dienstverletzung des Gesindes &c. der Landrath eintreten sollte. (Motive zum Reg. Entw. 1871.)

Zu § 58.

Der Regierungsentwurf von 1871 enthielt anstatt der Worte „nach der Erklärung" die Fassung „nach Anhörung des Kreistages", welche Seitens des Abgeordnetenhauses in vorstehender Weise modifizirt wurden. Das Herrenhaus

Für die Uebernahme der Verwaltung eines benachbarten Amtsbezirks durch einen Bürgermeister ist die Zustimmung der städtischen Vertretung erforderlich.

Sofern die Verhältnisse es gestatten, kann ein kommissarischer Amtsvorsteher mit der Verwaltung zweier oder mehrerer Amtsbezirke gleichzeitig beauftragt werden.

§. 59.

Obliegenheiten des Amts-Vorstehers.

Der Amts-Vorsteher verwaltet:

1) Die Polizei, insbesondere die Sicherheits-, Ordnungs-, Sitten-, Gesundheits-, Gesinde-, Armen-, Wege-, Wasser-, Feld-, Forst-, Fischerei-, Gewerbe-, Bau-, Feuer-Polizei u. s. w., soweit sie nicht durch besondere Gesetze dem Landrathe oder anderen Beamten übertragen ist;
2) die sonstigen öffentlichen Angelegenheiten des Amts nach näherer Vorschrift dieses Gesetzes.

§. 60.

Der Amts-Vorsteher hat das Recht und die Pflicht, da, wo die Erhaltung der öffentlichen Ordnung, Ruhe und Sicherheit sein Einschreiten nothwendig macht, das Erforderliche anzuordnen und ausführen zu lassen. (§. 79.).

---

wünschte die Wiederherstellung der Regierungsvorlage. Der neueste Regierungsentwurf schloß sich jedoch der vom Abgeordnetenhause gewählten Fassung an.

Vergl. auch die Anm. zu §. 56.

Zu §§ 59.—64.

1. Die Kompetenz des Amtsvorstehers hat gegen die im Regierungsentwurf von 1869 dem dort in Aussicht genommenen „Amtshauptmann" zugewiesene Kompetenz insofern eine Einschränkung erfahren, als gewisse, dem letzteren zugedachte landräthliche Funktionen (§. 51 Nr. 1, 3 und 5 des früheren Entwurfs), sowie die Aufsicht über die Kommunalangelegenheiten der zu dem Amtsbezirke gehörigen Gemeinden und selbstständigen Gutsbezirke (§. 50 Nr. 2 ebendaselbst) auf den Kreisausschuß übertragen worden sind.

Die Nothwendigkeit dieser Einschränkung ergiebt sich für diejenigen Amtsbezirke, welche nur aus einer Gemeinde beziehungsweise einem selbstständigen Gutsbezirke bestehen, von selbst, da die in diesen als Amtsvorsteher fungirenden Gemeinde- beziehungsweise Gutsvorsteher wegen ihres eigenen Interesses oder wegen Interesses der durch sie vertretenen Gemeinden zur Sache der Regel nach nicht in der Lage sein würden, jene Funktionen mit der nöthigen Unparteilichkeit zu üben. Aber auch für die übrigen Amtsbezirke findet dieselbe ihre Rechtfertigung in der Erwägung, daß die kommunale Aufsicht über die Gemeinden und Gutsbezirke, soweit es sich dabei um die Durchführung gleichmäßiger Verwaltungs-Einrichtungen, um den Erlaß definitiver Entscheidungen oder Anordnungen in Beschwerde- und anderen Angelegenheiten handelt, besser in die Hand des kollegialisch zusammengesetzten und im geordneten Verfahren verhandelnden Kreisausschusses gelegt ist.

Es war jedoch nicht die Absicht, den Amtsvorsteher von jeder Mitwirkung bei der Handhabung der kommunalen Aufsicht über das ländliche Gemeindewesen auszuschließen; vielmehr wird derselbe in der Stellung eines vermittelnden Organs

§. 61.

In Beziehung auf die öffentlichen Wege hat der Amtsvorsteher dafür zu sorgen, daß dieselben im vorschriftsmäßigen Zustande erhalten werden und daß der Verkehr auf denselben nicht behindert werde. Sind dazu Leistungen erforderlich, so hat er den Pflichtigen zur Erfüllung seiner Verbindlichkeiten binnen einer angemessenen Frist aufzufordern, und wenn die Verbindlichkeit nicht bestritten wird, nach fruchtlosem Ablauf der Frist das zur Erhaltung des gefährdeten oder zur Wiederherstellung des unterbrochenen Verkehrs Nothwendige für Rechnung des Verpflichteten zur Ausführung zu bringen. Eben dies liegt ihm auch ohne vorgängige Aufforderung des Verpflichteten ob, wenn dergestalt Gefahr im Verzuge ist, daß die Ausführung der vorzunehmenden Arbeit durch den Verpflichteten nicht abgewartet werden kann.

Wird die Verpflichtung zu einer Handlung oder Leistung in Beziehung auf den Wegebau, welche im Interesse des öffentlichen Verkehrs nothwendig ist, von dem dazu Aufgeforderten in Abrede gestellt, so hat der Amtsvorsteher, wenn nach seinem pflichtgemäßen Ermessen die Arbeit bis zur Feststellung der Verpflichtung nicht aufgeschoben werden kann, wegen Ausführung des Nothwendigen Anordnung zu treffen, zugleich aber eine Instruktion der streitigen Verhältnisse mit Zuziehung der Betheiligten vorzunehmen. Wird dabei die Nothwendigkeit einer Leistung an sich oder in dem geforderten Maße bestritten, oder ist es streitig, ob ein Weg ein öffentlicher oder ein Privatweg sei, so ist in dem kontradiktorischen Verfahren das öffentliche Interesse durch den Amtsvorsteher wahrzunehmen.

---

des Kreisausschusses (§. 66) auf diesem Gebiete eine voraussichtlich erfolgreichere und dankbarere Thätigkeit zu entwickeln im Stande sein, als wenn ihm auch die für einen Einzelbeamten oft unliebsame instanzmäßige Entscheidung in kommunalen Streitsachen übertragen würde. Was die der Kompetenz der Amtshauptleute zugedacht gewesenen bisher landräthlichen Funktionen anbetrifft, als da sind: die Entscheidung zwischen Armenverbänden und den zur Unterstützung eines Hülfsbedürftigen verpflichteten Angehörigen, die Ertheilung von Konzessionen zum Betriebe der Gast- und Schankwirthschaft, wie des Kleinhandels mit Getränken, die Gestattung neuer Ansiedelungen — so sind auch diese Angelegenheiten ihrer kontentiösen Natur nach und weil es wünschenswerth ist, für dieselben eine gleichmäßige Rechtsprechung im Bereiche des ganzen Kreises zu sichern — sachgemäßer dem Kreisausschusse überwiesen worden. (§. 135 I, 2, V, 2 und VII.) (Motive zum Regierungsentwurf von 1871.)

2. Das Alinea 2 des §. 59 ist in Konsequenz der §§. 53 ff. entsprechend den bezüglichen Beschlüssen des Abgeordnetenhauses hinzugefügt worden.

3. Die Jagdpolizei ist durch das Gesetz vom 7. März 1850 (G.-S. S. 165) dem Landrath übertragen.

4. Bezüglich des §. 60 vergl. die Anm. zu §. 79.

Gehören die Betheiligten verschiedenen Amtsbezirken, beziehungsweise Amts- und Stadtbezirken des Kreises an, so bestimmt der Kreisausschuß denjenigen Amtsvorsteher, beziehungsweise Bürgermeister, welcher die nothwendigen Anordnungen zu treffen, die Instruktion zu führen und im kontradiktorischen Verfahren das öffentliche Interesse wahrzunehmen hat.

Der Amtsvorsteher, beziehungsweise der Bürgermeister hat die geschlossenen Verhandlungen, wenn eine gütliche Regulirung nicht gelingt, mit gutachtlichem Berichte dem Kreisausschusse vorzulegen, welcher die im §. 135. unter Nr. II. 1. vorgesehene resolutorische Entscheidung trifft.

Die für die Chausseen geltenden Vorschriften werden durch die vorstehenden Bestimmungen nicht berührt.

§. 62.

Das durch die §§. 5. ff. des Gesetzes vom 11. März 1850 (Ges.-S. S. 265) der Ortspolizeibehörde für den Umfang einer Gemeinde

---

5. Wenn der §. 61, vorgreifend der neuen Wegeordnung, die Kompetenz des Amtsvorstehers in wegepolizeilichen Angelegenheiten speziell regelt, so war hierbei die Erwägung leitend, daß es gerade das Gebiet der Wegepolizei ist, auf welchem der Amtshauptmann eine ebenso umfangreiche, wie ersprießliche Wirksamkeit zu entwickeln haben wird, daß er aber seine Anordnungen mit um so größerem Nachdruck und Erfolg auszuführen im Stande sein wird, wenn ihm das Gesetz selbst die hierzu nöthigen Befugnisse verleiht.

6. Die Instandhaltung der Chausseen erfolgt, soweit es Staats-Chausseen sind, durch die Kreisbaubeamten unter Aufsicht der Bezirksregierung; die Instandhaltung der den Kreisen und sonstigen Kommunalverbänden gehörigen Chausseen durch diese Verbände ebenfalls unter Aufsicht der Bezirksregierung. Der Regierungsentwurf (von 1869 und 1871) wollte nicht blos bezüglich der Chausseen, sondern auch bezüglich der „vom Fiskus zu unterhaltenden Landstraßen" die Kompetenz des Amtsvorstehers ausgeschlossen wissen. Die hierauf bezügliche Bestimmung ist jedoch zufolge übereinstimmenden Beschlusses des Abgeordnetenhauses und Herrenhauses beseitigt worden.

Zu § 62.

Gesetz über die Polizeiverwaltung vom 11. März 1850.
(G.-S. S. 265).

Wir Friedrich Wilhelm ꝛc. ꝛc.
verordnen unter Zustimmung beider Kammern, was folgt:

§. 1. Die örtliche Polizei-Verwaltung wird von den nach den Vorschriften der Gemeinde-Ordnung dazu bestimmten Beamten (Bürgermeistern, Kreisamtmännern, Oberschulzen) im Namen des Königs geführt — vorbehaltlich der im §. 2. des gegenwärtigen Gesetzes vorgesehenen Ausnahme.

Die Orts-Polizeibeamten sind verpflichtet, die ihnen von der vorgesetzten Staats-Behörde in Polizei-Angelegenheiten ertheilten Anweisungen zur Ausführung zu bringen.

Jeder, der sich in ihrem Verwaltungs-Bezirke aufhält oder daselbst ansässig ist, muß ihren polizeilichen Anordnungen Folge leisten.

§. 2. In Gemeinden, wo sich eine Bezirks-Regierung, ein Land-, Stadt- oder Kreisgericht befindet, sowie in Festungen und in Gemeinden von mehr als 10,000 Einwohnern, kann die örtliche Polizei-Verwaltung durch Beschluß des Ministers des Innern besonderen Staatsbeamten übertragen werden. Auch in

ertheilte Recht zum Erlaß von Polizei-Strafverordnungen wird auf den Amtsvorsteher mit der Maßgabe übertragen, daß er nicht nur für den Umfang einer einzelnen Gemeinde oder eines einzelnen Gutsbezirks, sondern auch für den Umfang mehrerer Gemeinden oder Gutsbezirke und für den Umfang des ganzen Amtsbezirks unter

---

anderen Gemeinden kann aus dringenden Gründen dieselbe Einrichtung zeitweise eingeführt werden.

§. 3. Die Kosten der örtlichen Polizei-Verwaltung sind, mit Ausnahme der Gehälter der von der Staatsregierung im Falle der Anwendung des §. 2. angestellten besonderen Beamten, von den Gemeinden zu bestreiten.

§. 4. Ueber die Einrichtungen, welche die örtliche Polizeiverwaltung erfordert, kann die Bezirksregierung besondere Vorschriften erlassen. Die für den Bezirk des Appellationsgerichtshofes zu Köln bestehenden gesetzlichen Bestimmungen wegen Anstellung von Polizeikommissarien werden hierdurch nicht berührt. Ebenso bleiben vorläufig die Distriktskommissarien in der Provinz Posen in Wirksamkeit.

Die Ernennung aller Polizeibeamten, deren Anstellung den Gemeindebehörden zusteht, bedarf der Bestätigung der Staatsregierung.

§. 5. Die mit der örtlichen Polizeiverwaltung beauftragten Behörden sind befugt, nach Berathung mit dem Gemeindevorstande, ortspolizeiliche für den Umfang der Gemeinde gültige Vorschriften zu erlassen und gegen die Nichtbefolgung derselben Geldstrafen bis zum Betrage von 3 Rthlr. anzudrohen.

Die Strafandrohung kann bis zu dem Betrage von 10 Rthlr. gehen, wenn die Bezirksregierung ihre Genehmigung dazu ertheilt hat.

Die Bezirksregierungen haben über die Art der Verkündigung der ortspolizeilichen Vorschriften, sowie über die Formen, von deren Beobachtung die Gültigkeit derselben abhängt, die erforderlichen Bestimmungen zu erlassen.

§. 6. Zu den Gegenständen der ortspolizeilichen Vorschriften, gehören:

a) der Schutz der Personen und des Eigenthums;
b) Ordnung, Sicherheit und Leichtigkeit des Verkehrs auf öffentlichen Straßen, Wegen und Plätzen, Brücken, Ufern und Gewässern;
c) der Marktverkehr und das öffentliche Feilhalten von Nahrungsmitteln;
d) Ordnung und Gesetzlichkeit bei dem öffentlichen Zusammensein einer größeren Anzahl von Personen;
e) das öffentliche Interesse in Bezug auf die Aufnahme und Beherbergung von Fremden; die Wein-, Bier- und Kaffeewirthschaften und sonstige Einrichtungen zur Verabreichung von Speisen und Getränken;
f) Sorge für Leben und Gesundheit;
g) Fürsorge gegen Feuersgefahr bei Bauausführungen, sowie gegen gemeinschädliche und gemeingefährliche Handlungen, Unternehmungen und Ereignisse überhaupt;
h) Schutz der Felder, Wiesen, Weiden, Wälder, Baumpflanzungen, Weinberge u. s. w.;
i) alles andere, was im besonderen Interesse der Gemeinden und ihrer Angehörigen polizeilich geordnet werden muß.

§. 7. Zu Verordnungen über Gegenstände der landwirthschaftlichen Polizei ist die Zustimmung der Gemeinde-Vertretung erforderlich. Die Berathung erfolgt unter dem Vorsitze des mit der örtlichen Polizei-Verwaltung beauftragten Beamten.

§. 8. Von jeder ortspolizeilichen Verordnung ist sofort eine Abschrift an die zunächst vorgesetzte Staatsbehörde einzureichen.

§. 9. Der Regierungs-Präsident ist befugt, jede ortspolizeiliche Vorschrift durch einen förmlichen Beschluß unter Angabe der Gründe außer Kraft zu setzen.

Dem Beschlusse muß, mit Ausnahme dringender Fälle, eine Berathung mit dem Bezirksrathe vorhergehen. Die Erklärung des Letzteren ist entscheidend:

1. wenn eine ortspolizeiliche Vorschrift außer Kraft gesetzt werden soll, weil sie das Gemeindewohl verletzt;

Zustimmung des Amtsausschusses, auch im Falle des §. 7. des Gesetzes, derartige Verordnungen zu erlassen befugt ist.

Versagt der Amtsausschuß die Zustimmung, so kann dieselbe auf Antrag des Amtsvorstehers durch den Kreisausschuß ergänzt werden.

---

2. wenn es sich darum handelt, eine Verordnung über Gegenstände der landwirthschaftlichen Polizei wegen ihrer Unzweckmäßigkeit aufzuheben.

§. 10. Die Bestimmungen der §§. 8. und 9. finden auch auf die Abänderung oder Aufhebung ortspolizeilicher Vorschriften Anwendung.

§. 11. Die Bezirks-Regierungen sind befugt, für mehrere Gemeinden ihres Verwaltungs-Bezirks oder für den ganzen Umfang desselben gültige Polizei-Vorschriften zu erlassen und gegen die Nichtbefolgung derselben Geldstrafen bis zu dem Betrage von 10 Rthlr. anzudrohen.

Der Minister des Innern hat über die Art der Verkündigung solcher Vorschriften, sowie über die Formen, von deren Beobachtung die Gültigkeit derselben abhängt, die erforderlichen Bestimmungen zu erlassen.

§. 12. Die Vorschriften der Bezirks-Regierungen (§. 11.) können sich auf die im §. 6. dieses Gesetzes angeführten und alle anderen Gegenstände beziehen, deren polizeiliche Regelung durch die Verhältnisse der Gemeinden oder des Bezirks erfordert wird.

§. 13. Zum Erlasse solcher Vorschriften der Bezirks-Regierungen, welche die landwirthschaftliche Polizei betreffen, ist die Zustimmung des Bezirksrathes erforderlich.

§. 14. Die Befugniß der Bezirks-Regierungen, sonstige allgemeine Verbote und Strafbestimmungen in Ermangelung eines bereits bestehenden gesetzlichen Verbotes mit höherer Genehmigung zu erlassen, ist aufgehoben.

§. 15. Es dürfen in den polizeilichen Vorschriften (§§. 5 und 11) keine Bestimmungen aufgenommen werden, welche mit den Gesetzen oder den Verordnungen einer höheren Instanz im Widerspruche stehen.

§. 16. Der Minister des Innern ist befugt, soweit Gesetze nicht entgegenstehen, jede polizeiliche Vorschrift durch einen förmlichen Beschluß außer Kraft zu setzen.

Die Genehmigung des Königs ist hierzu erforderlich, wenn die polizeiliche Vorschrift von dem Könige oder mit dessen Genehmigung erlassen war.

§. 17. Die Polizeirichter haben über alle Zuwiderhandlungen gegen polizeiliche Vorschriften (§§. 5 und 11) zu erkennen, und dabei nicht die Nothwendigkeit oder Zweckmäßigkeit, sondern nur die gesetzliche Gültigkeit jener Vorschriften nach den Bestimmungen der §§. 5, 11 und 15 dieses Gesetzes in Erwägung zu ziehen.

§. 18. Für den Fall des Unvermögens des Angeschuldigten ist auf verhältnißmäßige Gefängnißstrafe zu erkennen. Das höchste Maß derselben ist 4 Tage statt 3 Thlr. und 14 Tage statt 10 Thlr.

§. 19. Die bisher erlassenen polizeilichen Vorschriften bleiben so lange in Kraft, bis sie in Gemäßheit dieses Gesetzes aufgehoben werden.

§. 20. Die den Polizeibehörden nach den bisherigen Gesetzen zustehende Exekutionsgewalt wird durch die vorstehenden Bestimmungen nicht berührt.

Jede Polizeibehörde ist berechtigt, ihre polizeilichen Verfügungen durch Anwendung der gesetzlichen Zwangsmittel durchzusetzen.

Wer es unterläßt, dasjenige zu thun, was ihm von der Polizeibehörde in Ausübung dieser Befugniß geboten worden ist, hat zu gewärtigen, daß es auf seine Kosten zur Ausführung gebracht werde — vorbehaltlich der etwa verwirkten Strafe und der Verpflichtung zum Schadenersatze.

§. 21. Alle diesem Gesetze entgegenstehenden Bestimmungen sind aufgehoben.

Urkundlich unter Unserer Höchsteigenhändigen Unterschrift und beigedrucktem Königlichen Insiegel.

Gegeben Charlottenburg, den 11. März 1850.

(L. S.) **Friedrich Wilhelm.**

Graf v. Brandenburg. v. Ladenberg. v. Manteuffel. v. d. Heydt. v. Rabe. Simons. v. Schleinitz. v. Stockhausen.

§. 63.

Der Amtsvorsteher hat in den seiner Verwaltung anheimfallenden

---

Zu § 63.

Gesetz über die vorläufige Straffestsetzung wegen Uebertretungen für diejenigen Landestheile, in welchen die Verordnung vom 3. Januar 1849 über die Einführung des mündlichen und öffentlichen Verfahrens in Untersuchungssachen Gesetzeskraft hat. Vom 14. Mai 1852.

(G. S. 1852 S. 245.)

Wir Friedrich Wilhelm 2c. 2c., verordnen mit Zustimmung der Kammern, für diejenigen Landestheile, in welchen die Verordnung vom 3. Januar 1849 über die Einführung des mündlichen und öffentlichen Verfahrens in Untersuchungssachen Gesetzeskraft hat, was folgt:

§. 1. Wer die Polizei-Verwaltung in einem bestimmten Bezirke auszuüben hat, ist befugt, wegen der in diesem Bezirke verübten, seinen Ressort betreffenden Uebertretungen die Strafe vorläufig durch Verfügung festzusetzen. Wird Geldbuße festgesetzt, so ist zugleich die für den Fall des Unvermögens des Verurtheilten in Gemäßheit §. 335. des Strafgesetzbuchs an die Stelle der Geldbuße tretende Gefängnißstrafe zu bestimmen.

Die vorläufig festzusetzende Strafe darf fünf Thaler Geldbuße oder dreitägiges Gefängniß nicht überschreiten. Erachtet der Polizei-Verwalter eine höhere Strafe für gerechtfertigt, so muß die Verfolgung dem Polizei-Anwalte überlassen werden.

§. 2. In der §. 1. gedachten Verfügung muß angegeben sein:

a) die Beschaffenheit der Uebertretung, sowie die Zeit und der Ort ihrer Verübung;

b) die Straffestsetzung unter Anführung der Strafvorschrift, auf welche dieselbe sich gründet;

c) die Bedeutung, daß der Angeschuldigte, wenn er sich durch die Straffestsetzung beschwert findet, innerhalb einer zehntägigen Frist, vom Tage der Insinuation derselben an, bei dem Polizei-Verwalter, dem Polizeirichter oder dem Polizei-Anwalte schriftlich oder zu Protokoll auf gerichtliche Entscheidung antragen könne, daß aber, falls in dieser Frist ein solcher Antrag nicht erfolge, die Strafverfügung gegen ihn vollstreckbar würde;

d) die Kasse, an welche die Geldbuße gezahlt werden soll.

§. 3. Diese Verfügung ist unter Beobachtung der für gerichtliche Insinuationen vorgeschriebenen Formen, wobei vereidete Verwaltungs-Beamte den Glauben der Gerichtsboten haben, dem Angeschuldigten zu insinuiren.

§. 4. Für dieses Verfahren sind weder Stempel noch Gebühren anzusetzen; die baaren Auslagen aber fallen dem Angeschuldigten in allen Fällen zur Last, in welchen endgültig eine Strafe gegen ihn festgesetzt wird.

§. 5. Gegen eine solche Strafverfügung (§. 1.) findet die Beschwerde bei der vorgesetzten Behörde nicht statt; es steht aber dem Angeschuldigten frei, innerhalb zehn Tage, vom Tage der Insinuation der Verfügung an, bei dem Polizei-Verwalter, dem Polizei-Richter oder dem Polizei-Anwalte auf gerichtliche Entscheidung anzutragen. Ist dieser Antrag bei dem Polizei-Richter oder bei dem Polizei-Anwalte gemacht worden, so haben diese hiervon den Polizei-Verwalter, welcher die Strafverfügung erlassen hat, zu benachrichtigen. Dem Antragenden muß eine Bescheinigung über die erfolgte Anmeldung kostenfrei ertheilt werden.

§. 6. Erfolgt ein solcher Antrag (§. 5.) innerhalb der zehntägigen Frist, so tritt dadurch die Straffestsetzung außer Kraft. Die Sache wird alsdann dem Polizeirichter vorgelegt, welcher, ohne daß es der Einreichung einer Anklageschrift bedarf und ohne vorgängigen Beschluß über die Eröffnung der Untersuchung, einen Termin zur Verhandlung ansetzt. Die Erlassung eines Mandats findet nicht statt. Im Uebrigen kommt das bei Uebertretung vorgeschriebene Verfahren zur Anwendung. Der Richter ist befugt, auch auf eine andere Strafe zu erkennen, als in der Strafverfügung bestimmt war.

Angelegenheiten das Recht der vorläufigen Straffestsetzung nach den Vorschriften des Gesetzes vom 14. Mai 1852 (Ges.=S. S. 245).

§. 64.

Die polizeirichterlichen Befugnisse des Amtsvorstehers, sowie das Verfahren in Polizei=Kontraventionssachen vor demselben, beziehungsweise vor einem Schöffengerichte, werden durch ein besonderes Gesetz geregelt.

---

§. 7. Wenn innerhalb der zehntägigen Frist kein Antrag auf gerichtliche Entscheidung (§. 5.) erfolgt, so ist die Strafe zu vollstrecken.

§. 8. Ist die Strafverfügung des Polizei=Verwalters vollstreckbar geworden, so findet wegen der nämlichen Handlung eine fernere Anschuldigung nicht statt, es sei denn, daß die Handlung keine Uebertretung, sondern ein Vergehen oder Verbrechen darstellt, und daher der Polizei=Verwalter seine Kompetenz überschritten hat.

§. 9. Durch Erlaß der polizeilichen Strafverfügung wird die Verjährung der Uebertretung unterbrochen (§. 339. des Strafgesetzbuchs). Ist der Polizei=Anwalt eingeschritten, bevor die vorläufige Strafverfügung dem Angeschuldigten insinuirt worden, so ist die letztere wirkungslos.

§. 10. In Betreff der von Militairpersonen begangenen Uebertretungen behält es bei den Bestimmungen der §§. 3. und 269. Theil II. des Strafgesetzbuchs für das Heer das Bewenden.

§. 11. Insoweit wegen Zuwiderhandlungen gegen die Vorschriften über die Erhebung öffentlicher Abgaben und Gefälle, insbesondere der Steuern, Zölle, Postgefälle und Kommunikations=Abgaben, ein administratives Strafverfahren vorgeschrieben ist, finden die Bestimmungen des gegenwärtigen Gesetzes auf dergleichen Zuwiderhandlungen keine Anwendung.

§. 12. Unsere Minister der Justiz und des Innern haben die zur Ausführung dieses Gesetzes erforderlichen reglementarischen Bestimmungen zu erlassen.

Urkundlich unter Unserer Höchsteigenhändigen Unterschrift und beigedrucktem Königlichen Insiegel.

Gegeben Bellevue, den 14. Mai 1852.

(L. S.) **Friedrich Wilhelm.**

v. Manteuffel. v. d. Heydt. Simons. v. Raumer. v. Westphalen. v. Bodelschwingh. v. Bonin.

Zu § 64.

1. Das den Polizeiobrigkeiten zustehende Straf=Verordnungsrecht und die Befugniß zum Erlaß vorläufiger Straf=Mandate soll nach §§. 62 und 63 fortan der Amtsvorsteher für den Umfang des ganzen Amtsbezirks üben. So wünschenswerth es auch erschien, schon in der gegenwärtigen Kreisordnung die Befugniß der Amtsvorsteher zum Erlaß vorläufiger Straf=Mandate zu einer polizei=richterlichen Kognition in Polizei=Kontraventionssachen zu erweitern, so wurde darauf doch wegen der dadurch bedingten tiefgreifenden Umgestaltung der Gerichts=Verfassung verzichtet und es für jetzt bei dem Vorbehalt des §. 64 wegen künftiger gesetzlicher Regelung der polizei=richterlichen Befugnisse der Amtshauptleute belassen. (Vergl. die Motive zum Reg.=Entw. v. 1869).

2. Der Kommissionsbericht des Herrenhauses bemerkt bezüglich des §. 64: „Dieser Paragraph enthält zwar nur eine Verheißung und ward deshalb dessen Streichung von einem Mitgliede beantragt, man begrüßte indessen den Gedanken einer Verbindung der Gerichtsbarkeit mit der Polizeiverwaltung und die in Aussicht gestellte Verwirklichung desselben von anderer Seite als besonders erwünscht, und die Kommission stimmte deshalb mit allen gegen 1 Stimme für die Annahme."

§. 65.

Dienstliche Stellung der Gemeinde- und Gutsvorstände, sowie der Gendarmen zu dem Amtsvorsteher.

Die Gemeinde- und Guts-Vorstände sind verbunden, den Anweisungen und Aufträgen des Amtsvorstehers, welche derselbe in Gemäßheit seiner gesetzlichen Befugnisse in Dienstangelegenheiten an sie erläßt, nachzukommen, und können hierzu von ihm nach Maßgabe des §. 83. durch Zwangsmaßregeln angehalten werden. Ein Ordnungsstrafrecht steht dem Amtsvorsteher gegen dieselben jedoch nicht zu.

Ingleichen haben die Gendarmen den Requisitionen des Amtsvorstehers in polizeilichen Angelegenheiten zu genügen. Der Dienstaufsicht des Amtsvorstehers unterliegen sie nicht.

§. 66.

Dienstliche Stellung des Amtsvorstehers zu dem Landrath und dem Kreisausschuß.

Der Landrath und der Kreisausschuß sind befugt, für die Geschäfte der allgemeinen Landes- und Kreis-Kommunalverwaltung, sowie bei Beaufsichtigung der Kommunalangelegenheiten der zu dem Amtsbezirke gehörigen Gemeinden und Gutsbezirke die vermittelnde und begutachtende Thätigkeit des Amtsvorstehers in Anspruch zu nehmen.

§. 67.

Beschwerden über die Verfügungen des Amtsvorstehers unterliegen, vorbehaltlich der besonderen Bestimmungen der §§. 79 bis 83. und 135, der Entscheidung des Kreisausschusses.

Zu § 66.

Daß Landrath und Kreisausschuß befugt sein sollen, für den Kreis ihrer Geschäfte die vermittelnde und begutachtende Thätigkeit des Amtsvorstehers in Anspruch zu nehmen, liegt in der Natur seines Amtes als Polizeiobrigkeit. Sie ist für die Thätigkeit des Landraths und des Kreisausschusses kaum entbehrlich, wenn dieselben in vielen Fällen nicht einzig und allein auf die Bezirks-Gendarmen angewiesen sein sollen; sie wird aber auch der Bevölkerung in zahlreichen Fällen von Nutzen sein und Citationen an den Sitz des Landraths und des Kreisausschusses vermeiden lassen. Eine Ueberbürdung des Amts-Vorstehers wird, zumal die Amtsbezirke im Allgemeinen einen nur mäßigen Umfang haben werden, nicht zu befürchten sein. (Motive zum Regierungsentwurf von 1871).

Zu § 67.

Von der Kommission des Herrenhauses — und das Herrenhaus trat ihr hierin bei (Sitzung vom 29. Oktober 1872. St. B. S. 509) — war beantragt worden, im Alinea 2 die Schlußworte: „als Vorsitzender des Kreisauschusses" zu streichen. Die Frage sei, so wurde deduzirt, ob der Landrath als Königlicher Beamter oder als Kommunalbeamter fungiren solle. Letzteres wolle die Vorlage; nach den früheren Beschlüssen der Kommission und nach Beseitigung des Amtsausschusses umfasse aber die Verwaltung des Amtsvorstehers ausschließlich polizeiliche Gegenstände, dieser sei somit nur noch Polizeibeamter, und die Aufsicht über seine Geschäftsführung stehe daher dem Landrath ganz selbstständig zu. Die Letzterem gebührende Exekutive und Unmittelbarkeit im Verhältniß zu den untergeordneten Kreisorganen werde durch die Bestimmung der Vorlage wesentlich ge-

Die Aufsicht über die Geschäftsführung des Amtsvorstehers führt der Landrath als Vorsitzender des Kreisausschusses.

§. 68.

Dienstvergehen des Amtsvorstehers.

Hinsichtlich der Dienstvergehen des Amtsvorstehers finden die Bestimmungen des §. 35. mit der Maßgabe Anwendung, daß das Recht, eine Ordnungsstrafe gegen den Amtsvorsteher festzusetzen, dem Landrathe nicht zusteht.

§. 69.

Kosten der Amtsverwaltung.

Der Amtsvorsteher ist berechtigt, eine Amtsunkosten-Entschädigung zu beanspruchen, welche nach Anhörung der Betheiligten von dem Kreisausschusse als ein Pauschquantum festgesetzt wird.

In gleicher Weise erfolgt die Festsetzung der einem kommissarischen Amtsvorsteher zu gewährenden Remuneration.

§. 70.

Als Beitrag zu den Kosten der Amtsverwaltung überweist der Staat den Kreisen diejenigen Summen, welche er in Folge des gegen-

---

schwächt. Solche aufrecht zu erhalten und derartige Vorschriften aus dem Entwurfe zu entfernen, sei dringend geboten. Die Vorschrift stehe übrigens auch im Widerspruch mit §. 77., woselbst dem Landrath die Ueberwachung der gesammten Polizeiverwaltung im Kreise übertragen sei.

Hiergegen wurde zwar geltend gemacht, daß auch die ursprüngliche Vorlage der Regierung (§. 52.) den bezüglichen Zusatz schon hatte; daß dem Amtsvorsteher auch andere, als rein polizeiliche Geschäfte zufallen; daß überhaupt nach dem ganzen System des Gesetzes der Kreisausschuß die vorgesetzte Behörde des Amtsvorstehers sei, und es bleiben müsse. Auch der Amtsvorsteher sei, so wurde von einem Mitgliede betont, nicht als Staats- sondern als Kommunal-, und demnach nur als mittelbarer Staatsbeamter aufzufassen.

Der Regierungs-Kommissar vertheidigte gleichfalls in diesem Sinne die Vorlage, indem er insbesondere hervorhob, daß der Amtsvorsteher zugleich als Organ der allgemeinen Staats-Verwaltung fungire, und daß ferner durch die intendirte Aenderung auch der Instanzenzug sich ändern würde, da, wenn der Landrath selbstständig und nicht als Vorsitzender des Kreis-Ausschusses aus seinem Aufsichtsrecht Verfügungen treffe, gegen letztere der Beschwerdeweg nur an die Königliche Regierung und weiter herauf zuläßig sein würde.

Durch alles das fand sich die Mehrheit der Kommission nicht bewogen, das in dem Satze liegende, die ganze Stellung des Landraths schwer schädigende Prinzip zu sanktioniren. Es handle sich dabei nicht um Remedur gegen einzelne materielle Entscheidungen des Amtsvorstehers, die gehe ihren im vorhergehenden Absatz geordneten Instanzenzug, sondern nur um seine Geschäftsführung, als solche. Ordnungsstrafen gegen ihn seien überhaupt unzweckmäßig, wegen der Exekutiv-Maßregeln aber und, wenn es sich um Enthebung vom Amte handele, finde der Instanzenzug an das Verwaltungsgericht statt.

Bei der Abstimmung wurden die Schlußworte „als Vorsitzender des Kreisausschusses" gegen 3 Stimmen abgelehnt, im neusten Regierungs-Entwurf jedoch wieder aufgenommen.

Zu § 70.

1. Bezüglich der Höhe des Betrages, welcher in Folge Einführung der Kreisordnung durch das Eingehen der Königlichen Polizeiverwaltungen ꝛc. an den im Staatshaushaltsetat für diese Zwecke veranschlagten Ausgaben werden erspart werden, äußerte der Regierungskommissarius, Geh. Reg.-Rath Persius in der Sitzung des Abgeordnetenhauses vom 22. November 1872:

wärtigen Gesetzes durch das Eingehen der Königlichen Polizeiverwaltungen, durch den Wegfall der Schulzenremunerationen und und anderer Polizei-Verwaltungskosten an den im Staatshaushalts-Etat für das Jahr 1873 für ebengenannte Zwecke veranschlagten Ausgaben fernerhin ersparen wird.

Die Vertheilung des für jede Provinz festzustellenden Betrages auf die einzelnen Kreise erfolgt nach Maßgabe des Bedürfnisses durch die Provinzialvertretung beziehungsweise durch eine von dieser zu erwählende Kommission.

Außerdem wird der Staat für die den Kreisen beziehungsweise Amtsbezirken durch die Wahrnehmung von Geschäften der Staatsverwaltung erwachsenden Ausgaben besondere Fonds überweisen. Das hierüber zu erlassende Gesetz wird über den Betrag und die Vertheilung dieser Fonds nähere Anordnung treffen.

Soweit die Kosten der Amtsverwaltung durch die vom Staat überwiesenen Beträge ihre Deckung nicht finden, trägt dieselben das Amt.

In den zusammengesetzten Amtsbezirken gilt für die Aufbringung der Verwaltungskosten in Ermangelung einer Vereinbarung unter den Betheiligten der nach Maßgabe dieses Gesetzes in dem Kreise für die Kreisabgaben festgestellte Maßstab.

§. 71.

In denjenigen Gemeinden und Gutsbezirken, welche einen Amtsbezirk für sich bilden, werden die Kosten der Amtsverwaltung gleich den übrigen Kommunalbedürfnissen aufgebracht. Solche Amtsbezirke haben keinen Anspruch auf die vom Staate gewährten Fonds.

§. 72.

Unterläßt oder verweigert ein Amtsausschuß die Bewilligung von

---

„Die Summen, die in der That erspart werden, betragen nur etwa 165 bis 170,000 Thlr. In dem Staatshaushaltsetat des Jahres 1872 sind zwar im Ganzen etwa 246,000 Thlr. für jene Zwecke ausgesetzt. Es wird jedoch diese ganze Summe in Zukunft nicht erspart werden können, da besondere fiskalische Beamte für die Ausrichtung der örtlichen Geschäfte gewisser Staats-Verwaltungszweige auch noch ferner beibehalten werden müssen. Es reduzirt sich demgemäß die Summe, welche voraussichtlich erspart werden wird, — wie bemerkt — auf den Betrag von etwa 165—170,000 Thlr. — Was nun die Frage des Herrn Vorredners betrifft, ob es in der Absicht der Staatsregierung liege, diese Summe den östlichen Provinzen bei der Ueberweisung der Provinzialfonds in Anrechnung zu bringen, so habe ich die Erklärung abzugeben, daß eine solche Absicht nicht besteht, ich glaube auch annehmen zu dürfen, daß diese Absicht die Billigung der anderen gesetzgebenden Faktoren finden wird, da die Summe, um welche es sich hierbei handelt, eine verhältnißmäßig nur geringe ist."

2. Vergl. die Anm. zu §. 164.

3. Bezüglich des letzten Absatzes im §. 70. vergl. §. 10.

Ausgaben, zu deren Leistung das Amt gesetzlich verpflichtet ist, so stellt der Kreisausschuß diese Ausgaben außerordentlich fest.

§. 73.

Einnahmen aus Geldbußen und Konfiskaten.

Die von den Amtsvorstehern in Gemäßheit des Gesetzes vom 14. Mai 1852 (Ges.=S. S. 245.) endgültig festgesetzten Geldbußen und Konfiskate, sowie die von denselben festgesetzten Exekutivgeldbußen werden, — soweit nicht in Ansehung gewisser Uebertretungen besonders bestimmt ist, wohin die durch dieselben verwirkten Geldbußen oder Konfiskate fließen sollen, — zur Amtskasse beziehungsweise zu den Kassen der einen eigenen Amtsbezirk bildenden Gemeinden und Gutsbezirke vereinnahmt und zur Deckung der Kosten der Amtsverwaltung mitverwendet.

Fünfter Abschnitt.

Von dem Amte des Landraths.

§. 74.

Landrath. a. Ernennung desselben.

Der Landrath wird vom Könige ernannt. Die Kreis=Versamm=

Zu § 73.

Vgl. die Anm. zu §. 63.

Zu § 74.

Der Regierungsentwurf von 1871 hatte in Uebereinstimmung mit dem Entwurf von 1869 der Kreisversammlung nur die Befugniß beilegen wollen, für die Besetzung eines erledigten Landrathsamtes aus der Zahl der größeren Grundbesitzer und der Amtsvorsteher des Kreises geeignete Personen in Vorschlag zu bringen. Die Motive sagen hierüber:

Der Landrath soll vom Könige ernannt werden; dem Kreistage jedoch das Recht zustehen, für die Besetzung eines erledigten Landraths=Amtes aus der Zahl der größeren Grundbesitzer und der Amtsvorsteher geeignete Personen in Vorschlag zu bringen. Dieser Ernennungs=Modus entspricht der Doppelstellung des Landraths, wie sie in dem folgenden §. 76. näher bezeichnet ist. Derselbe ist vor Allem eines der wichtigsten und einflußreichsten Organe der Staats=Regierung; die letztere muß seiner Befähigung sicher sein, ihm ihr Vertrauen schenken zu können, sie muß deshalb einen vorwiegenden Einfluß auf seine Ernennung haben. Der Landrath ist aber auch zugleich Organ der Kreis=Korporation und sowohl in dieser Eigenschaft, als auch für seine Wirksamkeit in Staats=Angelegenheiten bedarf er nothwendig des Vertrauens der Kreis=Eingesessenen. Es muß daher einerseits der Staats=Regierung die freie Ernennung des Landraths gesichert, zugleich aber der Kreis=Vertretung Gelegenheit gegeben werden, ihre Wünsche in Beziebung auf die zu ernennende Persönlichkeit der Krone kund zu thun. Das Vorschlagsrecht des Kreistages hat aber nur dann eine wahre Bedeutung, wenn unabhängige, mit den Interessen des Kreises verwachsene Männer präsentirt werden; deshalb sind die Vorschläge des Kreistages auf größere Grundbesitzer und Amtsvorsteher des Kreises zu beschränken. Das Amt des Amtsvorstehers wird allmälig zu einer besonders geeigneten Vorschule für das Landrathsamt sich herausbilden und werden im Dienst bewährte Amtsvorsteher zu Landräthen vorgeschlagen und ernannt werden können. Wenn es sich dagegen darum handelt, aus den Reihen der Staatsbeamten geeignete Kandidaten für eine erledigte Landrathsstelle zu suchen, so ist die Krone mit Hülfe ihrer Organe besser befähigt, die Tüchtigsten herauszufinden, als der Kreistag, dessen Kenntniß sich auf den nächsten Kreis der Beamten beschränkt."

Seitens des Abgeordnetenhauses wurde auf Antrag seiner Kommission un=

lung ist jedoch befugt, für die Besetzung eines erledigten Landraths-amts aus der Zahl der Grundbesitzer und der Amtsvorsteher des Kreises geeignete Personen in Vorschlag zu bringen.

---

geachtet des von der rechten Seite erhobenen Widerspruchs das Wort „größeren" gestrichen, und das Vorschlagsrecht des Kreistages auf alle Grundbesitzer des Kreises ausgedehnt. Das Herrenhaus stellte zwar den Regierungsentwurf wieder her. Bei Vorlage des neusten Entwurfs schloß sich jedoch die Staatsregierung dem Vorschlage des Abgeordnetenhauses an.

2. Bei der Berathung im Abgeordnetenhause am 20. März 1872 (St. Ber. S. 1407) äußerte der Abg. von Bonin:

„Der Herr Berichterstatter hat die Güte gehabt, uns gestern Abend in später Stunde noch diejenigen Momente darzulegen, welche die Kommission bestimmt haben, auf eine nähere Präzisirung rücksichtlich der Qualifikation der vorzuschlagenden Landrathsamts-Kandidaten nicht einzugehen. Ich finde die Anträge der Kommission in der Beziehung vollständig gerechtfertigt, weil neben dem, was der Herr Bericht-erstatter schon angeführt hat, auch darauf besonders Gewicht zu legen ist, daß dieses Gesetz unter keinen Umständen dazu geeignet sein dürfte, in dieser Beziehung präzisere Bestimmungen zu treffen, da es sich ja nur auf sechs Provinzen bezieht und selbstverständlich die demnächst zu erlassenden Bestimmungen die ganze Monarchie umfassen müssen. Wenn also die Kommission sich in dieser Rücksicht darauf beschränkt hat, zu sagen, es sollen geeignete Personen sein, die eventualiter in Vorschlag gebracht werden können, so kann die Kommission dabei nur die bestehenden gesetzlichen Vorschriften im Auge gehabt haben, also namentlich auch nur das durch die Gesetzsammlung publizirte Regulativ vom 13. Mai 1838, bestätigt durch Kabinetsordre vom 11. Juli 1838.

Wenn wir aber die wesentlich veränderte Stellung des Landraths, die er durch diese Vorlage erhalten wird, ins Auge fassen, so scheint mir, daß für die Folge diese Bestimmung in keiner Weise ausreichend sein werde, sondern daß in dem Augenblick, wo durch das Inslebentreten der neuen Kreisordnung dem Landrath thatsächlich eine ganz andere Stellung auch in der Skala der Beamtenhierarchie gegeben wird, in dieser Beziehung größere Anforderungen an den Landrath gestellt werden müssen, daß es sich hier wesentlich darum handelt, ihn eine solche Qualifikation nachweisen zu lassen, die für den Verwaltungsbeamten vorgeschrieben ist. An diesen Bestimmungen aber, meine Herren, fehlt es uns jetzt noch, und da ich diesen Gegenstand schon seit Jahren verfolgt habe, ein Resultat aber noch nicht erzielt worden ist, so habe ich diese Gelegenheit wenigstens nicht vorübergehen lassen wollen, um daran aufs neue wieder zu erinnern, wie dringend nothwendig es ist, endlich einmal diesem Gegenstande eine gesetzliche Regelung zu Theil werden zu lassen. Ich hoffe auch, daß die Staatsregiernng ihrerseits das dringende Bedürfniß einer Regelung dieser Angelegenheit, welches sie schon bei anderer Veranlassung anerkannt hat, noch mehr dadurch gerechtfertigt finden wird, daß es jetzt für die künftige Stellung der Landräthe effektiv unerläßlich ist, sie eine derartige Qualifikation nachweisen zu lassen, daß sie in jeder Beziehung den höheren Staatsbeamten gleichgestellt werden können."

Des Weiteren gab hierbei der Regierungskommissarius, Geh. Regierungsrath Persius folgende Erklärung ab:

„M. H.! Die Anführungen des Herrn Berichterstatters geben mir Veranlassung zu einigen kurzen Bemerkungen. Der Herr Berichterstatter hat erwähnt, Ihre Kommission wäre von der Ansicht ausgegangen, daß durch die Bestimmung des §. 74 die Vorschriften des Reglements vom 13. Februar 1838 über die Prüfung der Landräthe für aufgehoben zu erachten seien. Ich erinnere mich meinerseits nicht, daß in Ihrer Kommission diese Frage debattirt wäre; sollte mir dies entgangen und in Ihrer Kommission in der That jene Ansicht konstatirt sein, so habe ich Namens der Staatsregierung zu erklären, daß dieselbe die Ansicht der Kommission in dieser Beziehung nicht zu theilen vermag, vielmehr ihrerseits dafür hält, daß durch die Bestimmung des §. 74 die Vorschriften der Verordnung vom 13. Februar 1838, betreffend die Prüfung der Landräthe, nicht alterirt werden."

§. 75.

b. Stellvertretung desselben.

Behufs Stellvertretung des Landraths werden von dem Kreistage aus der Zahl der Kreisangehörigen zwei Kreisdeputirte auf je sechs Jahre gewählt. Dieselben bedürfen der Bestätigung des Oberpräsidenten. Sie sind von dem Landrathe zu vereidigen.

Für kürzere Verhinderungsfälle kann der Kreissecretair als Stellvertreter eintreten.

§. 76.

c. Amtliche Stellung desselben.

Der Landrath führt als Organ der Staatsregierung die Geschäfte der allgemeinen Landesverwaltung im Kreise und leitet als Vorsitzender des Kreistages und des Kreisausschusses die Kommunalverwaltung des Kreises.

§. 77.

d. Rechte und Pflichten desselben.

Soweit die Rechte und Pflichten des Landraths nicht durch das gegenwärtige Gesetz abgeändert sind, behält es bei den darüber bestehenden Vorschriften auch ferner sein Bewenden.

Demgemäß hat der Landrath auch ferner die gesammte Polizeiverwaltung im Kreise und in dessen einzelnen Amtsbezirken, Gemeinden und Gutsbezirken zu überwachen.

§. 78.

b. Insbesondere: Befugniß desselben zum Erlasse kreispolizeilicher Verordnungen.

Der Landrath ist befugt, unter Zustimmung des Kreisausschusses nach Maßgabe der Vorschriften des Gesetzes über die Polizei-Verwaltung vom 11. März 1850 (Ges.-Samml. S. 265.) für mehrere Amtsbezirke oder für den ganzen Umfang des Kreises gültige Polizeivorschriften zu erlassen und gegen die Nichtbefolgung derselben Geldstrafen bis zum Betrage von 10 Thalern anzudrohen. Das durch die §§. 5 beziehungsweise 9 des Gesetzes vom 11. März 1850. der Bezirksregierung beziehungsweise dem Regierungspräsidenten beigelegte Recht:

> über die Art der Verkündigung der ortspolizeilichen Vorschriften, sowie über die Formen, von deren Beobachtung die Gültigkeit derselben abhängt, die erforderlichen Bestimmungen zu erlassen, sowie ortspolizeiliche Vorschriften außer Kraft zu setzen,

steht denselben in gleichem Umfange auch fortan bezüglich der kreispolizeilichen Vorschriften zu.

Zu § 77.

Der Entwurf einer Instruktion für die Landräthe und die ihnen untergeordneten Kreisoffizianten vom 31. Dezember 1816, welcher den Regierungen als vorläufige Instruktion durch Ministerial-Reskript vom 24. November 1822 zur Beachtung zugefertigt worden ist, findet sich hinten in der Beilage abgedruckt.

Zu § 78.

Vgl. die Anm. zu § 62.

Sechster Abschnitt.

Von dem Zwangsverfahren der Behörden des Kreises.

§. 79.

Der Landrath, der Amtsvorsteher und der Orts- (Gemeinde-, Guts-) Vorsteher können in Ausübung ihrer Polizeigewalt die durch ihre gesetzlichen Befugnisse gerechtfertigten Anordnungen durch Anwendung der gesetzlichen Zwangsmittel durchsetzen.

Zu §§ 79 bis 83.

Der Abschnitt „von dem Zwangsverfahren der Behörden des Kreises" entspricht im Wesentlichen den Beschlüssen des Abgeordnetenhauses, resp. seiner Kommission, welche mit unerheblichen Abänderungen auch die Zustimmung des Herrenhauses gefunden hatte. Bei Beginn der Berathung im Abgeordnetenhause (Sitzung vom 20. März 1871, St. B. S. 1418) gab der Berichterstatter, Abgeordnete Lasker, Namens der Kommission hierzu folgende Erläuterung: „Dieser Abschnitt beschäftigt sich damit, in einem sehr erheblichen Theile das Verfahren der Verwaltung neu zu reguliren. Gegenwärtig ist in Polizeisachen der Instanzenzug so eingerichtet, daß gegen jede einzelne Beschwerde im schriftlichen Wege an die vorgesetzte Behörde ein formloser Rekurs ergriffen wird. Ebenso formlos wird, in der Regel nach dem schriftlich eingeforderten Bericht der angegriffenen Behörde, entweder ein bestätigender oder ablehnender Bescheid ertheilt und auf gleiche Weise wird die ganze Stufenleiter zuletzt bis zum Minister hinaufgegangen. Während gegenwärtig Jemand, der von einer Verfügung der Polizei hart betroffen wird, kaum das Vergnugen haben kann, fünf-, sechsmal sich über dieselbe Sache zu beschweren, soll durch dieses Gesetz eine nach Art des Gerichtsverfahrens geordnete Prozedur vorgeschrieben werden, welche mit Präklusivfristen und ganz in den Formen des Prozeßverfahrens den Beschwerden einen bestimmten Verlauf anweist.

Auf der anderen Seite tauscht derjenige, der von der Polizei-Verfügung betroffen wird, den Vortheil ein, daß er gegen das Aufgeben der regelmäßig nur im schriftlichen Wege verhandelten Beschwerde ein Verfahren erlangt, welches, sofern er es wünscht, stets mündlich, stets im Prozeßwege und stets von solchen Personen geleitet und zuletzt entschieden wird, welche in allen Beziehungen die Eigenschaft unabhängiger Richter besitzen. Es wird also fortan gegen jede Verfügung des Landraths, des Amtsvorstehers, des Orts- oder Gemeindevorstehers demjenigen, der von dieser Verfügung betroffen wird, gestattet, sowohl gegen den Inhalt dieser Verfügung Rekurs zu ergreifen, als auch gegen diejenigen Maßregeln, welche die betreffende Behörde ergriffen hat, um dem Inhalt ihrer Verfügung Geltung zu verschaffen. In erster Instanz entscheidet, sofern diese Maßregeln vom Amtsvorsteher oder vom Orts- und Gemeindevorsteher ausgegangen sind, das Kollegium des Kreisausschusses unter Vorsitz des Landraths. Diese Entscheidung kann angegriffen werden von der betroffenen Privatperson, von der öffentlichen Behörde, deren Verfügung angefochten worden ist, wie auch endlich vom Vorsitzenden des Kreisausschusses im öffentlichen Interesse. In allen diesen Fällen entscheidet das Verwaltungsgericht als zweite Instanz. Auch das Verwaltungsgericht trägt den Charakter einer vollständig unabhängigen Gerichts-Behörde an sich, in welcher das Verwaltungsinteresse vertreten ist durch einen Verwaltungsbeamten, die Justizinteressen durch einen Richter und außerdem das Laien-Element durch eine überwiegende Anzahl von Mitgliedern, im Verhältniß von drei Laien gegen zwei Staatsbeamte. In den Fällen aber, in denen eine Beschwerde gegen Verfügungen des Landraths erhoben wird, wird in erster Instanz schon der Rekurs ergriffen an das Verwaltungsgericht, und da dieses in allen Fällen die letzte Instanz ist, so liegt allerdings hier der Mangel einer Appellation vor, und es muß zugestanden werden, daß die hier begonnene Organisation eines Abschlusses bedarf in der Herstellung eines zentralen Verwal-

Kann die zu erzwingende Handlung durch einen Dritten geleistet werden, so ist die Behörde befugt, dieselbe durch einen Dritten ausführen zu lassen, den Betrag der Kosten vorläufig zu bestimmen und im Wege der Exekution von dem Verpflichteten einzuziehen.

Kann die zu erzwingende Handlung nicht durch einen Dritten geleistet, oder soll eine Unterlassung erzwungen werden, so ist die Be-

---

tungs-Gerichtshofes, welcher auf der Grundlage, die Sie jetzt legen wollen, nicht zu entbehren ist. Außer dem Rechtsverfahren wird das Polizei-Verfügungsrecht noch in dem Punkte der Exekutivstrafen gesetzlich geordnet. Hierin erhält das Polizei-Verfügungsrecht eine Ausdehnung nach der einen und eine Beschränkung nach der andern Richtung hin. Ausgedehnt wird dasselbe auf neue Behörden, denen es bis jetzt noch nicht zusteht, und auch in Beziehung auf die angefochtene Legalität der Exekutivstrafen durch den Landrath. Es ist eine bestrittene Frage, ob der Landrath berechtigt sei, nach Art der Provinzialbehörde seine Verfügungen durch Exekutivstrafen zu unterstützen. Bis jetzt hat der Landrath diese Befugniß thatsächlich ausgeübt, wie von Vielen behauptet wird und auch von mir als Rechtsansicht vertreten wird, nicht mit Recht nach Lage der jetzigen Gesetzgebung. Da aber gegen solche Exekutivstrafen der Rechtsweg nicht zulässig ist, so hat niemals eine entscheidende richterliche Behörde hierüber angerufen werden können, und da die Ansicht des Herrn Ministers des Innern zu sein scheint, daß ein solches Exekutivrecht dem Landrath zustehe, obschon man nur im Wege einer künstlichen (?) Interpretation zu dieser Rechtsanschauung kommen kann, so ist bis jetzt die Exekutivbefugniß unbehindert von den Landräthen ausgeübt worden.

Diesem gesetzlich zweifelhaften und thatsächlich unzureichenden Zustande gegenüber sprechen die nachfolgenden Paragraphen klar aus, daß den hier genannten Behörden das Recht zustehen soll, ihre Verfügungen mit den gesetzlich zulässigen Zwangsmitteln zu unterstützen.

Dieses Exekutivrecht soll nicht, wie jetzt, immer zugelassen werden, sondern nur in denjenigen Fällen, in welchen das, was geschehen soll, von keinem Dritten geleistet werden kann; wo aber eine Vertretung möglich ist, ist die Behörde fortan nicht, wie gegenwärtig, berechtigt, die betreffende Person zur Leistung zu zwingen, sondern sie hat nur das Recht, die Leistung durch einen Dritten gegen Liquidirung der Kosten herbeizuführen.

Unter Klarstellung und zum Theil unter Ausdehnung der polizeilichen Exekutivbefugniß führen wir zum ersten Mal ein geordnetes Verfahren ein, welches nach meiner Anschauung den bis jetzt vorwiegend polizeilichen Charakter der öffentlichen Verwaltung in den Rechtscharakter umleitet. Es ist nicht mehr in den verschiedenen Instanzen immer wieder dieselbe Behörde, welche als Vertretung der Polizei und der Verwaltung das Interesse wahrzunehmen hat, welches durch die betreffende polizeiliche Verfügung geschützt werden soll, sondern es treten an die Stelle Kollegien, die unabhängig sind von jener Verwaltungsbehörde und nach den Vorschriften des Gesetzes und in der Form des gewöhnlichen Prozesses entscheiden, demnach dem Bürger, der sich beschwert glaubt, wirkliches Recht ertheilen. Freilich ist dafür gesorgt, daß innerhalb dieser Behörde die Verwaltung genügend vertreten sei. Die Kollegien wirken nicht fern und völlig getrennt von den Verwaltungsbehörden, sondern in dem Kreisausschuß fungirt als Vorsitzender und Leiter der Landrath, welcher innerhalb seines Kreises der vollkommenste Repräsentant der Verwaltungs-Interessen ist, und in dem Verwaltungsgericht nimmt der Regierungs-Präsident eine gleiche Stellung ein, oder vielmehr er ist jederzeit befugt, diese Stellung einzunehmen.

Ich glaube demnach, daß in den Vorschriften, mit welchen wir uns beschäftigen, im Anschluß an diejenige Institution, welche wir im vorigen Jahre bereits vorbereitet haben, eine glückliche Lösung sich eröffnet, welche zwar nicht mit einem Mal die Anforderungen des Rechtsstaats erfüllt, aber einen erheblichen Anfang macht. Es bleiben allerdings nach dem gegenwärtigen Gesetze noch bestehen diehörde berechtigt, Geldbußen, und zwar der Landrath bis zur Höhe von 50 Thalern, der Amtsvorsteher bis zur Höhe von 20 Thalern, der Ortsvorsteher bis zur Höhe von 1 Thaler anzudrohen und festzusetzen. Der Festsetzung muß immer eine schriftliche Androhung mit einer bestimmten Frist vorangehen.

---

jenigen Beschränkungen, welche die Rechtsverfolgung hindern, sofern ein Beamter wegen einer ungestatteten Amtshandlung von einer Privatperson angegriffen und zum Schadensersatz angehalten werden soll.

In dieser Beziehung bestimmt das Gesetz vom Jahre 1842, daß eine Privatperson mit der Klage, es habe ein Beamter durch eine Polizeiverfügung sie mit Unrecht beschädigt, nur dann auf Schadensersatz gegen den Beamten vorgehen kann, wenn die vorgesetzte Behörde die betreffende Verfügung für unzulässig oder gesetzwidrig erklärt hat. Die bloße Aufhebung dieser Verfügung genügt nicht, sondern der Vorgesetzte muß anerkannt haben, daß die Verfügung gesetzwidrig oder unzulässig gewesen sei. Ein ferneres Hinderniß gegen die Verfolgung ist, daß selbst in diesem Falle, wenn die Privatpersonen die Klage gegen den Beamten angestellt und der Richter sie eingeleitet hat, der sogenannte Konflikt nach dem Gesetze vom Jahre 1854 erhoben werden kann; ein Verfahren, welches darin besteht, daß die vorgesetzte kollegiale Behörde den Einspruch erhebt, es liege kein Fall zur Verfolgung vor. Geschieht dies, so wird der Prozeß einweilen eingestellt, bis der Gerichtshof zur Entscheidung der Kompetenzkonflikte seinen Spruch gegeben, ob die Verletzung eine solche sei, daß der Rechtsweg zu gestatten oder nicht zu gestatten sei. Demnach hat diese zuletzt genannte Behörde in Händen, selbst wenn die Verfügung als gesetzwidrig oder unzulässig getadelt worden ist, dennoch den Rechtsweg zu versperren mit der völlig unfaßbaren Formel: So arg sei die Rechtsverletzung nicht, daß der Rechtsweg zu gestatten wäre. Diese Hindernisse gegen den ordentlichen Rechtsweg bleiben materiell unaufgehoben und ich darf sie als eine schwere und erhebliche Behinderung der Rechtswirksamkeit des Staats bezeichnen. Aber der erstere Schritt wird gethan, damit in der Form eines wahren Rechtsverfahrens der Privatmann sich gegen die Verfügung und den Zwang der Verwaltung schützen kann, und die fernere Ausdehnung des Rechtsweges, auch mit Rücksicht auf den Schadensersatz, vertrauen wir der Zukunft, da in diesem Gesetze doch nur wegen der hier bezeichneten Behörden die weitere Fortsetzung des Rechtsverfahrens hätte ausgebildet werden können. Aber indirekt wird eine wichtige Veränderung zu Gunsten des Privatmannes durch die in den behandelten Paragraphen gegebenen Vorschriften auch in Bezug auf den Ersatzanspruch bewirkt. Während bis jetzt darüber, ob eine Polizeiverfügung gesetzwidrig oder unzulässig gewesen sei, die vorgesetzte Behörde entscheidet, diese also in der Hand hat, den Beamten zu schonen, indem sie die unhaltbare Verfügung zwar aufhebt, aber doch nicht für gesetzwidrig oder unzulässig erklärte, geht nunmehr die Entscheidung über auf den Kreisausschuß in erster und auf das Verwaltungsgericht in zweiter Instanz und dadurch ist allerdings eine erheblich größere Annäherung zu dem ungehemmten Rechtsverfahren, dem Gesetze von 1842 gegenüber, durch die nachfolgenden Paragraphen eingeleitet. Nur das Gesetz vom Jahre 1854 dauert unverändert fort und wird von uns, hoffentlich in nächster Zeit, selbstständig angegriffen werden. Im Ganzen begrüße ich die Vorschriften, über welche die Verhandlung jetzt eingeleitet wird, als einen schönen Anfang sowohl zur Dezentralisation, wie zur größeren Entfaltung des Rechtslebens im Preußischen Staate.

Der Herr Abgeordnete Reichensperger hat dem gegenüber einen Antrag gestellt, welcher die Absicht hat, das Exekutiv-Strafrecht den Polizeibehörden überhaupt zu entziehen. Wenn dieser Antrag angenommen wird, dann hat die Behörde nur noch die Gewalt, das, was sie fordert, wenn es durch einen Dritten geleistet werden kann, auf Kosten des Verpflichteten thun zu lassen. Dagegen würde sie durch direkte Zwangsmaßregeln ihre Verfügungen nicht schützen können, wenn entweder eine Unterlassung gefordert wird, oder eine Handlung, welche nicht ein Dritter leisten kann, an Stelle desjenigen, dem sie befohlen wird. Der Herr

Die Bestimmungen des vorhergehenden Absatzes finden auch bei Handlungen, die durch einen Dritten geleistet werden können, in den Fällen Anwendung, in welchen es feststeht, daß der Verpflichtete nicht im Stande ist, die aus der Ausführung durch einen Dritten entstehenden Kosten zu tragen.

Unmittelbarer Zwang darf, unbeschadet der Bestimmungen des Gesetzes zum Schutze der persönlichen Freiheit vom 12. Februar 1850. (Ges.-S. S. 45), nur angewendet werden, wenn die getroffene Anordnung ohne einen solchen undurchführbar ist.

Gleiche Befugnisse wie den Amtsvorstehern stehen den Polizeiverwaltern in den zu Landkreisen gehörigen Städten zu.

§. 80.

Sowohl gegen die Anordnung, als gegen die Festsetzung der Strafe kann innerhalb 10 Tagen nach Zustellung des Erlasses Berufung eingelegt werden.

Abgeordnete Reichensperger scheint bei seinem Antrage vorauszusetzen, daß im Uebrigen unsere Gesetze bereits ausreichen, um denjenigen, der gegen eine Polizeiverfügung sich auflehnt, in einer gewissen Weise zum Thun oder Unterlassen zu bringen oder ihn zu einer gesetzlichen Strafe zu ziehen; denn den Zustand halte ich für unmoglich, in welchem weder das Strafgesetzbuch noch das Exekutiv-Verfügungsrecht dafür sorgen kann, daß einer Vorschrift der Behörde Folge geleistet werde, welche innerhalb ihrer gesetzlichen Befugnisse sich bewegt. Ich kann aber nicht übersehen, bin sogar der Meinung, daß unser Strafgesetzbuch **nicht** dafür ausreicht, um den Vorschriften der Polizeibehörden Folge zu verschaffen, wenn ihnen nicht Exekutivbefugniß gegeben wird; und so sehr bereit ich sein würde, mit dem Herrn Abgeordneten Reichensperger zusammen dahin zu wirken, daß an der Stelle, wo die Strafgesetzgebung jetzt ruht, eine allgemeine Vorschrift herbeigeführt werde, durch welche die Auflehnung gegen gesetzmäßige Verfügungen der Verwaltung als ein Vergehen oder als eine Uebertretung zur Bestrafung gebracht werden kann, so sehr ich bereit bin, gegen eine solche Vorschrift im Strafgesetzbuch auf das spezielle Exekutiv-Verfügungsrecht der Polizeibehörden zu verzichten, so glaube ich doch, daß das öffentliche Interesse nicht bestehen könnte ohne das eine und ohne das andere, und ich bin deshalb nicht in der Lage, Ihnen den Antrag des Herrn Abgeordneten Reichensperger zur Annahme zu empfehlen, sondern glaube in allen Beziehungen für die Kommissionsbeschlüsse befürwortend eintreten zu müssen."

Zu § 79.

Vergl. das Gesetz zum Schutze der pers. Freiheit vom 12. Februar 1850 in der Anm. zu §. 30. pos. 1. S. 57.

Zu § 80.

Gesetz über die Zulässigkeit des Rechtsweges in Beziehung auf polizeiliche Verfügungen. Vom 11. Mai 1842.

(G. S. S. 192.)

Wir Friedrich Wilhelm rc. rc.

verordnen zur Beseitigung der Zweifel, welche über die Zulässigkeit des Rechtsweges in Beziehung auf polizeiliche Verfügungen entstanden sind, auf den Antrag Unseres Staatsministeriums und nach erfordertem Gutachten Unseres Staatsraths für den ganzen Umfang der Monarchie was folgt:

Die Berufung erfolgt an den Kreisausschuß, und wenn der Erlaß von dem Landrathe ausgegangen ist, an das Verwaltungsgericht. Gegen die Entscheidung des Kreisausschusses findet fernere Berufung an das Verwaltungsgericht statt.

Darüber, ob im Sinne des §. 6. des Gesetzes über die Zulässigkeit des Rechtsweges in Beziehung auf polizeiliche Verfügungen vom 11. Mai 1842. (Gesetz-Sammlung für 1842. S. 192. ff.) eine Verfügung als gesetzwidrig oder unzulässig aufzuheben ist, entscheidet in Betreff der Verfügungen des Gemeinde- und Amtsvorstehers der

---

§. 1. Beschwerden über polizeiliche Verfügungen jeder Art, sie mögen die Gesetzmäßigkeit, Nothwendigkeit oder Zweckmäßigkeit derselben betreffen, gehören vor die vorgesetzte Dienstbehörde.

Der Rechtsweg ist in Beziehung auf solche Verfügungen nur dann zulässig, wenn die Verletzung eines zum Privateigenthum gehörenden Rechts behauptet wird, und nur unter den nachfolgenden näheren Bestimmungen.

§. 2. Wenn derjenige, welchem durch eine polizeiliche Verfügung eine Verpflichtung auferlegt wird, die Befreiung von derselben auf den Grund einer besonderen gesetzlichen Vorschrift oder eines speziellen Rechtstitels behauptet, so ist die richterliche Entscheidung sowohl über das Recht zu dieser Befreiung, als auch über dessen Wirkungen zulässig.

§. 3. Die Verfügung (§. 2.) kann jedoch, des Widerspruchs ungeachtet, zur Ausführung gebracht werden, wenn solches nach dem Ermessen der Polizeibehörde ohne Nachtheil für das Allgemeine nicht ausgesetzt bleiben kann. Nach ergangenem rechtskräftigem Erkenntnisse muß die Polizeibehörde dessen Bestimmungen bei ihren weiteren Anordnungen beachten.

§. 4. Steht einer polizeilichen Verfügung ein besonderes Recht auf Befreiung (§. 2.) nicht entgegen, es wird aber behauptet, daß durch dieselbe ein solcher Eingriff in Privatrechte geschehen sei, für welchen nach den gesetzlichen Vorschriften über Aufopferungen der Rechte und Vortheile des Einzelnen im Interesse des Allgemeinen, Entschädigung gewährt werden muß, so findet der Rechtsweg darüber statt: ob ein Eingriff dieser Art vorhanden sei, und zu welchem Betrage dafür Entschädigung geleistet werden müsse.

Eine Wiederherstellung des früheren Zustandes kann in diesem Falle niemals verlangt werden, wenn solche nach dem Ermessen der Polizeibehörde unzulässig ist.

§. 5. Gebührt der Polizeibehörde nur die Befugniß zu einer vorläufigen Anordnung mit Vorbehalt der Rechte der Betheiligten, oder behauptet derjenige, welchem durch eine polizeiliche Verfügung eine Verpflichtung auferlegt worden ist, daß diese Verpflichtung ganz oder theilweise einem Anderen obliege, so ist zur Feststellung der Rechte unter den Betheiligten und über die zu leistende Entschädigung die richterliche Entscheidung zulässig.

§. 6. Wird eine polizeiliche Verfügung im Wege der Beschwerde als gesetzwidrig oder unzulässig aufgehoben, so bleiben dem Betheiligten seine Gerechtsame nach den allgemeinen gesetzlichen Bestimmungen über die Vertretungsverbindlichkeit der Beamten vorbehalten.

§. 7. Sämmtliche, sowohl allgemeine als besondere Vorschriften über Gegenstände dieses Gesetzes und namentlich die Vorschriften der Verordnung vom 26. Dezember 1808 §§. 38. bis 40. werden hierdurch aufgehoben.

Urkundlich unter Unserer Höchsteigenhändigen Unterschrift und beigedrucktem Königlichen Insiegel.

Gegeben Potsdam, den 11. Mai 1842.

(L. S.) **Friedrich Wilhelm.**

Frh. v. Müffling. Mühler. v. Rochow. v. Savigny.

Kreisausschuß beziehungsweise das Verwaltungsgericht, in Betreff der Verfügungen des Landrathes das Verwaltungsgericht.

§. 81.

Die Verfügung kann des Widerspruchs ungeachtet zur Ausführung gebracht werden, wenn diese nach dem Ermessen der Behörde ohne Nachtheil für das Gemeinwesen nicht ausgesetzt bleiben kann.

§. 82.

Die endgültig festgesetzten Geldbußen, welche nicht beizutreiben sind, hat der Kreis-Ausschuß auf Antrag der Behörde und nach Maßgabe der Vorschriften der §§. 28. und 29. des Strafgesetz-Buches für das Deutsche Reich vom 15. Mai 1871 in Haft umzuwandeln. Gegen den Beschluß kann innerhalb 10 Tagen Berufung an das Verwaltungsgericht eingelegt werden.

§. 83.

Wegen der Zwangsmaßregeln, welche der Amtsvorsteher gegen die Gemeinde und die Gutsvorstände (§. 65.) verhängen darf, gelten die Vorschriften des §. 79. Absatz 2. bis 5. und die §§. 80. und 81. Eine Umwandlung der Geldbußen in Haft findet nicht statt.

Zu § 82.

Strafgesetzbuch für das deutsche Reich vom 15. Mai 1871.

§. 28. Eine nicht beizutreibende Geldstrafe ist in Gefängniß und, wenn sie wegen einer Uebertretung erkannt worden ist, in Haft umzuwandeln.

Ist bei einem Vergehen Geldstrafe allein oder an erster Stelle, oder wahlweise neben Haft angedroht, so kann die Geldstrafe in Haft umgewandelt werden, wenn die erkannte Strafe nicht den Betrag von zweihundert Thalern und die an ihre Stelle tretende Freiheitsstrafe nicht die Dauer von sechs Wochen übersteigt.

War neben der Geldstrafe auf Zuchthaus erkannt, so ist die an deren Stelle tretende Gefängnißstrafe nach Maßgabe des §. 21 in Zuchthausstrafe umzuwandeln.

Der Verurtheilte kann sich durch Erlegung des Strafbetrages, soweit dieser durch die erstandene Freiheitsstrafe noch nicht getilgt ist, von der letzteren frei machen.

§. 29. Bei Umwandlung einer wegen eines Verbrechens oder Vergehens erkannten Geldstrafe ist der Betrag von Einem bis zu fünf Thalern, bei Umwandlung einer wegen einer Uebertretung erkannten Geldstrafe der Betrag von einem Drittheil bis zu fünf Thalern einer eintägigen Freiheitsstrafe gleich zu achten.

Der Mindestbetrag der an Stelle einer Geldstrafe tretenden Freiheitsstrafe ist Ein Tag, ihr Höchstbetrag bei Haft sechs Wochen, bei Gefängniß ein Jahr. Wenn jedoch eine neben der Geldstrafe wahlweise angedrohte Freiheitsstrafe ihrer Dauer nach den vorgedachten Höchstbetrag nicht erreicht, so darf die an Stelle der Geldstrafe tretende Freiheitsstrafe den angedrohten Höchstbetrag jener Freiheitsstrafe nicht übersteigen.

Dritter Titel.

Von der Vertretung und Verwaltung des Kreises.

Erster Abschnitt.

Von der Zusammensetzung des Kreistages.

§. 84.

Die Kreis-Versammlung (der Kreistag) besteht in Kreisen, welche Zahl der Mitglieder des Kreistages.

Zu §§ 84 und 85.

1. Die vielfachen Angriffe, welche in der Landesvertretung, in der periodischen Presse und in der politischen Literatur gegen die gegenwärtig geltenden Kreisverfassungen gerichtet worden sind, haben — so führen die Motive zum Regierungsentwurf von 1869 aus, welcher in dieser Beziehung mit dem Entwurf von 1871 übereinstimmt — zum Zielpunkt vorzugsweise die Zusammensetzung der Kreisvertretung gehabt. Um ihre Berechtigung zu prüfen und um die durch die historische Entwickelung des Institutes der Kreistage, sowie durch die berechtigten Interessen der verschiedenen Klassen der Kreiseingesessenen gebotenen Wege zur Abhülfe der Klagen zu finden, wird es nothwendig, sich an den Gang, welchen die Gesetzgebung in dieser Beziehung bisher genommen hat, zu erinnern.

Nach den in den Jahren 1825—1828 erlassenen Kreisordnungen waren zur Stimmführung auf den Kreistagen berechtigt:

1. die Besitzer sämmtlicher im Kreise belegenen Güter, welche in die Matrikel der Rittergüter gehören, und zwar bei persönlicher Qualifikation in Person, sonst durch Vertreter,
2. eine Anzahl städtischer Deputirten,
3. drei Deputirte des bäuerlichen Standes.

Die städtischen Abgeordneten zu den Kreistagen mußten in der Regel wirklich fungirende Magistratspersonen sein, in der Provinz Preußen konnten gegenwärtige oder ehemalige Mitglieder des Magistrats oder der Stadtverordneten-Versammlung gewählt werden und in der Provinz Posen in denjenigen Städten, in welchen die revidirte Städteordnung galt, Magistratsmitglieder oder Stadtverordnete, in den übrigen Städten Bürgermeister, auch ohne Grundbesitz, oder Beigeordnete und Mitglieder der Gemeinderäthe, welche städtische Grundbesitzer waren.

Zu Abgeordneten der Landgemeinden konnten nur wirklich im Dienst befindliche Schulzen oder Dorfrichter gewählt werden, welche das zum Provinzial-Landtags-Abgeordneten für die Gemeinden erforderliche Grundeigenthum besitzen, in Posen zu Provinziallandtags-Abgeordneten für die Landgemeinden qualifizirte Grundbesitzer, in Preußen Mitglieder des Kölmerstandes oder wirklich im Dienst befindliche Schulzen oder Dorfrichter, welche im Besitze des zur Qualifikation eines bäuerlichen Abgeordneten zum Provinziallandtage erforderlichen Grundeigenthums sich befinden.

Für jeden Abgeordneten der Städte und der Landgemeinden war ein Stellvertreter, der die für jenen erforderlichen Eigenschaften besitzen mußte, zu erwählen.

Die Wahlen der Abgeordneten solcher Städte, welchen auf dem Kreistage Virilstimmen eingeräumt waren, geschahen durch den Magistrat, in den übrigen Städten war von demselben ein Wähler zum Zwecke der Wahl von Kollektiv-Abgeordneten zu ernennen. In Posen hatten die zu einem Wahlkollegium vereinigten städtischen Behörden den Abgeordneten zu wählen.

unter Ausschluß der im aktiven Militairdienste stehenden Personen 25,000 oder weniger Einwohner haben, aus 25 Mitgliedern. In

Bei der Wahl in den Landgemeinden galt das Verfahren, wie es für die Wahl der Bezirkswähler vorgeschrieben war.

Die Wahlen geschahen in Brandenburg, Pommern und Sachsen auf Lebenszeit, doch behielt der Gewählte die Befugniß, das Mandat nach drei Jahren niederzulegen. In den übrigen Provinzen war die Mandatsdauer eine sechsjährige. In Posen schied alle drei Jahr die Hälfte aus. Mit dem Verlust des Grundbesitzes oder der amtlichen oder moralischen Qualifikation hörte das Recht zur Kreisstandschaft auf.

Dieser Rechtszustand wurde durch die Kreis-, Bezirks- und Provinzialordnung vom 11. März 1850 (Ges.-S. S. 251) beseitigt.

Es war darin verordnet, daß die Kreisversammlungen unter Fortfall des Virilstimmrechtes der Rittergutsbesitzer und unter Beseitigung jeder ständischen Gliederung aus 15 bis 40 Abgeordneten bestehen, welche nach dem Maßstabe der Bevölkerung auf einzelne Wahlbezirke vertheilt und in direkten Wahlen von den Vertretungen der Gemeinden gewählt werden sollten. Das aktive Wahlrecht war der Regel nach an einen Census von jährlich zwei Thalern, das passive an einen solchen von acht Thalern geknüpft.

Die Ausführung dieses Gesetzes stieß auf Schwierigkeiten, welche im Mai 1851 den damaligen Minister des Innern veranlaßten, den älteren Kreistagen die einstweilige Vertretung der Kreise wiederum zu übertragen und den so reaktivirten Kreisständen interimistisch die im Artikel 10 bis 14 der Kreis-, Bezirks- und Provinzialordnung vom 11. März 1850 den Kreisvertretungen beigelegten Befugnisse mit der Ermächtigung zu überweisen, während dieses Intermistici die Zahl der Vertreter der Städte und Landgemeinden durch Zuziehung der auf Grund des §. 147 der Gemeindeordnung vom 11. März 1850 (Ges.-S. S. 213) bestellten Kreis-Kommissions-Mitglieder für die Städte und Land-Gemeinden und deren Stellvertreter zu verstärken.

Durch den Allerhöchsten Erlaß vom 19. Juni 1852 (Ges.-S. S. 358) wurde demnächst die Kreis-, Bezirks- und Provinzialordnung vom 11. März 1850 sistirt, und später durch das Gesetz vom 24. Mai 1853 (Ges.-S. S. 238) aufgehoben.

Dies Gesetz stellte zugleich die früheren Gesetze und Verordnungen über die Kreis-Verfassungen in den sämmtlichen Provinzen der Monarchie, soweit sie mit den Bestimmungen der Verfassungsurkunde nicht im Widerspruch standen, wieder her, verhieß den Erlaß besonderer provinzieller Gesetze zur Fortbildung dieser Verfassungen und genehmigte die seit Verkündigung der Kreis-Bezirks- und Provinzial-Ordnung vom 11. März 1850 in einzelnen Kreisen stattgehabte Verstärkung der früheren Zahl der Kreistags-Abgeordneten der Städte- und Landgemeinden.

Dies ist der gegenwärtige Rechtszustand in Bezug auf die Vertretung der Kreis-Korporationen. Daß die neuere Entwickelung des Staatslebens, sowie die veränderte Stellung, welche die einzelnen für die Zusammensetzung der Vertretung bestimmenden Faktoren ihrer realen und intellektuellen Bedeutung nach zu einander gewonnen haben, eine Reform erheischt, wird von keiner Seite verkannt; nur über die Art der Reform und über die Mittel, mit welchen den verschiedenen Gruppen der Gesellschaft in den Kreis-Korporationen eine ihren Interessen entsprechende Vertretung zu schaffen sei, herrschen unter den politischen Parteien abweichende Meinungen.

Die Staatsregierung hat geglaubt, den durch die geschichtliche Entwickelung, wie durch die realen Verhältnisse der Kreise gegebenen Boden nicht verlassen zu dürfen. Der große Grundbesitz, die Landgemeinden und die Städte repräsentiren gesellschaftliche Gruppen, verbunden durch charakteristische Merkmale wirthschaftlicher und intellektueller Natur. Aufgabe der fortschreitenden Gesetzgebung ist es, die Formen dieser an sich naturwüchsigen Gliederung in Einklang zu bringen mit ihrer eigenen Entwickelung und dem veränderten Charakter des gesammten Staatswesens.

Kreisen mit mehr als 25,000 bis zu 100,000 Einwohnern tritt für jede Vollzahl von 5,000 und in Kreisen mit mehr als 100,000

Sie befindet sich in dieser Auffassung im Einklange mit mehreren derjenigen legislatorischen Versuche, welche auf dem Gebiete der gegenwärtigen Reform seit dem Jahre 1851 gemacht worden sind, insbesondere auch mit den in den Jahren 1860 und 1862 dem Landtage der Monarchie vorgelegten Entwürfen, und mit dem im Jahre 1863 von den Abgeordneten Dr. Lette, v. Benda und Jordan in das Haus der Abgeordneten eingebrachten Antrage.

In diesen Entwürfen hat man — so führen die Regierungsmotive weiter aus — in richtiger Erkenntniß der veränderten Stellung des ländlichen Grundbesitzes, mit welcher die fernere Aufrechterhaltung eines Privilegiums für eine bestimmte Klasse von Gütern, denen nicht immer eine hervorragende materielle Bedeutung beiwohnt, unvereinbar ist, an die Stelle des früheren ersten Standes den Wahlverband des großen Grundbesitzes gesetzt. Die Staatsregierung glaubt einer besonderen Rechtfertigung dafür, daß sie gegenwärtig dieser Aenderung gefolgt ist, überhoben zu sein. Der Umstand, daß in den Kreisordnungen für die östlichen Provinzen nicht in gleicher Weise, wie dies für die westlichen Provinzen durch die Verordnungen vom 13. Juli 1827 (Art. V. a. der Verordnung für Westphalen (Gesetz-Samml. S. 109) und Art. II. der Verordnung für die Rheinprovinz (Gesetz-Samml. S. 103) geschehen ist, als Bedingung für die Aufnahme in die Ritterguts-Matrikel das Erforderniß eines bestimmten Umfanges oder Ertrages aufgestellt war, hat zur Folge gehabt, daß nicht selten Güter mit dem Rechte der Standschaft ausgestattet worden sind, deren Grundfläche den Umfang eines mäßigen Bauergutes nicht übersteigt, ja bisweilen kaum den eines Büdnergrundstückes erreicht. So lange mit solchen Besitzungen noch erhebliche Realberechtigungen verbunden waren, fand deren bevorzugte Stellung hierin eine gewisse Begründung; nachdem indessen auf Grund des Gesetzes vom 2. März 1850 (Gesetz-Samml. S. 78) die Ablösung jener Berechtigungen erfolgt ist, würde es als eine ungerechtfertigte Anomalie erscheinen, wenn diese Besitzungen blos deshalb, weil mit ihnen früher mit Rücksicht auf jetzt gar nicht mehr vorwaltende Verhältnisse die Kreisstandschaft verbunden war, auch für die Zukunft zu den großen Besitzungen gezählt werden sollten.

Eine besondere Berücksichtigung haben in dem Entwurf die meistbegüterten Besitzer, das sind solche, deren gesammtes auf dem platten Lande innerhalb des Kreises belegenes Eigenthum mit einem Grundsteuer-Reinertrage beziehungsweise Gebäude-Nutzungswerthe von zusammen mindestens je 6000 Thlr. veranlagt ist, erfahren. Sie sollen zu einem gesonderten Wahlverbande zum Zwecke der Wahl von Kreistags-Mitgliedern vereinigt werden. Es ist dies in der Erwägung geschehen, daß einem so qualifizirten Grundbesitz ein erhebliches Maß von politischer, sozialer und wirthschaftlicher Bedeutung zur Seite steht, und daß die Besitzer desselben eine materiell und intellektuell hervorragende und einflußreiche Stellung einnehmen, welche es rechtfertigt, sie innerhalb der Kreiskorporation mit einer besonderen Vertretung auszustatten. Die Summe der Lasten, welche, wo er vorhanden, diesen Grundbesitz in der Person des Besitzers treffen, ist so erheblich, daß derselbe füglich eine vorzugsweise Betheiligung bei der Berathung und Beschlußfassung über die Angelegenheiten des Kreises fordern darf. Es läßt sich mit Fug nicht einwenden, daß durch eine solche besondere Berücksichtigung der meistbegüterten Besitzer dem großen Grundbesitz ein bedenkliches Uebergewicht gegeben werde, daß sich namentlich bei der Frage nach der Aufbringung neuer Kreissteuern in einer den Städten und Landgemeinden, und den Landgemeinden nachtheiligen Weise geltend machen könne; denn nach dem System des Entwurfs über die Vertheilung und Aufbringung der Kreisabgaben (§§. 9 bis 16) ist jede Prägravation einer der verschiedenen, in der Kreiskorporation vertretenen gesellschaftlichen Gruppen von vornherein ausgeschlossen. Außerdem kann es nicht zweifelhaft sein, daß gerade den Grundbesitzern dieser Kategorie in eminenter Weise die Pflicht nahe treten wird, die persönliche Last der ehrenamtlichen Verwaltung zu tragen: schwere Pflichten aber begründen auch das Anrecht auf größere Befugnisse.

Einwohnern für jede über die letztere Zahl überschießende Vollzahl von 10,000 Einwohnern je ein Vertreter hinzu.

Die Kreisversammlungen sollen hiernach künftig aus Vertretern des großen Grundbesitzes, der Landgemeinden und der Städte bestehen und es sollen ihnen hinzutreten die Vertreter der meistbegüterten Besitzer, wo solche vorhanden sind." (Motive zum Regierungsentwurf von 1869 S. 104.)

Der letzteren Absicht, neben den Vertretern des großen Grundbesitzes noch besondere Vertreter der meistbegüterten Besitzer zur Kreisversammlung zu berufen, wurde Seitens der Landesvertretung nicht beigepflichtet, und diese Absicht demnächst auch Seitens der Staatsregierung fallen gelassen.

Im Uebrigen fand der Plan der Staatsregierung im Abgeordnetenhause Beifall, nachdem er von der Kommission desselben befürwortet war. Namens der letzteren äußerte der Berichterstatter, Abg. von Brauchitsch (Sitzung vom 20. März 1872. St. B. S. 1424):

„Der Hauptgrundsatz der Reform, welcher das ganze Gesetz durchzieht, ist meiner Ansicht nach der, daß man nicht mehr anerkennen will, daß mit einem bestimmten Grundstück ein öffentliches Recht eo ipso, kraft historischen Rechts, verbunden ist. Dies ist das Fundament, auf welchem die ganze Reform ruht. Dieses Fundament haben Sie anerkannt, indem Sie die Lehnschulzen-Berechtigung aufhoben. Dieses Fundament werden Sie in Konsequenz weiter anerkennen müssen, wie es Ihre Kommission bei dem vorliegenden Abschnitt anerkannt hat. Die Vorlage geht davon aus, daß es nicht länger aufrecht zu erhalten sei, an ein bestimmtes Gut ohne Rücksicht auf dessen Größe, Steuerkraft u. s. w. nur kraft der historischen Berechtigung obrigkeitliches Recht zu binden, und zu den obrigkeitlichen Rechten gehört anschließend an die gutsherrliche Polizei unbedingt auch das Recht der Vertretung und Wahrnehmung der Interessen des Kreises auf dem Kreistage. Meine Herren, mit dieser Auffassung der Vorlage war die große Majorität ihrer Kommission einverstanden, und es hat sich nur in einer Beziehung von einer Seite eine mildere Auffassung der Sachlage kundgegeben, indem der Antrag, den ich hier vorweg nehmen muß, gestellt wurde, welchen Sie in der Kreisordnungs-Vorlage von 1860 vorfinden, dahin gehend, daß man neben der Größe und Steuerkraft des Grundstückes noch die bisherige Kreistagsfähigkeit zum Kriterium machen solle, allerdings in beschränkter Weise und nur so lange, als jetzt die kreistagsfähigen Güter eine gewisse Größe behalten. Meine Herren, dieser Antrag fand, wie ich hier schon vorausschicken will, die Majorität der Kommission nicht; aber selbst die Herren Antragsteller traten im Uebrigen doch dem hier aufgestellten Prinzip nicht entgegen, sondern motivirten diesen ihren Antrag nur mit Rücksichten der Billigkeit.

Dies habe ich im Allgemeinen vorwegschicken zu müssen geglaubt und ich kann bei diesem Paragraphen nur noch die Gründe hervorheben, welche die Kommission bestimmt haben, den letzten Absatz der Regierungs-Vorlage zu streichen.

Ich muß da wieder vorgreifen. Es ist Ihnen bekannt, daß im §. 82. u. ff. zu den Wahlverbänden der größeren ländlichen Grundbesitzer, dem Wahlverbande der Landgemeinde und dem Wahlverbande der Städte noch eigentlich ein vierter Wahlverband der sogenannten Meistbegüterten, d. h. der Gutsbesitzer von 6000 Thaler Reinertrag und mehr nach dem Vorschlage der Königlichen Staats-Regierung hinzutreten soll. Meine Herren, in der Kommission fand dieser Vorschlag, ich darf sagen auf keiner Seite, einen rechten Anklang; man sagte sich, daß die Scheidung von 6000 Thaler eine ganz willkürliche, eine in den Verhältnissen der östlichen Provinzen innerlich nicht begründete wäre; wohl sei dies der Fall mit der Scheidung zwischen dem großen Besitz und kleinen Besitz überhaupt, die sich anschließe an den großen Wirthschaftsbetrieb und den kleinen Wirthschaftsbetrieb, nicht aber sei der Gegensatz anzuerkennen zwischen dem Betrieb eines Gutes mit 6000 Thaler Reinertrag und dem Betriebe eines Gutes von 1000 Thaler und mehr Reinertrag. Man glaubte auch, daß man denjenigen Schichten der Bevölkerung, den Besitzern, die bisher auf dem Kreistage kraft des Rittergutsrechtes vereint zusammen gewesen sind und ein Virilstimmrecht gehabt haben, eine besondere Wohlthat nicht erweisen würde, wenn man zwischen einem Theile von

§. 85.

Bildung von Wahlverbänden für die Wahl der Kreistags-Abgeordneten.

Zum Zwecke der Wahl der Kreistags-Abgeordneten werden drei Wahl-Verbände gebildet und zwar:

---

ihnen — und ein großer Theil wird übergehen auf den Wahlverband der Groß-Gutsbesitzer — noch eine Scheidung machen würde, für welche die Kommission aus den Motiven der Regierungs-Vorlage überdies einen inneren, haltbaren Grund nicht zu entdecken vermochte.

Aus diesem Grunde wollen Sie sich, meine Herren, für den Wegfall der Meistbegüterten entscheiden, und Sie müssen dies thun, wenn Sie die Fassung der Kommissions-Vorlage annehmen und den Absatz 2 der Regierungs-Vorlage fallen lassen."

Die Kommission des Herrenhauses bemerkte hierzu: „Dieser Abschnitt — über welchen die General-Diskussion sich schon ausführlich verbreitet hat — ist einer der wichtigsten, vielleicht der wichtigste der ganzen Vorlage, denn es leuchtet ein, daß es von der mehr oder minder zweckmäßigen Zusammensetzung der Kreisversammlungen abhängen wird, ob die Geschäfte, welche sie zu erledigen hat, gut oder schlecht besorgt werden, ob der von ihr zu wählende Kreisausschuß den ihm zugewiesenen Verwaltungsgeschäften gewachsen sein wird oder nicht, ja ob die ganze neue Kreisordnung, wie sie hier vorliegt, ausführbar sein wird oder nicht.

Wenn nun die Königliche Staatsregierung selbst anerkennt, daß die Kreiskorporationen bisher in unscheinbaren Formen nach allen Richtungen Bedeutendes geleistet und niemals dem Gemeinwesen ihre Dienste versagt haben, so ist dies doch vornehmlich ihrer bisherigen Vertretung zuzuschreiben, und diese trifft die Anerkennung, welche die Staatsregierung den Kreiskorporationen zollt. Ist dennoch eine Aenderung derselben in Folge der veränderten Verhältnisse erforderlich, so gebietet die allergewöhnlichste Vorsicht, in der Reform von Einrichtungen, die sich in guten und bösen Zeiten bewährt und die verhältnißmäßig zu sehr wenigen begründeten Beschwerden Anlaß gegeben haben, nicht weiter zu gehen, wie es durchaus nothwendig ist. Der Herr Vertreter der Staatsregierung hat die mehrmals von ihm erbetene Auskunft über die Zahl der Beschwerden im Verhältniß zu den hier in Betracht kommenden Kreisen nicht gegeben, weil ihre genaue Ermittelung zu schwierig sei, sondern nur ganz allgemein bemerkt, die Zahl derselben sei doch nicht ganz unerheblich.

Am wenigsten darf man bestehende Rechte ohne zwingende Gründe, lediglich unerprobten Theorien zu Liebe, beseitigen und Experimente machen, deren Erfolg heute auch nicht einmal annähernd zu ermessen ist. In welchem Grade dies der Fall sein würde, wenn die Vorlage wirklich zum Gesetz erhoben werden sollte, ergeben folgende, auf die von der Königlichen Regierung vorgelegte statistische Nachweisung gegründete Beispiele, welche sich leicht um viele andere vermehren ließen.

In verschiedenen Kreisen, z. B. im Kreise Franzburg im Regierungsbezirk Stralsund, würde die volle Hälfte der Kreistagsmitglieder auf die Städte fallen. Im Kreise Wolmirstedt würde die 29 Mitglieder zählende Kreisvertretung, außer einem städtischen, voraussichtlich aus 28 bäuerlichen Abgeordneten bestehen und die jetzigen mit Virilstimmen berechtigten Rittergüter ganz ausfallen, da dort Bauern in vielfach überwiegender Zahl in den Wahlverband der größeren Grundbesitzer kämen.

Derartige Zustände können doch nicht als gesunde angesehen werden. Man sollte sich daher hüten, sie in's Leben zu rufen."

Ueber die von der Kommission vorgenommenen und vom Herrenhause acceptirten Abänderungen vergl. die Anmerkung zu §. 86.

2. Bezüglich des §. 85. hatte der Berichterstatter Abg. von Brauchitsch in der Sitzung des Abgeordnetenhauses vom 20. März 1872 (St. B. S. 1425) hervorgehoben:

„Nachdem die Kommission, wie gesagt, in ihrer großen Majorität sich dafür entschieden hatte, das gegenwärtige Vertretungsprinzip in dem Kreise nicht länger aufrecht zu erhalten, so trat ihr die Frage näher, welches System an Stelle des alten zu setzen sein möchte, und es wurde neben dem von der Regierung vorge-

a) der Wahlverband der größeren ländlichen Grundbesitzer,

---

schlagenen und schließlich von der Kommission angenommenen System, welches Sie bereits in den früheren Kreisordnungs-Entwürfen, namentlich in dem Schwerin'schen Entwurf von 1860 vorfinden, hauptsächlich der andere Vorschlag gemacht, das Dreiklassen-Wahlsystem auch für die Vertretung des Kreises in den Kreistagen einzuführen. Es wurde geltend gemacht, daß der Gegensatz zwischen Stadt und Land, welcher zunächst bei den Vorschlägen der Staatsregierung hervortritt, zwar noch vorhanden sei, daß er aber doch nicht mehr ein so scharfer wie früher sei, daß die Interessen von Stadt und Land ineinander übergingen, letzteres aber in noch höherem Maße der Fall sei zwischen dem Großbesitz und Kleinbesitz und zwischen dem Großbetrieb und Kleinbetrieb, daß daher alle derartigen Grenzen, wie sie hier vorgeschlagen sind in den drei Wahlverbänden, zwar den Vorzug haben, daß sie sich an die bestehenden Stände, wenn auch nur in geringer Beziehung, anschlössen, andererseits aber doch nicht in sich begründet seien, weil eben die Uebergänge zu häufig geworden und diese Scheidung daher in sich keine rechte Berechtigung mehr hätte. Man glaubte ferner, das Dreiklassensystem empfehlen zu können unter Hinweis darauf, daß auf Grund dieses Systems wir selber hier im Landtage versammelt sind.

Gegen diesen Vorschlag wurde aber, gerade anknüpfend an den letzten Grund, bemerkt, daß das Dreiklassensystem denn doch von vielen und namhaften Seiten die entschiedensten Angriffe bereits erfahren habe, daß man beim Reichstage übergegangen sei zu dem direkten Wahlsystem, und daß es daher schwerlich angezeigt sein möchte, hier in den Kreisen eine Wiederbelebung, eine Stärkung eines Wahlsystems anzubahnen, für welches man theoretisch schon jetzt kaum noch einzutreten in der Lage sei.

M. H., der Vorschlag fand nur geringe Unterstützung in der Kommission, es wurde allseitig anerkannt, daß, wenn auch die dafür angeführten Gründe eine gewisse Berechtigung in sich trügen, es doch Aufgabe aller Reform und namentlich einer so bedeutenden wie die vorliegende sein müsse, den Wünschen der betroffenen Bevölkerung Rechnung zu tragen und dem gegenwärtigen Zustande sich, soweit irgend möglich, anzuschließen, den Uebergang von dem gegenwärtigen System zu dem neuen nicht zu schroff zu machen, sondern im eigentlichen Sinne einer Reform sich soweit anzuschließen an das Bestehende, wie es ohne Aufgabe des Reformprinzips möglich sei. Diesen möglichst engen Anschluß an das Bestehende glaubte man aber übereinstimmend mit dem Vorschlage der Königlichen Staats-Regierung in der Hauptsache in den Vorschlägen derselben zu finden und entschied sich daher für die Annahme dieses Systems von drei Wahlverbänden, welches in gewisser Weise sich anlehnt an die bestehenden Stände der Städte, der Ritterschaft und der Landgemeinde.

Näher darauf einzugehen erlassen Sie mir wohl, ich habe in der Hauptsache den Vorschlag nur erwähnen müssen, der als prinzipiell verschieden in Frage kam, und der, wie Ihnen bekannt, ja auch in Broschüren über die Kreisordnung seine Vertheidigung gefunden hat, den man aber, wie gesagt, doch zur Zeit übereinstimmend in der Kommission nicht für den richtigeren hielt."

Es entgegnete hierauf der Abgeordnete Dr. Glaser:

„M. H.! Der Herr Referent hat soeben bemerkt, daß die Kommission sich möglichst dem Bestehenden habe anschließen wollen und wenn Sie den Wortlaut des Paragraphen nehmen, so muß man in der That sagen, daß dem Wortlaute nach allerdings ein gewisser Anschluß an das Bestehende vorhanden ist. Ich könnte, obgleich ich prinzipiell dem Gesetze entgegenstehe, doch mit einer kleinen Modifikation dem Paragraphen zustimmen, wenn er das bedeutete, was er sagte. Aber, m. H., dieser Paragraph sagt etwas ganz Anderes, als was er wirklich bedeutet. Es wird in dem Paragraphen gesagt, es sollen 3 Wahlverbände gebildet werden, bestehend aus den größeren ländlichen Grundbesitzern, Landgemeinden und den Städten. Sie brauchen aber nur die nächstfolgenden Paragraphen zu vergleichen, m. H., um sich zu überzeugen, daß das nicht wahr ist. Es ist ein Wahlverband der größeren Grundbesitzer nicht vorhanden, sondern der erste Wahlverband besteht aus größeren Grundbesitzern und aus Gewerbtreibenden. Der

b) der Wahlverband der Landgemeinden und

Wahlverband der ländlichen Gemeinde ist nicht vorhanden, sondern es existirt ein Wahlverband, bestehend aus ländlichen Gemeinden, aus gewissen Grundbesitzern von mittlerer Größe und aus Gewerbtreibenden. Endlich ist ein Wahlverband der Städte vorhanden. Sie sehen also, m. H., daß hier in dem Paragraphen etwas Anderes gesagt ist, als was wirklich in demselben gemeint ist. — — —

Es würde doch unmöglich sein, in dieser Weise die verschiedenen Wahlkörper zu charakterisiren; man kann nicht einmal sagen, daß die einzelnen Kategorien a potiori so genannt würden, denn es sind wahrscheinlich unter den Landgemeinden weit mehr Wähler, die Grundbesitzer sind, als Landgemeinden, wenigstens ist es sehr wahrscheinlich, daß dies in einzelnen Kreisen stattfindet.

Aber, m. H., der Grund, warum ich hier das Wort ergriffen habe, ist nicht dieser Widerspruch dieses Paragraphen, sondern es ist der, hier die Gelegenheit wahrzunehmen, den desorganisirenden Charakter dieses Gesetzes noch einmal hervorzuheben; — (Oho! und Unruhe links.) ja wohl, m. H., den desorganisirenden und dismembrirenden Charakter dieses Gesetzes. M. H., wenn dieses Gesetz nicht das verschiedenartigste zusammenwürfelte, wenn dieses Gesetz dasjenige, was organisch zusammen gehörte, bei einander gelassen hätte, so würde es ja möglich gewesen sein, eine Reform der Kreisordnung zu Stande zu bringen, weil ja gerade hier bei diesem Punkt allgemein zugestanden wird, daß ein Bedürfniß der Reform vorhanden ist. Es ist auch auf dieser Seite (rechts) Niemand, der behaupten wollte, daß die jetzige Zusammensetzung des Kreistages bestehen bleiben sollte, man gesteht allgemein zu, daß die ländlichen Gemeinden stärker auf dem Kreistag vertreten werden sollen, als es bis jetzt der Fall ist; man räumt eben so ein, daß den Städten ein bedeutenderes Wahlrecht zugestanden werden soll, als es bis jetzt der Fall ist; man ist also damit einverstanden, m. H., daß die Kreisvertretung reformirt werden müsse. Aber wie wird sie denn hier nach den Vorschlägen der Kommission reformirt, m. H.? dadurch, daß aus den ländlichen Gemeinden einzelne Besitzer herausgerissen und dem Wahlverband der größeren Besitzer hinzugetheilt werden? Es werden die Besitzer gewisser gewerblichen Etablissements, Mühlenbesitzer, Besitzer von Hammerwerken, Papiermühlen, Hüttenwerken herausgenommen aus den ländlichen Gemeinden, zu denen sie gehören, und mit den größeren Grundbesitzern zu einem Wahlverbande vereinigt. Es wird dadurch der Zusammenhang, der unter den Mitgliedern der Gemeinde besteht, zerrissen; umgekehrt werden selbstständige Güter aus ihrem jetzigen Zusammenhange weggenommen und sie werden zu den ländlichen Gemeinden hinzugefügt. Es würden also auch hier Elemente, die nicht zusammengehören, mit einander verbunden; den Städten wird ein sehr bedeutendes Wahlrecht zuerkannt. Ich will, m. H., in das Einzelne nicht eingehen; Sie brauchen ja nur die Uebersicht zu vergleichen, die Ihnen heute vorgelegt worden ist, um sich zu überzeugen, daß die Zahl der Wähler, welche den Städten zugebilligt wird, eine ganz überaus große und nach meiner Ansicht eine größere ist, als nach dem allgemeinen Interesse ihnen in dem Kreisverbande gehört.

Sie sehen also, m. H., daß hier Dinge mit einander verbunden werden, die nicht zusammen gehören, und diese Verbindung des Nichtzusammengehörigen, diese Auseinanderreißung dessen, was zusammengehört, das ist hier Dismenbration, und ich glaube, eine solche Auseinanderreißung läßt sich nicht rechtfertigen, wenn man ein Gesetz der Kreisverhältnisse auf konservativer Grundlage ausbauen will. M. H., das Konservative besteht ja nicht darin, daß man das Bestehende erhält, sondern das Konservative besteht darin, daß man die vorhandenen, gesunden, lebensfähigen Kräfte entwickelt und schützt, und daß man die zerstörenden Elemente abwehrt, damit eben die gesunden um so frischer gedeihen können. Wenn das der Fall ist, m. H., wenn es so geschehen muß, wenn man die konservative Reform will, dann darf man aber nicht nach einem allgemeinen Schema reformiren, dann muß man davon ausgehen, daß das Bestehende aus sich selbst weiter gebildet wird.

M. H., wenn die Kommission und die Königliche Staatsregierung auf der Grundlage des Bestehenden eine Reform hätte vornehmen wollen, so war selbst

c) der Wahlverband der Städte.

- - - - - - - - -

in diesem Entwurf die Möglichkeit gegeben, organisch zu verfahren. Sie haben einige Paragraphen angenommen, betreffend die Amtsgemeinde. M. H., wenn eine solche Amtsgemeinde jemals Leben haben soll, wenn sie irgend eine Bedeutung haben soll für die Entwicklung der Verhältnisse, so würde sie, glaube ich, am allerzweckmäßigsten in dieses ganze Gesetz eingefügt worden sein dadurch, daß man sie zu einem Wahlverbande gemacht hätte, daß man neben dem selbstständigen Besitz die neuen Korporationen hingestellt hätte, welche zusammen als ein Ganzes gewählt hätten. Man könnte in einer solchen Amtsgemeinde möglicherweise dann die einzelnen Glieder unterscheiden, ihr Wahlrecht bestimmen, man hätte dann neben selbstständigem Besitz Amtsgemeinden gehabt, die als Wahlkörper Bestand hätten, man hätte auf diese Weise den neuen Organen eine Zusammenwirkung geschaffen mit dem Ganzen: es war also dann, wenn ich so sagen soll, auf konservativer Grundlage eine organische Entwicklung gemacht. Aber was machen Sie hier, m. H.? Sie nehmen nach einem ganz quantitativen Verhältniß die Elemente zusammen — ob Sie die Steuerkraft nehmen, ob Sie die Größe des Besitzes nehmen, das ist ganz gleichgültig, das Resultat ist ein zufälliges. Sie haben gar keine Uebersicht über das, was Sie machen. Sie nehmen einen Zusammenhang der Verhältnisse an — man denkt, eine gewisse Größe des Besitzes müßte doch den Ausschlag geben. Aber, m. H., das ist in den verschiedenen Kreisen ganz verschieden; in dem einen Kreise kann möglicherweise ein viel kleinerer Besitz, als derjenige, der hier im Gesetz angenommen ist, ein sehr wichtiges Element sein, um ihn mit Wahlrecht auszustatten. Deswegen ist ein solches quantitatives Verhältniß ganz unhaltbar. Sie könnten ebenso gut das Dreiklassen-Wahlsystem nehmen, ja, m. H., ich glaube, Sie könnten ebenso gut das allgemeine Wahlrecht nehmen: ich meine, die Kopfzahlwahl würde noch ein besseres und angemesseneres Resultat geben, ein gleichmäßigeres, den Verhältnissen entsprechenderes, als diese Zusammenwürfelung von Dingen, von der kein Mitglied dieses Hauses — das behaupte ich entschieden — eine klare Vorstellung hat, wie sie durch das ganze Land hindurch wirken wird. Wenn man nun auf solchen unbestimmten Grundlagen ohne das statistische Material, ohne die nothwendigen Elemente ein Gesetz macht, dann, m. H., glaube ich, macht man einen Sprung ins Leere, und einen solchen Sprung ins Leere sollte Niemand in der Gesetzgebung unternehmen. Wenn ich die Ansicht hätte, daß das Gesetz auf der Grundlage, auf der es steht, überhaupt reformabel wäre, dann würde ich es versucht haben, an dieser Stelle anzusetzen. Aber, m. H., die Strömung, welche gegenwärtig vorhanden ist, das Mechanische an die Stelle des Organischen zu setzen -- die macht es überhaupt unmöglich, zu einem Ziele zu kommen, und aus diesem Grunde habe ich Abstand genommen, meinerseits hier einzusetzen, um das Gesetz zu reformiren. Ich kann, obgleich ich in einer sehr kleinen Minorität stehe, nur gegen das Gesetz stimmen; aber, meine Herren, die kleinen Minoritäten — ich habe das schon mehrmals erlebt — können zu Majoritäten werden, und ich hoffe, daß dieses Gesetz, selbst wenn es Gesetz wird, dennoch wiederum in dieses Haus gebracht werden wird, damit es in diejenige Gestalt kommt, welche den Preußischen Verhältnissen angemessen ist, von denen ich behaupte, daß sie mit diesem Gesetze in Widerspruch stehen. (Bravo!)

Der Abgeordnete Miquel antwortete:

M. H.! Es ist mir interessant gewesen, daß die Gegner des Gesetzes, zu welchen der Herr Abgeordnete Glaser gehört, welche zuerst, als die Debatten hier im Hause bevorstanden und als die Kreisordnung vorgelegt war, sich damit trösteten, daß die langathmigen Debatten und Diskussionen in diesem Hause schon dafür sorgen würden, daß das Gesetz nicht zu Stande komme, nun auf einmal, da die Gefahr doch etwas näher an sie herantritt und die ersehnten langathmigen Diskussionen ausbleiben, von einer ganz übermäßigen Uebereilung sprechen, die ein leichtsinniges Werk zu Stande gebracht habe. — — — — — — — — — — —

— —

M. H., ich komme aber jetzt auf die sachlichen Einwendungen des Herrn Abgeordneten Glaser. Er sagt: dieser ganze Paragraph ist eine Unwahrheit; denn

In Kreisen, in welchen keine Stadtgemeinde vorhanden ist, scheidet der Wahlverband der Städte aus.

---

das, was die Kommission hier behauptet, daß nämlich drei Wahlverbände vorhanden wären, das ist gar nicht richtig. Es giebt keinen Wahlverband der größeren Grundbesitzer oder der kleineren Grundbesitzer. Diese Behauptung, bei welcher ich sehr gespannt war, wie sie begründet würde, wird nun damit gerechtfertigt, daß einmal sehr wenige, in vielen und zwar in den weit überwiegenden Kreisen gar keine Gewerbetreibende der Klasse A I. den großen Grundbesitzern zuträten. Der Herr Abgeordnete Glaser, der uns so sehr darauf hingewiesen hat, daß wir ohne alle Statistik und Kenntniß der thatsächlichen Verhältnisse gehandelt hätten, hätte doch die Güte haben sollen, die neueste Mittheilung der Königlichen Staatsregierung, die statistischen Nachrichten zu lesen; dann würde er gefunden haben, daß der Wahlverband der größeren Grundbesitzer mit Recht diesen Namen verdient, wenn auch diese wenigen Gewerbetreibenden der Klasse A I. in diesem Wahlverbande mitwählen. Dasselbe ist aber mit dem Wahlverbande der Landgemeinden der Fall aus denselben Gründen und noch zutreffender.

M. H., es hat dann der Herr Abgeordnete noch eine Menge Vorwürfe gegen die Kommission erhoben, die er doch vielmehr an die Adresse der Königlichen Staatsregierung hätte richten sollen; denn in denjenigen Punkten, in denen er sich hier über Desorganisation, über Dismembration und ich weiß nicht was beklagt, hat die Kommission nichts geändert, sondern ist vollständig innerhalb der Grundsätze der Gesetzesvorlage der Staatsregierung stehen geblieben.

M. H., es ist allerdings richtig, daß man bei der Frage: wie soll man das Wahlrecht des Grundbesitzes normiren, sich an die bestehenden großen Grundbesitzungen hätte anschließen können, das heißt an geschlossene Güterkomplexe. Statt dessen hat die Staats-Regierung zu Grunde gelegt den gesammten Grundbesitz, den ein Grundbesitzer im Kreise hat, einerlei ob der Grundbesitz allein besteht aus einer großen Grundbesitzung, aus einem arrondirten, von einer Stelle aus bewirthschafteten Komplex, oder ob er zusammengesetzt ist aus einer größeren Summe kleiner Grundbesitzungen, die im Kreise vorhanden sind.

Indem die Staats-Regierung diesen Weg beschritt, gelangte sie allerdings zu einem System, nach welchem nicht der Besitz eines geschlossenen, großen Komplexes, sondern die gesammten Grundbesitzungen, folglich in gewisser Weise die Vermögensstellung im Kreise selbst die Entscheidung über das Wahlrecht zu geben hatte. Die Kommission hat hieran nichts geändert. Was die Kommission gethan hat, sind lediglich Modifikationen dieses Grundsatzes. Wenn mit dem Grundsatz, den die Staats-Regierung aufgestellt hat, ebensowohl mit den Modifikationen der Kommission, als ohne dieselben, jetzt das eintritt, was der Herr Abgeordnete Dr. Glaser mit Dismembration bezeichnet, das heißt, daß einzelne kleine Grundbesitzer, die außerhalb der Gemeinde stehen, nun in einem Wahlverbande der kleinen Besitzer wählen, und umgekehrt größere Besitzungen, die bisher zu Landgemeinden gehörten, in den Wahlverband der größeren Grundbesitzer hineingelangen, wenn mit oder ohne Modifikationen der Kommission gleichmäßig nach der Regierungs-Vorlage dies eintrifft, so sind alle diese Vorwürfe nicht gegen die Arbeiten der Kommission zu richten, sondern gegen die Vorlage der Königlichen Staatsregierung. (Sehr richtig! links.)

M. H., man konnte aber einen anderen Weg nicht einschlagen. Jede Reform der Kreisvertretung in dem Sinne, wie die große Mehrheit des Landes die Reform fordert, ist auf anderem Wege gar nicht zu erreichen. Es ist vollständig richtig, und ich dachte es mir schon im Eingange der Kritik des Herrn Abgeordneten Dr. Glaser, daß er zu diesem Resultate kommen würde, von dem Standpunkte aus, den ich der Vorlage gegenüber einnehme, wäre mir das allgemeine Wahlrecht noch lieber; man würde mit dem allgemeinen Wahlrecht noch weniger desorganisiren, als durch den vorliegenden Entwurf. Ich glaube aber, seine Freunde würden doch nicht auf diesem Wege folgen, sondern sie würden doch der Meinung sein, daß das allgemeine Wahlrecht einen ganz andern Erfolg hätte in Beziehung auf den Einfluß des großen Grundbesitzes und die Konservirung der natürlichen sozialen und politischen Stellung derselben im Kreise. Das wird doch ein sehr gewaltiger

Für Kreise, welche nur aus einer oder mehreren Städten bestehen, gelten die Vorschriften der §§. 169. und 171. bis 175. dieses Gesetzes.

§. 86.

Bildung des Wahlverbandes der größeren ländlichen Grundbesitzer.

Der Wahlverband der größeren ländlichen Grundbesitzer besteht aus allen denjenigen zur Zahlung von Kreisabgaben verpflichteten

---

Unterschied sein, ob der große Grundbesitz zwar in ruhigen und friedlichen Zeiten sein Uebergewicht, welches er durch seine Stellung hat, mit einem mehr oder weniger gewaltsamen Druck auf die unteren Klassen geltend machend, das allgemeine Wahlrecht ausübt, um viele Vertreter in den Kreistag zu bekommen, für andere Zeiten sich aber auch den Zufälligkeiten des Gegentheils unterwirft, oder ob die Stellung des großen Grundbesitzes hier eine organisch befestigte wird, und ob das Gesetz den natürlichen Einfluß anerkennt und legalisirt, der dem großen Grundbesitz zukommt. Ich bin überzeugt, daß man sich überzeugen wird, daß das Charakteristikum der ganzen Kreisordnung in ihren Folgen darin liegt, dem großen Grundbesitz die gesetzliche Grundlage und die Anerkennung des Landes zu verschaffen zu der berechtigten Stellung, die auf dem Lande ihm zukommt, befreit von Monopolen und Privilegien, die seinen natürlichen Einfluß nur schädigen und ihn in den Augen des Landes heruntersetzen.

Wenn der große Grundbesitz die Rechte, die das Gesetz ihm hier giebt, nur geltend machen will, so wird es niemals gelingen, und unter keinen Umständen möglich sein, daß ihm seine berechtigte Stellung entzogen wird.

M. H., ich mache noch auf einen Punkt aufmerksam, ich habe die Erfahrung wenigstens gemacht in meiner Heimath, und da in dieser Beziehung die Dinge in Deutschland gleich liegen, so bin ich überzeugt, diese Erfahrungen werden auch in den östlichen Provinzen Platz greifen: es wird sich zeigen, daß bei einem organischen Zusammenwirken unter gleichartiger Vertretung des kleinen Grundbesitzes und des großen Grundbesitzes ein Gegensatz unter den Interessen dieser beiden Klassen überhaupt gar nicht existirt, daß es also sehr wenig darauf ankommt, ob ein Grundstück in dem Wahlverband der größeren oder der kleineren Grundbesitzer wählt. Wenn diese Frage heute noch von Wichtigkeit ist auf Grund der alten Gegensätze, so wird sie es morgen nicht mehr sein, und ich bin entschieden überzeugt, daß, wenn Manchen unter uns es als eine unorganische Dismembration erscheint, daß ein Grundstück, welches bis jetzt in dem Wahlverbande der größeren Grundbesitzer wählte, demnächst zu dem Verbande der kleineren gelegt wird, und umgekehrt, dies in Zukunft als ein ziemlich bedeutungsloses Faktum angesehen wird. Die natürliche Auseinanderhaltung des Wahlrechtes der Städte und des Landes ist geblieben, und beruht die Kreisordnung auch nach dem Kommissions-Vorschlage auf der wahren historischen Grundlage, auf dem Resultat der historischen Entwickelung bis auf den heutigen Tag."

Die §§. 84. und 85. wurden vom Herrenhause im Uebrigen übereinstimmend mit der Fassung der jetzigen Kreisordnung angenommen, nur hatte das Herrenhaus in §. 85. hinter dem Wort „Wahlverbände" in Klammer das Wort „(Stände)" eingefügt, welches jedoch der neueste Regierungsentwurf wieder beseitigte.

Zu § 86.

Der Regierungsentwurf von 1871 enthielt bezüglich der Bildung des Wahlverbandes der größeren ländlichen Grundbesitzer folgende Bestimmung:

„Zum Wahlverbande der größeren ländlichen Grundbesitzer gehören mit Einschluß der juristischen Personen alle diejenigen Grundbesitzer, deren gesammtes, auf dem platten Lande innerhalb des Kreises belegenes Grundeigenthum nach Maßgabe des Gesetzes vom 21. Mai 1861, betreffend die anderweite Regelung der Grundsteuer (Ges.-Samml. S. 253) und des Gesetzes von demselben Tage, betreffend die Einführung der allgemeinen Gebäudesteuer (Ges.-Samml. S. 317) zu einem Grundsteuerreinertrage beziehungsweise Gebäudenutzungswerthe von zusammen mindestens je 1000 Thlrn. veranlagt ist."

Grundbesitzern, mit Einschluß der juristischen Personen, Aktien-Gesellschaften und Kommandit-Gesellschaften auf Aktien, welche von ihrem

---

Dagegen hatte das Abgeordnetenhaus beschlossen:

„Der Wahlverband der größeren ländlichen Grundbesitzer besteht mit Einschluß der juristischen Personen, Aktien-Gesellschaften und Kommandit-Gesellschaften auf Aktien aus allen denjenigen zur Zahlung von Kreisabgaben verpflichteten Grundbesitzern, welche von ihrem gesammten auf dem platten Lande innerhalb des Kreises belegenen Grundeigenthum die höchsten Beträge an Grund- und Gebäudesteuer bis zum Belaufe der Hälfte des Gesammtbetrages dieser vom platten Lande aufkommenden Steuern entrichten, beziehungsweise zu entrichten haben würden, wenn sie nach Maßgabe der Gesetze vom 21. Mai 1861 (Gesetz-Sammlung S. 253 und 317) zur Grund- beziehungsweise Gebäudesteuer veranlagt wären.

Zum Wahlverbande der größeren Grundbesitzer gehört auch derjenige, dessen Steuerbetrag nur theilweise in die erste Hälfte fällt.

Läßt sich nach dem Steuerbetrage nicht bestimmen, welcher unter mehreren Grundbesitzern zum Wahlverbande der größeren Grundbesitzer zu rechnen ist, so entscheidet das Loos.

Es sollen jedoch diejenigen Grundbesitzer, deren Grund- und Gebäudesteuer den Betrag von 100 Thalern erreicht, in allen Fällen dem Wahlverbande der größeren Grundbesitzer, dagegen diejenigen Grundbesitzer, deren Grund- und Gebäudesteuer den Betrag von 75 Thalern nicht erreicht, dem Wahlverbande der Landgemeinden angehören.

Nach Erlaß der Provinzial-Ordnung bleibt den Provinzial-Vertretungen überlassen, für ihre Provinz oder auch für einzelne Kreise in derselben den letzteren Betrag von 75 Thalern bis auf den Betrag von 50 Thalern zu ermäßigen.

Diejenigen Gewerbetreibenden und Bergwerksbesitzer, welche wegen ihrer auf dem platten Lande innerhalb des Kreises betriebenen gewerblichen Unternehmungen in der Klasse A. I. der Gewerbesteuer mit dem Mittelsatze veranlagt sind, treten dem Wahlverbande der größeren Grundbesitzer hinzu."

Das Herrenhaus faßte auf Antrag seiner Kommission den Beschluß dahin:

„Der Wahlverband der größeren ländlichen Grundbesitzer besteht mit Einschluß der juristischen Personen, Aktiengesellschaften und Kommanditgesellschaften auf Aktien aus den Besitzern

1) der Rittergüter und derjenigen anderen Güter, mit welchen gegenwärtig die Kreisstandschaft in diesem Stande verbunden ist, jedoch nur so lange, als das bei Publikation dieses Gesetzes vorhandene Gutsareal nicht durch freiwillige Parzellirung so weit vermindert ist, daß der Grundsteuer-Reinertrag und Gebäude-Nutzungswerth unter 1000 Thlr. beträgt, oder ein Gut von geringerem Grundsteuer-Reinertrag und Gebäude-Nutzungswerth nicht außerhalb der Familie verkauft wird,

2) derjenigen selbstständigen Güter, mit welchen bisher das Recht der Kreisstandschaft nicht verbunden war, wenn sie einen Grundsteuer-Reinertrag und Gebäude-Nutzungswerth von mindestens 1000 Thlrn. gewähren, mit Einschluß der dem Staate gehörigen selbstständigen Domainengüter und Forstbezirke. Erstreckt sich ein Forstbezirk auf mehrere Kreise, so steht dem Fiskus die Betheiligung an dem Wahlverbande in jedem dieser Kreise zu, sofern der darin gelegene Theil des Forstbezirks für sich den gedachten Grundsteuer-Reinertrag und Gebäude-Nutzungswerth gewährt. Durch das Kreisstatut kann der Minimalsatz bis auf 2000 Thlr. erhöht oder bis auf 750 Thlr. ermäßigt werden.

Dem Wahlverbande der größeren ländlichen Grundbesitzer treten diejenigen Gewerbtreibenden und Bergwerksbesitzer hinzu, welche wegen ihrer auf dem platten Lande innerhalb des Kreises betriebenen gewerblichen Unternehmungen in der Klasse A. I. der Gewerbesteuer mit dem Mittelsatz veranlagt sind (§. 14 Absatz 4).

Der Kommissionsbericht bemerkt hierzu erläuternd:

„Nach den Anträgen der Kommission sollen die bisherigen Rittergüter so lange

gesammten, auf dem platten Lande innerhalb des Kreises belegenen Grundeigenthume den Betrag von mindestens 75 Thalern an Grund-

zum Verbande der größeren ländlichen Grundbesitzer gehören, bis sie entweder durch freiwillige Parzellirung soweit vermindert werden, daß sie nicht mehr einen Grundsteuer-Reinertrag und Gebäude-Nutzungswerth von 1000 Thalern haben, oder wenn dies schon jetzt nicht mehr der Fall war, bis sie außerhalb der Familie verkauft werden, außerdem sollen aber demselben Verbande diejenigen selbstständigen Güter mit Einschluß der dem Staate gehörigen Domainengüter und Forstbezirke zutreten, mit welchen die Kreisstandschaft bisher nicht verbunden war, die aber einen Grundsteuer-Reinertrag und Gebäude-Nutzungswerth von mindestens 1000 Thalern haben. Endlich sollen auch die Gewerbetreibenden und Bergwerksbesitzer, welche in Klasse A. I. mit dem Mittelsatz veranlagt sind, in diesen Verband aufgenommen werden.

Dem Verbande der größeren ländlichen Grundbesitzer will die Kommission mindestens die Hälfte der Gesammtzahl der Kreistagsmitglieder zuweisen, die andere Hälfte soll zwischen dem Stande der Städte und dem der Landgemeinden nach dem Verhältniß der städtischen und ländlichen Bevölkerung getheilt werden. Ferner sollen im Stande der größeren ländlichen Grundbesitzer die Majorats- und Fideikommißbesitzer Virilstimmen erhalten, beziehungsweise besondere Abgeordnete bis zu einem Drittel der Zahl der Abgeordneten des ganzen Standes wählen. Aenderungen in dem Stimmverhältniß der einzelnen Wahlverbände sollen durch Kreisstatut festgesetzt werden können.

Die Vertheidiger dieser Anträge legten großen Werth darauf, daß die jetzt bestehende ständische Gliederung nach Möglichkeit aufrecht erhalten werde, weil sie den sozialen Verhältnissen der verschiedenen Berufsklassen am Besten entspreche; Kopfzahl und Steuer seien äußere Merkmale von verhältnißmäßig geringer Bedeutung. Allerdings könne den Zeitverhältnissen insofern Rechnung getragen werden, daß Rittergüter, welche ihre ursprüngliche Bedeutung verloren haben, ausgeschieden, und anderseits Güter, welche größere Bedeutung erlangt haben, in den Stand der größeren ländlichen Grundbesitzer aufgenommen werden. Bei letzteren Gütern biete die kommunale Selbstständigkeit den besten Anhalt und sei unerläßlich, zumal durch die jetzige Vorlage auch derartigen selbstständigen Gütern obrigkeitliche Rechte zugewiesen werden. Bei den bisherigen Rittergütern kommen ihre langjährigen Vorrechte in Betracht, und es seien in der That keine Gründe vorhanden, ihnen solche ohne Verschulden ihrer Besitzer und ohne eine zwingende Nothwendigkeit zu entziehen.

Schon durch Bekanntwerden des Entwurfes zur Kreisordnung sei im ganzen Lande bei den gegenwärtigen Rittergutsbesitzern eine große Erregung und ein entschiedener Widerwille hervorgerufen, der sie wenig geneigt mache, die Einführung des vorliegenden Gesetzes zu unterstützen. Ohne eine Unterstützung von dieser Seite dürfte solche aber sehr schwierig werden und wahrscheinlich an den entstehenden unverhältnißmäßigen Kosten ganz scheitern. Die Beseitigung der Virilstimmen allein sei bereits ein schwerwiegendes Opfer, welches den jetzigen Rittergutsbesitzern auferlegt werde. Dem größeren Grundbesitz auch ferner einen entscheidenden Einfluß auf den Kreistagen zu sichern, sei schon um deshalb nöthig, weil unter den größeren ländlichen Grundbesitzern der Regel nach mehr Intelligenz und selbstständiges Urtheil zu finden, als bei den kleineren, die ländlichen Interessen aber mit denen der Städte nicht immer im Einklang ständen. Je mehr Rechte der Kreistag und der aus ihm hervorgehende Kreisausschuß nach der Vorlage erhalten solle, desto wichtiger sei es, daß auch der ländliche Grundbesitz durch intelligente und geschäftskundige Männer vertreten werde. In Anerkennung dessen habe auch der vormalige Minister Herr Graf Schwerin in dem von ihm im Jahre 1860 vorgelegten Entwurfe zur Reform der Kreisordnung den größern Grundbesitzern mindestens die Hälfte aller Stimmen auf dem Kreistage zugewiesen.

Die bevorzugte Stellung, welche den Majorats- und Fideikommißbesitzern gegeben werde, rechtfertige sich dadurch, daß sie vor allen anderen ein besonderes Interesse an dem dauernden Wohlergehen des Kreises haben, weil ihr Besitz unverkäuflich, mithin sie und ihre Nachkommen dem Kreise für alle Zeiten angehören.

und Gebäudesteuer entrichten, beziehungsweise zu entrichten haben würden, wenn sie nach Maßgabe der Gesetze vom 21. Mai 1861.

Die Aufrechterhaltung von Virilstimmen, wenn auch nur in beschränktem Maße bei den Majorats- und Fideikommißbesitzern, werde namentlich um deshalb gewünscht, damit fortan nicht jedes Recht von der Wahl abhängig sei: ein Prinzip, welches sehr weitgehende Konsequenzen haben und schließlich sogar zu der Frage führen könnte, ob nicht auch der Thron durch Wahl besetzt werden müsse. An der Verantwortlichkeit für Bestimmungen, die auch nur die entfernteste Möglichkeit zu einer solchen Frage herbeiführen könnten, wolle man sich nicht betheiligen.

Die vorstehend motivirten Anträge fanden in der Kommission vielfach Unterstützung, jedoch erklärte sich ein Vertheidiger derselben gegen die Spezialbestimmung hinsichtlich der Majorats- und Fideikommißbesitzer, weil deren Bevorzugung, wenn sie auch für manche Landestheile passen werde, für andere nicht geeignet sei.

Der Herr Regierungskommissar bekämpfte die gestellten Anträge, indem er ausführte, daß auch die Vorlage an die vorhandenen gesellschaftlichen Gruppen anknüpfe, dabei aber diejenigen Merkmale zu Grunde gelegt habe, welche den gegenwärtigen Verhältnissen entsprechen. Die Besteuerungs-Merkmale seien für die Bedeutung eines Besitzes mehr oder weniger maßgebend, und es könne dabei nicht darauf ankommen, ob das betreffende Gut bisher selbstständig gewesen sei, sondern es müsse der Gesammtbesitz, welcher sich in einer Hand befinde, in Betracht gezogen werden. Die Besorgniß, daß durch die Bestimmungen der Vorlage, der große ländliche Grundbesitz zurückgedrängt werden würde, theilt der Regierungskommissar nicht, derselbe glaubt vielmehr, daß die größeren Grundbesitzer durch ihre Intelligenz auch fernerhin sich den ihnen gebührenden Einfluß verschaffen würden, zumal es sich gegenüber den Vertretern der Städte und Landgemeinden meistentheils nicht um verschiedenartige Interessen handeln würde.

Von anderer Seite ward der Antrag eingebracht, welcher auch demnächst im Plenum des Hauses von Professor Dr. Baumstark wieder aufgenommen wurde, jedoch nicht die Mehrheit erlangte, den §. 86. in seinen fünf ersten Absätzen dahin zu fassen:

> „Der Wahlverband der größeren ländlichen Grundbesitzer besteht aus allen denjenigen zur Zahlung von Kreisabgaben verpflichteten Grundbesitzern, mit Einschluß der juristischen Personen, Aktiengesellschaften und Kommanditgesellschaften auf Aktien, welche von ihrem gesammten, auf dem platten Lande innerhalb des Kreises belegenen Grundeigenthume den Betrag von mindestens 75 Thlrn. an Grund- und Gebäudesteuer entrichten, beziehungsweise zu entrichten haben würden, wenn sie nach Maßgabe der Gesetze vom 21. Mai 1861 (Gesetz-Samml. S. 253 und 317) zur Grund- beziehungsweise Gebäudesteuer veranlagt wären.
>
> Für die Kreise des Regierungs-Bezirks Stralsund tritt an die Stelle des Betrages von 75 Thlrn. der Betrag von 300 Thlrn. Grund- und Gebäudesteuer.
>
> Nach Erlaß der Provinzial-Ordnung bleibt den Provinzial-Vertretungen überlassen, für ihre Provinz oder auch für einzelne Kreise derselben den Betrag von 75 Thlrn. zu erhöhen, oder bis auf den Betrag von 50 Thlrn. zu ermäßigen."

Hiernach soll der Verband der größeren ländlichen Grundbesitzer aus allen denjenigen bestehen, welche von ihrem Gesammtbesitz im Kreise mindestens 75 Thlr. an Grund- und Gebäudesteuer zu entrichten haben. Nur für den Regierungsbezirk Stralsund soll der Minimalbetrag auf 300 Thaler festgestellt werden. Etwaige sonstige Veränderungen werden der künftigen Provinzial-Vertretung zugewiesen.

Bei Vertheidigung dieses Antrages wurde hingewiesen auf die Bedeutung, welche in vielen Gegenden der bäuerliche Besitz erlangt habe. Es wurde nicht anerkannt, daß die bisherigen Rittergutsbesitzer ein Recht haben, irgend welche Bevorzugung zu beanspruchen, da es sich hier nicht um Privatrechte, sondern um öffentliche Rechte handle; auch ward hervorgehoben, daß jede Bevorzugung Mißtrauen erwecke, sowie daß bei den Berathungen der Kreis-Versammlungen überhaupt

(Gesetz-Sammlung S. 253. und 317.) zur Grund- beziehungsweise Gebäudesteuer veranlagt wären.

---

weniger ständische, sondern gewöhnlich lokale Interessen in Betracht kämen. Auch ward der jetzige Zeitpunkt von dieser Seite für besonders günstig gehalten, um über eine derartige Vorlage eine Uebereinstimmung der verschiedenen Faktoren der Gesetzgebung zu erzielen, und gefürchtet, daß leicht schlimmere Zustände hervorgerufen werden könnten, wenn die Reform der Kreisverhältnisse noch länger verzögert werde.

Der Regierungskommissar erklärte sich mit dem Prinzipe, welches diesem Antrage zu Grunde liegt, im Allgemeinen einverstanden und glaubte demselben vor der Vorlage des Abgeordnetenhauses den Vorzug geben zu sollen, wenngleich er im Einzelnen, insbesondere gegen die Beilegung der Befugniß an die Provinzialvertretungen, den Satz von 75 Thlr. für die ganze Provinz oder für einzelne Kreise derselben zu erhöhen, unter Hinweis auf die Erklärungen der Staatsregierung über einen im anderen Hause gestellten ähnlichen Antrag Bedenken erhob; er erachtete es vielmehr für angemessener, für diejenigen Kreise, namentlich in der Provinz Sachsen, für welche der Satz von 75 Thlr. zu niedrig gegriffen erscheine, im Gesetze selbst einen höheren Satz festzustellen.

Gegen die Regierungsvorlage und gegen vorstehenden Antrag wurde von anderen Seiten weiter ausgeführt: es lasse sich mit Sicherheit voraussehen, daß die kleinen Grundbesitzer, die Bauern 2c. die Erweiterung der Rechte, welche ihnen so auf einmal und jedenfalls in zu großer Ausdehnung gewährt werden solle, für die nächste Zukunft und noch für lange Zeit dazu benutzen würden, Kreistagsabgeordnete aus ihrer Mitte, auch wohl gar Agitatoren zu wählen. Die Hoffnung, sie würden größere Grundbesitzer wählen, müsse nach der Ueberzeugung solcher, die den ländlichen Verhältnissen seit vielen Jahren nahe stehen, als gänzlich unbegründet bezeichnet werden. Bezüglich der für den Regierungsbezirk Stralsund vorgeschlagenen Ausnahmebestimmung fehle jede Grundlage zur Beurtheilung ihrer Nothwendigkeit; ähnliche Verhältnisse, wie dort, fänden ohne Zweifel auch in vielen anderen Landestheilen, namentlich in der Provinz Sachsen, statt.

Im Uebrigen enthalte der Antrag lediglich eine andere, wenn auch immerhin verbesserte Fassung der Vorlage. Mit deren Prinzip aber könne man sich eben nicht einverstanden erklären, weil durch dieselbe alle bestehenden Verhältnisse vollständig über den Haufen geworfen, und an deren Stelle solche geschaffen werden, die jeder inneren Begründung entbehren.

Die Steuerzahlung bilde die alleinige Basis, wonach die ländlichen Grundbesitzer entweder dem Verbande der großen Grundbesitzer oder dem der Landgemeinden zugewiesen werden, dadurch würden aber häufig die Fälle eintreten, daß von einer Anzahl Besitzer, welche gleiche Steuern zahlen, ein Theil dem einen und die übrigen dem anderen Wahlverbande angehörten, oder daß derselbe Besitzer bei der einen Wahl mit den größeren Grundbesitzern und bei der nächsten mit den Landgemeinden oder umgekehrt wählen müsse. Darin könne man unmöglich ein haltbares Prinzip erkennen.

Bei der Abstimmung wurden die oben zuerst erwähnten Vorschläge, wie bemerkt, angenommen.

Bei der Diskussion im Herrenhause wurden die Kommissionsvorschläge durch den Berichterstatter von Wedell, durch von Kleist-Retzow, Freiherr von Zedlitz-Neukirch und Graf von Brühl vertheidigt, durch von Winter, den Handelsminister Graf von Itzenplitz und Hasselbach bekämpft.

Der Berichterstatter von Wedell leitete die Verhandlung mit den Worten ein (Sitzung v. 29. Oktober 1872. Sten. Ber. S. 520):

„M. H.! Sie werden ohne Versicherung glauben, daß ich mich nicht zu dem Referat gedrängt habe. Es bleibt immer ein eigen Ding, wenn man nicht Mitglied der Kommission gewesen ist, die Vorschläge derselben zu vertreten. Ich habe aber geglaubt, mich dem Auftrage unterziehen zu müssen, schon in Rücksicht auf meinen schwer erkrankten Freund von Waldaw. Wenn ich es je beklagt habe, daß er unseren Verhandlungen nicht hat beiwohnen können, so geschieht

Nach Erlaß der Provinzialordnung bleibt den Provinzialver-

---

dies heute in erhöhtem Maße, denn er würde die Stelle besser eingenommen haben.

Wir kommen unstreitig zu dem wichtigsten Abschnitte in der ganzen Vorlage. Wenn das Werkzeug, mit dem ich arbeiten soll, nichts taugt, so kann die Arbeit auch keine genügende werden. Die Kommission hat bereits hervorgehoben, und es ist ja auch in der Generaldebatte mehrfach erwähnt, daß das der früheren Kreisverfassung gespendete Lob vorzugsweise der Kreisvertretung gelte. M. H.! Es ist Tüchtiges geleistet worden, weil die Vertretung tüchtig war. Das wird nicht mehr geschehen können, sobald die Vertretung eine ungenügende ist. Das ist der Gedanke, der den Vorschlägen der Kommission zu Grunde liegt. Sie hat allerdings den theoretischen Standpunkt dabei verlassen, der mehr oder minder in der Vorlage vorherrscht. Sie hat die praktischen Erfahrungen, die ihr zur Seite stehen, zu Grunde gelegt. Lassen Sie mich da etwas einschieben.

Wir haben in letzter Zeit mehrere Gesetze votirt, die meiner Ueberzeugung nach nicht in dem strengen Bedürfniß, sondern mehr in der Erfüllung theoretischer Anschauung ihren Ursprung haben. Dabei sind die realen Verhältnisse unberücksichtigt geblieben, und wir sind in Zustände hineingerathen, die nicht zu den erquicklichen gehören. Ich möchte bitten, daß wir bei dieser Vorlage, die doch die Basis für die innere Verwaltung bilden und auf der weiter fortgebaut werden soll, nicht in denselben Fehler verfallen. Die Kommission hat den praktischen Weg betreten, sie hat vor allen Dingen geglaubt, Kautelen treffen zu müssen, daß die Kreisvertretung keine ungenügende werde. Wenn Sie die Vorschläge von diesem Gesichtspunkte aus betrachten, so wird es Ihnen vielleicht möglich sein, sich mit denselben zu befreunden.

Das sind die wenigen Worte, die ich als Einleitung zu diesem Titel sprechen wollte. Ich behalte mir vor, am Schlusse der Debatte das Wort zu ergreifen."

Oberbürgermeister **Hasselbach** sagte: „M. H.! Ich habe mich des Wortes bei der Generaldebatte enthalten, weil ich von vorn herein der Ansicht war, daß die in der Generaldiskussion besprochenen wichtigen Prinzipien nochmals zur Besprechung kommen würden und gerade hier bei dem Kernpunkt der ganzen Vorlage, bei der Zusammensetzung der Kreisvertretung. Vom menschlichen Standpunkt aus will es mir ganz natürlich erscheinen, daß die Herren, die jetzt im Besitz von Virilstimmen sind, diesen Besitz zu vertheidigen suchen. Es will mir ferner ganz natürlich erscheinen, daß die Herren, die jetzt die andern Stände auf dem Kreistage majorisiren, in der jetzigen Gesetzesvorlage einen Schutz dagegen suchen, daß sie nun demnächst nicht umgekehrt von den anderen Ständen majorisirt werden. Wie gesagt, vom reinen menschlichen Standpunkte aus finde ich das ganz natürlich. Aber, m. H., wir haben hier nicht nach menschlichen Gefühlen zu urtheilen, sondern wir haben die Vorlage vom rein staatsmännischen Standpunkte aus mit unserm Verstande zu messen, und da komme ich auf ein anderes Resultat als die geehrte Kommission in ihren Vorschlägen. Ich will durchaus nicht bespötteln, was der Belgarder Kreistag im Jahre 1848 in Bezug auf die Rückkehr des jetzigen Königs Majestät beschlossen hat. Das fällt mir nicht ein, aber ich kann nicht leugnen, daß einzelne Bemerkungen in den Reden der Herren von Zedlitz und von Kleist, die hier bei der Generaldiskussion gefallen sind, auf mich den Eindruck gemacht haben, als wenn ich zum Beispiel eine Geschichte im „Daheim" lese."

Es ist als ein besonderes Verdienst der jetzigen Kreiskorporation hervorgehoben, daß sie im Jahre 1866 und auch 1870 nicht nur gute Pferde ausgehoben, sondern auch für die Frauen der Reservisten und Landwehrmänner gut gesorgt haben u. s. w. Nun frage ich Sie doch, wenn die ganze Nation ihrem König zujauchzt, daß er in Ems den frechen Anforderungen des Französischen Gesandten muthig widerstanden, wenn die ganze Nation sich auf den Krieg vorbereitet, wie kann man es als ein Verdienst der Kreiskorporation anrechnen, was — verzeihen Sie mir den Ausdruck — ihre **verfluchte Pflicht** und **Schuldigkeit** war. Nicht blos die ständischen Korporationen haben ihre Pflicht gethan, sondern auch die städtischen, und wenn es möglich wäre, mit Herrn von Zedlitz einen Vergleich darüber anzustellen,

tretungen überlassen, für ihre Provinz oder auch für einzelne Kreise

---

welche Korporation 1866 bessere Pferde geliefert hat, sein Kreis oder der von mir verwaltete städtische Kreis, so würde der Vergleich nicht zu unserm Nachtheil ausfallen. Also diese Dinge hätten in der That nicht hierher gehört, um die jetzigen Kreiskorporationen in der Weise zu illustriren. Herr von Kleist hat dagegen — und das muß ich anerkennen — doch versucht, vom staatsmännischen Standpunkte aus die Sache zu beleuchten und hat sich wenigstens in etwas eingelassen auf die Besprechung der jetzt bestehenden Gesetzgebung, um deren Reform es sich handelt. Es sind ja nicht die früheren Stände von 1813, sondern die Stände, die durch die Gesetzgebung vom Jahre 1827 geschaffen sind; um diese handelt es sich. Daher haben wir zu fragen: entsprechen diese Gesetzgebungen dem Bedürfniß, oder nicht?

Herr von Kleist sagt, man hätte im Jahre 1827 nur das alte Recht erneuert und befestigt, und die neuen Berechtigungen mit einem billigen Anspruch darin aufgenommen. Gegen diese Gesetzgebungen wären fast niemals Beschwerden vorgekommen. Diese Behauptung muß ich durchaus bestreiten, man hat nicht blos alte Rechte befestigt, sondern ganz neue geschaffen durch die Gesetzgebung von 1827. Ich weiß sehr wohl, daß in den ritterschaftlichen Korporationen jeder Rittergutsbesitzer seine Virilstimme übte und daß er früher seine Bauern auch mit vertrat, weil sie nicht Eigenthümer waren. Aber, meine Herren, die Städte gehörten ganz und gar nicht zu diesen Korporationen, und wenn nun die Gesetzgebung des Jahres 1827 die Städte in diese Korporationen hineinzwängt, dann müßte das Virilstimmrecht der Rittergutsbesitzer ein ganz anderes werden, als es bisher war, und es würde in dieser Verbindung allerdings ein ganz neues. Man kann sich in dieser Beziehung auf historisch gewordene Zustände und historische Entwickelung gar nicht berufen. Wie hat man denn im Jahre 1827 die Gesetzgebung gemacht? Hat man da auf die historischen Verhältnisse im Geringsten Rücksicht genommen, wenn man die ehemals freien Reichsstädte, z. B. Mühlhausen, Nordhausen, in Kreisverbände hineinzwängte und ihnen nur dasselbe Recht einräumte, wie den kleinsten Rittergutsbesitzern, trotzdem, daß sie vielleicht ein Drittel oder die Hälfte der ganzen Kreisabgaben bezahlen müssen.

Es ist also nicht richtig, daß diese Gesetzgebung von jeher großen Anklang gefunden hat, nennen wir doch das Ding bei dem richtigen Namen, Anklang hat sie gefunden bei den bevorrechteten Rittergutsbesitzern, bei den anderen Ständen niemals. Um das zu beweisen, müssen wir Ihnen doch einige nähere Thatsachen anführen. In den ersten Jahren nach Emanation der Kreisordnungen von 1827 zeigte sich nur ein sehr geringes Leben in den einzelnen Kreisen. Man hat sich zwar über die Zusammensetzung nicht besonders gefreut, aber es blieb ziemlich still, weil die Kreisstände keine rechte Thätigkeit entfalteten. So wie aber in den vierziger Jahren die Kreisstände die Befugniß bekamen, Ausgaben zu gemeinnützigen Zwecken zu beschließen, so sind die Beschwerden losgegangen.

Die Herren werden nicht bestreiten, daß auf dem ersten Vereinigten Landtage 1847 gleich ein ganzes Register von Beschwerden und Petitionen einging, die sich auf eine andere Zusammensetzung der Kreistage bezogen. Ich könnte Ihnen sofort aus den Verhandlungen des Vereinigten Landtages die Druckexemplare herholen und nachweisen, daß diese Petitionen ganze Seiten einnehmen. Die Befugniß der Kreisstände, Ausgaben für den Kreis zu beschließen, wurde als eine so unzulässige, unerhörte angesehen, daß das Jahr 1848 nichts Eifrigeres zu thun hatte, als im Juli 1848 diese Befugniß wieder aufzuheben. Ich führe das nur an, um Ihnen den Beweis zu geben, daß die Illustration der Kreis-Korporationen, wie sie hier vielfach von den Herren gemacht ist, doch in der That nicht in der Weise vorhanden ist, wie sie sie darzustellen sich bemüht haben. Herr von Kleist hat ferner eine Ausführung gemacht, die ich sofort zu widerlegen mich bemühen muß.

Herr von Kleist hat ganz positiv behauptet, daß auch unser Hohes Haus auf ständischer Grundlage beruhe, und er hat zu deduziren gesucht, die ständische Organisation der Kreistage und die Virilstimmen der Rittergutsbesitzer beseitigen, würde heißen, auch das Herrenhaus beseitigen. Das halte ich für durchaus unrichtig. Unser Hohes Haus ist zusammengesetzt aus erblichen und lebenslänglichen

derselben den Betrag von 75 Thalern auf den Betrag von 100 Thalern

---

Mitgliedern; für diese lebenslänglichen Mitglieder hat Seine Majestät der König Verbände gebildet zur Präsentation, Verbände des befestigten Grundbesitzes, Städte, Universitäten u. s. w.; Mitglieder des Hauses sind wir nur durch Berufung Seiner Majestät, und wir Alle sind hier Vertreter (nicht wie die Rittergutsbesitzer Vertreter ihrer eigenen Interessen im Kreise), sondern wir sind hier Vertreter des ganzen Landes. Der §. 83 der Verfassungsurkunde sagt das ganz ausdrücklich. Wir berathen hier gemeinsam, wir sitzen hier nicht ständisch gegliedert neben einander, wie auf dem Provinziallandtage, wo auf der einen Seite die Rittergutsbesitzer, auf der anderen die Städte oder Bauern sitzen, das Alles kennen wir hier nicht, wir kennen keine itio in partes, das ist ein so wesentlich staatsrechtlicher Unterschied, daß man auch nicht entfernt die Behauptung aufstellen kann, das Herrenhaus sei eine ständische Institution oder beruhe auf wesentlich ständischer Grundlage. M. H.! Der Unterschied zwischen einer ständischen Vertretung und einer allgemeinen Vertretung ist eben der, daß die ständische Vertretung eine Vertretung von Sonderinteressen ist. Was vertritt denn der Rittergutsbesitzer? Er vertritt seine eigenen Rechte, er hat von Niemandem ein Mandat; in keiner Kreisordnung steht, daß die virilstimmberechtigten Mitglieder des Kreistages Vertreter der gesammten gemeinschaftlichen Angelegenheiten des Kreises seien, sie sind nur Vertreter ihrer eigenen Interessen, und daher ist ein wesentlicher Unterschied zwischen einer ständischen Vertretung und einer Vertretung, die gemeinsam ihre Beschlüsse zu fassen hat; deshalb halte ich eine itio in partes und alles das, was Sie für eine Kreisvertretung beibehalten wollen, nur dann für zulässig, wenn Sie eine ständische Vertretung beibehalten wollen.

Das, m. H., sind für mich die Gründe, die — ich persönlich habe sehr wenig dabei — es für mich unmöglich machen, dem Vorschlage der Kommission zuzustimmen, welcher zwar nicht unbedingt, wie mein Herr Vorredner annahm, aber doch im Wesentlichen Virilstimmen der Rittergutsbesitzer beibehält, nämlich da, wo die Zahl der großen Grundbesitzer so klein ist, daß sie sich mit der Zahl der vorhandenen Güter deckt, und dann sollen auch die Fideikommisse und die Majoratsbesitzer Virilstimmen behalten. Ferner soll die Vertretung des großen Grundbesitzes eine so ausgedehnte sein, daß sie unter allen Umständen die Hälfte der Mitglieder des Kreistages bilden. Sie schützen sich dagegen, daß sie unter keinen Umständen majorisirt werden, aber die anderen Stände sollen sich nach wie vor majorisiren lassen. Nach den Erfahrungen, die ich gemacht habe, ist es nicht zu erreichen, Andersdenkende zu überzeugen, wir können darüber so viel Worte wechseln, wie wir wollen, ein Jeder hat seine Meinung für sich, und wir werden Niemand überzeugen. Wenn ich je einen unangenehmen Eindruck auf dem Provinziallandtage empfangen habe, so ist es der gewesen, daß, als im Jahre 1862 die Grundsätze — verzeihen Sie den Ausdruck — der Schwerinschen Kreisordnung den Provinziallandtagen zur Aeußerung vorgelegt wurden, die Stände wie ein Mann gegen einander stimmten, auf der einen Seite standen die Bauern und Städte, auf der anderen Seite die Rittergutsbesitzer; die Städter und Bauern erreichten eine kleine Majorität, weil die Mitglieder des Provinziallandtages aus den Städten und dem Bauernstande ein paar Stimmen mehr zählten, wie die Rittergutsbesitzer; aber allerdings war keine Zweidrittelmajorität zu Stande gekommen und wir konnten so viel merken, daß von einer gegenseitigen Verständigung nicht die Rede war, und ich fürchte, daß nach dem Vorschlage der Kommission sich dies Beispiel auch hier wiederholen wird, und daß unsere Diskussion wahrscheinlich resultatlos verläuft. Ich weiß nicht, wenn man die Virilstimmen nicht beibehalten will, wenn man will, daß die Kreisvertretung etwas Gemeinsames sein soll, wie man die Sache schonender überleiten will in die jetzigen Zustände, als es nach dem Entwurf der Regierung geschehen ist. Ich will durchaus nicht mit einmal die Rittergutsbesitzer aus der Welt schaffen, sondern wir wollen nur aus den bisherigen Virilstimmenbesitzern, sofern ihre Güter überhaupt noch Bedeutung haben und mit Recht als Rittergüter angesehen werden, einen Kollektivverband machen, und diesem wollen wir die entsprechenden Stimmen zutheilen, in diesen aber auch die bisher nicht stimmzu erhöhen oder bis auf den Betrag von 50 Thalern zu ermäßigen.

---

berechtigten großen Besitzer, z. B. die großen Domainengüter, mit übernehmen. Es ist also keineswegs eine Zerstörung der bisherigen Institutionen, sondern es ist durch Ueberführung der Rittergüter in diese neuen Verbände eine gewisse Schonung verbürgt. Ich erkenne gern an, daß die Vorlage, wie sie aus dem Abgeordnetenhause herübergekommen ist, dies nicht genügend ausdrückt; ich wünsche auch, daß ein besonderer Wahlverband der großen Grundbesitzer erhalten werde, und daß der Census, nach welchem Jemand als großer Grundbesitzer angesehen werden soll, höher gestellt werde, als dies im Abgeordnetenhause geschehen ist.

Ich meine, daß die Bezahlung einer Summe von 75 Thalern Grundsteuer durchaus nicht hinreicht, um Jemand als Großgrundbesitzer zu charakterisiren. Im Uebrigen ist es mir nicht recht klar geworden, was gemeint ist, wenn angeführt wurde, daß nicht blos Besitz und Steuerzahlung über die Qualifikation zum Großgrundbesitzer entscheiden soll, sondern der eigenthümliche, ritterschaftliche Geist — ich habe nicht recht verstanden, was dies sein soll — jedenfalls wird Herr von Kleist doch zugeben, daß dann doch nur derjenige Rittergutsbesitzer sein kann, der nicht blos seine Kinder auf das Gymnasium, sondern in die Ritterakademie schickt, (Heiterkeit.) und dem der Ertrag des Guts die Mittel an die Hand giebt, den ritterschaftlichen Geist der Kinder auszubilden. Das kleine Rittergut ist aber im Ertrag so unbedeutend, daß der Besitzer es nicht kann, und dann weiß ich nicht, was man mit solchem Rittergutsbesitzer anfangen soll. Ich kann versichern, daß es mir fast einen komischen Eindruck macht, wenn man unter den Rittergutsbesitzern Leute von ganz kleinem Besitz sieht, die nicht einmal in der Staatseinkommensteuer eingeschätzt sind; das sind eben die, welche in diese Kategorie des Großgrundbesitzes nicht hineingehören und die es sich gefallen lassen müssen, wenn sie aus diesem Verhältniß ausscheiden, wie jeder Bürger aus der Bürgerrolle gestrichen wird, wenn er nicht mehr das Einkommen hat, was ihn dazu qualifizirt.

Es handelt sich um reale Verhältnisse, die man durch Fiktionen nicht festhalten kann, und diese Fiktionen thun der Sache nur Schaden. Wollen Sie dagegen den Census für den großen Grundbesitz noch erhöhen, so würde ich von meinem Standpunkte aus nichts dagegen haben. In dem Amendement Baumstark ist vorgeschlagen, der Provinzialvertretung die Befugniß einzuräumen, diesen Census höher zu bestimmen für den großen Grundbesitz, und danach den Wahlverband zu organisiren. Die Verhältnisse in den Provinzen liegen so verschieden, daß ich in dieser Beziehung glaube, daß wir nothwendig auf die Provinzialorganisation, oder auf die Organisation durch Kreisstatute zurückgreifen müssen. Wenn wir gemeinschaftlich in dieser Beziehung an der Verbesserung der Vorlage arbeiten können, so werden Sie mich immer geneigt finden, darauf einzugehen; aber einer Bestimmung, wonach ich dem großen Grundbesitze die Hälfte der Stimmen vindiziren soll, einer solchen Bestimmung kann ich nicht zustimmen und auch nicht glauben, daß auf Grund dieses Vorschlages eine Verständigung mit der Staatsregierung und mit dem Abgeordnetenhause möglich ist. Wenn Sie die Vorschläge der Kommission annehmen, so würde eine weitere Berathung blos verlorene Zeit sein und ich verspreche mir in der That nicht den geringsten Erfolg. Ich bitte daher, nach dieser Ausführung die Kommissionsvorlage abzulehnen und den von mir und anderen Herren gestellten Verbesserungsantrag anzunehmen."

Des Weiteren sprachen sich darauf noch der Minister des Innern und demnächst dessen Kommissarius, wie folgt, aus:

Minister des Innern Graf zu Eulenburg: „Ich sehe mich gedrungen, vor Schluß der Diskussion mit allem Ernste hervorzuheben, welches Gewicht die Regierung darauf legt, daß die Kommissionsanträge des Herrenhauses nicht angenommen werden. Herr Hasselbach polemisirte gegen Herrn von Kleist in Bezug darauf, daß dieser gesagt habe: das Herrenhaus beruhe auf einer ständischen Einrichtung. Ich glaube, wenn Herr von Kleist das gesagt hat, so hat er es anders verstanden, als Herr Hasselbach es auslegte. Ich glaube nicht, daß Herr von Kleist gemeint hat, hier säße eine ständische Versammlung. Er hat nur ge-

Für einzelne Kreise der Provinz Sachsen darf diese Erhöhung bis zu dem Betrage von 150 Thalern erfolgen.

---

meint, die Grundlagen, aus denen die Wahlen zum Herrenhause hervorgingen, seien wesentlich ständische. Daraus hat er noch nicht deduziren wollen, daß hier ständische Abstimmungen stattfinden; er wird vielmehr in Bezug auf den Charakter des Herrenhauses als Vertreter der Allgemeinheit mit den Behauptungen des Herrn Hasselbach einverstanden sein. Nun, meine Herren, so möchte ich auch, daß die Kreistage würden. Die Kreistage sollen künftig das Bild der allgemeinen Interessen des Kreises abgeben. Aber die Regierung meint, daß es dieser Absicht nicht hinderlich sei, wenn die Wahlen zum Kreistage auf ständischen Prinzipien beruhen, auf ständischen Prinzipien in dem Sinne, wie der Entwurf der Regierung sie Ihnen formulirt.

Wir verschließen uns nicht der Wirklichkeit; wir leugnen nicht, daß es Klassen der Gesellschaft giebt, die ihre Berechtigung und Ansprüche haben. Wir wollen diesen Gesellschaftsgruppen ihren Ausdruck geben. Wir würden es für einen Fehler halten, die Kopfzahl als Grundlage der Vertretung anzunehmen oder die Klassifikation bloß auf Steuersätze zu basiren, wenn es darauf ankommt, die Vertretung der wirthschaftlichen Interessen eines verhältnißmäßig kleinen, aber mannigfaltig zusammengesetzten politischen Körpers zu konstruiren. Wir wollen uns an dasjenige anschließen, was die geschichtliche Entwickelung uns bietet. Wir wollen mit derselben nicht brechen, aber wir wollen demjenigen, was alt geworden ist, eine neue Gestalt geben, es anpassen den Bedürfnissen und Neugestaltungen der Zeit, es ausstatten mit denjenigen Mitteln, mit denen man neue und bessere Früchte zu erzielen hoffen kann. Aus diesem Grunde können wir an dem Begriffe des Rittergutsbesitzes als einem noch zutreffenden nicht festhalten. Wir erkennen aber an, daß dasjenige, was einst Rittergutsbesitz war, in veränderter Gestalt auch heute noch seine Berechtigung hat, und es kommt uns nur darauf an, die Merkmale für denjenigen Grundbesitz festzustellen, der repräsentirt, was früher der Rittergutsbesitz repräsentirte: Vermögen, Bildung und soziale Stellung. Dieses fassen wir in dem Namen „Großgrundbesitz" zusammen, und wollen denselben an seinem Reinertrage erkennen. Wenn dies in einzelnen Fällen nicht ganz zutrifft, so wird das Gesetz das Schicksal aller anderen Gesetze theilen, die jeden Spezialfall nicht richtig treffen können. Jahre lange Erwägungen und Besprechungen haben die Regierung zu ihrem Vorschlage geführt, den sie für richtig halten muß, so lange ihm nicht ein besserer entgegengesetzt wird.

Ich bin überzeugt, daß das Abgeordnetenhaus mit seinen Vorschlägen denselben Zweck verfolgt wie die Regierung; es hält aber die Merkmale, die wir als für den großen Grundbesitz bezeichnend angesehen wissen wollen, nicht für die durchschlagenden. Jetzt kommt als Amendement des Herrn Baumstark ein dritter Vorschlag. Es ist möglich, daß dieser der richtigste ist; darüber, meine Herren, kann man streiten, das ist aber im Augenblicke nicht der Punkt, um den es sich dreht. Es fragt sich, soll der Begriff „Rittergüter" aufrecht erhalten werden. Und da muß ich erklären: Die Regierung kann sich dazu nicht verstehen. Sie dringt darauf, daß er durch den Begriff des „großen Grundbesitzes" ersetzt, und dieser nach der Ertragsfähigkeit des Gutes konstruirt werde. Für den kleineren ländlichen Besitz wird die Begriffsbestimmung dann leicht. Was nicht großer Grundbesitz ist, gehört zur Kategorie des kleineren, und was nicht zum ländlichen Grundbesitz gehört, gehört zu den Städten. Damit sind die Stände gegeben.

Der zweite Punkt, in welchem die Regierung nicht nachgeben kann, ist der, daß sie jedem Stande eine Gleichberechtigung mit den beiden anderen Ständen vindizirt. Wenn Sie einen entgegengesetzten Beschluß fassen, so wird das eintreten, was Herr Graf von Itzenplitz Ihnen vorgehalten hat. Sie werden einen großen politischen Fehler machen; Sie werden das Gegentheil erreichen von dem, was Sie erreichen wollen.

Der Großgrundbesitz mit seinem Vermögen und seiner Intelligenz wird ganz unzweifelhaft in der künftigen Kreisvertretung der bestimmende Faktor bleiben, wenn er sich nicht von vorn herein eine überwiegende Zahl der Stimmen vindizirt. Dem großen Grundbesitz wird, wenn auch nicht unmittelbar, doch nach kurzer

Dem Wahlverbande der größeren ländlichen Grundbesitzer treten

---

Frist der kleine Grundbesitz beitreten; ich wünschte, daß die Herren aus Hannover und den anderen neu erworbenen Provinzen, die bisher ziemlich still gewesen sind, sich darüber hören lassen, wie sich dort die Verhältnisse stellen, ob nicht nach dem, was sie bisher in den ständischen Versammlungen beobachtet haben, die Koalition von Bauer und Stadt gegen den Rittergutsbesitz sofort umschlagen und es heißen wird: großer Grundbesitz und kleiner Grundbesitz gegen Stadt. Ich bin fest überzeugt, daß derjenige Druck, von dem Sie fürchten, daß ihn Bauern und Stadt auf Sie ausüben werden, in dem Augenblick verschwindet, wo Sie das Vorzugsrecht einer überwiegenden Zahl in der Vertretung für sich nicht in Anspruch nehmen. Ich lege Ihnen diese beiden Punkte mit der ausdrücklichen Erklärung ans Herz, daß die Regierung in Beziehung auf dieselben nicht von ihrem Standpunkte abgehen wird. Wenn ich nun sagen wollte, Ihre entgegengesetzten Beschlüsse seien unannehmbar, so würde Herr von Kleist sagen, dies dürfte ich noch nicht erklären, das würde bestimmend auf das Haus nicht einwirken; ich will daher lieber erklären, entgegengesetzte Beschlüsse seien ganz aussichtlos. Wenn die Regierung und das Abgeordnetenhaus gegen Sie sind, so kommen Sie gegen dieselben nicht durch.

Das Detail der Beweisführung dafür, daß die Vorschläge der Regierung in Bezug auf die Abgrenzung des großen und kleinen Grundbesitzes richtig sind, und Sie keine Veranlassung haben, dieselben zu fürchten, überlasse ich meinem Kommissarius, der Ihnen darüber noch einige Notizen geben wird. Wenn Sie Ihre Kommissionsbeschlüsse in diesem Punkte fallen lassen, dann taucht in mir die Hoffnung auf, daß es doch noch zu einer Verständigung kommen kann. Welchen unendlichen Werth die Regierung hierauf legt, habe ich Ihnen schon so oft gesagt, daß ich es kaum zu wiederholen brauche. Ich bitte Sie dringend, sich bei Ihrer Abstimmung von keiner Voreingenommenheit leiten zu lassen."

Regierungskommissar, Geheimer Regierungsrath Persius:

„Meine Herren! Im Anschluß an die Ausführungen meines Herrn Chefs gestatte ich mir, Ihnen die praktische Tragweite des Amendements des Herrn Dr. Baumstark noch näher darzulegen. Die Staatsregierung ist der Ansicht, daß durch dieses Amendement die Grenze des großen Grundbesitzes im Wesentlichen richtig festgestellt wird. Das Amendement weist dem Verbande der größeren Grundbesitzer alle diejenigen auf dem platten Lande vorhandenen größeren Grundbesitzer zu, welche mindestens den Betrag von 75 Thalern an Grund- und Gebäudesteuer zahlen. Es will jedoch für den Regierungsbezirk Stralsund diesen Satz von 75 auf 300 Thaler erhöhen und außerdem allgemein den künftigen Provinzialvertretungen die Befugniß zuschreiben, für ihre Provinzen oder für einzelne Kreise derselben den Satz von 75 Thalern zu erhöhen resp. bis auf 50 Thaler zu ermäßigen. Es fragt sich, ob dieses Amendement den Interessen des großen Grundbesitzes im Allgemeinen entspricht, und ob insbesondere durch dasselbe auch die Interessen der bisher kreistagsfähigen Rittergutsbesitzer genügend gewahrt erscheinen. Diese Frage ist nach der Ansicht der Staatsregierung zu bejahen. Der Satz von 75 Thalern ist so gegriffen, daß er in der That die Grenze zwischen dem großen und dem kleinen Grundbesitz für fünf der hier betheiligten Provinzen: Preußen, Brandenburg, Pommern, mit Ausnahme von Neuvorpommern, Posen und Schlesien, ganz richtig zieht. Denn aus den von den Behörden darüber erforderten Nachweisungen ergiebt sich, daß bei Annahme eines Satzes von 75 Thlrn. in diesen Provinzen, dem Verbande der größeren Grundbesitzer außer den bisher kreistagsberechtigten Rittergutsbesitzern, wenn auch mit mehreren Ausnahmen, nur die Eigenthümer solcher Besitzungen hinzutreten werden, die sich im Allgemeinen nach ihrem Bildungsgrade, sowie nach ihrer gesammten sozialen Stellung in der That als Großgrundbesitzer charakterisiren. Ich habe ferner eine statistische Nachweisung aufstellen lassen, um zu ermitteln, wie groß, bei Annahme eines Minimalsatzes von 75 Thalern Grund- und Gebäudesteuer, die Zahl der in Zukunft im ersten Wahlverbande Wahlberechtigten sein würde, wie viele unter diesen Wahlberechtigten bisher bereits kreistagsberechtigte Rittergutsbesitzer sein, und wie vielen von ihnen diese Eigenschaft fehlen, d. h. also diesem Wahlverbande neu hinzutreten würden. Aus dieser Nachweisung geht hervor, daß in sämmtlichen Kreisen der

diejenigen Gewerbetreibenden und Bergwerksbesitzer hinzu, welche

---

Provinzen Preußen, Brandenburg, Pommern, Posen, Schlesien, mit Ausnahme von zwölf, die bisher kreistagsfähigen Rittergutsbesitzer die Majorität und in nicht wenigen Kreisen sogar eine recht erhebliche Majorität in dem Wahlverbande der größeren Grundbesitzer behalten werden. Was aber die zwölf Kreise anbetrifft, wo dies nicht der Fall sein würde, so sind in diesen überhaupt nur sehr wenige Rittergüter vorhanden, und es ergiebt sich da von selbst, daß diese wenigen Rittergutsbesitzer nicht die Majorität behalten können. Dagegen überwiegt in 181 Kreisen die Zahl der bisherigen Rittergutsbesitzer die Zahl der dem Wahlverbande der Großgrundbesitzer neu hinzutretenden Grundbesitzer. Anlangend den Regierungsbezirk Stralsund, den das Amendement des Herrn Dr. Baumstark besonders berücksichtigen will, so habe ich zu bemerken, daß dieser Regierungsbezirk erheblich höher zur Grundsteuer veranlagt ist, als die übrigen Theile der Provinz Pommern, und als die vier anderen von mir genannten Provinzen. Mit Rücksicht hierauf erscheint es gerechtfertigt, die Minimalgrenze für den Großgrundbesitz in dem Stralsunder Regierungsbezirk höher zu ziehen, als für die übrigen Theile von Pommern und die anderen Provinzen. Es kommt für Neuvorpommern insbesondere noch in Betracht, daß dort die Zahl der Landgemeinden im Verhältniß zur Zahl der Gutsbezirke eine nur sehr geringe ist. Es existiren daselbst nur 172 Landgemeinden, wogegen die Zahl der Gutsbezirke 702 beträgt. Es würden also die in Neuvorpommern vorhandenen Landgemeinden eine zu starke, mit ihrer wirthschaftlichen Bedeutung nicht in einem richtigen Verhältnisse stehende Vertretung auf den Kreistagen erhalten, wenn man den Minimalsatz für den großen Grundbesitz auch in Neuvorpommern auf 75 Thaler feststellen und dadurch die Besitzer fast sämmtlicher Gutsbezirke diesem Wahlverbande zuweisen wollte. Es erscheint deswegen gerechtfertigt, die Grenze für den größeren Grundbesitz in jenem Landestheile zu erhöhen, solchergestalt eine Anzahl von Besitzern selbstständiger Gutsbezirke dem Wahlverbande der Landgemeinden zuzuweisen und ihnen in diesem ihre Vertretung zu gewähren. Ob nun gerade der Satz von 300 Thalern richtig gegriffen ist, mag ich nicht unbedingt hier entscheiden. Ich möchte beinahe annehmen, daß er eher zu hoch als zu niedrig gegriffen ist.

Was dann, meine Herren, die Provinz Sachsen anbetrifft, so glaube ich, sind es hauptsächlich die Verhältnisse dieser Provinz gewesen, welche den Herrn Dr. Baumstark und Genossen veranlaßt haben, in ihr Amendement die Bestimmung aufzunehmen, daß den künftigen Provinzial-Vertretungen gestattet sein soll, die Grenze für den Großgrundbesitz provinzen- resp. kreisweise zu erhöhen. Herr Dr. Baumstark hat die Aufgabe vielleicht für zu schwierig gehalten, sogleich in dem Amendement alle diejenigen Kreise zu bezeichnen, für welche der Minimalsatz höher zu bestimmen sein wird. Für eine größere Anzahl von Kreisen in der Provinz Sachsen ist der gegenwärtige Satz von 75 Thalern unzweifelhaft zu niedrig, namentlich für denjenigen Theil derselben, in denen der Rübenbau betrieben wird, die einen sehr guten Boden haben und folgeweise zur Grundsteuer sehr hoch eingeschätzt sind. In diesen Kreisen läßt sich ein Grundbesitzer, der 75 Thaler Grund- und Gebäudesteuer zahlt, noch nicht als Großgrundbesitzer charakterisiren, d. h. als ein solcher, der die Landwirthschaft als Großwirthschaft betreibt und nicht selbst mit Hand anlegt. Sie werden in einer Anzahl von rübenbauenden Kreisen Grundbesitzer finden, die 75, selbst 80 bis 90 Thaler Grundsteuer zahlen, die aber ihrer ganzen äußern Erscheinung und ihren gesammten Verhältnissen nach nichts weiter sind, wie Bauern und Kossäthen. Solche Grundbesitzer kann man nicht wohl dem Verbande der Großgrundbesitzer zuweisen.

Eine fernere Erwägung, die für eine Erhöhung des Satzes von 75 Thaler spricht, ist die, daß bei Annahme dieses Satzes eine verhältnißmäßig große Zahl von Bauern aus den Gemeinden heraus- und in den Wahlverband der großen Grundbesitzer hinübertreten, dadurch aber die einzelnen Gemeinden als einheitliche Wahlkörperschaften für die Wahl der Kreistags-Abgeordneten vielfach zerstört werden würden. Deshalb erachtet die Regierung es für angemessen, daß man für eine Anzahl von Kreisen in der Provinz Sachsen den Satz höher normirt

wegen ihrer auf dem platten Lande innerhalb des Kreises betriebenen

---

als 75 Thlr. Sie hat ihrerseits einen Grundsteuer-Reinertrag von 1000 Thaler vorgeschlagen; ich glaube daher, daß, wenn man anstatt des Satzes von 75 Thlr. für die noch näher zu bezeichnenden Kreise etwa den Satz von 100 Thlr. Grund- und Gebäudesteuer greift, man auch für diese Kreise die Grenze des großen Grundbesitzes im Allgemeinen richtig ziehen wird; ich will nicht in Abrede stellen, daß dann vielleicht noch ein oder der andere Bauer in den Wahlverband der Großgrundbesitzer mit hinübertreten wird, darauf kommt es nicht an, es handelt sich nur darum, in derselben Weise wie in den anderen Provinzen, auch in der Provinz Sachsen im Allgemeinen diejenigen Grundbesitzer, welche sich vermöge ihrer ganzen Bildung und ihrer sozialen Stellung dazu eignen, dem Wahlverbande der Großgrundbesitzer zu überweisen."

Der Berichterstatter von Wedell sagte dann noch zum Schluß:

„Ich werde mich auf einige Worte beschränken. Die Debatte hat sich nicht auf den Paragraphen, der eigentlich zur Diskussion gestellt war, beschränkt, sondern hat den § 86 mit hineingezogen. Die Bemerkungen, die dazu gemacht sind, bedürfen einiger Erwiderungen. Im Allgemeinen ist von den Gegnern des Kommissionsvorschlages über den nach der Vorlage zu erwartenden Zustand der Dinge ein Bild entworfen, das, wie ich glaube, Sie selbst nicht im Stande sind, getreu wiederzugeben, und zwar ganz einfach deshalb, weil die Gegenstände, die sie darstellen, noch nicht existiren. Insofern halte ich unsere Position für günstiger. Wir rechnen mit bekannten Größen, wir schließen uns an das Bekannte an, während Sie mit unbekannten Größen operiren. Ich komme auf eine Aeußerung des Herrn von Winter zurück, die, wie ich glaube, auch vom Herrn Grafen von Itzenplitz betont ist. Es ist ein besonderes Gewicht auf die Vorzüge gelegt, welche der Kommissionsvorschlag dem ersten Stande beilegen würde. Dies trifft aber nicht zu. Ich bitte, daß Sie die Sache von dem richtigen Standpunkte aus ansehen. Wenn ich ein Kunstwerk ansehe, und für ein solches halten Sie ja die Vorlage, so kommt es darauf an, daß ich die richtige Stellung dazu einnehme. Wenn Sie sich entschließen könnten, Ihre Stellung zu verlassen, die jedenfalls nicht das richtige Licht wahrnimmt, und nähmen die unsrige ein, so würde die Sache in einem anderen Lichte erscheinen. Wenn Sie sich denken, daß unsere Vorschläge Gesetzeskraft hätten und Sie treten vor die Kreiskorporationen und sagen zu diesen: ich habe Euch eine Verfassung gegeben und darin wichtige Rechte eingeräumt, es kommt darauf an, daß dies zweckmäßig gehandhabt wird; um das zu erreichen, muß ich Vorkehrungen treffen, daß der Stand, von dem ich weiß, daß er Tüchtiges leistet, genügend vertreten wird, darum bestimme ich, daß die Wahlverbände so konstruirt werden, daß aus denselben eine genügende Zahl möglicherweise hervorgehen kann. Wenn Sie es aus diesem Lichte betrachten, so wird der Eindruck ein anderer sein.

Was zunächst den § 82 betrifft, so unterscheiden sich die Kommissionsvorschläge von den Vorschlägen, die durch das Amendement gemacht sind, und der Regierungsvorlage durchaus nicht wesentlich. Das Kriterium der Tausendthaler-Männer finden Sie in dem Vorschlage der Kommission auch. Gehen Sie so weit, daß selbst 75 Thaler Steuer zu dem Wahlverbande des ersten Standes genügen, und ich glaube den Herrn Regierungskommissar richtig verstanden zu haben, wenn ich annehme, daß er das Amendement Baumstark vertritt, in welchem dieser Vorschlag gemacht ist, dann werden Sie höchst selten in einzelnen Kreisen Rittergüter antreffen, die damit nicht getroffen werden. Die noch unter dieser Steuer zahlenden Rittergüter, glaube ich, bilden eine sehr geringe Zahl.

Was wir wollen, und wodurch sich der Kommissionsvorschlag unterscheidet, ist, daß nicht blos die äußeren Merkmale der Besteuerung, sondern die soziale Stellung des Besitzers mit in Betracht gezogen wird; der Besitzer, welcher vermöge seiner Stellung im Stande war, sich mit den Bedürfnissen des Kreises zu beschäftigen, soll in diesem Wahlverbande seine Stimme abgeben. Der Unterschied ist wirklich nicht so groß, und ich kann mir nicht denken, daß ein so großes Gewicht darauf gelegt wird, die kleineren Rittergüter ohne weiteres auszuscheiden. Die Kommission hat verlangt, daß die Hälfte der Kreistagsabgeordneten dem

gewerblichen Unternehmungen in der Klasse A. I. der Gewerbesteuer mit dem Mittelsatze veranlagt sind (§. 14. Absatz 4.)

§. 87.

Bildung des Wahlverbandes der Landgemeinden.

Der Wahlverband der Landgemeinden umfaßt:

1) sämmtliche Landgemeinden des Kreises;

2) sämmtliche Besitzer selbstständiger Güter mit Einschluß der juristischen Personen, Aktiengesellschaften und Kommandit-

---

ersten Stande, wenn ich ihn so bezeichnen darf, gegeben wird und daß in dieser Hälfte diejenigen einbegriffen sind, welche als Fideikommisse besitzend aus eigenem Rechte, also mit Virilstimme auf dem Kreistage erscheinen. M. H.! Für letzteres ist ein genügender Grund vorhanden. Die Besitzer von Gütern, deren Geschichte und Interesse mit dem des Kreises verwachsen ist, bieten dem Kreise eine größere Garantie als der gewählte, der vielleicht in dem Momente, wo die Wahl auf ihn trifft, schon mit Gedanken umgeht, sein Gut zu verkaufen. Wohin das den Kreis führen kann, werden mir diejenigen bestätigen können, die Zeuge von den einzelnen Anträgen gewesen sind. Sie gehen in der Regel dahin, dem Gute einen augenblicklich hohen Werth zu verschaffen, diesen mitzunehmen und dem Zurückbleibenden zu überlassen, die Kosten zu bezahlen.

Wenn Herr Hasselbach gefragt hat, wen die Rittergüter vertreten, ob sie nicht ihr persönliches Interesse vertreten, so muß ich dem ganz entschieden widersprechen. Der Rittergutsbesitzer hat nicht geglaubt, sich selbst zu vertreten, sondern die Gemeinde und die ganze Gegend, der er angehört, ein verschiedenes Interesse ist nicht vorhanden; was dem Stande der größeren Besitzer zu Gute kommt, kommt auch dem der kleineren Besitzer zu Gute, und wenn es um verschiedene Interessen sich gehandelt hat, so sind es Interessen von ganz lokaler Natur gewesen, die beide Stände in einer Gegend gleichmäßig berühren. Dann möchte ich auch noch behaupten, daß das Gefühl der Vertretung aus eigenem Recht ein viel größeres Gefühl der Pflicht hervorbringen wird, als die Wahl. M. H.! Ich will Ihnen in dieser Beziehung ein Beispiel aus der Praxis mittheilen. In einem der Kreise, denen anzugehören ich die Ehre habe, haben die Rittergutsbesitzer beschlossen, daß von einzelnen Aufwendungen ein gewisser Prozentsatz vorweg von den Rittergutsbesitzern übernommen und dann erst der Rest vertheilt wird nach dem allgemeinen Steuermodus. Ich glaube, bei einer Zusammensetzung nach der Vorlage hätte ein solcher Beschluß niemals gefaßt werden können. Einer Aenderung der bisherigen Kreisverfassung haben wir uns auch nicht entgegengesetzt, die Frage ist nur, wie weit diese Aenderung gehen kann.

Herr Graf Itzenplitz betonte noch, daß das Vorrecht der Rittergutsbesitzer, wie er es nannte, ungünstig aufgenommen sei. Ich will das nicht in Abrede stellen, weil ich nicht allwissend bin, so viel aber kann ich sagen, daß in den Kreisen, die mir speziell bekannt sind, ich von dieser Ungunst nichts erfahren habe. Würde man in diesem Augenblicke, bevor diese Vorlage Gesetzeskraft hat, zu den kleinen Besitzern sagen: wählt zum Kreistage, wen ihr wollt, so bin ich überzeugt, sie würden die größeren Besitzer wählen; mit dem Moment aber, wo diese Vorlage zum Gesetz erhoben wird, wird der Gedanke begründet, daß ihnen Unrecht geschehen ist, und diesem Gefühl werden sie Rechnung tragen. Der Glaube an ein erlittenes Unrecht wird künstlich hervorgerufen, das ist meine volle Ueberzeugung."

Das Herrenhaus nahm die Anträge seiner Kommission an, nachdem es den Antrag des Dr. Baumstark in namentlicher Abstimmung mit 86 gegen 63 Stimmen verworfen hatte. Der neueste Regierungsentwurf hat den letzteren (mit unwesentlichen Abänderungen) aufgenommen, wie er sich jetzt in der Kreisordnung vorfindet.

2. Vergl. bezüglich der Provinz Sachsen und des Regierungsbezirks Stralsund die Bestimmungen im §. 183 der Kreisordnung.

gesellschaften auf Aktien, welche nicht zu dem Verbande der größeren Grundbesitzer (§. 86.) **gehören**;

3) diejenigen Gewerbetreibenden und **Bergwerksbesitzer, welche** wegen ihrer auf dem platten Lande innerhalb des Kreises betriebenen gewerblichen Unternehmungen in der Klasse A. I. unter dem Mittelsatze veranlagt sind.

§. 88.

Bildung des Wahlverbandes der Städte.

Der Wahlverband der Städte umfaßt die Stadtgemeinden des Kreises.

§. 89.

Vertheilung der Kreistags-Abgeordneten auf die einzelnen Wahlverbände.

Die nach §. 84. dieses Gesetzes jedem Kreise nach Maßgabe

Zu §§ 89–93.

1. Die Regierungsvorlage von 1871 lautete bezüglich der Vertheilung der Kreistagsabgeordneten auf die einzelnen Wahlverbände im Uebrigen übereinstimmend mit dem §. 89 der jetzigen Kreisordnung, nur mit dem Unterschiede,

„daß die Zahl der städtischen Abgeordneten niemals die Hälfte derjenigen „Zahl übersteigen dürfe, welche den andern beiden Wahlverbänden gemeinschaftlich zusteht."

Die Motive (von 1869 S. 107) sagen hierüber:

„Bezüglich der Vertheilung der Kreistagsabgeordneten auf die einzelnen Wahlverbände ist vorweg daran zu erinnern, daß aus der bisherigen ungleichmäßigen Vertretung der drei Stände vorzugsweise die Veranlassung zu Klagen entnommen worden ist. Die geringe Vertretung der Städte und der Landgemeinden einerseits, und die zahlreiche Vertretung des großen Grundbesitzes auf der anderen Seite, wie sie durch die zur Zeit geltenden Kreisordnungen eingeführt worden ist, muß schon deshalb, weil sie die Besorgniß einer möglichen Prägravation bei dem zweiten und dritten Stande aufkommen läßt, beseitigt, es muß in Würdigung der gegenseitigen Interessen der neugeschaffenen Wahlverbände ein von vorn herein bestimmter Maßstab für die Vertretung festgestellt werden. Als solchen für die Vertheilung der Vertretung unter den Städten und dem platten Lande das Bevölkerungs-Verhältniß gelten zu lassen, wird kein Bedenken haben. Eine gleiche Bestimmung enthielten auch die früheren Entwürfe. Es erscheint jedoch eine Einschränkung dahin geboten, daß die Vertretung der Städte nicht den dritten Theil der nach der Bevölkerungsziffer bestimmten Gesammtzahl der Kreistagsmitglieder übersteigen dürfe. Diese Einschränkung wird mit Rücksicht darauf, daß nur wenige Kreise (von 234 nur 33 Kreise) vorhanden sind, in denen den Städten nach ihrer Einwohnerzahl eine stärkere Vertretung zukommen würde, nicht erheblich in's Gewicht fallen, sie ist aber gleichwohl für diese geringe Zahl von Kreisen dadurch geboten, daß ohne dieselbe von vornherein den Städten ein Stimmengewicht auf dem Kreistage zugetheilt werden würde, welches mit Rücksicht auf die überwiegende Bedeutung, welche der Kreisverband für das platte Land hat, sowie im Hinblick auf die größere Gleichartigkeit der städtischen Interessen gegenüber den Bedürfnissen der auf einer größeren Fläche zerstreut wohnenden ländlichen Bevölkerung geradezu unzulässig erscheint. Wollte man jene Einschränkung fallen lassen, so würde man damit die Besorgniß der Prägravation bei den Vertretern des platten Landes wachrufen und so gerade dasjenige erreichen, was man durch die anderweitige Feststellung des Vertretungs-Verhältnisses zu vermeiden wünscht. Die Gesammtzahl der städtischen Abgeordneten in sämmtlichen sechs östlichen Provinzen von 1478 wird übrigens nach Inhalt der beigefügten statistischen Nachrichten in Folge der Reduktion auf ⅓ im Ganzen nur um 103 Abgeordnete, und wenn die über 30,000 Einwohner zählenden Städte in Gemäßheit des §. 3 des Gesetz-Entwurfs aus ihren bisseiner Bevölkerungsziffer zustehende Zahl von Kreistags-Abgeordneten wird auf die drei Wahlverbände der größeren Grundbesitzer, der Landgemeinden und der Städte nach folgenden Grundsätzen vertheilt:

herigen Kreisverbänden ausscheiden, um noch fernere 26 Vertreter vermindert werden.

Die gleichmäßige Vertheilung der nach Abzug der Vertreter der Städte übrig bleibenden Stimmen auf die Wahlverbände des großen Grundbesitzes und der Landgemeinden, wie sie der Entwurf in Aussicht nimmt, entspricht, wie zugegeben werden muß, in einzelnen Kreisen der realen Stellung dieser beiden Elemente nicht vollkommen, sie hat aber gewählt werden müssen, weil es an jedem andern einigermaßen zutreffenden Maßstabe gebricht. Es liegt auf der Hand, daß für die Vertheilung der Stimmen zwischen großem Grundbesitz und Landgemeinden nicht das Bevölkerungs-Verhältniß maßgebend sein kann. Der große Grundbesitz würde dadurch in eine Minorität herabgedrückt werden, welche gegenüber der Majorität des anderen Elementes das umgekehrte Verhältniß von demjenigen darstellt, worauf er durch sein Gewicht, seinen Einfluß und seine berechtigten Interessen Anspruch machen darf. Ebensowenig hat es aber auch für richtig erachtet werden können, die Reinerträge der Grundsteuer-Veranlagung zur Unterlage zu nehmen. Die beiliegende Nachweisung ergiebt in dieser Beziehung auf den ersten Blick die bei einer Vertheilung nach den Reinerträgen hervortretende ungemeine Präponderanz der Landgemeinden, und da, wo sie nicht vorhanden, entsteht umgekehrt die Befürchtung eines Uebergewichtes des großen Grundbesitzes, welcher sich ebenfalls mit den Prinzipien der ausgleichenden Gerechtigkeit nicht vereinbaren läßt. Noch größer würde das Mißverhältniß werden, wollte man nach Maßgabe der direkten Staatssteuern vertheilen. Will man den Interessenstreit von vornherein abschneiden, so wird man dies am sichersten dadurch erreichen, daß man durchweg die zufällige Präponderanz in den einzelnen Kreisen korrigirt und nach großen Durchschnitten ein Gleichgewicht der gesellschaftlichen und wirthschaftlichen Gruppen herstellt, das den einzelnen Faktoren der Kreisversammlung die wirksame Verfolgung ihrer individuellen Standpunkte sichert. Hierzu führt kaum ein anderer Weg als der, welchen der Entwurf eingeschlagen hat."

Die Kommission des Abgeordnetenhauses schlug dagegen die Fassung vor, wie sie jetzt der §. 89 enthält. Namens derselben berichtete der Abgeordnete von Brauchitsch (Sitzung vom 20. März 1872. St. B. S. 1437):

„M. H.! In der Kommission kam zunächst die Frage zur Sprache, ob es richtig sei, wie die Regierungsvorlage will, die Stimmen zwischen dem platten Lande und den Städten nach der Seelenzahl zu theilen, oder ob es sich nicht mehr empfehlen möchte, sie nach der Steuerleistung, nach sämmtlichen direkten Staatssteuern zu theilen, und es wurde das Ersuchen an die Staatsregierung gerichtet, doch statistisches Material darüber zu beschaffen. Der Herr Regierungs-Kommissar verwies auf eine statistische Zusammenstellung des Jahres 1869, aus welcher sich im Allgemeinen entnehmen ließ, daß bei der Steuerkraft das Stimmenverhältniß für eine größere Zahl der Städte ein klein wenig günstiger, für einen Theil der Städte aber sich ungünstiger stellen würde, als bei der Vertheilung nach der Einwohnerzahl. Nachdem man dies festgestellt hatte, beschloß eine überwiegende Mehrzahl der Kommission, die Einwohnerzahl hier zu Grunde zu legen, und zwar um so mehr, als in der Kommission von Vielen nicht anerkannt werden konnte, daß die Staatssteuern als solche eine richtige Basis für die Vertheilung des Stimmverhältnisses sein würden, sondern daß, wenn man die Steuern zur ausschließlichen Basis machen wolle, man dazu nur die Kreissteuer nehmen könne; daß aber, da man keine im Gesetz ein für allemal festgestellte Kreissteuern hätte, man nicht umhin könne, nach einem andern Modus der Vertheilung zu suchen, daß daher der einzige Modus, welcher zu Grunde zu legen sei, die Einwohnerzahl sei. Man war aber ebenso einverstanden, daß bezüglich der Theilung zwischen dem Wahlverbande des Großbesitzes und des Kleinbesitzes überhaupt nur die Realsteuern einen Maßstab abgeben können, indessen

1) Die Zahl der städtischen Abgeordneten wird nach dem Verhältnisse der städtischen und ländlichen Bevölkerung, wie dasselbe durch die letzte allgemeine Volkszählung festgestellt worden ist, bestimmt. Die Zahl der städtischen Abgeordneten darf die

---

mit Rücksicht auf die Veränderungen, die man bei §. 86 bereits angenommen hatte, und die Modifikationen, die doch mit dem Großgrundbesitz bereits vorgenommen sind, daß nämlich eine größere Summe von Steuerkraft in den Wahlverband des Großgrundbesitzes gelangt ist, glaubte die Kommission sich einverstanden erklären zu können mit der Theilung der Stimmen zur Hälfte zwischen beiden Wahlverbänden umsomehr, da sie den Vorzug der praktischen Einfachheit der Handhabung für sich hat. Dagegen konnte die Kommission in ihrer Mehrheit es nicht als gerechtfertigt anerkennen, wenn, wie dies in der Regierungsvorlage vorgeschlagen ist, die Städte in der Weise beschränkt werden sollten, daß, obwohl ihnen nach der Einwohnerzahl mehr als ein Drittel, mehr als die Hälfte der übrigen Wahlverbände zukommen würde, sie doch in keinem Fall mehr als ein Drittel sämmtlicher Stimmen auf dem Kreistage haben sollten. Man sagte sich, daß eine solche Beschränkung theoretisch, nachdem man einmal die Theilung nach der Einwohnerzahl angenommen hatte, höchstens insoweit Berechtigung haben könne, als verhütet werden müsse, daß nicht einer der drei Wahlverbände, hier in Rede der Wahlverband der Städte, das absolute Uebergewicht über die andern beiden Wahlverbände von vornherein habe. Man beschränkte daher den allgemeinen prinzipiellen Satz dahin, daß die Städte nicht mehr als die Hälfte sämmtlicher Abgeordneten haben sollen. Es wurde von anderer Seite hervorgehoben und namentlich von Seiten des Herrn Regierungs-Kommissars, daß darin schon eine entschiedene Bevorzugung liege und ein Uebergewicht der Städte gegenüber den beiden anderen Wahlverbänden etablirt würde, da die Versammlungen in der Regel in der Kreisstadt abgehalten würden und die städtischen Vertreter im Großen und Ganzen den Versammlungen häufiger und zahlreicher beiwohnen würden, als die Vertreter des platten Landes; indessen glaubte die Majorität der Kommission diese Gründe nicht durchschlagend genug erachten zu können, um von dem angeführten Grundsatz abzuweichen."

Gegen die von der Kommission vorgenommene Abänderung erklärte sich der Abgeordnete von Wedell-Menzlin: „M. H.! Ich glaube doch, sagte er, daß, nachdem uns das neueste statistische Material über die Bildung der Kreis-Vertretung zugegangen ist, der größte Theil des Hauses überrascht sein wird, daß in sieben Kreisen das Resultat ein solches ist, daß die Vertretung der Städte gerade die Hälfte der ganzen Kreisvertretung beträgt, also so viel als die Summe der Vertretung der beiden anderen Wahlkörper. Es ist nach meiner Auffassung ein ganz ungehöriges Verhältniß, daß in einer Vertretung, die es wesentlich mit den ländlichen Beziehungen zu thun hat, von vornherein der eine Wahlkörper, und zwar der städtische, berechtigt sein soll die anderen zu majorisiren, was jedenfalls eintreten muß, da schon ein mit gleicher Stimmenzahl gefaßter Beschluß als ungültig betrachtet wird, und es ja erwiesen und auch unvermeidlich ist, daß die entfernt wohnenden Vertreter nicht jeder Zeit die Kreisversammlung mit der Bestimmtheit, mit der Akkuratesse besuchen können, wie es die Städte im Stande sind, und namentlich, wie es in dem Fall die Städte immer im Stande sein werden, wenn eine große Stadt und zwar die Kreisstadt die Hauptzahl der Vertreter liefert. Dies Verhältniß stellt sich namentlich für den Kreis, den ich die Ehre habe, hier zu vertreten, sehr auffallend heraus; es ist dies der Greifswalder Kreis. Die Städte in Neu-Vorpommern sind bekanntlich selbstständig gestellt in Hinsicht ihrer Polizeiverwaltung, sie sind selbstständig gestellt hinsichtlich ihrer Kommunalverwaltung, es sind auch die Städte in meinem Kreise selbstständig gestellt hinsichtlich der Einschätzung zur Gewerbesteuer; sie haben mit dem Landrath eben nur zu thun hinsichtlich der Militärverhältnisse und der Verhältnisse zur Klassen- und Einkommensteuer. M. H., da wird es sich doch sehr häufig herausstellen, daß bei einem solchen Zustande namentlich die Verhandlungen

Hälfte, und in denjenigen Kreisen, in welchen nur eine Stadt vorhanden ist, ein Drittel der Gesammtzahl aller Abgeordneten nicht übersteigen.

2) Von der nach Abzug der städtischen Abgeordneten übrig bleibenden Zahl der Kreistags-Abgeordneten erhalten die Verbände der größeren Grundbesitzer und der Landgemeinden ein jeder die Hälfte.

---

für Kreis-Angelegenheiten mit einer solchen Versammlung kaum auf eine gerechte Weise zu führen sein werden. Ich empfehle deshalb die Regierungsvorlage, die diesen Verhältnissen von Hause aus Rechnung getragen hat, indem sie sagt, daß die städtischen Vertreter höchstens die Hälfte der Summe der Vertreter der beiden anderen Wahlkörper betragen sollen."

Die Kommissions-Vorschläge wurden vom Abgeordnetenhause angenommen.

Die Kommission des Herrenhauses hatte dagegen folgende Fassung vorgeschlagen:

„1) dem Wahlverbande der größeren ländlichen Grundbesitzer wird die Hälfte der Gesammtzahl der Kreistags-Mitglieder zugewiesen.

Befinden sich in einem Kreise Majorats- und Fideikommiß-Besitzer, so sind dieselben zur persönlichen Theilnahme an den Kreistagen berechtigt, und wird in solchem Falle die Zahl der vom Wahlverbande der größeren Grundbesitzer zu wählenden Abgeordneten um eben so viel vermindert.

Uebersteigt die Zahl der Majorats- und Fideikommiß-Besitzer ein Drittel der Gesammtzahl der Abgeordneten, welche den Wahlverband der größeren Grundbesitzer zu wählen hat, so bilden die Majorats- und Fideikommiß-Besitzer einen besonderen Wahlverband zur Wahl von Abgeordneten bis zu einem Drittel der Gesammtzahl.

2) Die übrig bleibende Zahl der Kreistags-Abgeordneten wird auf die Wahlverbände der Städte und Landgemeinden nach dem Verhältniß der städtischen und ländlichen Bevölkerung vertheilt.

Aenderungen in dem Stimmenverhältniß der einzelnen Wahlverbände können durch das Kreisstatut festgesetzt werden."

Zu Gunsten dieser Vorschläge sagte von Kleist-Retzow in der Sitzung des Herrenhauses vom 30. Oktober 1872 (St. B. S. 534.):

„M. H.! Wir haben gestern durch den Beschluß zu §. 82. eine wirklich ständische Grundlage für die Kreisvertretung hergestellt, die Grundlage dessen, worauf der heutige Beschluß weiter aufbauen wird. Ich will einen Blick auf die desfallsigen Bestimmungen zurückwerfen, weil doch noch soviel Furcht, als sei diese ständische Grundlage etwas Ungeheuerliches, besteht, und um gleichzeitig darzuthun, weswegen gerade auch die Vorschläge des §. 85., wie sie Ihre Kommission macht, dadurch gerechtfertigt werden. Es hat bei mir eine große Freude erregt, daß gestern sich schon herausstellte, wie unsere Verhandlungen bei der allgemeinen Diskussion über die Stände mit Ihren desfallsigen ruhigen Erwägungen einen unzweifelhaften Erfolg in diesem Hause gehabt haben. Ich erwähne das rücksichtlich der Ausführungen des Herrn Hasselbach und vor Allem der Ausführungen des Herrn Grafen zu Eulenburg, des Ministers.

Herr Hasselbach stellte sich früher, so auch namentlich in der Kommission, auf den Standpunkt, daß er sagte, Stände existiren gar nicht mehr. Unsere gegenwärtigen Stände seien keine Stände, weil wir keinen politisch berechtigten Adel mehr haben. Gestern sagte er schon, die gegenwärtigen Stände sind ganz andere Stände, als die wir früher hatten. Das ist vollkommen richtig, aber kein horrendum. M. H.! Schon in der allgemeinen Diskussion führte ich aus, daß sich Stände als solche mit der Entwickelung des Staates ihrerseits entwickeln und umbilden. Der Adel ebenso. Wir hatten erst den hohen Adel, die Landesobrigkeit, im Mittelalter die milites, die Ritter, mit der Bedeutung, die diese

§. 90.

Bleibt die vorhandene Zahl der in dem Wahlverbande der größeren Grundbesitzer Wahlberechtigten (§. 86.) in einem Kreise unter der ihrem Verbande nach §. 89. zukommenden Abgeordnetenzahl, so wählt dieser Verband nur so viele Abgeordnete, als Wähler vorhanden sind, und fällt die demselben hiernach abgehende Zahl von Abgeordneten dem Wahlverbande der Landgemeinden zu.

---

für das Staatsleben hatten; sie konnten möglicherweise von unfreier Geburt sein, und wir haben gegenwärtig den großen Grundbesitz mit politisch obrigkeitlichen Rechten und Pflichten betraut, unabhängig von der politischen Auffassung, ob liberal oder konservativ, unabhängig davon, ob sie in sonst gebrauchtem Sinne von Adel sind oder nicht. Dieser politisch berechtigte Stand ist dadurch gegenwärtig bei uns der politische Adel. Der Herr Minister seinerseits ist gestern soweit gegangen, daß, während er bei der Generaldebatte ausdrücklich erklärte, er wolle von Ständen nichts wissen, gestern erklärte, er wolle auch seinerseits Stände. Mit vollem Recht, meine Herren, sie sind nichts Ungeheuerliches, sie sind etwas Natürliches, Nothwendiges. Er führte Herrn Hasselbach gegenüber vortrefflich und ganz aus meiner Seele aus, wie mit den Ständen durchaus nicht gegeben sei, daß auch bei der Abstimmung eine ständische Theilung, also eine Abstimmung aus ständischem Interesse gegliedert stattfinden müsse; das würde eine Kuriatabstimmung sein. Es hat der selige Stahl eingehend und wiederholt nachgewiesen, wenn man die lebendigen Kräfte des Staates zur Vertretung desselben gewinnen wolle nach ihrer realen Bedeutung, man keine andere Grundlage der Wahl nehmen könne, als eine ständische, wobei freilich die Abstimmung ihrem Grund und Wesen nach hervorgehend aus den allgemeinen Staatsbürgerpflichten, nicht aus dem ständischen Interesse, keine gegliederte, sondern für das betreffende Corpus eine einheitliche sein müsse. So bei unseren Ständen. — Die Differenz, welche wir noch mit dem Herrn Minister haben, m. H., ist eigentlich seiner eigenen Intention nach verhältnißmäßig unbedeutend. Der Herr Minister verlangt wie wir großen Grundbesitz. Er braucht aber ein Mittel, um ihn zu finden, was das Wesen des Standes nicht trifft, sondern zerstört, das bloße Reineinkommen. Herr Hasselbach hat schon gesagt: ich verlange für den Stand einen besonderen Geist; was sei das für ein Geist? Den verschiedenen Geist, der diesen Stand charakterisirt, oder vielmehr die Gesinnung, wie ich mich ausgedrückt hatte, wollte ich nicht als das erkennbare Merkmal erscheinen lassen, nach welchem die Staatsverwaltung klassifiziren soll, sie ist vielmehr erst der Erfolg der Kriterien des Wesens des großen Grundbesitzes, von welchem wir die Scheidung abhängig machen. Diese sind die kommunale Selbständigkeit, die obrigkeitliche Stellung, damit verbunden weiter die höhere Bildung, die ganze soziale Stellung, der Dienst, der von dieser Klasse dem Staate und Gemeinwesen geleistet wird. Der ganze Unterschied besteht allein in der Aufnahme des Wortes „selbstständig" als Bedingung des Besitzes, welcher zum großen Grundbesitz gezählt werden soll, weil nach unserer Gesetzgebung dadurch selbstständige Kommunalbezirke getroffen werden. Dadurch allein erhalten wir in den Provinzen, welche der Entwurf umfaßt, einen wirklichen Stand der großen Grundbesitzer, welchen die Regierungsvorlage vollständig zerstört.

Lassen Sie mich aus den Mittheilungen zu unserer Vorlage Ihnen nachweisen, in welcher Weise in den einzelnen Kreisen dieser Stand durch eine solche Bestimmung, die bloß nach dem Reinertrage gegriffen wird, zerstört wird. So hat Liegnitz jetzt 64, dann 105, Wanzleben jetzt 17, dann 174, Wolmirstedt 8, dann 94, Saalkreis jetzt 22, dann 117, Marienwerder jetzt 2 und dann, wenn ich nicht irre, 208 u. s. w., haben eine ganze Reihe von Kreisen danach eine solche Vermehrung der Vertreter im sogenannten Stande des großen Grundbesitzes durch Bauern zu gewärtigen, daß diese den Stand völlig beherrschen. Wie kann davon die Rede sein, daß dies ein großer Grundbesitz ist mit der politischen Be-

§. 91.

Vertheilung der vom Wahlverbande der Landgemeinden zu wählenden Abgeordneten auf die einzelnen Wahlbezirke.

Zum Zwecke der Wahl der von dem Verbande der Landgemeinden zu wählenden Abgeordneten werden, unter möglichster Anlehnung an die Amtsbezirke in räumlicher Abrundung und nach Maßgabe der Bevölkerung Wahlbezirke gebildet, deren jeder die Wahl von einem bis zwei Abgeordneten zu vollziehen hat.

---

deutung für das Staatsleben, die er haben muß. Es ist nur möglich, m. H., daß Sie dies entweder statutarisch ordnen, oder aber, daß Sie in das Gesetz einen Begriff hineinbringen, der diese Kriterien, die entscheidend, seinerseits schon enthält. Der zweite verhältnißmäßig unbedeutende Unterschied, den wir von der Regierungsvorlage haben, ist der, daß wir sagen: wir gehen aus von dem bestehenden Recht und erweitern es, wie vorher erwähnt, dem Reinertrage nach gleich mit der Regierung; wir beschränken es aber in dem Falle, wenn die Güter, welche jetzt zu dem Stande gehören und geringeren Reinertrag haben, verkauft oder parzellirt werden. Der Herr Minister von Itzenplitz sagte: „diese kleinen Güter werden hin und her verkauft." Ganz richtig! dann gehen sie eben aus der Gemeinschaft heraus. Das ist gegen die, die oft 400 Jahre in derselben Familie existiren, eine billige rücksichtsvolle Behandlung. Niemand kann sich darüber beklagen, als etwa die andern Mitglieder des Standes, denn sie vergrößern nach den Vorschlägen der Kommission nicht das Recht des Standes. Der behält trotzdem nur dieselbe Vertretung. Sie verkleinern vielmehr in etwas das Wahlrecht desselben, was er gern so lange tragen wird. Es fragt sich nun in dem § 85, wie soll das Stimmenverhältniß auf dem Kreistage bei dieser Grundlage sein? Soll es so sein, daß jeder Stand gleich wählt, zu je ein Drittel? So ist es gegenwärtig in der Rheinprovinz, in Hannover und anderen neuen Provinzen nach den neuen Gemeindeordnungen, die diese haben. Es mag wohl Jeder sich selbst klar machen können, wie denn doch unsere östliche Provinzen in der Beziehung eine ganz andere Bedeutung des Großgrundbesitzes darbieten, wie die Provinzen, von denen ich eben gesprochen habe. Lassen Sie mich Ihnen mittheilen aus den Vorlagen unseres Entwurfes aus meinem Regierungsbezirke, dem Regierungsbezirke Köslin, wie sich da das Verhältniß stellt. Da haben die Besitzer selbstständiger Güter in dem Belgarder Kreise einen Grundsteuer-Reinertrag von 184,000 Thlr., die Landgemeinden von 50,000 Thlr., in dem Kreise Dramburg 83,000—51,000 Thlr., Fürstenthum 315,000—253,000 Thlr., Lauenburg 173,000—137,000 Thlr., Neustettin 359,000—114,000 Thlr., Schievelbein 44,000—40,000, Stolp 275,000—135,000 Thlr. Nur in zwei Kreisen, Bütow und Schlawe, stellt es sich umgekehrt. Andererseits wird durch die Vorlage der Regierung nicht einmal das erreicht, sondern in denjenigen Fällen, wo große Städte in den Kreisen sind, hat die Stadt die Hälfte der Abgeordneten. Das findet in einer ganzen Anzahl von Kreisen statt, in Franzburg, Grimmen, Wolmirstedt, Wanzleben, Calbe und sonst. Der große Grundbesitz hat dann etwa ein Viertheil der Stimmen. In Franzburg haben eine Reihe seiner Mitglieder, die dazu wählen, weit mehr Steuern zu zahlen, als Städte mit ihrer Virilstimme. Dazu vergegenwärtigen Sie sich, wie die Städter schon dadurch ein Privilegium haben, daß der Kreistag in der Stadt abgehalten wird. Die städtischen Abgeordneten stimmen wie ein Mann. Da hört alles kreisständische Leben auf, wenn eine einzige Stadt ihrerseits die Hälfte der Stimmen hat. Auch da wieder zeigt es sich, meine Herren: dies kann nur durch ein Statut den Verhältnissen entsprechend geordnet werden, wie die Kommission nach Aufstellung einer allgemeinen Regel es vorschlägt. Hier tappen Sie jetzt mit Ihren Grundsteuervorschlägen, um dies möglichst auszugleichen, im Dunkeln umher.

Soll etwa die Seelenzahl das Maßgebende sein? Ist wirklich der Arbeitsmann mit dem Bauern, oder der Bauer mit dem großen Grundbesitzer für den Staat als solchen von gleicher politischer Bedeutung? Ich entsinne mich einer Abhandlung des verstorbenen Geheimen Raths Hoffmann, wo er einmal diese Frage erörtert und seinerseits — den Sie gewiß als Autorität anerkennen werden

Vertheilung der vom Wahlverbande der Städte zu wählenden Abgeordneten auf die einzelnen Stadtgemeinden, beziehungsweise Bildung von Städte-Wahl-Bezirken.

§. 92.

Die Zahl der vom Wahlverbande der Städte überhaupt zu wählenden Kreistags-Abgeordneten wird auf die einzelnen Städte des Kreises nach Maßgabe der Seelenzahl vertheilt.

Sind in einem Kreise mehrere Städte vorhanden, auf welche hiernach nicht je ein Abgeordneter fällt, so werden diese Städte Be-

— hervorhebt, wie die Bedeutung des betreffenden Standes oder der betreffenden Persönlichkeit für den Staat, dadurch eine wesentlich verschiedene werde, ob man die Mittel, die man durch seine Thätigkeit erwirbt, nur gebraucht, um das Leben zu fristen, oder ob sie noch so viel abwerfen, daß für den Erwerb einer höheren Bildung und für öffentliche Zwecke ein gut Theil übrig bleibt. Das ist der Grund, weswegen wir für denjenigen Stand, den wir vorher als den Stand der Großgrundbesitzer bezeichneten, mit dessen charakteristischen Merkmalen, der gleichzeitig das größere Vermögen hat und in dem Grundbesitze verbunden ist mit den Interessen des Landes, eine höhere kommunale Stellung einräumen müssen. Ist denn das bisherige Recht, ein größerer Grundbesitz, höhere Bildung, unentgeltliche Dienste für Gemeinde und Staat ohne politischen Werth? Deswegen beantragen wir mit voller Ueberzeugung und offenem Visir, daß der Staat ihm zur Geltendmachung seine Vorzüge in öffentlichen Angelegenheiten auch eine entsprechende hervorragendere Berechtigung gebe. Der Herr Minister hat gestern gesagt: „meine Herren, der große Grundbesitz hat eine derartige Stellung in den neuen Provinzen; geben Sie Ihre Erklärung ab, ob nicht der Stand der großen Grundbesitzer eine solche Bedeutung hat, daß der kleine mit ihm stimmt.

Wir haben darauf hier gestern zwei Aeußerungen vernommen, die eine vom Herrn Grafen Rantzau, er sagte, es wäre bei ihm umgekehrt; die andere vom Herrn Bürgermeister Rasch; er drückte sich so aus: „In materiellen Fragen findet das statt; wenn es sich aber um politische Dinge handelte, sei es leider umgekehrt." Nun fragt es sich freilich, wie weit Herr Rasch den Begriff der materiellen Fragen ausdehnt. Ich habe heute einen seiner Landsleute gesprochen; der hat mir gesagt: „das einzige Mal, wo der kleine Grundbesitzer mit dem großen gestimmt habe, sei gewesen, als es sich darum handelte, wie die Beiträge für die Landarmenfonds aufgebracht werden sollten; sonst stimme er jedesmal, Mann für Mann, gegen den ersten Stand." Nun, meine Herren, das Zeugniß, auf das der Herr Minister provozirte, ist glänzend für die entgegengesetzte Seite ausgefallen. Dazu kommt nun — was ich schon in der Generaldebatte gesagt habe und nachher der Herr Minister zugestanden hat —, daß zunächst unsere frühere Gesetzgebung, welche wiederholt den Stand der kleinen Grundbesitzer auf ungerechte Weise, z. B. gegen rechtskräftige Erkenntnisse und Rezesse bei der Ablösung begünstigt hat und bei anderen Gesetzgebungen, daran Schuld ist, daß das nicht geschehen wird, daß aber namentlich, wenn dies Gesetz erlassen werden wird vermöge seiner Umwälzung aller gegenwärtigen Berechtigungen, im Kreise sich sofort eine — ich drückte es damals so aus und der Herr Minister erkannte es an — radikale Atmosphäre bilden wird, die verhindert, daß irgend ein großer Grundbesitzer von den kleineren Besitzern gewählt werden wird. Nehmen Sie weiter hinzu, daß in dieser Kreisordnung dem Kreistage so bedeutende neue Rechte verliehen werden sollen, bei deren Gebrauch die früher auf den Universitäten von den Beamten erworbene Fachbildung durch allgemeine Bildung ersetzt werden soll, so daß die Betheiligten im Stande sind, Angelegenheiten der Verwaltung und Justiz gerecht, billig und den Bedürfnissen entsprechend zu entscheiden, so ist es doch unmöglich, Bauernparlamente herzustellen, wie dies nach dem Entwurfe trotz dieser großen Bedeutung des großen Grundbesitzes nach der Vorlage geschehen wird, indem er darin in vielen Fällen auf ein Viertel oder ein Drittel der Mitgliederzahl beschränkt, hier und da 2c. ausgeschlossen sein wird. Da ist das Meiste, was Sie von uns aus Rücksichten des allgemeinen Interesses verlangen können, daß wenigstens ein Gleichgewicht dieses Standes mit den andern hergestellt wird. Die reellen Standesinteressen der anderen Stände sind dabei durch itio in partes völlig gesichert.

hufs der Wahl mindestens eines gemeinschaftlichen Abgeordneten zu einem Wahlbezirke vereinigt.

Diese ist ebensowenig ein solches horrendum wie Sie es darstellen. Etwas ganz Aehnliches ist das Zweikammersystem, welches die Möglichkeit bietet, daß in der einen unberechtigte Beschlüsse der anderen korrigirt werden können. Gebraucht wird die itio in partes sehr selten, sie bedingt aber eine billige Rücksichtnahme von vorn herein des einen Theiles gegen den anderen. Der Herr Minister Graf von Itzenplitz hat zu meiner großen Freude gestern schon hervorgehoben, in welchen bedeutenden Prinzipienfragen die geschlossene konservative Partei in diesem Hause den Vorlagen der Regierung entsprechend nachgegeben hat. Sie hat anerkannt und zugelassen, daß die Polizeiobrigkeit nicht mehr dauernd verbunden ist mit dem Großgrundbesitz, daß zu dem Zwecke die Bildung von Amtsbezirken stattfindet. Sie hat aber auch anerkannt, die Wahl des Gemeindevorstehers von Seiten der Gemeinde, was der Minister nicht aussprach, sie hat — und das erkläre ich mit Rücksicht auf manche Mißverständnisse, die mir in Zeitungen und Privatgesprächen entgegengetreten sind — das Erbschulzenamt keineswegs so beibehalten, daß nur etwa ein- für allemal die Gemeinde gefragt würde: ob sie es aufheben wolle oder nicht? und es dann etwa auf immer bleiben sollte; es kann die Gemeinde vielmehr bei jedem neuen Erledigungsfalle sich entscheiden, sie wolle nunmehr die Aufhebung des Erbschulzenamts eintreten lassen, so daß also jedesmal eigentlich, wo sie es bestehen läßt, eine lebenslängliche Wahl von Seiten der Gemeinde geübt wird. Aber ich muß weiter darauf aufmerksam machen, was auch bei der Kreisvertretung von der Kommission willig anerkannt und nachgegeben ist. Zunächst eine Ausdehnung des ersten Standes auf alle selbstständigen Güter von 1000 Thaler Reinertrag, eine Beschränkung desselben rücksichtlich der kleinen Güter, sobald sie veräußert oder parzellirt werden; das Virilstimmrecht ist beschränkt auf das äußerste Maß eines dauernd mit dem Kreise verbundenen Besitzes, und endlich drittens ist das bisherige überwiegende Stimmenverhältniß im ersten Stande, wie es in den östlichen Provinzen fast allenthalben stattfindet, bis auf die Hälfte der Kreistagsmitglieder zurückgeführt. Also sind es sehr bedeutende, weitgreifende Beziehungen, in denen sie bereit ist, den Intentionen der Staatsregierung entgegenzukommen, und eine Veränderung des jetzigen Zustandes zuzulassen. Es wurden meine Behauptungen in der allgemeinen Diskussion, daß wesentliche Beschwerden gegen die Kreisverfassung nicht laut geworden wären, bemängelt von dem Herrn Oberbürgermeister Hasselbach mit Rücksicht auf die Verhandlungen des Vereinigten Landtages.

M. H.! Ich habe ausdrücklich anerkannt, daß von einer politischen Doktrin sie von jeher angefochten worden sind. Ich behauptete aber, und behaupte noch, daß wesentliche und reelle Beschwerden über die Geschäftsführung und ihre materiellen Beschlüsse mir nicht zur Kenntniß gekommen sind und auch nicht vorgebracht werden können. Aber in welchem reichen Maße würden Beschwerden kommen, wenn Sie einen Kreistag komponirten, wie er von der Regierung und dem anderen Hause vorgeschlagen ist? Deshalb bitte ich Sie, nehmen Sie die Vorschläge der Kommission an. Je mehr diese Dinge ruhig durchsprochen ins Publikum kommen in einer ruhigen sachlichen Diskussion, je mehr wird und muß man sich davon überzeugen, daß dieser Theil des Hauses, unsere konservative Partei durchaus nicht darauf besteht, etwas ganz Ungeheuerliches einzuführen oder zu erhalten, sondern bereit ist, in Allem, was ihr als schädlich, unhaltbar nachgewiesen wird, den praktischen Bedürfnissen entsprechend Rücksicht zu nehmen und mit der Regierung zu gehen. Aber Sie will nicht und kann nicht nachgeben, daß nach einem politisch liberalen System eine Einrichtung getroffen wird, die weit hinausgeht über die eigenen Intentionen der Staatsregierung, die unser Land in seinen kommunalen Instanzen wesentlich schädigen würde.

Hierauf erwiderte Dr. Baumstark: „Wir haben einen Veränderungsvorschlag eingebracht, welcher mit einer Vervollständigung den Entwurf wieder herstellen soll, wie das Abgeordnetenhaus ihn beschlossen hat. Wir sind natürlich von Ansichten ausgegangen, die denen entgegengesetzt sind, welche die Majorität dieses Hauses bisher vertreten. Wir können uns mit dem Prinzip der ständischen

Ist in einem Kreise neben anderen großen Städten nur eine Stadt vorhanden, welche nach ihrer Seelenzahl nicht einen Abgeord-

---

Vertretung nicht blos aus inneren, sondern aus äußeren Gründen durchaus nicht vereinbaren. Der Streit, ob heute noch Stände bestehen, ist ein Streit fast ohne Sinn, denn die Ansicht, daß es keine Stände gäbe, wird, soviel ich weiß, von keinem Menschen aufgestellt. Es handelt sich um etwas ganz Anderes. Die Privilegien gewisser Stände sind im Laufe der Zeit gefallen. Es ist gegen ihr Fallen immer Widerspruch erhoben, Widerstand geleistet worden, und sie sind doch gefallen in Folge des Fortschritts oder der Erweiterung der höheren Macht und der Veränderung der gesellschaftlichen, besonders aber der volkswirthschaftlichen und staatlichen Verhältnisse. Jene Stände, die früher privilegirt waren, bestehen im Wesentlichen noch fort. Stände, die gar keine Privilegien, sondern nur Lasten hatten, haben sich aus diesem Zustande herausgezogen, sind aber nichtsdestoweniger Stände geblieben. Der Streit, Stand um Stand, ist kein Streit um ihre Existenz, sondern um die Existenz von Privilegien. Was wir in der Kreisordnung nicht wollen, das sind die privilegirten Stände. Wir wären wohl im Stande, mit Ihnen, meine Herren Gegner, zu paktiren, ob einem ganz besonders hervorragenden Besitz an Grund und Boden — einer Grundherrschaft — in dieser Kreisordnung eine besondere Stimme, nennen wir sie eine Virilstimme, zuerkannt werden soll. Auch diese Frage ist in unserm Kreise erwogen worden. Wir haben aber gefunden, daß dies ein so seltener Fall ist, daß es sich nicht der Mühe verlohnt, durch Gesetz hierfür eine besondere Bestimmung zu treffen. Wir sind also gegen das Privilegium.

In Bezug auf vorgebrachte Zahlen in Betreff der künftigen Zusammensetzung der Kreistage frage ich: Glauben denn die mit Virilstimmen auf dem Kreistage versehenen Rittergutsbesitzer, daß es von Seiten der Städte und Landgemeinden nicht tief und schmerzlich empfunden wurde, in welchem Grade sie das Uebergewicht in der Stimmenzahl haben? 54 oder 58 Virilstimmen gegen 4 Städte und 4 bäuerliche Stimmen ist etwa die Zusammensetzung des Kreises, dem ich angehöre, und in diesem Kreise ist eine Stadt, wie Greifswald, eine Stadt von hervorragender Bevölkerung und Intelligenz, von hervorragendem Reichthum, eine Stadt, die sich von jeher vermöge ihrer langen Dauer, ihrer alten Stadtverfassung freiester Art und nachdem diese auch modernisirt worden ist, mit Recht sich immer durch ein verständiges konservatives Element in ihrer Gesammtgesinnung ausgegezeichnet hat. Ich will von den anderen kleineren Städten nicht besonders sprechen, sie gehören aber ebenfalls in die Rechnung. Wenn man vorschlägt, es solle in dem Kreise künftighin die Hälfte der Vertreter den Städten und die andere Hälfte der Vertreter zusammen dem größeren Grundbesitz und den Land-Gemeinden übertragen werden, so darf man doch wohl fragen, ohne Parteimann zu sein, worin eigentlich bei diesem Vorschlage die Ungerechtigkeit oder die Unbilligkeit liegt. Haben denn die Herren Rittergutsbesitzer, wenn sie mit den Landgemeinden die andere Hälfte der Stimmen haben, nicht vollauf Gelegenheit, ihre Intelligenz und ihren sonstigen berechtigten Einfluß zu gebrauchen, um von der einen oder der anderen Seite für ihre Ansicht Stimmen zu gewinnen?

M. H.! Ich kann nur sagen, daß der neue Vorschlag eine Folge der in der Weltgeschichte liegenden, wiederherstellenden oder ausgleichenden Gerechtigkeit ist. Ueber das ständische Prinzip und die Virilstimmen haben wir die großen Ereignisse der jüngsten Zeit auf eine staunenswerthe Weise zur Tagesordnung übergehen gesehen. Jene großartige, glänzende, innerlich durch ausgezeichnete Persönlichkeiten ausgestattete Schöpfung des Vereinigten Landtages (ich mache Sie aufmerksam auf die paar Bezeichnungen, die ich demselben beigelegt habe, sie kommen aus meiner innigsten Ueberzeugung) — ich sage, die Schöpfung des Vereinigten Landtages ist über sich selbst zur Tagesordnung übergegangen, weil sie gefühlt, oder, besser gesagt, eingesehen hat, daß die ständischen Prinzipien, auf welchen sie beruhte, unhaltbar geworden seien. Heute, m. H., beklagen Sie sich darüber, die Majorität des Hauses, daß Ihnen nur die Theilnahme an der anderen Hälfte der Stimmen auf dem Kreistage zugestanden sei. Wäre

neten zu wählen haben würde, so ist derselben gleichwohl ein Abgeordneter zu überweisen.

---

vor einigen Jahren es möglich gewesen, die Kreisordnung zu Stande zu bringen, die damals vorgelegt war, so hätten Sie die Hälfte der Stimmen bekommen. Die Zeit ist nicht lange her, aber diese Zeit der Lebendigen ist auch sehr schnell geritten und über Ihren Standpunkt hinweggegangen. Von den Verhandlungen des anderen Hauses werden auch die erbittertsten Gegner des uns vorliegenden Gesetzentwurfes sagen müssen, daß man dort mit der größten Mäßigung, daß man dort in einem wahren Deutschen Geiste der Versöhnlichkeit mit einander verhandelt hat, nicht in der Art, wie es zu unserem Bedauern in diesem Hause stattfindet. Also, m. H., Sie sind durch die Geschichte der letzten Jahre belehrt worden, daß der Kulturgang sich um Ihre Gründe für Privilegien und Virilstimmen in der persönlichen Menschenwelt und in der realen Welt sehr wenig bekümmert. Man wird über dieselben ebenfalls zur Tagesordnung übergehen.

Was nun insbesondere den Vorschlag anbelangt, daß den Majorats- und Fideikommißbesitzern Virilstimmen gegeben werden sollten, so kann ich über diesen Vorschlag auch nur mein Bedauern aussprechen, denn er enthält oder erfordert vom Preußischen Gesetzgeber, daß er ein Institut von mindestens zweifelhaftem Werthe, das Institut der Fideikommisse, an und für sich als ein vorzügliches und haltbares erkläre. Der Werth der Fideikommisse — ich spreche jetzt nicht als politischer Parteimann, sondern ich spreche rein vom volkswirthschaftlichen und gesellschaftlichen Standpunkte — der Werth der Fideikommisse ist mindestens höchst zweifelhaft, und ich meine hiermit die Deutschen Familienfideikommisse. Verstehen Sie das nicht falsch, ich verstehe nicht die Einrichtung, die man in England hat, welche Einrichtung von unserer Deutschen wesentlich verschieden ist, nicht so starr, unbewegbar und unverbesserlich, sondern mit einer Beweglichkeit versehen, mit einer solchen Beweglichkeit, daß die Familie, der der Gutsbesitz gehört, nach Ablauf von einer gewissen Zeit, es zeitgemäß überlegen kann, ob sie nach dem Bisherigen fortfahren, oder eine Aenderung eintreten lassen soll. Vor einer derartigen Einrichtung, den Besitz in der Familie zu konserviren, habe ich eine große Hochachtung; sie ist verständig und frei. Ich kann aber nicht leugnen, meine Herren, daß ich davor keine Hochachtung haben kann, vor der Bestimmung, die Sie gestern beschlossen haben, wonach es vorkommen kann, daß, so lange ein Gut, auch nur dem kleineren Theile nach, in dem Besitze der Familie bleibt, mag es noch so klein sein, die Virilstimme, dieses rittergutliche Vorrecht, dem jeweiligen Besitzer verbleiben soll. Was mich aber am meisten erstaunt hat, ist eine Aeußerung, welche auf Seite 77 in dem Berichte Ihrer Kommission verzeichnet ist. (liest:) „Die Aufrechthaltung von Virilstimmen, wenn auch nur im beschränkten Maße, bei den Majorats- und Fideikommißbesitzern, werde namentlich um deshalb gewünscht, damit fortan nicht jedes Recht von der Wahl abhängig sei, ein Prinzip, welches sehr weit gehende Konsequenzen haben und schließlich sogar zu der Frage führen könnte, ob nicht auch der Thron durch Wahl besetzt werden müsse. An der Verantwortlichkeit für Bestimmungen, die auch nur die entfernteste Möglichkeit zu einer solchen Frage herbeiführen könnte, wolle man sich nicht betheiligen."

Ich und meine Freunde, m. H., unterschreiben das Letzte dieser Aeußerung mit Ihnen, aber wir müssen Widerspruch dagegen erheben, daß der auf Familienfideikommiß beruhende politische oder eigentlich unpolitische Adel der Hauptschutz und Schirm für die Monarchie und gegen die Umsturzpartei, in der Geschichte des echten Deutschen Königthums, in der Geschichte insbesondere des Königthums der Hohenzollern sei. Dies ist nicht erweisbar. Die Hohenzollern haben nicht aus ihren einzelnen Ständen, sondern aus ihrem ganzen Volke ihre Kraft gezogen, und sie haben nicht einzelne Stände, sondern sie haben das ganze Volk mit ihrem Geiste, mit ihrem nationalen Geiste, mit ihrem staatsmännischen Geiste, mit ihrem großartigen finanziellen Geiste, mit ihrem Geiste für Kultur und Intelligenz herangezogen und durchdrungen, und da darf ich wohl fragen: sollte es wohl möglich sein, zu meinen, daß bei dieser Dankbarkeit, die das Preußische Volk seinem Königthum schuldig ist, der politische oder vielmehr unpolitische Adel

Ausgleichun der sich bei der Vertheilung er Kreistags-Abgeordneten ereben-den Bruchteile.

§. 93.

Ergeben sich bei den nach Maßgabe der §§. 89 bis 92. des Ge-

einen besonderen Vorzug habe, und daß der Stand der Bauern und das Bürgerthum, dem ich anzugehören die Ehre habe, nicht ebenfalls seinen Antheil daran ansprechen dürfe?

Wir können nicht zugeben, daß der Adel, und am wenigsten der kleine Adel, eine Hauptstütze der Monarchie in Deutschland sei, und wenn er sie zurückführt auf Fideikommisse, so sucht er eine Grundlage, welche für ihn in Zukunft nicht haltbar ist, und mit seinen Virilstimmen, auf die er sich stützt — ich wiederhole es — hat die Geschichte ein Ende gemacht; wenn Sie auch heute beschließen, daß die Virilstimme wiederhergestellt werden soll, es wird nicht lange dauern, und die Virilstimmen werden abgeschafft werden. Bequemen Sie sich zu dem einfachen Schritt, zeitgemäß die Formen der Gesetzgebung für die Kreistage zu wählen, die Ihnen von der Regierung und von den versöhnlichen Beschlüssen des andern Hauses vorgelegt worden sind; benutzen Sie die Stellung, die Ihnen dargeboten wird, um den Einfluß, den Sie durch Privilegien nicht mehr erwerben können, durch Ihre Intelligenz und durch Ihre, wie ich ja zugebe, oft bewiesene Vaterlandsliebe sich zu erwerben und zu sichern. Stimmen Sie, ich bitte, für unsere Vorschläge. (Bravo!)"

Des Weiteren äußerte noch von Below: M. H.! „Es ist von dieser Stelle — vorgestern, glaube ich, war es — die sonderbare Bemerkung gemacht worden, daß Virilstimmen allemal für ihr eigenes Interesse votirten, und daß die Gewählten allemal nur für die allgemeinen Landesinteressen stimmten. Wenn dieses der Fall wäre, wenn durch die Wahl dieses glückliche Ereigniß einträte, daß alle egoistischen Bestrebungen beseitigt würden, so wäre dies das vortrefflichste Mittel, welches man nach jeder Seite hin anstreben müßte, die Welt zu verbessern. Ich meine aber, es ist unvermeidlich, daß die Persönlichkeit vorwaltend entscheidend ist. Aber auch mitentscheidend ist die Qualität des Besitzes. Es ist ein Unterschied, namentlich in ländlichen und kreisständischen Verhältnissen, die Stellung eines festen Besitzes, wo die Interessen des Besitzes dauernd geknüpft sind an die des Kreises, wo eine Gemeinsamkeit der Insassen und des Besitzers durch gemeinschaftliches Zusammenleben durch lange Jahrzehnte begründet ist. Ich kann aber auch nicht leugnen, daß neben dieser Qualität des Besitzes die Steuerpflicht beim Abwägen politischer Geltung jedenfalls auch müßte mit in Betracht gezogen werden, wenngleich nicht in dem Maße, wie in anderen öffentlichen Verhältnissen; denn wenn es sich darum handelte, einseitig nur Steuern zu bewilligen, so wäre die Abmessung nach der Steuerpflicht eine durchschlagende und gerechte. Es handelt sich aber bei Kreisangelegenheiten bei Bewilligung von Geldern in einem viel höheren Grade um das gehörige Maß der Intelligenz behufs Verwaltung der Kommunal- und — wie jetzt in Aussicht gestellt wird — auch staatlichen Verwaltung." (Zustimmung.)

Wenn die Minorität des Hauses auf Kompromisse einzugehen geneigt wäre, so hätte ich einen Antrag zur Disposition, wonach ich beide Berechtigungen, die des alten und festen Besitzes und die der Steuerpflicht dahin zusammenfasse, daß die Virilstimmen geknüpft werden an den festen Besitz des Majorats und Fideikommisses, gleichzeitig aber auch an eine Steuerquote, etwa 3000 Thlr. Grundsteuer-Reinertrag, und daß nur die Majorate und Fideikommisse, die diese Höhe erreichen, zur Vertretung berechtigt sind. Ich befinde mich in der Lage, Kompromisse zu acceptiren, und dieser mein Vorschlag würde, allerdings nicht mit den Vorschlägen des Abgeordnetenhauses, in Verbindung zu setzen sein, sondern mit denen der Staatsregierung, wo einseitig nur die Steuerpflicht in Betracht gezogen worden ist bei Ertheilung von Virilstimmen. Hier muß ich darauf aufmerksam machen, wie die Verschiedenheit in den 6 östlichen Provinzen es fast unmöglich macht, eine gerechte Entscheidung in der Kreisordnung zu treffen. Ich bin gestern z. B. in einem inneren Zwiespalt gewesen und auch heute dieser Frage gegenüber.

Als Grundbesitzer in der Provinz Preußen habe ich es freudig begrüßen müssen, daß man die durchschlagende Bestimmung von 1000 Thalern Grundsteuer-Reinertrag sofort ins Leben treten lassen wollte; denn diese Entscheidung hätte

setzes vorzunehmenden Berechnungen Bruchtheile, so werden dieselben nur insoweit berücksichtigt, als sie $1/2$ erreichen oder übersteigen.

---

den eminenten Gewinn gehabt, in einigen Theilen der Provinz Preußen, daß ein großer Theil des kleinen Besitzes in die Landgemeinden gefallen wäre, als ein intelligentes Ferment in der Vertretung der Landgemeinden, die sonst, den in Aussicht genommenen Aufgaben gegenüber, unmöglich allein mitwirken können. Es wäre eine Kopulirung, das Rechtsgebilde des Köllmischen Besitzes, ein Mittelding zwischen dem bäuerlichen und ritterschaftlichen Besitz, gewesen. Als Besitzer in Pommern habe ich dagegen das größte Bedenken gegen denselben Paragraphen gehabt und haben müssen. Denken Sie sich eine Familie, die Jahrhunderte in einem kleinen Besitz fortlebt. Aus diesem Hause sind vielleicht Führer der Preußischen Armee in den siebenjährigen Krieg gezogen, oder haben die siegreichen Preußischen Armeen dreimal nach Paris geleitet. Der gegenwärtige Besitzer hat sich den Kreisinteressen stets gewidmet, er hat in gleichen gesellschaftlichen Verhältnissen gelebt und wird nun in einen anderen Wahlverband hineingeschoben wegen ein paar Thaler Grundsteuer mehr oder weniger.

Ich habe, da ich mehr meinem Gefühle als meinem Verstande folge, mich gestern für Pommern entschieden. Heute bin ich in dem umgekehrten Fall. Heute muß ich mich für die Provinz Preußen entscheiden. In der Provinz Preußen sind andere Verhältnisse. Es ist ein Kolonistenland von Alters her; es ist auch heut noch Kolonistenland. Es haben sich hier eine Masse von fremden Besitzern, intelligente, respektable Leute ansäßig gemacht, die aber vorzugsweise ihren gewerblichen Interessen folgen und sich wenig um kreisständische Angelegenheiten bekümmern. Sie haben eine dominirende Mehrzahl im Kreistage. Inmitten dieser neuen Besitzer sind einige große Fideikommisse oder Majorate. Es hat sich in einigen, nicht in allen Theilen der Provinz, dergestalt ein Gegensatz zwischen den alten und neuen Besitzern festgestellt, daß diese großen Besitzer, auch wenn ihre Persönlichkeiten ganz dazu geeignet sind, nicht in den Kreistag gewählt werden, was offenbar eine Unbilligkeit, eine Ungerechtigkeit wäre. — (Hört, hört!) — Ich will zugeben, daß, wenn sich dieselben einer politischen Strömung willig hingeben, sie durch dieses Mittel gewählt würden. In Pommern liegt die Sache vollständig anders. In Preußen besitze ich kein Fideikommiß; ich gehöre zu den Eingewanderten. In Pommern gehöre ich dagegen zu den Seßhaften. Ich habe hier ein Fideikommiß. Ich muß aber doch gegen die Bestimmung nach den Pommerschen Verhältnissen stimmen. In Pommern sind naturwüchsige Verhältnisse. Es ist eine Art von demokratischer Gleichheit unter den Rittergutsbesitzern. Es verträgt sich unwillig, wenn ein Hervorragender im Kreistage sich geltend macht. Die Parität greift überall durch, und es ist auch keine Nothwendigkeit eines Schutzes vorhanden; die Gleichheit des Lebens, der sozialen Stellung, der gesellschaftlichen Verbindungen gleicht alle Bedenken vollkommen aus. So befinde ich mich heute abermals in einem Dualismus, und die Folge ist, meine Ueberzeugung der Nothwendigkeit normativer Bestimmungen und provinzieller Regelung.

Ich appellire nochmals an die Minorität des Hauses, ob sie dem Gedanken Folge geben wolle, daß ein Amendement in der Art eingebracht wird, daß nur Majorate und Fideikommisse von 3000 Thlrn. Reinertrag eine Virilstimme haben sollen. Wenn sich Stimmen dafür erheben, werde ich mein Amendement einbringen. Diejenigen Herren, die mit den Kommissionsanträgen stimmen, können aus Konsequenz eigentlich nicht dafür stimmen, indem grundsätzlich bei allen Kommissionsanträgen die Steuerpflicht und ein Census ausgeschlossen ist."

Der Regierungskommissar, Geh. Regierungsrath Persius erklärte demnächst noch: „M. H.! Ich halte mich verpflichtet, auf einige thatsächliche Anführungen des Herrn von Kleist mit wenigen Worten zurückzukommen. Herr von Kleist hat bemerkt, daß der große Grundbesitz in denjenigen Landestheilen, für welche diese Kreisordnung erlassen werden soll, bei Weitem den großen Grundbesitz in den neuen Provinzen überwiege. Er hat sich zum Nachweise dieser Behauptung auf die statistische Uebersicht berufen, welche dem Gesetzentwurf vom Jahre 1869 beigegeben worden ist, und hat Ihnen daraus einige Data, die sich auf die Provinz Pommern und speziell auf den Regierungsbezirk Köslin beziehen, mitgetheilt.

Uebersteigen sie 1/2, so werden sie für voll gerechnet; kommen sie 1/2 gleich, so bestimmt das Loos, welchem der bei der Verthei-

---

Meine Herren! Es befinden sich, wenn Sie die Güte haben wollen, einen Blick auf diese Nachweisung zu werfen, 2 Kolonnen in derselben, Nr. 7 und 8, welche den Grundsteuer-Reinertrag der selbstständigen Gutsbezirke und Landgemeinden und 2 andere, Nr. 9 und 10, welche den Grundsteuer-Reinertrag der Landgemeinden und Besitzungen von weniger als 1000 Thlr., sowie andererseits die Besitzungen mit 1000 Thlr. und mehr Grundsteuer-Reinertrag angeben. Herr von Kleist hat irrthümlich die Zahlen aus den Kolonnen 7 und 8 angezogen, während es hier auf die Zahlen in den Kolonnen 9 und 10 ankommt. Nach letzteren überwiegt der Grundsteuer-Reinertrag der Besitzungen von 1000 Thlrn. und mehr nur in vier Kreisen denjenigen der Landgemeinden und kleineren Besitzungen, während umgekehrt in sechs Kreisen des Regierungsbezirks der Grundsteuer-Reinertrag der Gemeinden den der Besitzungen von 1000 Thlrn. und mehr übertrifft. Ich will ferner bemerken, daß nach dem Amendement des Herrn Dr. Baumstark, dem sich die Staatsregierung angeschlossen hat, die Grenze für den Großgrundbesitz von 1000 Thlrn. Grundsteuer-Reinertrag auf 75 Thlr. Grundsteuer herabgesetzt werden soll, und daß, wenn dies geschieht, der Grundsteuer-Reinertrag des Großgrundbesitzes in den letztgedachten sechs Kreisen noch wachsen wird. Ich will hiernach zugeben, daß in einer Anzahl von Pommerschen Kreisen und auch in einigen Kreisen der anderen Provinzen der große Grundbesitz einen größeren Grundsteuer-Ertrag aufzuweisen hat, als die Landgemeinden. Wenn man aber den Maßstab der Steuerleistungen für diese Pommerschen Kreise annehmen will, so muß man ihn auch gelten lassen für sämmtliche Kreise, und da möchte ich konstatiren, daß in der weit überwiegenden Mehrzahl der Kreise der Grundsteuer-Reinertrag der Landgemeinden den des Großgrundbesitzes bei Weitem übersteigt.

Was dann die angebliche Präponderanz der Städte auf den Kreistagen anbetrifft, so habe ich mir bereits erlaubt, diese Bemerkungen vorher auf ihr richtiges Maß zurückzuführen. Ich möchte endlich noch eine Bemerkung widerlegen, welche, wie ich glaube, von dem Herrn von Kleist, und auch gestern von dem Herrn Referenten gemacht worden ist, daß nämlich die Zahl der kleinen Rittergüter in den sechs östlichen Provinzen keine so große sei. Ich meine im Gegentheil, daß sie verhältnißmäßig eine sehr erhebliche ist. Denn nach den darüber von den Provinzial-Behörden eingezogenen Nachrichten existiren in den sechs östlichen Provinzen 1200 Rittergüter, die weniger als 50 Thaler Grundsteuer zahlen, es ist dies der zwölfte Theil sämmtlicher Rittergüter; es giebt dagegen eine große Anzahl von Bauergütern, welche eine höhere Grundsteuer entrichten, als jene 1200 kleinen Rittergüter.

M. H.! Wenn dann wiederum die provinzielle Regelung dieser Frage betont worden ist, so hat gestern bereits mein Herr Chef und habe auch ich versucht, Ihnen näher nachzuweisen, daß es sehr wohl möglich ist, soweit eine provinzielle Regelung der Sache überhaupt erforderlich ist, dieselbe sofort im Gesetze selbst eintreten zu lassen, daß eine besondere Regelung aber nur für den Stralsunder Bezirk und die Provinz Sachsen geboten zu sein scheint. Sollte sich die Nothwendigkeit zu einer solchen Regelung auch noch für einige Kreise in den anderen Provinzen als erforderlich herausstellen, so würde es gleichfalls unschwer gelingen, auch für diese eine entsprechende Regelung im Gesetze selbst vorzunehmen. Wenn aber die Regelung im Wege des Statuts erfolgen soll, so werden Sie mir gewiß zugeben, daß die Erledigung der Angelegenheit auf diesem Wege mit den äußersten Schwierigkeiten verknüpft sein würde, und daß eine sachgemäße Regelung auf diesem Wege überhaupt nur möglich ist, wenn im Gesetze selbst ein allgemeines Prinzip für diese Regelung aufgestellt wird. Es wird aber gewiß nur in den wenigsten Fällen gelingen, unter den gegenwärtigen Kreisständen eine Vereinbarung über die Anwendung dieses Prinzips auf die konkreten Verhältnisse des einzelnen Kreises zu erzielen. Es wird sehr schwierig sein, eine Uebereinstimmung der Stände unter einander herbeiführen. Die Entscheidung wird dann der Regel nach durch Königliche Verordnung getroffen werden müssen. Ich glaube aber

lung betheiligten Wahlverbände und Wahlbezirke, beziehungsweise welcher Stadtgemeinde der Bruchtheil für voll gerechnet werden soll.

§. 94.

Vollziehung der Wahlen in den Wahlverbänden der größeren Grundbesitzer.

Zur Wahl der von dem Wahlverbande der größeren Grundbesitzer zu wählenden Kreistags-Abgeordneten treten die zu diesem Verbande gehörigen Grundbesitzer, Gewerbetreibenden und Bergwerksbesitzer in der Kreisstadt unter dem Vorsitze des Landraths zusammen.

§. 95.

Bei dem Wahlakte hat jeder Berechtigte nur Eine Stimme.

Auch als Stellvertreter können Personen, welche bereits eine Stimme führen, ein ferneres Stimmrecht nicht ausüben. Ausgenommen sind die im §. 97. Nr. 7. bezeichneten Vertreter.

§. 96.

Das Recht zur persönlichen Theilnahme an den Wahlen (§. 94.) steht vorbehaltlich der nachfolgenden besonderen Bestimmungen (§. 97.) denjenigen Grundbesitzern, Gewerbetreibenden und Bergwerksbesitzern zu, welche

a) Angehörige des Deutschen Reichs und selbstständig sind. Als selbstständig wird derjenige angesehen, welcher das 21ste Lebens-

kaum, daß es gelingen wird, zu einer solchen Vollmacht für die Krone zur Regelung der Zusammensetzung der Kreistage im Verwaltungswege die Zustimmung des andern Faktors der Gesetzgebung zu erlangen. Ich möchte deswegen empfehlen, bei den Prinzipien, die der Gesetzentwurf vorschlägt, stehen zu bleiben."

Der Antrag des Dr. Baumstark wurde in namentlicher Abstimmung mit 93 gegen 63 Stimmen abgelehnt, und danach die Kommissions-Anträge angenommen. Der neueste Regierungs-Entwurf stellte die Beschlüsse des Abgeordnetenhauses wieder her.

2. Die Regierungsvorlage hatte im Falle des **§. 90.** die dem Wahlverbande der größeren Grundbesitzer abgehende Zahl von Abgeordneten ausfallen lassen wollen. Die Motive bemerken hierüber:

„Es hat nicht für angemessen erachtet werden können, in Kreisen, in welchen die vorhandene Zahl der größeren Grundbesitzer hinter der ihrem Verbande nach §. 89. zustehenden Abgeordnetenzahl zurückbleibt, demselben gleichwohl diese größere Zahl von Vertretern zuzubilligen. Man wird nicht fehlgreifen, wenn man annimmt, daß da, wo diese Zahl durch die berechtigten Wähler nicht erreicht wird, der Bedeutung und Stellung des großen Grundbesitzes schon die gebührende Rechnung getragen ist, wenn ihm eine der der Wähler gleiche Zahl von Vertretern zugewiesen wird. Daß die abgehende Zahl von Abgeordneten dann überhaupt ausfällt, bedarf keiner Rechtfertigung."

Der letzteren Ansicht trat das Abgeordnetenhaus nicht bei, nahm vielmehr, namentlich auch in Rücksicht, daß durch die zu §. 89. gefaßten Beschlüsse über das Verhältniß der Zahl der städtischen zu den ländlichen Abgeordneten andernfalls leicht ein Uebergewicht der städtischen Abgeordneten über die ländlichen eintreten könnte, auf Antrag des Abg. von Denzin die jetzige Fassung des §. 90 an. (St. B. S. 1440.)

Zu § 96.

Ueber den Verlust der bürgerlichen Ehrenrechte vergl. Strafgesetzbuch für das Deutsche Reich vom 15. Mai 1871, §§. 32 bis 34.

jahr vollendet hat, sofern ihm das Recht, über sein Vermögen zu verfügen und dasselbe zu verwalten, nicht durch gerichtliche Anordnung entzogen ist;

b) sich im Besitze der bürgerlichen Ehrenrechte befinden.

Das Wahlrecht geht verloren, sobald eins der vorstehenden Erfordernisse bei dem bis dahin Wahlberechtigten nicht mehr zutrifft. Es ruht während der Dauer eines Konkurses, ferner während der Dauer einer gerichtlichen Untersuchung, wenn dieselbe wegen Verbrechen oder wegen solcher Vergehen, welche den Verlust der bürgerlichen Ehrenrechte nach sich ziehen müssen oder können, eingeleitet oder wenn die gerichtliche Haft verfügt ist.

§. 97.

Durch Stellvertretung können sich an den Wahlen betheiligen:

1) der Staat durch einen Vertreter aus der Zahl seiner Beamten, seiner Domänenpächter oder der ländlichen Grundbesitzer des Kreises;
2) juristische Personen, Aktiengesellschaften und Kommanditgesellschaften auf Aktien durch einen Pächter oder mit Generalvollmacht versehenen Administrator eines im Kreise belegenen größeren Guts, oder durch einen Vertreter aus der Zahl der ländlichen Grundbesitzer des Kreises; Korporationen sind befugt, sich nach Maßgabe ihrer Statuten oder Verfassungen vertreten zu lassen;
3) Eltern durch ihre Söhne, welchen sie die Verwaltung selbstständiger Güter dauernd übertragen haben;
4) unverheirathete Besitzerinnen durch Vertreter aus der Zahl der ländlichen Grundbesitzer des Kreises;
5) die Mitglieder regierender Häuser durch ein Mitglied ihrer Familie oder einen Vertreter aus der Zahl ihrer Beamten, ihrer Gutspächter oder der ländlichen Grundbesitzer des Kreises;
6) die gemeinschaftlichen Besitzer eines größeren Grundeigenthums (§. 86.) durch einen Mitbesitzer, beziehungsweise die Theilnehmer eines gewerblichen Unternehmens durch einen derselben;
7) Ehefrauen, sowohl groß- wie minderjährige, können durch ihre Ehemänner, minderjährige oder unter Kuratel stehende Personen durch ihren Vater, Vormund oder Kurator vertreten werden;

insofern die unter Nr. 2. genannten Berechtigten im Deutschen Reiche ihren Sitz haben und die unter Nr. 3. bis 7. genannten Berechtigten Angehörige des Deutschen Reichs sind, und sich im Genusse der bürgerlichen Ehrenrechte befinden.

Die Vertreter, mit Ausnahme der unter Nr. 7. bezeichneten, müssen in dem Kreise entweder einen Wohnsitz haben oder in demselben Grundeigenthum besitzen. Außerdem gelten für die Vertreter die Grundsätze, welche der §. 96. für die Wahlberechtigung vorschreibt.

§. 98.

Vollziehung der Wahlen in den Wahlbezirken des Verbandes der Landgemeinden.

In jedem Wahlbezirke des Wahlverbandes der Landgemeinden wird die Wahlversammlung gebildet:

1) durch Vertreter der einzelnen Landgemeinden;
2) durch die Besitzer der in dem Bezirke liegenden selbstständigen Güter, welche nicht zu den größeren Grundbesitzern (§. 86.) gehören;
3) durch diejenigen Gewerbtreibenden und Bergwerksbesitzer, welche wegen ihrer auf dem platten Lande innerhalb des Kreises betriebenen gewerblichen Unternehmungen in der Klasse A. I. der Gewerbesteuer unter dem Mittelsatz veranlagt sind.

Auf die in den Nummern 2. und 3. erwähnten Wahlberechtigten finden die Bestimmungen der §§. 95 bis 97. Anwendung.

§. 99.

Befinden sich in einem Wahlbezirke zwei oder mehrere Güter (§. 98. Nr. 2.), deren jedes zu weniger als 20 Thaler Grund- und Gebäudesteuer veranlagt ist, so werden die Besitzer derselben nach Anordnung des Kreisausschusses dergestalt zu Gesammt- (Kollektiv-) Stimmen vereinigt, daß auf jede Stimme, so weit möglich, ein Grund- und Gebäudesteuerbetrag von 20 Thalern entfällt.

Der Kreisausschuß regelt die Art, in welcher das Kollektivstimmrecht ausgeübt wird.

§. 100.

Die Vertretung der Landgemeinden erfolgt bei Gemeinden:

1) von weniger als 400 Einwohnern durch Einen Wahlmann,
2) von 400 und weniger als 800 Einwohnern durch zwei,
3) von 800 und weniger als 1200 Einwohnern durch drei,
4) von 1200 und weniger als 2000 Einwohnern durch vier,
5) von 2000 und weniger als 3000 Einwohnern durch fünf Wahlmänner,

und für jede fernere Vollzahl von 1000 Seelen durch einen ferneren Wahlmann.

Zu §§ 100—105.

Der Regierungsentwurf von 1871 hatte in Uebereinstimmung mit dem Entwurf von 1869 folgende Bestimmung aufgenommen:

„Die Vertretung der Landgemeinden erfolgt bei Gemeinden von weniger als 400 Einwohnern durch den Gemeinde-Vorsteher, bei Gemeinden von

Die Wahlmänner der Landgemeinden werden von der Gemeindeversammmlung, in denjenigen Landgemeinden aber, in welchen eine gewählte Gemeindevertretung besteht oder eingeführt wird, von der letzteren und dem Gemeindevorstande aus der Zahl der stimmberechtigten Gemeindemitglieder durch absolute Stimmenmehrheit gewählt.

Die Wahlen erfolgen nach näherer Vorschrift des diesem Gesetze beigefügten Wahlreglements.

Ausgeschlossen von der Theilnahme an der Wahl in der Gemeindeversammlung sind diejenigen, welche zum Wahlverbande der größeren Grundbesitzer gehören.

---

400 und weniger als 800 Einwohnern durch den Gemeinde-Vorsteher und einen Schöffen, bei Gemeinden von 800 Einwohnern und darüber durch den Gemeinde-Vorsteher und zwei Schöffen.

Unter den letzteren entscheidet hierbei das höhere Dienstalter, und bei gleichem Dienstalter das höhere Lebensalter.

Landgemeinden von 1200 Seelen und darüber erhalten eine stärkere Vertretung, wenn in denselben eine gewählte Gemeinde-Vertretung besteht oder eingeführt wird.

In diesem Falle wählen die Gemeinde-Verordneten bei einer Einwohnerzahl von 1200 und weniger als 2000 Seelen einen vierten, bei einer Einwohnerzahl von 2000 und weniger als 3000 Seelen einen fünften und so weiter für jede Vollzahl von 1000 Seelen einen ferneren Vertreter aus ihrer Mitte in die Wahlversammlung des Bezirks."

Die Motive (1869) sagen darüber: „In den Wahlbezirken des Verbandes der Landgemeinden soll die Wahl durch die Besitzer der in dem Bezirke liegenden selbstständigen Güter, welche nicht zu den größeren Grundbesitzern gehören, und durch Vertreter der einzelnen Landgemeinden vollzogen werden. Der Entwurf folgt, indem er diese Vereinigung vorschreibt, den in den früheren Entwürfen gemachten Vorschlägen. Wenn er dagegen darin von ihnen abweicht, daß er die Vertretung der Gemeinden bei der Wahl nicht in die Hand gewählter Wahlmänner legt, sondern als solche die Gemeinde-Vorsteher beziehungsweise Schöffen und von den Gemeinde-Verordneten erwählte Vertreter hinstellt, so liegt das Motiv hierfür in dem Gedanken, daß diejenigen Männer, zu denen die Gemeinde das Vertrauen dokumentirt hat, daß sie die Aufgabe der Verwaltung der engeren Kommunal-Angelegenheiten mit Umsicht und Pflichttreue erfüllen werden, auch sicherlich die größte Garantie dafür bieten, bei der Vertretung und Verwaltung der Kreis-Kommune die nämlichen Eigenschaften zu bewähren. Eine besondere Wahl würde andere dem Zwecke der Sache fern liegende Gesichtspunkte in den Vordergrund drängen, welche nur dazu führen könnten, die Stellung der Kreisvertretung zu erschüttern. Nachdem durch den §. 23 vorgeschrieben ist, daß Gemeinde-Vorsteher und Schöffen aus der Wahl der Gemeinde-Versammlung hervorgehen sollen, ist der Einwand beseitigt, daß dieselben nicht als wirkliche Vertreter der Gemeinden anzusehen seien. Die Abstufung der Gemeinden nach ihrer Seelenzahl und die Zuweisung einer größeren oder geringeren Zahl von Wählern je nach der Bevölkerung ist nothwendig geworden, um ein angemessenes Vertretungsverhältniß herzustellen."

Von der Kommission des Abgeordnetenhauses wurde die Wahl besonderer Wahlmänner hierfür so, wie der § 100 der Kreisordnung sie jetzt vorschreibt, in Antrag gebracht. Der Berichterstatter, Abgeordneter von Rauchhaupt, erläuterte hiezu (St. B. S. 1446):

„M. H.! Die Majorität Ihrer Kommission hat an die Stelle der Regierungs-Vorlage ein völlig verschiedenes Prinzip gesetzt. Die Majorität ging davon aus,

§. 101.

Befinden sich in einem Wahlbezirke zwei oder mehrere Gemeinden, deren jede weniger als 20 Thaler Grund- und Gebäudesteuer entrichtet und weniger als 100 Einwohner zählt, so werden dieselben nach Anordnung des Kreisausschusses in gleicher Weise, wie die Besitzer der im §. 99. gedachten Güter zu Gesammt- (Kollektiv-) Stimmen vereinigt.

---

daß die Wahlmannschaft in den Landgemeinden nicht an die Obrigkeit dieser Gemeinden gebunden werden könne; sie war der Ansicht, daß es nicht thunlich sei, einen vom Landrath bestätigten Ortsschulzen als Wahlmann für die Landgemeinden auftreten zu lassen, sie glaubte vielmehr, daß die Beeinflussung gerade des Landraths auf die Schulzen bei der Wahl so bedeutend sein würde, daß ein völlig freier Ausdruck der Gesinnung der Landgemeinden selbst nicht gesichert sei. Die Majorität der Kommission glaubt auch keinen Schutz darin zu finden, daß der Ortsschulze in geheimer Wahl von der Gemeinde gewählt wird, sie war vielmehr der Meinung, daß der zu einem ganz anderen Zweck gewählte Ortsschulze nicht von selbst dieserhalb der Gemeinde der Mann des Vertrauens für die Wahlmannschaft zum Kreistage sein könnte. Die Minorität Ihrer Kommission war entgegengesetzter Ansicht. Sie ging davon aus, daß, da eben die Wahl des Ortsschulzen geheim geschähe und der Landrath nur das Versagungsrecht der Bestätigung unter Zustimmung des Kreisausschusses habe, der Ortsschulze als der Repräsentant der Gemeinde auch ex lege die Wahlmannschaft für den Kreistag Namens der Gemeinde führen könne. — Man glaubte nicht, daß eine Beeinflussung des Landraths auf die freigewählten Ortsschulzen von irgend welchem Effekte sein würde, um so weniger als auch die Wahl der Kreistags-Abgeordneten selbst in geheimer Abstimmung erfolge. Die Minorität legte auch besonderen Werth darauf, daß die Wahlmannschaft in den Landgemeinden an die Obrigkeit der Gemeinden geknüpft werde und zwar besonders deshalb, weil aus dem Kreistage der Kreisausschuß als eine völlig neue obrigkeitliche Instanz hervorgehe. Ich überlasse es dem Hause, welcher Auffassung es folgen will."

Der Abg. von Rauchhaupt fügte dann später noch hinzu:

„M. H.! Obgleich ich zur Minorität der Kommission gehört habe, so halte ich mich doch für verpflichtet, so objektiv zu sein, daß ich noch einen Gesichtspunkt für die Kommissionsvorschläge hervorhebe, der noch gar nicht erwähnt ist, nämlich, daß es augenblicklich bestehendes Recht ist, daß die Gemeinden frei ihre Wahlmänner wählen. Diese Wahlmänner sind nur bei der Wahl der Kreistags-Abgeordneten passiv gebunden an Ortsschulzen mit einem gewissen Besitz. Es kommt also auch für meine politischen Freunde lediglich darauf an, wie das passive Wahlrecht konstruirt werden wird."

Der Kommissionsvorschlag wurde konservativerseits entschieden bekämpft, insbesondere durch die Abgg. von Wedell-Malchow, von Gottberg und von Lattorff, während der Abg. Lasker lebhaft für denselben eintrat und hierin durch den Abg. von Kardorff unterstützt wurde, welcher Seitens der freikonservativen Partei erklärte, daß sie zwar die Bedenken, welche die linke Seite des Hauses gegen den Regierungsvorschlag hege, nicht theile, und aus praktischer Rücksicht, Behufs Vermeidung zu häufigen Wählens, bei der ersten Lesung in der Kommission dem Regierungsvorschlag zugestimmt habe, nun aber in Rücksicht des großen Gewichtes, welches die liberale Partei auf Annahme ihrer Vorschläge lege, in Rücksicht des Zustandekommens der Kreisordnung hierbei mit der linken Seite stimmen werde als Kompensation dafür, daß die linke Seite des Hauses auf ihren Wunsch verzichtet habe, den Kreistagen ein Recht zur Wahl der Amtsvorsteher zu gewähren, und vielmehr mit für die Ernennung der Amtsvorsteher gestimmt habe. (St. B. S. 1451.)

Der Minister des Innern, Graf zu Eulenburg, vertheidigte ebenfalls die Regierungsvorlage. „Ich werde bei dieser Frage — sagte er — auch das Wort

§. 102.

Wer als Besitzer eines selbstständigen Guts, als Gewerbtreibender oder Bergwerksbesitzer zur Theilnahme an den Wahlen im Verbande der Landgemeinden persönlich berechtigt ist (§. 98. Nr. 2. und 3.), darf die auf ihn gefallene Wahl als Wahlmann einer Landgemeinde ablehnen. Nimmt er die Wahl an, so ist er zur Ausübung seines persönlichen Wahlrechts nicht befugt.

Dagegen wird durch die Ausübung eines Wahlrechts als Wahlmann einer Landgemeinde die Ausübung des persönlichen Wahlrechts im Verbande der größeren Grundbesitzer nicht ausgeschlossen.

---

ergreifen, weil sie einen Punkt betrifft, auf welchen die Versammlung einen großen Werth legt, die Regierung auch. Den Wunsch, den der Herr Abg. Lasker bei der Begründung seines Antrages, es bei dem Kommissionsbeschluß bewenden zu lassen, in den Vordergrund stellt, nämlich die Erregung der Theilnahme der Kreisbevölkerung für die Kreisangelegenheiten und in Folge dessen für die Wahlen, den lasse ich gewiß vollständig gelten, der Wunsch wird auch gewiß von mir getheilt, und ich glaube, von der Seite (rechts) des Hauses auch. Allein ob diese Theilnahme auf diesem Wege herbeizuführen ist, oder ob sie verschwinden würde, wenn dieser Weg nicht beliebt wird, das ist doch eine andere Frage, eine wesentlich praktische Frage, und die möchte ich nicht so bestimmt bejahen, wie es der Herr Abgeordnete Lasker gethan hat. Zunächst muß ich immer darauf zurückkommen: die Ortsschulzen, von denen der Entwurf spricht, sind ja andere Ortsschulzen, als die bisherigen waren, sie sind nicht mehr ernannt, sie sind gewählt. Nun sehe ich in der That nicht ein, warum nicht in der Idee der ländlichen Bevölkerung, welche an die Wahl eines Schulzen geht, der Gedanke lebendig bleiben soll: er wird nicht blos gewählt von uns als Gemeindevorsteher, sondern auch als zukünftiger Wähler zu den Kreistagen. (Sehr richtig!) Wenn es darauf ankäme, könnte ja der Landrath ihnen jedesmal sagen: denkt daran, daß der zu erwählende Schulze künftiger Wähler zum Kreistag ist; die Leute würden dann im Bewußtsein der Sache bleiben. Der Gemeindevorsteher ist derjenige, der die Verhältnisse und Bedürfnisse der Gemeinde am besten kennen muß. Wenn die Gemeinde zur Wahl schreitet, so wird sie dieselbe auf denjenigen lenken, dem sie Fähigkeit und Kenntniß der Verwaltung zutraut; er ist dann hinterher wirklich auch der geborene Wähler für den Kreistag.

Wenn der Herr Abgeordnete v. Meyer durch seine Zustimmung zu den Behauptungen des Herrn Abgeordneten Lasker zu erkennen giebt, daß die Ortsschulzen eigentlich auch im Kreistage Organe des Landraths seien, so möchte ich das in dieser Allgemeinheit nicht behaupten. (Der Abg. von Meyer bestritt später, daß sein Kopfnicken eine Zustimmung zu dieser Voraussetzung des Abg. Lasker habe ausdrücken sollen.) Ich weiß aus vielen Kreisen, daß in Beziehung auf Kreistagsbeschlüsse, bei denen es sich um Geldfragen handelt, die Ortsschulzen eine sehr selbstständige Stellung auch dem Landrath gegenüber bewahren, (sehr richtig! rechts.) und ich sehe nicht ein, warum der Herr Abgeordnete Lasker, der sonst Herrn von Meyer sehr selten als Autorität gelten läßt, in diesem Punkte sich auf seine Unterstützung beruft.

Ich glaube, m. H., daß dasjenige, was der Regierungskommissarius vor mir gesagt hat, durchschlagend ist; aber einen Gesichtspunkt möchte ich noch hervorheben, und das ist derjenige, den ich in der Kommission hervorgehoben habe: Ich fürchte von diesen Spezialwahlen zu Wahlmännern für den Kreistag eine Agitation in den Gemeinden, die sie von dem Wege abführt, die Kreisversammlung zu einer wirklich wirthschaftlichen Versammlung zu machen. (Sehr wahr!) Ich fürchte, daß damit ein Weg betreten wird, den der Herr Abgeordnete Lasker selbst für einen falschen hält. Er hat neulich zu meiner großen Beruhigung und zu meiner Genugthuung gesagt: wir müssen alles Mögliche dazu thun, um von der Kreis-

§. 103.

Die Vertreter der Gemeinden des Wahlbezirks, die Besitzer der zu dem letzteren gehörigen selbstständigen Güter und die wahlberechtigten Gewerbtreibenden und Bergwerksbesitzer treten unter der Leitung des Landraths oder in dessen Auftrage eines Amtsvorstehers an dem von dem Kreisausschusse zu bestimmenden Wahlorte Behufs der Wahl der Kreistags-Abgeordneten zusammen.

§. 104.

Vollziehung der Wahlen in den Städten, beziehungsweise Städte-Wahlbezirken.

Die Wahl der städtischen Kreistags-Abgeordneten erfolgt in denjenigen Städten, welche für sich einen oder mehrere Abgeordnete zu wählen haben, durch den Magistrat und die Stadtverordneten-Versammlung, beziehungsweise das bürgerschaftliche Repräsentanten-Kollegium, welche zu diesem Behufe unter dem Vorsitze des Bürgermeisters zu einer Wahlversammlung vereinigt werden.

---

vertretung und Provinzialvertretung das wesentlich politische Element fern zu halten. Ich weiß nicht, ob er dabei den Ausdruck „wirthschaftlich" gebraucht hat, ich will ihn nur gebrauchen, um den Gegensatz gegen das spezifisch Politische auszudrücken. Ich würde es für ein großes Unglück halten, wenn wir irgend welche Wahlkörperschaft konstruirten, die den Kreis desjenigen, was ihre Aufgabe ist, verließe, um zugleich politische Wahlkörperschaft zu werden, und ich fürchte, daß, wenn man von dem bisherigen System der Verwendung der Schulzen zu Wahlmännern für den Kreistag — was jetzt ja einen anderen Charakter dadurch bekommt, daß es gewählte Schulzen sind — abginge, in der Bevölkerung jedesmal die Idee wachgerufen werden würde: holla, jetzt handelt es sich um ganz besondere Angelegenheiten, wer weiß, was auf den nächsten Kreistagen vorkommen wird, jetzt wollen wir uns zusammenthun und einen ganz besonderen Mann wählen, der dem Kreistage das richtige Licht aufsteckt; und dann fällt die Wahl auf Leute, die vielleicht sonst alle möglichen Vorzüge haben, nur nicht gerade diejenigen, die zu wirklichen Vertretern der Bevölkerung auf dem Kreistage befähigen. Es ist dies eine Befürchtung, die nicht blos instinktmäßig bei mir auftaucht, sondern die ich häufig von sehr bewanderten Leuten habe aussprechen hören, die auch den lebhaften Wunsch haben, daß die Bevölkerung sich an dem Kreistage betheiligen möge, die aber ebenfalls diesen Weg nicht für den richtigen halten. Ich möchte bitten, daß die Herren einen so großen Werth, wie der Herr Abgeordnete Lasker, auf diese Frage nicht legen. Ich will zu demselben Resultate kommen, wie der Herr Abgeordnete Lasker, ich will Kreisversammlungen haben, die der wirkliche Ausdruck der Gesinnungen und Intelligenz der Bevölkerung sind, ich glaube aber, wir kommen auf dem Wege der Regierung besser dahin als auf dem Wege des Kommissions-Vorschlages." (Bravo!)

Die Kommissions-Vorschläge wurden in namentlicher Abstimmung mit 205 gegen 125 Stimmen angenommen. Im Herrenhause fanden dieselben wiederum den vielfältigsten Widerspruch. Der Kommissionsbericht sagt:

„In längerer Debatte ward auf die Gefahren einer immer weiteren Ausdehnung des Wahlsystems und auf die unausbleibliche Schädigung der Autorität der Schulzen hingewiesen und lebhaft bedauert, daß die Regierung sich den Anträgen des anderen Hauses so leicht gefügt habe, da ihre ursprüngliche Vorlage unbedingt den Vorzug vor denselben verdiene. Aus diesen Gründen wurde dann auch die Herstellung des Regierungs-Entwurfs beantragt.

Der Vertreter der Staats-Regierung erklärte: von dem Abgeordnetenhause werde auf die Wahl besonderer Wahlmänner zur Vollziehung der Wahlen der Kreistags-Abgeordneten ein entscheidendes Gewicht gelegt, und glaube die Staats-

In denjenigen Städten, welche mit anderen Städten des Kreises zu einem Wahlbezirke vereinigt sind, haben der Magistrat und die Stadtverordneten beziehungsweise die bürgerschaftlichen Repräsentanten in vereinigter Sitzung auf je 250 Einwohner einen Wahlmann zu wählen. Durch statutarische Anordnung des Kreistages kann jene Zahl erhöht werden.

Die Wahlmänner des Wahlbezirks treten unter Leitung des Landraths an dem von dem Kreisausschusse zu bestimmenden Wahlorte zur Wahl der Abgeordneten zusammen.

§. 105.

Die nach den vorstehenden Bestimmungen vorzunehmenden Wahlen erfolgen nach näherer Vorschrift des diesem Gesetze beigefügten Wahlreglements.

§. 106.

Wählbarkeit zum Wahlmann und zum Kreistags-Abgeordneten.

Wählbar zum Mitgliede des Kreistages und beziehungsweise zum Wahlmann ist:

Regierung im Interesse des Zustandekommens des Gesetzes diese Abänderung der Regierungs-Vorlage acceptiren zu können, weil sie die geschilderten Gefahren darin nicht erblicke. Denn die Wahl von Kreistagsvertretern sei auch jetzt schon in den Gemeinden bestehendes Recht. Von dem Abgeordnetenhause sei dagegen, daß bei der Wahl der Kreistags-Abgeordneten die Landgemeinden sich durch ihre Schulzen sollten vertreten lassen, insbesondere das Bedenken erhoben worden, daß die letzteren sich in Folge ihrer dienstlichen Stellung immer in einem gewissen Abhängigkeitsverhältnisse von dem Landrath befinden."

Das Herrenhaus stellte zwar den Regierungs-Entwurf wieder her. In der neuesten Regierungs-Vorlage ist jedoch der Beschluß des Abgeordnetenhauses adoptirt worden. Bei der im letzteren darüber stattgehabten Debatte wurden konservativerseits die Bedenken hiergegen erneut geltend gemacht.

2. In dem Wahlreglement (s. hinten) ist das Prinzip der geheimen Abstimmung angenommen.

3. Der Zusatz im §. 104. „das bürgerschaftliche Repräsentanten-Kollegium" bezieht sich auf die Städte Neuvorpommerns.

Zu § 106.

Die Motive zum Regierungsentwurf von 1871 resp. 1869, dessen bezüglicher Bestimmung der § 106 — abgesehen von unerheblichen Redaktionsveränderungen — entspricht, erläutern hierzu:

„Die Bestimmungen über das passive Wahlrecht ergeben sich aus dem System des Entwurfes. Daß die Vertretung des Wahlverbandes der Städte ausschließlich in die Hände städtischer Bürger gelegt, die des platten Landes aber den ländlichen Grundbesitzern, ohne Rücksicht auf die Größe ihrer Besitzung, überlassen ist, findet seine Erklärung als Konsequenz des Gedankens, daß einerseits das städtische Bürgerthum, andererseits die nachbarlichen Verbände der landwirthschaftlichen Berufsgenossen ihre Vertretung finden sollen.

Eine Beschränkung des passiven Wahlrechts rücksichtlich der einzelnen ländlichen Verbände eintreten zu lassen, hat nicht für rathsam erachtet werden können, weil unter diesen eine Verschiedenartigkeit der berechtigten Interessen im Großen und Ganzen nicht anerkannt werden kann. Diese besonderen Verbände sind nur verschiedene Formen der Vertretung in einer und derselben großen Gruppe.

Die Ausdehnung der Wählbarkeit über den Kreis der Grundbesitzer hinaus auf diejenigen Personen, welche als Stellvertreter in den einzelnen Wahlverbänden

1) im Wahlverbande der Städte jeder Einwohner der im Kreise belegenen Städte, welcher sich im Besitze des Bürgerrechts befindet;

2) in den Wahlverbänden der größeren Grundbesitzer, sowie der Landgemeinden ein Jeder, seit einem Jahr, in dem Kreise an=

---

fungiren können, bringt eine wünschenswerthe Erweiterung des Kreises der wahlfähigen Personen mit sich. Es ist dabei namentlich an Beamte und Pächter gedacht, von denen bei sonstiger persönlicher Qualifikation eine ersprießliche Wahrnehmung der Kreisinteressen erwartet werden darf.

Daß für die Wählbarkeit die Erfüllung der in den §§ 96 und 97 für die Ausübung des Wahlrechtes aufgestellten Bedingungen vorausgesetzt wird, bedarf keiner Erläuterung.

Die Kommission des Abgeordnetenhauses hatte sich einen von der linken Seite ausgehenden Vorschlag angeeignet, wonach die Bestimmungen, wie sie oben im § 106 zu 1 und 2 verzeichnet sind, nur für die Wählbarkeit zum Wahlmann gelten sollten, nicht aber für die Wählbarkeit zum Kreistagsmitglied, in letzterer Beziehung vielmehr eine Bestimmung hinzutreten solle:

„Zum Mitgliede des Kreistages ist jeder Kreisangehörige wählbar."

Der Berichterstatter, Abg. von Rauchhaupt, berichtete hierüber (Sitzung vom 21. März 1872, St. B. S. 1457): „Die Majorität Ihrer Kommission geht davon aus, daß, nachdem man das aktive Wahlrecht an die verschiedenen Wahlverbände geknüpft, man das passive Wahlrecht völlig frei machen müsse; es sei dem Wahlrecht vollständig Genüge geschehen, wenn man den Wahlmann an den Wahlverband knüpfe, den Abgeordneten müsse man absolut frei der Wahl der Wahlmänner überlassen. Daraus folgt im Gegensatz zur Regierungs=Vorlage, daß die Wahlverbände der Landgemeinden und der großen Grundbesitzer, welche nach der Regierungsvorlage unter sich das freie Wahlrecht haben, nun auch das Wahlrecht erhalten, ihre Kreistagsabgeordneten auch aus dem Wahlverbande der Städte frei wählen zu können.

Die Minorität Ihrer Kommission widersprach dieser Auffassung und ging davon aus, daß es eben eine Verletzung des Prinzips der drei Wahlverbände sei, wenn man das passive Wahlrecht völlig frei mache; es sei eine Konsequenz dieser Wahlverbände, daß man nicht bloß die Wahlmannschaft, sondern auch das Recht zur Wahl der Abgeordneten selbst an den Wahlverband knüpfe. Es scheine allerdings als Inkonsequenz, daß man dem Wahlverbande der Landgemeinden gestatte, aus dem Wahlverbande der großen Grundbesitzer, und umgekehrt dem Wahlverbande der großen Grundbesitzer gestatte, aus dem Wahlverbande der Landgemeinden zu wählen — diese Inkonsequenz sei aber nur eine scheinbare, da eine Solidarität der Interessen dieser beiden Wahlverbände gegenüber den Städten bestehe, und diese Solidarität ein Wahlrecht der beiden Wahlverbände unter sich gerechtfertigt erscheinen lasse. Ganz anders verhalte sich das Verhältniß, wenn man auch den Wahlverbänden des platten Landes gestatte, Abgeordnete aus den Städten zu entsenden. Wenn man das Wahlrecht der Landgemeinden und der Großgrundbesitzer in dieser Weise ausdehne, so laufe man Gefahr, den ganzen Charakter der Kreisversammlung, den man auf drei Wahlverbände gegründet, zu alteriren. Diese Gefahr war um so größer, als die Kreistagsabgeordneten keine Diäten und Reisekosten erhalten sollten, die Wahlmänner der Landgemeinden somit leicht der Versuchung verfallen könnten, sich aus den Städten ihre Vertreter zu erwählen. Die Minorität glaubte gerade hierauf das höchste Gewicht legen zu müssen.

Ich muß dem Hause anheim stellen, seinen Beschluß zu fassen."

Von konservativer Seite wurde großer Werth darauf gelegt, den Kommissionsvorschlag zu beseitigen, und derselbe vom Abg. von Gottberg bekämpft, während der Abg. Miquél ihn vertheidigte. Letzterem erwiderte der Minister des Innern Graf zu Eulenburg:

„M. H.! Für politische Wahlkörperschaften halte ich es auch für theoretisch

gesessene ländliche Grundbesitzer, sowie ein Jeder, welcher in einer Versammlung dieser Verbände ein Wahlrecht ausübt, und seit einem Jahre in dem Kreise einen Wohnsitz hat.

Für die Wählbarkeit zum Wahlmanne und zum Abgeordneten gelten die in §. 96. für die Wahlberechtigung gegebenen Bestimmungen.

---

richtig, dieselben so gut zu konstruiren als möglich und ihnen dann zu überlassen, zu wählen, wen sie wollen. Anders liegt die Sache aber doch in Bezug auf wirthschaftliche Versammlungen, in Bezug auf Provinzial- und Kreisvertretungen. Schon der Umstand, daß Sie die Wählerschaft abtheilen nach gewissen Ständen, Interessen, oder wie Sie es sonst nennen wollen, schließt den Gedanken in sich, daß Sie die Versammlung, die aus der Wahl derselben hervorgeht, als ein Abbild dieser verschiedenen Stände, Interessen u. s. w. ansehen wollen. Daß die aus den Wählerschaften hervorgehenden Wahlen die einzelnen Wählerschaften repräsentiren sollen, ist der Wille der Gesetzgebung und die Absicht derjenigen, welche die Gesetzgebung in dieser Art gestalten. Nun muß ich zugeben, daß in Bezug auf die ländlichen Gemeinden eine Art Mißtrauen die Regierung zu ihrem Vorschlage geführt hat, nicht ein politisches Mißtrauen, aber ein finanzielles Mißtrauen, und so sehr wir Alle den Bauern in seinem Patriotismus und seinen Leistungen, soweit er denselben nicht entgehen kann, (Sehr richtig! links) zu schätzen wissen, so großes Mißtrauen, glaube ich, haben wir doch Alle gegen jede Art Freigebigkeit von seiner Seite. Jemand, der sich außerordentlich für das Zustandekommen dieser Kreisordnung interessirt, hat mir gesagt, er lege auf diesen Punkt nach seiner Kenntniß der Verhältnisse einen ganz besonderen Werth; er war der Meinung, die Frage entscheide sich danach: ob die Kreistags-Mitglieder Diäten erhalten oder nicht? Bekommen die Kreistags-Mitglieder Diäten, so werden die Bauern Bauern wählen; bekommen sie keine Diäten, so werden die sich bestimmen lassen, ihre Wahl auf Städter zu lenken, auf Einwohner der Stadt, in welcher der Kreistag seinen Sitz hat. Ich glaube, das ist ein sehr entscheidender Gesichtspunkt. Möglich, daß das Resultat anders ist; hat aber die Befürchtung, welche ich ausgesprochen habe, einige Berechtigung, dann, glaube ich, ist es bei der Stimmung, die der Herr Abgeordnete Miquél schildert, besser, Sie geben uns in diesem Punkte nach. Sie sagen, für Sie selbst habe er nur eine theoretische Bedeutung. Lassen Sie uns ein recht praktisches Gesetz machen! (Bravo! rechts.)"

Der Kommissionsvorschlag wurde danach vom Abgeordnetenhause abgelehnt.

Das Herrenhaus ging in Uebereinstimmung mit seiner Kommission von der Ansicht aus, daß auch die Regierungsvorlage die Wählbarkeit zu geringen Beschränkungen unterwerfe, da hiernach fast ein jeder Kreisangehörige wählbar sei, oder doch die Wählbarkeit ganz leicht erreichen könne. Dagegen habe der Kreisordnungs-Entwurf vom Jahre 1860 die Wählbarkeit an die Bedingung geknüpft, daß die zu Wählenden obrigkeitliche Funktionen ausüben oder früher ausgeübt haben mußten. Solche Bestimmungen entsprechen auch dem gegenwärtigen Rechtszustande. Hieran anknüpfend, wurde die Annahme des Paragraphen in folgender Fassung beantragt:

„Wählbar zum Mitgliede des Kreistags und zum Wahlmann sind:

1) Im Wahlverbande der Städte die zeitigen und ehemaligen Mitglieder des Magistrats und der Stadtverordneten-Versammlung, in Neu-Vorpommern des bürgerschaftlichen Repräsentanten-Kollegiums;

2) in den Wahlverbänden der größeren Grundbesitzer, wie der Landgemeinden alle diejenigen, welche in dem betreffenden Verbande ein Wahlrecht ausüben, und in den Landgemeinden außerdem diejenigen Personen, welche im Gemeindevorstande ein Amt verwalten oder verwaltet haben. Ebenso die zeitigen und ehemaligen Mitglieder einer gewählten Landgemeindevertretung."

Im neuesten Regierungsentwurf wurde auf die Beschlüsse des Abgeordnetenhauses resp. den früheren Regierungsentwurf zurückgegangen.

§. 107.

Dauer der Wahlperiode der Kreistags-Abgeordneten.

Die Kreistags-Abgeordneten werden auf sechs Jahre gewählt.

Jede Wahl verliert ihre Wirkung mit dem gänzlichen oder zeitweisen Aufhören einer der Bedingungen der Wählbarkeit.

Alle drei Jahre scheidet die Hälfte der Abgeordneten eines jeden Wahlverbandes aus, und wird durch neue ersetzt. Ist diese Zahl nicht durch 2 theilbar, so scheidet das erste Mal die nächstgrößere Zahl aus. Die das erste Mal Ausscheidenden werden durch das Loos bestimmt, welches der Landrath auf dem Kreistage zu ziehen hat.

Die Ausscheidenden können wieder gewählt werden.

§. 108.

Ergänzungs- und Ersatzwahlen der Kreistags-Abgeordneten.

Die Wahlen zur regelmäßigen Ergänzung des Kreistages finden alle drei Jahre im Monat November statt, sofern nicht durch statutenmäßige Anordnung Seitens des Kreistages ein anderer Termin bestimmt wird. Die Wahlen in dem Verbande der Landgemeinden erfolgen vor den Wahlen in dem Verbande der größeren Grundbesitzer.

Ergänzungs- und Ersatzwahlen werden von denselben Wahlverbänden, Stadtgemeinden und Wahlbezirken vorgenommen, von denen der Ausscheidende gewählt war.

Wo in städtischen oder ländlichen Wahlbezirken die Wahl von Wahlmännern durch dieses Gesetz vorgeschrieben ist (§§. 100. und 104.), erfolgt dieselbe aufs Neue vor jeder Wahl mit Ausnahme der Ersatzwahlen, bei welchen die früheren Wahlmänner fungiren.

Der Ersatzmann bleibt nur bis zum Ende derjenigen sechs Jahre in Thätigkeit, für welche der Ausgeschiedene gewählt war.

§. 109.

Einführung der Kreistags-Abgeordneten.

Die bei der regelmäßigen Ergänzung neugewählten Kreistags-Abgeordneten treten, sofern nicht durch statutarische Anordnung ein anderer Termin bestimmt wird, ihr Amt mit dem Anfange des nächstfolgenden Jahres an; die Ausscheidenden bleiben bis zur Ein-

---

Zu § 107.

Die für die Kreistags-Abgeordneten festgestellte Wahlperiode entspricht derjenigen, welche die Städte-Ordnung vom 30. Mai 1853 für die Stadtverordneten vorschreibt. Das Ausscheiden der Hälfte nach drei Jahren empfiehlt sich mit Rücksicht darauf, daß die Wahlen auf dem platten Lande sich schwieriger vollziehen, und daß es daher wünschenswerth ist, die Wahlakte zu vermindern. (Motive des Regierungs-Entwurfs.)

Zu § 109.

Der §. 109. ist auf Veranlassung der Kommission des Herrenhauses hinzugefügt worden, da über den Zeitpunkt, zu welchem die Kreistagsabgeordneten ihr

führung der neugewählten Mitglieder in Thätigkeit. Die Einführung der Gewählten erfolgt durch den Vorsitzenden des Kreistages.

§. 110.

Aufstellung von Verzeichnissen der Wahlberechtigten.

Für jeden Kreis werden alle drei Jahre vor jeder neuen Wahl der Kreistags-Abgeordneten

1) ein Verzeichniß der zum Wahlverbande der größeren Grundbesitzer gehörigen Grundbesitzer, Gewerbtreibenden und Bergwerksbesitzer unter Angabe der in dem §. 86. enthaltenen Merkmale,
2) ein Verzeichniß der zum Wahlverbande der Landgemeinden gehörigen Besitzer selbstständiger Gutsbezirke und wahlberechtigten Gewerbtreibenden und Bergwerksbesitzer unter Angabe der in den §§. 87. 98. und 99. enthaltenen Merkmale,
3) ein Verzeichniß der Landgemeinden unter Angabe der Zahl der von jeder einzelnen Gemeinde oder von den zu einer Kollektivstimme vereinigten Gemeinden zu wählenden Wahlmänner (§§. 100. und 101.)

durch den Kreisausschuß aufgestellt, und durch das Kreisblatt oder wo ein solches nicht besteht, durch das Amtsblatt zur öffentlichen Kenntniß gebracht.

Anträge auf Berichtigung dieses Verzeichnisses sind binnen einer Frist von vier Wochen nach Ausgabe des Blattes, durch welches das Verzeichniß veröffentlicht worden ist, bei dem Kreisausschusse anzubringen, gegen dessen Entscheidung die Berufung an das Verwaltungsgericht innerhalb zehn Tagen stattfindet.

§. 111.

Aufstellung des Vertheilungsplanes.

Die Vertheilung der Kreistags-Abgeordneten auf die einzelnen Wahlverbände (§§. 89. und 90.), die Bildung von Wahlbezirken für die Landgemeinden und die zum Verbande derselben gehörigen selbstständigen Gutsbezirke, Gewerbtreibenden und Bergwerksbesitzer, sowie die Vertheilung der Abgeordneten der Landgemeinden auf dieselben (§. 91.), ingleichen die Vertheilung der städtischen Abgeordneten auf die einzelnen Städte beziehungsweise die Bildung von Städtewahlbezirken (§. 92.), erfolgt auf den Vorschlag des Kreisausschusses durch den Kreistag, und ist durch das Kreis- beziehungsweise Amtsblatt zur öffentlichen Kenntniß zu bringen.

Amt anzutreten haben, im Regierungsentwurf resp. in den Beschlüssen des Abgeordnetenhauses eine Bestimmung nicht getroffen war, solche aber sachgemäß erschien.

Binnen einer Frist von vier Wochen nach Ausgabe des betreffenden Blattes ist die Beschwerde an das Verwaltungsgericht zulässig.

§. 112.

Die nach den Vorschriften des §. 111. festgestellte Vertheilung der Abgeordneten bleibt das erste Mal für drei Jahre, sodann für einen Zeitraum von je zwölf Jahren maßgebend. Nach dessen Ablauf wird sie durch den Kreisausschuß einer Revision unterworfen und der Beschluß des Kreistages über die etwa nach Maßgabe der Vorschriften der §§. 84. 89. bis 93. nothwendigen Abänderungen eingeholt. In der Zwischenzeit erfolgt eine Revision nur:

1) wenn die Zahl der Städte des Kreises sich vermehrt oder vermindert, oder wenn eine Stadt in Gemäßheit des §. 4. aus dem Kreisverbande ausscheidet. In diesen Fällen ist alsbald eine anderweite Vertheilung der Abgeordneten auf die einzelnen Wahlverbände und eine Neuwahl sämmtlicher Kreistags-Abgeordneten vorzunehmen;

2) wenn die Zahl der Berechtigten in dem Verbande der größeren Grundbesitzer sich dergestalt vermehrt oder vermindert, daß nach §. 90. die Zahl der diesem Verbande zukommenden Abgeordneten eine größere oder geringere wird, als bei der letzten Vertheilung. In diesem Falle ist vor den nächsten regelmäßigen Ergänzungswahlen (§. 108.) von dem Kreistage eine Berichtigung des Vertheilungsplanes vorzunehmen und sind sodann nach diesem berichtigten Vertheilungsplan die erforderlichen Ergänzungs- beziehungsweise Neuwahlen zu vollziehen.

§. 113.

Entscheidung über die Gültigkeit der Wahlen der Kreistags-Abgeordneten.

Die Wahlprotokolle sind von dem Kreisausschusse zu prüfen und dem Kreistage vorzulegen. Der Kreistag kann in der ersten Versammlung, nachdem die Wahlprotokolle eingegangen sind, die Wahl beanstanden. Die Entscheidung über eine beanstandete Wahl erfolgt durch das Verwaltungsgericht.

Die Namen der Gewählten sind durch das Kreis- beziehungsweise Amtsblatt bekannt zu machen.

§. 114.

Die Kreistags-Abgeordneten erhalten weder Diäten noch Reisekosten.

Zu § 114.

Bei dem seltenen Zusammentritt und der kurzen Dauer der Kreisversammlungen hat ein Bedürfniß zur Gewährung von Diäten und Reisekosten an die

Zweiter Abschnitt.

Von den Versammlungen und Geschäften des Kreistages.

§. 115.

Geschäfte des Kreistages.
a) Im Allgemeinen.

Der Kreistag ist berufen, den Kreis-Kommunalverband zu vertreten, über die Kreisangelegenheiten nach näherer Vorschrift dieses Gesetzes, sowie über diejenigen Gegenstände zu berathen und zu beschließen, welche ihm zu diesem Behufe durch Gesetze oder Königliche Verordnungen überwiesen sind oder in Zukunft durch Gesetz überwiesen werden.

Kreistags-Abgeordneten nicht anerkannt werden können. Auch würde die Bewilligung von Diäten und Reisekosten mit dem von dem Gesetz angenommenen Prinzip der ehrenamtlichen Verwaltung der Kreis-Angelegenheiten nicht vereinbar sein. (Motive zum Regierungs-Entwurf 1869.)

Zu §§ 115 u. 116.

Während der §. 115. die Kompetenz des Kreistages im Allgemeinen bezeichnet, werden im §. 116. die demselben zustehenden Befugnisse im Einzelnen aufgeführt.

Der Kreistag ist eine berathende und beschließende Körperschaft; seine Organe für die Vorbereitung und Ausführung seiner Beschlüsse sind der Kreis-Ausschuß und die Kreis-Kommissionen. Den Gegenstand der Berathungen und Beschlüsse des Kreistages bilden die kommunalen Angelegenheiten des Kreises. Doch steht es ihm auch zu, andere Gegenstände in den Kreis seiner Berathung und Beschlußfassung zu ziehen, wenn ihm solche zu diesem Behufe durch Gesetze, Königliche Verordnungen, beziehungsweise Verfügungen der Staatsbehörden überwiesen werden. Diese letztere einschränkende Bestimmung ist nicht in der Besorgniß vorgesehen, daß die Kreistage sich Rechte annaßen könnten, welche ihnen nicht zukommen. Dieselbe ergiebt sich vielmehr ganz naturgemäß aus der Stellung des Kreistages als Vertreters des Kreis-Kommunal-Verbandes, der als solcher aus eigener Initiative nur die kommunalen Interessen des Kreises wahrzunehmen hat, andere aber nur dann, wenn er dazu einen besonderen Auftrag erhält.

Die Befürchtung, daß der Kreis-Ausschuß die Stellung des Kreistages beeinträchtigen werde, indem er ihm einen großen Theil seiner Wirksamkeit entziehe, erscheint als eine unbegründete, wenn man die wichtigen, dem Kreistag im §. 116 beigelegten Befugnisse einer näheren Prüfung unterzieht. Der Kreistag giebt danach keine einzige der ihm bisher zugestandenen Befugnisse im Gebiete der Kreis-Verwaltung an den Kreis-Ausschuß ab.

In ihm wird, wie bisher, der Schwerpunkt der gesammten Kreis-Verwaltung beruhen; denn er nur allein hat die Ausgaben des Kreises zu beschließen, über das Vermögen desselben zu verfügen, den Kreishaushalts-Etat festzustellen, Kreis-Abgaben auszuschreiben, die Anstellung und Besoldung der Beamten des Kreises zu bestimmen und dem Kreis-Ausschusse die Grundsätze für die Verwaltung der Angelegenheiten des Kreises vorzuschreiben.

Bei einer solchen Fülle weitgreifender Befugnisse würde das Leben und die Wirksamkeit des Kreistages durch den Kreisausschuß nur dann gefährdet werden können, wenn es ihm selbst an jeder Selbstständigkeit mangelte.

Zu den einzelnen Nummern des §. 116. findet sich noch Folgendes zu bemerken.

Wenn es nach Nr. 2 Alinea 2 bei der Bestimmung im §. 5. Nr. 3 des Gesetzes wegen der Kriegsleistungen vom 11. Mai 1851 sein Bewenden behalten soll, so liegt darin doch nicht ausgesprochen, daß der Kreistag in Zukunft einen

§. 116.

Insbesondere ist der Kreistag befugt:

b) Im Besonderen.

1) nach Maßgabe des §. 20. statutarische und reglementarische Anordnungen zu treffen;

2) zu bestimmen, in welcher Weise Staatspräſtationen, welche kreisweise aufzubringen sind, und deren Aufbringungsweise nicht schon durch das Gesetz vorgeschrieben ist, repartirt werden sollen.

Bei der Bestimmung im §. 5. Nr. 3. des Gesetzes wegen der Kriegsleistungen vom 11. Mai 1851. (Gesetz-Samml. S. 362.) behält es sein Bewenden;

3) Ausgaben zur Erfüllung einer Verpflichtung oder im Interesse des Kreises zu beschließen, und zu diesem Behufe

über das dem Kreise gehörige Grund- beziehungsweise Kapitalvermögen zu verfügen, Anleihen aufzunehmen, und die Kreisangehörigen mit Kreisabgaben zu belasten;

4) innerhalb der Vorschriften der §§. 10. bis 18. den Vertheilungs- und Aufbringungsmaßstab der Kreisabgaben zu beschließen;

---

besonderen Ausschuß zur Vertheilung der Kriegsleistungen auf die Gemeinden wählen müsse; er ist vielmehr befugt, hiermit auch ein für alle Mal den Kreisausschuß zu beauftragen.

Zu Nr. 3. Während die Verordnungen aus den Jahren 1841 und 1842 (vgl. Beilage A.) die Kreistage ermächtigten, zu gemeinnützigen Einrichtungen und Anlagen, welche in den Interessen des gesammten Kreises beruhen, sowie zur Beseitigung eines den Kreis bedrohenden Nothstandes Ausgaben zu beschließen, ausnahmsweise aber mit Königlicher Genehmigung auch über solche Einrichtungen und Anlagen Beschluß zu fassen, bei denen nur ein Theil des Kreises oder ein einzelner Stand interessirt ist, legt der vorliegende Gesetzentwurf dem Kreistage das Recht bei, Ausgaben im Interesse des Kreises zu beschließen und will mit diesem allgemeinen Ausdruck nicht nur dieselben Befugnisse begreifen, welche den Kreistagen schon bisher zustanden, sondern dieselben über das gesammte Gebiet aller derjenigen Zwecke erweitern, welche die auf den Grundlagen des gegenwärtigen Gesetzentwurfs sich immer mehr entwickelnde kommunale Thätigkeit des Kreises mit sich bringt. Der Kreistag soll also auch in Zukunft nicht nur solche Ausgaben zu beschließen befugt sein, welche in dem Interesse des gesammten Kreises liegen, sondern auch solche, welche nur einen einzelnen Theil des Kreises interessiren.

Es ist zwar gegen die Beibehaltung dieser letzteren Befugniß des Kreistages eingewendet worden, daß der Kreistag nur ermächtigt sein könne, die Kreiseingesessenen zur Zahlung von Ausgaben für solche Anlagen zu verpflichten, welche dem Gesammt-Interesse des Kreises dienen, da er nur über Kreis-Korporations-Angelegenheiten Beschlüsse zu fassen habe, hierzu aber Gegenstände, bei denen nicht der ganze Kreis betheiligt sei, nicht gerechnet werden könnten. Allein dieser Einwand beruht auf einer Verkennung der Wesenheit eines wahren Kommunal-Verbandes. Denn nicht das Kriterium der räumlichen oder numerischen Beschaffenheit einer Maßregel ist bestimmend für die Frage nach deren kommunalen Interesse, sondern ihre innere Bedeutung für den Kreis als Gesammtheit. Sind daher auch wohl die meisten Angelegenheiten des Kreises von der Art, daß bei ihnen nicht die Gesammtheit der Kreisbewohner, sondern immer nur ein Theil

5) den Kreishaushalts-Etat festzustellen und hinsichtlich der Jahresrechnung Decharge zu ertheilen (§§. 127. und 129.);

6) die Grundsätze festzustellen, nach welchen die Verwaltung des dem Kreise gehörigen Grund- und Kapitalvermögens, sowie der Kreis-Einrichtungen und Anstalten zu erfolgen hat;

7) die Einrichtung von Kreisämtern zu beschließen, die Zahl und Besoldung der Kreisbeamten zu bestimmen;

8) die Wahlen zum Kreisausschusse (§. 130.) und zu den durch das Gesetz für Zwecke der allgemeinen Landesverwaltung angeordneten Kommissionen zu vollziehen, sowie besondere Kommissionen und Kommissare für Kreiszwecke zu bestellen (§. 167.).

Für die Vollziehung dieser Wahlen gelten die Bestimmungen des diesem Gesetze beigefügten Wahlreglements;

9) Gutachten über alle Angelegenheiten abzugeben, die ihm zu diesem Behufe von den Staatsbehörden überwiesen werden;

10) die durch Gesetz oder Königliche Verordnung (§. 115.) ihm übertragenen sonstigen Geschäfte wahrzunehmen.

---

derselben vorzugsweise beziehungsweise unmittelbar interessirt erscheint, so sind es andererseits doch auch nur sehr wenige, an denen nicht der Kreis wenigstens ein mittelbares Interesse haben möchte, oder welche für einzelne Klassen von Kreisbewohnern von gar keinem Interesse wären. Im Allgemeinen aber wird zu der Einsicht der Kreistage das Vertrauen gehegt werden dürfen, daß sie selbst die richtige Scheidegrenze zu finden wissen werden, bis zu welcher sie Ausgaben, die ausschließlich oder vorzugsweise nur einem Theile des Kreises zum Vortheil gereichen, von Kreiswegen bewilligen können.

Diese den Kreistagen beigelegte Befugniß führt sodann aber mit Nothwendigkeit auch dazu, die im §. 13. vorgesehene Abweichung von dem zur gleichmäßigen Anwendung auf alle Kreisangehörigen und alle Kreisausgaben bestimmten Abgaben-Vertheilungs-Maßstabe dahin zu gestatten, daß für die Kreisangehörigen der bei einer Anlage oder Einrichtung in hervorragendem Maße interessirten Kreistheile eine Mehrbelastung eintreten darf. (Motive zum Reg.-Entw. 1869.)

2. Die pos. 7 des §. 116 lautete in der Fassung des Regierungsentwurfs: „über die Anstellung und Besoldung der Kreisbeamten zu beschließen“; Auf Veranlassung der Kommission des Abgeordnetenhauses wurde statt dessen gesetzt:

„Die Einrichtung von Kreisämtern zu beschließen, die Zahl und Besoldung „der Kreisbeamten zu bestimmen;“

Der Berichterstatter, Abg. von Rauchhaupt, erläuterte hierzu (Sitzung vom 21. März 1872, St. B. S. 1461): „Es war zweifelhaft, wenn unter Nr. 7 der Regierungsvorlage die Anstellung und Besoldung der Kreisbeamten dem Kreistage, dagegen im §. 134 sub 3 die Ernennung der Kreisbeamten dem Kreisausschusse überwiesen werde, ob nicht zwischen Kreistag und Kreisausschuß über ihre gegenseitigen Befugnisse Streit entstehen könnte. Es ist deshalb die veränderte Fassung gewählt, wonach der Kreistag die Einrichtung von Kreisämtern zu beschließen und die Zahl und Besoldung der Kreis-Beamten zu bestimmen hat, die Anstellung des Personals aber vom Kreisausschuß erfolgen soll.“

§. 117.

Verfügung über Fonds einzelner Kreistheile.

Ueber Fonds, welche der Gesammtheit des platten Landes oder der Städte gehören, steht den Kreistags-Abgeordneten des platten Landes beziehungsweise der Städte die Verfügung allein zu.

Insbesondere haben über diejenigen Fonds, welche in der Kur- und Neumark Brandenburg aus den Kontributions-Ueberschüssen angesammelt sind, die Kreistags-Abgeordneten des platten Landes allein zu verfügen.

§. 118.

Berufung des Kreistages und Leitung der Verhandlungen auf demselben.

Der Landrath beruft die Kreistags-Abgeordneten zum Kreistage durch besondere Einladungsschreiben, unter Angabe der zu verhandelnden Gegenstände, führt auf demselben den Vorsitz, leitet die Verhandlungen und handhabt die Ordnung in der Versammlung. In Behinderungsfällen übernimmt der dem Dienst- beziehungsweise Lebensalter nach älteste anwesende Kreisdeputirte den Vorsitz.

Zu § 117.

In den Kreisen der Kur- und Neumark Brandenburg sind aus den nach Abführung des Kontingents an die Staatskassen verbliebenen Ueberschüssen der Kontribution, welche von den kontribuablen Einwohnern des platten Landes zu entrichten war, besondere Fonds angesammelt, über welche bisher den Kreisständen des ersten und dritten Standes nach Maßgabe eines durch die Allerhöchste Ordre vom 16. Juli 1838 genehmigten Regulativs vom 20. Juni desselben Jahres die Verfügung zustand.

Da die Städte kein Miteigenthum an diesen Fonds besitzen, so wird deren Vertretern auf dem Kreistage auch eine Mitdisposition füglich nicht eingeräumt werden können, die ausschließende Disposition vielmehr in den Händen der Vertreter des platten Landes verbleiben müssen. Im Uebrigen werden diese Fonds fortan nach denselben gesetzlichen Vorschriften zu behandeln sein, welche in der Kreisordnung für das Kreisvermögen überhaupt vorgesehen sind, und erscheint die fernere Beibehaltung der Bestimmungen des Reglements vom 20. Juni 1838 entbehrlich. (Motive zum Reg.-Entwurf 1869).

Zu § 118.

Dem Landrath soll, wie nach der bisherigen Verfassung, die Berufung des Kreistages, der Vorsitz auf demselben und die Leitung der Verhandlungen verbleiben.

Es ist zwar hiergegen geltend gemacht worden, daß es sich mit der Stellung des Landraths einerseits als Staatsbeamter und Organ der Staatsregierung, andererseits als Organ der Kreis-Korporation für die Verwaltung der Angelegenheiten des Kreises in keiner Weise vertrage, wenn er den Vorsitz auf dem Kreistage führe, und daß die hieraus hervorgehenden Uebelstände nur vermieden werden könnten, wenn der Kreistag seinen Vorsitzenden frei wähle und der Landrath verpflichtet werde, den Sitzungen beizuwohnen. (Bei den Berathungen des Abgeordnetenhauses in den Jahren 1865 und 1869 waren Seitens der linken Seite des Hauses Anträge in dieser Richtung vertheidigt worden.) Allein die Staatsregierung vermochte diese Gründe nicht für durchgreifend zu erachten.

Wenn die Landräthe auch Staatsbeamte und Organe der Staatsregierung sind, so zeigt doch die Erfahrung, daß sie sich dadurch keineswegs abhalten lassen, das Interesse ihrer Kreise der Staatsregierung gegenüber kräftig und freimüthig zu vertreten, und es ist gewiß nicht zu behaupten, daß die Landräthe im Allgemeinen sich zu abhängig von den vorgesetzten Staatsbehörden fühlen und zeigen.

Mit Ausnahme dringender Fälle, in welchen die Frist bis zu drei Tagen abgekürzt werden darf, muß die Einladung sämmtlichen Kreistags-Abgeordneten mindestens 14 Tage vorher zugestellt werden. Gegenstände, die nicht in die Einladung zum Kreistage aufgenommen sind, können zwar zur Berathung gelangen, die Fassung eines bindenden Beschlusses über dieselben darf jedoch erst auf dem nächsten Kreistage erfolgen.

Gerade in der Doppelstellung des Landraths, welche ihm als Organ der Kreis-Korporation eine unabhängige Stellung der Staatsregierung gegenüber giebt, liegt ein wesentlicher Grund und eine Bedingung der gedeihlichen Wirksamkeit des Landraths. Nimmt man ihm den Vorsitz auf dem Kreistage und damit eine wichtige Beziehung zu der Kreisvertretung, so drängt man ihn geradezu mehr und mehr in die Stellung eines ausschließlichen Staatsbeamten hinein, der insbesondere auf den Kreistagen das allgemeine Staatsinteresse den besondern Interessen des Kreises gegenüber zu vertreten habe, und entfremdet ihn damit dem Berufe, das Interesse des Kreises, wenn nöthig, auch den Staatsbehörden gegenüber wahrzunehmen. Der Vorschlag, den Landrath gewissermaßen als Staatskommissarius dem Kreistage, beziehungsweise dessen Vorsitzenden gegenüber zu stellen, beruht auf Analogien aus dem konstitutionellen Staatsrecht, welche für die kommunale Organisation der Kreise in keiner Weise passen. —

Eine zweimalige Einberufung des Kreistages im Laufe eines Jahres wird für die Erledigung der demselben obliegenden Geschäfte in der Regel ausreichen, aber auch andrerseits erfolgen müssen, um die Geschäfte in einer gewissenhaften und gründlichen Weise erledigen zu können. (Motive zum Regierungsentwurf 1869.)

2. Im Abgeordnetenhause war Seitens des Abgeordneten von Denzin der Antrag gestellt worden, im ersten Alinea des §. 118. hinter dem Satze „führt auf demselben den Vorsitz" die Worte hinzuzufügen:

„mit vollem Stimmrecht".

Der Berichterstatter, Abg. von Rauchhaupt, äußerte hierüber (Sitzung vom 21. März 1872 St. B. S. 1463):

„Was sodann das Amendement des Herrn Abgeordneten von Denzin anlangt, so ist in der Kommission meines Wissens die Frage gar nicht erörtert, ob der Landrath unter allen Umständen ein Stimmrecht auf dem Kreistage haben soll oder nicht; ich bin also nicht in der Lage, die Ansicht der Kommission aussprechen zu können. Ich will nur bemerken, daß nach dem jetzt bestehenden Rechte der Landrath seither schon nicht stimmberechtigt auf dem Kreistage war, wenn er nicht mit einem virilstimmberechtigten Rittergute ansässig war. Ganz analog würde nach Einführung der Wahlverbände daraus folgen, daß, wenn der Landrath nicht in einem der qu. Wahlverbände zum Kreistags-Abgeordneten gewählt wird, er dann auch kein Stimmrecht auf dem Kreistage haben kann. Es ist dies eine einfache Folge des neuen Wahlsystems, und kann es sich deshalb nur darum handeln, ob es nicht seine sonstigen Bedenken hat, den Landrath zu nöthigen, sich in Einem der Wahlverbände wählen zu lassen.

Der Landrath ist gesetzlich der Leiter aller Wahlversammlungen, sowohl im großen Grundbesitz als auch im Wahlverbande der Landgemeinden. Er wird also um jeden Preis versuchen, in einem dieser Verbände gewählt zu werden. Wenn Sie bei den Wahlen zum Abgeordnetenhause vermieden sehen wollen, daß ein Landrath, welcher um die Wahl zum Abgeordnetenhause kandidirt, als Wahl-Kommissarius fungirt, so scheint es bei den Kreistagswahlen angezeigt, daß Sie den Landrath ebenfalls der Versuchung überheben, seinen Einfluß dahin geltend zu machen, daß er von einem der Wahlverbände in den Kreistag gewählt werde. Er ist, möchte ich sagen, fast gezwungen, zur Erhaltung seiner Stellung und seines Einflusses im Kreise dahin zu wirken, daß er gewählt wird. Dies möchte ich zu bedenken geben, damit unangemessene Wahlbeeinflussungen vermieden werden."

Der Abg. Graf von Schweinitz fügte dem noch hinzu: „Meine Herren!

Anträge von Kreistags-Abgeordneten auf Berathung einzelner Gegenstände sind bei dem Landrathe anzubringen und in die Einladung zum nächsten Kreistage aufzunehmen, insofern sie vor Erlaß der Einladungsschreiben eingehen. Der Landrath ist verpflichtet, jährlich wenigstens zwei Kreistage anzuberaumen, außerdem aber ist er hierzu berechtigt, so oft es die Geschäfte erfordern. Die Zusammenberufung des Kreistages muß erfolgen, sobald dieselbe von einem Viertel der Kreistags-Abgeordneten oder von dem Kreisausschusse verlangt wird.

Wir von der rechten Seite des Hauses haben manche Amendements gestellt, die für uns wichtig, für Sie (links) vielleicht unannehmbar sind; hier kommen wir aber zu einem — ich möchte sagen — neutralen Amendement, und ich hoffe, daß in diesem Punkt, der naturgemäß übrigens kein wesentlicher ist, ein Einverständniß mit Ihnen zu erzielen sein wird. Der Herr Referent hat von seiner Privatmeinung aus bereits auf Unzuträglichkeiten hingewiesen, die es haben kann, wenn der Landrath gezwungen wird, eine Stelle in dem Kreistage zu suchen. Nach bestehendem Recht, meine Herren, lag die Sache anders; entweder war der Landrath als Rittergutsbesitzer Mitglied des Kreistages oder, wenn er dies nicht war, dann war er ein für allemal von dem Kreistage ausgeschlossen. Er hatte als Mitglied dieses Kreistages, wenn er nämlich demselben angehörte, nur eigenes Recht zu vertreten, er saß auf dem Kreistage nicht als Vertreter besonderer Interessen. Sie werden es natürlich finden, daß der erste Beamte des Kreises, dessen ganzes Leben mit diesem Kreise verwachsen ist, darnach streben wird, auf dem Kreistage nicht nur den Vorsitz zu führen, sondern auch eine Stimme abzugeben.

M. H., einer Versammlung bloß als berathendes Mitglied anzugehören, das ist ja, wenn man an den Verhandlungen ein lebhaftes Interesse nimmt, nicht gerade eine sehr angenehme Aufgabe. Wir Landräthe, m. H., kommen mannigfach, selbst wenn wir auch angesessen sind, in die Lage, diese Stellung kennen zu lernen auf den Kreissynoden, wir werden da eo ipso zugezogen, haben aber, wenn wir als Patron nicht etwa ein Stimmrecht erhalten, bloß berathende Stimme. Ich bemerke dies bloß, um zu konstatiren, daß eine solche Stellung nicht angenehm ist. Wenn Sie mir nun zugeben werden, meine Herren, daß jeder Landrath suchen wird, Mitglied des Kreistages zu werden, so glaube ich, werden Sie sich auch nicht den Unzuträglichkeiten verschließen, die das mit sich bringt. Es liegt das nicht nur darin, m. H., daß der Landrath im Widerspruch mit den Ansichten, die die Majorität dieses Hauses bei anderer Gelegenheit ausgesprochen hat, als Wahlkommissarius in die Lage kommt, seine eigene Legitimation zu prüfen. Das, m. H., scheint mir ein untergeordnetes, formales Bedenken. Viel wichtiger, m. H., däucht es mir, daß der Landrath, wenn er in eine der Interessen-Gruppen, die Sie geschaffen haben, gewählt wird, dadurch immer mehr oder weniger verpflichtet ist, die speziellen Interessen dieser Gruppe zu vertreten. Das scheint mir unzuträglich zu sein; es bringt ihn das in eine schiefe Stellung. M. H., Sie können das mit dem Standpunkte der jetzigen Gesetzgebung nicht ohne Weiteres vergleichen. Dort hatte, wie ich schon bemerkt habe, der Landrath ein Stimmrecht aus eigenem Recht; es konnte sich da ein Konflikt ergeben zwischen seinen landräthlichen Pflichten und zwischen Privat-Interessen. Einen solchen Konflikt zu entscheiden, m. H., das ist für jeden ehrliebenden, pflichtgetreuen Beamten sehr leicht. Ganz anders aber stellt sich diese Sache, m. H., wenn der Landrath nicht mehr kraft eigenen Rechtes, sondern als Vertreter einer bestimmten Interessengruppe in dem Kreistage sitzt. Es kann sich das verschieden gestalten, je nachdem er angesessen oder nicht angesessen ist. Der angesessene große Grundbesitzer wird in den Kreistag kommen als Vertreter des großen Grundbesitzes und, wenn er es will, auch als Vertreter des kleinen

Von einem jeden anzusetzenden Kreistage hat der Landrath der Bezirksregierung unter Einsendung einer Abschrift des Einladungsschreibens Anzeige zu machen.

§. 119.

Abfassung besonderer Propositionen für den Kreistag und Zustellung derselben an die Kreistagsmitglieder.

Soll auf dem Kreistage Beschluß gefaßt werden:

1) über die Festsetzung des Abgaben-Vertheilungsmaßstabes in Gemäßheit des §. 12.,
2) über Mehr- und Minderbelastungen einzelner Kreistheile in Gemäßheit des §. 13.,
3) über solche Gegenstände, welche Kreisausgaben nothwendig machen, die nicht auf einer gesetzlichen Verpflichtung des Kreises beruhen,

so ist ein ausführlicher Vorschlag zu dem Beschlusse, welcher über

a) den Zweck desselben,
b) die Art der Ausführung,

Grundbesitzes. Der nicht angesessene Landrath, m. H., wird auch meistens keine große Schwierigkeit finden, als Vertreter der Städte in den Kreistag zu kommen. Gleichviel, welche Gruppe ihn auch dort hingeschickt hat; er wird und muß sich als Vertreter dieser Gruppe immer verpflichtet fühlen, die Interessen dieser Gruppe zu vertreten, und das wird ihn mit dem allgemeinen Standpunkte, den er als Landrath einzunehmen hat, in einen Konflikt bringen.

Aus diesen Gründen, m. H., bitte ich Sie, ersparen Sie dem Landrath diesen unangenehmen Konflikt. Er ist für mich so unangenehm, daß, wenn Sie unser Amendement nicht annehmen, ich beinahe wünschen möchte, Sie wollten dann bestimmen: der Landrath darf überhaupt nicht Mitglied des Kreistages sein. (Bravo!)

Der Abgeordnete Lasker erwiderte hierauf: „So viel ich mich erinnere, ist diese Frage auch in der Kommission erwogen worden; ich weiß nicht, ob in Abwesenheit des Herrn Referenten. Dort war die Meinung vertreten, daß es durchaus nicht rathsam ist, eine Spezial-Bestimmung für den Landrath einzuführen, ihm in einer aus Wahl hervorgegangenen Versammlung auch ohne Wahl Stimmrecht zu geben. Wahrscheinlich wird ein Landrath, der das Vertrauen des Kreises besitzt und sich um ein Mandat bewirbt, jederzeit ein Mandat erlangen können. Wenn er aber noch nicht lange genug im Kreise ist oder aus einem anderen Grunde sich noch nicht das Vertrauen erworben hat, wird ihm naturgemäß ein Mandat nicht entgegen gebracht werden; er hat aber genügenden Einfluß auf den Gang der Verhandlungen als Kommissarius der Regierung und als Vorsitzender, und er kann, vermöge der Funktionen, welche das Gesetz ihm beilegt und wo dringende Fälle vorliegen, in den Beschluß des Kreistages eingreifen. Ihm mehr zu geben, ist durchaus nicht nöthig, und es liegt durchaus keine Veranlassung vor, eine Spezial-Bestimmung aufzunehmen, welche in die Kreisversammlung ein nicht gewähltes Mitglied einführt. Ich bitte deshalb, den Antrag des Herrn Abgeordneten v. Denzin abzulehnen."

Bei der Abstimmung wurde der Antrag des Abgeordneten von Denzin verworfen.

3. Der Regierungsentwurf (1869 und 1871) hatte für die Zusammenberufung des Kreistages mit Ausnahme der im §. 119 gedachten Fälle eine Frist von mindestens 8 Tagen genügend erachtet, die jedoch auf Veranlassung der Kommission des Herrenhauses, abgesehen von den dringenden Fällen, für welche eine dreitägige Einberufungsfrist zugelassen ist, auf 14 Tage ausgedehnt wurde.

c) die Summe der zu verwendenden Kosten,

d) die Aufbringungsweise

das Nöthige enthält, von dem Kreisausschusse auszuarbeiten und jedem Abgeordneten mindestens 14 Tage vor Abhaltung des Kreistages schriftlich zuzustellen. Die Frist darf bis zu drei Tagen abgekürzt werden, wenn einem Nothstande vorgebeugt oder abgeholfen werden soll.

§. 120.

Oeffentlichkeit der Kreistagssitzungen.

Die Sitzungen des Kreistages sind öffentlich. Für einzelne Gegenstände kann durch einen in geheimer Sitzung zu fassenden Beschluß der Versammlung die Oeffentlichkeit ausgeschlossen werden.

§. 121.

Beschlußfähigkeit des Kreistages.

Der Kreistag kann nur beschließen, wenn mehr als die Hälfte

Zu § 120.

Die Bestimmung über die Oeffentlichkeit der Kreistags-Sitzungen kann einem Bedenken nicht unterliegen. Sie entspricht den in Betreff der städtischen Vertretungen bestehenden Vorschriften und steht in Uebereinstimmung mit der Entwickelung des gesammten öffentlichen Lebens des Staats.

Während bisher der größte Theil der Kreistags-Mitglieder zum persönlichen Erscheinen auf dem Kreistage berechtigt war und daselbst seine eigenen Interessen zu vertreten hatte, wird der bestehende Zustand durch die Einführung einer durchweg aus gewählten Abgeordneten bestehenden Kreis-Versammlung wesentlich geändert. Es macht sich in Folge dessen die Nothwendigkeit geltend, den Kommittenten Gelegenheit zu geben, sich von der Art und Weise der Wirksamkeit ihrer Abgeordneten Kenntniß zu verschaffen. Diese Gelegenheit wird ihnen durch die Oeffentlichkeit der Kreistags-Sitzungen geboten werden. Die Oeffentlichkeit wird zugleich ein geeignetes Mittel sein, den Verhandlungen des Kreistags diejenige Würde und Ordnung zu sichern, welche ihre Wichtigkeit erfordert. Endlich aber werden die Verhandlungen eine Bildungsschule für die Zuhörer sein und das allgemeine Interesse an den Kreis-Angelegenheiten fördern und rege erhalten. (Motive zum Reg.-Entw. 1869.)

In der Kommission des Herrenhauses wurden allerdings Bedenken erhoben gegen die Oeffentlichkeit der Kreistagsberathungen, indem man Mißbrauch befürchtete, auch annahm, daß alsdann geeignete Räumlichkeiten würden beschafft werden müssen, wodurch leicht große Kosten entstehen könnten.

Der Regierungs-Kommissarius theilte die ausgesprochenen Besorgnisse nicht und hob hervor, daß es sich nicht um eine unbeschränkte Oeffentlichkeit handle, daß vielmehr, wie bei den öffentlichen Gerichts-Verhandlungen, Einschränkungen, welche durch die öffentliche Ordnung und die zur Disposition stehenden Räumlichkeiten geboten erscheinen, zulässig sein würden. Auch aus der Mitte der Kommission erhoben sich Stimmen, welche der Oeffentlichkeit nicht entgegentreten wollten, vielmehr die Besorgniß ausdrückten, daß, nachdem die Oeffentlichkeit in unserem Staatsleben allgemein eingeführt sei, nachtheilige Schlüsse gezogen werden könnten, wenn dieselbe bei den Kreistags-Verhandlungen ferner ausgeschlossen werden sollte.

Der §. 120. wurde hierauf angenommen. (Kommissions-Bericht S. 85.)

Zu § 121.

Die hier vorgesehene Bestimmung, wonach es ausnahmsweise gestattet sein soll, daß die Minderheit der Kreistags-Mitglieder Beschlüsse fassen darf, ist den Städte-Ordnungen aus den Jahren 1853 und 1856 entlehnt. Sie ist nothwendig, um zu verhüten, daß die Mehrheit der Kreistags-Mitglieder jede Zusammenkunft

der Mitglieder anwesend ist. Eine Ausnahme hiervon findet statt, wenn die Mitglieder des Kreistages, zum zweiten Male zur Verhandlung über denselben Gegenstand berufen, dennoch nicht in beschlußfähiger Anzahl erschienen sind. Bei der zweiten Zusammenberufung muß auf diese Bestimmung ausdrücklich hingewiesen werden.

§. 122.

Ausschluß von den Verhandlungen des Kreistages wegen persönlichen Interesses.

An Verhandlungen über Rechte und Verpflichtungen des Kreises darf derjenige nicht Theil nehmen, dessen Interesse mit dem des Kreises im Widerspruch steht.

§. 123.

Theilnahme der Mitglieder des Kreisausschusses an den Kreistagsversammlungen.

Die Mitglieder des Kreisausschusses, welche nicht Mitglieder des Kreistages sind, werden zu den Versammlungen des Kreistages eingeladen und haben in denselben berathende Stimme.

§. 124.

Fassung der Kreistags-Beschlüsse nach einfacher und Zwei-Drittel Stimmenmehrheit.

Die Beschlüsse des Kreistages werden nach Mehrheit der Stimmen gefaßt. Bei Stimmengleichheit gilt der Antrag als abgelehnt.

---

des Kreistages verhindere. Sie verstößt aber auch nicht, wie behauptet worden, gegen das Kriterium einer gerechten Verwaltung gemeinschaftlicher Angelegenheiten. Denn es ist eine Ehrenpflicht für die durch das Vertrauen ihrer Mitbewohner gewählten Vertreter des Kreises, den Geschäften gewissenhaft obzuliegen, und muß ein so gänzliches Verkennen dieser Pflicht Seitens der Majorität schon beim zweiten Male, wo sie ungerechtfertigt auf dem Kreistage nicht erscheint, die gerechte Folge nach sich ziehen, daß ein solcher pflichtvergessener Theil der Kreisvertretung so lange als nicht vorhanden angesehen wird, als er sich in augenscheinlicher Weise seinen Pflichten entzieht. (Motive zum Reg.-Entw. 1869.)

Zu § 123.

Es liegt im Interesse einer sachgemäßen Berathung der dem Kreistage von dem Kreisausschusse gemachten Propositionen, daß auch diejenigen Mitglieder des letzteren, welche nicht Kreistags-Abgeordnete sind, der Kreisversammlung mit berathender Stimme beiwohnen. Indem der Kreisausschuß solcher Gestalt in der Kreisversammlung in corpore vertreten ist, werden die gleichzeitig in den Händen des Kreistags und des Kreisausschusses liegenden Geschäfte im Wege mündlicher Kommunikation zwischen beiden eine schnellere Erledigung finden und entstehende Differenzen leichter ausgeglichen werden, als im Wege schriftlicher Korrespondenz. (Motive zum Regierungsentwurf 1869.)

Zu § 124.

In der Kommission des Herrenhauses wurde monirt, daß die Sonderung in Theile (itio in partes) durch die Bestimmungen des Paragraphen beseitigt werden solle. Auf die Beibehaltung dieser Einrichtung sei aber aus den schon früher, insbesondere in dem einleitenden Vortrage erörterten Gründen ein entscheidendes Gewicht zu legen, und es wurde deshalb der Antrag gestellt, diejenigen Zusätze, welche in den Kommissions-Vorschlägen enthalten sind, anzunehmen. Ihr Formulirung ist den desfallsigen Vorschriften der für die neuen Provinzen im Jahre 1867 erlassenen Kreisordnungen nachgebildet, mit der Aenderung, daß als entscheidende Instanz das Verwaltungsgericht eintreten soll.

Von anderer Seite hielt man eine solche Einrichtung mit der jetzt beabsichtigten Regulirung der Kreisverhältnisse nicht mehr für vereinbar. Die Vorlage kenne keine Stände, der Kreistag habe ohne Rücksicht auf seine Zusammen-

Zu einem Beschlusse, durch welchen eine neue Belastung der Kreisangehörigen ohne eine gesetzliche Verpflichtung oder eine Ver-

---

setzung die gesammten Kreisangelegenheiten zu ordnen und zu verwalten. Auch in den Stadtverordneten-Versammlungen kämen oft verschiedenartige Interessen in Frage, es denke aber Niemand daran, eine gesonderte Vertretung dieser Interessen zu verlangen.

Der Regierungskommissar erklärte gleichfalls die itio in partes mit den Prinzipien der jetzigen Vorlage für nicht vereinbar und hob noch besonders hervor, daß wo bisher Gebrauch davon gemacht worden sei, es sich fast immer um Steuerfragen gehandelt habe; hierzu würde aber fortan kein Bedürfniß vorliegen, da durch die Kreisordnung feste Besteuerungs-Grundsätze aufgestellt seien. Ueberdies habe nach §. 178 der Landrath das Recht, ungesetzliche und die Befugnisse des Kreistages überschreitende Beschlüsse zu beanstanden, und endlich stehe nach §. 19 sowohl den Gemeinden als den einzelnen Kreisangehörigen das Recht der Beschwerde zu, wenn sie ungesetzlicher Weise zu Kreisabgaben veranlagt oder herangezogen seien.

Hierauf wurde erwidert, daß die §§. 19 und 178 auf ungesetzliche Beschlüsse sich beziehen, mithin ganz andere Fälle im Auge haben als diejenigen, wo die itio in partes eintreten solle. Bei Letzterer handle es sich darum, in Ansehung von Kreistags-Beschlüssen, welche sich innerhalb der gesetzlichen Befugnisse bewegen, Schutz zu gewähren, damit nicht durch eine Mehrheit die Interessen der Minderheit verletzt würden. Eine solche Verletzung könne nicht nur in Steuersachen, sondern auch in anderen Angelegenheiten vorkommen. Wenn behauptet worden, daß derartige Fälle künftig nicht mehr eintreten könnten, so müsse dies durchaus bestritten werden. Ferner sei zu beachten, daß sowohl nach der Regierungsvorlage als nach den Beschlüssen der Kommission die Vertretung nach Ständen oder Berufsklassen auch ferner aufrecht erhalten werden solle; für eine solche Art von Vertretung sei die itio in partes jedenfalls unentbehrlich. Aber selbst bei Annahme der Beschlüsse des Abgeordnetenhauses würde die itio in partes nicht überflüssig, vielmehr um so nothwendiger sein, weil es sonst an jeder Garantie für die allseitige Wahrung der Interessen der Kreisangehörigen fehle. Ueberdies sei in den Kreisordnungen für die Provinz Hannover, die Provinz Schleswig-Holstein und den Regierungsbezirk Kassel vom Jahre 1867 die Sonderung in Theile beibehalten, beziehungsweise vorgeschrieben worden, so daß um so mehr zu erwarten sei, die Königliche Staatsregierung werde dies Recht, auf welches der größte Werth gelegt werden müsse, den alten Provinzen nicht vorenthalten.

Der Antrag, zu §. 124. noch folgenden Zusatz hinzuzufügen:

> „Findet ein ganzer Wahlverband (Stand) sich durch einen Kreistagsbeschluß in seinen Interessen verletzt, so steht ihm mittelst Einreichung eines Separat-Votums die Berufung auf die Entscheidung des Verwaltungsgerichts frei.
>
> Die Berufung muß vor dem Schlusse des Kreistages bei dem Landrath angemeldet und das Separat-Votum binnen einer von diesem zu bestimmenden Frist eingereicht werden. Bis zur ergangenen Entscheidung bleibt die Ausführung des Kreistagsbeschlusses ausgesetzt."

wurde in der Kommission mit 9 gegen 4 Stimmen angenommen.

Im Herrenhause (Sitzung vom 30. Oktober 1872 St. B. S. 550. ff.) entspann sich hierüber eine längere Debatte, die der Berichterstatter von Kröcher wie folgt einleitete:

„M. H.! Kompromiß ist jetzt das Zauberwort, durch welches viele Gesetze zu Stande kommen. Ein Kompromiß beruht aber auf gegenseitigem Nachgeben. Nun sollte ich meinen, daß die Kommission in ihren eventuellen Beschlüssen und auch das Haus durch seine bisherigen Beschlüsse in der That genug nachgegeben haben. Das ist zwar vorher von einem geehrten Redner bestritten worden; ich muß aber dessenungeachtet dabei verbleiben. M. H.! Wir haben nachgegeben, daß die Kreistage in dem Besteuerungsrecht wesentlich gegen jetzt beschränkt worden sind. Wir haben die Wahl der Schulzen nachgegeben. Wir haben Mittel gewährt, daß das Lehnschulzeninstitut aufgehoben werden kann. Das Haus hat die Aufäußerung vom Grund- oder Kapitalvermögen des Kreises bewirkt

---

hebung der gutsherrlichen Polizei beschlossen. Es hat die Amtsvorstände konzedirt. Es hat bei der Zusammensetzung der Kreisvertretung erhebliche Konzessionen gemacht. Es hat den Kreisausschuß und das Verwaltungsgericht und noch vieles Andere konzedirt. Das sind Konzessionen der wichtigsten Art, Konzessionen von so großer Bedeutung, daß sich manche Mitglieder der Kommission dadurch veranlaßt gesehen haben, gegen das ganze Gesetz zu stimmen, und daß, wie ich vermuthe, auch viele Mitglieder des Hauses sich dadurch veranlaßt sehen werden, gegen das ganze Gesetz zu stimmen, um so mehr, da wir gestern gehört haben, daß verschiedene unserer Beschlüsse von dem Ministertische für inacceptabel erklärt worden sind, also auf ein Zustandekommen eines Gesetzes, welches unserer Ansicht einigermaßen entsprechen könnte, doch nicht gerechnet werden kann.

Was hat nun dem gegenüber die Königliche Staatsregierung für Zugeständnisse gemacht? M. H.! Mir ist wohl bewußt, daß die Königliche Staatsregierung viele Beschlüsse des Abgeordnetenhauses ihrer ursprünglichen Vorlage gegenüber vertheidigt hat, mir ist aber nicht bewußt, daß sie Konzessionen von irgend welcher erheblichen Art uns gemacht hätte. Das Königliche Finanz-Ministerium allerdings hat sich hinsichtlich des Geldpunktes entgegenkommend ausgesprochen; indessen der Geldpunkt ist für mich nicht der entscheidende. Daß dagegen dasjenige Ressort, welches vorzugsweise bei dieser Gesetzesvorlage betheiligt ist, irgend welche erheblichen Konzessionen gemacht hätte, ist mir, wie gesagt, nicht bewußt.

M. H.! Wenn irgendwo ein Nachgeben am Orte war, so, meine ich, ist es hier der Fall bei der itio in partes. Die Stände in gewissem Sinne erkennt ja die Königliche Staatsregierung auch an — das hat gestern der Herr Minister des Innern gesagt — und die Stände kann in der That kein Gesetz abschaffen. Die itio in partes ist aber eine nothwendige Bedingung jeder ständischen Verfassung. Sichern Sie mir zu — ich bitte Sie um Ihre Aufmerksamkeit — daß die Rittergutsbesitzer für ewige Zeiten die 20fache Stimmenzahl haben sollen, ich würde dies für inacceptabel halten, wenn nicht die itio in partes beibehalten wird, (Sehr gut!) denn ich setze weder in die Landgemeinden, noch in die Städte, noch in die Rittergutsbesitzer das Vertrauen, daß sie eine Majorität nicht unter Umständen mißbrauchen könnten. Eben deswegen verlange ich eine objektive Garantie, und die finde ich in der itio in partes. Seite 15 des Kommissionsberichts kann Jedermann lesen, in welcher Art ich meinerseits mir nöthigenfalls eine Dreitheilung der Stimmenzahl gefallen lassen würde, wenn nur die itio in partes beibehalten wird.

Welche Gründe nun werden für das Wegfallen derselben geltend gemacht? Daß praktisch damit Uebelstände verbunden seien, ist meines Wissens nicht behauptet worden. Man sagt nur, die itio in partes sei überflüssig. Nun, wenn sie nichts weiter ist als überflüssig, so sollte ich doch meinen, daß es keine sehr große Konzession seitens der Staatsregierung wäre, wenn sie uns in diesem Punkte nachgeben wollte, da es ja bekannt ist, daß wir das allergrößte Gewicht auf die itio in partes legen; für mich ist sie der Kardinalpunkt des ganzen Gesetzes. Dazu kommt, daß die Königliche Staatsregierung aus freien Stücken die itio in partes den neuen Provinzen gewährt hat.

M. H.! In einer früheren Sitzung wurde eine Aeußerung des Herrn Ministers des Innern so ausgelegt, als wenn er hätte aussprechen wollen, daß die jetzige Vorlage wesentlich mit den Verordnungen für die neuen Provinzen aus dem Jahre 1867 übereinstimme. Ich habe sie damals widerlegt, aber der Herr Minister des Innern war nicht mehr zugegen, und gestern hat er eine Aeußerung gethan, die man auch in obigem Sinne aufnehmen könnte. Mit Rücksicht darauf wollte ich doch noch einmal bemerken, daß die Verordnungen für die neuen Provinzen weit abweichen von der jetzigen Vorlage. Sie halten das ständische Prinzip intakt, sie halten sogar theilweise die Virilstimmen aufrecht, worauf ich — beiläufig gesagt — meinerseits keinen so großen Werth lege. Um Ihnen nur darzuthun, daß die Behauptung, daß die itio in partes in den Verordnungen aufrechterhalten wird, eine begründete ist, will ich mir erlauben, den betreffenden Paragraphen aus der Verordnung für die Provinz Hannover vorzulesen.

oder eine Veränderung des festgestellten Vertheilungsmaßstabes für die Kreisabgaben (§. 12.) eingeführt werden soll, ist jedoch eine

Es ist §. 30, er lautet: „Findet ein ganzer Stand durch einen Kreistagsbeschluß in seinen Interessen sich verletzt, so steht ihm frei, mittels Einreichens eines Separatvotums die Provinzialbehörde und in den Fällen des §. 33 Nr. I. die Minister des Innern und der Finanzen anzurufen. Diese Anrufung muß noch vor dem Schlusse des Kreistages bei dem Kreishauptmann angemeldet, und das Separatvotum binnen einer von diesem zu bestimmenden Frist eingereicht werden. Bis zur ergangenen Entscheidung bleibt die Ausführung des Kreistagsbeschlusses ausgesetzt."

M. H.! Diesem Paragraphen sind die Vorschläge der Kommission nachgebildet, sie stimmen mit demselben wesentlich überein. Dabei will ich aber ferner bemerken, daß die Verordnungen aus dem Jahre 1867 noch weiter gehen, wie die Kommissionsvorschläge. Es scheint mir das von Bedeutung zu sein, und ich möchte anheimgeben, daß die Königliche Staatsregierung bei einer etwaigen neuen Vorlage dieses nicht unbeachtet lasse. Nämlich in dem §. 29 derselben Verordnung ist bestimmt worden, daß zu einem Beschlusse, durch welchen eine neue Belastung des Kreises mit Ausgaben oder Leistungen ohne bereits bestehende Verpflichtung erwirkt werden soll, eine Mehrheit von mindestens zwei Dritteln der Abstimmenden erforderlich ist. Dann heißt es wörtlich: „In solchem Falle muß außerdem, sobald zwei Drittel der anwesenden Mitglieder eines Standes es verlangen, eine Abstimmung nach Ständen eintreten, und es gilt die Bewilligung als abgelehnt, wenn zwei Stände sich dagegen erklären."

M. H.! Das ist viel mehr wie eine itio in partes. Nun, m. H., behandeln Sie uns nicht schlechter, wie die neuen Provinzen. Ich empfehle Ihnen den Antrag der Kommission." (Bravo!)

Darauf erwiderte der Minister des Innern Graf zu Eulenburg:

„Nur eine kurze Erwiderung! Ich halte in Konsequenz dessen, was ich über die Natur der Kreistage, wie die Regierung sie sich denkt, früher anzuführen die Ehre gehabt habe, die itio in partes mit derselben nicht vereinbar. Diese Ansicht kann ich nur aufrecht erhalten. Was aber den Einwand des Herrn von Kröcher anbetrifft, daß in den Verordnungen von 1867 über die Kreistage der neu erworbenen Provinzen die itio in partes statuirt worden sei, so beruht dies einfach darauf, daß ein Steuermaßstab, nach welchem die Kreisabgaben aufzubringen sind, in diesen Verordnungen nicht existirt; die Kreiszustände haben dort nach Analogie unserer alten Kreisstände keine Fesseln in dieser Beziehung. In dem vorliegenden Gesetzentwurf ist ausdrücklich gesagt und ein- für allemal gesetzlich festgestellt, nach welchen Grundsätzen die Steuern im Kreise aufgebracht werden müssen, und das ist der Grund, warum eine itio in partes für die neue Kreisvertretung mindestens vollständig überflüssig erscheint."

Graf von Rittberg: „M. H.! Herr von Kröcher sprach aus langjähriger Erfahrung, und darum bin ich einigermaßen bedenklich, ihm entgegenzutreten, weil ich diese Erfahrung aus den Kreistagen nicht habe; aber ich muß doch bemerken, daß die itio in partes die Ansicht bestärkt: Jedes Mitglied der Rittergutsbesitzer, der Städte und Landgemeinden vertrete nur seine eigenen Interessen, während wir wollen und wünschen, und zum Besten des Kreises es wünschen müssen, daß ein jedes Mitglied des Kreistages von dem Bewußtsein durchdrungen sei, den ganzen Kreis zu vertreten. Das ist das, was mir dem Antrage entgegenzustehen scheint. Wir haben in der Reichsverfassung einen Paragraphen, welcher sagt: Wenn Steuern ein gewisses Land nicht betreffen, so sollen die Vertreter dieses Landes im Reichstage nicht mitstimmen. Dieser Paragraph ist im Reichstage einmal angewandt worden; dies hat eine große Mißstimmung hervorgerufen, und zwar aus demselben Grunde, weil die Reichstagsmitglieder das ganze Reich vertreten sollen. Ich glaube nicht, daß von diesem Paragraphen ein nochmaliger Gebrauch gemacht werden wird, es scheint mir dies Prinzip die größte Beachtung zu verdienen, und dies Prinzip steht der itio in partes entgegen."

Nachdem noch v. Thaden und Hasselbach gegen den Kommissionsantrag, Graf v. Krassow und Baron v. Senfft für denselben gesprochen, wurde bei der Ab-

Stimmenmehrheit von mindestens zwei Drittel der Abstimmenden erforderlich.

§. 125.

Abfassung und Veröffentlichung der Kreistags-protokolle.

Ueber die Beschlüsse des Kreistages ist eine besondere Verhandlung aufzunehmen, in welcher die Namen der dabei anwesend gewesenen Mitglieder aufgeführt werden müssen. Diese Verhandlung wird von dem Vorsitzenden und von wenigstens drei Mitgliedern des Kreistages vollzogen, welche zu diesem Behufe von der Versammlung vor dem Beginne der Verhandlung zu bestimmen und in letzterer aufzuführen sind.

Ueber die Wahl eines Protokollführers und die Formen der Verhandlung bestimmt im Uebrigen die von dem Kreistage zu beschließende Geschäftsordnung.

Der Inhalt der Kreistagsbeschlüsse ist, sofern der Kreistag nicht in einem einzelnen Falle etwas Anderes beschließt, in einer von dem Kreistage zu bestimmenden Weise zur öffentlichen Kenntniß zu bringen.

Der Bezirksregierung ist eine Abschrift des Protokolls einzureichen.

§. 126.

Abfassung von Petitionen und Eingaben des Kreistages.

Petitionen und Eingaben, welche Namens des Kreistages in Bezug auf die seiner Beschlußnahme unterliegenden Angelegenheiten

---

stimmung der von der Kommmission beantragte Zusatz angenommen, demnächst im neuesten Regierungsentwurf aber wieder beseitigt.

Zu § 125.

Die Bestimmungen über die Abfassung und Veröffentlichung der Kreistags-Protokolle entsprechen dem bereits jetzt in vielen Kreisen beobachteten und zweckmäßig befundenen Verfahren. Die Veröffentlichung der Kreistags-Protokolle wird nicht minder, wie die Oeffentlichkeit der Kreistagssitzungen dazu beitragen, eine immer regere und allseitigere Theilnahme an den Angelegenheiten des Kreises zu erwecken. (Motive zum Reg.-Entw. 1869.)

Zu § 126.

Der §. 126. reproduzirt die Bestimmungen der Kabinets-Ordre vom 27. Januar 1830 (Ges.-Samml. S. 7) über das Verfahren bei Abfassung von Petitionen und Eingaben des Kreistages, deren Beibehaltung nothwendig erscheint, um das unbefugte Petitioniren Seitens einzelner Mitglieder von Kreistagen im Namen der letzteren zu verhüten. (Motive zum Reg.-Entw. 1869.)

In der Kommission des Herrenhauses wurden die Worte „in Bezug auf die seiner Beschlußnahme unterliegenden Angelegenheiten", sowie die Bezugnahme auf die §§. 115. und 116. bemängelt, weil daraus geschlossen werden könne, daß der Kreistag nicht befugt sein solle, über irgend welche andere Angelegenheiten zu petitioniren. Eine derartige Beschränkung würde aber nicht wünschenswerth sein. Der Regierungs-Kommissar dagegen führte aus, daß in dem §. 126. über das Petionsrecht der Kreistage eine allgemeine Bestimmung nicht habe getroffen werden sollen, der §. 115. aber alle Angelegenheiten umfassen dürfte, die das Kreis-Interesse berühren, auch die Thätigkeit des Kreistages im Allgemeinen begrenze. Nachdem darauf bemerkt worden, daß die bemängelten Worte den Sinn des Pa-

(§§. 115. und 116.) überreicht werden sollen, müssen auf dem Kreistage selbst berathen und vollzogen werden. Daß dies geschehen, ist in dergleichen Eingaben ausdrücklich zu bemerken.

Dritter Abschnitt.

Von dem Kreishaushalte.

§. 127.

Aufstellung und Feststellung des Kreishaushalts-Etats.

Ueber alle Einnahmen und Ausgaben, welche sich im Voraus bestimmen lassen, entwirft der Kreisausschuß jährlich einen Haushalts-Etat, welcher von dem Kreistage festgestellt und demnächst in derselben Weise, wie die Kreistagsbeschlüsse, veröffentlicht wird.

Bei Vorlage des Haushalts-Etats hat der Kreisausschuß dem Kreistage über die Verwaltung und den Stand der Kreis-Kommunalangelegenheiten Bericht zu erstatten.

Eine Abschrift des Etats und des Verwaltungsberichtes wird nach erfolgter Feststellung des ersteren sofort der Bezirksregierung überreicht.

Ausgaben, welche außer dem Etat geleistet werden sollen, bedürfen der Genehmigung des Kreistages.

---

ragraphen verdunkeln, wurde deren Streichung mit allen gegen 4 Stimmen und mit dieser Veränderung der ganze §. 126. angenommen.

Im Herrenhause wurde der Antrag der Kommission, dem gegenüber der Abg. Dr. Baumstark die Herstellung der gestrichenen Worte beantragt hatte, angenommen (Sitzung vom 30. Oktober 1872. St. B. S. 554.); im neuesten Regierungsentwurf dagegen die bezeichneten Worte, sowie die Bezugnahme auf die §§. 115 und 116. wieder eingeschaltet.

Zu § 127.

1. Der Regierungs-Entwurf von 1869 hatte die Bestimmung der Etatsperiode der Beschlußnahme der einzelnen Kreistage überlassen, weil die gesetzliche gleichmäßige Feststellung einer einjährigen Etats-Periode für viele Kreise mit nur einfacher und unbedeutender Vermögens-Verwaltung die Erfüllung der lästigen Formalität jährlicher Etats-Prolongationen bedingen würde, und es deshalb entsprechend sei, die Vertretungen solcher Kreise in die Lage zu setzen, von vornherein eine den Verhältnissen entsprechende zwei- oder dreijährige Etatsperiode beschließen zu dürfen. Die Kommission des Abgeordnetenhauses (1869) beschloß jedoch, allgemein eine einjährige Etatsperiode gesetzlich anzuordnen, dem entsprechend in den neueren Entwürfen der §. 127., wie er jetzt lautet, Aufnahme fand.

2. In der Kommission des Herrenhauses wurde zur Sprache gebracht, daß es sich unter Umständen empfehlen dürfte, neben dem Kreis-Ausschuß noch eine besondere Finanz-Kommission zu ernennen, und als auffallend bezeichnet, daß der Kreisausschuß bei Vorlage des Haushalts-Etats über die Verwaltung und den Stand der gesammten Kreis-Kommunal-Angelegenheiten Bericht erstatten soll.

Der Regierungs-Kommissar wies dagegen auf §. 167. hin, wonach der Kreistag ganz allgemein das Recht habe, besondere Kommissionen zu ernennen, und nahm im Uebrigen für den Kreisausschuß, als Verwaltungsorgan des Kreises, das Recht in Anspruch, die finanziellen Angelegenheiten des Kreises im Auge zu behalten. Der allgemeine Verwaltungsbericht über die Kreisangelegenheiten,

§. 128.

Revision dr Kreis-Kommunalkass.

Die Kreis-Kommunalkasse muß an einem bestimmten Tage in jedem Monate regelmäßig und mindestens einmal im Jahre außerordentlich revidirt werden. Die Revisionen werden von dem Vorsitzenden des Kreisausschusses vorgenommen. Bei den außerordentlichen Revisionen ist ein von dem Kreisausschusse zu bestimmendes Mitglied desselben zuzuziehen.

§. 129.

Legung, Prüfng, Feststellung nd Entlastung er Jahresrechnng.

Die Jahresrechnung ist von dem Rendanten der Kreis-Kommunalkasse vor dem 1. Mai des folgenden Jahres zu legen und dem Kreisausschusse einzureichen. Dieser hat die Rechnung zu revidiren, solche mit seinen Erinnerungen und Bemerkungen dem Kreistage zur Prü-

---

dessen alljährliche Aufstellung wünschenswerth sei, würde sich am Besten an die finanziellen Angelegenheiten anschließen lassen.

Der §. 127. wurde hierauf einstimmig angenommen.

Zu § 128.

Die Regierungsvorlage von 1871, und in Uebereinstimmung hiermit das Abgeordnetenhaus hatten auch für die monatlichen Revisionen der Kreis-Kommunal-Kasse die Zuziehung eines vom Kreisausschuß zu bestimmenden Mitgliedes desselben verlangt.

In der Kommission des Herrenhauses wurden Bedenken geäußert gegen die allmonatlichen ordentlichen Kassen-Revisionen, es sei dies zu viel und zu belästigend; anderseits gegen die angeordnete Zuziehung eines Deputirten des Kreisausschusses, namentlich in den voraussichtlich die Regel bildenden Fällen einer Vereinigung der Kreis-Kommunal- mit der Königlichen Kreis-Steuerkasse. Das letztere Bedenken wurde von verschiedenen Mitgliedern getheilt. Die Zuziehung eines Deputirten des Kreisausschusses drücke ein Mißtrauen gegen den Landrath, der als Vorsitzender des Ausschusses die Revision vorzunehmen habe, aus; auch sei es nicht wohl zulässig, daß dieser Deputirte die Königliche Kasse mit revidire, und doch lasse sich die Revision der beiden Kassen nicht trennen. Ferner werde dem betreffenden Ausschuß-Mitgliede eine sehr lästige und dazu eine Arbeit aufgetragen, die mit Verständniß und Erfolg auszuführen, demselben meistens die Befähigung fehlen dürfte; es würde daher zuletzt eine leere Form sein. Jedenfalls könne man diese Zuziehung auf den Fall der extraordinären Revision beschränken.

Von anderer Seite wurden die erhobenen Bedenken nicht für begründet erachtet. Von einem Mißtrauen gegen den Landrath könne keine Rede sein; die Vorschrift entspreche ganz der Stellung des Kreisausschusses und liege im eigenen Interesse des Landraths, der sonst in Fällen unentdeckt gebliebener Unregelmäßigkeiten die Verantwortung allein zu tragen habe. Dabei wurde insbesondere hervorgehoben, daß die Betheiligung eines ständischen Beamten an der Revision einer Königlichen Kasse schon jetzt vorkomme: so bei der Verbindung der Kreis-Feuer-Societäts- mit der Königlichen Kreis-Kasse in Fällen, wenn der Landrath nicht zugleich Kreis-Feuer-Societäts-Direktor ist.

Ein Vorschlag, die Beiordnung eines Deputirten fakultativ in das Ermessen des Ausschusses zu stellen, fand keine Unterstützung, weil dann in der Beiordnung eines solchen Deputirten allerdings ein Mißtrauen gegen den Landrath zu finden sein würde. Dagegen ist ein Abänderungs-Antrag in der Fassung der Kommissionsvorschläge und dann der ganze Paragraph, wie in der Kommission, so auch im Herrenhause angenommen worden.

Der neueste Regierungsentwurf eignete sich diese Beschlüsse an.

fung, Feststellung und Entlastung einzureichen und demnächst einen Rechnungsauszug zu veröffentlichen. Der Kreistag ist befugt, diese Prüfung durch eine hiermit zu beauftragende Kommission bewirken zu lassen. Eine Abschrift des Feststellungs-Beschlusses ist sofort der Bezirksregierung vorzulegen.

Vierter Abschnitt.

Von dem Kreisausschusse, seiner Zusammensetzung und seinen Geschäften in der Kreis-Kommunal- und allgemeinen Landesverwaltung.

§. 130.

Zum Zwecke der Verwaltung der Angelegenheiten des Kreises Die Stellung des Kreisausschusses im Allgemeinen.

Zu §§ 130 bis 132.

Die Motive zu dem Regierungsentwurf von 1869, welcher den Kreisausschuß aus dem Landrathe und sechs Mitgliedern bestehen lassen wollte, von denen drei durch die Kreisversammlung aus den Kreiseingesessenen, die drei anderen von den zu diesem Ende zu einem Wahlkörper vereinigten (im damaligen Entwurf anstatt der jetzt geschaffenen „Amtsvorsteher" vorgesehenen) Amtshauptleuten und Bürgermeistern der Städte aus ihrer Mitte gewählt werden sollten, sprachen sich über die Einrichtung des Amtsausschusses folgendermaßen aus:

„Der Kreisausschuß ist bestimmt, den Mittelpunkt der Selbstverwaltung des Kreises zu bilden; als Organ der Kreiskorporation liegt ihm die Verwaltung der Kreis-Kommunal-Angelegenheiten, als Organ des Staates die Besorgung von Geschäften der allgemeinen Landesverwaltung ob. Aus dieser Doppelstellung ist das Prinzip für seine Zusammensetzung: aus Vertretern des Kreistages und aus Vertretern der Obrigkeiten des Kreises zu entnehmen. Der Kreisausschuß soll demgemäß bestehen aus dem Landrathe als Vorsitzenden und sechs Mitgliedern, von denen drei von dem Kreistage aus den Kreisangehörigen, die drei anderen von den zu einem Wahlkörper vereinigten Amtshauptleuten und Bürgermeistern der Städte aus ihrer Mitte gewählt werden.

Es ist zwar von gewichtiger Seite die Einsetzung zweier Kreisausschüsse empfohlen worden, von denen der eine, aus dem Landrathe und vier bis sechs Amtshauptleuten oder Bürgermeistern bestehende, als Verwaltungsgericht erster Instanz über streitige Fragen des Verwaltungsrechts entscheiden soll, während der zweite aus dem Landrathe, und gemischt aus Amtshauptleuten und Kreisverordneten zusammengesetzte Ausschuß die Verwaltung der Angelegenheiten des Kreises, sowie die Oberleitung der Armen-, Schul- und Wegeverwaltung u. s. w. zu führen haben würde.

Mag auch diesem Vorschlage vom prinzipiellen Standpunkte die Anerkennung nicht versagt werden, so glaubt doch die Staatsregierung aus überwiegend praktischen Gründen der Einsetzung nur eines einzigen nach jenen Gesichtspunkten kombinirten Ausschusses den Vorzug geben zu müssen.

Die ganze Geschäftsverwaltung wird von dem Landrathe mit nur e i n e m Ausschusse bei weitem leichter und prompter geführt werden können, als mit zweien neben einander fungirenden, welche einen erheblich größeren Aufwand an Zeit und Kräften erfordern. Auch würden, wenn die Einsetzung zweier Ausschüsse erfolgte, Kompetenzstreitigkeiten und Reibungen zwischen ihnen kaum ausbleiben, da eine scharfe Trennung der Geschäftsgebiete beider schwer ausführbar erscheint. Sollte aber auch diese Besorgniß eine unbegründete sein, so wird eine einheitliche Kreisverwaltung jedenfalls leichter das Vertrauen der Bevölkerung gewinnen, als eine

und der Wahrnehmung von Geschäften der allgemeinen Landesverwaltung wird ein Kreisausschuß bestellt.

---

solche, in welcher die Gewalten zwischen zwei Organen getheilt sind. Insbesondere wird die Betheilung frei gewählter Vertreter des Kreises auch an der Entscheidung streitiger Fragen des öffentlichen Rechts nicht wenig dazu beitragen, für das Institut des Kreisausschusses die Sympathien der Bevölkerung zu erwecken, während andrerseits durch das Gegengewicht der im Kreisausschusse vertretenen Obrigkeiten des Kreises eine Gefährdung der Interessen des Staates sowie einzelner Staatsangehöriger verhütet wird.

Sind die in dem Gesetzentwurfe dem Kreisausschusse überwiesenen Geschäfte auch sehr umfangreiche und zahlreiche, so wird doch immerhin ein Ausschuß, wenn die Mitglieder desselben sich erst die nöthige Gesetzeskenntniß und Geschäftsgewandtheit angeeignet haben, sehr wohl im Stande sein, dieselben nicht nur schnell, sondern auch gründlich zu erledigen.

Die Zahl der Mitglieder des Kreisausschusses muß im Gesetze selbst für alle Kreise gleich normirt werden, weil derselbe auch als Verwaltungsgericht fungiren soll, dessen Zusammensetzung auf fester Grundlage beruhen muß. Die Zahl sechs dürfte so gegriffen sein, daß dieselbe dem Bedürfnisse der überwiegenden Mehrzahl der Kreise entspricht.

Die Mitgliedschaft eines richterlichen Beamten im Kreisausschusse erscheint mit der Stellung desselben als erkennender Richter nicht vereinbar. Der Kreisausschuß ist berufen, in vielen Angelegenheiten interimistische Entscheidungen zu treffen, gegen welche den Parteien der Rechtsweg offen steht. Es würde daher ein dem Kreisausschuß angehöriger richterlicher Beamter leicht in die Lage kommen können, in einer Sache demnächst als Richter ein Urtheil fällen zu müssen, bei deren Entscheidung er im Kreisausschuß bereits mitgewirkt hat. Dies aber wird aus Rücksicht auf die Objektivität des erkennenden Richters zu vermeiden sein.

Ebenso bedingt es die Stellung der Geistlichen, Kirchendiener und Elementar-Lehrer, sie als solche von der Theilnahme an dem Kreisausschuß auszuschließen."

Der Regierungsentwurf von 1871 ließ die Betheiligung von Vertretern der Obrigkeit im Kreisausschuß fallen. Die Motive bemerken hierzu:

„Nach dem früheren Entwurfe sollte der Kreis-Ausschuß aus dem Landrathe und sechs Mitgliedern bestehen, von denen drei durch die Kreis-Versammlung aus den Kreis-Eingesessenen, die drei anderen von den zu diesem Ende zu einem Wahlkörper vereinigten Amtshauptleuten und Bürgermeistern der Städte aus ihrer Mitte nach absoluter Stimmenmehrheit gewählt werden sollten. Nachdem jedoch in dem jetzigen Entwurfe das Institut der Amtshauptleute eine wesentliche Umbildung erfahren hat, glaubte die Staats-Regierung an dieser Art der Zusammensetzung des Kreis-Ausschusses nicht mehr festhalten und den jetzt in den Amtsvorstehern vertretenen Obrigkeiten des Kreises als solchen eine besondere Betheiligung an dem Kreis-Ausschusse nicht mehr einräumen zu sollen. Sie schlägt deshalb vor, sämmtliche Mitglieder des Kreis-Ausschusses von der Kreis-Versammlung wählen zu lassen, der es alsdann überlassen sein wird, hierbei auch die Amtsvorsteher und Bürgermeister behufs sachgemäßer Erledigung der dem Kreis-Ausschusse obliegenden Geschäfte der obrigkeitlichen Selbst-Verwaltung angemessen zu berücksichtigen."

Der Regierungs-Entwurf von 1871 wollte danach die §§. 131 und 132, wie folgt, fassen:

> „Der Kreis-Ausschuß besteht aus dem Landrathe und sechs Mitgliedern, welche von der Kreis-Versammlung aus der Zahl der Kreis-Eingesessenen nach absoluter Stimmenmehrheit gewählt werden.
>
> Geistliche, Kirchendiener und Elementarlehrer, sowie die richterlichen Beamten, zu denen jedoch die technischen Mitglieder der Handels-, Gewerbe- und ähnlicher Gerichte nicht zu zählen sind, können nicht Mitglieder des Kreis-Ausschusses sein.
>
> Der Kreis-Ausschuß kann nach Bedürfniß Sach- und Rechtsverständige zur Erledigung seiner Geschäfte zuziehen, welche an den Sitzungen nur mit berathender Stimme theilnehmen dürfen."

§. 131.

Der Kreisausschuß besteht aus dem Landrathe und sechs Mit- Die Zusammensetzung desselben.

---

bezüglich deren die Kommission des Abgeordnetenhauses den Zusatz herbeiführte, daß die Wählbarkeit in den Kreisausschuß die Erfüllung derjenigen Bedingungen voraussetze, welche der §. 96. für die Wahlberechtigung vorschreibe, ferner die Wahl richterlicher Beamter in den Kreis-Ausschuß für den Fall für zulässig erklärt wurde, daß der vorgesetzte Minister hierzu die Genehmigung ertheile, und endlich für den Fall, daß der Kreis-Ausschuß kein zum höheren Richteramte befähigtes Mitglied besitze, die Bestellung eines Syndikus, welcher mit berathender Stimme an den Kreistagssitzungen Theil zu nehmen habe, nicht fakultativ, sondern obligatorisch sein solle

Seitens des Abg. von Denzin war hierzu der Antrag gestellt worden, eine Bestimmung einzufügen, es müsse

„mindestens die Hälfte der Mitglieder des Kreis-Ausschusses aus Angehörigen des platten Landes bestehen",

auch nur die fakultative Bestellung eines Syndikus anzuordnen.

Der Berichterstatter Abg. Lasker bemerkte hierzu:

„M. H.! Bei der Zusammensetzung des Kreisausschusses ist vor Allem anzuerkennen, daß die Regierung geglaubt hat, nachdem sämmtliche Garantien in der Wahl zum Kreistage gesucht worden sind, die Ernennung der Kreisausschuß-Mitglieder sei an keine andere Bedingung zu knüpfen, als die Sie im Regierungs-Entwurf gleichmäßig mit den Kommissionsbeschlüssen ausgedrückt finden.

Den Zusatzantrag des Herrn Abgeordneten v. Denzin glaube ich Ihnen im Namen der Kommission nicht empfehlen zu können. Nachdem Sie beschlossen haben, daß die passive Wahlfähigkeit zwischen Stadt und Land getrennt werden soll, haben Sie in Ihrem theoretischen Sinne bereits ausgesprochen, nach welcher Art Sie die Wahlen vollzogen zu sehen wünschen. Nachdem Sie diesem theoretischen Bedürfniß Genüge gethan haben, glaube ich, liegt sogar für die Parteigenossen des Antragstellers kein Bedürfniß mehr vor, noch hineinzuschreiben, daß die Hälfte der Mitglieder aus dem platten Lande entnommen sein müsse. Der Herr Antragsteller wird vielleicht das Schicksal seines Antrags jetzt mit größerer Ruhe beobachten. Ich weiß in der That nicht, wozu die Fürsorge soll. In denjenigen Kreisen, in denen das ländliche Interesse bei Weitem überwiegt — was ja in den meisten Kreisen des Landes der Fall ist — wird ohnehin die Hälfte der Mitglieder aus dieser Zahl genommen werden; dagegen ist es allerdings möglich, daß in einzelnen Kreisen das städtische Interesse sehr überwiegt, und die Intelligenz nur in den Städten zu finden sein möchte, — wozu da die Schranke? Nur nebensächlich mache ich aufmerksam, daß viele größere Grundbesitzer, nachdem sie ihre Güter verkauft haben, in die Städte zu ziehen pflegen und ein sehr günstiges Material sind, ihre Mußezeit für Thätigkeit im Kreise zu verwenden. Da Sie überhaupt die sonst müßigen Kräfte werden aufsuchen müssen, so glaube ich, daß es nicht überflüssig sein wird, auch solche Kräfte heranzuziehen. In keinem Falle aber erscheint es nothwendig oder sachdienlich, hier wieder eine Beschränkung auszudrücken, die wir in den allermeisten Fällen gar nicht brauchen. Es scheint mir hierin etwas Luxus getrieben zu sein mit den Deklarationen, daß man Stadt und Land durchaus getrennt wissen wolle. Ich halte es im Ganzen genommen für nicht sehr glücklich, überall die Verschiedenheit zwischen Stadt und Land hervortreten zu lassen, da es in Zukunft weit mehr Aufgabe der Kreise sein wird, diese beiden Elemente mit einander zu versöhnen und zu verschmelzen, als sie bewußt an jeder Stelle auseinanderzuhalten.

Gehe ich nun weiter über auf die Garantien, welche der Kreisausschuß bieten soll, so ist namentlich in der Kommission an mehreren Stellen hervorgehoben worden und von verschiedenen Seiten gewünscht worden, daß die formelle Rechtsseite wenigstens einen Repräsentanten jeder Zeit in dem Kreisausschuß habe, damit nicht das formale Verfahren Schaden leide. Während der Regierungs-Entwurf Ihnen vorschlägt, daß Richter überhaupt in den Kreisausschuß nicht gewählt werden dürfen, schlägt dagegen die Kommission Ihnen vor, daß Richter gewählt werden dürfen und daß es nur nothwendig sei, die Zustimmung des

gliedern, welche von der Kreisversammlung aus der Zahl der Kreisangehörigen nach absoluter Stimmenmehrheit gewählt werden. Für

Justizministers für ihren Eintritt zu erlangen. Namentlich mit Rücksicht auf die in Aussicht stehenden Hypotheken-Aemter wird in Zukunft in jedem Kreise gewiß ein Richter vorhanden sein, der nicht zur Entscheidung von Streitigkeiten angerufen wird und der sehr wohl seine Stellung als Mitglied des Kreisausschusses wird verbinden können mit seiner richterlichen Thätigkeit, und es hat der ganzen Kommission sehr vortheilhaft geschienen, wenn eine solche Kraft geworben werden kann, sie nicht durch das Gesetz auszuschließen, sondern sie durch den Kreistag werben zu lassen.

Der zweite Paragraph beschäftigt sich mit dem Falle, in welchem ein zum höheren Richterstande befähigtes Mitglied im Kreisausschuß nicht sitzt. Von verschiedenen Seiten ist mit Recht hervorgehoben worden, daß dieser Umstand zweierlei Nachtheile mit sich bringen kann. Das Verfahren im Kreisausschuß wird sich leicht so weit von den Gesetzen und dem richterlichen Wesen entfernen, daß eine wahre Garantie der Rechtsprechung in diesen einzelnen Kreisausschüssen nicht mehr vorhanden sein wird, und dieser Uebelstand könnte mit Leichtigkeit zu der Diskreditirung dieses neuen Instituts beitragen, welches wir Alle ja auf das lebhafteste zu fördern wünschen. Von der anderen Seite ist außerdem die Gefahr geschildert worden, daß, wenn nicht obligatorisch für das juristische Element im Kreisausschusse gesorgt wird, die Neigung dahin gehen werde, die Landräthe aus den Justizbeamten zu entnehmen. Der lebhafteste Vertreter der äußersten Rechten hat insbesondere diesen Umstand stark betont. Da wir aber übereinstimmen, daß es nicht unsere Absicht ist, dahin zu drängen, daß die Landräthe nur aus der Zahl der richterlich befähigten Personen entnommen werden sollen, wenigstens war die große Mehrheit der Kommission dieser Ansicht, so schien es angemessen, Fürsorge zu treffen für den Fall, wenn weder der Landrath noch ein anderes Mitglied des Ausschusses die Befähigung zum Richteramt besitzt. Da schien uns nothwendig und genügend, daß eine zum höheren Richteramt befähigte Person als Syndikus in den Kreisausschuß berufen wird, und zwar nur mit berathender Stimme, — nicht mit beschließender Stimme, damit nicht die im Gesetze festgesetzte Zahl von Mitgliedern des Kreisausschusses überschritten werde.

Einige Mitglieder der Kommission haben gewünscht — und ich habe auch zu deren Minderheit gehört — daß die obligatorische Pflicht ausgesprochen werde, jeder Zeit einen solchen Syndikus zu wählen. Es war nämlich die Meinung, daß oft ein Mitglied eines Kreisausschusses, der nicht mehr die Justizthätigkeit übt, sondern blos die Befähigung zum höheren Richteramt früher erlangt hat, nicht dieselben Garantien darbieten möchte, wie Einer, der gegenwärtig sich von Berufs wegen mit der Rechtsthätigkeit beschäftigt und zwar gleichviel, ob als Anwalt oder als Richter. Diese Ansicht hat in der Kommission nur die Minderheit erlangt, und die Verpflichtung zur Wahl des Syndikus ist nur da ausgesprochen worden, wo kein einziges Mitglied des Kreisausschusses die Befähigung zum Richteramt besitzt. Dagegen bitte ich Sie, mindestens an diesem Gedanken festzuhalten und das Amendement abzulehnen, welches schon in der Kommission gestellt war, dort aber abgelehnt worden ist, daß auch in dem Falle, wenn kein Mitglied des Ausschusses zum Richteramt befähigt ist, doch die Wahl eines Syndikus in das Ermessen des Kreistages gestellt und ihm nicht zur Pflicht gemacht werde. Denn es ist im öffentlichen Interesse und nicht von der Entscheidung des Kreistages abhängig zu machen, daß das Justizelement immer im Kreisausschuß vertreten sei.

Nur ein Wort noch über den Kostenpunkt. Die Kosten spielen bei vielen Mitgliedern dieses Hauses eine bedeutende Rolle in Beziehung auf die Organisation, die wir unternehmen. Nachdem wir aber beschlossen haben, daß die Staatsregierung aus den Mitteln des Staates eine Summe zu Gebote stellen soll, welche ausreicht, um für diejenigen Lasten zu entschädigen, welche die neue Organisation dem Staate abnimmt, ist nicht zu besorgen, daß im letzten Rechnungsabschluß eine höhere Belastung der Kreiseinwohner durch das Institut des Syndikus wird herbeigeführt werden; denn dies Institut wird im höchsten Grade ein solches sein,

die Wählbarkeit gelten die im §. 96. für die Wahlberechtigung gegebenen Bestimmungen.

---

welches geeignet ist, dem Staate Lasten abzunehmen, für dessen Thätigkeit die Entschädigung aus Staatsmitteln zu entnehmen sein wird.

Ich bitte Sie deshalb um Annahme aller Anträge, wie sie die Kommission gestellt hat, und um Ablehnung der Abänderungs-Anträge.

Der Regierungs-Kommissarius Geheimer Regierungsrath Persius bemerkte hierauf:

„M. H.! Wenn ich auch das von dem Herrn Abgeordneten v. Denzin zu §. 131. gestellte Amendement Namens der Staatsregierung nicht zu befürworten vermag, so befinde ich mich doch in der Lage, Ihnen die Annahme des Amendements, welches derselbe Herr Abgeordnete zu dem §. 132. gestellt hat, zu empfehlen. Ich glaube, ein Bedürfniß: noch besonders vorzuschreiben, wie der Herr Abgeordnete v. Denzin dies will, daß mindestens die Hälfte der Mitglieder des Kreisausschusses aus Angehörigen des platten Landes bestehen müsse, liegt in der That nicht vor; ich meine, daß, da der Kreistag — wenigstens in der weit überwiegenden Mehrzahl der Kreise — mindestens zu $^2/_3$ aus Abgeordneten des platten Landes bestehen wird, die Majorität des Kreistages es schon ohnehin in der Hand haben wird, eine genügende Anzahl von Vertretern in den Kreisausschuß zu entsenden. Dagegen, meine Herren, scheint es mir allerdings gerechtfertigt, nicht, wie Ihre Kommission vorschlägt, dem Kreistage die Verpflichtung aufzuerlegen, einen Syndikus anzustellen, wenn sich unter den Mitgliedern des Kreisausschusses keine zum höheren Richteramt befähigte Person befindet; es vielmehr dem freien Ermessen desselben zu überlassen, ob er einen Syndikus bestellen will oder nicht. Es ist denn doch der Kostenpunkt bei der Anstellung eines solchen Syndikus sehr wohl in Betracht zu ziehen und die Bedeutung desselben nicht zu unterschätzen. Der Herr Berichterstatter hat zwar hingewiesen auf die zu diesem Behuf aus der Staatskasse den Kreisen zu gewährende Beihülfe; ich glaube aber, meine Herren, daß diese Beihülfe unter Umständen doch wohl nicht so hoch ausfallen möchte, um die sehr erheblichen Kosten, welche aus der Anstellung eines besonderen Syndikus erwachsen, zu decken. Denn es dürfte in vielen Fällen nicht möglich sein, einen an Ort und Stelle wohnenden Rechtsverständigen als Syndikus zu gewinnen, sondern es wird ein solcher angenommen werden müssen, der in einer anderen Stadt des Kreises oder in einem anderen Kreise vielleicht mehrere Meilen entfernt wohnt und zu den Sitzungen des Kreisausschusses jedes Mal in die Kreisstadt zu reisen hat.

Ein solcher Syndikus wird nicht allein eine besondere Remuneration, sondern auch erhebliche Diäten und Reisekosten in Anspruch nehmen. Dann ist aber auch die Frage, geeignete Persönlichkeiten zu finden, in allen Fällen wohl nicht so leicht zu lösen, wie der Herr Berichterstatter annimmt. Es giebt eine nicht geringe Anzahl von Kreisstädten, in denen sich nur Ein Richter befindet; dieser Richter ist vollauf in Anspruch genommen durch seine Amtsgeschäfte und wird nicht Zeit und Lust haben, sich noch den anstrengenden Geschäften des Syndikus eines Kreisausschusses zu widmen. Es ist zwar bemerkt, daß jetzt für jeden Kreis ein besonderer Hypothekenrichter, Grundbuchsbewahrer, angestellt werden solle, und daß gerade dieser Richter eine geeignete Persönlichkeit zur Wahrnehmung der Obliegenheiten eines Kreis-Syndikus sein werde; ich weiß aber nicht, ob gerade ein Hypothekenrichter besonders qualifizirt erscheint, das Amt eines Syndikus zu bekleiden, welches umfassende und insbesondere auch auf das Gebiet des öffentlichen Rechts sich erstreckende Rechtskenntniß erfordert; es würde nach meinem Dafürhalten jedenfalls ein Mitglied einer ersten Abtheilung eines Gerichtskollegii als Syndikus eines Kreisausschusses vorzuziehen sein. Endlich vermag ich nicht abzusehen, meine Herren, weshalb Sie selbst in dem Falle den Kreisausschuß nöthigen wollen, einen Syndikus zu bestellen, wo der Vorsitzende desselben, wenn auch nicht die Qualifikation zum höheren Richteramt, aber doch zum höheren Verwaltungsamt hat; es giebt eine große Anzahl von Landräthen, die zwar nicht ihr Gerichts-Assessoren-Examen, aber wohl ihr Examen als Regierungs-Assessoren abgelegt und also doch auch eine juristische Ausbildung genossen haben, eine ju-

Geistliche, Kirchendiener und Elementarlehrer können nicht Mitglieder des Kreisausschusses sein; richterliche Beamte, zu denen jedoch

ristische Ausbildung, die meines Dafürhaltens genügen wird, um die formale Seite der Verwaltungsstreitigkeiten, die der Herr Berichterstatter durch die Anstellung eines besonderen Syndikus vorzugsweise gewahrt wissen will, ausreichend in Obacht zu nehmen. Ich möchte deswegen dem Amendement des Herrn von Denzin das Wort reden, welches keine obligatorische, sondern nur eine fakultative Anstellung eines Kreis-Syndikus in Vorschlag bringt.

Abgeordneter v. Gottberg sagte hierzu: „Auch Seitens der konservativen Partei wird die Einsetzung des Kreisausschusses als etwas Nützliches betrachtet. Auch wir sehen darin manche uns ansprechenden und zweckmäßigen Anfänge einer Selbstverwaltung, welche die Möglichkeit gewährt, diejenigen Personen zuzuziehen, welche die meisten technischen Kenntnisse in den betreffenden Sachen haben. Wenn wir das aber thun, dann müssen wir eben Werth darauf legen, daß technisch befähigte Personen in den Kreisausschuß gewählt werden. Wenn Sie den Kreis derjenigen Befugnisse und Geschäfte übersehen, die in dem §. 135 dem Kreisausschusse überwiesen sind, so werden Sie erkennen, daß dies meistentheils technische Fragen sind, solche Fragen, die für den Grundbesitz als technisch bezeichnet werden müssen. Es wird eben nur derjenige im Stande sein, diese Fragen richtig und sachgemäß zu entscheiden, der entweder in der Nähe wohnt, oder der schon als Grundbesitzer eine gewisse technische Befähigung zur Entscheidung hat. Man kann von Hause aus nicht sagen, daß für alle diese Fragen die Städter eine ganz besondere Kenntniß mitbringen, so intelligent sie auch in übriger Beziehung sein mögen. Ich lege hierbei nicht den Nachdruck gerade auf das Wort Intelligenz, wie der Herr Abgeordnete Lasker gesagt hat, sondern ich möchte dieser Intelligenz entgegenstellen das Erforderniß einer gewissen technischen Befähigung, und die halte ich eben mehr konzentrirt im Grundbesitzer als im Städter zur Entscheidung der Fragen, die im §. 135 dem Kreisausschuß überwiesen sind. Da wir nun nicht irgend eine Garantie haben, daß in den Kreisausschuß auch gerade so viel Grundbesitzer hineingewählt werden möchten, so haben wir eben den Antrag gestellt, daß die Hälfte dieses Kreisausschusses aus Angesessenen des platten Landes bestehen soll.

Es ist dann die Rede von der Zuziehung eines mit richterlicher Qualität versehenen Mitgliedes, und der §. 132. geht dann weiter dazu über, daß er sogar obligatorisch bestimmt, daß der Kreistag einen Syndikus anstellen soll. Ich gebe gerne zu, daß in der Mehrzahl der Fälle es zweckmäßig sein wird, eine mit den nöthigen Rechtskenntnissen versehene Person zu den Geschäften des Kreistages zuzuziehen; ich muß aber doch sagen, daß ich es nicht für nothwendig halte, daß man dazu verpflichtet werden soll. Ich bin der Meinung, daß es hinreichend ist, wenn man diese Zuziehung in das Belieben des Kreistagsausschusses stellt, so wie das auch die Königliche Regierung in ihrer Vorlage gethan hat."

Ich gebe zu bedenken, daß die dauernde Anstellung eines Syndikus sehr viele Kosten verursachen wird. Der Herr Abgeordnete Lasker hat uns zwar darauf hingewiesen, daß die Königliche Regierung uns schon die Mittel zur Einführung des Kreisausschusses und zur Bestreitung derjenigen Kosten, welche die Amtsverwaltung erfordern wird, bereit gestellt hätte; aber, meine Herren, ich muß doch sagen, daß die Zusicherung des Herrn Ministers der Finanzen nur sehr allgemein gehalten war. Er hat dem Kommissionsvorschlage den Vorwurf gemacht, daß darin von keinen Summen und von keinen Acceptanten die Rede wäre, indem er ihn mit einem Wechsel verglich. Ich muß aber sagen, daß seine Zusicherung in Bezug auf ihren Betrag auch sehr große Zweifel läßt, und es noch sehr die Frage ist, ob wir auf die Erstattung aller Kosten rechnen können, welche die Einführung der Kreis-Ordnung erfordern wird. Wenn ich hierüber noch im Zweifel bin, so ist mir doch kein Zweifel darüber, daß, wenn Sie den §. 132. so annehmen, wie die Kommission ihn vorgeschlagen hat, die Kreise sehr erhebliche Kosten haben werden. Außerdem finde ich auch praktisch diese Bestimmung nicht gut.

Wenn ich mich in die Lage des Landraths denke, der den Kreis-Ausschuß

die technischen Mitglieder der Handels-, Gewerbe- und ähnlicher Gerichte nicht zu zählen sind, nur mit Genehmigung des vorgesetzten Ministers.

---

leitet und die Kreis-Ordnung ausführen soll, so muß ich doch sagen, es kann sehr leicht dahin kommen, daß dieser Syndikus eine gewisse bevorzugte Stellung erhält, wenn er durch seine juristische Befähigung einem Landrath gegenüber, der keine gleiche Befähigung hat, sich immer auf seine juristische Befähigung berufen kann. Es wird dann der Kreisausschuß, wenn er aus Leuten besteht, die nicht eine richterliche Qualität haben, sehr geneigt sein, dem Ausspruche dieses Juristen immer eine vorzugsweise Bedeutung beizulegen. Ich glaube daher, es kann leicht dahin kommen, daß der Syndikns auch in anderen Fragen, die nicht gerade juristische sind, eine dem Ganzen nachtheilige bevorzugte Stellung dem Landrathe gegenüber erhält. Es wird dies aber nicht der Fall sein, wenn Sie die Zuziehung des Syndikus fakultativ zulassen, oder nach §. 109. der Regierungs-Vorlage nur bei denjenigen Geschäften, bei denen es auf juristische Befähigung ankommt, es dem Kreis-Ausschuß nachlassen, juristische Personen zuzuziehen.

Aus allen diesen Gründen bitte ich Sie, in dem §. 126. der Kommissions-Vorschläge das Wort „muß" mit dem fakultativen Worte „kann" zu vertauschen. Es ist dieser Vorschlag aber unsererseits nur ein eventuell in Beziehung auf die Kommissions-Vorlage gestellter. Prinzipiell geben wir doch dem §. 109. der Regierungs-Vorlage den Vorzug."

Das Abgeordnetenhaus lehnte beide Anträge des Abg. von Denzin ab und nahm die Fassung seiner Commission an. (Sitzung vom 21. März 1872. St. B. S. 1468.)

Die Kommission des Herrenhauses sagt über die Einrichtung des Kreisausschusses in ihrem Bericht (S. 88) Folgendes:

Die wichtige Angelegenheit, von welcher dieser Abschnitt handelt, ist schon bei der Generaldiskussion Gegenstand ausführlicher Berathungen gewesen und gab jetzt wiederum Veranlassung zu einer längeren Berathung.

Von der einen Seite ward das ganze Institut des Kreisausschusses als unannehmbar bezeichnet, weil es, wenn auch nicht überall, doch in vielen Landestheilen wegen Mangels der geeigneten Personen unausführbar, auch abgesehen davon wegen der Umständlichkeit und Kostspieligkeit des Verfahrens u. s. w. keine Verbesserung, vielmehr zum Theil eine entschiedene Verschlechterung der bestehenden Einrichtungen sei. Dazu ward das Bedenken ausgesprochen, daß die bisherige segensreiche Thätigkeit der Landräthe durch den Kreisausschuß nothwendig würde gelähmt werden, da die Selbstständigkeit und Autorität der Landräthe unverkennbar schweren Abbruch erleide; daß diese ferner aber auch bei der drohenden Erschwerung ihrer Wirksamkeit und bei unausbleiblicher Geschäftsüberlastung zur vollen Erfüllung der Pflichten ihres Amtes gar nicht mehr im Stande sein würden; daß endlich das neue Kollegium zu einer zweckmäßigen Verwaltung in keiner Weise geeignet erscheine.

Im Laufe der Debatte wurden von anderen Seiten die gegen den ganzen Gesetzentwurf bestehenden schweren Bedenken zwar zugegeben, aber es ward die Ansicht ausgesprochen, daß gerade der vorliegende Abschnitt, mindestens in seinem Grundgedanken und abgesehen von den Einzelheiten, am wenigsten vom Standpunkte der Konservativen anzugreifen sei. Die Geschäftserschwerung bestehe nicht in dem gefürchteten Maße. Der Geschäftskreis des Landraths an sich ändere sich nicht; er werde künftig nur mit dem Kreisausschusse in denjenigen Fällen die Entscheidung zu treffen haben, in welchen er bisher an die Regierung zu berichten hatte; es wäre daher eher eine Erleichterung als eine Erschwerung der Geschäfte zu erwarten. Allerdings hänge das Gelingen der neuen Organisation von den Persönlichkeiten ab, die in den Ausschuß gewählt würden; die Schwierigkeit, überall die Geeigneten zu finden, wäre nicht zu leugnen, zumal auch nach der Beschaffenheit unserer Gesetze das richtige Verständniß derselben dem Laien sehr erschwert werde. Indessen sei zu hoffen, daß mit der Zeit die geeigneten Elemente sich heranbilden würden, auch seien die vorkommenden Geschäftssachen in der Mehrzahl

§. 132.

Bestellung eines Syndikus.

Der Kreistag kann nach Bedürfniß einen Syndikus bestellen, welcher die Befähigung zum höheren Richteramte besitzt. Derselbe nimmt an den Sitzungen mit berathender Stimme Theil.

---

von keiner großen Erheblichkeit, und mindestens der Art, daß sie von den dem Leben Näherstehenden weit besser entschieden werden könnten, als dies bisher am grünen Tisch der Regierungen geschah. Jedenfalls müsse der Versuch gemacht werden; die Hauptsache aber sei eine richtige Komposition des **Kreistages**, da ihm die Wahl des Ausschusses zufalle.

In der Spezialberathung über diesen Abschnitt wurde der §. 130 mit 8 gegen 6 Stimmen angenommen.

Zu §. 131, der von der Wählbarkeit zum Kreisausschuß handelt, wurden folgende Anträge eingebracht:

a. im ersten Satze „vor Kreisangehörige" die Worte „**zum Kreistage wählbaren**" einzuschalten;

b. den zweiten Satz zu fassen:
„Für die Wählbarkeit gelten die im §. 93 für die Wahlberechtigung gegebenen Bestimmungen."

Für den Antrag a. ward angeführt, es sei unmöglich zuzugeben, daß in den Kreisausschuß eine jede dem Kreise angehörige Persönlichkeit gewählt werden könne, es müsse wenigstens eine Garantie gegen ganz unpassende Wahlen geschaffen werden. Der Regierungskommissar indessen erklärte sich gegen diesen Antrag, namentlich mit Hinweis auf die von der Kommission beschlossenen Beschränkungen des aktiven Wahlrechts. Dagegen war er mit dem Verbesserungs-Antrage b. einverstanden.

Der Antrag a. ward mit 10 gegen 4 Stimmen, der Antrag b. einstimmig, desgleichen Absatz 2 und schließlich der ganze §. 131. mit jenen Abänderungen angenommen.

Bezüglich des §. 132 wurde Streichung der Vorlage und Herstellung des §. 109 des ursprünglichen Regierungsentwurfs beantragt, da ein Bedürfniß zur dauernden Anstellung eines Syndikus nicht unbedingt und überall anzuerkennen sei, die Kosten aber durch die feste Anstellung eines solchen sich sehr erheblich vermehren würden.

Dieser Antrag fand einstimmige Annahme.

Der Berichterstatter **von Kleist-Retzow** fügte dem noch mündlich hinzu (Sitzung vom 30. Oktober 1872. St. B. S. 555):

„M. H.! Es stehen sich hier zwei Ansichten gegenüber, die eine Ansicht will die Wahl auf das Allerfreieste stattgeben; die andere wünscht mit Rücksicht auf die allen ständischen Verhältnisse, daß womöglich nur Mitglieder aus dem Kreistage selbst gewählt werden. Ihre Kommission hat einen Mittelweg eingeschlagen, mit Rücksicht darauf, daß in der That diese Geschäfte und die Mühewaltungen, die damit verbunden sind, die Schwierigkeit, die betreffenden Personen dazu zu finden, dahin führt, die Wahlen über die Grenzen der wirklichen Kreistags-Mitglieder hinaus auszudehnen. Bei der Neuheit der Sache, bei dem Bedenken, welches Viele gegen das Institut haben, vor allen Dingen aber bei der Unsicherheit der Komposition der Kreistage, die keineswegs die volle Garantie giebt, daß stets die günstigen und rechten Wahlen getroffen werden, hat sie es vorgezogen, die passive Wählbarkeit wenigstens auf diejenigen zu beschränken, die zum Kreistage wählbar sind. Ich bitte Sie, das anzunehmen."

Das Herrenhaus nahm die Vorschläge seiner Kommission an. Der neueste Regierungsentwurf ließ im §. 131 die vom Herrenhaus zwischen den Worten „Zahl der" und „Kreisangehörigen" eingeschalteten Worte „zum Kreistag wählbaren" wiederum fallen, im Uebrigen adoptirte derselbe die §§. 130, 131 und 132 in der vom Herrenhause beschlossenen Fassung, insbesondere auch die nur fakultative Zuziehung von Rechtsverständigen zu den Kreistagssitzungen.

§. 133.

Die Wahl der Ausschußmitglieder erfolgt auf sechs Jahre mit der Maßgabe, daß bei Ablauf der Wahlperiode die Mitgliedschaft im Ausschusse bis zur Wahl des Nachfolgers fortdauert. Alle zwei Jahre scheidet ein Drittel der Mitglieder aus. Die das erste Mal Ausscheidenden werden durch das Loos bestimmt.

Ausdauer, Vereidigung und Dienstvergehen der Ausschußmitglieder.

Zu § 133.

1. Der Regierungsentwurf von 1871 hatte unter Bezugnahme darauf, daß die Wahlperiode für die Amtsvorsteher von ihm auf drei Jahre normirt war, auch eine dreijährige Wahlperiode für die Mitglieder des Kreisausschusses in Aussicht genommen. Nachdem auf Veranlassung der Kommission des Abgeordnetenhauses die Amtsdauer für die Amtsvorsteher auf sechs Jahre festgestellt worden (vergl. §. 56), wurde auch für die Ausschuß-Mitglieder eine gleiche Amtsdauer angenommen.

2. Zu Alinea 1 war in der Kommission des Herrenhauses eine dahin gehende Abänderung beantragt worden, daß, anstatt alle 2 Jahre ein Drittel, alle 3 Jahre die Hälfte der Ausschußmitglieder ausscheiden sollen, theils um die allzu häufigen Wahlen zu beschränken, theils der Uebereinstimmung wegen mit der Ergänzung des Kreistages.

Dagegen ward für die Vorlage, unter Zustimmung des Regierungskommissars hervorgehoben, daß eine Uebereinstimmung und Gleichmäßigkeit in den Entscheidungen des Ausschusses gesicherter erscheine, wenn die Zahl der auf ein Mal neu eintretenden Mitglieder auf 2 beschränkt ist, als wenn gleich die Hälfte neu eintritt; wogegen andererseits wieder bemerkt ward, daß die Wiederwahl der Ausscheidenden freistehe.

Der Antrag wurde in der Kommission mit 9 gegen 5 Stimmen und darauf auch im Plenum des Herrenhauses angenommen, demnächst im neuesten Regierungsentwurf aber die zweijährige Ergänzung wieder aufgenommen.

3. Der Regierungsentwurf von 1871 enthielt nur die Bestimmung, daß die Ausschußmitglieder durch den Vorsitzenden mittelst Handschlags an Eidesstatt zu einer gewissenhaften Erfüllung ihrer Obliegenheiten verpflichtet werden sollten. Die Kommission des Abgeordnetenhauses, welcher das letztere beitrat, hielt in Konsequenz der Stellung, welche den Mitgliedern des Kreisausschusses gegeben worden, es für entsprechend, zu bestimmen:

> „Die Ausschuß-Mitglieder werden durch den Vorsitzenden vereidigt und unterliegen in dieser ihrer Eigenschaft den für richterliche Beamte geltenden Disziplinarvorschriften."

Der Kommissionsbericht des Herrenhauses (S. 88) sagt hierüber: „Die Qualifizirung der Ausschuß-Mitglieder als richterliche Beamte fand nur geringen Beifall. Man war der Ansicht, daß Disziplinarfälle überhaupt nur selten vorkommen könnten, daß es also genüge, in möglichst einfacher Form die Amovirung der Mitglieder zu ermöglichen."

Ein dahin zielender Antrag, wonach hinter dem Worte „vereidigt" der Absatz 2 zu streichen und statt dessen gesagt werden soll:

> „Sie können durch Beschluß des Verwaltungsgerichts, welcher der Bestätigung des Oberpräsidenten unterliegt, ihrer Stellung enthoben werden."

wurde mit 10 gegen 4 Stimmen angenommen.

Bei der Verhandlung im Herrenhause war hierzu Seitens des Dr. Baumstark, welcher die Ausschuß-Mitglieder bei dieser Bestimmung nicht genügend geschützt fand, der Antrag gestellt worden, anstatt der letzteren Fassung folgende Bestimmung anzunehmen:

> „Hinsichtlich der Dienstvergehen der Ausschuß-Mitglieder in dieser ihrer Eigenschaft kommen die für richterliche Beamte geltenden Disziplinarvorschriften mit der Maßgabe zur Anwendung, daß eine Mahnung (§. 13 des Gesetzes vom 7. Mai 1851, Gesetzsammlung Seite 218) nicht stattfindet,

Die Ausgeschiedenen können wiedergewählt werden.

Die Ausschußmitglieder werden von dem Vorsitzenden vereidigt.

---

und daß als Disziplinarstrafe nur Verweis, jedoch ohne Verbindung mit Geldbuße oder Dienstentlassung verhängt werden darf.

Zuständig ist derjenige Gerichtshof, welcher für den Bezirk des betreffenden Appellationsgerichts das Disziplinargericht bildet."

Der Regierungs-Kommissarius, Geh. Regierungsrath Persius, äußerte hierüber:

„M. H.! Ich möchte meinerseits noch ein Bedenken hervorheben, welches gegen die Annahme des Kommissionsvorschlages zum Absatz 2 dieses Paragraphen geltend zu machen ist. Es sollen nach diesem Vorschlage die Mitglieder des Kreisausschusses durch Beschluß des Verwaltungsgerichts, welcher der Bestätigung des Oberpräsidenten unterliegt, ihrer Stellung enthoben werden können. Meine Herren! Nach der Bestimmung eines späteren Paragraphen der Kommissionsvorlage soll der Präsident der Regierung jederzeit befugt sein, den Vorsitz in dem Verwaltungsgericht zu übernehmen. Der Oberpräsident ist nun Chefpräsident derjenigen Regierung, an welcher er seinen Sitz hat. Es würde also der Oberpräsident auch Vorsitzender des betreffenden Verwaltungsgerichts sein und als solcher an den Beschlüssen des Verwaltungsgerichts auch in den hier vorliegenden Angelegenheiten Theil zu nehmen haben. Nun könnte der Fall eintreten, daß der Ober-Präsident als Vorsitzender bei der Abstimmung unterliegt, daß ein Beschluß gefaßt wird von Seiten des Verwaltungsgerichts, gegen den der Oberpräsident als Vorsitzender des Verwaltungsgerichts gestimmt hat. Das Verwaltungsgericht beschließt z. B. mit Stimmenmehrheit, gegen die Stimme des vorsitzenden Präsidenten, ein Mitglied des Kreisausschusses von seinem Amte zu entfernen. Ein solcher Beschluß bedarf der Bestätigung des Oberpräsidenten als solcher und dieser würde nach der Ansicht, die er schon als Vorsitzender des Verwaltungsgerichts geltend gemacht hat, die Bestätigung versagen. Es wäre aber in der That eine ganz eigenthümliche Einrichtung, dem Vorsitzenden eines Gerichtshofes die Befugniß zu geben, die Ausführung eines von dem letzteren per majora gefaßten Beschlusses seinerseits zu inhibiren.

Dann möchte ich noch auf einen andern Punkt aufmerksam machen. Ihre Kommission hat ausdrücklich das Prinzip anerkannt, daß es Mittel geben muß, Mitglieder des Kreisausschusses unter Umständen von ihrem Amte zu entfernen, nnd hat deshalb in diesem Paragraphen vorgeschlagen, dem Verwaltungsgericht die Befugniß zu übertragen, unter Bestätigung des Oberpräsidenten ein Mitglied des Kreisausschusses aus seinem Amte zu entheben. Wir kommen bei einem späteren Paragraphen auf das Verwaltungsgericht, welches ähnlich komponirt ist wie der Kreisausschuß. Auch hinsichtlich der gewählten Mitglieder des Verwaltungsgerichts liegt das Bedürfniß vor, eine Bestimmung zu treffen, wonach sie wegen unwürdiger Amtsführung aus ihrem Amte entfernt werden können. Eine solche Bestimmung ist aber und konnte auch von Ihrer Kommission nicht in Vorschlag gebracht werden, weil es an einer geeigneten Instanz, welcher man das Disziplinarverfahren übertragen könnte, fehlt. Sie haben augenblicklich noch keinen obersten Verwaltungsgerichtshof, der hierzu gewählt werden könnte; das Verwaltungsgericht des Bezirks aber kann nicht selbst über Disziplinarangelegenheiten seiner Mitglieder entscheiden. Es liegt in den Vorschlägen Ihrer Kommission eine große Inkongruenz, die meines Erachtens nicht bestehen bleiben darf. Ich möchte Sie deshalb bitten, das Amendement des Herrn Dr. Baumstark anzunehmen."

Der Berichterstatter von Kleist-Retzow erwiderte hierauf:

„Was zunächst die letzte Bemerkung des Herrn Regierungskommissars betrifft, so wird sich das, was die betreffenden Mitglieder des Verwaltungsgerichtshofes betrifft, finden, wenn die Rede davon ist. Was die Duplizität der Stellung des Oberpräsidenten betrifft, so versteht sich, daß der Oberpräsident, der sich gewöhnlich schon vertreten lassen wird durch den Regierungspräsidenten oder den Dirigenten der Abtheilung des Innern, dies um so mehr thun wird, wenn es sich um eine derartige Entscheidung handelt, in welcher die Sache schließlich zu seiner

Sie können durch Beschluß des Verwaltungsgerichts ihrer Stellung enthoben werden.

§. 134.

Der Kreisausschuß hat:

Die Geschäfte des Kreisausschusses in der Kreiskommunal- und in der allgemeinen Landesverwaltung.

1) die Beschlüsse des Kreistages vorzubereiten und auszuführen, soweit damit nicht besondere Kommissionen, Kommissarien oder Beamte durch Gesetz oder Kreistagsbeschluß beauftragt werden;
2) die Kreisangelegenheiten nach Maßgabe der Gesetze und der Beschlüsse des Kreistages, sowie in Gemäßheit des von diesem festzustellenden Kreishaushalts-Etats zu verwalten;
3) die Beamten des Kreises zu ernennen und deren Geschäftsführung zu leiten und zu beaufsichtigen.

unmittelbaren Entschließung kommt. Es ist nach meiner Ueberzeugung eine reine Konsequenz von dem, was wir über den Amtsvorsteher beschlossen haben. Wir wollen derartige Personen, die solche Ehrenämter übernehmen, nicht zu Beamten machen. Wir nehmen an, es wird ihnen ganz recht sein eine leichte Art der Entfernung aus ihrer Stellung, wenn es dazu gekommen, aber nicht die ganzen Chikanen eines disziplinarischen Verfahrens. Darum bitte ich, die Vorschläge der Kommission anzunehmen."

Das Herrenhaus trat den Vorschlägen seiner Kommission bei, welche demnächst auch im neuesten Regierungsentwurf unter der Modifikation adoptirt sind, daß der Beschluß des Verwaltungsgerichts, durch welchen ein Mitglied des Kreis-Ausschusses seiner Stellung enthoben wird, der Bestätigung des Oberpräsidenten nicht unterliegt.

Zu § 134.

Der §. 134 weist unter 1. bis 3. dem Kreisausschusse seine speziellen Geschäfte in dem Gebiete der Kreiskommunalverwaltung an und bezeichnet unter 4. und 5. im Allgemeinen die Aufgaben, welche er in dem Gebiete der allgemeinen Landes-Vertretung zu erfüllen hat.

Hinsichtlich der Funktionen der ersteren Art ist hier nur zu bemerken, daß die Anstellung der Kreisbeamten auf Grund des von dem Kreistage festgestellten Finanzetats als ein Akt der Exekutive dem Kreisausschuß gebührt, wie denn auch die Kreisordnung vom 11. März 1850 (Artikel 22) diese Befugniß dem Kreisausschusse übertrug. Daß den Kreisen rücksichtlich der Anstellung von versorgungsberechtigten Militair-Invaliden dieselben Verpflichtungen auferlegt werden, wie sie den Städten gesetzlich obliegen, erfordert die Gerechtigkeit gegen letztere. Uebrigens werden schon jetzt in der überwiegenden Mehrzahl der Kreise die versorgungsberechtigten Militair-Invaliden bei der Anstellung der Kreisbeamten, namentlich bei der Besetzung der Kreis-Chaussee-Aufseher- und Wärterstellen berücksichtigt.

Nach den Allerhöchsten Kabinetsordres vom 29. Mai 1820 (Gesetzsammlung S. 79) und 1. August 1835 (Gesetzsamml. S. 179) sind die städtischen Kommunen verpflichtet, zu den besoldeten städtischen Unterbedienten-Stellen keine anderen als versorgungsberechtigte Militair-Invaliden zu wählen; diese Verpflichtung erstreckt sich jedoch auf diejenigen Stellen der städtischen Subalternen, welche eine höhere oder eine eigenthümliche Geschäftsbildung erfordern, nur insoweit, als versorgungsberechtigte Militair-Invaliden vorhanden sind, welche diese Geschäftsbildung besitzen. Bei der Wahl der Kämmerei-Rendanten und Kommunal-Kassen-Beamten haben die städtischen Behörden freie Hand.

Diese Bestimmungen würden auch für die Kreise hinsichtlich der Anstellung der Kreisbeamten analoge Anwendung finden. (Motive zum Regierungsentwurf von 1869.)

In der Kommission des Herrenhauses rief der §. 134 verschiedene Verbesserungs-Anträge hervor, wovon der erste dahin ging, Nr. 1 zu fassen:

Hinsichtlich der Besetzung der Kreisbeamtenstellen mit Militair-Invaliden gelten die in Ansehung der Städte erlassenen Vorschriften; hinsichtlich der Dienstvergehen der Kreisbeamten kommen die Bestimmungen des §. 35. zur Anwendung;

• 4) sein Gutachten über alle Angelegenheiten abzugeben, welche ihm von den Staatsbehörden überwiesen werden;

„Die Beschlüsse des Kreistages vorzubereiten und, soweit ihm dies von demselben übertragen wird, auszuführen."

Zweck dieses Antrages war, es der freien Entschließung des Kreistages zu überlassen, ob er dem Ausschuß oder, wozu ihn §. 167 ermächtigt, einer besonderen Kommission die Ausführung seiner Beschlüsse übertragen will, indem zugleich davon ausgegangen wird, daß, in Ermangelung einer solchen Entschließung des Kreistages, die Ausführung der Beschlüsse desselben dem Landrath von selbst zufalle, wie dies auch jetzt die Regel bilde und wie sich das Verhältniß auch naturgemäß von selbst gestalten werde.

Ueber diesen Antrag entspann sich eine längere Debatte, in welcher von den Gegnern desselben des Näheren ausgeführt ist, daß nach der ganzen Organisation, wie sie der Gesetzentwurf verfolge, die Kreis-Kommune in dem Kreistage ihre Vertretung und in dem Kreis-Ausschusse den eigentlichen exekutiven Verwaltungs-Körper erhalte — ähnlich, wie in den Städten die Stadtverordneten-Versammlung und der Magistrat —, daß es daher durchaus nothwendig sei, als Regel dem Ausschusse die Exekutive zuzusprechen, was auch die Vorlage thue, und daß, wenngleich selbstverständlich in vielen Fällen der Landrath als Vorsitzender des Ausschusses auf eigene Verantwortung und in Voraussetzung der Zustimmung des Ausschusses, wie dies in anderen Kollegien vom Vorsitzenden auch geschehe, werde handeln müssen, es doch allen Prinzipien widerstreite, hier gewissermaßen organisch den Landrath als besondere exekutivische Instanz einzufügen.

Von den Vertretern des Antrages wurde dagegen hervorgehoben, daß man eine solche Stellung des Ausschusses als regelmäßige Exekutivbehörde, ähnlich dem Magistrat im Organismus der Städteverwaltung, in keiner Weise den Interessen der Kreisverwaltung entsprechend erachten könne, schon um deshalb nicht, weil der Ausschuß nicht, wie der Magistrat, jeden Tag zusammentreten könne. Der Ausschuß solle den Landrath auch nicht verdrängen und ersetzen, vielmehr müsse dessen Selbstständigkeit gewahrt und gestärkt werden.

Obgleich sich noch der Regierungs-Kommissar gleichfalls gegen den Abänderungsantrag ausgesprochen hatte, wurde die Nr. 1. in der vorgeschlagenen Fassung mit 10 gegen 4 Stimmen angenommen.

Zu Nr. 3. ward beantragt, die Worte:

„und deren Geschäftsführung zu leiten und zu beaufsichtigen"

zu streichen, weil man dem Kreisausschusse keine disziplinare Befugnisse gegenüber den Kreisbeamten geben will, und, was die Leitung und Ueberwachung ihrer Geschäftsführung anbetrifft, dies Sache des Landraths sei, auch von dem Ausschusse, einem Kollegium, gar nicht wohl geübt werden könne.

Hiergegen wurde von anderer Seite bemerkt, daß dies von anderen Kollegien auch geschehe, und der Ausschuß sehr wohl im Stande sei, bei der Geschäftsleitung und Beaufsichtigung der Kreisbeamten vornehmlich in Disziplinarfällen mitzuwirken, wobei der Regierungs-Kommissar noch insbesondere auf die Verschiedenheit des Strafmaßes hinwies, je nachdem nur der Landrath, oder der Ausschuß in Disziplinarfällen entscheidet.

Die Majorität der Kommission erachtete jedoch diese Einwendungen nicht für durchgreifend und nahm den Antrag mit 9 gegen 4 Stimmen an.

Ein zu Nr. 3. beantragter Zusatz, dahin lautend:

„hinsichtlich der Dienstvergehen der Kreisbeamten kommen die Bestimmun-„mungen des §. 35. zur Anwendung",

ward unter Zustimmung des Regierungs-Kommissars einstimmig angenommen. Die Anträge der Kommission fanden im Herrenhause, nach Verwerfung

5) die ihm durch dieses Gesetz übertragenen, beziehungsweise noch weiterhin gesetzlich zu übertragenden Geschäfte der allgemeinen Landesverwaltung zu führen.

§. 135.

Besondere Geschäfte des Kreisausschusses in der allgemeinen Landesverwaltung.

In dem Gebiete der allgemeinen Landesverwaltung gehören fortan folgende Angelegenheiten mit den dabei bezeichneten Befugnissen zum Wirkungskreise des Kreisausschusses:

I. In armenpolizeilichen Angelegenheiten:

1) die nach §§. 60 — 62. des Gesetzes vom 8. März 1871., betreffend die Ausführung des Bundesgesetzes über den Unter-

---

der den beiden ersten Vorschlägen entgegenstehenden Anträge des Dr. Baumstark Annahme. (Sitzung vom 30. Oktober 1872 St. B. S. 558.) Im neuesten Regierungsentwurf wurde nur der zu pos. 3. vom Herrenhause beschlossene Zusatz adoptirt, im Uebrigen aber die Beschlüsse des Abgeordnetenhauses wieder hergestellt.

Zu § 135. No. I.

1. Gesetz, betreffend die Ausführung des Bundesgesetzes über den Unterstützungswohnsitz. Vom 8. März 1871. (Ges.-Samml. S. 130).

§. 60. In jedem Kreise wird eine Kommission gebildet, welche in allen Streitigkeiten, in denen ein Ortsarmenverband von einem anderen preußischen Armenverbande in Anspruch genommen wird, auf Antrag beider streitenden Theile der schiedsrichterlichen Entscheidung, und auf Antrag eines Theiles, welchen dieser stellt, ehe der Streit bei der Deputation anhängig gemacht ist, einem gütlichen Sühneversuch sich unterziehen muß.

Die Kommission besteht aus dem Landrath (dem Landrathsamts-Verwalter) als dem Vorsitzenden und zwei Mitgliedern, welche der Kreistag aus den Angehörigen des Kreises für die Dauer von drei Jahren wählt. Für den Vorsitzenden und jedes der beiden anderen Mitglieder wählt der Kreistag einen bestimmten Vertreter.

In Städten, welche zu keinem Kreise gehören, erfolgt die Wahl aus den Angehörigen der Gemeinde durch den Gemeindevorstand und die Gemeinde-Vertretung in gemeinschaftlicher Sitzung.

§. 61. Für das Verfahren der Kommissionen kommen die §§. 46, 49, 50, 52, 54 in Anwendung mit der Maßgabe, daß auf die im §. 49 bezeichnete Strafe die Kommission erkennt und der Rekurs an die Deputation für das Heimathwesen zusteht. Alle übrigen Theile des Verfahrens regelt die Kommission in jedem einzelnen Falle. Insbesondere darf dieselbe in jeder Lage des Verfahrens einen Sühneversuch veranlassen.

§. 62. Die Kommission enscheidet endgültig mit Ausschluß jeder Berufung. Die Entscheidung erfolgt gebühren- und stempelfrei; doch sind dem unterliegenden Theile die baaren Auslagen des Verfahrens und die des obsiegenden Theils, jedoch mit Ausschluß der Gebühren eines Bevollmächtigten, zur Last zu legen.

Die zur erstattenden baaren Auslagen werden von der Kommission endgültig festgesetzt.

Die Entscheidungen der Kommissionen, sowie die urkundlich von denselben festgestellten Einigungen sind im Verwaltungswege vollstreckbar.

§. 63. Einen Anspruch auf Unterstützung kann der Arme gegen einen Armenverband niemals im Rechtswege, sondern nur bei der Verwaltungsbehörde geltend machen, in deren Pflicht es liegt, keine Ansprüche zuzulassen, welche über das Nothdürftige hinausgehen.

stützungswohnsitz (Gesetz-Samml. S. 130. ff.), den Kreiskommissionen zustehende schiedsrichterliche Entscheidung und sühneamtliche Vermittelung von Streitigkeiten zwischen Armenverbänden;

Beschwerden gegen Verfügungen der Vorstände der Ortsarmenverbände darüber, ob, in welcher Höhe und in welcher Weise Armenunterstützungen zu gewähren sind, folgen dem durch die bestehenden Gesetze angeordneten Instanzenzuge mit der Maßgabe, daß an die Stelle der Bezirksregierung die Deputation für das Heimathwesen tritt, welche endgültig entscheidet.

§. 64. (Oeffentliche Unterstützung hülfsbedürftiger Ausländer.) Jeder Ausländer ist, so lange ihm der Aufenthalt im Inlande gestattet wird, in Bezug a) auf die Art und das Maß der im Falle der Hülfsbedürftigkeit zu gewährenden öffentlichen Unterstützung, b) auf den Erwerb und Verlust des Unterstützungswohnsitzes einem Deutschen gleich zu behandeln.

§. 65. (Verhältniß der Armenverbände zu anderweit Verpflichteten, und zu den Behörden.) Auf den Antrag des Armenverbandes, der einen Hülfsbedürftigen unterstützen muß, können durch einen mit Gründen versehenen Beschluß der Verwaltungsbehörde nach Anhörung der Betheiligten der Ehemann, die Ehefrau, die ehelichen Eltern, die uneheliche Mutter sowie die ehelichen Kinder und die unehelichen Kinder in Beziehung auf die Mutter angehalten werden, dem Hülfsbedürftigen nach Maßgabe ihrer gesetzlichen Verpflichtung die erforderliche laufende Unterstützung zu gewähren.

Die Beschlußfassung steht dem Landrathe desjenigen Kreises, und im Regierungsbezirke Sigmaringen dem Oberamtmanne desjenigen Oberamtsbezirkes zu, in welchem der in Anspruch genommene Angehörige des Hülfsbedürftigen seinen Wohnsitz hat, beziehungsweise wenn die Gemeinde des Wohnsitzes weder in Kommunal- noch in Polizeiangelegenheiten der Aufsicht des Landrathes unterworfen ist, dem Gemeindevorstande.

Hat der gedachte Angehörige im Inlande keinen Wohnsitz, so treten an die Stelle der Behörden des Wohnsitzes die Behörden des Aufenthaltsortes.

§. 66. Gegen die Entscheidung der Verwaltungsbehörde (§. 65) steht innerhalb zehn Tagen nach deren Zustellung sowohl dem in Anspruch genommenen Angehörigen, wie dem betheiligten Armenverbande der Rekurs an die Deputation für das Heimathwesen zu, welche letztere nach Anhörung der Gegenpartei im Verwaltungswege endgültig entscheidet. Beiden Theilen bleibt überdies die Verfolgung ihrer Rechte im gerichtlichen Verfahren vorbehalten.

§. 67. Die Entscheidungen der Verwaltungsbehörde (§§. 65, 66) sind vorläufig und so lange vollstreckbar, bis auf erhobenen Rekurs im Verwaltungswege oder mittelst rechtskräftigen gerichtlichen Urtheils eine abändernde Entscheidung erfolgt ist.

Im letzteren Falle hat der Armenverband dem in Anspruch genommenen Angehörigen das bis dahin Geleistete beziehungsweise das zu viel Geleistete zu erstatten; im Weigerungsfalle ist er hierzu im Aufsichtswege anzuhalten.

Hatte jedoch der eine solche Erstattung Fordernde die gerichtliche Klage nicht innerhalb sechs Monaten nach Zustellung des von ihm angefochtenen Beschlusses der Verwaltungsbehörde angebracht, so kann er nur dasjenige zurückfordern, was er für den Zeitraum seit Anbringung der Klage zu viel geleistet hat.

2. Die vorstehend in Bezug genommenen Bestimmungen desselben Gesetzes in Betreff des Verfahrens der Kommissionen resp. der Deputationen für das Heimathswesen lauten, wie folgt:

§. 46. In der der Deputation einzureichenden Klageschrift ist der Armenverband, dessen Verurtheilung verlangt wird, und der Gegenstand des erhobenen Anspruchs genau zu bezeichnen; es ist insbesondere ausdrücklich auszusprechen, ob die Uebernahme des betreffenden Hülfsbedürftigen oder welche sonstige Leistung verlangt wird.

§. 49. Die Deputation für das Heimathwesen ist befugt, Untersuchungen an

2) die nach §. 65. desselben Gesetzes den Landräthen beziehungsweise den Gemeindevorständen übertragene resolutorische Entscheidung von Streitigkeiten zwischen Armenverbänden und den zur Unterstützung eines Hülfsbedürftigen verpflichteten Verwandten und Angehörigen.

II. In wegepolizeilichen Angelegenheiten:

1) die resolutorische beziehungsweise interimistische Entscheidung in streitigen Wegebausachen in Gemäßheit der Bestimmungen im §. 61.

Ort und Stelle zu veranlassen, Zeugen und Sachverständige zu laden und eidlich zu vernehmen, überhaupt den angetretenen Beweis in vollem Umfange zu erheben.

Hinsichtlich der Verpflichtung, sich als Zeuge oder Sachverständiger vernehmen zu lassen, kommen die entsprechenden Bestimmungen der bürgerlichen Prozeßgesetze zur Anwendung. Die Deputation erkennt auf die im Ungehorsamsfalle zu verhängenden Strafen, vorbehaltlich des innerhalb vierzehn Tagen nach Zustellung des Strafbescheides zulässigen Rekurses an das Bundesamt für das Heimathwesen.

§. 50. Die Deputation kann die Beweiserhebung durch eines ihrer Mitglieder oder durch eine der Bezirksregierung nachgeordnete Behörde oder durch eine zu dem Ende zu ersuchende sonstige Behörde bewirken lassen. Sie kann verordnen, daß die Beweiserhebung in ihrer öffentlichen Sitzung stattfinden solle.

§. 52. Die Entscheidung erfolgt in öffentlicher Sitzung der Deputation nach erfolgter Ladung und Anhörung der Parteien oder ihrer mit Vollmacht versehenen Vertreter. Die Ladung erfolgt unter der Verwarnung, daß beim Ausbleiben der Parteien nach Lage der Akten entschieden werden würde. Die Entscheidung kann sofort verkündigt werden; es ist über dieselbe aber jedenfalls ein schriftlicher, mit Gründen versehener Beschluß auszufertigen und den Parteien zuzustellen.

§. 54. Die Deputation hat nach ihrer freien, aus dem ganzen Inbegriffe der Verhandlungen und Beweise geschöpften Ueberzeugung zu beschließen. Insofern nicht etwa eine Ergänzung der Instruktion beschlossen wird, kann ihre Entscheidung auf Abweisung des klagenden oder auf Verurtheilung des in Anspruch genommenen Armenverbandes gerichtet sein. Letzteren Falles ist in der Entscheidung ausdrücklich auszusprechen, ob der Armenverband zur Uebernahme des betreffenden Hülfsbedürftigen oder nur zu einer sonstigen Leistung verpflichtet sein soll.

Zu § 135 No. II.

1. In wegepolizeilichen Angelegenheiten sind dem Kreisausschusse diejenigen Befugnisse beigelegt worden, welche der auf Grund Allerhöchster Ermächtigung vom 10. Januar 1865 dem Landtage vorgelegte Entwurf einer Wegeordnung für den Preußischen Staat den Bezirksregierungen zu übertragen beabsichtigte. Die jetzige Fassung entspricht im Wesentlichen den Vorschlägen der Kommission des Abgeordnetenhauses, welche in letzterem angenommen wurden. Der Berichterstatter, Abg. Lasker, hatte hierzu Folgendes bemerkt (Sitzung vom 21. März 1872 St. Ber. S. 1469):

„Sie finden zwar äußerlich in den Beschlüssen der Kommission umfangreiche Abänderungen gegen das, was die Regierung vorgeschlagen hat; sie sind jedoch durchweg redaktioneller Natur; ihrem Inhalte nach werden die Angelegenheiten geordnet, wie die Regierung es vorgeschlagen, und in diesem Sinne haben wir nachträglich in redaktioneller Form beantragt, daß die Worte „und nur der Berufung an das Verwaltungsgericht unterliegt" gestrichen werden sollen, weil es nicht Absicht der Kommission gewesen ist, gegen das Interimistikum neben dem ordentlichen Rechtsweg noch eine besondere Berufung an das Verwaltungsgericht

Der Kreisausschuß entscheidet:

a) was im Interesse des öffentlichen Verkehrs geschehen muß. Gegen diese Entscheidung ist mit Ausschluß des ordentlichen Rechtsweges innerhalb zehn Tagen die Berufung an das Verwaltungsgericht zulässig;

---

zu geben. Es ordnet sich demnach die Materie, die im Uebrigen das gegenwärtig bestehende Recht bis auf die Behörden, welche zu entscheiden haben, gleichfalls nicht ändert, in folgender Weise: Wenn im Interesse des öffentlichen Verkehrs etwas geschehen soll, so wird hierüber blos mit Rücksicht auf das öffentliche Interesse entschieden, und diese Entscheidung hat in erster Instanz der Kreisausschuß, und von dem Kreisausschusse geht die Sache an das Verwaltungsgericht; der ordentliche Rechtsweg ist über diese Frage ausgeschlossen, weil das öffentliche Interesse allein entscheidend ist und wir die letzte Entscheidung hierüber den Verwaltungsgerichten zuweisen. Wenn aber zu entscheiden ist, auf wessen Kosten etwas geschehen soll, wer unter mehreren Personen zur Ausführung verpflichtet ist, oder über die Frage, ob und in welcher Höhe Entschädigung zu leisten ist, so können die Verwaltungsgerichte nur eine interimistische Festsetzung machen. Diese erfolgt durch den Kreisausschuß, und gegen dieselbe giebt es nun keine Berufung an das Verwaltungsgericht, sondern der betroffenen Person steht frei, im ordentlichen Rechtswege auszuführen, daß ein Anderer zu leisten habe, oder zu welcher Entschädigung ein Anderer ihm verpflichtet sein mag. Wenn es streitig ist, ob ein Weg ein öffentlicher ist, oder nicht, so kann die Verwaltungsbehörde lediglich anordnen, daß der Weg als öffentlicher Weg zu benutzen sei. Nur im Falle eines Streites hat die Behörde diese Befugniß; denn ein offenkundiger Privatweg kann nicht durch Anordnung einer Verwaltungsbehörde zu einem öffentlichen gemacht werden, sondern nur durch ein Expropriationsverfahren. Für ein interimistisches Verfahren im Fall des Streites aber tritt der Kreisausschuß als erste und einzige Instanz ein. Gegen dessen Entscheidung ist der ordentliche Rechtsweg gestattet; wird in demselben durch Erkenntniß erklärt, daß der Weg die Eigenschaft eines Privatweges besitzt, so muß die Behörde die Eigenschaft eines öffentlichen Weges wieder aufheben lassen, und sie kann nicht anders dazu kommen, den Weg für einen öffentlichen zu erklären, bis das Expropriationsverfahren eingeleitet ist. In allen diesen Punkten befindet sich die Kommission in Uebereinstimmung mit der Regierungsvorlage und dem gegenwärtigen Rechtszustande. Ich kann Ihnen die Annahme der Kommissionsvorlage empfehlen, weil sie die Materien, die zusammen gehören, redaktionell besser ordnet, als die Regierungsvorlage, welche die Materien theilweise auseinanderreißt."

In der Kommission des Herrenhauses wurde die Bestimmung in pos. 1 a. beanstandet, in welcher dem Kreisausschuß die resolutorische Entscheidung übertragen ist darüber, was im Interesse des öffentlichen Verkehrs in Bezug auf Wege zu geschehen habe. Diese Bestimmung erscheine unzweckmäßig, da einer derartigen Entscheidung eine örtliche Besichtigung vorangehen müsse, welche doch unmöglich einem ganzen Kollegium übertragen werden könne. Es sei daher angemessen, die Entscheidung dem Landrath zu überlassen unter Vorbehalt der Berufung an das Verwaltungsgericht, wodurch einerseits eine wirksamere Handhabung der Wegepolizei gesichert, andererseits vermieden werde, daß über Anordnungen des Landraths der Ausschuß als Rekursinstanz zu entscheiden habe.

Aus diesen Erwägungen ging der Antrag hervor, die fragliche Vorschrift so zu fassen:

„In wegepolizeilichen Angelegenheiten hat der Landrath zu entscheiden, „was im Interesse des öffentlichen Verkehrs geschehen muß. Gegen diese „Entscheidung ist mit Ausschluß des ordentlichen Rechtsweges die Berufung „an das Verwaltungsgericht binnen einer zehntägigen Frist zulässig.

„Dagegen steht dem Kreisausschuß zu: (des Weiteren, wie in den Beschlüssen des Abgeordnetenhauses).

Der Regierungs-Kommissar sprach sich gegen den Antrag aus. Es handele

b) von wem und auf wessen Kosten das Erforderliche geschehen muß, und in Verbindung hiermit, ob und in welcher Höhe Entschädigung zu leisten ist.

Diese Entscheidung gilt als Interimistikum, welches im

---

sich um resolutorische Entscheidungen über Fälle, wo Streit entstehe und gegen eine wegepolizeiliche Anordnung Rekurs ergriffen werde. Dieser Rekurs gehe jetzt — nur mit Ausnahme der Provinz Pommern — an die Regierung, und könne künftig nicht an den Landrath, sondern müsse gerichtet werden an den Ausschuß, welcher an die Stelle der Regierung treten solle. Verzögerungen seien dabei nicht zu besorgen, da in allen eiligen Fällen schon nach §. 61. der Amtsvorsteher die erste Anordnung zu treffen habe. Auch sei auf die Duplizität des Verfahrens aufmerksam zu machen in den Fällen, wo zugleich über die Verpflichtung Streit entsteht, und dann über diese Frage nach der folgenden Position b. zu verfahren ist.

Hierauf ward erwidert, daß über die Frage, wer die Baulast habe, nur in selteneren Fällen zu entscheiden sein werde, und daß man keinenfalls den Landrath, von welchem doch in den meisten Fällen die ersten Anordnungen ausgehen würden, unter den Ausschuß stellen könne. Demnächst wurde der gestellte Antrag mit 9 gegen 5 Stimmen angenommen.

Bei der Verhandlung im Herrenhause (Sitzung vom 30. Oktober 1872 St. B. S. 559), bei welcher Seitens des Dr. Baumstark im Wesentlichen die Herstellung der Beschlüsse des Abgeordnetenhauses beantragt wurde, sprach sich der Regierungs-Kommissarius, Geh. Reg.-Rath Persius noch dahin aus:

„Ich kann das Amendement des Herrn Dr. Baumstark nur auf das wärmste befürworten. Ihre Kommission schlägt vor, daß der Landrath darüber entscheiden soll, was im Interesse des öffentlichen Verkehrs geschehen muß und daß gegen diese Entscheidung die Berufung an das Verwaltungsgericht stattfinden soll, während in allen übrigen Streitsachen, auch in solchen Streitfällen, wo es sich um die Frage der Verpflichtung handelt, in erster Instanz der Kreisausschuß, in zweiter Instanz das Verwaltungsgericht entscheiden soll. Nach der gegenwärtigen Gesetzgebung werden alle streitigen wegepolizeilichen Angelegenheiten ohne Unterschied in erster Instanz von der Regierung, in zweiter Instanz von dem Handelsministerium entschieden; nur die Provinz Pommern macht hiervon eine Ausnahme, hier werden derartige Streitigkeiten in erster Instanz von dem Landrathe, in zweiter Instanz von der Regierung entschieden. Nach der Vorlage der Regierung soll für eine ganze Anzahl von landespolizeilichen Angelegenheiten an Stelle der Bezirksregierung in erster Instanz der Kreisausschuß und an die Stelle der Ressortministerien in zweiter Instanz der Verwaltungsgerichtshof treten. Ihre Kommission will aber für bestimmte streitige Wegebausachen eine Ausnahme machen und ist hierbei von der Ansicht ausgegangen, daß solche Fragen einer schnellen Entscheidung bedürfen, und daß die Entscheidung zu lange auf sich warten lassen würde, wenn man sie den Kreisausschüssen übertragen wollte.

Ich erlaube mir indeß, auf die Bestimmungen des §. 61 aufmerksam zu machen, wonach dem Amtsvorsteher die Befugniß gegeben ist, alle im Interesse des Verkehres nothwendigen Anordnungen zu treffen, und, vorbehaltlich der Entscheidung über die entstandenen Streitigkeiten, auch vorläufig zur Ausführung bringen zu lassen. Also aus der etwas längeren oder kürzeren Dauer des Streitverfahrens kann keinerlei Nachtheil für das öffentliche Interesse entstehen; dagegen führt der Vorschlag Ihrer Kommission zu ganz eigenthümlichen Konsequenzen.

Es kommt häufig vor, daß in ein und demselben Falle die Streitfrage, welche Wegeleistung in dem Interesse des öffentlichen Verkehrs nothwendig ist, mit der Streitfrage, wer der hierzu Verpflichtete ist, gleichzeitig zu entscheiden ist. Nach dem Vorschlage Ihrer Kommission müßte über die erste Frage der Landrath und in zweiter Instanz das Verwaltungsgericht entscheiden, während über die Verpflichtungsfrage in erster Instanz der Kreisausschuß und in zweiter Instanz das Verwaltungsgericht zu entscheiden hätte, es müßten also derartige Prozesse behufs ihrer Entscheidung auseinandergerissen werden. Eine solche Duplizität des Ver-

Wege der administrativen Exekution sofort vollstreckbar ist. Dem Betheiligten bleibt der ordentliche Rechtsweg offen gegen Denjenigen, welchen er zu der ihm angesonnenen Leistung oder Entschädigung für verpflichtet erachtet;

---

fahrens ist wohl nicht zu empfehlen. Ich bitte Sie dringend, durch Annahme des Amendements des Dr. Baumstark die Regierungsvorlage wenigstens in ihren wesentlichsten Bestimmungen wiederherstellen zu wollen."

Der Berichterstatter von Kleist-Retzow erwiderte hierauf:

„M. H.! Ich bitte, den Antrag Ihrer Kommission anzunehmen. Daß die Sache ohne alles Bedenken ist, daß sie im Gegentheil sich sehr gut abwickelt, das zeigen die Vorgänge in der Provinz Pommern, wo es so ist. Was im Interesse des öffentlichen Verkehrs nothwendig ist, erfordert in der That eine prompte, und zwar gerade auch durch die Persönlichkeit des Landraths getroffene Entscheidung. Derselbe ist als solcher den Kreis zu bereisen verpflichtet. Er nimmt die Mängel wahr und hat darum die größte Leichtigkeit, sie zur Abhülfe zu stellen. Soll er erst eine kollegialische Behörde angehen, die nicht die Sache in Augenschein genommen und nicht an Ort und Stelle gewesen ist, so wird die Sache dadurch verwickelt und schwierig. Die Schwierigkeit, die der Herr Regierungskommissar hervorgehoben hat, besteht darum nicht, weil, wenn darüber, wer der Verpflichtete ist, ein Zweifel entsteht, die Sache von selbst an den Ausschuß kommt, dem der Landrath vorsitzt. Entweder in beiden Beziehungen geht es dann an den Verwaltungsgerichtshof oder, wenn die Frage über die Verpflichtung gar nicht zur Sprache kommt, nur in der einen Beziehung allein."

Das Herrenhaus nahm die Vorschläge seiner Kommission an. In der neuesten Regierungsvorlage ist die Bestimmung im Wesentlichen nach den Beschlüssen des Abgeordnetenhauses wieder aufgenommen.

2. Verordnung, betreffend die bei dem Bau von Eisenbahnen beschäftigten Handarbeiter. Vom 21. Dezember 1846. [G. S. 1847 S. 21.]

„Wir Friedrich Wilhelm ꝛc. ꝛc.

verordnen in Betreff der Handarbeiter, welche bei dem Bau von Eisenbahnen und bei anderen öffentlichen Bauten beschäftigt werden, nach dem Antrage Unseres Staatsministeriums, was folgt:

§. 1. Die Annahme der Arbeiter erfolgt durch diejenigen Bau-Aufsichtsbeamten, welche von der Eisenbahndirektion der Polizeibehörde (§. 25.) als solche bezeichnet werden. Sofern diese Bau-Aufsichtsbeamten nicht bereits einen Diensteid geleistet haben, in welchem Falle es bei der Verweisung auf denselben bewendet, sind sie zur Beobachtung der für die ihnen übertragenen Funktionen bestehenden Vorschriften durch den Kreislandrath mittelst Handschlags an Eidesstatt ein für allemal zu verpflichten, worüber ihnen ein Ausweis zu ertheilen ist.

§. 2. Zur Beschäftigung bei den im Bau begriffenen Eisenbahnen sind nur männliche Arbeiter nach vollendetem 17. Lebensjahre zuzulassen; wenn Väter mit ihren Söhnen in die Arbeit treten, genügt für letztere das vollendete 15. Lebensjahr.

Frauenspersonen dürfen nur ausnahmsweise unter Zustimmung der Ortspolizeibehörde und nur in gesonderten Arbeitsstellen beschäftigt werden.

§. 3. Dem Arbeiter, welcher Beschäftigung erhalten kann, wird von dem Bauaufsichtsbeamten eine Arbeitskarte in Form der Wanderbücher ertheilt.

Die Arbeitskarte muß enthalten:

a) den vollständigen Namen des Arbeiters;
b) dessen Heimathsort, nebst Angabe, beim Inländer des Kreises und Regierungsbezirks, beim Ausländer der Bezirksbehörde, wozu der Ort gehört;
c) eine Bezeichnung seiner Legitimationspapiere;
d) die die Arbeiter betreffenden Vorschriften dieses Reglements;
e) die für die Arbeit auf der betreffenden Bahn bestehenden besonderen Vorschriften, denen der Arbeiter sich zu unterwerfen hat;

c) ob ein Weg, von dem es streitig ist, ob er ein öffentlicher oder Privatweg sei, für den öffentlichen Verkehr in Anspruch zu nehmen ist.

Gegen diese Entscheidung ist innerhalb zehn Tagen die Berufung an das Verwaltungsgericht zulässig.

---

f) Ort, Datum, Siegel (Stempel) und Unterschrift des Bauaufsichtsbeamten (§. 1.);
g) Rubriken für die Vermerke §§. 4. und 16.

Das beiliegende Schema ergiebt den Inhalt der Arbeitskarten bis auf die ad e. bei einzelnen Bahnen etwa hinzuzufügenden besonderen Vorschriften.

§. 4. Auf Grund der Arbeitskarte hat der Arbeiter seine Legitimationspapiere bei der betreffenden Polizeibehörde einzureichen, welche den Empfang auf der Arbeitskarte vermerkt.

§. 5. Nur nach Vorzeigung dieses Vermerks wird die wirkliche Annahme zur Arbeit und der Eintritt in eine bestimmte Arbeitsstelle gestattet.

§. 6. Arbeiter, welche in der Nähe der Baustelle ihren Wohnsitz haben, dergestalt, daß sie während der Arbeit in ihrer gewöhnlichen Wohnung verbleiben, erhalten ebenfalls Arbeitskarten; die polizeilichen Meldungen sind jedoch für sie in der Regel nicht erforderlich.

§. 7. Jede Arbeitskarte für fremde, nicht zur Kategorie des §. 6. gehörige Arbeiter ohne Vermerk der Polizeibehörde bleibt nur auf zwei Tage nach deren Ausstellung gültig.

§. 8. Die Eisenbahndirektionen sind verpflichtet, dafür zu sorgen, daß jeder Arbeiter beim Beginn der Arbeit über deren Bezahlung genau und vollständig in Kenntniß gesetzt wird. Bei Akkordarbeiten erhält der Schachtmeister einen Akkordzettel, welcher die Bezeichnung der Arbeit und des in Akkord gegebenen Stückes, den Inhalt desselben nach Schachtruthen oder sonstigen Einheiten und den bedungenen Preis enthalten muß; auf demselben werden auch alle etwanigen Abschlagszahlungen vermerkt. Jedem Mitarbeiter steht täglich nach vollendeter Arbeit die Einsicht des Akkordzettels zu.

§. 9. Die Eisenbahndirektionen sind bei Ausführung der Arbeiten zur Befolgung folgender Vorschriften verpflichtet:

a) die Arbeiterzahl der einzelnen Schachtabtheilungen soll dergestalt bemessen werden, daß sie von dem Schachtmeister vollständig beaufsichtigt werden kann;
b) die einzelnen Akkordstücke sollen in der Regel nicht größer angenommen werden, als so, daß alle 14 Tage die vollständige Abrechnung erfolgen kann;
c) Abschlagszahlungen, welche bei ausnahmsweise unvermeidlichen größeren Akkordstücken nothwendig werden, sollen nach Verhältniß der wirklich gefertigten Arbeit bemessen werden;
d) die Zahlungstermine für Akkordarbeiter wie für Tagelöhner dürfen nicht über 14 Tage auseinander liegen;
e) die Polizeibehörden sind von Zeit und Ort der Zahlung in Kenntniß zu setzen;
f) die Zahlung muß in der Nähe der Baustellen, darf aber keinenfalls in Schank- und Wirthshäusern erfolgen;
g) als Schachtmeister sind nur Personen zuzulassen, deren Qualifikation und Zuverlässigkeit keinem Bedenken unterliegt;
h) es muß ein ausreichendes Bauaufsichtspersonal angestellt werden, um die gegenwärtigen Bestimmungen durchzuführen, und zugleich das Verhalten der Schachtmeister gegen die Arbeiter zu überwachen;
i) zu solchen Bauaufsichtsbeamten dürfen nur ganz unbescholtene Männer gewählt werden, welche des Schreibens völlig kund sind, und von denen

Zur Entscheidung darüber, ob der Weg die Eigenschaft eines Privatweges hat, steht dem Betheiligten der ordentliche Rechtsweg zu.

---

eine pflichtmäßige Ausführung der ihnen übertragenen polizeilichen Anordnungen mit Sicherheit zu erwarten steht;

k) die Bauaufsichtsbeamten haben alle 14 Tage die namentlichen Verzeichnisse der unter ihnen beschäftigt gewesenen Arbeiter ihren unmittelbaren Vorgesetzten einzureichen.

§. 10. Den Aufsehern und Schachtmeistern ist jedes Kreditgeben an die Arbeiter durch Lieferung von Bedürfnissen, mit Ausnahme des einfachen Geldvorschusses, untersagt.

§. 11. Aufseher und Schachtmeister, oder deren Familienglieder dürfen keinen Schankverkehr oder Handel mit Bedürfnissen der Arbeiter betreiben.

§. 12. Bei den Akkordarbeiten haben die Arbeiter einer jeden Schacht aus ihrer Mitte zwei Mann zu wählen, welche gemeinschaftlich mit dem Schachtmeister alle Angelegenheiten der Schacht, dem Aufsichtspersonal gegenüber, verhandeln. Es dürfen aus einer Schacht niemals mehr, als diese drei Personen zum Empfange der von der Bauverwaltung an die Schachtmeister zu leistenden Zahlung oder zur Anbringung von Beschwerden sich einfinden. Erscheinen dennoch mehr, als drei Arbeiter aus einer Schacht bei solchen Veranlassungen, so sollen sie zurückgewiesen und nach Befinden bestraft werden.

§. 13. Alles Hazardspiel ist den Arbeitern streng verboten. Die Schachtmeister und Bauaufsichtsbeamten haben die Pflicht, sobald sie wahrnehmen, daß Arbeiter an dergleichen Spielen Theil nehmen, hiervon sofort der Polizeibehörde Anzeige zu machen, damit unverzüglich der Thatbestand festgestellt und nach den bestehenden Strafgesetzen gegen die Schuldigen gerichtlich verfahren werde.

§. 14. Arbeiter, welche sich nach erfolgter Annahme zur Arbeit Veruntreuungen oder andere Vergehen zu Schulden kommen lassen, die eine Kriminalstrafe nach sich ziehen, werden sofort entlassen. Auch Trunkenheit, Widersetzlichkeit gegen die Anordnungen der Bauaufsichtsbeamten, Uebertretungen der Vorschrift des §. 11., jede Theilnahme an Hazardspielen, Anstiften von Zänkereien und Streitigkeiten begründen, abgesehen von den nach den bestehenden Gesetzen verwirkten Strafen, die Entlassung aus der Arbeit.

§. 15. Wenn Arbeiter auf ihren Antrag oder zur Strafe entlassen werden, so soll deren Bezahlung sobald als thunlich, jedenfalls aber am nächsten regelmäßigen Zahlungstage, erfolgen. Findet die Entlassung auf Kündigung Seitens des Aufsichtspersonals nach Vollendung der Arbeit oder bei Unterbrechung derselben statt, so muß stets sofort für Abrechnung und Auszahlung gesorgt werden.

§. 16. In jedem Falle ist der Grund der Entlassung auf der Arbeitskarte vom Beamten (§. 1.) zu vermerken, und nur gegen Aushändigung der mit diesem Vermerk versehenen Arbeitskarte werden dem Arbeiter seine Legitimationspapiere von der Polizeibehörde zurückgegeben.

§. 17. Die Entlassung aus der Arbeit hat nach Maßgabe der Größe des Vergehens oder der Wiederholung die Ausschließung von der Arbeit

a) auf der betreffenden Baustelle,
b) auf der betreffenden Eisenbahn

zur Folge.

Die Ausschließung ad a. und b. erfolgt durch den betreffenden Beamten (§. 1.), doch ist dazu die Zustimmung des nächsten Vorgesetzten erforderlich. Die Polizeibehörde bemerkt das Erforderliche auf der Legitimationsurkunde, und giebt im Falle ad b. der Polizeibehörde des Heimathsorts des Arbeiters Nachricht.

§. 18. Der Bauaufsichtsbeamte (§. 1.) ist verbunden, jeden Arbeiter auch auf Antrag der Polizeibehörde zu entlassen.

§. 19. Von der Strafentlassung einheimischer Arbeiter (§. 6.) und der Veranlassung dazu ist die Polizeibehörde in Kenntniß zu setzen.

§. 20. Die Vorschriften, welche die Bauverwaltung zur Sicherstellung eines geordneten Arbeitsbetriebs, sowie zur Verminderung von Gefahr und Be-

Wird in dem gerichtlichen Verfahren der Weg für einen Privatweg erklärt, so kann derselbe die Eigenschaft eines öffentlichen Weges nur in Folge des Expropriationsverfahrens er-

---

schädigung für nothwendig hält, sind auf der Baustelle durch Anschlag bekannt zu machen.

Die Uebertretung dieser Vorschriften kann durch Ordnungsstrafen bis zu Einem Thaler, die der Bauaufsichtsbeamte (§. 1), oder dessen Vorgesetzter festsetzt, geahndet werden. Der Betrag dieser Strafen ist an die Krankenkasse (§. 21) abzuführen.

§. 21. Bei allen Eisenbahnbauten sind für die Arbeiter Krankenkassen mit Berücksichtigung folgender Grundsätze einzurichten:

a) jeder nicht handwerksmäßig beschäftigte Arbeiter ist verpflichtet, der Krankenkasse beizutreten;

b) bei der ganzen Bahn wird pro Mann und Woche ein gleicher Beitrag zur Krankenkasse eingezogen, welcher einen Silbergroschen nicht übersteigen soll;

c) jedem Erkrankten wird freie ärztliche Hülfe, freie Arznei und ein mäßiges, pro Mann und Tag bei der Bahn gleichmäßig festgesetztes Verpflegungsgeld verabreicht.

An Stelle des letzteren tritt, nach Umständen, die Aufnahme in eine Krankenanstalt. —

Der Anspruch an die Kasse hört jedenfalls mit dem Ablaufe von 14 Wochen auf.

Sollten die Beiträge der Arbeiter nicht hinreichen, um die der Krankenkasse obliegenden Verpflichtungen zu erfüllen, so darf von den Direktionen der bereits konzessionirten Eisenbahngesellschaften erwartet werden, daß sie die erforderlichen Zuschüsse bereitwillig leisten werden, in den künftig zu ertheilenden Konzessionen soll dies den Gesellschaften ausdrücklich zur Bedingung gemacht werden. Etwanige Ueberschüsse hat die Direktion zur Unterstützung der beim Bau verunglückten Arbeiter, oder deren Hinterbliebenen nach pflichtmäßigem Ermessen zu verwenden.

§. 22. Von den Eisenbahndirektionen wird die möglichste Beförderung der Sparsamkeit unter den Arbeitern erwartet. Die Bauverwaltung hat für jede Bahnabtheilung einen Baurendanten zu bestellen, der zu verpflichten ist, von jedem Arbeiter, der von seinem verdienten Lohne seiner Familie eine Ersparniß übersenden will, den Geldbetrag anzunehmen und unter Berücksichtigung der bewilligten Portofreiheit in die Heimath des Arbeiters zu senden.

Auch ist dieser Rendant zu verpflichten, von jedem Arbeiter auf dessen Verlangen an jedem Zahltage Ersparnisse anzunehmen, darüber in einem Buche dem Arbeiter zu quittiren, den Betrag aufzubewahren, und solchen an jedem Zahltage auf Verlangen des Arbeiters ganz oder theilweise gegen Aushändigung der Quittung zurückzuzahlen.

Für diese Aufbewahrung, Rückzahlung und Versendung darf dem Arbeiter nichts in Abzug gebracht werden. Auch bleibt die Bauverwaltung für die Sicherheit der von den Arbeitern eingezahlten Ersparnisse unter allen Umständen verhaftet.

§. 23. Um den Arbeitern Zeit und Gelegenheit zum Besuche des Gottesdienstes zu geben, darf die Bauverwaltung an Sonn- und Festtagen nicht arbeiten lassen. Nur in ganz besonderen Fällen, wenn Gefahr im Verzuge obwaltet, z. B. bei schwierigen Grundbauten im Wasser, ist eine Ausnahme zu gestatten, zu der aber jedesmal die Genehmigung der Polizeibehörde erforderlich. Auch die Ablohnung der Arbeiter darf an Sonntagen nur ausnahmsweise und muß alsdann so erfolgen, daß solche mindestens eine Stunde vor dem Gottesdienst beendet ist, oder eine Stunde nach demselben beginnt.

§. 24. Als Eisenbahnarbeiter gelten alle für den Bahnbau beschäftigten Arbeiter; sie mögen von den Eisenbahndirektionen unmittelbar oder durch Entrehalten. Bis zur Erledigung des gerichtlichen beziehungsweise des Expropriationsverfahrens bleibt das Interimistikum aufrecht erhalten.

---

preneurs angestellt sein. Im letzteren Falle muß in den betreffenden Entreprisekontrakten bestimmt werden, inwieweit die aus gegenwärtigen Vorschriften entspringende Verpflichtung auf den Entrepreneur übergeht, während überall die Eisenbahndirektion für deren Erfüllung verantwortlich bleibt. Insbesondere sind die Direktionen gehalten, den Entrepreneurs die Verpflichtung aufzulegen, daß nur Bauaufsichtsbeamte von der §. 9. ad i. bezeichneten Befähigung bestellt werden, von denen auch die §. 9. ad k. erwähnten Arbeiterverzeichnisse an die Bahningenieure einzuliefern sind.

§. 25. Die Regierungen haben die Ausführung dieser Vorschriften zu überwachen. Die zu bestellenden Bauaufsichtsbeamten stehen rücksichtlich der durch gegenwärtige Verordnung ihnen übertragenen polizeilichen Funktionen zunächst unter der Aufsicht des betreffenden Landraths.

Soweit das Einschreiten der Lokalpolizeibehörden durch die bestehenden Gesetze nicht begründet ist, sind die Landräthe zur Vollziehung der in dieser Verordnung enthaltenen polizeilichen Anordnungen befugt und verpflichtet; dieselben können sich aber, wenn die Baustellen von ihrem Wohnsitz zu entfernt sind, geeignete Polizeibehörden mit Genehmigung der vorgesetzten Regierung substituiren. Jede solche Substitution muß in geeigneter Weise zur öffentlichen Kenntniß gebracht worden.

§. 26. Die vorstehenden Bestimmungen sollen auch auf andere öffentliche Bauausführungen (Kanal- und Chausseebauten 2c.) Anwendung finden, welche von den Regierungen dazu geeignet befunden werden.

§. 27. Auf Handarbeiter, welche bei handwerksmäßig auszuführenden Arbeiten beschäftigt werden, findet diese Verordnung keine Anwendung.

§. 28. Die Minister des Innern und der Finanzen haben die Behörden über die Ausführung dieser Verordnung mit der erforderlichen Anweisung zu versehen.

Urkundlich unter Unserer Höchsteigenhändigen Unterschrift und beigedrucktem Königlichen Insiegel.

Gegeben Charlottenburg, den 21. Dezember 1846.

(L. S.) **Friedrich Wilhelm.**

Prinz von Preußen.

v. Boyen. Mühler. Rother. Eichhorn. v. Thile. v. Savigny.
v. Bodelschwingh. Graf zu Stolberg. Uhden. Frhr. v. Canitz.
v. Düesberg.

Arbeitskarte.

a) (Vor- und Zuname) . . . . . alt . . . . . Religion
b) (Heimathsort) . . . . Kreis . . . Reg.-Bezirk
. . . .
. . . .
c) kann am Bau . . . .
. . . .
Arbeit erhalten.
. . . . . . den ten . . . 18
(L. S.) gez. N. N.
d) (Bescheinigung über die abgelieferte Legitimation.)
e) (Entlassungsvermerk.)

A. Allgemeine Vorschriften.

Der Arbeiter . . . . unterwirft sich nachstehenden Vorschriften und erkennt solche durch seine Namensunterschrift an.

(für den Fall, daß der Arbeiter nicht schreiben kann, hat derselbe sie in Gegenwart eines Zeugen zu unterkreuzen.)

Sind in den Fällen zu a., b. und c. mehrere Kreise betheiligt, so bezeichnet das Verwaltungsgericht denjenigen Kreisausschuß, welcher die Sache zu erledigen hat;

---

1. Der Schachtmeister erhält beim Beginn der Arbeit einen Akkordzettel, welcher die Bezeichnung der Arbeit und den dafür bedungenen Preis enthält, wofür die Arbeit untadelhaft ausgeführt werden muß.
2. Jedem Mitarbeiter der Schacht steht die Einsicht des Akkordzettels zu jeder Zeit zu.
3. Mindestens alle 14 Tage erfolgen Zahlungen, und in sofern die übernommenen Akkordstücke während dieser Zeit nicht vollständig ausgeführt sind, werden Abschlagszahlungen nach Verhältniß des Werthes der wirklich gefertigten Arbeit geleistet.
4. Die geleisteten Abschlagszahlungen werden jedesmal auf dem Akkordzettel vermerkt.
5. Dem Schachtmeister wird bei jeder Zahlung noch ein besonderer Zettel eingehändigt, welcher nachweist, wofür die Zahlung geleistet worden.

   Diesen Zettel, welcher mit der Unterschrift und dem Siegel (oder Stempel) des Bauaufsichtsbeamten versehen ist, hat der Schachtmeister auf Verlangen jedem einzelnen Arbeiter vorzuzeigen.
6. Bei den Akkordarbeiten haben die Arbeiter einer jeden Schacht aus ihrer Mitte zwei Mann zu wählen, welche gemeinschaftlich mit dem Schachtmeister für alle Angelegenheiten der Schacht, sowohl dem Aufsichtspersonal gegenüber, als für die richtige und fleißige Beförderung der Arbeit, die richtige Führung der Tagesliste, sowie für die einem jeden Arbeiter gebührende richtige Zahlung, zu sorgen haben. Es dürfen aus einer Schacht niemals mehr als diese drei Personen zur Empfangnahme der von der Schacht verdienten Zahlung oder zur Anbringung von Beschwerden sich einfinden.

   Erscheinen bei solchen Veranlassungen mehr als die drei dazu bestimmten Arbeiter aus einer Schacht, so ist dies als eine Verletzung der bestehenden Ordnung anzusehen und werden die Uebertreter sofort aus der Arbeit entlassen.
7. Den Aufsehern und Schachtmeistern, wie deren Familiengliedern, ist jeder Schankverkehr oder Handel mit Bedürfnissen der Arbeiter streng untersagt.
8. Der Schachtmeister muß nach der ihm ertheilten Anweisung des Bauaufsehers für die richtige Ausführung der Arbeit sorgen. Wird durch sein Verschulden die Arbeit nicht richtig ausgeführt, so daß eine Abänderung stattfinden muß, so haftet er seinen Mitarbeitern für die vergeblich gefertigte Arbeit, welche nicht bezahlt wird, mit dem ihm zustehenden Lohne und dem ihm gebührenden Schachtmeistergelde.
9. Jeder Arbeiter hat den Anweisungen und Anordnungen seines Schachtmeisters und den sämmtlichen Aufsichtsbeamten pünktlich Folge zu leisten. Beschwerden der Akkordarbeiter sind durch die Vertreter der Schacht bei dem Aufsichtsbeamten anzubringen. Unfolgsamkeit und Widerspenstigkeit zieht Entlassung nach sich.
10. Ohne besondere Erlaubniß des Bauaufsehers darf kein Arbeiter aus einer Schacht in eine andere übertreten.
11. Arbeiter, welche Karren, Karrbretter oder sonstige Geräthe aus einer andern Schacht entwenden, um solche zu ihrer Arbeit zu gebrauchen, werden entlassen.
12. Hazardspiel, Trunkenheit, Anstiftung von Zank, Streit oder Schlägerei haben sofortige Entlassung aus der Arbeit zur Folge.
13. Wenn Arbeiter auf ihren Antrag oder zur Strafe entlassen werden, so findet ihre Bezahlung am nächsten regelmäßigen Zahltage nach dem Verhältniß der von ihnen gefertigten Arbeit statt.
14. Die erfolgte Entlassung des Arbeiters wird auf der Arbeitskarte vermerkt. In besonderen Fällen wird auf Ansuchen des Arbeiters demselben über seine Führung und sein Verhalten während seiner Beschäftigung auf der

2) die Befugniß, die Anwendung der Bestimmungen des Gesetzes vom 21. Dezember 1846. (Gesetz-Samml. für 1847. S. 21.), betreffend die bei dem Bau von Eisenbahnen beschäftigten Arbeiter, nach Maßgabe des §. 26. a. a. O. auch auf andere öffentliche Bauten (Kanal-, Chaussee- 2c. Bauten) auszudehnen,

---

Baustelle ein Attest ertheilt. Erfolgt die Entlassung zur Strafe, so wird dem Arbeiter, nach Bewandniß der Umstände, die Wiederanstellung auf der betreffenden Baustelle oder bei der ganzen Eisenbahn versagt.

In beiden Fällen bemerkt die Polizeibehörde das Erforderliche auf dem Legitimationsdokumente, im letzteren Falle wird der Heimathsbehörde Nachricht gegeben.

15. Von der Strafentlassung einheimischer Arbeiter und der Veranlassung dazu wird die Polizeibehörde in Kenntniß gesetzt.

16. Haben die Arbeiter einer Schacht gegründete Beschwerde gegen den Bauaufsichtsbeamten zu führen, so muß sich der Schachtmeister mit den zwei dazu erwählten Arbeiten an den nächsten Vorgesetzten desselben wenden.

Der Letztere untersucht den Gegenstand der Beschwerde an Ort und Stelle und entscheidet darüber pflichtgemäß nach dem Befunde. Dieser Entscheidung haben sowohl der Bauaufsichtsbeamte als die Arbeiter sich zu unterwerfen.

17. Arbeiter, welche ein Ersparniß von dem verdienten Lohne ihrer Familie übersenden wollen, können sich hierzu der bewilligten Portofreiheit bedienen. Auch steht den Arbeitern frei, um ihr erspartes Lohn gegen Diebstahl oder sonstige Verluste zu sichern, dasselbe den von der Bauverwaltung dazu bestellten Rendanten an jedem Zahltage zur Aufbewahrung zu übergeben, welcher darüber Quittung ertheilt und den ihm behändigten Betrag auf Verlangen an jedem Zahltage ganz oder theilweise gegen Aushändigung der Quittung zurückzuzahlen hat. Für diese Aufbewahrung und Rückzahlung darf dem Arbeiter nichts in Abzug gebracht werden.

B. Besondere Bestimmungen für die betreffende Baustelle.

18. Bei den Akkordarbeiten erhält der Schachtmeister von dem jeder Arbeiterschacht ausgezahlten Lohne vorweg von jedem Thaler . . . . als Entgeld oder Entschädigung (Schachtmeistergeld) für die ihm obliegenden Verrichtungen (§. 8 der vorstehenden allgemeinen Vorschriften).

19. Zum Bauaufseher dieser Schacht ist der . . . . und zu dessen nächsten Vorgesetzten (§. 16 der vorstehenden allgemeinen Vorschriften) der Herr . . . . bestellt.

20. Zum Rendanten, an welchen Ersparnisse (§. 17 der allgemeinen Vorschriften) abgeliefert werden können, ist der Herr . . . . bestellt.

21. Jeder Arbeiter ist verpflichtet, der Krankenkasse beizutreten und hat dazu wöchentlich von seinem Lohne . . . . . einzulassen, wofür er im Erkrankungsfalle freie ärztliche Hülfe, freie Arznei und so lange er nach dem Ermessen der Bauverwaltung arbeitsunfähig ist, täglich . . . . . . Verpflegungsgeld erhält. — An Stelle des Verpflegungsgeldes kann auch die Aufnahme in eine Krankenanstalt nach dem Ermessen der Bau-Verwaltung und auf deren Kosten angeordnet werden. — Auf eine längere Zeit als der von 14 Wochen hat auf Verpflegungsgeld kein Arbeiter Anspruch.

22. Jeder Arbeiter hat die besonderen Vorschriften, welche die Bauverwaltung zur Sicherstellung eines geordneten Arbeitsbetriebes, sowie zur Vermeidung von Gefahr und Beschädigung auf der Baustelle durch Anschlag bekannt gemacht hat, pünktlich zu befolgen. — Die Uebertretung dieser Vorschriften wird mit Geldstrafen, die durch den Aufsichtsbeamten . . . . . . oder durch dessen Vorgesetzten . . . . . . bis zum Betrage von Einem Thaler festzusetzen sind, geahndet werden.

insoweit es sich hierbei um Bauten des Kreises oder von Gemeinden handelt.

III. In Vorfluths-, Ent- und Bewässerungssachen:

1) die resolutorische beziehungsweise interimistische Entscheidung in Angelegenheiten, betreffend

---

Der Betrag dieser Strafen wird an die vorgedachte Krankenkasse abgeführt."

Zu § 135. No. III.

1. Auch die in Vorfluths-, Ent- und Bewässerungs-Angelegenheiten dem Kreisausschusse zugewiesenen Entscheidungsbefugnisse sind von besonderer praktischer Wichtigkeit. Es erschien von vornherein nicht unbedenklich, dieselben in so weitem Umfange, wie dies der Gesetzentwurf thut, in die Hand des Kreisausschusses zu legen, da es sich namentlich bei Wasserstands-Regulirungen und in Vorfluths-Angelegenheiten öfter um schwierige und komplizirte technische Fragen handelt, zu deren Entscheidung dem Kreisausschusse nicht immer genügend qualifizirte Sachverständige zu Gebote stehen werden. Da sich jedoch eine Aussonderung dieser schwierigeren Sachen von der übrigen weit überwiegenden Zahl einfacherer Sachen, die der Kreisausschuß unter Beirath der im Kreise gewöhnlich vorhandenen Techniker sachgemäß zu erledigen im Stande ist, nach einem bestimmten Prinzip nicht vornehmen läßt, so ist es vorgezogen worden, die Erledigung der in Rede stehenden Angelegenheiten in erster Instanz ohne Unterschied dem Kreisausschusse zu übertragen.

Wenn unter Nummer 3 und 5 dem Kreisausschusse nur die Abfassung von Präklusions-Bescheiden bei Bewässerungs- und Entwässerungsanlagen und die Funktionen der Kreis-Vermittelungs-Kommission bei Bewässerungsanlagen, nicht aber auch die der Bezirksregierung in Bezug auf die Ausführung von Bewässerungsanlagen in den §§. 23, 33, 42, 45, 52 und 53 des Gesetzes vom 28. Februar 1843 beigelegten Befugnisse übertragen werden, so hat dies darin seinen Grund, daß das für Bewässerungsanlagen vorgeschriebene komplizirte Verfahren sich in der Praxis wenig bewährt hat und deshalb nach der Absicht der Staats-Regierung möglichst bald im gesetzlichen Wege durch ein zweckmäßigeres Verfahren ersetzt werden soll. Mit Rücksicht hierauf hat es nicht angemessen erscheinen können, den Kreisausschuß an diesem Verfahren zunächst anders, als in der Rolle der Kreisvermittelungs-Kommission zu betheiligen, während ihm in dem zu erlassenden neuen Gesetze eine noch größere Mitwirkung wird eingeräumt werden können. (Motive zum Reg.-Entw. von 1869).

In der Kommission des Herrenhauses wurde bei Nr. 1. von einer Seite gewünscht, daß die Entscheidung in den unter a. begriffenen Fällen auch künftig der Bezirksregierung verbleibe. Von anderen Mitgliedern der Kommission ward dagegen geltend gemacht, daß in den meisten Fällen die in Rede stehende Festsetzung keine Schwierigkeiten bieten würde, daß es gerade bei dergleichen Angelegenheiten wünschenswerth sei, die Entscheidung Männern zu übertragen, welche mit den praktischen und lokalen Verhältnissen bekannt sind, und daß ja gegen die Festsetzungen des Kreisausschusses der Rechtsweg offen stehe. Auch der Regierungs-Kommissar bat, an der Vorlage festzuhalten, da hierüber eine Verständigung der verschiedenen, dabei betheiligten Ministerien stattgefunden habe.

Bei dieser Gelegenheit wurde konstatirt, daß in dem für dergleichen Festsetzungen bisher vorgeschriebenen Instruktions-Verfahren nichts geändert werden solle, ferner wurde Seitens des Regierungs-Kommissars ausdrücklich anerkannt, daß der Kreisausschuß, wenn es sich bei den seiner Entscheidung unterliegenden Sachen um technische Fragen handle, auch befugt sein würde, Techniker, welche Staatsbeamte sind, zu requiriren, und daß beabsichtigt sei, eine bezügliche Ministerial-Instruktion zu erlassen.

Die Nr. 1. a. ward hierauf gegen eine Stimme angenommen.

a) die Festsetzung der Höhe des Wasserstandes bei Stauwerken auf Grund der §§. 1 — 7. des Vorfluthsgesetzes vom

---

Gegen Nr. 1. b. und c. erfolgte ein Widerspruch nicht.

Die Vorlage enthielt keine ausdrückliche Bestimmung darüber, wer über die Beschwerden gegen die Anordnungen der Amtsvorsteher und der städtischen Polizeibehörden in erster Instanz zu entscheiden habe, es wurde daher unter Zustimmung des Regierungs-Kommissars beschlossen, als neue Nr. 2. einen Satz des Inhalts einzuschalten, welchen die Kommissions-Vorschläge nachweisen.

Zu Nr. 2. (jetzt 3.) und 3. (jetzt 4.) sind in Uebereinstimmung mit dem Regierungs-Kommissar Fassungsänderungen beschlossen. Demnächst ist der ganze Abschnitt III. ohne Widerspruch angenommen. Auch im Plenum des Herrenhauses wurden die Anträge seiner Kommission angenommen, und auch der neueste Regierungsentwurf hat sich dieselben angeeignet.

2. Gesetz wegen des Wasserstauens bei Mühlen und Verschaffung von Vorfluth. Vom 15. November 1811. (Gesetz-Sammlung S. 352).

„Wir Friedrich Wilhelm rc. rc. Thun kund und fügen hiermit zu wissen:

Die Nachtheile, welche durch das Anstauen des Wassers bei den Mühlen und das zeitige Verfahren bei Anordnung der Vorfluth für die Landschaft entstehen, veranlassen Uns, folgende nähere Bestimmungen darüber zu erlassen.

§. 1. Bei den Mühlen oder andern durch Wehre oder Schleusen veranlaßten Störungen, wo der Wasserstand noch nicht durch einen unter polizeilicher Aufsicht gesetzten Merkpfahl bestimmt ist, muß jeder Besitzer derselben sich die Setzung eines Merkpfahls auf Antrag und Kosten derer, die dabei interessirt sind, gefallen lassen.

§. 2. Diese Setzung kann nur durch sachverständige Kommissarien der Provinzial-Polizeibehörden unter Zuziehung des Gerichts, welchem die Mühle unterworfen ist, vollzogen werden.

§. 3. An dem Merkpfahle muß sowohl der im Sommer, als der im Winter zuläßige höchste Wasserstand ganz deutlich kennbar bezeichnet, auch die Höhe davon mit dem Fachbaum der Mahl- und Freischleuse und mit einem nahe gelegenen unverrückbaren Gegenstande durch Nivellement verglichen und zu Protokoll verschrieben werden. Im umgekehrten Falle, wenn ein Müller die Verpflichtung hat, zur Erhaltung der Schiffbarkeit eines Gewässers das Oberwasser seiner Mühle auf einer bestimmten Höhe zu erhalten, soll in Absicht der Setzung der Merkpfähle für den niedrigsten zulässigen Wasserstand auf eine ähnliche Weise verfahren werden.

§. 4. Ist die Höhe des Wasserstandes durch rechtskräftige Urtheile oder nach dem Einverständnisse aller Interessenten auf eine andere Art deutlich bestimmt, so hat es dabei sein Bewenden, und müssen die Kommissarien den Merkpfahl danach setzen.

§. 5. Sind aber die Interessenten darüber uneinig, ob die Höhe des Wasserstandes durch gültige Verträge, Verleihungen oder rechtverjährten Besitz bestimmt sei, so muß die Sache zur gerichtlichen Erörterung verwiesen, das Verfahren jedoch nach Anleitung der Allgemeinen Gerichts-Ordn. Th. I. Tit. 42 §. 35 rc. vorzüglich beschleunigt werden. Findet es sich hierbei, daß keine klare Bestimmungen des Wasserstandes vorgelegt werden können, so setzen die Kommissarien denselben dergestalt fest, daß dabei das gegenseitige Interesse der Bodenkultur und des Müllers oder sonstigen Stauberechtigten möglichst vereinigt werde, und gegen eine Festsetzung auf diesem Grunde finden keine Beschwerden bei den Gerichten, sondern Rekurs an die obern Polizeibehörden statt.

§. 6. Der Provinzial-Polizeibehörde bleibt jedoch unbenommen, während der Dauer der erwähnten gerichtlichen Erörterung interimistisch einen Wasserstand festsetzen zu lassen, welchen der Müller oder sonstige Stauberechtigte so lange halten muß, bis ein anderes durch die definitive Entscheidung festgesetzt ist.

§. 7. Von welchem Tage ab und bis zu welchem Tage hin blos der niedrige

15. November 1811. (Gesetz-Samml. S. 352.) und der §§. 4 — 11. des Vorfluthsgesetzes für Neuvorpommern und Rügen vom 9. Februar 1867. (Gesetz-Samml. S. 220.);

Sommerwasserstand gehalten werden darf, bestimmen zunächst Verträge und rechtliche Erkenntnisse, wenn diese vorhanden sind, nächst diesen die Provinzialgesetze. Ist keine solche Bestimmung vorhanden, so liegt den Kommissarien ob, von wann ab und bis wohin nur der Sommerwasserstand gehalten werden dürfe, nach den örtlichen Verhältnissen festzusetzen. Auf jeden Fall muß in dem über die Verhandlung aufzunehmenden Protokolle ausdrücklich vermerkt sein, von wann ab und bis wohin der Sommerwasserstand gehalten werden soll.

§. 8. Kein Besitzer von Mühlen oder anderen Stauungsanlagen darf den Wasserstand über die durch den Merkpfahl festgesetzte Höhe aufstauen. Sobald das Wasser über diese Höhe wächst, muß er durch Oeffnung der Schleusen, Gerinne und Grundstöcke, Abnehmung der beweglichen Aufsätze auf den Fachbäumen oder Ueberfällen, überhaupt Wegräumung aller blos zeitlichen Hindernisse, den Abfluß desselben unentgeltlich sogleich und unausgesetzt so lange befördern, bis das Wasser wieder auf die durch den Merkpfahl bestimmte Höhe herabgefallen ist.

§. 9. Versäumt er dies, so ist nicht allein die örtliche Polizeibehörde verpflichtet, auf Antrag der Interessenten die vorerwähnte Oeffnung, Abnehmung und Wegräumung auf Gefahr und Kosten des Mühlenbesitzers ohne Anstand vornehmen zu lassen, sondern er hat auch in jedem Falle, außer dem Ersatze alles durch die widerrechtliche Stauung verursachten Schadens, zwanzig bis funfzig Thaler Polizeistrafe verwirkt.

§. 10. Wem die Unterhaltung eines Grabens oder Wasserabzuges obliegt, der kann zu dessen Auskrautung oder Räumung polizeilich angehalten werden, sobald aus der Vernachlässigung derselben oder aus Mangel an der erforderlichen Tiefe Nachtheil für die Besitzer anderer Grundstücke oder nutzbarer Anlagen oder auch für die Gesundheit der Anwohner entsteht. Die Bestimmung, wann und wie die Auskrautung oder Räumung bewirkt werden soll, gehört blos zur Cognition der Polizeibehörden, und jeder Unterhaltungspflichtige muß sich derselben unbedingt unterwerfen.

§. 11. Die Mühlenbesitzer und alle, welche sonst den Abfluß eines Gewässers anzuhalten berechtigt sind, sollen verpflichtet sein, den freien Lauf desselben nach Bestimmung der Provinzial-Polizeibehörde ganz oder zum Theil wieder herzustellen, sobald daraus ein offenbar überwiegender Vortheil für die Bodenkultur oder Schifffahrt entsteht, und diejenigen, welche für ihre Kultur oder Schifffahrtsanlagen des Wasserabflusses bedürfen, ihnen eine vollständige Entschädigung herzugeben bereit und vermögend sind.

§. 12. Diese Verpflichtung kann selbst bis auf gänzliche Wegräumung von Wassermühlen ausgedehnt werden, sobald nach polizeilichem Ermessen der Zweck anders nicht zu erreichen ist, der Müller aber vollständig entschädigt, auch der Gegend Ersatz für ihr Interesse bei Erhaltung der Mühle geleistet werden kann.

§. 13. Auch da, wo keine künstlichen Hindernisse des Abflusses vorhanden sind, kann jeder Grundbesitzer verlangen, daß ihm Abwässerungsgräben durch fremden Boden zu ziehen gestattet werde, sobald die vorerwähnten Bedingungen stattfinden.

§. 14. Selbst zu Ablassung von Teichen und stehenden Seen kann unter gedachten Bedingungen (§. 11.) die Gestattung der Vorfluth erfordert werden, und wird in soweit eine Ausnahme von dem entgegenstehenden Gesetz, A. L. R. Th. I. Tit. 8. §. 117., nachgegeben.

§. 15. Besitzer von Grundstücken, welche sich des auf ihren Ländereien stehenden Wassers entledigen wollen und deshalb nicht gütlich mit den zur Stauung Berechtigten oder andern Grundbesitzern einigen können, müssen von ihrem Vorhaben der Provinzial-Polizeibehörde Anzeige machen, nachweisen, welchen Vortheil sie von dem Ablassen des Wassers erwarten, und darthun, daß sie bereite Mittel haben, die wahrscheinliche Entschädigung ohne Verzug zu bezahlen.

b) die Beschaffung von Vorfluth auf Grund der §§. 11. ff. des Gesetzes vom 15. November 1811., und

c) die Räumung und Unterhaltung von Gräben, Wasser-

---

§. 16. Auf diesen Antrag wird sogleich eine Lokaluntersuchung durch sachkundige Kommissarien verfügt, welche ausmitteln:

a) wodurch der Zweck des Grundbesitzers am leichtesten erreicht werden könne?

b) ob durch die beabsichtigte Entwässerung nicht andere Grundbesitzer leiden, oder ein Nachtheil davon für die Schifffahrt oder öffentlichen Anlagen zu besorgen sei?

§. 17. Die letztere Untersuchung muß auch für den Fall stattfinden, wenn beide Theile über die Ablassung gütlich einverstanden sind.

§. 18. Auf den Grund dieser Untersuchung bestimmt die Provinzial-Polizeibehörde, ob die Ablassung des Wassers überhaupt stattfinden könne und unter welchen Modalitäten sie ausgeführt werden müsse.

§. 19. Wollen die Interessenten sich dieser Bestimmung nicht unterwerfen, so findet dagegen keine gerichtliche Klage, sondern nur Berufung auf die höhere Polizeibehörde statt.

§. 20. Jedoch kann über den Umfang der Rechte, welche jede Partei zur Ausgleichung bringt, durch diesen polizeilichen Entwässerungsplan niemals etwas bestimmt werden, sondern es muß, wenn der Wasserstand streitig ist, derselbe nach §§. 1--5. festgesetzt, jede andere streitige Befugniß aber zur richterlichen Entscheidung verwiesen werden.

§. 21. Wird die Ausführung des Entwässerungsplans genehmigt, so wird durch schiedsrichterliches Ermessen sowohl der Betrag der Entschädigung ausgemittelt, als auch die Entwässerung selbst nach dem genehmigten Plane zur Vollziehung gebracht.

§. 22. Zu dem Ende wählen die Stauungsberechtigten oder die Inhaber der Grundstücke, die Vorfluth gewähren sollen, einen Schiedsrichter, der, oder die Grundbesitzer, welche auf die Entwässerung antragen, auch einen, und die Provinzial-Polizeibehörden einen Obmann.

§. 23. Diese drei Personen werden von der Provinzial-Polizeibehörde autorisirt, auf den Grund der nach absoluter Stimmenmehrheit von ihnen gefaßten Beschlüsse sowohl die Entschädigung zu bestimmen, als auch die Vollziehung der Entwässerung selbst anzuordnen. Zugleich haben sie die künftige Unterhaltung der neu angelegten Abzugsgräben näher zu bestimmen, wobei der Grundsatz anzuwenden ist, daß der oder diejenigen, welche in einem bestimmten Verhältniß Vortheil von der neuen Anlage haben, auch in eben dem Verhältniß zur Unterhaltung derselben verpflichtet sind.

§. 24. Von ihrer Entscheidung findet keine Appellation statt.

§. 25. Insofern ihnen jedoch klar nachgewiesen werden kann, daß sie ihre Befugniß überschritten haben, ist die Provinzial-Polizeibehörde befugt und verpflichtet, ihr Verfahren zu kassiren, den Parteien ihre Ansprüche auf Schadenersatz an sie vorzubehalten und die Wahl von neuen Schiedsrichtern zu veranlassen.

§. 26. Eine solche Ueberschreitung der Befugnisse findet jedoch nur statt, wenn die Schiedsrichter entweder von dem durch die Regierungen genehmigten Entwässerungsplan abweichen, oder für solche Rechte, welche noch unter den Parteien streitig sind, Entschädigungen aussetzen.

§. 27. Will der Stauungsberechtigte sich nicht dazu verstehen, einen Schiedsrichter zu wählen, oder verzögert er die Wahl über vier Wochen, nachdem ihm die Aufforderung dazu insinuirt worden ist, so ernennt der Landrath oder sonstige Polizeidirigent des Kreises den Schiedsrichter statt seiner.

§. 28. Zu Schiedsrichtern können nur unbescholtene dispositionsfähige sachkundige Männer gewählt werden.

§. 29. Auch nur solche, die als Zeugen für und wider die Parteien und übrigen Schiedsrichter mit voller Kraft vor Gericht könnten zugelassen werden.

§. 30. Wer zum Schiedsrichter gewählt ist, darf die Wahl nicht ablehnen,

abzügen und Privatflüssen auf Grund des §. 10. des Gesetzes vom 15. November 1811., des §. 7. des Gesetzes über

---

es sei denn, daß er solche Entschuldigungsgründe für sich anführen könnte, welche ihn von der Uebernahme einer mit Administration verbundenen Vormundschaft nach A. L. R. Th. II. Tit. 18. §. 208. 209. 212. 213. befreien würden.

§. 31. Findet außer dem Interesse der Stauungsberechtigten oder der Inhaber der Grundstücke, die Vorfluth gewähren sollen, noch ein besonderes Interesse, z. B. wegen Fischerei, Viehtränke 2c., gegen die Entwässerung statt, so wählen diejenigen, welche ein besonderes Interesse haben, ebenfalls einen Schiedsrichter.

§. 32. Dieser verhandelt mit dem Schiedsrichter der Gegenpartei und dem Obmann besonders über das gedachte Interesse, und das Resultat ihrer Verhandlungen wird nachmals in den allgemeinen Rezeß über die ganze Verhandlung aufgenommen.

§. 33. Den Schiedsrichtern steht nicht nur die Vergütung ihrer baaren Auslagen, sondern auch ein Diätensatz zu, welchen die Provinzial-Polizeibehörde den Umständen nach festsetzt.

§. 34. Sämmtliche Kosten tragen diejenigen, auf deren Antrag die Entwässerung erfolgt.

Wir befehlen Unsern Landes-Kollegien, Polizei-, und Justiz-Offizianten und sämmtlichen getreuen Unterthanen, sich nach dieser Vorschrift zu achten.

Gegeben zu Berlin, den 15. November 1811.

Friedrich Wilhelm.

v. Hardenberg. v. Kircheisen. v. Schuckmann.

3. Gesetz über die Benutzung der Privatflüsse. Vom 28. Februar 1843. (G.-S. S. 41.)

„Wir Friedrich Wilhelm 2c. 2c.

haben Uns bewogen gefunden, die gesetzlichen Vorschriften über die Benutzung der Privatflüsse, mit besonderer Rücksicht auf die Erfahrungen, welche in neuerer Zeit über die Verwendung des fließenden Wassers zur Verbesserung der Bodenkultur gemacht worden sind, einer Revision zu unterwerfen, und verordnen demnach auf den Antrag Unseres Staatsministeriums, nach Anhörung Unserer getreuen Stände und nach erfordertem Gutachten einer aus Mitgliedern des Staatsraths ernannten Kommission, für den ganzen Umfang der Monarchie, mit Ausnahme der Landestheile, welche zum Bezirke des Appellationsgerichtshofes zu Köln gehören, was folgt:

Erster Abschnitt.

Benutzung der Privatflüsse überhaupt.

§. 1. Jeder Uferbesitzer an Privatflüssen (Quellen, Bächen oder Fließen, so wie Seen, welche einen Abfluß haben) ist, sofern nicht Jemand das ausschließliche Eigenthum des Flusses hat, oder Provinzialgesetze, Lokalstatuten oder spezielle Rechtstitel eine Ausnahme begründen, berechtigt, das an seinem Grundstücke vorüberfließende Wasser unter den in den §§. 13 und ff. enthaltenen näheren Bestimmungen zu seinem besonderen Vortheile zu benutzen. Jedoch verbleibt es in Ansehung der Benutzung des Wassers zu Mühlen und anderen Triebwerken, so wie auch in Ansehung der Fischereiberechtigung und der Vorfluth bei den bestehenden gesetzlichen Vorschriften, so weit diese durch gegenwärtiges Gesetz nicht ausdrücklich abgeändert sind.

§. 2. Wo öffentliche Plätze oder Wege das Ufer eines Privatflusses bilden, ist der Gebrauch des Wassers zum Trinken oder Schöpfen, so wie zum Tränken des Viehes einem Jeden gestattet, sofern es, nach Entscheidung der Ortspolizeibehörde, ohne Gefahr für die Beschädigung des Ufers geschehen kann.

§. 3. Das zum Betriebe von Färbereien, Gerbereien, Walken und ähnlichen Anlagen benutzte Wasser darf keinem Flusse zugeleitet werden, wenn dadurch der Bedarf der Umgegend an reinem Wasser beeinträchtigt oder eine erhebliche Belästigung des Publikums verursacht wird.

Die Entscheidung hierüber steht der Polizeibehörde zu.

§. 4. Des Einwerfens und Einwälzens von losen Steinen, Erde und anderen Materialien in Flüsse muß ein Jeder sich enthalten. Eine Ausnahme hiervon

die Benutzung der Privatflüsse vom 28. Februar 1843. (Gesetz-Samml. S. 41.) und der §§. 1. und 2. des Gesetzes vom 9. Februar 1867.,

---

findet statt, wenn solche zum Behuf einer Anlage am Ufer nothwendig ist, und daraus nach dem Urtheile der Polizeibehörde kein Hinderniß für den freien Abfluß des Wassers und keiner der im §. 3 bezeichneten Uebelstände entsteht.

§. 5. Das Einkarren und Einschwemmen von Sand und Erde zur Anlage von Wiesen (das sogenannte Wiesenbrechen) ist nur in den Fällen gestattet, wo solches für die Vorfluth, für die Schiffbarkeit öffentlicher Flüsse und für die unterhalb liegenden Uferbesitzer unschädlich ist.

§. 6. Die Anlegung von Flachs- und Hanfröthen kann von der Polizeibehörde untersagt werden, wenn solche die Heilsamkeit der Luft beeinträchtigt oder zu den im §. 4 erwähnten Nachtheilen Anlaß giebt.

§. 7. Die Uferbesitzer sind, wo nicht Provinzialgesetze, Lokalstatuten, ununterbrochene Gewohnheiten oder spezielle Rechtstitel ein Anderes bestimmen, zur Räumung des Flusses insoweit verpflichtet, als es zur Beschaffung der Vorfluth nothwendig ist.

Die Polizeibehörde ist ermächtigt, diejenigen, welchen die Räumung obliegt, hierzu anzuhalten. Entsteht über diese Verpflichtung Streit unter den Betheiligten, so ist die Räumung einstweilen, unter Vorbehalt richterlicher Entscheidung, nach Maßgabe des Besitzstandes, und wenn auch dieser nicht feststeht, von den Uferbesitzern zu bewirken.

§. 8. Die Eigenthümer eines Privatflusses, sowie die Uferbesitzer, Stauungs- oder Leitungsberechtigten können nur durch landesherrliche Entscheidung verpflichtet werden, den Gebrauch des Flusses zum Holzflößen einem Jeden zu gestatten.

§. 9. Ist eine solche Entscheidung (§. 8) ergangen, so müssen

a) die Eigenthümer des Flusses, sowie die Uferbesitzer den zum Einwerfen und Ausziehen der Hölzer unentbehrlichen Gebrauch der Ufer an den polizeilich bestimmten Stellen, so wie den Zutritt zu den Ufern, soweit dieser zur Beaufsichtigung und Fortschaffung der treibenden Hölzer erforderlich ist, gestatten, und

b) die Besitzer von Stauwerken den zum Treiben der Hölzer erforderlichen Wasserzug gewähren.

Für den hieraus, so wie für den aus Verunreinigung des Flußbettes und aus Beschädigung der Ufer, Uferdeckwerke, Brücken und sonstigen Anlagen durch die treibenden Hölzer entstehenden Schaden ist vom Staate volle Entschädigung zu leisten.

§. 10. Die näheren Anordnungen darüber:

1. in welchem Umfange der Mitgebrauch der Ufer zum Behuf der Flößerei zu gestatten ist, und welche Einrichtungen zur Erhaltung des Wasserzuges zu treffen sind,
2. welches Verfahren bei der Flößerei, namentlich auch mit Rücksicht auf die stattfindenden Ueberrieselungen zu beobachten, und
3. welche Abgabe von den Flößenden zu entrichten ist,

sind von dem Ministerium durch besondere Reglements festzusetzen.

§. 11. Die Flößereiabgabe (§. 10 Nr. 3) soll nach der Menge des geflößten Holzes abgemessen und auf keinen höhern Betrag festgestellt werden, als zur Entschädigung der Eigenthümer und Nutzungsberechtigten (§. 9) und zur Deckung der Aufsichts- und Hebekosten erforderlich ist.

§. 12. Wo nach Provinzialgesetzen, Lokalstatuten oder besonderen Herkommen das Flößen auf einem Privatflusse einem Jeden freisteht, ist dasselbe polizeilicher Aufsicht unterworfen, und es kann darüber durch besondere Reglements nach Vorschrift des §. 10 nähere Anordnung getroffen werden. Wenn diese Anordnungen den Eigenthümern oder Nutzungsberechtigten neue Verpflichtungen auferlegen, so gebührt denselben dafür nach Vorschrift des §. 9 Entschädigung. Die Einführung neuer, so wie die Erhöhung bestehender Flößereiabgaben, darf nur mit

mit der Maßgabe, daß die in Bezug auf diese Angelegenheiten der Provinzial-Polizeibehörde beziehungsweise Bezirksregierung

---

Genehmigung des Ministeriums erfolgen, und sind dabei die Bestimmungen des §. 11 zu beachten.

Zweiter Abschnitt.

Nähere Bestimmungen der Rechte der Uferbesitzer.

§. 13. Das dem Uferbesitzer nach §. 1 zustehende Recht zur Benutzung des vorüberfließenden Wassers unterliegt der Beschränkung, daß

1. kein Rückstau über die Grenzen des eigenen Grundstücks hinaus und keine Ueberschwemmung oder Versumpfung fremder Grundstücke verursacht werden darf, und
2. das abgeleitete Wasser in das ursprüngliche Bett des Flusses zurückgeleitet werden muß, bevor dieser das Ufer eines fremden Grundstücks berührt.

Sind mehrere an einander grenzende Uferbesitzer über eine Anlage einverstanden, so werden die Grundstücke derselben, bei Anwendung der vorstehenden Beschränkungen, als ein einziges Grundstück angesehen.

§. 14. Gehören die gegenüber liegenden Ufer verschiedenen Besitzern, so hat ein jeder von beiden ein Recht auf Benutzung der Hälfte des Wassers (§. 27.).

§. 15. Wenn bei Ausführung einer Bewässerungs-Anlage ein öffentliches Interesse, wie das der Schifffahrt 2c. gefährdet, oder den unterhalb liegenden Einwohnern der nothwendige Bedarf an Wasser auf eine Weise entzogen würde, daß daraus ein Nothstand für ihre Wirthschaft zu besorgen wäre, so ist die Regierung nach vollständiger, unter Zuziehung der Betheiligten erfolgter Erörterung befugt, die Ableitung des Wassers in geeigneter Weise zu beschränken.

§. 16. Gegen Anlagen, welche der Uferbesitzer zur Benutzung des Wassers in Gemäßheit des ihm nach §§. 1. und 13. zustehenden Rechts unternimmt, kommt den Besitzern der bei Publikation des gegenwärtigen Gesetzes rechtmäßig bestehenden Mühlen und anderen Triebwerke ein Widerspruchsrecht zu, wenn dadurch

a) ein auf speziellere Rechtstitel beruhendes Recht zur ausschließlichen Benutzung des ganzen Wassers oder eines bestimmten Theils desselben ($^1/_4$, $^1/_3$ 2c.) beeinträchtigt, oder
b) das zum Betriebe in dem bisherigen Umfange nothwendige Wasser entzogen wird.

Wer künftig ein Triebwerk anlegt oder erweitert, ohne ein ausdrücklich verliehenes Recht zu haben, soll deshalb zu einem solchen Widerspruche nicht berechtigt sein.

§. 17. Wenn in dem Falle des §. 16. Litt. b.

1. der Uferbesitzer nachweist, daß der Betrieb in dem bisherigen Umfange das Maaß der dem Inhaber des Triebwerks zustehenden Berechtigung überschreitet, oder
2. der Inhaber des Triebwerks nachweist, daß ihm vermöge eines speziellen Rechtstitels die Befugniß zusteht, den Betrieb über den bisherigan Umfang auszudehnen,

so ist bei Prüfung des Widerspruchsrechts derjenige Umfang des Betriebes zum Grunde zu legen, welcher durch das Maaß der Berechtigung begründet ist.

§. 18. Fischereiberechtigte sollen zu einem Widerspruche gegen Bewässerungs-Anlagen fortan nicht weiter berechtigt sein, sondern nur auf Ersatz des ihnen daraus entstehenden Schadens Anspruch haben.

§. 19. Einer polizeilichen Erlaubniß bedarf der Uferbesitzer zu solchen Anlagen nicht; er ist dagegen befugt, die Vermittelung der Polizeibehörde in Anspruch zu nehmen,

1. wenn er sich darüber Sicherheit verschaffen will, welche Widerspruchsrechte oder Entschädigungsansprüche in Beziehung auf die von ihm beabsichtigten oder schon getroffenen Verfügungen
   a) über das zu Bewässerungen zu verwendende Wasser,
   b) über die zu bewässernden ihm zugehörigen Grundstücke,

beigelegten Befugnisse auf den Kreisausschuß, die der Ressortministerien auf das Verwaltungsgericht übergehen.

---

c) über denjenigen Theil, sowohl eigener als fremder Grundstücke, welcher zu den Wasserleitungen dienen soll,

stattfinden;

2. wenn er zur Ausführung neuer, oder zur Erhaltung bereits ausgeführter Bewässerungen verlangt, daß ein Anderer ihm ein Recht einräume, oder sich die Einschränkung eines Rechtes gefallen lasse, welches einen Widerspruch gegen die Anlage begründen würde.

§. 20. Wer die Vermittelung der Polizeibehörde zu dem in §. 19 Nr. 1 bezeichneten Zwecke in Anspruch nimmt, muß eine öffentliche Bekanntmachung über die Bewässerungsanlage unter Einreichung eines vollständigen Situationsplanes und der etwa erforderlichen Nivellements bei dem Landrathe, in dessen Kreise das zu bewässernde Grundstück belegen ist, in Antrag bringen.

Ist das Grundstück in mehreren Kreisen gelegen, so bestimmt die vorgesetzte Behörde den Landrath, welcher das Verfahren zu leiten hat.

§. 21. Die Bekanntmachung erfolgt:

1. durch die Amtsblätter der Regierungen, durch deren Bezirk der Fluß seinen Lauf nimmt und die Bewässerungsanlage sich erstreckt, zu drei verschiedenen Malen;
2. durch das Kreisblatt des Kreises, sofern ein solches Blatt vorhanden ist, ebenfalls zu dreien Malen;
3. in der Gemeine, in deren Bezirk das zu bewässernde Grundstück liegt, so wie in den zunächst angrenzenden Gemeinen durch Anschlag an der Gemeinestätte, oder in der örtlich sonst hergebrachten Publikationsweise.

Sie enthält mit Hinweisung auf den im Geschäftslokale des Landraths zur Einsicht ausgelegten Plan die Aufforderung:

etwanige Widerspruchsrechte und Entschädigungsansprüche binnen drei Monaten vom Tage des Erscheinens des ersten Amtsblattes an gerechnet, bei dem Landrathe anzumelden.

Die Aufforderung geschieht mit der Verwarnung, daß diejenigen, welche sich binnen der bestimmten Frist nicht gemeldet haben,

in Beziehung auf das zur Bewässerung zu verwendende Wasser sowohl ihres Widerspruchsrechts als des Anspruchs auf Entschädigung verlustig gehen,

und

in Beziehung auf das zu bewässernde oder zu den Wasserleitungen zu benutzende Terrain ihr Widerspruchsrecht gegen die Anlage verlieren, und nur einen Anspruch auf Entschädigung behalten.

§. 22. Nach Ablauf der Anmeldungsfrist (§. 21.) sind der Regierung die Verhandlungen einzureichen. Diese faßt, wenn sie die vorgeschriebenen Förmlichkeiten beobachtet findet, einen Bescheid ab, in welchem sie denjenigen, die sich gemeldet haben, ihre Rechte namentlich vorbehält, alle Andern aber mit ihren bei Erlaß des Bescheides bestehenden Rechten präkludirt.

Eine Ausfertigung des Präklusionsbescheides ist dem Provokanten zuzustellen, welcher sämmtliche Kosten des Verfahrens zu tragen hat.

Gegen diese Präklusion kann ein Restitutionsgesuch binnen zehntägiger Frist bei der Regierung angebracht werden.

§. 23. In den Fällen, in welchen über die Existenz oder den Umfang eines Rechtes, auf welches ein Widerspruch oder ein Entschädigungs-Anspruch gegründet wird, Streit entsteht, findet der Rechtsweg statt.

Ist dagegen nur die Frage zu erörtern, ob durch die Bewässerungs-Anlage einem zur Zeit der Publikation dieses Gesetzes bestehenden Triebwerke das zum Betriebe in dem bisherigen Umfange erforderliche Wasser entzogen werde (§. 16. Litt. b.), so steht die Entscheidung, mit Ausschluß des Rechtsweges, der Regierung zu, unter Vorbehalt des Rekurses an das Ministerium des Innern, welcher

Soweit gegen diese Entscheidung als interimistische der Rechtsweg offen steht, findet die Berufung an das Verwaltungsgericht nicht statt;

---

binnen einer präklusivischen Frist von sechs Wochen nach Bekanntmachung des Bescheides einzulegen ist.

§. 24. Zu den im §. 19. Nr. 2. bezeichneten Zwecken kann die Vermittelung der Polizeibehörde nur in Anspruch genommen werden in Fällen eines überwiegenden Landeskultur-Interesse und unter der Verpflichtung zu vollständiger Entschädigung.

§. 25. Unter diesen Bedingungen (§. 24.) kann der Unternehmer einer Bewässerungs-Anlage verlangen, daß ihm

1. zu den erforderlichen Wasserleitungen, insofern er solche auf seinem eigenen Grundstücke nicht herstellen kann, auf fremden Grundstücken eine Servitut eingeräumt,
2. die Benutzung des jenseitigen Ufers zum Anschlusse eines Stauwerks, so wie
3. eine Ausnahme von der im §. 13. Nr. 1. vorgeschriebenen Beschränkung gestattet werde, und daß
4. der Besitzer eines Triebwerks sich eine Beschränkung des ihm zustehenden Rechts auf Benutzung des Wassers (§§. 16, 17) gefallen lasse.

Unter gleichen Bedingungen (§. 24) kann der Uferbesitzer verlangen, daß ihm

5. gestattet werde, sein Recht auf Benutzung des Wassers in der §§. 1 und 13 bezeichneten Ausdehnung desselben einem unmittelbar an das Grundstück des Uferbesitzers angrenzenden Grundbesitzer abzutreten.

§. 26. In dem Falle des §. 25 zu 1 steht dem Eigenthümer des Grundstückes frei:

a) sich bei der Anlage und Benutzung der Wasserleitungen gegen verhältnißmäßige Uebernahme der Kosten zu betheiligen, in welchem Falle dann bei Feststellung des Bewässerungsplanes (§. 42) auch auf sein Interesse zum Zwecke der Bewässerung Rücksicht zu nehmen ist; oder
b) anstatt Einräumung einer Servitut, das Eigenthum des zu den Wasserleitungen erforderlichen Bodens dem Unternehmer der Anlage abzutreten, welcher dasselbe zu übernehmen verpflichtet ist. Wenn das ganze Grundstück des Provokaten, oder ein Theil desselben nach Anlage der Wasserleitungen von ihm nicht mehr zweckmäßig benutzt werden kann, so ist er befugt, das ganze Grundstück oder den betreffenden Theil, dessen Umfang die Regierung zu bestimmen hat, dem Provokanten ebenfalls als Eigenthum abzutreten.

Der Grundeigenthümer, welcher von diesen Rechten (a. und b.) Gebrauch machen will, muß sich darüber in einer präklusivischen Frist von drei Monaten nach Mittheilung des Antrages des Unternehmers erklären.

§. 27. In dem Falle des §. 25 Nr. 2 hat der Besitzer des jenseitigen Ufers die Wahl zwischen vollständiger Entschädigung oder Mitbenutzung des aufgestauten Wassers zur Hälfte. Wählt er ersteres oder erklärt er sich binnen drei Monaten nicht, so verliert er das Recht auf Mitbenutzung des Wassers; wählt er letzteres, so muß er die Hälfte der Kosten des Stauwerkes übernehmen.

§. 28. Wenn ein vom Unternehmer der Bewässerungsanlage beabsichtigter Rückstau (§. 25 Nr. 3) von der Art ist, daß dadurch die Entwässerungsfähigkeit der oberhalb liegenden Ländereien eines Dritten beeinträchtigt wird, so soll bei Beantwortung der Frage, ob ein überwiegendes Landeskultur-Interesse in der Anlage obwaltet, das Interesse der Entwässerung in zweifelhaften Fällen über das der Bewässerung gestellt werden.

§. 29. Wenn in dem Falle des §. 25 Nr. 3 durch die Bewässerungsanlage die Versumpfung eines fremden Grundstücks veranlaßt wird, so ist der Eigenthümer befugt, statt seines Anspruches auf vollständige Entschädigung (§. 45) das Eigenthum des ganzen versumpften Grundstücks oder desjenigen Theiles, der durch

2) die Entscheidung über Beschwerden gegen die von den Polizeibehörden (Amtsvorstehern und städtischen Polizeiverwaltungen)

---

die Versumpfung betroffen wird, dem Unternehmer der Anlage abzutreten, welcher dasselbe zu übernehmen verbunden ist.

§. 30. Anträge zu den im §. 25. bezeichneten Zwecken sind an die Vermittelungs-Kommission zu richten, welche in jedem Kreise eingesetzt werden und unter Vorsitz des Landraths aus Grundbesitzern der verschiedenen, die Kreisversammlung bildenden Stände, so wie aus einer angemessenen Zahl von Sachverständigen bestehen soll. Ueber die Zusammensetzung der Kommission hat die Regierung für jeden Kreis auf den Vorschlag der Kreisversammlung das Nähere festzusetzen. Die Mitglieder werden von der Kreisversammlung erwählt und von der Regierung bestätigt.

§. 31. Die Anträge (§. 30.) müssen mit einem Situationsplane, den erforderlichen Nivellements und einem sachverständigen Gutachten begleitet sein, und zugleich die Erklärung enthalten, daß der Provokant bereit sei, die Kosten der von den Behörden für nothwendig erachteten Ermittelungen zu tragen und auf Verlangen vorzuschießen, ingleichen die Provokaten vollständig zu entschädigen.

§. 32. Die Kreis-Vermittelungskommission prüft den Antrag an Ort und Stelle unter Zuziehung der Betheiligten, und stellt demnach die Vorfrage (§. 24.) fest:

ob wirklich ein überwiegendes Landeskultur-Interesse vorwalte?

Gegen die Entscheidung der Kommission steht dem Provokanten so wie dem Provokaten binnen sechs Wochen präklusivischer Frist der Rekurs an die Regierung und wenn die Entscheidung derselben von der Vermittelungskommission abweicht, in derselben Frist der Rekurs an das Ministerium des Innern offen.

§. 33. Ist auf diese Weise das Vorwalten eines überwiegenden Landeskultur-Interesse festgestellt, so ernennt die Regierung Kommissarien, welche unter Mitwirkung des Landraths die einzelnen Gegenstände des Antrages, so wie die dagegen erhobenen Widersprüche prüfen.

§. 34. Wird zu den Wasserleitungen die Benutzung von fremdem Grund und Boden verlangt (§. 25. Nr. 1.), so haben die Kommissarien ihre Prüfung besonders darauf zu richten:

ob und in welcher Ausdehnung die Führung der Wasserleitung über den fremden Grund und Boden zu der Anlage nothwendig sei?

welche Brücken, Ueberfahrten, Einfriedigungen 2c. eingerichtet und unterhalten werden müssen, um den Eigenthümer gegen Nachtheile in Benutzung des ihm verbleibenden Grundstücks zu sichern?

§. 35. Wird die Benutzung des jenseitigen Ufers zum Anschluß eines Stauwerkes verlangt (§. 25 Nr. 2), so ist der Ort zu ermitteln, welcher dem Provokaten am wenigsten nachtheilig und doch zweckentsprechend ist.

§. 36. Wird eine Beschränkung des Rechts verlangt, welches Besitzern von Triebwerken auf Benutzung des Wassers zusteht (§. 25 Nr. 4) so ist zu prüfen: in welchem Maße die Beschränkung erfolgen müsse, um die Erreichung des beabsichtigten Zweckes zu sichern.

§. 37. Ist über die Frage zu entscheiden:

ob durch die Bewässerungsanlage einem Triebwerke das Wasser entzogen werde, dessen der Besitzer bedarf, um sein Gewerbe in dem bisherigen Umfange (§. 16 b.) oder in dem Umfange seiner Berechtigung (§. 17) auszuüben,

so ist von dem Grundsatz auszugehen, daß der Besitzer des Triebwerks nicht genöthigt werden kann, sich eine Abänderung des innern Triebwerks gefallen zu lassen, daß er aber eine zweckmäßige Einrichtung der Stauwerke, des Gerinnes und des Wasserrades auf Kosten der Provokanten sich gefallen lassen muß. Bei Prüfung der gedachten Frage ist jederzeit eine solche zweckmäßige Einrichtung zu unterstellen und darnach die Entscheidnng zu treffen.

Der Provokant ist verbunden, die erwähnte Einrichtung auf seine Kosten zu bewirken, auch den Provokaten wegen des Verlustes zu entschädigen, der durch die Hemmung seines Gewerbebetriebes während der Dauer der Einrichtungsarbeiten

in Vorfluths- und andern wasserpolizeilichen Angelegenheiten erlassenen Verfügungen (§. 9. des Gesetzes vom 15. November

---

verursacht wird. Die bei der neuen Einrichtung gegen den früheren Zustand mehr entstehenden Unterhaltungskosten hat der Provokant als eine jährliche Rente an den Besitzer des Triebwerks zu zahlen und für ihre regelmäßige Zahlung Sicherheit zu leisten.

§. 38. Die Kommissarien sind befugt, die zur Ausführung ihres Auftrages nöthigen Ermittelungen, Vermessungen, Nivellements rc. zu veranlassen. Können diese Vorarbeiten nicht bewirkt werden, ohne fremde Grundstücke zu betreten, so müssen deren Eigenthümer sich solches gegen Vergütung des ihnen dadurch entstehenden Schadens gefallen lassen.

§. 39. Die Kommissarien haben sich die gütliche Beilegung der Streitpunkte möglichst angelegen sein zu lassen.

§. 40. Sie entwerfen demnächst mit Rücksicht auf das Ergebniß der Prüfung über die erhobenen Widersprüche und das von ihnen wahrzunehmende öffentliche Interesse den Plan zur Ausführung und Benutzung der Anlage, legen solchen den Parteien zur Erklärung vor, und überreichen ihn der Regierung mittelst gutachtlichen Berichts, in welchem alle Streitpunkte einzeln vorzutragen sind.

§. 41. Der Plan muß in Hinsicht auf die Art der Ausführnng, der Anlagen und deren Benutzung, so wie in Hinsicht auf die zur Ueberwachung derselben nöthigen Maßregeln alles dasjenige feststellen, was im besonderen, wie im öffentlichen Interesse erforderlich ist.

§. 42. Die Regierung hat auf Grund der kommissarischen Verhandlungen über die Genehmigung der Anträge (§. 30.) und über die Zulässigkeit der erhobenen Widersprüche zu entscheiden und die Bedingungen der Ausführung und Benutzung festzustellen.

§. 43. In dem Beschlusse (§. 42.) ist eine Frist festzusetzen, binnen welcher die Anlage von dem Unternehmer bei Verlust seines Rechts ausgeführt sein muß.

§. 44. Der Beschluß, welchem der von den Kommissarien vorgelegte Plan (§. 40.), so weit solcher genehmigt worden, beizufügen ist, wird sowohl dem Provokanten, als auch dem Provokaten bekannt gemacht. Jedem Theile steht dagegen der Rekurs an das Ministerium des Innern binnen sechs Wochen präklusivischer Frist nach Bekanntmachung des Beschlusses offen.

§. 45. Nachdem definitiv entschieden worden, in welchem Umfange die Einräumung oder Einschränkung eines Rechts zu Gunsten einer Bewässerungsanlage stattfinden soll, läßt die Regierung die dafür zu leistende vollständige Entschädigung durch drei von ihr zu ernennende Taxatoren unter Zuziehung sämmtlicher Betheiligten ermitteln, und setzt solche unter Zuschlagung von 25 Prozent des ermittelten Betrages durch einen Beschluß fest, welcher den Betheiligten bekannt zu machen ist.

Die Kosten dieser Abschätzung hat der Unternehmer der Bewässerungsanlage allein zu tragen.

§. 46. Wenn der Provokat nach den Grundsätzen der §§. 26. und 29. Land abtritt, so ist er befugt, da wo es den örtlichen Verhältnissen nach zulässig ist, aus dem Grundbesitze des Provokanten eine Landabfindung zu fordern, deren Werth der nach §. 45. festgestellten Entschädignngssumme gleich kommt. Sofern die Bewässerungsanlage nicht zur Ausführung kommt, oder späterhin wieder eingeht, kann der Provokat das von ihm abgetretene Land gegen Rückgabe der erhaltenen Entschädigung wieder zurückfordern.

§. 47. Dem Berechtigten steht, wenn er sich durch die von der Regierung festgestellte Entschädigung (§§. 45. und 46.) nicht für befriedigt hält, binnen sechs Wochen nach Bekanntmachung des Beschlusses der Rekurs an das Revisionskollegium frei. Dasselbe stellt nach Revision der Abschätzung, wobei anderweitige Ermittelungen gestattet sind, die Entschädigung mit Ausschließung jedes weiteren Rechtsmittels, so wie des Rechtsweges definitiv nach den Grundsätzen der §§. 45. und 46. fest.

Dem Unternehmer der Bewässerungsanlage ist kein Rekurs gestattet.

1811., §§. 3. — 6. des Gesetzes vom 28. Februar 1843., §. 13. des Gesetzes vom 9. Februar 1867. u. s. w.);

Aus Neuvorpommern und Rügen gehen die Rekurse an das Revisionskollegium zu Stettin.

§. 48. In der Rekursschrift muß der Mehrbetrag der Entschädigungssumme oder Landabfindung, welchen der Berechtigte fordert, bestimmt ausgedrückt sein.

Wird dem Berechtigten keine höhere Entschädigung als die von der Regierung festgesetzte (§§. 45, 46) zuerkannt, so hat derselbe sämmtliche Kosten der Rekurs-Instanz zu tragen.

Erstreitet er den ganzen geforderten Mehrbetrag, so fallen diese Kosten sämmtlich dem Unternehmer der Bewässerungsanlage zur Last.

Wenn der Berechtigte zwar nicht den ganzen geforderten Betrag, aber doch mehr als ihm von der Regierung zugebilligt worden, erstreitet, so findet zwischen beiden Theilen eine verhältnißmäßige Vertheilung der Kosten statt.

§. 49. Dem Unternehmer der Bewässerungsanlage steht frei, von deren Ausführung auch nach bereits erfolgter definitiver Feststellung der Entschädigungssumme abzustehen; er muß aber in diesem Falle auch diejenigen Kosten übernehmen, welche dem Provokaten zur Last gestellt worden sind.

§. 50. Die Einziehung und Auszahlung oder gerichtliche Deposition der festgestellten Entschädigungssumme liegt der Regierung ob.

§. 51. Sämmtliche Verhandlungen, welche durch das nach Vorschrift des §. 19 Nr. 1 und 2 eingeleitete Verfahren, imgleichen durch das Verfahren zur Ermittelung der Entschädigung (§§. 45, 46) und durch die Einziehung und Auszahlung oder Deposition der Entschädigungsgelder (§. 50) veranlaßt werden, sind gebühren- und stempelfrei, und es werden nur die baaren Auslagen in Ansatz gebracht; in Prozessen (§. 23) und in der Rekurs-Instanz wegen Festsetzung der Entschädigung (§. 47) sind jedoch Gebühren und Stempel zu entrichten.

§. 52. Die Ausführung der Bewässerungsanlage darf erst nach geschehener Zahlung oder Deposition der Entschädigungssumme erfolgen, im Falle der Berufung an das Revisionskollegium (§. 47) kann jedoch die Regierung die vorläufige Ausführung gestatten, wenn der Unternehmer für den von der Regierung festgesetzten Betrag (§. 45) Kaution leistet.

§. 53. Ist über ein auf speziellem Titel beruhendes Widerspruchsrecht ein Prozeß entstanden (§. 23), so kann die Ausführung der Anlage von der Regierung vorläufig gestattet werden, wenn der Unternehmer für Schaden und Kosten Kaution leistet. Ueber die Zulänglichkeit der Kaution hat die Regierung nach Vernehmung des Widersprechenden, zu entscheiden.

§. 54. Der Unternehmer der Anlage kann in dem Falle des §. 53, um vor der Ausführung den Betrag der etwa zu leistenden Entschädigung übersehen zu können, darauf antragen, daß die Entschädigungssumme nach Vorschrift der §§. 45 und ff. im Voraus ermittelt und festgestellt werde.

§. 55. Die Vorschriften der §§. 45 und 46 finden auch Anwendung auf die den Fischereiberechtigten zu leistende Entschädigung (§. 18), die Ausführung der Anlage soll jedoch von der Feststellung dieser Entschädigung niemals abhängig sein.

Dritter Abschnitt.

Genossenschaften zu Bewässerungsanlagen.

§. 56. Wenn Unternehmungen zur Benutzung des Wassers, deren Vortheile einer ganzen Gegend zu Gute kommen, nur durch ein gemeinsames Wirken zu Stande zu bringen und fortzuführen sind, so können die Betheiligten zu gemeinsamer Anlegung und Unterhaltung der erforderlichen Wasserwerke durch landesherrliche Verordnung verpflichtet und zu besonderen Genossenschaften vereinigt werden.

§. 57. Für jede solche Genossenschaft sollen, nachdem die Betheiligten mit ihren Anträgen und Erinnerungen gehört worden, folgende Punkte durch ein landesherrlich vollzogenes Statut näher bestimmt werden:

3) die Abfassung des Präklusionsbescheides bei Bewässerungs- und Entwässerungsanlagen in Gemäßheit der §§. 19—22. des Ge-

---

a) der Umfang der gemeinsamen Zwecke und der Plan, nach welchem verfahren werden soll;
b) die Vertheilung der zur Anlegung und Unterhaltung der Anstalten erforderlichen Beiträge und Leistungen nach dem Verhältnisse der hieraus erwachsenden Vortheile;
c) die innere Verfassung des Verbandes.

Ist eine Genossenschaft unter freiwilliger Zustimmung aller Betheiligten zu Stande gekommen, so ist der Minister des Innern ermächtigt, das vereinbarte Statut zu genehmigen und zur Ausführung bringen zu lassen.

§. 58. Der Minister des Innern wird die Regierungen wegen Bildung solcher Genossenschaften und wegen Vorbereitung der Statute mit näherer Anweisung versehen.

§. 59. Wo dergleichen Genossenschaften unter obrigkeitlicher Autorität bereits vorhanden sind, verbleibt es bei den für sie bestehenden Statuten oder Reglements bis zu deren Revision und Abänderung im verfassungsmäßigen Wege.

Urkundlich haben Wir dieses Gesetz Höchsteigenhändig vollzogen und mit Unserm Königlichen Insiegel bedrucken lassen.

Gegeben Berlin, den 28. Februar 1843.

(L. S.) **Friedrich Wilhelm.**

Frh. v. Müffling. Mühler. v. Savigny. v. Bodelschwingh.
Graf zu Stolberg. Graf v. Arnim."

4. Gesetz, betreffend das für Entwässerungs-Anlagen einzuführende Aufgebots- und Präklusions-Verfahren. Vom 23. Januar 1846. (G.-S. S. 26.)

„Wir Friedrich Wilhelm, von Gottes Gnaden 2c. 2c.

Um den Schutz, welchen das Gesetz vom 28. Februar 1843 über die Benutzung der Privatflüsse in den §§. 19. bis 22. den Bewässerungs-Anlagen durch Gestattung eines Aufgebots- und Präklusions-Verfahrens gewährt, auch den Entwässerungs-Anlagen zu Theil werden zu lassen, verordnen Wir zur Ergänzung des Gesetzes wegen des Wasserstaues bei Mühlen und Verschaffung der Vorfluth vom 15. November 1811 für diejenigen Landestheile, in welchen dieses letztere Gesetz Anwendung findet, auf den Antrag Unseres Staatsministeriums und nach vernommenem Gutachten Unseres Staatsraths, was folgt:

§. 1. Der Unternehmer einer Entwässerungs-Anlage ist befugt, die Vermittelung der Polizeibehörde in Anspruch zu nehmen, wenn er sich darüber Sicherheit verschaffen will, ob und welche privatrechtliche Widerspruchsrechte oder Entschädigungs-Ansprüche stattfinden:

1) in Beziehung auf die von ihm beabsichtigten oder schon getroffenen Verfügungen
   a. über das abzuleitende Wasser,
   b. über die zu entwässernden, ihm zugehörenden Grundstücke,
   c. über denjenigen Theil, sowohl eigener als fremder Grundstücke, welcher zu den Wasserleitungen dienen soll;
2) in Beziehung auf die in Folge der neuen Anlage zu erwartende oder schon eingetretene Senkung des Wasserstandes.

§. 2. Wer von dieser Befugniß (§. 1.) Gebrauch machen will, muß eine öffentliche Bekanntmachung über die Entwässerungs-Anlage, unter Einreichung eines vollständigen Situationsplans und der etwa erforderlichen Nivellements, in welchen stets der höchste und der niedrigste Wasserstand anzugeben ist, bei dem Landrath, in dessen Kreise das zu entwässernde Grundstück belegen ist, in Antrag bringen.

Ist das Grundstück in mehreren Kreisen gelegen, so bestimmt die vorgesetzte Behörde den Landrath, welcher das Verfahren leiten soll.

§. 3. Die Bekanntmachung erfolgt:

1) durch die Amtsblätter der Regierungsbezirke, durch welche die Entwässe-

setzes vom 28. Februar 1843., des Gesetzes vom 23. Januar 1846. (Gesetz-Samml. S. 26.) und des Artikels 3. des Gesetzes vom 11. Mai 1853. (Gesetz-Samml. S. 182.);

4) der Erlaß von Reglements über die Räumung von Gräben

---

rungs-Anlage sich erstreckt und das abgeleitete Wasser seinen Lauf nimmt, zu drei verschiedenen Malen;

2) durch das Kreisblatt des Kreises, sofern ein solches Blatt vorhanden ist, ebenfalls zu dreien Malen;

3) in der Gemeine, in deren Bezirk das zu entwässernde Grundstück liegt, so wie in den zunächst angrenzenden Gemeinen, durch Anschlag an der Gemeinestätte oder in der örtlich sonst hergebrachten Publikationsweise.

Sie enthält, mit Hinweisung auf den im Geschäftslokal des Landraths zur Einsicht ausgelegten Plan, die Aufforderung:

etwaige Widerspruchsrechte und Entschädigungsansprüche binnen drei Monaten, vom Tage des Erscheinens des ersten Amtsblattes an gerechnet, bei dem Landrathe anzumelden.

Die Aufforderung geschieht mit der Verwarnung, daß diejenigen, welche sich binnen der bestimmten Frist nicht gemeldet haben, in Betreff der Ableitung des Wassers und der davon zu erwartenden oder schon eingetretenen Senkung des Wasserstandes, sowohl ihres Widerspruchsrechtes, als des Anspruchs auf Entschädigung verlustig gehen,

und

in Betreff des zu entwässernden oder zu den Wasserleitungen zu benutzenden Terrains ihr Widerspruchsrecht gegen die Anlage verlieren und nur einen Anspruch auf Entschädigung behalten.

§. 4. Die Besitzer derjenigen Grundstücke, denen das Wasser zugeleitet wird, werden in Beziehung auf die Ansprüche wegen solcher Nachtheile, welche durch die neue Zuleitung des Wassers für die Grundstücke entstehen, von der Präklusion nicht betroffen.

§. 5. Nach Ablauf der Anmeldungsfrist (§. 3) hat der Landrath die Verhandlungen der Regierung einzureichen. Diese faßt, wenn sie die vorgeschriebenen Förmlichkeiten beobachtet findet, einen Bescheid ab, in welchem sie denjenigen, die sich gemeldet haben, ihre Rechte namentlich vorbehält, alle Anderen aber mit ihren bei Erlaß des Bescheides bestehenden Rechten präkludirt.

§. 6. Von dem Präklusionsbescheid wird eine Ausfertigung dem Provokanten zugestellt, eine zweite aber in der Registratur der Regierung, welche den Bescheid abgefaßt hat, zur Einsicht für Jedermann ausgelegt, und daß Letzteres geschehen, durch das Amtsblatt dieser Regierung einmal angezeigt.

Wenn die das Verfahren einleitende Bekanntmachung nach §. 3 Nr. 1 durch die Amtsblätter auch noch anderer Regierungen publizirt worden war, so ist die Anzeige von der Abfassung und Auslegung des Präklusionsbescheides auch in diese Amtsblätter einmal einzurücken.

§. 7. Restitutionsgesuche gegen den Präklusionsbescheid müssen bei der Regierung, die solchen abgefaßt hat, und zwar innerhalb derjenigen sechs Wochen angebracht werden, welche auf den Tag folgen, an dem das Amtsblatt dieser Regierung, welches die Anzeige (§. 6) enthält, ausgegeben wurde.

§. 8. Der Provokant hat sämmtliche Kosten des Verfahrens zu tragen. Als solche sind indessen nur die entstandenen baaren Auslagen, nicht aber auch Gebühren oder Stempel in Ansatz zu bringen.

Urkundlich unter Unserer Höchsteigenhändigen Unterschrift und beigedrucktem Königlichen Insiegel.

Gegeben Berlin, den 23. Januar 1846.

(L. S.) **Friedrich Wilhelm.**

v. Rochow. v. Savigny. v. Bodelschwingh. Uhden.

und Wasserläufen auf Grund des §. 3. des Gesetzes für Neuvorpommern vom 9. Februar 1867.

Sind in den Fällen zu 1., 3. und 4. mehrere Kreise betheiligt, so bezeichnet das Verwaltungsgericht denjenigen Kreisausschuß, welcher die Sache zu erledigen hat;

5) die in den §§. 30. bis 32. des Gesetzes vom 28. Februar 1843. vorgesehenen Funktionen der Kreis-Vermittelungskommission bei Bewässerungsanlagen.

IV. In feldpolizeilichen Angelegenheiten:

1) die resolutorische Einscheidung in Pfandgeld-Streitsachen in Gemäßheit des §. 67. der Feldpolizei-Ordnung vom 1. November

---

5. Gesetz, betreffend die Einführung des dritten Abschnittes des Gesetzes über die Benutzung der Privatflüsse vom 28. Februar 1843 in den Hohenzollernschen Landen, ferner die Bildung von Genossenschaften zu Entwässerungsanlagen, und die Anwendung der Vorfluthsgesetze auf unterirdische Wasserableitungen. Vom 11. Mai 1853. (G.-S. S. 182.)

„Wir Friedrich Wilhelm ꝛc. ꝛc. verordnen, unter Zustimmung der Kammern, was folgt:

Artikel 1.

Der dritte Abschnitt des Gesetzes über die Benutzung der Privatflüsse vom 28. Februar 1843

(folgt der Abdruck der §§. 56—59 a. a. O. vergl. oben sub Nr. 3)

soll fortan auch in den Hohenzollernschen Landen Anwendung finden.

Artikel 2.

Die Artikel 1 angeführten Vorschriften des Gesetzes über die Benutzung der Privatflüsse vom 28. Februar 1843, welche die Bildung von Genossenschaften zu Bewässerungsanlagen betreffen, werden hiermit auch auf Genossenschaften zu Entwässerungsanlagen ausgedehnt, doch sollen Genossenschaften für Drainanlagen für jetzt nur bei freiwilliger Zustimmung aller Betheiligten gebildet werden.

Artikel 3.

Die bestehenden gesetzlichen Vorschriften über Anlegung von Entwässerungsgräben durch fremde Grundstücke finden auch Anwendung auf Ableitungen des Wassers unter der Erde in bedeckten Kanälen oder in Röhren (Drains).

Urkundlich unter Unserer Höchsteigenhändigen Unterschrift und beigedrucktem Königlichen Insiegel.

Gegeben Berlin, den 11. Mai 1853.

(L. S.) **Friedrich Wilhelm.**

v. Manteuffel. v. d. Heydt. Simons. v. Raumer. v. Westphalen.
v. Bodelschwingh. v. Bonin.

6. Das Vorfluthsgesetz vom 9. Februar 1867 (Ges.-Samml. S. 220) bezieht sich nur auf Neu-Vorpommern und Rügen.

Zu § 135. No. IV.

1. Feldpolizei-Ordnung vom 1. November 1847 (G.-S. S. 376.)

§. 40. Tauben, welche Jemand hält, ohne ein wirkliches Recht dazu zu haben, sind, wenn sie im Freien betroffen werden, ein Gegenstand des Thierfanges. (Allgem. Landrecht Thl. I. Tit. 9. §. 111.)

Durch Gemeinde-Beschlüsse kann aber sowohl in Städten, als in ländlichen Gemeinden bestimmt werden, daß auch die Tauben desjenigen, welcher ein Recht hat, solche zu halten, wenn dieselben zur Saat- und Aerndtezeit im Freien und besonders auf den Aeckern betroffen werden, Gegenstand des Thierfangs sein

1847. (Gesetz-Samml. S. 376.) in letzter Instanz auf Berufung gegen Entscheidungen des Amtsvorstehers, beziehungsweise der städtischen Polizeibehörde;

2) die Entscheidung über Beschwerden gegen die Verfügungen der Amtsvorsteher und der städtischen Polizeiverwaltungen;

---

sollen. Dergleichen Gemeinde-Beschlüsse bedürfen jedoch zu ihrer Gültigkeit der Bestätigung der Regierung.

§. 55. Die Festsetzung der Kosten für Wartung, Stallung und Fütterung der gepfändeten Viehstücke steht der Orts-Polizei-Behörde zu. Die Regierungen sind befugt, für alle oder für einzelne Kreise, nach Vernehmung der Kreisstände, allgemein geltende Sätze für Kosten dieser Art zu bestimmen.

§. 64. Der Schade ist an Orten, wo Dorfgerichte vorhanden sind, durch diese, sonst aber durch andere vereidete Sachverständige abzuschätzen.

Sind die Dorfgerichte oder die ganze Gemeinde bei dem Ausgange der Sache betheiligt, so muß die Abschätzung durch benachbarte unbetheiligte Dorfgerichte oder durch andere Sachverständige geschehen.

§. 65. Für Orte oder Bezirke, wo ein Bedürfniß dazu obwaltet, sind zu dergleichen Abschätzungen (§. 64.) sachverständige Taxatoren zu bestellen und ein für allemal gerichtlich zu vereiden. Auf dem Lande erfolgt eine solche Bestellung auf den Vorschlag der Ortsbehörden durch den Landrath, in den Städten durch den Magistrat.

§. 66. Die den Taxatoren zu gewährenden Gebühren sind von demjenigen, welcher die Abschätzung beantragt hat, mit Vorbehalt seines Regresses an den Beschädiger, zu zahlen.

Die Regierungen sind befugt, die Sätze solcher Gebühren für ganze Kreise nach Vernehmung der Kreisstände oder für einzelne Orte nach Vernehmung der Ortsbehörden und Gemeinden allgemein festzustellen.

§. 67. Gegen die Entscheidung der Polizei-Behörde über Pfandgeld und Kosten kann jede Partei, welche sich dadurch verletzt erachtet, innerhalb der nächsten zehn Tage, nach der ihr geschehenen Verkündung der Entscheidung, den Rekurs an die vorgesetzte Regierung einlegen.

Uebersteigt die Summe, über welche entschieden ist, den Betrag von zehn Thalern, so steht der Beschwerde führenden Partei frei, binnen jener Frist statt des Rekurses an die Regierung auf gerichtliche Erörterung und Entscheidung der Sache anzutragen; hat dieselbe jedoch den Rekurs einmal eingelegt, so kann sie die gerichtliche Erörterung nicht mehr fordern.

Gegen die in Folge des Rekurses von der Regierung getroffene Entscheidung ist kein weiteres Rechtsmittel zulässig.

2. Außer den Bestimmungen der Feldpolizeiordnung sind bei Handhabung der Feldpolizei auch die folgenden Vorschriften des Strafgesetzbuchs zu beachten:

§. 366. Mit Geldbuße bis zu zwanzig Thalern oder mit Haft bis zu vierzehn Tagen wird bestraft:

7) wer Steine oder andere harte Körper oder Unrath auf Menschen, auf Pferde oder andere Zug- oder Lastthiere, gegen fremde Häuser, Gebäude oder Einschließungen, oder in Gärten oder eingeschlossene Räume wirft.

§. 368. Mit Geldstrafe bis zu zwanzig Thalern oder mit Haft bis zu vierzehn Tagen wird bestraft:

1) wer den polizeilichen Anordnungen über die Schließung der Weinberge zuwiderhandelt;

2) wer das durch gesetzliche oder polizeiliche Anordnungen gebotene Raupen unterläßt.

9) wer unbefugt über Gärten oder Weinberge, oder vor beendeter Erndte über Wiesen oder bestellte Aecker, oder über solche Aecker, Wiesen, Weiden oder Schonungen, welche mit einer Einfriedigung versehen sind, oder deren

3) die Bestätigung von Gemeindebeschlüssen über die Freigebung des Thierfanges während der Saat- und Erndtezeit auf Grund des §. 40. ebendaselbst;

4) die Festsetzung von allgemeinen Werthsätzen für Wartung und Fütterung gepfändeter Viehstücke nach §. 55. und von allgemeinen Gebührensätzen für Taxatoren nach §. 66. ebendaselbst.

Betreten durch Warnungszeichen untersagt ist, oder auf einem durch Warnungszeichen geschlossenen Privatwege geht, fährt, reitet oder Vieh treibt.

§. 370. Mit Geldbuße bis zu funfzig Thalern oder mit Haft wird bestraft:

1) wer unbefugt ein fremdes Grundstück, einen öffentlichen oder Privatweg oder einen Grenzrain durch Abgraben oder Abpflügen verringert;

2) wer unbefugt von öffentlichen oder Privatwegen Erde, Steine oder Rasen oder aus Grundstücken, welche einem Anderen gehören, Erde, Lehm, Sand, Grand oder Mergel gräbt, Plaggen oder Bülten haut, Rasen, Steine, Mineralien, zu deren Gewinnung es einer Verleihung, einer Konzession oder einer Erlaubniß der Behörde nicht bedarf, oder ähnliche Gegenstände wegnimmt.

3. Für die Verjährung der Uebertretungen der Feldpolizei kommt der §. 67. des Reichsstrafgesetzbuchs und der §. 9. des Gesetzes vom 14. Mai 1852 über die vorläufige Straffestsetzung wegen Uebertretungen (vgl. in der Anm. zu §. 63.) in Betracht. Es verjähren danach die Uebertretungen dieser Art in drei Monaten.

4. Für das Verfahren bei Untersuchung und Entscheidung über die mit Strafe bedrohten Uebertretungen ist seit Erlaß der Feldpolizei-Ordnung eine wesentliche Aenderung der bezüglichen Bestimmungen derselben (§§. 68. und 69.) eingetreten.

Nach dem Artikel VIII. des Einführungs-Gesetzes zum Strafgesetzbuch vom 14. April 1851 steht in solchen Fällen die Untersuchung und Entscheidung den Einzelrichtern zu, bei welchen der Polizei-Anwalt Anklage zu erheben hat. Diesem haben deshalb die Lokal-Polizeibehörden von jeder Uebertretung einer feldpolizeilichen Straf-Vorschrift Anzeige zu machen, es sei denn, daß sie von der ihnen durch das Gesetz vom 14. Mai 1852 beigelegten Ermächtigung, solche Strafen vorläufig festzusetzen, Gebrauch machen wollen.

In diesem letzteren Falle kommen indeß folgende Grundsätze zur Anwendung:

1) der Polizeiverwalter darf sich dieser Befugniß nur bedienen, wenn wirklich eine Uebertretung, also eine Handlung vorliegt, welche die Gesetze im höchsten Maße nur mit Gefängnißstrafe bis zu sechs Wochen oder mit Geldbuße bis zu funfzig Thalern bedrohen; handelt es sich um ein Vergehen oder Verbrechen, wie z. B. Diebstahl oder böswillige Beschädigung (§. 8. a. a. O.), so ist darüber dem Staatsanwalt des Bezirks Anzeige zu erstatten;

2) er darf keine höhere Strafe als fünf Thaler Geldbuße oder dreitägiges Gefängniß aussprechen (§. 1. a. a. O.); erachtet er eine höhere Strafe für angemessen, so muß er die Verfolgung dem Polizei-Anwalt überlassen (§. 1. a. a. O.);

3) gegen die Strafverfügung des Polizei-Verwalters findet kein Rekurs an dessen vorgesetzte Behörde statt, sondern dem Angeschuldigten steht nur frei, innerhalb zehn Tagen, vom Tage der Insinuation der Verfügung an, bei dem Polizei-Verwalter, dem Polizei-Richter oder dem Polizei-Anwalt auf gerichtliche Entscheidung anzutragen (§. 5. a. a. O.);

4) dem Antragenden muß eine Bescheinigung über die erfolgte Anmeldung kostenfrei ertheilt werden (ebenda).

Nach dem Vorstehenden wird auch in den Fällen, wo es sich um eine mit Strafe bedrohte Uebertretung handelt, in der Regel dieselbe Polizeibehörde vorläufig die Strafe festsetzen können, welcher die Entscheidung zusteht, sobald es sich

V. In gewerbepolizeilichen Angelegenheiten:

1) die resolutorische Entscheidung in Angelegenheiten, betreffend die Errichtung oder Veränderung gewerblicher Anlagen, be-

---

nur um die Kosten, Pfändung oder Schadensermittelung handelt. Es wird sich dies Verfahren überall empfehlen, wo der Polizei-Verwalter bei einer Uebertretung keine höhere Strafe, als fünf Thaler Geldbuße oder dreitägiges Gefängniß für angemessen erachtet.

Erst in den späteren Stadien unterscheidet sich das Verfahren.

Der Rekurs gegen die Entscheidung der Polizeibehörde über Pfandgeld und Kosten geht nach §. 67. der Feldpolizeiordnung in Verbindung mit §. 135. Nr. IV. der Kreisordnung an den Kreisausschuß, resp. an das Gericht, welches in den Formen des Civilprozesses entscheidet.

Der Einspruch gegen die Straffestsetzung des Polizeiverwalters geht immer an das Gericht, und zwar an den die Strafsachen entscheidenden Einzelrichter, welcher unter Zuziehung des Polizei-Anwalts zu erkennen hat.

Zu § 135. No. V.

1. Gewerbe-Ordnung für den Norddeutschen Bund. Vom 21. Juni 1869. (Bundesgesetzblatt Seite 245).

§. 16. Zur Errichtung von Anlagen, welche durch die örtliche Lage oder die Beschaffenheit der Betriebsstätte für die Besitzer oder Bewohner der benachbarten Grundstücke oder für das Publikum überhaupt erhebliche Nachtheile, Gefahren oder Belästigungen herbeiführen können, ist die Genehmigung der nach den Landesgesetzen zuständigen Behörde erforderlich. Es gehören dahin:

Schießpulverfabriken, Anlagen zur Feuerwerkerei und zur Bereitung von Zündstoffen aller Art, Gasbereitungs- und Gasbewahrungs-Anstalten, Anstalten zur Destillation von Erdöl, Anlagen zur Bereitung von Braunkohlentheer, Steinkohlentheer und Koaks, sofern sie außerhalb der Gewinnungsorte des Materials errichtet werden, Glas- und Rußhütten, Kalk-, Ziegel- und Gypsöfen, Anlagen zur Gewinnung roher Metalle, Röstöfen, Metallgießereien, sofern sie nicht bloße Tiegelgießereien sind, Hammerwerke, chemische Fabriken aller Art, Schnellbleichen, Firnißsiedereien, Stärkefabriken, mit Ausnahme der Fabriken zur Bereitung von Kartoffelstärke, Stärke-Syrupsfabriken, Wachstuch-, Darmsaiten-, Dachpappen- und Dachfilzfabriken, Leim-, Thran- und Seifensiedereien, Knochen-Brennereien, Knochendarren, Knochenkochereien und Knochenbleichen, Zubereitungs-Anstalten für Thierhaare, Talgschmelzen, Schlächtereien, Gerbereien, Abdeckereien, Poudretten- und Düngpulverfabriken, Stauanlagen für Wassertriebwerke (§. 23).

Das vorstehende Verzeichniß kann, je nach Eintritt oder Wegfall der im Eingang gedachten Voraussetzung, durch Beschluß des Bundesrathes, vorbehaltlich der Genehmigung des nächstfolgenden Reichstages, abgeändert werden.

§. 17. Dem Antrage auf die Genehmigung einer solchen Anlage müssen die zur Erläuterung erforderlichen Zeichnungen und Beschreibungen beigefügt werden.

Ist gegen die Vollständigkeit dieser Vorlagen nichts zu erinnern, so wird das Unternehmen mittelst einmaliger Einrückung in das zu den amtlichen Bekanntmachungen der Behörde (§. 16) bestimmte Blatt zur öffentlichen Kenntniß gebracht, mit der Aufforderung, etwaige Einwendungen gegen die neue Anlage binnen vierzehn Tagen anzubringen. Die Frist nimmt ihren Anfang mit Ablauf des Tages, an welchem das die Bekanntmachung enthaltende Blatt ausgegeben worden, und ist für alle Einwendungen, welche nicht auf privatrechtlichen Titeln beruhen, präklusivisch.

§. 18. Werden keine Einwendungen angebracht, so hat die Behörde zu prüfen, ob die Anlage erhebliche Gefahren, Nachtheile oder Belästigungen für das Publikum herbeiführen könne. Auf Grund dieser Prüfung, welche sich zugleich auf die Beachtung der bestehenden bau-, feuer- und gesundheitspolizeilichen Vorziehungsweise die Ertheilung der Genehmigung zu denselben auf Grund der §§. 16 — 25. der Gewerbeordnung für den

---

schriften erstreckt, ist die Genehmigung zu versagen, oder, unter Festsetzung der sich als nöthig ergebenden Bedingungen, zu ertheilen. Zu den letzteren gehören auch diejenigen Anordnungen, welche zum Schutze der Arbeiter gegen Gefahr für Gesundheit und Leben nothwendig sind. Der Bescheid ist schriftlich auszufertigen und muß die festgesetzten Bedingungen enthalten; er muß mit Gründen versehen sein, wenn die Genehmigung versagt oder nur unter Bedingungen ertheilt wird.

§. 19. Einwendungen, welche auf besonderen privatrechtlichen Titeln beruhen, sind zur richterlichen Entscheidung zu verweisen, ohne daß von der Erledigung derselben die Genehmigung der Anlage abhängig gemacht wird.

Andere Einwendungen dagegen sind mit den Parteien vollständig zu erörtern. Nach Abschluß dieser Erörterung erfolgt die Prüfung und Entscheidung nach den im §. 18 enthaltenen Vorschriften. Der Bescheid ist sowohl dem Unternehmer, als dem Widersprechenden zu eröffnen.

§. 20. Gegen den Bescheid ist Rekurs an die nächstvorgesetzte Behörde zulässig, welcher bei Verlust desselben binnen vierzehn Tagen, vom Tage der Eröffnung des Bescheides an gerechnet, gerechtfertigt werden muß.

Der Rekursbescheid ist den Parteien schriftlich zu eröffnen und muß mit Gründen versehen sein.

§. 21. Die näheren Bestimmungen über die Behörden und das Verfahren, sowohl in der ersten als in der Rekurs-Instanz, bleiben den Landesgesetzen vorbehalten. Es sind jedoch folgende Grundsätze einzuhalten:

1) In erster oder in zweiter Instanz muß die Entscheidung durch eine kollegiale Behörde erfolgen. Diese Behörde ist befugt, Untersuchungen an Ort und Stelle zu veranlassen, Zeugen und Sachverständige zu laden und eidlich zu vernehmen, überhaupt den angetretenen Beweis in vollem Umfange zu erheben.
2) Bildet die kollegiale Behörde die erste Instanz, so ertheilt sie ihre Entscheidung in öffentlicher Sitzung, nach erfolgter Ladung und Anhörung der Parteien, auch in dem Falle, wenn zwar Einwendungen nicht angebracht sind, die Behörde aber nicht ohne Weiteres die Genehmigung ertheilen will und der Antragsteller innerhalb vierzehn Tagen nach Empfang des, die Genehmigung versagenden oder nur unter Bedingungen ertheilenden Bescheides der Behörde auf mündliche Verhandlung anträgt.
3) Bildet die kollegiale Behörde die zweite Instanz, so ertheilt sie stets ihre Entscheidung in öffentlicher Sitzung, nach erfolgter Ladung und Anhörung der Parteien.
4) Als Parteien sind der Unternehmer (Antragsteller), sowie diejenigen Personen zu betrachten, welche Einwendungen erhoben haben.

§. 22. Die durch unbegründete Einwendungen erwachsenden Kosten fallen dem Widersprechenden, alle übrigen Kosten, welche durch das Verfahren entstehen, dem Unternehmer zur Last.

In den Bescheiden über die Zulässigkeit der neuen Anlage wird zugleich die Vertheilung der Kosten festgesetzt.

§. 23. Bei den Stauanlagen für Wassertriebwerke sind außer den Bestimmungen der §§. 17. bis 22. die dafür bestehenden landesgesetzlichen Vorschriften anzuwenden.

Der Landesgesetzgebung bleibt vorbehalten, für solche Orte, in welchen öffentliche Schlachthäuser in genügendem Umfange vorhanden sind, oder errichtet werden, die fernere Benutzung bestehender und die Anlage neuer Privatschlächtereien zu untersagen.

Der Landesgesetzgebung bleibt ferner vorbehalten, zu verfügen, in wie weit durch Ortsstatuten darüber Bestimmung getroffen werden kann, daß einzelne Ortstheile vorzugsweise zu Anlagen der in §. 16. erwähnten Art zu bestimmen, in

Norddeutschen Bund vom 21. Juni 1869. (Bundes-Gesetzbl. S. 245.), soweit Anlagen der nachbezeichneten Art in Frage stehen:

Gasbereitungs- und Gasbewahrungsanstalten, Anstalten zur

---

anderen Ortstheilen aber dergleichen Anlagen entweder gar nicht oder nur unter besonderen Beschränkungen zuzulassen sind.

§. 24. Zur Anlegung von Dampfkesseln, dieselben mögen zum Maschinenbetriebe bestimmt sein oder nicht, ist die Genehmigung der nach den Landesgesetzen zuständigen Behörde erforderlich. Dem Gesuche sind die zur Erläuterung erforderlichen Zeichnungen und Beschreibungen beizufügen.

Die Behörde hat die Zulässigkeit der Anlage nach den bestehenden bau-, feuer- und gesundheitspolizeilichen Vorschriften, sowie nach denjenigen allgemeinen polizeilichen Bestimmungen zu prüfen, welche von dem Bundesrathe über die Anlegung von Dampfkesseln erlassen werden. Sie hat nach dem Befunde die Genehmigung entweder zu versagen, oder unbedingt zu ertheilen, oder endlich bei Ertheilung derselben die erforderlichen Vorkehrungen und Einrichtungen vorzuschreiben.

Bis zum Erlaß allgemeiner Bestimmungen durch den Bundesrath kommen die in den einzelnen Bundesstaaten bestehenden Vorschriften zur Anwendung.

Bevor der Kessel in Betrieb genommen wird, ist zu untersuchen, ob die Ausführung den Bestimmungen der ertheilten Genehmigung entspricht. Wer vor dem Empfange der hierüber auszufertigenden Bescheinigung den Betrieb beginnt, hat die im §. 147. angedrohte Strafe verwirkt.

Die vorstehenden Bestimmungen gelten auch für bewegliche Dampfkessel.

Für den Rekurs und das Verfahren über denselben gelten die Vorschriften der §§. 20. und 21.

§. 25. Die Genehmigung zu einer der in den §§. 16. und 24. bezeichneten Anlagen bleibt so lange in Kraft, als keine Aenderung in der Lage oder Beschaffenheit der Betriebsstätte vorgenommen wird, und bedarf unter dieser Voraussetzung auch dann, wenn die Anlage an einen neuen Erwerber übergeht, einer Erneuerung nicht. Sobald aber eine Veränderung der Betriebsstätte vorgenommen wird, ist dazu die Genehmigung der zuständigen Behörde nach Maßgabe der §§. 17. bis 23. einschließlich, beziehungsweise des §. 24. nothwendig. Eine gleiche Genehmigung ist erforderlich bei wesentlichen Veränderungen in dem Betriebe einer der im §. 16. genannten Anlagen. Die zuständige Behörde kann jedoch auf Antrag des Unternehmers von der Bekanntmachung (§. 17.) Abstand nehmen, wenn sie die Ueberzeugung gewinnt, daß die beabsichtigte Veränderung für die Besitzer oder Bewohner benachbarter Grundstücke oder das Publikum überhaupt neue oder größere Nachtheile, Gefahren oder Belästigungen, als mit der vorhandenen Anlage verbunden sind, nicht herbeiführen werde.

Diese Bestimmungen finden auch auf gewerbliche Anlagen (§§. 16. und 24.) Anwendung, welche bereits vor Erlaß dieses Gesetzes bestanden haben.

§. 26. Soweit die bestehenden Rechte zur Abwehr benachtheiligender Einwirkungen, welche von einem Grundstücke aus auf ein benachbartes Grundstück geübt werden, dem Eigenthümer oder Besitzer des letzteren eine Privatklage gewähren, kann diese Klage einer mit obrigkeitlicher Genehmigung errichteten gewerblichen Anlage gegenüber niemals auf Einstellung des Gewerbebetriebes, sondern nur auf Herstellung von Einrichtungen, welche die benachtheiligende Einwirkung ausschließen, oder, wo solche Einrichtungen unthunlich oder mit einem gehörigen Betriebe des Gewerbes unvereinbar sind, auf Schadloshaltung gerichtet werden.

§. 27. Die Errichtung oder Verlegung solcher Anlagen, deren Betrieb mit ungewöhnlichem Geräusch verbunden ist, muß, sofern sie nicht schon nach den Vorschriften der §§. 16. bis 25. der Genehmigung bedarf, der Ortspolizeibehörde angezeigt werden. Letztere hat, wenn in der Nähe der gewählten Betriebsstätte Kirchen, Schulen oder andere öffentliche Gebäude, Krankenhäuser oder Heilanstalten vorhanden sind, deren bestimmungsmäßige Benutzung durch den Gewerbebetrieb

Destillation von Erdöl, Anlagen zur Bereitung von Braunkohlentheer, Steinkohlentheer und Koaks, soweit sie über-

---

auf dieser Stelle eine erhebliche Störung erleiden würde, die Entscheidung der höheren Verwaltungsbehörde darüber einzuholen, ob die Ausübung des Gewerbes an der gewählten Betriebsstätte zu untersagen oder nur unter Bedingungen zu gestatten sei.

§. 28. Die höheren Verwaltungsbehörden sind befugt, über die Entfernung, welche bei durch Wind bewegten Triebwerken von benachbarten fremden Grundstücken und von öffentlichen Wegen inne zu halten ist, durch Polizeiverordnungen Bestimmung zu treffen.

§. 33. Wer Gastwirthschaft, Schankwirthschaft oder Kleinhandel mit Branntwein oder Spiritus betreiben will, bedarf dazu der Erlaubniß.

Diese Erlaubniß ist nur dann zu versagen:

1) wenn gegen den Nachsuchenden Thatsachen vorliegen, welche die Annahme rechtfertigen, daß er das Gewerbe zur Förderung der Völlerei, des verbotenen Spiels, der Hehlerei oder der Unsittlichkeit mißbrauchen werde;
2) wenn das zum Betriebe des Gewerbes bestimmte Lokal wegen seiner Beschaffenheit oder Lage den polizeilichen Anforderungen nicht genügt.

Es können jedoch die Landesregierungen, soweit die Landesgesetze nicht entgegenstehen, die Erlaubniß zum Ausschänken von Branntwein und den Kleinhandel mit Branntwein und Spiritus auch von dem Nachweis eines vorhandenen Bedürfnisses abhängig machen.

§. 40. Die in den §§. 29. bis 34. erwähnten Approbationen und Genehmigungen dürfen weder auf Zeit ertheilt, noch, vorbehaltlich der Bestimmungen in den §§. 53. und 143., widerrufen werden.

Gegen Versagung der Genehmigung zum Betriebe eines der in den §§. 30. 32. 33. und 34., sowie gegen Untersagung des Betriebes der in den §§. 35. und 37. erwähnten Gewerbe ist der Rekurs zulässig. Wegen des Verfahrens und der Behörden gelten die Vorschriften der §§. 20. und 21.

§. 49. Bei Ertheilung der Genehmigung zu einer Anlage der in den §§. 16. und 24. bezeichneten Arten, ingleichen zur Anlegung von Privat-Kranken-, Privat-Entbindungs- und Privat-Irrenanstalten, zu Schauspiel-Unternehmungen, sowie zum Betriebe der im §. 33. gedachten Gewerbe, kann von der genehmigenden Behörde den Umständen nach eine Frist festgesetzt werden, binnen welcher die Anlage oder das Unternehmen bei Vermeidung des Erlöschens der Genehmigung begonnen und ausgeführt, und der Gewerbebetrieb angefangen werden muß. Ist eine solche Frist nicht bestimmt, so erlischt die ertheilte Genehmigung, wenn der Inhaber nach Empfang derselben ein ganzes Jahr verstreichen läßt, ohne davon Gebrauch zu machen.

Eine Verlängerung der Frist kann von der Behörde bewilligt werden, sobald erhebliche Gründe nicht entgegenstehen.

Hat der Inhaber einer solchen Genehmigung seinen Gewerbebetrieb während eines Zeitraumes von drei Jahren eingestellt, ohne eine Fristung nachgesucht und erhalten zu haben, so erlischt dieselbe.

Für die im §. 16. aufgeführten Anlagen darf die nachgesuchte Fristung so lange nicht versagt werden, als wegen einer durch Erbfall oder Konkurserklärung entstandenen Ungewißheit über das Eigenthum an einer Anlage oder, in Folge höherer Gewalt, der Betrieb entweder gar nicht oder nur mit erheblichem Nachtheile für den Inhaber oder Eigenthümer der Anlage stattfinden kann.

Das Verfahren für die Fristung ist dasselbe, wie für die Genehmigung neuer Anlagen.

§. 50. Auf die Inhaber der bereits vor dem Erscheinen des gegenwärtigen Gesetzes ertheilten Genehmigungen finden die im §. 49. bestimmten Fristen ebenfalls Anwendung, jedoch mit der Maßgabe, daß diese Fristen von dem Tage der Verkündigung des Gesetzes an zu laufen anfangen.

§. 51. Wegen überwiegender Nachtheile und Gefahren für das Gemeinwohl kann die fernere Benutzung einer jeden gewerblichen Anlage durch die höhere

haupt einer Genehmigung bedürfen; Glas- und Rußhütten, Kalk-, Ziegel- und Gypsöfen, Anlagen zur Gewinnung

---

Verwaltungsbehörde zu jeder Zeit untersagt werden. Doch muß dem Besitzer alsdann für den erweislichen Schaden Ersatz geleistet werden.

Gegen die untersagende Verfügung ist der Rekurs zulässig; wegen der Entschädigung steht der Rechtsweg offen.

§. 52. Die Bestimmung des §. 51. findet auch auf die zur Zeit der Verkündigung des gegenwärtigen Gesetzes bereits vorhandenen gewerblichen Anlagen Anwendung; doch entspringt aus der Untersagung der ferneren Benutzung kein Anspruch auf Entschädigung, wenn bei der früher ertheilten Genehmigung ausdrücklich vorbehalten worden ist, dieselbe ohne Entschädigung zu widerrufen.

§. 53. Die in dem §. 29. bezeichneten Approbationen können von der Verwaltungsbehörde nur dann zurückgenommen werden, wenn die Unrichtigkeit der Nachweise dargethan wird, auf deren Grund solche ertheilt worden sind.

Außer aus diesem Grunde können die in den §§. 30., 32., 33., 34. und 36. bezeichneten Genehmigungen und Bestallungen in gleicher Weise zurückgenommen werden, wenn aus Handlungen oder Unterlassungen des Inhabers der Mangel derjenigen Eigenschaften, welche bei der Ertheilung der Genehmigung oder Bestallung nach der Vorschrift dieses Gesetzes vorausgesetzt werden mußten, klar erhellt. Inwiefern durch die Handlungen oder Unterlassungen eine Strafe verwirkt ist, bleibt der richterlichen Entscheidung vorbehalten.

§. 54. Wegen des Verfahrens und der Behörden, welche in Bezug auf die untersagte Benutzung einer gewerblichen Anlage (§. 51.), auf die Untersagung eines Gewerbebetriebs (§. 15. Absatz 2. und §. 35.), und die Zurücknahme einer Approbation, Genehmigung oder Bestallung (§. 53.) maßgebend sind, gelten die Vorschriften der §§. 20. und 21.

2. Anweisung zur Ausführung der Gewerbeordnung für den Norddeutschen Bund. Vom 4. September 1869.

I.

1. Als allgemeines Erforderniß für den selbstständigen Betrieb eines jeden Gewerbes hat §. 14 der Gewerbeordnung die Anzeige vom Beginn desselben aufgestellt. Die Anzeige hat den Zweck, die Beaufsichtigung des Gewerbebetriebes nach Maßgabe der Gewerbeordnung, und die Handhabung der sonstigen, mit den Gewerben in Beziehung tretenden Gesetze, insbesondere der Steuergesetze, zu ermöglichen.

Die Anzeige ist von dem Gewerbetreibenden an die Gemeindebehörde des Ortes, wo er das Gewerbe betreibt, zu erstatten; sie ist stets erforderlich, auch wenn es für den Betrieb des Gewerbes einer besonderen Genehmigung bedürfen und diese bereits ertheilt sein sollte.

Die besonderen Anmeldungen, welche nach §. 14 des Gesetzes außerdem für die Agenturen der Feuerversicherungs-Anstalten und für die Preßgewerbe vorgeschrieben sind, müssen an die dafür zuständige Polizeibehörde und zwar an die des Wohnorts des Gewerbetreibenden gerichtet werden.

Die Gemeindebehörden haben über die an sie erstatteten Anzeigen fortlaufende Verzeichnisse zu führen.

2. Soweit die Verwaltung der Gewerbepolizei zur Zeit den Gemeindebehörden zusteht, hat es dabei, wenn nicht ein Anderes ausdrücklich bestimmt ist, sein Bewenden.

Wenn die Verwaltung der Gewerbepolizei der Gemeindebehörde nicht zusteht, so hat dieselbe bei Ertheilung der Bescheinigung über den Empfang der Anzeige vom Beginn eines Gewerbes zugleich der Polizeibehörde des Orts von deren Inhalt Mittheilung zu machen.

Die Polizeibehörde prüft, ob von dem Gewerbetreibenden den gesetzlichen Anforderungen Genüge geleistet ist.

Mangeln demselben für den begonnenen Gewerbebetrieb der vorgeschriebene Befähigungsnachweis (§§. 30, 31, 34), oder die erforderliche Approbation, Konzession, Bestallung, Erlaubniß oder Genehmigung (§§. 29, 30, 32, 33, 34, 42, 43),

roher Metalle, Metallgießereien, soweit sie überhaupt einer Genehmigung bedürfen; Hammerwerke, Schnellbleichen,

---

erscheint ferner mit Rücksicht auf eine erfolgte Bestrafung sein Gewerbebetrieb im polizeilichen Interesse bedenklich (§. 35), oder entspricht der Gewerbetreibende sonst den polizeilichen Anforderungen nicht (§. 37), so ist ihm der Gewerbebetrieb zu untersagen und, falls die Untersagung nicht beachtet wird, der zuständigen Gerichtsbehörde zur strafgerichtlichen Verfolgung Anzeige zu machen.

In denjenigen Fällen, in welchen es zu dem Betriebe einer vorherigen Approbation, Konzession, Bestallung, Erlaubniß oder Genehmigung bedurft hätte, kann der Fortbetrieb des Gewerbes im Exekutionswege verhindert werden, falls dies das polizeiliche Interesse erfordert.

Die Einlegung des Rekurses hebt die Exekution nicht auf; jedoch ist die letztere nur in Fällen, wo das öffentliche Interesse dieses erheischt, zu vollstrecken, bevor die untersagende Verfügung rechtskräftig geworden ist.

3) Wo die im §. 16 der Gewerbeordnung aufgeführten gewerblichen Anlagen, zu deren Errichtung eine besondere polizeiliche Genehmigung erforderlich ist, bisher einer solchen Genehmigung nicht bedurften, ist dieselbe für jede derartige Anlage nachzusuchen, welche zu dem Zeitpunkte, mit dem die Gewerbe-Ordnung in Kraft tritt, noch nicht vollendet ist.

Zur Ertheilung der Genehmigung ist die Bezirksregierung (Landdrostei), innerhalb des Polizeibezirks von Berlin das Polizei-Präsidium zuständig.

Für die Stauanlagen der zum Betriebe auf Bergwerken und Aufbereitungs-Anstalten bestimmten Wassertriebwerke wird die Genehmigung von der Regierung und dem Ober-Bergamt gemeinschaftlich ertheilt.

Auch für die Dampfkesselanlagen (§. 24.) steht die Genehmigung den bezeichneten Behörden zu, mit Ausnahme der Dampfkessel, die zum Betriebe auf Bergwerken und Aufbereitungsanstalten bestimmt sind, und der für den Gebrauch auf den Eisenbahnen bestimmten Lokomotiven. Für jene ertheilt sie das Ober-Berg-Amt; die Genehmigung dieser erfolgt nach Maßgabe der für die Eisenbahn-Verwaltung ertheilten Vorschriften.

4) Alle Anlagen, zu deren Errichtung es nach der Gewerbe-Ordnung einer besonderen Genehmigung bedarf, sind bezüglich ihres Betriebes auch für die Zukunft derjenigen polizeilichen Aufsicht unterworfen, welche besondere Gesetze oder polizeiliche Verordnungen eingeführt haben.

6) Die Polizeibehörde ist befugt, vor dem Beginn des Betriebes einer jeden gewerblichen Anlage, die der Genehmigung bedarf, sich durch eine Untersuchung zu überzeugen, daß die Ausführung den Bedingungen der ertheilten Genehmigung entspricht.

12) Die bisherigen gesetzlichen Bestimmungen über den Gast- und Schankwirthschaftsbetrieb und den Kleinhandel mit Getränken erleiden mehrfache wesentliche Abänderungen.

Nach den allgemeinen Grundsätzen der Gewerbe-Ordnung für den Norddeutschen Bund ist: 1) der gleichzeitige Betrieb dieser Gewerbe in mehreren Betriebs- und Verkaufsstätten zulässig (§. 3.). Es muß aber jedes einzelne derjenigen Lokale, in welchem ein solcher Betrieb stattfinden soll, nach seiner Beschaffenheit und Lage den polizeilichen Anforderungen genügen (§. 33 Nr. 2). 2) Es können die Befugnisse zum Betriebe vorgenannter Gewerbe fortan durch Stellvertreter ausgeübt werden; diese müssen jedoch den für diese Gewerbe insbesondere vorgeschriebenen Erfordernissen ebenfalls genügen (§. 45). 3) Die Erlaubniß zum Gewerbebetrieb, welche bisher für die Dauer eines Kalenderjahres in einzelnen Landestheilen auf Widerruf ertheilt worden ist, darf nunmehr weder auf Zeit ertheilt, noch vorbehaltlich der Bestimmungen in den §§. 53 und 143 widerrufen werden (§. 40). 4) Die einmal zugelassenen Gewerbe können, nach dem Tode des Gewerbetreibenden, für Rechnung der Wittwe während des Wittwenstandes, ferner der minderjährigen Erben und während einer Kuratel oder Nachlaßregulirung durch qualifizirte Stellvertreter betrieben werden (§. 46).

Auch bezüglich der besonderen Bestimmungen über die Zulassung zu den im §. 33 erwähnten Gewerben sind mehrere Abänderungen eingetreten: 1) Die

Firnißsiedereien, Stärkefabriken, soweit sie überhaupt einer Genehmigung bedürfen; Stärkesyrupsfabriken, Wachstuch-,

---

Errichtung von bloßen Speisewirthschaften ist überall nicht mehr an eine polizeiliche Erlaubniß gebunden. Dagegen bedarf fortan 2) der Kleinhandel mit Branntwein oder Spiritus, auch wenn er in Verbindung mit einem kaufmännischen Geschäfte betrieben wird, der polizeilichen Erlaubniß. 3) Für die Zulassung zu diesen Gewerben kommen die Vermögensverhältnisse des Nachsuchenden nicht weiter in Betracht. 4) An Stelle der bisher erforderlich gewesenen Prüfung: ob die Persönlichkeit und die Führung des Nachsuchenden die Bürgschaft eines ordnungsmäßigen Gewerbebetriebes gewähre? tritt die besondere Feststellung darüber: ob gegen den Nachsuchenden Thatsachen vorliegen, welche die Annahme rechtfertigen, daß er das Gewerbe zur Förderung der Völlerei, des verbotenen Spiels, der Hehlerei oder der Unsittlichkeit mißbrauchen werde (§. 33 zu 1). 5) Das zu dem Betriebe des Gewerbes bestimmte Lokal muß seiner Beschaffenheit und Lage nach den polizeilichen Anforderungen genügen (§. 33 zu 2); daher in dieser Beziehung die Prüfung der Polizeibehörde nach wie vor stattfindet. 6) Nach dem Schlußsatz des §. 33 können die Landesregierungen, so weit die Landesgesetze nicht entgegenstehen, die Erlaubniß zum Ausschänken von Branntwein und den Kleinhandel mit Branntwein und Spiritus auch von dem Nachweis eines vorhandenen Bedürfnisses abhängig machen.

Die Erörterung der Bedürfnißfrage ist hiernach für alle Fälle ausgeschlossen: bei der Gastwirthschaft; beim Bier- und Weinschank; bei der gewerbmäßigen Verabreichung von Kaffee, Thee, Mineralwasser 2c.

In Beziehung auf die Erlaubniß zum Ausschänken von Branntwein und zum Betriebe des Kleinhandels mit Branntwein und Spiritus soll es dagegen im preußischen Staate bei dem bisherigen, den Landesgesetzen entsprechenden Verfahren bewenden, nach welchem zunächst der Nachweis des Bedürfnisses, als die Bedingung der Zulassung zum Gewerbebetrieb, geführt werden muß.

25) Unter der Bezeichnung: höhere Verwaltungs-Behörden sind die Regierungen, die Landdrosteien und das Polizei-Präsidium in Berlin, unter der Bezeichnung: untere Verwaltungs-Behörden die Landräthe, die Amtshauptleute und Ober-Amtmänner, ferner in den deren Aufsicht nicht unterworfenen Städten die städtischen Polizei-Behörden, oder die an Stelle dieser Behörden fungirenden Königlichen Polizei-Behörden (Polizei-Direktionen und Polizei-Präsidien) zu verstehen.

Als Gemeindebehörden im Sinne der Gewerbeordnung sind endlich diejenigen Behörden zu betrachten, welche nach der in den einzelnen Landestheilen geltenden Gemeindeverfassung den Vorstand der Gemeinden bilden.

II.

26) In Uebereinstimmung mit der bisherigen Gewerbe-Gesetzgebung hat die Gewerbe-Ordnung den Verwaltungs-Behörden unter bestimmten Voraussetzungen die Befugniß ertheilt, über die Zulässigkeit eines Gewerbebetriebes zu befinden und demgemäß den Beginn überhaupt nicht zu gestatten oder dessen Fortsetzung zu untersagen. Sie weicht aber von der bisherigen Gesetzgebung darin ab, daß sie die Ausübung dieser Befugniß fast durchweg an die Einhaltung eines bestimmten Verfahrens knüpft.

In denjenigen Fällen, in welchen über den Nachweis der Befähigung zum Betriebe eines Gewerbes, insbesondere im Wege einer Prüfung (§§. 29., 30., 31., 34.), oder über die öffentliche Anstellung eines Gewerbtreibenden durch eine Behörde oder Korporation (§. 36.) zu befinden oder über die Statthaftigkeit solcher Anlagen zu entscheiden ist, deren Betrieb ungewöhnliches Geräusch erregt (§. 27), oder in welchen es sich um die Zulassung von Musikaufführungen, Schaustellungen u. s. w. auf den Straßen handelt (§. 42.), hat das Gesetz von einem solchen Verfahren abgesehen. Ebenso hat es auch die Ausübung der polizeilichen Exekutiv-Befugnisse gegenüber einer gewerblichen Anlage, welche der nach dem Gesetz

Darmsaiten-, Dachpappen- und Dachfilzfabriken, Leim-, Thran- und Seifensiedereien, Knochenbrennereien, Knochen-

erforderlichen Genehmigung entbehrt oder den Bedingungen derselben in ihrer Einrichtung nicht entspricht (§. 147.), an bestimmte Formen nicht gebunden.

Die Verfügungen der Behörden in diesen Fällen folgen dem durch die Sache gegebenen Instanzenzuge; den Betheiligten steht gegen dieselben der gewöhnliche Beschwerdeweg offen.

Dagegen soll die Prüfung der Anträge auf Ertheilung der Genehmigung zur Errichtung oder Veränderung gewerblicher Anlagen, welche einer besonderen Genehmigung unterliegen (§§. 16., 24., 25.), — die Untersagung der ferneren Benutzung einer im Betriebe befindlichen gewerblichen Anlage (§. 51.), — die Prüfung der Gesuche um die Konzession, Erlaubniß oder Genehmigung zum Betriebe gewisser Gewerbe, welche derselben nach dem Bundesgesetz (§§. 30., 32., 33., 43.) oder nach den Landesgesetzen (§. 34.) bedürfen, — die Untersagung eines Gewerbe-Betriebes, für welchen entweder die durch Gesetz vorgeschriebene Erlaubniß (§§. 30., 32., 33., 34.), oder die persönlichen Eigenschaften (§. 35.) dem Gewerbetreibenden fehlen, oder für welchen die polizeilichen Voraussetzungen nicht erfüllt sind (§. 37.), — endlich die Entziehung einer ertheilten Approbation, Konzession, Erlaubniß, Genehmigung oder Bestallung (§§. 29., 30., 32., 33., 34., 36.), stets in einem förmlichen Verfahren mit beschränktem Instanzenzuge erfolgen.

27) Soweit die Entscheidung in diesem Verfahren den Regierungen zusteht, erfolgt dieselbe regelmäßig durch die Abtheilungen des Innern. Für den Bereich der Provinz Hannover nehmen die Landdrosteien die Obliegenheiten der Regierungen wahr. So weit für den Polizeibezirk von Berlin das Polizei-Präsidium die Stelle der Regierungen vertritt, ergehen die Entscheidungen von der I. Abtheilung desselben, welche die landespolizeilichen Geschäfte wahrzunehmen hat.

Wo die Verhandlung von den Regierungen oder den ihnen gleichstehenden Behörden nach der Vorschrift des Gesetzes eine mündliche ist, finden zu dem Behufe öffentliche Sitzungen statt, an welchen mindestens drei stimmberechtigte Mitglieder Theil nehmen müssen. Der Verlauf dieser Sitzungen ist durch ein Protokoll, welches die Namen der Anwesenden, so wie die wesentlichen Momente der Verhandlung enthält und von dem Vorsitzenden und dem Protokollführer unterzeichnet wird, festzustellen.

Zur Ausführung der Bestimmungen, welche die Gewerbeordnung in Betreff des Verfahrens enthält, werden im Uebrigen folgende Vorschriften erlassen:

A. Verfahren bei der Errichtung oder Veränderung gewerblicher Anlagen. (§§. 16 und 25).

1. Antrag des Unternehmers.

28) Der Antrag auf Ertheilung der Genehmigung ist bei dem Landrath, wo Landräthe nicht bestehen, bei dem Amte (Ober-Amte), wenn die Anlage innerhalb eines Stadtbezirks errichtet werden soll, bei dessen Polizeibehörde anzubringen.

Handelt es sich um die Genehmigung der Stauanlage für ein zum Betriebe auf Bergwerken und Aufbereitungsanstalten bestimmtes Wassertriebwerk, so ist der Antrag an den Revierbeamten zu richten.

Aus dem Antrage muß der vollständige Name, der Stand und Wohnort des Unternehmers ersichtlich sein. Demselben sind in zwei Exemplaren eine Beschreibung, eine Situationszeichnung und der Bauplan der Anlage beizufügen.

29) Aus diesen Vorlagen muß hervorgehen: a) die Größe des Grundstücks, auf welchem die Betriebsstätte errichtet werden soll, die Bezeichnung, welche dasselbe im Hypothekenbuche oder im Kataster führt, und der etwaige besondere Name; b) die gleichartige Bezeichnung der Grundstücke, welche es umgeben, und die Namen der Eigenthümer; c) die Entfernung, in welcher die zum Betriebe bestimmten Gebäude oder Einrichtungen von den Grenzen der benachbarten Grundstücke und den darauf befindlichen Gebäuden, sowie von den nächsten öffentlichen Wegen zu liegen kommen sollen; d) die Höhe und Bauart der benachbarten Gebäude, sofern zu der Betriebsstätte Feuerungsanlagen gehören; e) die

darren, Knochenkochereien und Knochenbleichen, Zubereitungsanstalten für Thierhaare, Talgschmelzen, Schlächtereien, Ger-

Lage, Ausdehnung und Bauart der Betriebsstätte, die Bestimmung der einzelnen Räume und der Einrichtung, soweit dieselbe nicht beweglich ist; f) der Gegenstand der Fabrikation, soweit diese innerhalb der Betriebsstätte erfolgt, die ungefähre Ausdehnung, sowie die Art und der Gang des Betriebes, bei chemischen Fabriken insbesondere die genaue Bezeichnung des Fabrikats und des Hergangs seiner Gewinnung.

30) Bei Stauanlagen ist eine Zeichnung der gesammten Stauvorrichtungen, einschließlich der Gerinne und Wasserräder, beizubringen. Außerdem ist ein Nivellement erforderlich, in welchem dargestellt sein muß: a) das Längenprofil des zum Betriebe bestimmten Wasserlaufes und des Mutterbaches; b) eine Anzahl von Querprofilen von beiden; und welches soweit auszudehnen ist, als die Wirkungen der anzulegenden Stauwerke reichen. Die Profile sind auf eine und dieselbe Horizontale zu beziehen; die letztere ist an einen unverrückbaren Festpunkt anzuschließen.

Es bedarf ferner der Angabe über die Höhe des gewöhnlichen, des niedrigsten und des höchsten Wasserstandes und über die Wassermengen, welche der Wasserlauf in der Regel führt, sowie der Ermittelung, welche Stauwerke ober- und unterhalb der projektirten Anlage zunächst derselben sich befinden.

In dem Situationsplane sind die Grundstücke, welche an den Wasserlauf stoßen, soweit der Rückstau reicht, mit der Nummer, welche sie im Hypothekenbuche oder Kataster führen, und mit dem Namen des zeitigen Eigenthümers zu bezeichnen.

31) Für die erforderlichen Zeichnungen ist ein Maßstab zu wählen, welcher eine deutliche Anschauung gewährt; der Maßstab ist stets auf die Zeichnungen einzutragen.

Nivellements und die dazu gehörigen Situationspläne sind von vereideten Feldmessern oder Baubeamten zu fertigen. Alle sonstigen Zeichnungen können von den mit der Ausführung betrauten Technikern und Werkmeistern aufgenommen werden.

Beschreibungen, Zeichnungen und Nivellements sind von demjenigen, welcher sie gefertigt hat, und von dem Unternehmer zu vollziehen.

32) Die Behörden, bei welchen der Antrag eingereicht wird, haben zu prüfen, ob gegen die Vollständigkeit der Vorlagen etwas zu erinnern ist. Die Bauzeichnungen und Nivellements sind zu dem Behufe dem zuständigen Baubeamten, die Beschreibungen solcher Anlagen, welche schädliche Ausdünstungen verbreiten, dem zuständigen Medizinalbeamten vorzulegen. Diese haben die erfolgte Prüfung auf den Vorlagen zu bescheinigen. Finden sich Mängel, so ist der Unternehmer zur Ergänzung auf kürzestem Wege zu veranlassen.

2. Bekanntmachung des Unternehmens.

33) Die Bekanntmachung des Unternehmens erfolgt durch die Behörde, bei welcher der Antrag eingebracht ist. Sie muß enthalten: a) Namen, Stand und Wohnort des Unternehmers, den Gegenstand des Unternehmens und die Bezeichnung des Grundstücks, auf welchem dasselbe ausgeführt werden soll; b) die Aufforderung, etwaige Einwendungen binnen 14 Tagen bei der Behörde, welche die Bekanntmachung erläßt, anzubringen; c) die Verwarnung, daß nach Ablauf der Frist Einwendungen in dem Verfahren nicht mehr angebracht werden können; d) den Hinweis, daß und wo die Beschreibungen, Zeichnungen und Pläne zur Einsicht ausliegen.

34) Die Bekanntmachung ist nur einmal und zwar durch das Amtsblatt zu veröffentlichen. Dafür, daß von den Vorlagen bis zum Ablauf der Frist innerhalb der Dienststunden an geeigneter Stelle Einsicht genommen werden kann, ist von der Behörde Sorge zu tragen. Ein Belagblatt über die Bekanntmachung ist zu den Akten zu bringen.

35) Wird bei Veränderungen bestehender Anlagen (§. 25) der Antrag gestellt, von der öffentlichen Bekanntmachung Abstand zu nehmen, so ist derselbe, nachdem darüber die Aeußerung des zuständigen Baubeamten und, erforderlichen

bereien, Abdeckereien, Poudretten- und Düngpulverfabriken, Stauanlagen für Wassertriebwerke und Dampfkessel.

Falls, auch die des Medizinalbeamten eingeholt ist, nebst den übrigen Verhandlungen der Regierung vorzulegen. Diese entscheidet darüber durch Verfügung.

3. Vorverfahren.

36) Der Behörde, welche die Bekanntmachung erlassen hat, liegt auch die Erörterung erhobener Einwendungen ob; bei ihr sind die Einwendungen anzubringen; dieselben können schriftlich eingereicht oder zu Protokoll erklärt werden.

Der Landrath (Amtshauptmann, Ober-Amtmann) ist befugt, die Erörterung der Einwendungen der Ortspolizeibehörde oder einer sonstigen geeigneten Unterbehörde zu übertragen. Ist der Beamte, der die Verhandlungen zu leiten hat, selbst bei dem Unternehmen betheiligt, so hat die Regierung einen anderen Beamten mit der Verhandlung der Sache zu beauftragen.

37) Zur Verhandlung ist alsbald nach Ablauf der Frist ein naher Termin anzusetzen, zu welchem der Unternehmer und die Widersprechenden vorgeladen werden. Ausführliche Einwendungen sind dem Unternehmer mit der Vorladung in Abschrift mitzutheilen: befindet er sich an demselben Orte, so genügt es, ihm zu eröffnen, daß und wo er von den Einwendungen Kenntniß nehmen könne.

Die Vorladung erfolgt schriftlich, gegen Behändigungsschein, unter der Eröffnung, daß im Falle des Ausbleibens gleichwohl mit der Erörterung der Einwendungen werde vorgegangen werden und daß nach dem Abschluß der Erörterung neue thatsächliche Behauptungen zur Rechtfertigung oder Widerlegung der Einwendungen nicht mehr zugelassen werden können.

38) Erscheinen beide Theile, so ist zunächst eine gütliche Einigung zu versuchen. Gelingt der Versuch nicht, so werden die Erklärungen über die gegenseitigen Behauptungen zu Protokoll genommen.

Auf die Erörterung von Einwendungen, welche auf besonderen privatrechtlichen Titeln (wie Vertrag, Privilegium, letztwillige Verfügung) beruhen, ist nicht einzugehen. Einwendungen, die sich auf allgemeine privatrechtliche Titel (z. B. Eigenthum) gründen, sind dagegen mit dem Bemerken zu erörtern, daß dadurch die Verfolgung derselben auf dem Rechtswege nach Maßgabe der gesetzlichen Vorschriften nicht ausgeschlossen sei.

Ueber diejenigen Behauptungen, welche von den Parteien mit Beweis unterstützt werden und dem Beamten erheblich erscheinen, ist entweder alsbald in dem Erörterungstermin oder in einem neuen, mit kurzer Frist anzuberaumenden Termine Beweis zu erheben. Die Gestellung von Zeugen und Sachverständigen, welche vernommen werden sollen, ist Sache der Partei, welche die Vernehmung beantragt.

Macht der Verlauf der Verhandlungen die Ansetzung weiterer Termine nöthig, so sind dieselben unverzüglich anzuberaumen und den Parteien mündlich bekannt zu machen.

39) Sind mehrere Widersprechende vorhanden, welche ein gleichartiges Interesse haben, so ist zur Vereinfachung des Verfahrens darauf Bedacht zu nehmen, daß sie einen gemeinschaftlichen Bevollmächtigten bestellen, welcher sie bei den weiteren Verhandlungen zu vertreten hat. Soll derselbe zur Empfangnahme der Bescheide, zur Einlegung des Rekurses oder zur vergleichsweisen Einigung mit dem Unternehmer nicht ermächtigt sein, so ist dies ausdrücklich zu erklären.

40) Nach dem Abschluß der Erörterung sind die Verhandlungen, wo dies erforderlich erscheint, dem zuständigen Baubeamten und Medizinalbeamten zum Gutachten mitzutheilen. Bei Stau-Anlagen sind sie dem Baubeamten stets vorzulegen.

Demnächst werden die Verhandlungen mit einer Aeußerung über die Zulässigkeit der Anlage und die etwa erhobenen Einwendungen von der Behörde in dem vorgeschriebenen Wege der Regierung eingereicht. Wenn es sich um die Genehmigung der Stau-Anlage für ein zum Betriebe auf Bergwerken und Aufbereitungs-Anstalten bestimmtes Wassertriebwerk handelt, sind die Verhandlungen zunächst dem Ober-Bergamt vorzulegen und von diesem mit seiner Aeußerung an die Regierung zu befördern.

Rücksichtlich aller übrigen nach den oben bezeichneten Paragraphen der Gewerbeordnung einer Genehmigung bedürfenden

---

4. Schlußverhandlung.

41) Sind Einwendungen gegen die Anlage nicht erhoben, so erfolgt die Entscheidung ohne vorgängige mündliche Verhandlung.

Wird dabei die Genehmigung nach dem Antrage des Unternehmers ohne Bedingungen oder Einschränkungen ertheilt, so bedarf es eines besonderen Bescheides nicht, sondern die Behörde fertigt alsbald die Genehmigungs-Urkunde (Nr. 46) aus.

Wird die Genehmigung versagt oder nur unter Bedingungen oder Einschränkungen ertheilt, so erläßt die Regierung zunächst einen schriftlichen Bescheid an den Unternehmer. Bei Stau-Anlagen, deren Zulässigkeit auch durch das Ober-Bergamt zu prüfen ist, ergeht der Bescheid von der Regierung und dem Ober-Bergamt gemeinschaftlich.

Der Unternehmer kann innerhalb 14 Tagen nach Empfang des Bescheides den Rekurs einlegen. Er kann aber auch zunächst auf mündliche Verhandlung der Sache antragen. Der Antrag hierauf ist stets an die Regierung zu richten; auf Grund desselben findet das mündliche Verfahren statt.

42) Sind Einwendugen gegen die Anlage erhoben, so ist das mündliche Verfahren stets ohne Weiteres nach Eingang der Verhandlungen einzuleiten.

Das Verfahren erfolgt in allen Fällen vor der Regierung.

Der Unternehmer, sowie diejenigen, welche Einwendungen erhoben und diese in dem Vorverfahren nicht zurückgenommen haben, sind demgemäß zur mündlichen Verhandlung zu laden. Die Ladung derselben erfolgt schriftlich gegen Behändigungsschein und mit der Verwarnung, daß im Falle des Ausbleibens dennoch in der Sache werde verfahren werden. In der mündlichen Verhandlung können sie im Falle ihres Erscheinens einen Beistand zuziehen oder sich auf Grund einer schriftlichen Vollmacht vertreten lassen.

Die Verhandlung ist mit einer Darstellung der Sache durch eines der Mitglieder des Kollegiums zu eröffnen. Demnächst werden die Betheiligten zum Wort verstattet. Auf neue thatsächliche Anführungen, welche in dem Vorverfahren nicht geltend gemacht worden sind, wird bei der Entscheidung keine Rücksicht genommen. Die Berufung auf neue Beweismittel ist dagegen zulässig.

Die Einreichung schriftlicher Ausführungen ist in der mündlichen Verhandlung nicht mehr gestattet.

Das Kollegium kann, bevor es die Entscheidung fällt, die Aufnahme von Beweisen beschließen. Die Vernehmung von Zeugen und Sachverständigen erfolgt entweder in dem Termine selbst oder auch durch eine Unterbehörde oder einen damit beauftragten Kommissar. Die Gestellung der Zeugen und Sachverständigen bleibt Sache der Partei, welche die Vernehmung beantragt hat. Wenn die vernommenen Zeugen und Sachverständigen vereidet werden sollen, so ist dieses unter Anwendung der gerichtlichen Eidesformen zu bewirken.

Die Entscheidung ist den Betheiligten in dem Termine zu eröffnen. Erscheint die Aussetzung derselben nothwendig, so erfolgt die Eröffnung in einer weiteren Sitzung, welche sofort anberaumt und den Parteien bekannt gemacht werden muß. Die Entscheidung ist demnächst schriftlich abzusetzen.

43) In dem zu erlassenden Bescheide sind der Unternehmer, sowie die Widersprechenden namentlich zu bezeichnen. Der Tenor, welcher von den Gründen zu sondern ist, muß aussprechen, welche Einwendungen für begründet zu erachten oder zum Rechtswege zu verweisen gewesen, wie über den Antrag des Unternehmers entschieden ist und wie die Kosten zu vertheilen. Außerdem ist in den Bescheid eine Belehrung über das zuständige Rechtsmittel und, falls die Anlage für zulässig erachtet wird, die Bedeutung aufzunehmen, daß der Unternehmer erst mit der Rechtskraft der Entscheidung die Befugniß zur Ausführung der Anlage erhält.

44) Der Bescheid ist einmal für den Unternehmer, und einmal für die Widersprechenden auszufertigen. Die Ausfertigung für die letzteren wird dem gemeinschaftlichen Bevollmächtigten, oder, wenn ein solcher nicht bestellt ist, einem

Anlagen bleibt die bisherige Zuständigkeit der Bezirksregierungen bestehen;

---

der Widersprechenden zugestellt; die übrigen erhalten in diesem Falle Abschrift des Tenors der Entscheidung und zugleich Nachricht, wem die Ausfertigung übersandt worden ist. Behörden, welche gegen die Anlage Einspruch erhoben haben, ist stets vollständige Abschrift des Bescheides zuzustellen. Die Uebersendung erfolgt in allen Fällen gegen Behändigungsschein.

5. Rekursverfahren.

45) Der Rekurs gegen die Entscheidung kann der Behörde, welche dieselbe getroffen hat, oder den betheiligten Ministerien eingereicht werden. Die Rekursfrist läuft von dem Tage, an welchem den Betheiligten die Entscheidung der Regierung, sei es vollständig oder nur dem Tenor nach, zugestellt worden ist. Der Rekurs ist in der gesetzlichen Frist nicht nur anzumelden, sondern auch zu rechtfertigen. Die Rekursschrift ist stets in zwei Exemplaren einzureichen.

46) Das eine Exemplar der Rekursschrift wird von der Regierung der Gegenpartei zur Beantwortung binnen einer vierzehntägigen Frist mitgetheilt; die Zustellung erfolgt gegen Behändigungsschein und mit der Verwarnung, daß nach Ablauf der Frist eine Erklärung auf die Rekursschrift nicht mehr werde angenommen werden. Wenn mehrere Parteigenossen vorhanden sind, so erhält jeder eine vollständige Abschrift der Rekursschrift.

47) Neue Einwendungen oder neue thatsächliche Anführungen zur Begründung und Widerlegung der erhobenen Einwendungen sind in dem Rekursverfahren nicht zulässig.

Die Regierung überreicht die Verhandlungen mit ihrer gutachtlichen Aeußerung den zuständigen Ministerien zur Entscheidung.

Der Rekursbescheid wird der Regierung zugefertigt. Diese theilt ihn in beglaubigter Abschrift dem Unternehmer und denjenigen Gegnern mit, welche an dem Rekursverfahren Theil genommen haben; sind mehrere Gegner vorhanden, so wird mit der Mittheilung an sie wie bei der ersten Entscheidung verfahren.

6. Genehmigungs-Urkunde.

48) Sind gegen die Anlage Einwendungen nicht erhoben worden und soll die Genehmigung zur Ausführung ohne weitere Bedingungen nach dem Antrage des Unternehmers ertheilt werden, so fertigt die Regierung alsbald die Genehmigungsurkunde aus. In allen anderen Fällen erfolgt deren Ausfertigung nach Abschluß des Verfahrens, sobald die Entscheidung der Regierung rechtskräftig geworden oder der Rekursbescheid ergangen ist. Zu Stau-Anlagen für ein zum Betriebe auf Bergwerken und Aufbereitungsanstalten bestimmtes Wassertriebwerk wird die Genehmigungs-Urkunde von der Regierung und dem Ober-Bergamt gemeinschaftlich ausgefertigt.

In der Urkunde sind sämmtliche Bedingungen, unter welchen die Anlage genehmigt worden ist, aufzuführen und die von dem Unternehmer eingereichten, dem Verfahren zu Grunde gelegten Beschreibungen, Zeichnungen, Pläne ausführlich zu bezeichnen, auch, soweit angänglich, durch Schnur und Siegel damit zu verbinden. Auf Karten und Zeichnungen, welche in dieser Art mit der Urkunde nicht verbunden werden können, ist die Zugehörigkeit zu derselben zu vermerken.

Eine Ausfertigung der Genehmigungs-Urkunde ist dem Unternehmer, eine zweite mit den Verhandlungen der zuständigen Polizeibehörde zu übersenden.

Vor Ertheilung der Genehmigungs-Urkunde ist die Ausführung der Anlage nicht gestattet.

B. Verfahren bei der Errichtung oder Veränderung von Dampfkessel-Anlagen (§§. 24., 25).

49) Das Gesuch um Ertheilung der Genehmigung ist bei den in Nr. 28. bezeichneten Behörden anzubringen. Handelt es sich um die Genehmigung eines zum Betriebe auf Bergwerken und Aufbereitungs-Anstalten bestimmten Dampfkessels, so ist dasselbe an den Revierbeamten zu richten.

Aus dem Gesuche muß der vollständige Name, der Stand und Wohnort des Unternehmers ersichtlich sein. Demselben sind

2) die Entscheidung über Anträge auf Ertheilung von Konzessionen zum Betriebe der Gast- und Schankwirthschaft, wie zum Klein-

---

eine Beschreibung und eine Zeichnung des Kessels in einfachen Linien, außerdem, wenn die Anlage eines feststehenden Dampfkessels beabsichtigt wird,
eine Situationszeichnung und ein Bauriß
in zwei Exemplaren beizufügen.

50) In der Beschreibung sind die Dimensionen des Kessels, die Stärke und Gattung des Materials, die Art der Zusammensetzung, die Dimensionen der Ventile und deren Belastung, die Einrichtung der Speisevorrichtung und der Feuerung, so wie die Kraft und Art der Dampfmaschine anzugeben.

Aus der Zeichnung muß die Größe der vom Feuer berührten Fläche zu berechnen, und die Höhe des niedrigsten zulässigen Wasserstandes über den Feuerzügen zu ersehen sein; auf die Einrichtung der Dampfmaschine braucht sie sich nicht zu erstrecken. Die Situationszeichnung hat die an den Ort der Aufstellung des Kessels stoßenden Grundstücke zu umfassen.

Aus dem Bauriß muß sich der Standpunkt der Maschine und des Kessels, der Standpunkt und die Höhe des Schornsteins, so wie die Lage der Feuer- und Rauchröhren gegen die benachbarten Grundstücke deutlich ergeben; den Umständen nach kann ein einfacher Grundriß und eine Längenansicht oder ein Durchschnitt genügen.

Die Zeichnungen müssen den unter Nr. 31. aufgestellten Anforderungen entsprechen.

51) Die Vorlagen sind von den Behörden nach den unter Nr. 32. gegebenen Vorschriften zu prüfen und demnächst mit einer gutachtlichen Aeußerung in dem vorgeschriebenen Wege der Regierung, von dem Revierbeamten dem Ober-Bergamt, welches dann für das weitere Verfahren an die Stelle der Regierung tritt, einzureichen.

Die Prüfung des Antrages und die Entscheidung erfolgen bei diesen Behörden in dem gewöhnlichen Geschäftsgange.

Wird die Genehmigung nach dem Antrage des Unternehmers ohne Einschränkungen und Bedingungen ertheilt, so ist ohne Weiteres die Genehmigungs-Urkunde auszufertigen.

Wird dagegen die Genehmigung versagt oder nur unter Bedingungen und Einschränkungen ertheilt, so richtet sich das weitere Verfahren nach den unter Nr. 41. ff. gegebenen Vorschriften.

Für das Rekursverfahren sind die Bestimmungen unter Nr. 45. und 47. anzuwenden.

Für die Ausfertigung der Genehmigungs-Urkunde gelten die unter Nr. 48. gegebenen Bestimmungen. Wo das Ober-Bergamt über die Zulässigkeit einer Anlage entscheidet, fertigt dasselbe auch die Genehmigungs-Urkunde dafür aus.

C. Verfahren behufs Untersagung der ferneren Benutzung einer gewerblichen Anlage (§. 51.)

52) Der auf Untersagung der ferneren Benutzung einer gewerblichen Anlage gerichtete Antrag ist an die Regierung einzureichen. Auf Grund desselben hat diese Behörde zunächst eine Erörterung der Sache zu veranlassen.

Diese Erörterung erfolgt in einem Termine, zu welchem der Besitzer der Anlage, diejenigen, welche den Antrag gestellt haben, und der Vorstand in der Gemeinde, deren Bezirk die Anlage sich befindet, vorzuladen sind.

Der Zweck der Verhandlung ist, festzustellen, ob und in welchem Umfange durch den Betrieb der Anlage Nachtheile und Gefahren für das Gemeinwohl entstehen. Bei der Beweisaufnahme ist die Behörde an die Anträge der Betheiligten nicht gebunden.

53) Nach dem Abschluß der Verhandlung hat die Regierung das mündliche Verfahren einzuleiten.

Zu dem Verhandlungstermine sind die Antragsteller, der Besitzer der Anlage und der Vorstand der Gemeinde zu laden. Für die Vorladung, das mündliche Verfahren und die Entscheidung sind die unter Nr. 42. ertheilten Vorschriften anzuwenden.

handel mit Getränken in Gemäßheit des §. 33. der Gewerbeordnung für den Norddeutschen Bund vom 21. Juni 1869.

---

54) Der Rekurs gegen die Entscheidung der Regierung geht an die in der Sache betheiligten Ministerien. Für die Einlegung desselben und das weitere Verfahren gelten die Bestimmungen unter Nr. 45. ff.

Nachdem die Entscheidung, durch welche die fernere Benutzung der Anlage untersagt wird, rechtskräftig geworden ist, kann die Einstellung des Betriebes polizeilich erzwungen werden.

D. Verfahren bei Versagung der Genehmigung zum Betriebe eines Gewerbes (§§. 30., 32., 33., 34., 43.), sowie bei Untersagung eines Gewerbebetriebes (§§. 15., 35.).

55) Wird die Genehmigung zum Betriebe eines der Gewerbe, welche einer solchen nach dem Gesetz bedürfen, versagt, so ist die versagende Verfügung schriftlich zu erlassen, mit Gründen und einer Belehrung über das zuständige Rechtsmittel zu versehen und dem Betheiligten gegen Behändigungsschein zuzustellen.

56) Ist die Verfügung von einer unteren Behörde (Landrath, Ober-Amt, Amt, Ortspolizei- oder Gemeindebehörde) ergangen, so ist der dagegen zulässige Rekurs an die Regierung, für den Polizeibezirk von Berlin an die I. Abtheilung des Polizei-Präsidiums zu richten.

Diese Behörden entscheiden auf Grund einer mündlichen Verhandlung, zu welcher der Rekurrent geladen wird. Sie sind befugt, zuvor diejenigen Erhebungen anstellen zu lassen, welche für die Beurtheilung der Sache nothwendig erscheinen. Im Uebrigen gelten für die Vorladung und das mündliche Verfahren die unter Nr. 42. ertheilten Vorschriften.

Ueber den Beschluß des Kollegiums ist, sofern er nicht auf Beweiserhebung lautet, ein mit Gründen versehener Bescheid zu erlassen.

57) Ist die Verfügung von einer oberen Behörde (Regierung, Landdrostei, Ober-Bergamt) ergangen, so kann entweder auf mündliche Verhandlung der Sache angetragen oder auch alsbald der Rekurs gegen die Verfügung eingelegt werden.

Der Antrag auf mündliche Verhandlung ist innerhalb 14 Tagen nach Zustellung der Verfügung an die Behörde zu richten, welche die Verfügung erlassen hat.

Die Vorladung des Rekurrenten und das mündliche Verfahren erfolgen in der unter Nr. 42. bezeichneten Weise.

Wird auf Grund der mündlichen Verhandlung dahin entschieden, daß die nachgesuchte Genehmigung zu ertheilen sei, so fertigt die Behörde ohne weiteren schriftlichen Bescheid die Genehmigung aus. Wird dagegen die erste Verfügung, durch welche die Genehmigung versagt wurde, aufrecht erhalten, so ist ein förmlicher Bescheid zu erlassen, der diesen Beschluß näher begründet und auf das dagegen zulässige Rechtsmittel verweist. Die Zustellung des Bescheides hat gegen Behändigungsschein zu erfolgen.

Gegen diesen Bescheid ist, wenn es sich um die Genehmigung zum Betriebe des Schauspielergewerbes handelt (§. 32), der Rekurs an den Oberpräsidenten, in allen anderen Fällen der Rekurs an die in der Sache betheiligten Ministerien gestattet.

58) Der Rekurs gegen die erste Entscheidung sei es der unteren oder der oberen Behörde, ist innerhalb 14 Tagen nach der Zustellung einzulegen und zu rechtfertigen. Er kann bei der ersten oder bei der zweiten Instanz eingereicht werden.

Wird durch den Rekursbescheid die angefochtene Verfügung bestätigt, so ist zugleich ausdrücklich darauf hinzuweisen, daß eine weitere Beschwerde durch das Gesetz nicht zugelassen sei. Der Bescheid wird der Behörde, die in erster Instanz entschieden hat, in Ausfertigung übersendet. Ist darin der Rekurs zurückgewiesen, so stellt diese ihn dem Rekurrenten zu; ist der Rekurs für begründet erachtet, so fertigt sie auf Grund des Bescheides die von dem Rekurrenten nachgesuchte Genehmigung aus.

(Bundes-Gesetzbl. S. 245.) nach Anhörung der Ortspolizei- und Gemeindebehörde, sowie über die Zurücknahme solcher Konzessionen in Gemäßheit des §. 54. desselben Gesetzes.

---

59) Die Untersagung des Betriebes eines Gewerbes (§§. 15, 35) hat gleichfalls in dem vorstehenden Verfahren zu erfolgen. Doch ist hier der Rekursbescheid dem Rekurrenten stets in Ausfertigung gegen Behändigungsschein zuzustellen.

E. Verfahren bei Entziehung einer ertheilten Approbation, Konzession, Erlaubniß, Genehmigung oder Bestallung (§§. 29, 30, 32, 33, 34, 36).

60) Die Einleitung des Verfahrens erfolgt durch die Regierung oder die sonstige Behörde, welche in erster Instanz entscheidet.

Die Regierung ernennt einen Kommissar, welcher den Sachverhalt zu erörtern, den Gewerbetreibenden, unter Mittheilung der gegen ihn zur Sprache gebrachten Thatsachen, zu hören, Zeugen und Sachverständige eidlich zu vernehmen und die zur Aufklärung der Sache dienenden sonstigen Beweise herbeizuschaffen hat.

Die Vorladung des Gewerbetreibenden erfolgt schriftlich gegen Behändigungsschein und mit der Verwarnung, daß im Falle seines Ausbleibens gleichwohl mit der Erörterung der Sache werde vorgegangen werden. Bei seiner Vernehmung und bei dem Verhör der Zeugen und Sachverständigen ist ein vereideter Protokollführer zuzuziehen.

61) Je nach dem Ausfall dieses Vorverfahrens beschließt die Regierung entweder die Einstellung des Verfahrens oder die weitere Verfolgung der Sache. Ersteres geschieht im Wege der einfachen Verfügung. Im letzteren Falle bezeichnet sie einen Beamten, der in Vertretung der Staatsanwaltschaft die geeigneten Anträge zu stellen und aus dem Inhalte der Verhandlungen zu rechtfertigen hat.

62) Demnächst ist die mündliche Verhandlung anzuberaumen, zu welcher der Gewerbetreibende, unter abschriftlicher Mittheilung der Seitens der Staatsanwaltschaft gestellten Anträge zu laden ist. Derselbe kann in der Verhandlung einen Rechtsverständigen als Beistand zuziehen oder auf Grund schriftlicher Vollmacht sich durch einen solchen vertreten lassen. Der Regierung steht indessen jeder Zeit zu, sein persönliches Erscheinen unter dem Eröffnen zu verordnen, daß bei seinem Ausbleiben ein Vertreter nicht werde zugelassen werden. Die Vorladung erfolgt gegen Behändigungsschein und stets unter der Warnung, daß im Falle des Ausbleibens gleichwohl mit der Verhandlung der Sache werde vorgegangen werden.

63) Das mündliche Verfahren ist mit einer Darstellung der Sache, wie sie aus den Verhandlungen hervorgeht, durch ein Mitglied des Kollegiums einzuleiten. Der Gewerbetreibende wird vernommen und, nachdem der Beamte der Staatsanwaltschaft seine Anträge gestellt hat, zu seiner Vertheidigung gehört; ihm steht das letzte Wort zu.

Das Kollegium kann, bevor es die Entscheidung fällt, die Aufnahme weiterer Beweise beschließen. Die Aufnahme derselben erfolgt entweder in der mündlichen Verhandlung selbst oder auch durch eine Unterbehörde oder einen besonderen Kommissar. Der Beschluß hierüber, sowie der Termin, an welchem die Fortsetzung des mündlichen Verfahrens erfolgen soll, sind alsbald zu eröffnen.

64) Die Entscheidung kann nur auf Zurücknahme der ertheilten Approbation u. s. w. oder auf Einstellung des Verfahrens lauten. Doch wird die auf besonderen Gesetzen beruhende Befugniß der Behörden, gegen den Gewerbetreibenden Ordnungsstrafen festzusetzen, hierdurch nicht berührt.

Die Entscheidung ist vor dem Schluß der Verhandlung zu eröffnen. Erscheint die Aussetzung des Beschlusses nothwendig, so erfolgt die Eröffnung in einer weiteren Sitzung, die sofort anzuberaumen ist.

Ueber den Beschluß ist, wenn er nicht auf Beweiserhebung lautet, ein mit Gründen versehener Bescheid zu erlassen, in welchem auf das dagegen zulässige Rechtsmittel verwiesen wird. Eine Ausfertigung desselben ist gegen Behändigungsschein dem Gewerbetreibenden zuzustellen.

In dem kontradiktorischen Verfahren wird das öffentliche Interesse durch den Amtsvorsteher beziehungsweise die städtische Polizeibehörde wahrgenommen.

---

65) Der Rekurs dagegen geht an das in der Sache zuständige Ministerium. Er muß binnen 14 Tagen nach der Zustellung des Bescheides entweder unmittelbar bei dem Ministerium oder bei der Regierung eingereicht und gerechtfertigt werden. Die Rekursschrift wird dem Beamten der Staatsanwaltschaft zur Erklärung binnen einer vierzehntägigen Frist zugestellt. Demnächst sind die Verhandlungen von der Regierung zur Rekursentscheidung einzureichen.

Von dem Rekursbescheide erhält der Gewerbetreibende gegen Behändigungsschein eine Ausfertigung. Eine Abschrift wird der Polizeibehörde des Orts, wo der Gewerbetreibende wohnt, und derjenigen Behörde oder Korporation mitgetheilt, welche die Approbation u. s. w. ausgestellt hat.

66) Das Verfahren, welches hiernach für die gewerbepolizeilichen Entscheidungen der Verwaltungsbehörden in Zukunft maßgebend sein wird, tritt gleichzeitig mit der Gewerbeordnung in Wirksamkeit; es wird daher auf alle diejenigen Fälle, welche nach dem 1. Oktober d. J. zur Beurtheilung der Behörden gelangen, in Anwendung zu bringen sein.

Wenn zu diesem Zeitpunkte Anträge auf Ertheilung der Genehmigung zum Betriebe eines Gewerbes oder zur Errichtung einer gewerblichen Anlage, welche auch nach Erlaß der Gewerbe-Ordnung von einer besonderen Genehmigung abhängig bleiben, bei den Behörden bereits schweben und entweder in erster oder in zweiter Instanz der Beurtheilung noch unterliegen, so ist über dieselben in dem durch die neue Gesetzgebung für die betreffende Instanz eingeführten Verfahren und vor den danach zuständigen Behörden weiter zu verhandeln. Die Anträge sind zu diesem Behufe alsbald an die zuständigen Behörden zur weiteren Prüfung abzugeben. In solchen Fällen, in denen über derartige Anträge bereits in zwei Instanzen entschieden, nach den zur Zeit maßgebenden Vorschriften aber noch eine weitere Entscheidung zu treffen ist, wird die Sache in dem bisherigen Verfahren bis zur endgültigen Erledigung weitergeführt.

3. Von der Kompetenz des Kreisausschusses sind nach §. 16 der Bundes-Gewerbe-Ordnung in Verbindung mit §. 135 Nr. V. der Kreisordnung ausgeschlossen, und unterliegen auch fernerhin der Genehmigung der Bezirksregierungen: die Schießpulver-Fabriken, die Anlagen zur Feuerwerkerei und zur Bereitung von Zündstoffen aller Art und die chemischen Fabriken aller Art. Bezüglich dieser Anlagen hat das Handelsministerium erklärt, daß es nicht thunlich sei, das Recht zur Konzessions-Ertheilung in die Hände des Kreisausschusses zu legen, da dem letzteren die Techniker nicht zu Gebote ständen, um Alles bei diesen für das öffentliche Wohl so wichtigen Anlagen ordnungsmäßig prüfen zu können.

5. Bei den Kommissionsverhandlungen im Herrenhause rechtfertigte der Regierungskommissarius das bezüglich der gewerblichen Anlagen, sowie auch für die Dismembrationssachen (§. 135 Nr. VIII.) vorgeschriebene abweichende Verfahren (vgl. §. 156), wonach bezüglich dieser die Berufung gegen die Entscheidung des Kreisausschusses nicht an das Verwaltungsgericht, sondern an die Bezirksregierung zu richten ist, — damit, daß nach der Gewerbeordnung für den Norddeutschen Bund die Landespolizeibehörde ausdrücklich als entscheidende Instanz für bestimmte gewerbepolizeiliche Angelegenheiten bezeichnet ist, auch eine einheitliche Entscheidung in dergleichen Angelegenheiten erst nach Errichtung eines obersten Verwaltungsgerichtshofes gesichert sein würde, endlich habe man auch nicht die Verwaltungsgerichte zu sehr mit Geschäften belasten wollen.

6. Der Schlußsatz in §. 135 Nr. V. pos. 2 ist zufolge Beschlusses des Herrenhauses hinzugefügt worden, welchen der Berichterstatter von Kleist-Retzow (Sitzung vom 30. Oktober 1872 St. B. S. 561), wie folgt, befürwortete:

„Ich kann die Herren darauf aufmerksam machen, daß der Schlußsatz, den die Kommission zu V. hinzugefügt hat, nach meiner Ueberzeugung eine recht wesentliche Verbesserung des gegenwärtigen Zustandes ist; sie betrifft eine An-

VI. In bau- und feuerpolizeilichen Angelegenheiten:

die Entscheidung über Beschwerden gegen Anordnungen oder Verfügungen der Amtsvorsteher und städtischen Polizeiverwaltungen.

VII. In Ansiedelungssachen:

die Entscheidung über Anträge auf Gestattung neuer Ansiede-

---

gelegenheit, die ich vor längerer Zeit einmal hier zur Sprache brachte, wo es sich um Petitionen handelte gegen die jetzige übermäßige Zunahme von Schankstellen auf dem Lande. Ich machte geltend, daß namentlich auch das Verfahren, welches bei der Bewilligung derartiger Einrichtungen gegenwärtig beobachtet würde, im höchsten Grade dahin führte, diese Anlagen zu begünstigen. In dem betreffenden Gewerbegesetz steht nämlich, daß ein öffentliches mündliches Verfahren bei der Regierung stattfindet, die Parteien sollen vorgeladen werden. Nun nimmt die Regierung nach meiner Meinung noch mißverständlich aus einer Ministerial-Instruktion an, daß dazu nur derjenige als Partei vorzuladen sei, der den Antrag auf Anlage einer solchen Schankstelle oder auf Verleihung einer derartigen Konzession stellt; dieser Betreffende nimmt sich einen Rechtsanwalt und dieser plaidirt vor der Regierung zu Gunsten dieser Schankstelle und dieser Konzession, ohne daß von der anderen Seite das Interesse der Polizei oder der Gemeinde wahrgenommen ist. (Sehr richtig.) Hier ist nun festgestellt, daß das Interesse der Gemeinde und der Polizei in diesem Verfahren durch den Amtsvorsteher wahrgenommen werden soll. Ich bitte Sie, den Vorschlag anzunehmen."

Zu § 135 No. VII. und VIII.

1. Gesetz, betreffend die Zertheilung von Grundstücken und die Gründung neuer Ansiedelungen. Vom 3. Januar 1845. (G. S. S. 25).

Wir Friedrich Wilhelm rc. rc.

verordnen zur Beseitigung der Uebelstände, welche aus der Zerstückelung von Grundstücken und aus der Gründung neuer Ansiedelungen ohne gleichzeitige Regulirung der Abgaben- und Kommunalverhältnisse entstehen, nach Anhörung Unserer getreuen Stände, auf den Antrag Unseres Staatministeriums und nach vernommenem Gutachten Unseres Staatsraths, für die Provinzen Preußen, Brandenburg und Pommern, jedoch mit Ausschluß von Neu-Vorpommern, so wie für die Provinzen Schlesien, Posen und Sachsen, was folgt:

§. 1. Dem gegenwärtigen Gesetze sind alle Arten von Grundstücken unterworfen, mit Ausnahme der Gebäude, Bauplätze, Hofstellen und Gärten innerhalb einer Stadt oder Vorstadt.

(§§. 2. bis 5. sind aufgehoben.)

§. 6. Jeder Erwerber eines Trennstücks (§. 2.) ist verpflichtet, seinen Besitztitel berichtigen zu lassen. Wer dieser Verpflichtung nicht genügt, ist dazu von Amtswegen in dem durch die Ordre vom 6. Oktober 1833 (Gesetzsammlung 1833 Seite 124.) vorgeschriebenen Wege anzuhalten.

Diese Bestimmung findet auch auf die Erwerber von Trennstücken in den im §. 5. bezeichneten Fällen Anwendung.

Ausgenommen hiervon bleiben jedoch Fiskus, Kirchen, Pfarren, geistliche Stiftungen, Schulen und Armenanstalten, so wie diejenigen, welche in den Fällen des §. 5. No. 5. Trennstücke erworben haben.

§. 7. Die Abschreibung der Trennstücke im Hypothekenbuche, so wie deren Uebertragung auf ein anderes Folium und die Berichtigung des Besitztitels für den Trennstückserwerber, darf in allen Fällen erst dann geschehen, wenn zuvor:

1. die auf dem dismembrirten Grundstücke haftenden, oder in Rücksicht auf dessen Besitz zu entrichtenden Abgaben und Leistungen, welche die Natur öffentlicher Lasten haben, einschließlich der aus dem Gemeinde-, Kirchen-, Pfarr- oder Schulverbande entspringenden oder sonstigen Korporations- oder Sozietätslasten (§. 9. a. bis f.) definitiv oder interimistisch vertheilt (§§. 20. und 23.) und die das Grundstück betreffenden und auf dessen Besitz

lungen in Gemäßheit der §§. 27. ff. des Gesetzes vom 3. Januar 1845. (Gesetz-Samml. S. 25.), des §. 11. des Gesetzes vom 24. Mai

sich gründenden Kommunal- und Sozietätsverhältnisse definitiv oder interimistisch regulirt sind;

2. der Vorschrift des §. 91. Tit. 2. der Hypothekenordnung genügt ist, wonach vom Hypothekenrichter wegen eines mit den eingetragenen Realberechtigten und Hypothekengläubigern zu vermittelnden Regulativs verhandelt werden muß.

§. 8. Die Regulirung der im §. 7. zu 1. bezeichneten Verhältnisse liegt dem Landrathe und für die Feldmarken derjenigen Städte, welche keinem Kreise angehören, dem Magistrate ob, jedoch unbeschadet der in einzelnen Landestheilen den ständischen Behörden zustehenden Steuerregulirung.

Der Landrath ist befugt, die Regulirungsverhandlung der Ortsobrigkeit zu übertragen.

In Ansehung der Theilungen von Grundstücken, welche bei gutsherrlich-bäuerlichen Regulirungen, Gemeinheitstheilungen oder Ablösungen vorkommen, verbleibt die Regulirung der im §. 7. zu 1. und 2. bezeichneten Verhältnisse den Auseinandersetzungsbehörden nach Maaßgabe der darüber bestehenden Vorschriften.

§. 9. Bei Regulirung der im §. 7. No. 1. bezeichneten Verhältnisse sind außer den Kontrahenten auch die sonst dabei Betheiligten mit ihren Erklärungen zu hören, insbesondere

a) die Gutsherrschaft, sofern ihr Gerichtsbarkeit oder das Recht zur Polizeiverwaltung zusteht,
b) die Kirche,
c) die Pfarre,
d) die Schule,
e) die Gemeinde,
f) die sonst dabei betheiligten, unter Aufsicht des Staats stehenden Institute oder Gesellschaften, z. B. Deichverbände.

Das hinsichtlich der Steuerverwaltung obwaltende Interesse des Staats und ständischer Kassen ist von den das Regulirungsgeschäft leitenden Behörden von Amtswegen wahrzunehmen.

§. 10. Die von dem Landrathe oder in seinem Auftrage von der Ortsobrigkeit, ingleichen die von dem Magistrate (§. 8.) aufgenommenen Regulirungs-Protokolle haben die Beweiskraft öffentlicher außergerichtlicher Urkunden, sofern bei ihnen diejenige Form beobachtet worden, welche in dem §. 129. Tit. 10. Th. I. der Allg. Gerichtsordnung, in den §§. 68—74. des Anhangs zu derselben und in der Ordre vom 20. Juni 1816 (Gesetzsammlung 1816 Seite 203.) vorgeschrieben ist.

§. 11. Die Vertheilung der Grundsteuern erfolgt nach den darüber bestehenden Grundsätzen; durch Verabredungen der Parteien kann darin nichts geändert werden.

§. 12. Geld- und Naturalabgaben, so wie andere Leistungen sind auf die einzelnen Theile des Grundstücks nach deren Ertragswerth oder Flächenraum verhältnißmäßig zu vertheilen. Die Vertheilung nach dem Ertragswerthe muß jedoch unbedingt eintreten, wenn bei einer Vertheilung nach dem Flächenraum die nachhaltige Leistung der Theilabgaben nicht genügend gesichert sein würde.

§. 13. Sollte bei einer Vertheilung von Hand- oder Spanndiensten oder anderen in Handlungen bestehenden Leistungen nach dem im §. 12. bestimmten Verhältnisse die nachhaltige Erfüllung dieser Verpflichtungen nicht genügend gesichert sein, so müssen die Besitzer der einzelnen Theile des Grundstücks — vorbehaltlich der unter ihnen zu treffenden Ausgleichung — jeder anderen als nothwendig sich ergebenden Vertheilungsart sich unterwerfen. In solchem Falle kann die ganze Verpflichtung selbst einem Theilstücke ausschließlich auferlegt werden.

Dies muß geschehen, wenn die Dienste oder Leistungen ihrer Natur nach untheilbar sind.

§. 14. Kann die nachhaltige Erfüllung der Verpflichtung zu Diensten oder

1853. (Gesetz-Samml. S. 241.) und des Gesetzes vom 26. Mai 1856. (Gesetz-Samml. S. 613.).

---

anderen Leistungen (§. 13.) weder durch eine Vertheilung auf die einzelnen Theilstücke, noch dadurch gesichert werden, daß die Verpflichtung einem der Theilstücke ausschließlich auferlegt wird, so muß die Verpflichtung in Dienste oder Leistungen anderer Art, oder in eine Geldabgabe verwandelt und deren Vertheilung nach der Vorschrift des §. 12. bewirkt werden.

Was nach diesen Bestimmungen von den Besitzern der einzelnen Theilstücke geleistet werden muß, ist zur Beschaffung der wegfallenden Dienste oder Leistungen zu verwenden. Sind die Dienste oder Leistungen nur dann zu beschaffen, wenn sie von den übrigen gemeinsam Verpflichteten übernommen werden, so können diese hierzu gegen Ueberweisung des von den Besitzern der Theilstücke zu leistenden Ersatzes angehalten werden.

§. 15. Sollte in dem am Schlusse des §. 14. erwähnten Falle die Theilung von Grundstücken auf den Zustand der Gesammtheit der Pflichtigen einen solchen Einfluß äußern, daß das bisherige Leistungsverhältniß ohne Beeinträchtigung der wirthschaftlichen Verhältnisse der Pflichtigen nicht fortbestehen kann, so ist alsdann die Art nnd Weise neu zu ordnen, wie die Dienste künftig zu leisten oder statt derselben Geldabgaben einzuführen sind.

§. 16. Wird ein Grundstück getheilt, mit dessen Besitz die Verwaltung des Schulzen- oder Dorfrichteramtes verbunden ist, so ist nach den Umständen zu ermessen, ob die Verwaltung dieses Amtes mit dem Besitz eines der Theile des Grundstücks verbunden bleiben kann.

Ist dies nicht zulässig, so muß ein auskömmliches Schulzengehalt in Grundstücken oder in Geld festgesetzt und der Geldbeitrag nach Vorschrift des §. 12. vertheilt und für die hypothekarische Sicherstellung gesorgt werden.

§. 17. Abgaben und Leistungen, welche nach der Ortsverfassung von dem Besitzer eines jeden Grundstücks, ohne Rücksicht auf die Größe und Art desselben, zu tragen sind, hat jeder Erwerber eines Theilstücks zu übernehmen.

§. 18. Verabredungen der Betheiligten über die Regulirung der in den §§. 12—17. erwähnten öffentlichen Abgaben, Leistungen und Verhältnisse können von der Behörde bestätigt werden, in sofern solche der Verfassung nicht entgegen sind und die nachhaltige Entrichtung gesichert ist.

§. 19. Die Behörde entwirft, nachdem sie sich über die Sachlage vollständig unterrichtet hat, einen Plan zur Regulirung der im §. 7. No. 1. bezeichneten Verhältnisse.

Ueber diesen Plan sind sämmtliche Betheiligte mit ihrer Erklärung zu hören. In Ansehung derjenigen, welche sich auf die Mittheilung des Planes binnen einer Frist von längstens vier Wochen nicht erklären, wird angenommen, daß sie gegen den Plan nichts einzuwenden haben.

Der Regulirungsplan ist demnächst mittelst gutachtlichen Berichts des Landraths oder Magistrats der Regierung zur Bestätigung einzureichen.

§. 20. Ergeben sich bei der Regulirung Streitigkeiten über die öffentlichen Abgaben und Leistungen oder über die Gemeinde- und Korporationsverhältnisse, so sind solche, wenn sie zur Erörterung im Rechtswege geeignet sind, zur Entscheidung der Gerichte zu verweisen; eignen sich aber dieselben zur Feststellung im Verwaltungswege, so entscheidet darüber die Regierung. Diese ist in beiden Fällen befugt, ein sofort vollstreckbares Interimistikum festzusetzen, gegen welches ein Rekurs nicht stattfindet.

§. 21. Die Regierung ist ermächtigt, in den zu ihrer Kompetenz gehörenden Streitigkeiten, wenn sie es nach den Umständen für angemessen erachtet, ein schiedsrichterliches Verfahren nach Maaßgabe der Vorschriften der Verordnung vom 30. Juni 1834 §§. 31—34. und der Instruktion vom 12. Oktober 1835 eintreten zu lassen.

§. 22. Gegen die definitive Entscheidung der Regierung und gegen den von derselben bestätigten Vertheilungsplan ist ein Rekurs an das Ministerium des Innern zulässig; dieser muß jedoch binnen sechs Wochen und von Seiten des Fiskus, so wie der demselben durch Artikel XIII. der Deklaration vom 6. April

VIII. In Dismembrations-Angelegenheiten: die Bestätigung der Abgabenvertheilungspläne und die Regulirung

---

1839 (Gesetzsammlung 1839 Seite 120) gleichgestellten Personen, binnen zwölf Wochen, von dem Tage nach Zustellung der Entscheidung oder des Vertheilungsplanes an gerechnet, eingelegt werden.

Die erste Entscheidung oder der Vertheilungsplan kann, des eingewandten Rekurses ungeachtet, einstweilen in Vollzug gesetzt werden.

§. 23. Der von der Regierung bestätigte oder durch Rekursentscheidung des Ministeriums des Innern festgesetzte Regulirungsplan hat die Wirkung einer gerichtlich bestätigten und vollstreckbaren Urkunde.

§. 24. Erst nach erfolgter definitiver (§. 23.) oder interimistischer (§. 20.) Regulirung ist der Erwerber eines Trennstücks befugt, die mit demselben verbundenen ständischen, Gemeinde- und anderen Korporationsrechte auszuüben. So lange eine solche Regulirung nicht erfolgt ist, bleiben alle Theilstücke für sämmtliche Abgaben und Leistungen solidarisch verhaftet, welche dem ganzen Grundstück oblagen, oder in Rücksicht auf dessen Besitz entrichtet werden mußten.

§. 25. Wenn:

1. auf einem unbewohnten Grundstück, welches nicht zu einem anderen bereits bewohnten Grundstück gehört, Wohngebäude errichtet werden sollen,
oder
2. ein solches Grundstück, auf dem sich bereits Wohngebäude befinden, vom Hauptgute abgetrennt und nicht einem anderen schon bewohnten Grundstücke zugeschlagen wird,

so müssen nach Anhörung der Betheiligten (§. 9.) auch diejenigen Verhältnisse (§. 7. Nr. 1.) festgestellt werden, welche aus der Gründung einer neuen Ansiedlung in Beziehung auf die Gerichts- und Polizeiobrigkeit, den Gemeinde-, Kirchen- und Schulverband oder andere dergleichen Verbände entspringen.

In dem zu 1. gedachten Falle muß diese Regulirung der Aushändigung des Baukonsenses, in dem Falle zu 2. der Abschreibung des Trennstücks und der Berichtigung des Besitztitels für den Erwerber vorausgehen.

§. 26. Für diese Regulirung (§. 25.) sind außer den in den §§. 8. bis 24. enthaltenen Vorschriften noch folgende Bestimmungen maßgebend:

1. die Besitzer und Bewohner der Ansiedlung haben in Beziehung auf den Gerichts-, Polizei-, Kirchen-, Pfarr-, Schul- und Gemeindeverband, welchem sie angehören, oder nach den Gesetzen zu überweisen sind, alle diejenigen Abgaben und Leistungen zu übernehmen, welche nach der Verfassung oder Ortsobservanz solchen Mitgliedern der Gemeinde obliegen, denen sie nach Maaßgabe ihrer Besitz- oder sonstigen Verhältnisse beizuzählen sind;
2. die neuen Ansiedler müssen, wenn durch ihren Hinzutritt dem Gemeinde-, Kirchen-, Schul- oder sonstigen Verbande besondere Unkosten oder Lasten entstehen, auch diese tragen.

§. 27. Die Gründung einer neuen Ansiedlung (§. 25 Nr. 1) innerhalb einer städtischen oder ländlichen Feldmark kann untersagt werden, wenn davon Gefahr für das Gemeinwesen zu besorgen und die polizeiliche Beaufsichtigung mit ungewöhnlichen Schwierigkeiten verbunden ist. Dies ist besonders in dem Falle anzunehmen, wenn die neue Ansiedlung von andern bewohnten Orten erheblich entfernt, oder sonst unpassend belegen ist, und zugleich ihrem Besitzer die Mittel nicht gewährt, sich davon als Ackerwirth, als Gärtner oder vermittelst eines mit dem Grundstücke zu verbindenden Gewerbebetriebes, z. B. durch Anlage eines Mühlenwerks, einer Fabrik oder eines Holzplatzes, selbstständig zu ernähren.

Insonderheit ist notorisch unvermögenden oder bescholtenen Personen in solchem Falle die Ansiedlung in der Regel zu versagen.

§. 28. In den Fällen des §. 27 hat die Behörde zu erwägen, ob durch die neue Ansiedlung die benachbarten Gemeinden, Forst- und Gutsbesitzer benachtheiligt werden können. In diesem Falle sind dieselben vor Gestattung der Ansiedlung mit ihrer Erklärung zu hören.

§. 29. Ueber die Gestattung oder Versagung der neuen Ansiedlung hat auch in dem Falle, wenn von der Ortsobrigkeit, der Gemeinde oder den Nachbarn dersofort vollstreckbarer Interimistika, mit Ausschluß der Festsetzungen über die Vertheilung der Grundsteuern und Renten, auf Grund

selben widersprochen wird, der Landrath oder der Magistrat (§. 8) zu entscheiden. Gegen diese Entscheidung steht den Betheiligten innerhalb einer zehntägigen Frist der Rekurs an die Regierung, und zwar mit suspensiver Wirkung offen. Eine weitere Berufung findet dagegen nicht statt.*)

§. 30. Wer ohne solche Genehmigung (§. 29) eine neue Ansiedlung (§. 25 Nr. 1) gründet, kann von der Behörde zur Wegschaffung derselben angehalten werden.

§. 31. Wer eine Kolonie auf seinem Grundstücke anlegen und dasselbe zu diesem Zwecke zerstückeln will, hat vor der Ausführung einen Plan dem Landrath vorzulegen und darin nachzuweisen, in welcher Weise die Gemeinde-, Kirchen- und Schulverhältnisse der neuen Ortschaft, so wie deren Verhältnisse zur Gerichts- und Polizeiverwaltung angemessen geordnet und sichergestellt werden sollen.

§. 32. Der Landrath hat diesen Plan (§. 31) mit seinem Gutachten der Regierung zur Genehmigung einzureichen.

Sollen der neuen Ortschaft Korporationsrechte verliehen werden, so ist hierzu die landesherrliche Genehmigung erforderlich.

§. 33. Alle Verhandlungen der Polizei- und Verwaltungsbehörden in Parzellirungs- und Ansiedlungssachen, einschließlich der Verhandlungen der vom Landrath mit der Regulirung beauftragten Ortsobrigkeit, sind, ohne Unterschied des Gegenstandes, stempel- und gebührenfrei. Wegen der Diäten und Reisekosten der bei den Verhandlungen zugezogenen Sachverständigen oder anderen Beamten, zu deren Beruf das Geschäft nicht schon gehört (§. 8), kommen die §§. 2 und 3 des Kostenregulativs vom 25. April 1836 (Gesetzsammlung 1836 Seite 181) zur Anwendung.

Urkundlich unter Unserer Höchsteigenhändigen Unterschrift und beigedrucktem Königlichen Insiegel.

Gegeben Berlin, den 3. Januar 1845.

(L. S.) **Friedrich Wilhelm.**

v. Rochow. Mühler. v. Savigny. Graf zu Stolberg. Graf v. Arnim.

Beglaubigt:
Bornemann.

2. Gesetz wegen Abänderung einiger Bestimmungen des Gesetzes vom 3. Januar 1845, betreffend die Zertheilung von Grundstücken und die Gründung neuer Ansiedelungen. Vom 24. Februar 1850. (Ges.-S. S. 68).

Wir Friedrich Wilhelm 2c. 2c.

verordnen, mit Zustimmung beider Kammern, für diejenigen Landestheile, in welchen das Gesetz vom 3. Januar 1845, betreffend die Zertheilung von Grundstücken und die Gründung neuer Ansiedelungen, Gesetzeskraft hat, was folgt:

§. 1. Die §§. 2 bis 5 einschließlich des Gesetzes vom 3. Januar 1845, betreffend die Zertheilung von Grundstücken und die Gründung neuer Ansiedelungen (Gesetzsammlung 1845 Seite 25), so wie die Deklaration vom 7. August 1846, betreffend die Anwendung des §. 2 dieses Gesetzes (Ges.-S. 1846 S. 395), werden hiermit aufgehoben.

Veräußerungsverträge jeder Art, durch welche Grundstücke zertheilt, von einem Grundstücke einzelne Theile abgezweigt oder Grundstücke, welche Zubehör eines andern Grundstücks sind, von diesem abgetrennt werden sollen, müssen von dem Gerichte, vor welchem sie abgeschlossen oder ihrem Inhalte oder der Unterschrift nach anerkannt worden sind, unmittelbar nach ihrer Aufnahme demjenigen Gerichte zugesendet werden, welches das Hypothekenbuch der betreffenden Grund-

*) Die Schlußbestimmung dieses Paragraphen ist durch das Gesetz vom 24. Mai 1853 (G. S. S. 241) §. 14 aufgehoben.

der §§. 19—23. des Gesetzes vom 3. Januar 1845, (Gesetz-Samml. S. 25 ff.), des §. 6. des Gesetzes vom 24. Mai 1853. (Gesetz-Samml. S. 241.) und des Gesetzes vom 26. Mai 1856. (Gesetz-Samml. S. 613.).

---

stücke zu führen hat, sofern dieses Gericht von dem ersteren verschieden ist. Dieselbe Verpflichtung wird, in Erweiterung der Vorschrift des §. 31 der Verordnung vom 2. Januar 1849 (Gesetzsammlung pro 1849 S. 10), den Notaren auferlegt.

§. 2. Die Abschreibung der Trennstücke im Hypothekenbuche, deren Uebertragung auf ein anderes Folium, die Aushändigung des Baukonsenses zu neuen Ansiedelungen, sofern den Vorschriften der §§. 27 und 28 des Gesetzes vom 3. Januar 1845 genügt ist, so wie die Berichtigung des Besitztitels für den Trennstücks-Erwerber sind von der im §. 7 No. 1 und in den §§. 25 und 26 des Gesetzes vom 3. Januar 1845 gedachten Regulirung ferner nicht abhängig. *)

§. 3. Alle im §. 1 des gegenwärtigen Gesetzes bezeichneten Verträge sind von dem Gerichte, welches das Hypothekenbuch des zertheilten Grundstücks zu führen hat, sofort, nachdem sie zu seiner Kenntniß gelangt sind, in beglaubigter Abschrift demjenigen Landrathe oder Magistrate zuzufertigen, welchem nach §. 8 des Gesetzes vom 3. Januar 1845 die im §. 7 No. 1 und in den §§. 25 und 26 desselben vorgeschriebene Regulirung obliegt. Nach dem Empfange dieser Abschrift hat sich der Landrath oder Magistrat der Regulirung sogleich von Amtswegen zu unterziehen.

§. 4. Die im §. 20 des Gesetzes vom 3. Januar 1845 den Regierungen beigelegte Befugniß, in Fällen, in welchen Streitigkeiten bei der Regulirung entstehen, ein sofort vollstreckbares Interimistikum festzusetzen, wird auf alle Fälle ausgedehnt, in welchen die Regierung es für angemessen erachtet, die definitive Regulirung aufzuschieben.

Urkundlich unter Unserer Höchsteigenhändigen Unterschrift und beigedrucktem Königlichen Insiegel.

Gegeben Charlottenburg, den 24. Februar 1850.

(L. S.) **Friedrich Wilhelm.**

Graf v. Brandenburg. v. Ladenberg. v. Manteuffel. v. Strotha. v. d. Heydt. v. Rabe. Simons. v. Schleinitz.

3. Gesetz zur Ergänzung des Gesetzes, betreffend die Zerstückelung von Grundstücken und die Gründung neuer Ansiedlungen, vom 3. Januar 1845. Vom 24. Mai 1853. (G. S. S. 241).

Wir Friedrich Wilhelm, von Gottes Gnaden, König von Preußen rc. rc. verordnen, unter Zustimmung der Kammern, für die Provinzen Preußen, Brandenburg und Pommern, jedoch mit Ausschluß von Neuvorpommern, sowie für die Provinzen Schlesien, Posen und Sachsen, was folgt:

§. 1. Dem gegenwärtigen Gesetze sind alle Arten von Grundstücken unterworfen, mit Ausnahme der Gebäude, Bauplätze, Hofstellen und Gärten innerhalb einer Stadt oder Vorstadt.

(§§. 2, 3 und 4 sind aufgehoben.)

§. 5. Die Bestimmungen der §§. 2—4 finden keine Anwendung:

1. bei Grundstücken, welche sich im landesherrlichen oder fiskalischen Besitze oder unter unmittelbarer Verwaltung der Staatsbehörden, ingleichen bei solchen Grundstücken, welche sich im Besitze einer Kirche, Pfarre, oder einer anderen geistlichen Stiftung, sowie einer Schule oder Armenanstalt befinden;
2. bei den außerhalb einer Stadt oder Vorstadt (§. 1), auf der städtischen Feldmark gelegenen Grundstücken;
3. bei Theilung von Grundstücken zwischen Miterben oder solchen Miteigenthümern, deren Gemeinschaft sich nicht auf Vertrag gründet;

---

*) cf. Gesetz vom 24. Mai 1853 (Gesetz-Sammlung Seite 241) §. 12, wodurch §. 2 aufgehoben ist.

Als Berufungsinstanz tritt an die Stelle des Ministeriums für die landwirthschaftlichen Angelegenheiten die Bezirksregierung.

---

4. bei Ueberlassung einzelner Theile von Grundstücken Seitens der Eltern an ihre Kinder oder weitere Abkömmlinge;
5. bei Grundstücken, welche einer Expropriation, zum Zweck der Anlage von Chausseen, Eisenbahnen, Kanälen u. s. w. unterworfen sind, ohne Unterschied, ob die Veräußerung selbst durch Expropriation oder durch freien Vertrag bewirkt wird;
6. bei Theilungen von Grundstücken, welche durch eine gutsherrlich-bäuerliche Regulirung, eine Ablösung von Diensten, Natural- und Geldleistungen, oder eine Gemeinheitstheilung veranlaßt werden oder bei Gelegenheit solcher Geschäfte (§. 8 der Verordnung vom 30. Juni 1831) vorkommen.

§. 6. Insofern eine Zertheilung von Grundstücken, eine Abzweigung einzelner Theile derselben oder eine Abtrennung von Grundstücken, die Zubehör anderer sind, im Wege des öffentlichen Ausgebots und der meistbietenden Versteigerung stattfinden soll, darf sie nicht eher vorgenommen werden, als bis den Vorschriften des §. 7 Nr. 1 oder §. 20 des Gesetzes vom 3. Januar 1845 und §. 4 des Gesetzes vom 24. Februar 1850 wegen definitiver oder interimistischer Regulirung und Vertheilung der öffentlichen, Sozietäts- und Gemeindelasten auf die zu veräußernden Trennstücke genügt ist.

Der dort angeordnete Regulirungsplan muß vor dem Beginn des Ausgebots- und Versteigerungs-Verfahrens vorgelesen und später sich einfindenden Kauflustigen vor der Zulassung zu einem Gebot noch besonders bekannt gemacht werden.

§. 7. Auch müssen bei einem solchen Ausgebots- und Versteigerungs-Geschäft (§. 6.) vor dem Zuschlage oder Vertragsabschlusse stets Bestimmungen über die Ablösung, Vertheilung oder Uebernahme der auf den Grundstücken haftenden Reallasten und Renten in Gemäßheit des §. 93. des Gesetzes wegen Ablösung der Reallasten und Regulirung der gutsherrlichen und bäuerlichen Verhältnisse vom 2. März 1850., desgleichen wegen etwaniger Hypothekenschulden getroffen werden.

§. 8. Bei diesen Ausgebots- und Versteigerungs-Verhandlungen (§. 6.) ist jedesmal ein Richter zuzuziehen, und dieser von Amtswegen verpflichtet, für die Befolgung der im §. 6. Absatz 2. und im §. 7. angeordneten Bestimmungen zu sorgen.

§. 9. Wenn die vorstehenden Bestimmungen der §§. 6., 7. und 8. nicht befolgt worden, so ist jeder Veräußerer mit einer Geldbuße bis zweihundert Thaler zu bestrafen. Auch hat die Ortsbehörde die Versteigerung zu verbieten, sobald der Vorschrift des §. 8. wegen Zuziehung eines Richters nicht genügt ist.

§. 10. Der §. 31. der Verordnung vom 2. Januar 1849. (Gesetz-Sammlung pro 1849. S. 10.) wird aufgehoben.

§. 11. Unbeschadet der Befugniß der zuständigen Behörden, die Gründung einer neuen Ansiedelung innerhalb einer städtischen oder ländlichen Feldmark aus den im §. 27. des Gesetzes vom 3. Januar 1845 angegebenen Ursachen zu untersagen, darf die Gründung einer solchen Ansiedelung in dem Falle nicht gestattet werden, wenn die Ortsobrigkeit oder Gemeinde derselben widerspricht, und in diesem Falle der Antragende nicht nachweisen kann, daß er hinlängliches Vermögen, sowohl zur Ausführung des Baues, als zur Einrichtung der Wirthschaft besitzt.

Besteht das Vermögen des Antragenden nicht in Grundstücken oder sicheren Hypotheken-Kapitalien, so ist der Nachweis darüber durch die Bescheinigung oder Versicherung zweier achtbarer und zuverlässiger Gemeindemitglieder zu führen.

Bei der Beurtheilung der Zulänglichkeit des Vermögens ist insonderheit auch die Höhe des Kaufgelder-Rückstandes und der auf das Grundstück übernommenen beständigen Leistungen zu berücksichtigen.

§. 12. Bei neuen Ansiedelungen muß die nach Vorschrift der §§. 25. und

Eine Ministerial-Instruktion regelt das formelle Geschäftsverfahren.

IX. In Kommunalsachen der Amtsbezirke, Landgemeinden und selbstständigen Gutsbezirke:

die Aufsicht über die Kommunal-Angelegenheiten der Amtsbezirke, der ländlichen Gemeinden und selbstständigen Gutsbezirke, insbesondere:

---

26. des Gesetzes vom 3. Januar 1845 zu bewirkende Regulirung der Aushändigung des Baukonsenses vorhergehen.

Die entgegenstehende Vorschrift in §. 2. des Gesetzes vom 24. Februar 1850 wird hierdurch aufgehoben.

§. 13. Wer mit Gründung einer neuen Ansiedelung beginnt, ohne vorher den Baukonsens erhalten zu haben, ist mit einer Geldbuße bis zu zwanzig Thalern zu bestrafen; auch hat die Orts-Behörde die Weiterführung der Ansiedelung zu verhindern.

§. 14. Die Schlußbestimmung des §. 29. des Gesetzes vom 3. Januar 1845, wonach gegen die Entscheidung der Regierung über die Gestattung oder Versagung einer neuen Ansiedelung eine weitere Berufung nicht stattfindet, wird hiermit aufgehoben. Es kann gegen eine solche Entscheidung der Regierung fortan eine Beschwerde bei Unserem Minister des Innern angebracht werden.

Urkundlich unter Unserer Höchsteigenhändigen Unterschrift und beigedrucktem Königlichen Insiegel.

Gegeben Charlottenburg, den 24. Mai 1853.

(L. S.) **Friedrich Wilhelm.**

v. Manteuffel. v. d. Heydt. Simons. v. Raumer. v. Westphalen.
v. Bodelschwingh. v. Bonin.

4. Das Gesetz vom 26. Mai 1856 (Ges.-S. S. 613) bezieht sich nur auf Neu-Vorpommern und Rügen.

5. Das Gesetz vom 5. Mai 1872 über die Form der Verträge, durch welche Grundstücke zertheilt werden (Gesetz-Sammlung S. 508) bestimmt:

§. 1. Verträge, durch welche Grundstücke zertheilt, von einem Grundstücke Theile abgezweigt, oder Grundstücke, welche Zubehör eines andern Grundstücks sind, von diesem abgetrennt werden sollen, bedürfen zu ihrer Gültigkeit keiner andern Form, als die Verträge, durch welche Grundstücke im Ganzen veräußert werden.

§. 2. Die §§. 2, 3, 4 des Gesetzes vom 24. Mai 1853 (Gesetzsammlung Seite 241) werden aufgehoben.

§. 3. Dieses Gesetz tritt am 1. Oktober 1872 in Kraft.

Zu § 135. No. IX.

1. Bezüglich der Kommunal-Angelegenheiten ist in Erwägung gezogen worden, ob dem Kreisausschusse die Oberaufsicht nicht nur über die Land-Gemeinden und Gutsbezirke, sondern auch über die Städte zu übertragen sein möchte.

Es erschien jedoch der Kreisausschuß, in welchem das platte Land überwiegend vertreten ist, nicht als die geeignete Aufsichts-Instanz für städtische Gemeinden, auch kann nicht erwartet werden, daß die Unterordnung der Städte unter den Kreisausschuß den Beifall der ersteren finden werde. Für die Städte wird demnächst der Provinzial-Ausschuß als Aufsichtsbehörde einzusetzen sein, bis dahin es aber bei den bisherigen Instanzen verbleiben müssen.

Dagegen ist der den ländlichen Verhältnissen nahestehende und mit ihnen vertraute Kreisausschuß ein sehr geeignetes Organ, um die Oberaufsicht über die Landgemeinden und die selbstständigen Gutsbezirke mit Erfolg führen zu können.

1) die Genehmigung von Kommunalbezirks-Veränderungen durch Zulegung oder Abzweigung einzelner Grundstücke nach den Vorschriften im §. 1. des Gesetzes vom 14. April 1856., betreffend die Landgemeindeverfassungen in den sechs östlichen Provinzen der Monarchie (Gesetz-Samml. S. 359.), soweit diese Genehmigung bisher dem Oberpräsidenten zustand;
2) die Genehmigung von Auseinandersetzungen zwischen den Betheiligten in Folge von Bezirksveränderungen an Stelle der Bezirksregierung auf Grund des §. 1. Alinea 6. a. a. O. Ent-

---

Es konnte daher auch kein Bedenken haben, demselben auf diesem Gebiete alle Befugnisse zu delegiren, welche das Gesetz den höheren und höchsten Verwaltungs-Behörden beilegt. Nur die Befugniß zur Bildung neuer Gemeinde- und Gutsbezirke, sowie zur zwangsweisen Veränderung von Kommunalbezirken im öffentlichen Interesse mußte hiervon ausgenommen werden, da die Bildung von Korporationen beziehungsweise die Verleihung der Rechte einer juristischen Person das alleinige Recht des Staatsoberhauptes ist und bleiben muß; die zwangsweise Veränderung von Kommunalbezirken aber wegen der hierbei kollidirenden öffentlichen und Privat-Interessen die allersorgsamste Prüfung mehrerer Instanzen und die auf Grund dieser zu treffende, mit der höchsten Autorität versehene Entscheidung des Landesherrn selbst verlangt.

An die Stelle der als obere Instanz über den Kreisausschuß beibehaltenen Bezirksregierung wird später der Provinzial-Ausschuß treten. (Motive von 1869.)

2. Gesetz betreffend die Landgemeinde-Verfassungen in den sechs östlichen Provinzen der Monarchie. Vom 14. April 1856. [G. S. S. 359.]

(Der §. 1. ist in der Anm. 4. zu §. 3. Seite 4., die §§. 3—9. sind in der Anm. 3. zu §. 23. Seite 46. abgedruckt.)

§. 2. Wenn ein bis dahin selbstständiger Gutsbezirk, oder ein in keinem Gemeindeverbande stehendes, großes, geschlossenes Waldgrundstück mit einem Gemeindebezirk vereinigt wird, oder bereits vereinigt worden ist, so sind durch ein zu errichtendes Statut Festsetzungen über das Verhältniß zu treffen, in welchem der Besitzer und die übrigen Bewohner des Gutsbezirks oder Waldgrundstücks an den Rechten und Pflichten der Gemeinde Theil zu nehmen haben.

Insbesondere ist in dem Statute zu bestimmen:

a) ob und inwieweit dem Guts- oder Waldbesitzer, nach Maaßgabe des größeren Umfangs oder Werths seines Besitzthums, besondere Rechte beigelegt werden sollen, namentlich das Recht,
   in der Gemeinde-Versammlung den Vorsitz oder auch mehrere Stimmen zu führen, —
   bei der Wahl von Gemeinde-Verordneten Einen oder Mehrere derselben allein zu wählen, oder an deren Versammlung selbstständig Theil zu nehmen, —
   in der Versammlung der Gemeinde oder deren Verordneten sich durch Pächter, Wirthschafts- oder Forstbeamte seiner Grundstücke vertreten zu lassen;
b) ob und inwieweit die Wiederauflösung der Vereinigung des Gutsbezirks oder Waldgrundstücks mit dem Gemeindebezirke von dem einseitigen Antrage des Guts- oder Waldbesitzers, oder von dem der übrigen Gemeindeglieder abhängig sein soll.

Ein solches Statut ist nach den Erklärungen der Betheiligten von dem Landrathe zu entwerfen, dem Kreistage zur Aeußerung darüber und alsdann mit dem Gutachten der Regierung dem Ober-Präsidenten zur Bestätigung vorzulegen.

§. 10.

1. Zu einer schriftlichen, einen Gemeindebeschluß betreffenden Verhandlung ist

stehen hierbei Streitigkeiten, so entscheidet solche fortan das Verwaltungsgericht an Stelle des Oberpräsidenten;

3) die Genehmigung des Statuts über die Vereinigung eines ländlichen Gemeindebezirks und eines selbstständigen Gutsbezirks nach §. 2. a. a. O.;

4) die Bestätigung von Gemeindebeschlüssen über anderweite Regelung des Stimmrechts in der Gemeindeversammlung, sowie die Anordnung einer Ergänzung oder Abänderung der in Ansehung des Stimmrechts bestehenden Ortsverfassung nach Maßgabe der §§. 3 — 7. a. a. O. an Stelle der Regierung beziehungsweise des Ministers des Innern;

---

erforderlich, daß darin die Namen der bei der Beschlußfassung gegenwärtig gewesenen Gemeindemitglieder angegeben sind, und die Verhandlung außer von dem Schulzen (Scholzen, Richter) und den anwesenden Schöppen (Gerichtsmännern, Gerichts- oder Dorfgeschwornen), auch noch von mindestens drei anderen der gegenwärtig gewesenen angesessenen Gemeindemitglieder unterschrieben ist.

2. Urkunden über Rechtsgeschäfte, welche die Gemeinde gegen Dritte verbinden sollen, müssen im Namen der Gemeinde von dem Schulzen und den Schöppen unterschrieben und mit dem Gemeindesiegel bedruckt sein; der dem Abschlusse des Geschäfts zum Grunde liegende Gemeindebeschluß, und die dazu etwa erforderliche Genehmigung oder Entscheidung der betreffenden Aufsichtsbehörde, müssen der Urkunde in beglaubigter Form beigefügt sein.

3. Vollmachten verbinden die Gemeinde, wenn sie Namens ihrer, unter Beidrückung des Gemeindesiegels, von dem Schulzen und den Schöppen unterschrieben sind, und dabei von diesen Personen bescheinigt ist, daß die Vollmacht auf den Grund eines ordnungsmäßigen Gemeindebeschlusses, zu welchem alle Stimmberechtigte gehörig eingeladen worden, ausgestellt sei. Eine solche Vollmacht ist auch dann ausreichend, wenn die Gesetze sonst eine gerichtliche oder Notariats-Vollmacht erfordern. Die §§. 40—42, Tit. 3, Thl. I. der Allgemeinen Gerichts-Ordnung sind aufgehoben.

4. Zu dem Nachweise, daß von einer Gemeinde bei der Erwerbung oder Veräußerung von Grundstücken oder denselben gleichstehenden Gerechtsamen, die den Gemeinden gesetzlich vorgeschriebenen besonderen Formen beobachtet sind, genügt eine Bescheinigung der Regierung.

§. 11. Wenn in Ansehung des Maßstabes der Vertheilung der Gemeindeabgaben oder Dienste die Ortsverfassung dunkel, zweifelhaft oder nicht mehr passend ist, insbesondere hergebrachte Gewohnheit (§§. 31, 39, Tit. 7, Thl. II. Allgem. Landrechts) dabei keinen sichern Anhalt gewährt, oder zu erheblichen Mißverhältnissen führt: so ist eine Ergänzung oder Abänderung der Ortsverfassung hierüber, unter Beachtung der Vorschrift des §. 12, durch einen von der Regierung zu bestätigenden Gemeindebeschluß herbeizuführen.

Kommt ein solcher Beschluß nicht zu Stande, so ist die Regierung befugt, nach Anhörung des Kreistages, mit Genehmigung des Ministers des Innern, die in Ansehung der Vertheilung der Abgaben oder Dienste erforderliche Ergänzung oder Abänderung der Ortsverfassung vorzuschreiben.

§. 12. Bei einer solchen neuen Vertheilung der Gemeindelasten (§. 11) ist darauf zu achten, daß dieselbe mit Berücksichtigung der in der Gemeinde stattfindenden Abstufungen des Grundbesitzes und des Klassenverhältnisses geschehe, und die den einzelnen Gemeindegliedern, oder den Klassen derselben, aufzuerlegenden Antheile an den Lasten in ein angemessenes Verhältniß zu den

5) die Bestätigung des Statuts über die Bildung einer gewählten Gemeindevertretung nach §. 8. a. a. O.;

6) die Genehmigung zur Erwerbung und Veräußerung von Grundstücken, zu Pachtungen außerhalb der Feldflur und zur Aufnahme von Schulden nach §§. 33 — 35. Tit. 7. Th. II des Allgemeinen Landrechts, an Stelle der Gerichtsobrigkeit.

Die Kabinetsorder vom 25. Januar 1831., betreffend die Erwerbung von Rittergütern durch Dorfgemeinden oder deren Mitglieder (Gesetz-Samml. S. 5.), und der §. 4. des Anhangs zur Allgemeinen Gerichtsordnung werden aufgehoben;

Rechten und Vortheilen treten, welche dieselben in dem Gemeinde-Verbande genießen.

§. 13. Die Vorschrift des §. 12 findet auch Anwendung, wenn in Folge der Zertheilung von Grundstücken oder der Bildung neuer Ansiedelungen, Kolonien oder Gemeinden, über die Theilnahme der Bewohner an den Gemeindelasten zu beschließen ist.

§. 14. Insoweit die Staatsdiener nach den bestehenden Gesetzen zu den Gemeindelasten in ländlichen Ortschaften herangezogen werden können, finden daselbst die Vorschriften des Gesetzes vom 11. Juli 1822 (Gesetz-Sammlung Seite 184), und der Kabinets-Ordre vom 14. Mai 1832 (Gesetz-Sammlung Seite 145) Anwendung.

§. 15. Gemeinde-Waldungen sind auch fernerhin dieser Bestimmung zu erhalten. Eine Verwandlung derselben in Acker oder Wiesen, sowie außerordentliche Holzschläge, können nur mit Genehmigung der Regierung vorgenommen werden.

Die wegen Behandlung der Gemeinde-Waldungen für einzelne Landestheile erlassenen Gesetze und Bestimmungen bleiben in Kraft.

§. 16. Die Vorschriften im §. 3., Nr. 14. des Gesetzes vom 2. März 1850 (Gesetz-Sammlung Seite 77) sind aufgehoben.

§. 17. Wir behalten Uns vor, Landgemeinden, in denen ein Bedürfniß dazu obwaltet, die Annahme der Städte-Ordnung, ingleichen Stadtgemeinden, unter derselben Voraussetzung, die Annahme der Landgemeinde-Verfassung, in beiden Fällen mit den etwa erforderlichen Maßnahmen, zu gestatten.

Ueber jedes Gesuch dieser Art ist zuvor der Kreistag und der Provinzial-Landtag zu hören.

§. 18. Der Minister des Innern hat die zur Ausführung des gegenwärtigen Gesetzes erforderlichen Anordnungen zu treffen.

3. Das Allgemeine Landrecht bestimmt im zweiten Theil, siebenter Titel: „§. 33. Dorfgemeinden können ohne Vorwissen und Erlaubniß ihrer gutsherrlichen Ortsobrigkeit keine unbeweglichen Güter durch einen lästigen Vertrag an sich bringen.

§. 34. Auch wenn eine Gemeinde eine Pachtung außerhalb der Feldflur eingehen will, wird dazu die Genehmigung der gutsherrlichen Ortsobrigkeit erfordert.

§. 35. Zu Veräußerungen von Gemeindegründen und Gerechtigkeiten, sowie zu Schulden, welche die Gemeinde verpflichten sollen, ist ebenfalls die Einwilligung der gutsherrlichen Ortsobrigkeit nothwendig.

4. Die nach pos. 6. Absatz 2. aufgehobene Allerh. Kabinetsorder vom 25. Januar 1831 ordnete an, daß ein Kauf- oder Erbpachtsgeschäft, wodurch Dorfgemeinen, als moralische Personen, oder einzelne Klassen oder mehrere Mitglieder derselben, ein Rittergut ganz oder theilweise erwerben, ohne Unterschied, ob sie es in Gemeinschaft behalten oder unter sich vertheilen wollen, nur dann erst rechtsgültig sein und einen gerichtlichen Anspruch wider

7) die Regulirung von Zahlungsmodalitäten bei Exekutionsvollstreckungen gegen Landgemeinden in Gemäßheit des Anhangs §. 153. zur Allgemeinen Gerichtsordnung an Stelle der Regierung;

8) die Ertheilung der im §. 10. zu Nr. 4. des Gesetzes vom 14. April 1856. vorgeschriebenen Bescheinigung zu dem Nachweise, daß von einer Gemeinde bei der Erwerbung oder Veräußerung von Grundstücken oder denselben gleichstehenden Gerechtsamen die den Gemeinden gesetzlich vorgeschriebenen besonderen Formen beobachtet sind, an Stelle der Regierung;

---

die Erwerber begründen soll, wenn solches von der Provinzial-Regierung zuvor geprüft und genehmigt worden.

5. Anhang zur Allgemeinen Gerichtsordnung.

§ 153.

„Soll gegen Stadt- oder Dorfgemeinden oder gegen eine ganze Klasse von Mitgliedern derselben oder sonst gegen eine moralische Person eine Exekution vollstreckt werden, so müssen die Gerichte über die Art, wie solche ohne gänzlichen Ruin der Schuldner zu realisiren sei, jederzeit mit der Regierung Rücksprache halten, und wenn sie sich mit dieser über die zu nehmenden Maßregeln nicht vereinigen können, die Exekution aussetzen und die Vorbescheidung des Justizministers einholen."

6. Verordnung über die Festsetzung und den Ersatz der bei Kassen und anderen Verwaltungen vorkommender Defekte. Vom 24. Januar 1844. [G. S. S. 52.]

§. 1. Die Feststellung der Defekte an öffentlichem oder Privatvermögen, welche bei öffentlichen Kassen oder anderen öffentlichen Verwaltungen entdeckt werden, ist zunächst von derjenigen Behörde zu bewirken, zu deren Geschäftskreise die unmittelbare Aufsicht über die Kasse oder andere Verwaltung gehört.

§. 2. Von dieser Behörde ist zugleich festzustellen, wer nach den Vorschriften der gegenwärtigen Verordnung für den Defekt zu haften hat, und bei einem Defekt an Materialien, auf wie hoch die zu erstattende Summe in Gelde zu berechnen ist.

§. 3. Eben so (§§. 1. und 2.) hat die unmittelbar vorgesetzte Behörde die Defekte an solchem öffentlichen oder Privatvermögen festzustellen, welches, ohne zu einer öffentlichen Kasse oder anderen öffentlichen Verwaltung gebracht zu sein, vermöge besonderer amtlicher Anordnung in die Gewahrsam eines Beamten gekommen ist.

§. 4. Ueber den Betrag des Defekts, die Person des zum Ersatz Verpflichteten und den Grund seiner Verpflichtung ist von der in den §§. 1. und 3. bezeichneten Behörde ein motivirter Beschluß abzufassen.

§. 5. Hat diese Behörde die Eigenschaft einer Central- oder Provinzial-Behörde, so ist der Beschluß ohne weiteres vollstreckbar.

§. 6. In allen anderen Fällen unterliegt der Beschluß der Prüfung der vorgesetzten Provinzialbehörde, und wird erst nach deren Genehmigung vollstreckbar.

§. 7. Der vorgesetzten Centralbehörde bleibt jedoch in allen Fällen unbenommen, einzuschreiten, und den Beschluß selbst abzufassen oder zu berichtigen.

§. 8. Nach Befinden der Umstände kann die Behörde auch mehrere Beschlüsse abfassen, wenn ein Theil des Defektes sofort klar ist, der andere Theil aber noch weitere Ermittelungen nothwendig macht, ingleichen, wenn unter mehreren Personen die Verpflichtung der einen feststeht, die der andern noch zweifelhaft ist.

§. 9. In dem abzufassenden Beschlusse ist zugleich zu bestimmen, ob der Beamte zum Ersatz des Defekts oder nur zur Sicherstellung anzuhalten, und im

9) die Bestätigung von Gemeindebeschlüssen über anderweite Aufbringung der Gemeindeabgaben und Dienste, sowie die Anordnung einer Ergänzung oder Abänderung der in Ansehung der Gemeindelasten bestehenden Ortsverfassung in Gemäßheit der §§. 11—13. a. a. O. an Stelle der Regierung, beziehungsweise des Ministers des Innern;

10) die Entscheidung über Beschwerden wegen der Theilnahme am Stimmrechte und an den Gemeindenutzungen, sowie wegen Heranziehung zu den Gemeindelasten, die Beschwerde mag auf gänzliche Befreiung oder Ermäßigung gerichtet sein;

---

ersten Falle, ob die Exekution unbedingt oder mit welchen näher zu bestimmenden Modifikationen zu vollstrecken.

§. 10. Der abzufassende Beschluß kann auf die unmittelbare Verpflichtung zum Ersatz gerichtet werden:

1. sofern der Defekt nach dem Ermessen der Behörde durch Vorsatz bewirkt worden,

   gegen jeden Beamten, welcher der Unterschlagung oder Veruntreuung als Urheber oder Theilnehmer geständig ist, oder für überführt erachtet wird;

2. sofern der Defekt nach dem Ermessen der Behörde durch grobes Versehen entstanden ist,

   a) gegen diejenigen, welchen die Kasse u. s. w. zur Verwaltung übergeben war, auf Höhe des ganzen Defekts,

   b) gegen jeden andern Beamten, der an der Einnahme oder Ausgabe, der Erhebung, der Ablieferung oder dem Transport von Kassengeldern oder andern Gegenständen vermöge seiner dienstlichen Stellung Theil zu nehmen hatte, nur auf Höhe des in seine Gewahrsam gekommenen Betrages.

Eben dies gilt gegen die §. 3. genannten Beamten in den daselbst bezeichneten Fällen.

§. 11. Der abzufassende Beschluß kann ferner auf Beschlagnahme des Vermögens oder Gehalts zur Sicherung des demnächst im Wege Rechtens auszuführenden Anspruchs, sofern der Defekt aus dem Vermögen des §. 10 genannten zunächst verantwortlichen Beamten und deren Dienstkaution nicht zu decken sein sollte, gerichtet werden.

gegen diejenigen, welche zwar die defektirten Gelder oder andere Gegenstände nicht in ihrer Gewahrsam gehabt, aber an deren Vereinnahmung, Verausgabung oder Verschlusse in der Weise unmittelbar Theil zu nehmen hatten, daß der Defekt ohne ihr grobes Verschulden nicht hätte entstehen können.

§. 12. Sind Beamte, gegen welche die exekutivische Einziehung des Defekts zulässig ist, in der Verwaltung ihres Amtes, wofür sie eine Amtskaution bestellt haben, belassen worden, so ist die Exekution nicht zunächst in diese Kaution, sondern in das übrige Vermögen zu vollstrecken, jedoch so weit die bestellte Kaution reicht, nur auf Sicherstellung eines gleichen Betrages zu richten.

§. 13. Bei Gefahr im Verzuge kann die unmittelbar vorgesetzte Behörde, auch wenn sie nicht die Eigenschaft einer Provinzialbehörde hat, oder der unmittelbar vorgesetzte Beamte vorläufige Sicherheitsmaßregeln durch Beschlagnahme des Vermögens oder Gehalts gegen die nach §. 10 der Exekution unterworfenen Beamten ergreifen; es muß aber davon der vorgesetzten Provinzialbehörde ungesäumt Anzeige gemacht, und deren Genehmigung eingeholt werden.

§. 14. Die Verwaltungsbehörde kann den zur Vollstreckung geeigneten Beschluß selbst zur Ausführung bringen, so weit dieselbe nach den bestehenden Ge-

11) die Festsetzung der Dienstunkosten-Entschädigungen der Gemeindevorsteher (§. 28. dieses Gesetzes) und der Besoldungen anderer Gemeindebeamten im Falle von Streitigkeiten zwischen den Betheiligten;

12) die Entscheidung über Beschwerden wegen Abnahme von Gemeinderechnungen mit der Befugniß, in Fällen der Verweigerung Seitens der Gemeinde die Decharge seinerseits endgültig zu ertheilen;

13) die resolutorische Feststellung von Defekten in Gemeinde- und Amtskassen nach Maßgabe der Verordnung vom 24. Januar 1844. (Gesetz-Samml. S. 52.). Einer Prüfung des Defektenbeschlusses durch die vorgesetzte Provinzialbehörde (§. 6. a. a. O.) bedarf es nicht.

---

setzen Exekution zu verfügen befugt ist. Außerdem ist das betreffende Gericht dieserhalb zu requiriren.

§. 15. Die Gerichte und Hypothekenbehörden sind verpflichtet, den an sie ergehenden Requisitionen zu genügen, die Exekution gegen die benannten Personen ohne vorgängiges Zahlungsmandat schleunig zu vollstrecken, die Beschlagnahme der zur Deckung des Defekts erforderlichen Vermögensstücke zu verfügen, und die in Antrag gebrachten Eintragungen, wenn sonst kein Anstand obwaltet, im Hypothekenbuche zu veranlassen, ohne auf eine Beurtheilung der Rechtmäßigkeit einzugehen.

§. 16. Gegen den Beschluß, wodurch ein Beamter zur Erstattung eines Defekts für verpflichtet erklärt wird (§. 10), steht demselben sowohl hinsichtlich des Betrages als hinsichtlich der Ersatzverbindlichkeit, außer dem Rekurse an die vorgesetzte Behörde, die Berufung auf rechtliches Gehör zu.

Von dieser Befugniß muß jedoch innerhalb Eines Jahres, vom Tage der dem Verpflichteten geschehenen Bekanntmachung des vollstreckbaren Beschlusses, oder wenn der Verpflichtete ausgetreten ist, vom Tage des abgefaßten Beschlusses an Gebrauch gemacht werden. Die Exekution behält, des eingeschlagenen Rechtsweges ungeachtet, bis zur rechtskräftigen Entscheidung nach Maßgabe des Beschlusses ihren Fortgang, wenn nicht von der Verwaltung davon Abstand genommen wird.

In der etwa eingeleiteten Untersuchung bleiben dem Verpflichteten, in sofern es auf die Bestrafung ankommt, seine Einreden gegen den abgefaßten Beschluß auch nach Ablauf des Jahres, wenn gleich sie im Civilprozeß nicht mehr geltend gemacht werden können, vorbehalten.

§. 17. Gegen einen Beschluß, wodurch die Beschlagnahme des Vermögens oder Gehalts nach §. 11. angeordnet worden, steht dem Beamten die Berufung auf rechtliches Gehör in derselben Weise zu, wie dies gegen einen gerichtlich angelegten Arrest zulässig ist.

§. 18. Das gegenwärtige Gesetz findet auf sämmtliche öffentliche Kassen und Verwaltungen und deren Beamte, einschließlich der gerichtlichen, so wie auf die Militairkassen, Magazine und Verwaltungen aller Art, und nicht nur auf Militairbeamte, sondern auch auf Militairpersonen Anwendung.

Wegen Ausführung des Gesetzes in der Militairverwaltung wird Unser Kriegsminister eine Instruktion ertheilen, welche namentlich die Behörden zu bezeichnen hat, die den nach §§. 5. und 6. an die Provinzialbehörde zur Abfassung oder Bestätigung verwiesenen Beschluß zu erlassen befugt sind.

§. 19. Wenn in Folge besonderer Gesetze den Behörden oder einzelnen Instituten bereits ein Exekutionsrecht gegen ihre Beamten zusteht, ohne daß es

An die Stelle der in dem Gesetze vom 14. April 1856. vorgeschriebenen Anhörung des Kreistages tritt die Anhörung des Kreisausschusses, insofern nicht diesem nach den vorstehenden Bestimmungen die Entscheidung zusteht.

Bei der Vorschrift des §. 17. jenes Gesetzes behält es jedoch sein Bewenden.

X. In Schulsachen der Landgemeinden und selbstständigen Gutsbezirke:

1) die Entscheidung von Beschwerden über die Heranziehung zu Schulbeiträgen, die Beschwerde mag auf gänzliche Befreiung oder Ermäßigung gerichtet sein, mit Vorbehalt des ordentlichen Rechtsweges in Gemäßheit des §. 15. des Gesetzes vom 24. Mai 1861. (Gesetz-Samml. S. 241.);
2) die Feststellung des Geldwerths der Naturalien und des Ertrages der Ländereien bei Regulirung des Einkommens der Elementarlehrer im Falle eines Streites unter den Betheiligten;
3) die resolutorische beziehungsweise interimistische Entscheidung in solchen streitigen Schulbausachen, welche nicht gleichzeitig die Küsterei betreffen.

Der Kreisausschuß entscheidet:

a) über die Nothwendigkeit und die Art der Ausführung von Schul-Neu- und Reparaturbauten.

---

eines von der Provinzialbehörde abzufassenden oder zu bestätigenden Beschlusses bedarf, so behält es dabei sein Bewenden.

§. 20. Eben so bleiben die Gesetze in Kraft, wodurch die Exekution gegen Erhebungsbeamte wegen gewisser an öffentliche Kassen abzuliefernder Einnahmen ohne Zulassung des Rechtsweges angeordnet ist.

§. 21. Auf Defekte, welche bei Publikation der gegenwärtigen Verordnung bereits zur Kenntniß der Behörden gekommen sind, soll die gegenwärtige Verordnung ebenfalls angewandt werden, sofern der zu verfolgende Anspruch nicht bereits in den Rechtsweg eingeleitet ist.

Zu § 135. No. X.

Gesetz, betreffend die Erweiterung des Rechtsweges vom 24. Mai 1861. (Ges. Samml. S. 241.)

§. 15. Das rechtliche Gehör ist in Beziehung auf die in Nummer 1 der Allerhöchsten Ordre vom 19. Juni 1836 (Ges. Samml. S. 198) aufgeführten Abgaben und Leistungen, welche für Kirchen und öffentliche Schulen oder für deren Beamte auf Grund einer notorischen Orts- oder Bezirks-Verfassung erhoben werden, desgleichen in Beziehung auf Forderungen öffentlicher Schul- und Erziehnngsanstalten an Schul- und Pensionsgeld fortan unbedingt gestattet. In Beziehung auf solche Abgaben und Leistungen, welche auf einer allgemeinen gesetzlichen Verbindlichkeit, bezüglich auf einer, von der aufsichtführenden Regierung in Gemäßheit gesetzlicher Bestimmung angeordneten oder exekutorisch erklärten

Gegen die Entscheidung ist mit Ausschluß des ordentlichen Rechtsweges nur die Berufung an das Verwaltungsgericht zulässig;

b) über die Verpflichtung, zu den Baukosten beizutragen und über die Vertheilung dieser Kosten unter den hierzu Verpflichteten.

Die Entscheidung gilt als Interimistikum, welches im Wege der administrativen Exekution sofort vollstreckbar ist. Es bleibt dem Betheiligten dabei der ordentliche Rechtsweg gegen Denjenigen, welchen er zu der ihm angesonnenen Leistung oder zur Entschädigung für verpflichtet erachtet, vorbehalten.

XI. In Angelegenheiten der öffentlichen Gesundheitspflege der Landgemeinden und selbstständigen Gutsbezirke:

1) die Entscheidung über die zwangsweise Einführung von sanitätspolizeilichen Einrichtungen, soweit nicht der Gegenstand durch Gesetz geregelt ist;

Umlage beruhen, findet der Rechtsweg aber nur insoweit statt, als dies bei öffentlichen Abgaben der Fall ist.

§. 16. Die Bestimmung in der Nummer 3 der Allerhöchsten Order vom 19. Juni 1836 wird aufgehoben.

Zu § 135. No. XI.

Die in Nr. XI. getroffenen Bestimmungen bezüglich der öffentlichen Gesundheitspflege sind vom Abgeordnetenhause auf Antrag des Abgeordneten Dr. Virchow hinzugefügt worden. Dieser motivirte den Antrag wie folgt:

„Meine Herren, ich kann kurz sein, da ich hoffe, nach allen Seiten hin mich im Einverständniß zu befinden. Es wäre in der That ein schwerer Mangel, wenn unter den Gegenständen, die hier geordnet werden, nicht auch die öffentliche Gesundheitspflege mit genannt würde. Wir haben ja wiederholt über diesen Punkt hier verhandelt und es ist von allen Seiten anerkannt worden, daß die gegenwärtigen Verhältnisse unhaltbar sind, deshalb hauptsächlich, weil der Landrath und die Regierung, welche gegenwärtig die Exekutivinstanzen darstellen, gegenüber den oft ziemlich harten Anforderungen, welche zu machen sind, nicht diejenige Energie, diejenige Schärfe besitzen, welche nothwendig ist. Ich hoffe, daß der Kreisausschuß sich in dieser Beziehung als eine wirksame Instanz ausweisen wird, während er auf der andern Seite zugleich den Kreiseingesessenen eine größere Garantie bietet, daß ihnen nicht in bureaukratischer Willkür Einrichtungen zugemuthet werden, welche nicht nöthig sind. — Ich habe außerdem Sorge getragen, den Antrag so sehr innerhalb des Rahmens der gegenwärtigen Gesetzgebung zu halten, daß nach keiner Seite hin anders als in Beziehung auf den Kreisausschuß neues Recht geschaffen wird. Das Fernere wird der künftigen Medizinal-Ordnung vorbehalten bleiben können. Aber es schien mir absolut nothwendig, daß wenigstens unter den Thätigkeiten, welche der Kreisausschuß auszuüben hat, diese ganz wichtige Seite eine Stelle findet. Man kann sagen, Vieles von dem, was die Gesundheit betrifft, fällt zugleich unter die Gewerbepolizei, unter die Baupolizei oder Schulpolizei. Aber es sind doch wesentlich andere Gesichtspunkte, nach denen man sie dort beurtheilt und ich glaube nicht, daß, wenn nicht eine ausdrückliche Ermächtigung nach dieser Richtung ausgesprochen wird, irgend eine wirksame Ent-

2) die Entscheidung über die Verpflichtung zur Tragung der Kosten und über deren Vertheilung unter die Verpflichteten. Letzteren bleibt in den gesetzlich zulässigen Fällen der ordentliche Rechtsweg vorbehalten.

XII. In Justiz-Verwaltungs-Angelegenheiten:

die Aufstellung der Geschworenen-Urlisten und die Entscheidung über die dagegen erhobenen Einwendungen nach den Vorschriften in

---

wickelung der sanitätspolizeilichen Thätigkeit des Kreisausschusses zu gewärtigen ist. — Ich empfehle daher diesen Antrag, von dem ich hoffe, daß er ein Ausgangspunkt werden wird für jene weitere Entwickelung, die wir späterhin in einer Medizinal-Ordnung vorzunehmen haben werden."

Der Abgeordnete v. Gottberg sagte zu Gunsten des Antrages:

„Ich meine, daß unsererseits gegen die Annahme des Amendements des Herrn Abgeordneten Dr. Virchow kein Widerstand zu erwarten sein wird. Ich muß anerkennen, daß gerade dieser Gegenstand bei uns auf dem Lande noch sehr im Argen ist, er liegt nicht allein im Argen in Bezug auf die Gesundheitspflege der Menschen, sondern ganz besonders auch in Bezug auf die Gesundheitspflege der Thiere, und in Beziehung auf diejenigen Anstalten und Vorkehrungen, die zu treffen sind, um ansteckenden Krankheiten vorzubeugen. Es wird in dieser Beziehung auf dem Lande noch sehr viel gefehlt, und gerade die Landräthe sind sehr oft in der Lage, hier mit einem Widerstande kämpfen zu müssen, der schwer zu überwinden ist. Es reichen häufig die Bestimmungen, die Seitens der Bezirks-Regierungen getroffen werden, nicht aus, oder sind so gestellt, daß man sie schwer durchzuführen vermag. Ich bin daher ganz damit einverstanden, daß diese Nummer noch denjenigen Anordnungen hinzugesetzt wird, die in die Hände des Kreisausschusses gelegt werden, und ich glaube, daß meine politischen Freunde mit mir darin einverstanden sein werden, daß wir für das Amendement stimmen können."

Der Kommissionsbericht des Herrenhauses sagt dagegen (S. 95):

„Dieser Abschnitt, welchen der ursprüngliche Regierungsentwurf nicht enthielt, giebt wegen seiner weitgehenden und unbestimmten Fassung zu den verschiedenartigsten Bedenken Veranlassung. Nach dem Wortlaut würde der Kreisausschuß die Befugniß erlangen, sowohl bei Einführung sanitätspolizeilicher Einrichtungen, als auch bei Vertheilung der Kosten über die gesetzlichen Bestimmungen hinauszugehen. Eine derartige Befugniß will Niemand in der Kommission dem Kreisausschuß einräumen, weil alsdann die willkürlichsten Anordnungen möglich sein würden. Dabei ward auch geltend gemacht, daß der Landrath mit Zustimmung des Kreisausschusses nach §. 78 schon die Befugniß habe, polizeiliche Vorschriften für den ganzen Kreis oder einzelne Theile desselben zu erlassen, und daß es daher einer noch weiter gehenden Befugniß in sanitätspolizeilicher Beziehung gar nicht bedürfe.

Der Regierungskommissar führte an, durch die Bestimmungen unter XI., welche aus dem Abgeordnetenhause hervorgegangen, habe dem Kreisausschuß die Befugniß eingeräumt werden sollen, zwar außerhalb der Gesetze, aber nicht gegen die Gesetze für einzelne Fälle sanitätspolizeiliche Anordnungen zu treffen und zu entscheiden, in wessen Interesse die Anordnung erfolgt sei, woraus sich auch die Verpflichtung zur Tragung der Kosten ergebe.

Aus der Kommission sprach sich Niemand für diese Bestimmungen aus und wurde Abschnitt XI. demgemäß einstimmig abgelehnt."

Das Herrenhaus beschloß darauf die Streichung des Abschnitts XI., welchen demnächst der neueste Regierungsentwurf wieder aufnahm.

Zu §. 135. No. XII.

Die auf die Aufstellung der Geschwornenlisten bezüglichen Bestimmungen

den §§. 64 — 66. der Verordnung vom 3. Januar 1849. (Gesetz-Samml. S. 14.) und im Artikel 57. des Gesetzes vom 3. Mai 1852. Gesetz-Samml. S. 209.) mit der Maßgabe, daß die Entscheidung über die nachträgliche Eintragung oder Löschung in den Geschworenen-

---

der Verordnung vom 3. Januar 1849 (G.-S. S. 14) so, wie sie durch das Gesetz vom 3. Mai 1852 (G.-S. S. 209) modifizirt sind, lauten:

§. 62. Zum Geschworenen kann nur berufen werden, wer die Eigenschaft eines Preußen besitzt, 30 Jahre alt ist, im Vollgenusse der bürgerlichen Rechte sich befindet, lesen und schreiben kann, und wenigstens Ein Jahr in der Gemeinde, in welcher er sich aufhält, seinen Wohnsitz hat.

§. 63. Zu Geschworenen können nicht berufen werden:

1. die Minister und Unterstaatssekretaire,
2. die richterlichen Beamten, die Staatsanwälte und deren Gehülfen,
3. die Regierungspräsidenten, Provinzial-Steuerdirektoren, Landräthe, Polizeipräsidenten, Polizeidirektoren,
4. die im aktiven Dienste befindlichen Militairpersonen,
5. die Religionsdiener aller Konfessionen,
6. die Elementarschullehrer,
7. Dienstboten,
8. diejenigen, welche 70 Jahre alt sind,
9. diejenigen, welche nicht der klassifizirten Einkommensteuer unterworfen sind, oder welche nicht wenigstens 16 Rthlr. jährlich an Klassensteuer, oder 20 Rthlr. an Grundsteuer, ausschließlich der Beischläge, oder 24 Rthlr. an Gewerbesteuer entweder entrichten, oder unter Voraussetzung des Bestehens einer dieser Arten der Besteuerung nach ihren Verhältnissen zu entrichten haben würden.

Ohne Rücksicht auf den zu 9 erwähnten Steuersatz sind jedoch wählbar zu Geschworenen: die Rechtsanwälte und Notarien, die Professoren, die approbirten Aerzte und diejenigen Beamten, welche entweder von Uns unmittelbar ernannt sind oder ein Einkommen von wenigstens 500 Rthlrn. jährlich beziehen und nicht zu den oben ausgeschlossenen Kategorien gehören.

§. 64. Für jeden landräthlichen Kreis wird alljährlich im Monat September durch den Landrath, und für jede Stadt, welche zu keinem landräthlichen Kreise gehört, durch den Magistrat, und da, wo kein Magistratskollegium besteht, durch den Vorstand der Gemeindeverwaltung eine Urliste angelegt, welche nach Vor- und Zunamen, Stand, Alter und Wohnort in alphabetischer Ordnung und unter fortlaufenden Nummern diejenigen Personen enthält, welche zu Geschworenen berufen werden können.

§. 65. Die Urliste muß an einem öffentlich bekannt zu machenden Orte drei Tage lang zu Jedermanns Einsicht offen gelegt werden.

Behauptet Jemand, ohne Grund übergangen oder ohne Berücksichtigung des Befreiungsgrundes eingetragen zu sein, so hat er seine Einwendungen binnen der dreitägigen Frist zu Protokoll anzumelden.

Erachtet die Behörde, welcher die Aufstellung der Liste oblag, die Einwendungen für begründet, so erfolgt die nachträgliche Eintragung oder Löschung binnen drei Tagen nach Ablauf der dreitägigen Einwendungsfrist.

§. 66. Die abgeschlossenen Urlisten werden vom Kreislandrathe, in großen Städten, welche zu keinem landräthlichen Kreise gehören, von dem Vorsteher der Gemeindeverwaltung gesammelt und dem Präsidenten der Regierung, in deren Bezirke sie aufgenommen sind, eingesendet, welcher sie definitiv feststellt und daraus für jeden Schwurgerichtsbezirk eine besondere Jahresliste derjenigen von ihm auszuwählenden Personen aus diesem Bezirke anfertigt, welche er zur Funktion als Geschworene für das Geschäftsjahr geeignet erachtet.

Außerdem wird von ihm eine Liste von geeigneten Ergänzungsgeschworenen aus den Personen zusammengestellt, welche am Sitze des Schwurgerichts oder in

listen innerhalb acht Tagen nach Ablauf der dreitägigen Einwendungsfrist erfolgen muß.

§. 136.

Der Landrath als Vorsitzender des Kreisausschusses.

Der Landrath leitet und beaufsichtigt den Geschäftsgang des Ausschusses und sorgt für die prompte Erledigung der Geschäfte.

Der Landrath beruft den Kreisausschuß und führt in demselben den Vorsitz mit vollem Stimmrechte. Ist der Landrath verhindert, so geht der Vorsitz auf seinen Stellvertreter über. Ist dies der Kreissekretär, so führt nicht dieser, sondern das hierzu vom Ausschusse gewählte Mitglied den Vorsitz.

§. 137.

Der Landrath führt die laufenden Geschäfte der dem Ausschusse übertragenen Verwaltung. Er bereitet die Beschlüsse des Ausschusses vor und trägt für die Ausführung derselben Sorge. Er kann die selbstständige Bearbeitung einzelner Angelegenheiten einem Mitgliede des Kreisausschusses übertragen.

---

dessen nächster Umgebung wohnen, und deren Zahl von ihm nach seinem Ermessen zu bestimmen ist.

Liegt ein Schwurgerichtsbezirk in mehreren Regierungsdepartements, so entscheidet der Sitz des Schwurgerichts darüber, welchem Regierungspräsidenten die Urlisten einzusenden sind und die Aufstellung der Geschworenenlisten obliegt.

Die Kreislandräthe und Vorsteher der Gemeindeverwaltung haben, bevor sie dem Regierungspräsidenten die Urlisten einsenden, über die Qualifikation der darin aufgenommenen Personen zu dem Berufe der Geschworenen, mit den Direktoren der Gerichte erster Instanz Rücksprache zu nehmen, und die von den Letzteren gemachten Bemerkungen in die Listen einzutragen.

Zu § 137.

Die Verhandlung über die Geschäftsverwaltung ꝛc. des Kreisausschusses (Sitzung vom 21. März 1872. St. B. S. 1467) wurden durch den Berichterstatter, Abg. von Rauchhaupt, wie folgt eingeleitet:

„M. H.! Sie finden in diesem Paragraphen zwei Zusätze gegen die Regierungs-Vorlage, der erstere bezweckt eine Erleichterung der Thätigkeit des Landraths, er soll berechtigt sein, die Bearbeitung einzelner Angelegenheiten Mitgliedern des Kreisausschusses zu übertragen, gewiß eine sehr praktische Bestimmung; es werden dadurch die Mitglieder des Kreisausschusses zur Mitarbeit an den Kreisangelegenheiten von vornherein herangezogen und darin geschult. — Der zweite Zusatz, zu dem das Unteramendement Virchow vorliegt, bezweckt, die gesammte Verwaltung, wie sie jetzt organisirt ist, um es kurz zu sagen, nicht in's Stocken kommen zu lassen. Sie wissen, daß der Kreisausschuß ganz bedeutende Aufgaben hat; seine wichtigste und umfassendste ist die, daß er die gesammte Kommunalaufsicht über die Gemeinden und Amtsbezirke des Kreises zu führen hat. Wer jemals mit dieser Kommunalaufsicht zu thun gehabt hat, wird wissen, daß das eine ganz umfassende Aufgabe ist, daß das eine Aufgabe ist, die fast täglich die Thätigkeit des Landraths in Anspruch nimmt. Nun ist von vielen Seiten in der Kommission das Bedenken angeregt, daß wenn der Kreisausschuß über alle diese Angelegenheiten selbst kollegialisch zu beschließen hätte, viele Angelegenheiten mindestens vier Wochen, bis zum jedesmaligen Zusammentritt des Kreisausschusses, ruhen müßten. Es entstand daraus der Vorschlag, welchen die Kommission Ihnen machte, daß in allen denjenigen Fällen, wo es sich nicht um eine resolutorische Entscheidung handelt, ganz analog dem Verfahren bei den Gerichten, wo es sich

Er vertritt den Kreisausschuß nach Außen, verhandelt Namens desselben mit Behörden und Privatpersonen, führt den Schriftwechsel und zeichnet alle Schriftstücke Namens des Ausschusses.

In allen Angelegenheiten, welche nicht dem in den §§. 140. ff. bezeichneten Verfahren unterliegen, kann der Landrath, wenn der vorliegende Fall keinen Aufschub zuläßt, Namens des Ausschusses

---

um eine bloße Dekretur handelt, der Landrath die Vorentscheidung haben, und daß gegen diese Entscheidung die Remonstration an den Kreisausschuß offen sein soll. Es entspricht dies ganz dem kollegialischen Charakter und der Stellung des Landraths in einem Kollegium. Er hat als Vorsitzender das Dezernat, er führt dieses Dezernat Namens des Ausschusses und zeichnet auch Namens des Kreisausschusses. Sobald aber gegen seine Verfügung remonstrirt wird, muß er dieselbe dem Kollegium vortragen. Es ist dies ganz adäquat dem Verfahren, wie es bei den Gerichts- und Verwaltungs-Kollegien schon jetzt überall besteht, und ich glaube deswegen den Vorschlag der Kommission im Gegensatz zu dem des Abgeordneten Virchow, der blos in schleunigen Fällen die Vorentscheidung des Landraths zulassen will, Ihnen zur Annahme empfehlen zu dürfen. Wenn der Abgeordnete Dr. Virchow einmal Gelegenheit nähme, die bedeutende Verwaltungslast eines Landrathsamts anzusehen, wenn er sich davon überzeugte, daß ein Landrath in einem einigermaßen großen Kreise etwa durchschnittlich 30,000 mal jährlich seinen Namen unterschreiben muß, so würde er sich sagen müssen, daß eine solche Verwaltung in sehr vielen Zweigen lahm gelegt werden muß, wenn er in allen dem Kreisausschuß überwiesenen Angelegenheiten die kollegialische Entscheidung einholen soll. Ich möchte dringend bitten, die von der Kommission vorgeschlagene Vordekretur des Landraths zu gestatten. Nur dann glaube ich, — und die in der Praxis stehenden Landräthe werden es bestätigen, — die gesammte Verwaltungs-Maschinerie eines Landrathsamts in dem Gange und auf der Höhe der Schnelligkeit der Bearbeitung erhalten zu können, welche jetzt der Ruhm der Preußischen Verwaltung ist."

Es entspann sich hierüber eine Dabatte, in welcher zunächst der Abgeordnete Miquél die Anträge des Abg. Dr. Virchow befürwortete, von denen der erste in Alinea 3. den Zusatz verlangt: „wenn der vorliegende Fall keinen Aufschub zuläßt", der zweite hinter dem Alinea 3. einen weiteren Zusatz dahin einfügen will: „Es ist jedoch in solchen Fällen dem Kreisausschusse bei seiner nächsten Zusammenkunft davon Kenntniß zu geben."

Abg. v. Gottberg erwiderte: „Ich bin gerade der entgegengesetzten Meinung. Ich finde, daß, wenn das Amendement des Herrn Abg. Virchow angenommen wird, man die Thätigkeit des Landraths mehr oder weniger lahm legte auch als Vorsitzender des Ausschusses. Es ist schwer zu entscheiden, ob Aufschub zulässig ist oder nicht. Wenn Sie einen determinirten Landrath haben, so wird er sich hieran nicht kehren, aber Landräthe, die etwas zaghaft sind, werden möglicherweise dahin gelangen, sehr nützliche Verfügungen zu unterlassen, weil sie sagen, mir könnte der Vorwurf vom Kreisausschuß gemacht werden, daß hier noch ein Aufschub zulässig ist. Was ist das überhaupt für ein ganz unbestimmter Ausdruck: Aufschub! Was heißt das? Es kann 8 Tage heißen, es kann 14 Tage, es kann 3 Wochen, 4 Wochen heißen; es kann die allernützlichste Verfügung ad calendas graecas hinausgeschoben werden, weil Sie einen Landrath haben, der zu zaghaft ist. Ich möchte doch bitten, daß Sie es bei der Bestimmung lassen, die der Kommissionsentwurf enthält; denn Sie sind ja durch den Kommissionsentwurf gegen alle Ueberschreitungen gesichert. Es steht ja da:

> Vorstellungen gegen diese Verfügungen unterliegen der kollegialischen Entscheidung des Kreisausschusses.

Glauben Sie doch nicht, m. H., daß die Kreiseinsassen heut zu Tage so ängstlich sind; dieselben remonstriren gleich auf der Stelle, sowie der Landrath eine Verfügung erläßt, die ihnen nicht paßt, und werden es daher gleich dahin bringen, daß der Kreisausschuß entscheidet. Ich halte daher dafür, daß die Bestimmungen

Verfügungen erlassen. Vorstellungen gegen diese Verfügungen unterliegen der kollegialischen Entscheidung des Kreisausschusses.

Urkunden über Rechtsgeschäfte, welche den Kreis gegen Dritte verbinden sollen, ingleichen Vollmachten, müssen unter Anführung des betreffenden Beschlusses des Kreistages beziehungsweise Kreis-

---

der Kommission zweckmäßiger sind, und daß der Antrag des Herrn Abg. Dr. Virchow verworfen werden muß."

Abg. Lasker: M. H.! Ich glaube, Einiges zur Erläuterung des Kommissionsbeschlusses sagen zu dürfen, da derselbe zum großen Theil auch unter meiner Mitwirkung zu Stande gekommen ist. Es handelt sich darum, die Sache so einzurichten, daß ein geordnetes Verfahren geführt werden kann. Wenn Sie dem Kreisausschuß auch dringende Geschäfte übertragen, so ist es oft unmöglich, aus dem formalen Rechtsgrunde so lange zu warten, bis der Kreisausschuß zusammentritt; da derselbe kein Kollegium ist, welches beständig zusammensitzt, so müssen Sie dem Landrath nothwendigerweise die Möglichkeit geben, die nöthige Verfügung zu erlassen, wenn die Sache dies erfordert. Der Antrag Virchow, wenigstens der Inhalt dieses Antrages in seinem ersten Theile ist in der Kommission bereits zur Sprache gekommen, und wenn ich nicht sehr irre — ich habe jetzt eben mit mehreren Kommissions-Mitgliedern darüber Rücksprache genommen — so hat man es für selbstverständlich gehalten, daß die Verfügung des Landraths nur dann ergehen kann, wenn ein Aufschub nicht zulässig ist. Es war nicht unsere Absicht, die Geschäfte des Kreisausschusses vom Landrathe führen zu lassen, sofern es möglich ist, diese Geschäfte durch den Kreisausschuß selbst zu besorgen. Wir haben zu der Analogie gegriffen, wie die Verwaltung in gerichtlichen Kollegien geführt wird, wo der Richter als Dezernent eine Verfügung entwirft, welche vom Kollegium ausgehen soll, und auf Remonstration der Partei die Sache zum Vortrag im Kollegium gebracht werden muß, mit Ausnahme derjenigen Fälle, in denen das Gesetz ausdrücklich vorschreibt, daß das Kollegium allein von vornherein nur Beschluß fassen darf. So verlangen wir es auch hier. Es sind deswegen ausgeschieden alle diejenigen Fälle, welche dem förmlichen Verfahren unterliegen, wie es hier eben geschildert worden ist; der Landrath kann nur eine vorläufige Verfügung erlassen — nicht etwa in dem Sinne, daß er Anordnungen treffen kann, die unwiderruflich sind, sondern er giebt in einer schriftlichen Verfügung Namens des Ausschusses auf, daß irgend etwas geschehe, und die betroffene Person, an welche die Verfügung gerichtet ist, kann hiergegen remonstriren; dann fällt die erste Verfügung des Landraths weg, und der Kreisausschuß hat de novo zu entscheiden. Dies ordnet sich so einfach, daß ich eine Gefahr darin nicht sehen kann. Wenn Sie der größeren Deutlichkeit wegen den Antrag Virchow in seinem ersten Theile aufnehmen wollen, daß der Landrath nur in solchen Fällen, die keinen Aufschub ertragen, verfügen darf, so glaube ich, daß Sie nur erläutern, was die Kommission beschlossen hat. Ich habe mich jetzt bei mehreren Mitgliedern der Kommission versichert, daß auch sie diesen Beschluß nicht anders aufgefaßt haben. — Dagegen würde der zweite Theil des Antrages Virchow zu einer Arbeitslast führen, die nicht im Verhältniß zu dem beabsichtigten Nutzen steht. Die Verpflichtung, daß der Landrath Kenntniß geben müsse von den Verfügungen, die er Namens des Ausschusses vorläufig getroffen hat, soll doch nur die Bedeutung der Kontrole haben, damit der Ausschuß darüber wache, daß der Landrath ihm nicht alle seine Kompetenzen wegnehme. Aber in dem Remonstrationsrecht der einzelnen Personen liegt bereits die genügende Kontrole; wenn die Beschwerden an den Ausschuß kommen, und es zeigt sich, daß der Landrath seine Befugnisse überschritten hat, so wird der Ausschuß das Verfahren des Landraths rektifiziren. Die Pflicht der Selbstanzeige und Selbstkontrole halte ich nicht für nothwendig, zumal wenn sie mit einem so erheblichen bureaukratischen Apparat erkauft werden muß. Der Ausschuß hat genug zu thun, und es ist nicht nöthig, daß Sie ihn mit solchen Verfügungen noch befassen, gegen welche die zunächst betheiligte Privatperson nicht remonstrirt hat. — Demgemäß komme ich zu dem Schlusse, daß ich

ausschusses von dem Landrathe und zwei Mitgliedern des Kreisausschusses beziehungsweise der mit der Angelegenheit betrauten Kommission unterschrieben und mit dem Siegel des Landraths versehen sein.

§. 138.

Die Anwesenheit dreier Mitglieder mit Einschluß des Vorsitzenden genügt für die Beschlußfähigkeit des Kreisausschusses. Das Verfahren vor dem Kreisausschusse.

Die Beschlüsse werden nach Stimmenmehrheit gefaßt. Ist eine gerade Zahl von Mitgliedern anwesend, so nimmt das dem Lebensalter nach jüngste gewählte Mitglied an der Abstimmung keinen Antheil.

---

den Herrn Abg. Virchow bitte, er möge in die Theilung seines Antrages willigen. Den ersten Theil halte ich für eine Erläuterung der Kommissions-Beschlüsse, den zweiten Theil aber als entgegengesetzt den Absichten der Kommission und als eine Erweiterung des büreaukratischen Apparats, für welche ich eine Nothwendigkeit nicht einsehe.

Der erste Antrag des Abg. Dr. Virchow wurde vom Abgeordnetenhause angenommen, der zweite wurde verworfen. Seitens des Herrenhauses wurden Aenderungen in dieser Beziehung nicht beschlossen.

Zu §§ 138—163.

1. Der frühere Entwurf enthielt die Bestimmung, daß vorbehaltlich gesetzlicher Regelung das Verfahren vor dem Kreisausschusse im Anschluß an die bestehenden Vorschriften durch eine zu diesem Zwecke zu erlassende allgemeine Ministerial-Instruktion geordnet werden solle. Bei dieser Bestimmung war das Motiv leitend, daß sich eine alsbaldige gesetzliche Regelung des Verfahrens nicht empfehle, da erst in der Praxis Erfahrungen darüber gesammelt werden müßten, wie das Verfahren am zweckmäßigsten zu gestalten sein werde. Nachdem jedoch bei den im Abgeordnetenhause stattgehabten Berathungen von verschiedenen Seiten besonderer Werth darauf gelegt worden ist, daß in dem Gesetze selbst feste Normen für das Verfahren vor dem Kreisausschusse aufgestellt werden, deren derselbe zur Erledigung der ihm als Verwaltungsgericht obliegenden Geschäfte nicht entbehren könne, so hat die Staatsregierung geglaubt, den Versuch machen zu sollen, die Hauptgrundsätze für das Verfahren in streitigen Verwaltungssachen sowohl vor dem Kreisausschusse, wie vor der Deputation für Verwaltungsstreitigkeiten zu fixiren.

Welche zur Kompetenz des Kreisausschusses gehörigen Angelegenheiten als streitige Verwaltungssachen zu erachten sind, ergiebt der §. 140. Es gehören dazu insbesondere auch alle Beschwerdesachen gegen Amts- und Gemeindevorsteher, sowie Bürgermeister sowohl in polizeilichen wie ländlichen Kommunal-Angelegenheiten.

Das Verfahren soll der Regel nach ein öffentlich mündliches sein, ohne vorhergegangenen Schriftwechsel. Ein solcher kann jedoch nach dem Ermessen des Kreisausschusses stattfinden, wenn der Klageantrag gegen eine öffentliche Behörde gerichtet ist. (§. 143.)

In Streitsachen der letzteren Art kann der Kreisausschuß, wenn er durch den stattgehabten Schriftwechsel bezw. durch die ihm eingereichten amtlichen Akten und Urkunden den Sachverhalt für genügend erörtert hält und die öffentliche Behörde auf die mündliche Verhandlung verzichtet, auch ohne vorherige mündliche Verhandlung die Entscheidung treffen. Gegen diese Entscheidung steht dem Kläger außer dem Rekurse in den gesetzlich zulässigen Fällen, die Berufung auf mündliche Verhandlung vor dem Kreisausschusse offen.

Dieses Verfahren empfiehlt sich, um die öffentlichen Behörden nicht durch

§. 139.

Betrifft der Gegenstand der Verhandlung einzelne Mitglieder des Kreisausschusses oder deren Verwandte und Verschwägerte in auf- oder absteigender Linie oder bis zu dem dritten Grade der Seitenlinie, so dürfen dieselben an der Berathung und Entscheidung nicht Theil nehmen.

Ebensowenig dürfen die Mitglieder des Kreisausschusses bei der Berathung und Entscheidung solcher Angelegenheiten mitwirken, in welchen sie in anderer Eigenschaft ein Gutachten abgegeben haben oder als Geschäftsführer, Beauftragte oder in anderer Weise thätig gewesen sind.

Wird dadurch ein Kreisausschuß beschlußunfähig, so tritt nach Bestimmung des Verwaltungsgerichts der Kreisausschuß eines benachbarten Kreises an seine Stelle.

§. 140.

Für das Verfahren in streitigen Verwaltungssachen (§. 8. §. 19. §. 25. §. 35. §. 67. §. 68. §. 80. §. 82. §. 83. §. 135. I. II. 1.

---

die Nothwendigkeit des oft mit weiteren Reisen verbundenen persönlichen Erscheinens vor dem Kreisausschusse zu sehr zu belästigen. Das Interesse der klagenden Partei aber wird durch dasselbe in keiner Weise verletzt, da ihr gegen die schriftliche Vorentscheidung in allen Fällen die Provokation auf mündliche Verhandlung zusteht.

Dasselbe Verfahren soll stattfinden, wenn sich schon aus dem Inhalte der Klageschrift oder aus früheren amtlichen Akten oder Urkunden ergiebt, daß der erhobene Anspruch unzweifelhaft rechtlich unbegründet ist (§. 142.)

Bei dem wesentlichen Unterschiede zwischen öffentlich-rechtlichen und privatrechtlichen Streitigkeiten wird die sogenannte Verhandlungsmaxime auf die von den Verwaltungsgerichten zu entscheidenden Streitigkeiten keine Anwendung finden können; es erscheint vielmehr für diese nur die Annahme der sogenannten Untersuchungsmaxime zulässig, und bestimmt demgemäß der §. 146., daß der Kreisausschuß die Thatsachen, welche für die von ihm zu treffende Entscheidung erheblich sind, von Amtswegen zu erforschen und festzustellen, sowie den Beweis in vollem Umfange zu erheben hat.

Als Konsequenz dieses Prinzips ergiebt sich einerseits, daß das Ausbleiben der Parteien in der zur öffentlichen Verhandlung anberaumten Sitzung nur als Verzicht auf den Vortrag mündlicher Anführungen vor dem erkennenden Verwaltungsgerichte gelten kann, daß daher die Verhandlung auch in Abwesenheit der Parteien, gemäß dem ihnen nach §. 141. bei der Ladung zu stellenden Präjudiz vorzunehmen und nach deren Ergebnisse die Entscheidung zu erlassen ist.

Das im §. 157. für den Fall der Einlegung eines Rekurses Seitens des Vorsitzenden des Ausschusses vorgeschriebene Verfahren ist zur Wahrung der Interessen der bei der Sache betheiligten Privatparteien bestimmt. Im Uebrigen entsprechen die Vorschriften der §§. 141.—161. im Wesentlichen den Bestimmungen der §§. 45.—55. des Ausführungs-Gesetzes zum Bundes-Gesetze über den Unterstützungs-Wohnsitz vom 8. März 1871.

Nachdem dieses Gesetz im §. 56. das Prinzip der Kostenpflichtigkeit für Armen-Streitsachen eingeführt hat, wird sich die Annahme desselben auch hinsichtlich der der Kognition der Kreisausschüsse und der Verwaltungsgerichte unterliegenden Verwaltungs-Streitigkeiten empfehlen. Es wird diese Maßregel den erwünschten Erfolg haben, daß von den Verwaltungsgerichten, deren Geschäftslast

III. 1. 2. und 3. IV. 1. und 2. V. VI. VII. IX. 9. 10. 11. und 12. X. XI. und XII.) gelten, soweit nicht dasselbe für einzelne dieser Angelegenheiten besonders gesetzlich geregelt ist, folgende Vorschriften:

§. 141.

In der dem Kreisausschusse einzureichenden Klageschrift (Beschwerde, Antrag) ist der Gegenstand des Anspruchs, sowie die Person, Korporation oder öffentliche Behörde, gegen welche derselbe gerichtet wird, genau zu bezeichnen.

Zur Entscheidung über dieselbe ist der Ausschuß desjenigen Kreises berufen, in welchem diese zu vollziehen oder das in Anspruch genommene Recht auszuüben ist.

§. 142.

Ergiebt sich aus dem Inhalte der Klageschrift oder aus früheren amtlichen Akten oder Urkunden, daß der erhobene Anspruch unzweifelhaft rechtlich unbegründet ist, so kann derselbe ohne weiteres Verfahren durch einen mit Gründen versehenen Bescheid zurückgewiesen werden.

---

ohnehin schon eine bedeutende sein wird, eine große Zahl unerheblicher und unnützer Streit- und Beschwerdesachen fern gehalten wird, die ohne wesentlichen Nachtheil für die Betheiligten sehr wohl auf sich beruhen bleiben können.

Das an Kosten zu erhebende Pauschquantum ist ebenso, wie in dem Gesetze vom 8. März 1871 im Höchstbetrage auf 20 Thaler normirt. Was die Erstattung der baaren Auslagen des Verfahrens, sowie der baaren Auslagen des obsiegenden Theils Seitens des unterliegenden anbetrifft, so sollen abweichend von jenem Gesetze die Gebühren, welche der obsiegende Theil seinem Bevollmächtigten für die Wahrnehmung der öffentlichen Sitzungen des Kreisausschusses zu entrichten hat, hiervon ausgenommen sein, um die Parteien zu veranlassen, in Person vor dem Kreisausschusse zu erscheinen und dadurch eine gründliche Erörterung des Sachverhalts bezw. in den dazu geeigneten Fällen eine vergleichsweise Erledigung des Streites zu erleichtern.

Die Bestimmung im §. 163., wonach die Kosten außer Ansatz bleiben sollen, wenn der unterliegende Theil eine öffentliche Behörde ist, ist mit Rücksicht darauf getroffen, daß in Zukunft auch Beschwerden über Verfügungen der Amts- und Gemeindevorsteher, sowie der Bürgermeister als Verwaltungsstreitsachen zu behandeln sein werden. Es würde sich nicht rechtfertigen lassen, in dem Falle, daß die Verfügung eines Gemeindevorstehers von dem Kreisausschusse aufgehoben oder abgeändert wird, Kosten zu erheben. Entweder müßten dieselben von dem Gemeindevorsteher persönlich getragen werden; in diesem Falle würde die Auferlegung der Kosten den Charakter einer Disziplinarstrafe annehmen, zu deren Festsetzung in der Sache selbst vielleicht durchaus keine Veranlassung liegt. Oder die Kosten sind der Gemeinde zur Last zu legen, welche dadurch für eine unrichtige Verfügung ihres Vorstehers ohne Grund verantwortlich gemacht werden würde. (Motive zum Reg.-Entwurf von 1871.)

2. Der Berichterstatter der Kommission des Abgeordnetenhauses, Abg. Lasker, leitete die Verhandlungen in Plenum des Hauses bezüglich des Verfahrens vor dem Kreisausschusse bei §. 138 mit folgenden Bemerkungen ein:

„Es wird vielleicht zur Abkürzung dienen, wenn ich bei dem ersten Paragraphen, der das Verfahren behandelt, einiges Wesentliche, was die Kommission

Gegen einen solchen Bescheid ist binnen zehn Tagen nach dessen Zustellung der Antrag auf mündliche Verhandlung vor dem Kreisausschusse gestattet. Wird der Antrag nicht gestellt, so gilt auch in Ansehung der Zulässigkeit der Berufung der Bescheid als Entscheidung (§. 155.).

§. 143.

Ist der Klageantrag gegen eine öffentliche Behörde gerichtet, so kann derselbe nach dem Ermessen des Kreisausschusses zunächst der letzteren zur schriftlichen Gegenerklärung binnen einer bestimmten, von acht Tagen bis zu vier Wochen zu bemessenden Frist mitgetheilt werden.

In dieser Gegenschrift hat die öffentliche Behörde zu erklären, ob sie die mündliche Verhandlung fordert, oder ob sie ihrerseits auf diese verzichtet und die Entscheidung anheimgiebt.

Verzichtet die öffentliche Behörde auf die mündliche Verhandlung und hält der Kreisausschuß durch die Klageschrift und die Gegenerklärung der öffentlichen Behörde, beziehungsweise durch die von der letzteren eingereichten amtlichen Akten und Urkunden den Sachver-

---

über den Abschnitt betreffend das Verfahren verhandelt hat, mit wenigen Worten berühre, die es mir ersparen, noch später auf einzelne Bestimmungen bis zum §. 165 zurückzukommen, sofern nicht aus der Mitte der Versammlung Bemerkungen über einzelne Paragraphen gemacht werden sollten.

Das gesammte Verfahren ist derartig geordnet, daß im Wesentlichen alle Garantieen, welche das Rechtsverfahren im Civilprozesse giebt, auch hier gegeben werden. Ausnahmslos sind zwei Parteien gedacht; die eine, welche die Verfolgung des Rechtsanspruches wahrnimmt, die andere, die sich dagegen zu vertheidigen hat, also nach Art des Klägers und des Verklagten. Die hauptsächlichsten Veränderungen der Kommission bestehen in folgenden Punkten. Es ist das Erscheinen der Parteien auf Zwangsbefehl des Kreisausschusses entfernt worden; es können nur die Zeugen und Sachverständigen, die Parteien selbst aber nicht gezwungen werden, sondern an sie geht die Verwarnung, daß im Falle ihres Ausbleibens nach Lage der Akten erkannt werden wird. Ferner hat die Kommission die Bestimmung entfernt, nach welcher der Kreisausschuß auch innerhalb des gewöhnlichen Verfahrens und anders, als im Gesetze vorgeschrieben ist, einen formlosen Austausch von Schriftsätzen stattfinden lassen darf.

Die Kommission hat ferner das Verfahren so regulirt, daß die als Verklagte angegriffene Behörde auf das mündliche Verfahren verzichten kann, und in diesem Falle ist die Provokation auf das mündliche Verfahren nicht mehr ihr selbst, sondern nur der Gegenpartei gestattet. Dagegen ist selbst in dem Falle, in welchem von der einen oder anderen Seite mündliches Verfahren beantragt wird, die Berufung an das Verwaltungsgericht immer in den gewöhnlichen Fristen zulässig. Gegen die Entscheidung des Kreisausschusses hat auch der Vorsitzende, nicht als Vertreter der Behörde, die angegriffen wird, sondern als Vertreter des öffentlichen Interesses ein Recht der Berufung an das Verwaltungsgericht. In diesem Falle aber hat das Verwaltungsgericht zunächst präjudiziell zu untersuchen, ob das öffentliche Interesse wirklich in Frage kommt, und wenn dies nicht der Fall ist, so wird die Berufung des Vorsitzenden zurückgewiesen, nicht aus sachlichen Gründen, sondern schon aus dem präjudiziellen Grunde, daß das öffentliche Interesse dabei nicht betheiligt ist. Es ist aber nicht erforderlich, diese

halt für genügend erörtert, so ist derselbe befugt, auch ohne vorgängige mündliche Verhandlung in der Sache die Entscheidung zu treffen. Gegen diese mit Gründen zu versehende Entscheidung ist dem Kläger binnen zehn Tagen nach deren Zustellung der Antrag auf mündliche Verhandlung vor dem Kreisausschusse gestattet, unbeschadet des Rechts der Berufung, wenn der Antrag nicht gestellt wird.

Verlangt dagegen die öffentliche Behörde eine mündliche Verhandlung oder hält der Kreisausschuß dieselbe für erforderlich, so ist das mündliche Verfahren einzuleiten.

§. 144.

Erfolgt die Einleitung der Verhandlung, so werden beide Theile, die Gegenpartei unter abschriftlicher Mittheilung der Klageschrift, beziehungsweise der Gegenerklärung und deren Anlagen, zur mündlichen Verhandlung vor dem Kreisausschusse vorgeladen.

Die Ladung erfolgt mit der Aufforderung, die erforderlichen Beweismittel zur Stelle zu bringen, und unter der Verwarnung, daß beim Ausbleiben der Parteien nach Lage der Akten werde entschieden werden.

---

präjudizielle Entscheidung von der Hauptentscheidung zu trennen, sondern es kann beides in demselben Erkenntniß geschehen.

In Betreff der Kosten ist gleichfalls eine andere Regulirung eingeführt, deren hauptsächlichste Verschiedenheiten von den Vorschlägen der Regierung darin bestehen, daß in den Fällen, in welchen zwar auf die Entscheidung des Kreisausschusses provozirt, aber die Partei sich bei der schriftlichen Entscheidung beruhigt, und ein mündliches Verfahren nicht will, ein Pauschquantum nicht angesetzt werden soll. Die Erwägung ging nämlich dahin: das Publikum ist heute noch gewöhnt, gegen Verfügungen bei der vorgesetzten Behörde sich zu beschweren, und zu erwarten, daß die Entscheidung kostenlos ertheilt wird. Wenn nun in Zukunft vom Publikum, nach der bisherigen Gewohnheit, in gleicher Weise der Kreisausschuß angerufen wird, so soll für den Fall, wenn die Sache klar liegt und der Kreisausschuß eine mündliche Verhandlung nicht veranlaßt, sondern schriftlich entscheidet und die Partei sich dabei beruhigt, nicht gegen die jetzige Gewohnheit ein Kostenansatz gemacht werden. Dagegen war die Kommission damit einverstanden, daß, wenn die Parteien auf mündliche Verhandlung bestehen, oder wenn überhaupt die Sache dazu angethan ist, daß von vornherein eine mündliche Verhandlung anberaumt werden muß, ein Kostenansatz stattfinden soll. Die Ansicht, auch in diesem Falle Kostenfreiheit zu gewähren, war zwar vertreten, es hat jedoch in der Kommission die von der Regierung gleichfalls gebilligte Meinung überwogen, daß, um unnützen Querelen ein Ende zu machen, es durchaus nöthig war, das Verfahren an Kosten zu knüpfen, da erfahrungsmäßig jetzt schon sehr viele Remonstrationen gegen Verfügungen der Behörden lediglich dadurch hervorgerufen werden, weil Kosten damit nicht verbunden sind. Ich empfehle Ihnen die Annahme aller Beschlüsse der Kommission, welche zuletzt von der Kommission einstimmig gefaßt worden sind."

3. Zu § 138 bemerkt der Kommissionsbericht des Herrenhauses:

„Die Beschlußfähigkeit des Kreisausschusses ist hier an die Anwesenheit von drei Mitgliedern, einschließlich des Vorsitzenden geknüpft. Bei Anwesenheit einer geraden Zahl von Mitgliedern soll das jüngste Mitglied an der Abstimmung nicht Theil nehmen.

Der Gegenpartei steht es frei, ihre Erklärung vor dem Termine schriftlich einzureichen.

§. 145.

Der Klageschrift und den im §. 144. gedachten weiteren Erklärungen der Parteien sind die als Beweismittel in Bezug genommenen Urkunden im Original oder in Abschrift beizufügen. Von allen Schriftstücken und deren Anlagen sind Duplikate einzureichen.

§. 146.

Der Kreisausschuß hat die Thatsachen, welche für die von ihm zu treffende Entscheidung erheblich sind, von Amtswegen zu erforschen und festzustellen, sowie den Beweis in vollem Umfange zu erheben. Insbesondere ist er befugt, zu diesem Behufe Untersuchungen an Ort und Stelle zu veranlassen, Zeugen und Sachverständige zu laden und eidlich zu vernehmen.

Hinsichtlich der Verpflichtung, sich als Zeuge oder Sachverständiger vernehmen zu lassen, kommen die entsprechenden Bestimmungen der bürgerlichen Prozeßgesetze mit der Maßgabe zur Anwendung, daß im Falle des Ungehorsams der Kreisausschuß auf

---

Es wurde dagegen vorgeschlagen, die Beschlußfähigkeit an die Anwesenheit von 4 Mitgliedern, einschließlich des Vorsitzenden, zu knüpfen und bei Stimmengleichheit, wie in der ursprünglichen Regierungsvorlage vorgeschlagen war, der Stimme des Vorsitzenden die Entscheidung beizulegen.

Der Regierungs-Kommissarius widersprach diesen Anträgen, indem er bemerkte, daß es im Interesse der Sache liege, die Beschlußfähigkeit des Kreisausschusses zu erleichtern, und daß eine Bestimmung, wonach bei Stimmengleichheit das an Jahren jüngste Mitglied an der Abstimmung nicht Theil nehmen soll, auch in anderen Gesetzen, als dem Gesetz über den Unterstützungs-Wohnsitz und über das Oberhandelsgericht, Aufnahme gefunden habe. Das Abgeordnetenhaus lege überdies auf diese Bestimmung großen Werth.

Auch einzelne Kommissionsmitglieder machten geltend, daß man dem Kreis-Ausschuß jede mögliche Erleichterung gewähren müsse. Andere dagegen hoben hervor, daß ein möglichst vollzähliges Erscheinen der Mitglieder des Kreisausschusses wünschenswerth sei, damit derselbe das nöthige Ansehen genieße und zweckmäßige Entscheidungen treffe. Die Bestimmung der Vorlage in Betreff des Ausscheidens des Jüngsten bei Anwesenheit einer geraden Zahl von Mitgliedern werde dahin führen, daß derselbe sich, wenn ein solcher Fall eintrete, stets sogleich entfernen werde, ohne auch nur an der Berathung Theil zu nehmen. Auch werde, wenn außer dem Landrath nur zwei Mitglieder anwesend seien, von zwei Uebelständen fast regelmäßig einer eintreten: entweder der Landrath beherrsche den Ausschuß oder er werde majorisirt. Das Eine sei aber ebensowenig zu wünschen, wie das Andere.

Der erste Theil des Antrages wurde mit 7 gegen 5 Stimmen und der zweite Theil einstimmig, demnächst auch mit diesen Abänderungen der ganze §. 132. einstimmig angenommen. Das Herrenhaus trat diesen Beschlüssen seiner Kommission bei. Im neuesten Regierungsentwurf ist demnächst die Fassung des Abgeordnetenhauses wieder hergestellt.

4. Das erste Alinea des §. 142 führte in der Kommission des Herrenhauses zur Erörterung darüber, ob die darnach zugelassene Zurückweisung einer Klage per decretum zur Abkürzung dienen werde, oder ob nicht dennoch die mündliche

eine Geldbuße bis zu 50 Thalern erkennen kann. Gegen diesen Strafbescheid ist innerhalb 14 Tagen Berufung an das Verwaltungsgericht zulässig.

§. 147.

Der Kreisausschuß kann die Beweiserhebung durch den Vorsitzenden oder ein anderes Mitglied, durch einen Amtsvorsteher oder durch eine zu dem Ende zu ersuchende sonstige Behörde bewirken lassen. — Er kann anordnen, daß die Beweiserhebung in seiner öffentlichen Sitzung stattfinden soll.

Die Parteien sind zu den Beweisverhandlungen vorzuladen.

§. 148.

Die Beweisverhandlungen sind unter Zuziehung eines vereideten Protokollführers aufzunehmen.

Die Vereidigung des Protokollführers erfolgt durch den Landrath oder in dessen Auftrage durch den Amtsvorsteher im Namen des Kreisausschusses.

Verhandlung in den meisten Fällen werde beantragt werden. Ein Abänderungs-Antrag ist aber nicht gestellt worden, nachdem von dem Regierungskommissar sowohl, wie von Mitgliedern der Kommission, die Bestimmung behufs Vereinfachung des Verfahrens empfohlen, auch darauf verwiesen war, daß die Zurückweisung per decretum kostenfrei erfolge, während durch die mündliche Verhandlung Kosten entstehen, wodurch sich voraussichtlich Viele würden abhalten lassen, gegen die erste schriftliche Bescheidung Widerspruch zu erheben.

Dagegen erschien es wünschenswerth, klarer als dies in der Vorlage geschehen, auszusprechen, daß auch dann, wenn kein Antrag auf mündliche Verhandlung gestellt ist, der betreffenden Partei doch die Berufung an das Verwaltungsgericht zusteht. Zu dem Zweck ist eine Aenderung des zweiten Absatzes der Vorlage einstimmig, dann aber mit der Aenderung der ganze Paragraph angenommen. Der neueste Regierungsentwurf hat die hiernach vom Herrenhause beschlossene Fassung adoptirt.

5. Bezüglich der Verpflichtung, sich als Zeuge ꝛc. vernehmen zu lassen, (§. 146. Absatz 2.) bestimmt die Allgemeine Gerichtsordnung Th. I. Tit. 10.:

§. 179. In der Regel ist ein Jeder ohne Unterschied des Standes schuldig, in einer Sache, worin sein Zeugniß gefordert wird, selbiges nach seiner besten Wissenschaft abzugeben, und soll auch Niemand unter dem Vorwande, daß ihm von der Sache nichts bekannt sei, oder daß die ihm vorgelegte Frage zur Entscheidung des Prozesses nichts beitrage, sich der eidlichen Abhörung oder der Beantwortung solcher Fragen entziehen können.

§. 180. Nur in folgenden Fällen findet eine Ausnahme statt:

1. wenn ein Priester oder Prediger über die Umstände, die ihm unter dem Siegel der Beichte, oder der geistlichen Amtsverschwiegenheit anvertraut worden sind, befragt wird, und keiner von den Fällen, wo er auch solche Thatsachen dem Richter anzeigen muß, vorhanden ist (A. L. R. Th. II. Tit. 11. §§. 80, 81, 82.);
2. wenn ein landesherrlicher Beamter abgehört wird, und die ihm vorgelegten Fragen solche Umstände betreffen, deren Bekanntmachung dem Staate nachtheilig sein könnte;
3. wenn dem Zeugen angemuthet wird, seine eigene, oder seiner nahen Anverwandten, oder seines Ehegatten Schande zu bekennen;

§. 149.

Der Kreisausschuß hat nach seiner freien, aus dem ganzen Inbegriffe der Verhandlung und Beweise geschöpften Ueberzeugung zu beschließen.

Er darf bei seiner Entscheidung nicht über den vor ihn gebrachten Gegenstand und nicht über den Kreis der in der Verhandlung vertretenen Parteien hinausgehen.

Die Beiladung solcher Betheiligter, deren Interesse durch die zu erlassende Entscheidung berührt wird, findet von Amtswegen statt. In diesem Falle gilt die Entscheidung auch gegenüber den Beigeladenen.

§. 150.

Die mündliche Verhandlung, bei welcher die Parteien beziehungsweise ihre mit Vollmacht versehenen Vertreter zu hören sind, sowie die Verkündigung der Entscheidung erfolgen in öffentlicher Sitzung des Kreisausschusses.

---

4. wenn wider Verhoffen und der guten Ordnung entgegen, dem Zeugen eine solche Frage vorgelegt wird, deren Beantwortung, besonders bei Weibspersonen, die Ehrbarkeit beleidigen würde;
5. wenn die Entdeckung eines Geheimnisses gefordert wird, durch dessen Bekanntmachung der Zeuge in seiner Kunst, oder in seinem Gewerbe, einen Schaden leiden dürfte;
6. wenn bei einer mit der streitigen Thatsache offenbar nicht in Verbindung stehenden Frage, der Zeuge nicht ohne scheinbaren Grund befürchtet, daß deren Beantwortung für seine Person nachtheilige Folgen haben möchte.
7. Ueberhaupt ist ein Zeuge nur Thatsachen, nicht aber seine eigenen Meinungen, Gesinnungen oder Muthmaßungen zu offenbaren verbunden.
8. Auch über die Meinungen, Gesinnungen oder Urtheile einer Partei oder eines Dritten, welche dem Zeugen nur durch eine solche Privatkorrespondenz, zu deren Edirung er nach §. 92a. nicht verbunden sein würde oder durch eine vertrauliche Privateröffnung bekannt geworden sind, kann der Zeuge zur eidlichen Angabe wider seinen Willen nicht angehalten werden. Hiervon sind jedoch Criminaluntersuchungen ausgenommen, bei welchen ein Zeuge verpflichtet ist, auch von solchen Privatäußerungen oder Urtheilen, die entweder selbst ein Verbrechen sind, oder Vorbereitungen auf ein zu begehendes, oder Merkmale eines schon begangenen Verbrechens enthalten, seine Wissenschaft eidlich anzugeben.

In allen diesen Fällen muß der Zeuge den Grund seiner Weigerung geziemend anzeigen und nöthigenfalls bescheinigen.

§. 181. Hält der Instruent dergleichen Weigerung für unerheblich, so muß er den Vorfall dem Collegio anzeigen, welches sodann bestimmt: ob die Beantwortung der Frage dennoch erfolgen solle; und was etwa zur Abwendung des besorgten Nachtheils für Vorsicht zu gebrauchen sei. Schwebt aber der Prozeß, bei welchem ein solcher Fall sich ereignet, vor einem Untergerichte, so ist der Zeuge mit der Beantwortung einer solchen Frage zu verschonen; ihm jedoch ausdrücklich anzudeuten, daß, wenn eine Appellation durch diese Weigerung veranlaßt, und darin von dem Obergerichte die Beantwortung der Frage nothwendig befunden werden sollte,

§. 151.

Die Oeffentlichkeit der Verhandlung kann von dem Kreisausschusse durch einen öffentlich zu verkündenden Beschluß ausgeschlossen werden, wenn er dies aus Gründen des öffentlichen Wohls oder der Sittlichkeit für angemessen erachtet.

§. 152.

Die Entscheidung ist mit Gründen zu versehen und den Parteien zuzustellen.

Diese Zustellung allein genügt, wenn die Verkündigung der Entscheidung nicht sofort hat erfolgen können.

§. 153.

Die Betheiligten sind bei Eröffnung der Entscheidungen des Kreisausschusses über das Berufungsrecht, die Berufungsfristen und die Folgen der Versäumniß ausdrücklich zu belehren; die Unterlassung der Belehrung hält den Lauf der Berufungsfristen nicht auf.

§. 154.

Ueber die öffentliche Sitzung wird durch einen vereideten Protokollführer eine Verhandlung aufgenommen, welche die wesentlichen Hergänge enthalten muß und von den Mitgliedern des Ausschusses sowie von dem Protokollführer zu unterzeichnen ist.

---

ihm sodann der Ersatz aller durch diese seine Weigerung verursachten Kosten zur Last fallen werde. Gelangt hiernächst eine Sache von dieser Art zur Entscheidung des Obergerichts, so muß dieses, wenn es die Weigerung des Zeugen ungegründet, oder die Beantwortung der Frage nothwendig findet, die durch die Weigerung verursachten Kosten besonders festsetzen und den Zeugen in deren Ersatz verurtheilen, sonst aber, wenn sich findet, daß der Unterrichter aus bloßer Neugier, oder gar aus unerlaubten Absichten, in seinen Fragen zu weit gegangen sei, denselben darüber zur Verantwortung ziehen, und ihn nach Bewandtniß der Umstände, mit einem ernstlichen Verweise, oder einer Geldstrafe von 5—10 Thalern, belegen.

§. 182. Dem vernünftigen Ermessen der Gerichte wird es überlassen, inwiefern Personen, die zu Zeugen vorgeschlagen werden, wegen ihres hohen Ranges oder Alters, oder kränklicher Umstände, mit der Erscheinung an ordentlicher Gerichtsstelle zu verschonen, und durch den Instruenten in ihren Behausungen abzuhören sind.

§. 183. Wer ohne gesetzmäßigen Grund zur Ablegung seines erforderten Zeugnisses vor Gerichte zu erscheinen verweigert, soll, wenn er eine Person geringen Standes ist, durch den Exekutor abgeholt, sonst aber durch nachdrückliche Geldstrafen zum Gehorsam gegen die richterlichen Befehle angehalten werden.

§. 184. Ebenso ist ein Zeuge, welcher zwar erscheint, aber seine Wissenschaft anzuzeigen, und die ihm vorgelegten Fragen zu beantworten, aus bloßem Eigensinn, oder sonst ohne gesetzmäßigen Grund, beharrlich verweigert, nach Beschaffenheit der Personen und Umstände, durch Gefängniß- oder Geldstrafe zur Erfüllung dieser Bürgerpflicht anzuhalten.

§. 185. Außerdem ist ein solcher widerspenstiger Zeuge den Parteien alle durch seine Renitenz verursachten Kosten, so wie den aus der Ver-

§. 155.

Berufung gegen die Entscheidungen des Kreisausschusses.

Gegen die Entscheidungen des Kreisausschusses steht, soweit dieselben nicht endgültige sind, den Betheiligten, und aus Gründen des öffentlichen Interesses dem Vorsitzenden des Kreisausschusses (§. 136.) das Recht der Berufung zu.

§. 156.

Ueber die Berufung entscheidet das Verwaltungsgericht (§§. 187. ff.) mit Ausnahme der in dem §. 135. unter Nr. V., 1. und VIII. aufgeführten Angelegenheiten, welche der Entscheidung der Bezirksregierung in dem bisherigen Verfahren unterliegen.

§. 157.

Will der Vorsitzende des Kreisausschusses gegen einen von dem letzteren gefaßten Beschluß von dem Rechte der Berufung aus Gründen des öffentlichen Interesses Gebrauch machen (§. 155.), so hat er dies sofort dem Kreisausschusse anzuzeigen.

Die Verkündigung des Beschlusses an die Parteien bleibt in diesem Falle einstweilen ausgesetzt. Dieselbe muß jedoch binnen längstens drei Tagen nach Erlaß der Entscheidung erfolgen, mit der Eröffnung, daß gegen die Entscheidung im öffentlichen Interesse Berufung eingelegt sei. Die Gründe der Berufung müssen in der Eröffnung bezeichnet werden.

Ist der Beschluß ohne diese Eröffnung den Parteien mitgetheilt worden, so gilt die angemeldete Berufung für zurückgenommen.

§. 158.

Die Frist zur Einlegung der Berufung beträgt für die Parteien 21 Tage, sofern nicht für einzelne Fälle eine andere Frist gesetzlich bestimmt ist.

Die Berufungsfrist beginnt mit der Zustellung der Entscheidung.

---

säumniß entstehenden Nachtheil zu erstatten schuldig, und muß dazu durch Exekution angehalten werden.

§. 186. Sollte ein Zeuge Mittel finden, sich der Ablegung des Zeugnisses und den dahin abzielenden richterlichen Verfügungen gänzlich zu entziehen; so soll der dadurch in der Sache selbst Schaden leidenden Partei der Regreß wider ihn und seine Erben verstattet, und es, zu dessen Begründung wider ihn und seine Erben, dafür angenommen werden: daß er dasjenige wirklich ausgesagt habe, worüber sein Zeugniß von der Partei verlangt worden ist.

§. 187. Damit auch die zu Zeugen vorgeschlagenen Personen desto weniger Ursachen haben mögen, die Ablegung ihres Zeugnisses zu verweigern, so sollen ihnen die in der Sporteltaxe angemessenen Reise-, Zehrungs- und Versäumnißkosten, von dem Produzenten, gleich nach erfolgter Abhörung bezahlt, allenfalls auch, wenn der Produzent nicht gegenwärtig wäre, und seinen Bevollmächtigten mit keinem Vorschusse dazu versehen hätte (oder wenn der Produzent unvermögend ist. Tit. 23. §. 36. Nr. 6.), sothane Gebühren aus der Sportelkasse vorgeschossen werden.

§. 159.

Die Berufung muß bei Verlust des Rechtsmittels binnen der Berufungsfrist bei dem Kreisausschusse, gegen dessen Entscheidung sie gerichtet ist, angemeldet und gerechtfertigt werden.

Zur Rechtfertigung der Berufung kann in nicht schleunigen Sachen dem Berufenden auf seinen Antrag eine angemessene Nachfrist gewährt werden, welche der Regel nach die Dauer von vierzehn Tagen nicht überschreiten soll.

§. 160.

Die Berufungsschrift und deren Anlagen werden der Gegenpartei zur schriftlichen Gegenerklärung binnen einer bestimmten von acht Tagen bis zu vier Wochen zu bemessenden Frist zugefertigt.

Hinsichtlich der Einreichung von Duplikaten der Berufungsschrift und der Gegenerklärung, sowie deren Anlagen findet der §. 145. gleichmäßige Anwendung.

§. 161.

Nach Ablauf der Frist (§. 160.) legt der Kreisausschuß die sämmtlichen Verhandlungen nebst seinen Akten dem Verwaltungsgerichte vor.

Den Parteien wird, unter Mittheilung einer Abschrift der Gegenerklärung an den Berufenden, die Absendung der Akten bekannt gemacht.

§. 162.

Das Verfahren ist stempelfrei.

Dem unterliegenden Theile sind die baaren Auslagen des Verfahrens, die Gebühren für Zeugen und Sachverständige, sowie die

---

(Vergl. hierzu die Verordnung vom 29. März 1844. G.-S. S. 73. — Ferner vgl. die K. J. vom 26. Novbr. 1857 betr. die Diäten und Reisekosten der Gendarmen in gerichtl. Angelegenheiten. Justiz-Ministerialblatt S. 434.)

6. Die im §. 148 angeordnete Zuziehung eines vereideten Protokollführers zu den Beweisverhandlungen wurde durch die Kommission des Herrenhauses gestrichen.

Zwar legte der Regierungskommissar großen Werth auf diese Bestimmung, da sonst leicht die Beweisverhandlungen angefochten werden könnten, es auch dann nur selten möglich sein würde, diejenigen, welche unrichtige Thatsachen beschworen haben, des Meineides zu überführen. Bei der öffentlichen Sitzung des Kreisausschusses sei die Zuziehung eines vereideten Protokollführers gar nicht zu entbehren, auch würde es dem Kreisausschuß voraussichtlich nicht schwer werden, eine dazu geeignete Persönlichkeit zu finden; bei den Amtsvorstehern könnten allerdings eher Schwierigkeiten eintreten, es würden sich jedoch auch diese in der Praxis überwinden lassen.

Hierauf wurde indessen entgegnet: die sämmtlichen Mitglieder des Kreisausschusses seien vereidigt, es leuchte also nicht ein, wie ein Protokoll, welches von einem von ihnen geführt und von den übrigen unterschrieben sei, irgendwie

baaren Auslagen des obsiegenden Theils zur Last zu legen, jedoch mit Ausschluß der Gebühren, welche dieser seinem Bevollmächtigten für Wahrnehmung der öffentlichen Sitzungen des Kreisausschusses zu entrichten hat.

Hat eine mündliche Verhandlung stattgefunden, so wird außerdem von dem unterliegenden Theile ein zur Kreis-Kommunalkasse zu vereinnahmendes Pauschquantum erhoben, welches im Höchstbetrage 20 Thlr. nicht übersteigen darf. Die Erhebung dieses Pauschquantums findet bei der schiedsrichterlichen Entscheidung und sühneamtlichen Vermittelung von Streitigkeiten zwischen Armenverbänden (§. 135. I. 1.) nicht statt.

Für die Berechnung des Pauschquantums, sowie der Gebühren für Zeugen und Sachverständige kann von dem Minister des Innern ein Tarif aufgestellt werden.

Das Pauschquantum und sämmtliche zu erstattende Auslagen werden von dem Kreisausschusse durch besondere Verfügung festgesetzt, gegen welche die Berufung an das Verwaltungsgericht binnen einer zehntägigen Frist offen steht.

§. 163.

Ist der unterliegende Theil eine öffentliche Behörde, so bleiben die Kosten außer Ansatz; für die baaren Auslagen des Verfahrens und des obsiegenden Theiles muß derjenige Kommunalverband aufkommen, als dessen Organ die öffentliche Behörde gehandelt hat.

Auch ist der unterliegenden Partei völlige oder theilweise Kostenfreiheit zu bewilligen, wenn sie durch ein obrigkeitliches Attest den

---

angefochten oder angezweifelt werden könne. Die Amtsvorsteher würden aber nur in seltenen Fällen in der Lage sein, über einen qualifizirten vereidigten Protokollführer verfügen zu können. Die Bestimmung, daß ein solcher zu den Beweisverhandlungen stets zugezogen werden müsse, sei mithin theils überflüssig, theils unausführbar und werde jedenfalls unverhältnißmäßige Kosten verursachen.

Nach diesen Erörterungen wurde die desfallsige Bestimmung mit 8 gegen 5 Stimmen abgelehnt. Das Herrenhaus trat dem bei. Der neueste Regierungsentwurf stellte jedoch den Beschluß des Abgeordnetenhauses wieder her.

7. Das Abgeordnetenhaus hatte im §. 150 die Anhörung der „miterschienenen Beistände" der Parteien vorschreiben wollen. Das Herrenhaus hat diese Bestimmung gestrichen; es ging davon aus, es solle nicht zugelassen werden, daß die Parteien, wenn sie selbst erscheinen, Beistände mitbringen dürfen, weil dies dahin führen würde, daß Winkelkonsulenten mitkommen und die Verhandlungen dadurch erschwert würden. Der neueste Regierungsentwurf trat dem Beschluß des Herrenhauses bei.

8. Das dem Vorsitzenden des Kreisausschusses im §. 155 aus Gründen des öffentlichen Interesses beigelegte Recht der Berufung gegen Entscheidungen des letztern findet darin seine Berechtigung, daß die Art der persönlichen Zusammensetzung der Kreisausschüsse keine vollständige Gewähr dafür giebt, daß nicht in einzelnen Fällen die Majorität die lokalen Interessen über das berechtigte

Nachweis führt, daß sie unvermögend ist, Kosten zu bezahlen, oder wenn nach dem Ermessen des Kreisausschusses aus sachlichen Gründen ein besonderer Anlaß hierzu vorliegt.

§. 164.

Soweit die eigenen Einnahmen des Kreisausschusses (§. 162.) und die vom Staate hierzu nach §. 70. zu überweisenden Beiträge nicht ausreichen, werden die Kosten, welche die Geschäftsverwaltung desselben verursacht, von dem Kreise getragen.

---

und nothwendig zu berücksichtigende allgemeine Interesse setze oder bei ihren Entscheidungen die geltenden Gesetze oder Verordnungen außer Acht lasse. Für solche immerhin denkbare Fälle wird das vorgeschlagene Berufungsrecht an die höhere Instanz nicht zu entbehren sein. Daß die Vorsitzenden der Kreisausschüsse von diesem Rechte einen zu häufigen, die Selbstständigkeit der letzteren gefährdenden Gebrauch machen könnten, ist nicht zu besorgen, da die Aufrechthaltung ihrer eigenen Autorität den Kreisausschüssen gegenüber sie dazu bestimmen wird, sich des Berufungsrechtes nur ausnahmsweise und mit großer Vorsicht zu bedienen. (Motive zum Reg.-Entwurf 1871).

Zu § 164.

Der Kommissionsbericht des Herrenhauses (S. 70.) nimmt an, daß durch die Kreisausschüsse den Kreisen durchschnittlich etwa nachstehende Kosten jährlich entstehen werden:

1) Für Diensträume	200	Thlr.
2) Für Licht, Heizung, Schreibmaterialien und Schreibhülfe	300	=
3) Für Botendienste	100	=
4) Für einen Aktuar	800	=
5) Für einen Syndikus	600	=
6) Für die sechs Mitglieder Reisekosten und Diäten . . .	600	=
7) Für Zeugengebühren, Gutachten, Lokal-Termine	400	=
	3000	Thlr.
Darauf ab eigene Einnahmen etwa	500	=
Bleiben	2500	Thlr.

Bei der Position 6. ist angenommen, daß alle 14 Tage eine Sitzung von zwei Tagen stattfinden wird, zu der die Hälfte der Mitglieder erscheint, jedes Mitglied also monatlich zu einer Sitzung. Bei einer durchschnittlichen Entfernung von 2 Meilen werden Jedem 4 Thlr. Diäten und 4 Thlr. Reisekosten, im Jahre circa 100 Thlr., zu zahlen sein.

Auch die Staatsregierung berechnet diese Kosten auf ungefähr 2500 Thlr. Sie hat gegenwärtig dem Landtag den Entwurf eines Gesetzes vorgelegt, Inhalts dessen aus den Einnahmen des Staatshaushaltsetats vom 1. Januar 1873 ab eine Summe von jährlich drei Millionen Thaler zur Verfügung gestellt werden soll, um

1. die Provinzialverbände von Preußen, Brandenburg, Pommern, Posen, Schlesien, Sachsen, Schleswig-Holstein, Westphalen und der Rheinprovinz, sowie den Stadtkreis Frankfurt a./M. und die Hohenzollernschen Lande mit Fonds zur Selbstverwaltung auszustatten,
2. diese Verbände, sowie den Provinzial-Verband von Hannover und die Kommunal-Verbände der Regierungsbezirke Kassel und Wiesbaden in den Stand zu setzen, die zur Durchführung der Kreisordnung in den sechs östlichen Provinzen und der für die übrigen Provinzen und Landestheile zu erlassenden ähnlichen Gesetze erforderlichen Beihülfen zu gewähren.

Bezüglich des ad 2. bezeichneten Zwecks sagen die Motive:

„Was zunächst die Fonds der letzteren Art betrifft, so ist es hauptsächlich die Institution der Kreisausschüsse, aus welcher den Kreisen nicht unerhebliche

Die Mitglieder des Kreisausschusses erhalten eine ihren baaren Auslagen entsprechende Entschädigung. Ueber die Höhe derselben beschließt der Kreistag.

§. 165.

Die Vollstreckung der von dem Kreisausschusse getroffenen Entscheidungen liegt dem Vorsitzenden desselben ob.

Ueber Beschwerden, welche darauf gerichtet sind, daß die Art der Vollstreckung mit dem Inhalte der ergangenen Entscheidung nicht übereinstimme, entscheidet der Kreisausschuß. Solche Beschwerden müssen binnen längstens zehn Tagen nach Behändigung der anzugreifenden Verfügung angebracht werden.

§. 166.

Im Uebrigen wird der Geschäftsgang bei den Kreisausschüssen durch ein von dem Minister des Innern zu erlassendes Regulativ geordnet.

Fünfter Abschnitt.

Von den Kreiskommissionen.

§. 167.

Für die unmittelbare Verwaltung und Beaufsichtigung einzelner Kreisinstitute, sowie für die Besorgung einzelner Kreisangelegenheiten

---

Kosten erwachsen werden. Nach dem Entwurfe der Kreisordnung sind die Kreisausschüsse berufen, nicht allein die kommunalen Angelegenheiten der Kreise zu verwalten, sondern auch eine große Zahl von Geschäften der allgemeinen Landesverwaltung wahrzunehmen, deren Erledigung bisher den Staatsbehörden — den Landräthen und Bezirksregierungen — obgelegen hat. Es erscheint billig, den Kreisen zu den durch diesen Theil der künftigen Kreisverwaltung entstehenden Kosten eine Beihülfe aus Staatsfonds zu gewähren. Ein völlig zutreffendes Urtheil über das finanzielle Bedürfniß wird zwar erst an der Hand der Erfahrung gewonnen werden können, nachdem die neu geschaffene Institution während einiger Zeit ihre Wirksamkeit entwickelt hat. Nach einer überschläglichen Berechnung dürften jedoch jene Kosten für jeden Kreis im Durchschnitt den Betrag von jährlich 2500 Thlr. jedenfalls nicht übersteigen. Da die nach dem Entwurfe der Kreisordnung für die sechs östlichen Provinzen beabsichtigte Organisation der obrigkeitlichen Selbstverwaltung demnächst im Wege der Gesetzgebung auch in den westlichen Provinzen und in den neu erworbenen Landestheilen zur Durchführung gelangen soll, die Zahl sämmtlicher Kreise der Monarchie (mit Einschluß der gleich zwei Kreisen zu rechnenden vier Hohenzollernschen Oberämter) aber 423 beträgt, so ergiebt sich unter Zugrundelegung des gedachten Durchschnittssatzes eine Gesammtsumme von rund 1 Million Thaler. Indem den Provinzialverbänden diese Summe überwiesen wird, werden dieselben in den Stand gesetzt sein, den Kreisen Beihülfen zu den Kosten der obrigkeitlichen Selbstverwaltung in sehr ausgiebiger Weise zu gewähren."

Zu §. 167.

1. Für die unmittelbare Verwaltung und Beaufsichtigung einzelner Kreis-Institute, wie Kreiskrankenhäuser, Kreissparkassen u. s. w., sowie für die Besorgung einzelner Kreisangelegenheiten, wie für die Leitung von Chaussee- und

kann der Kreistag nach Bedürfniß besondere Kommissionen oder Kommissare aus der Zahl der Kreisangehörigen bestellen, welche ebenso, wie die durch das Gesetz für Zwecke der allgemeinen Landesverwaltung angeordneten Kommissionen, ihre Geschäfte unter der Leitung des Landraths besorgen.

Der Landrath ist befugt, jederzeit den Berathungen der Kreiskommissionen beizuwohnen und dabei den Vorsitz mit vollem Stimmrechte zu übernehmen, soweit nicht hierüber hinsichtlich der für Zwecke der allgemeinen Landesverwaltung angeordneten Kommissionen etwas Anderes gesetzlich bestimmt ist.

§. 168.

Ueber die Gewährung von Diäten und Reisekosten an die Mitglieder der Kreiskommissionen zu bestimmen, bleibt dem Kreistage überlassen.

Vierter Titel.

Von den Stadtkreisen.

§. 169.

In denjenigen Kreisen, welche nur aus einer Stadt bestehen (Stadtkreise), werden die Geschäfte des Kreistages und des Kreis-

---

Wegebauten ꝛc., wird sich auch in Zukunft in vielen Kreisen das Bedürfniß ergeben, neben dem Kreisausschuß noch besondere Kommissionen oder Kommissare zu bestellen, theils weil der Kreisausschuß schon hinreichend mit Geschäften belastet ist, um ihm auch noch Aufträge der bezeichneten Art ertheilen zu können, theils weil die Erledigung der letzteren besondere Sachkenntniß erfordert, welche den Mitgliedern des Kreisausschusses nicht beiwohnt, theils weil sich das zu beaufsichsichtigende Institut an einem anderen Orte des Kreises, als in der Kreisstadt befindet, wo der Kreisausschuß seinen Sitz hat u. s. w. Ingleichen werden auch ferner die durch das Gesetz für Zwecke der allgemeinen Landesverwaltung angeordneten Kommissionen, für deren Zusammensetzung zum Theil besondere Normen vorgeschrieben sind, neben dem schon viel beschäftigten Kreisausschuß zweckmäßig beizubehalten sein, wie die Kommissionen für die Militairersatz-Aushebung, für die Vormusterung und Aushebung der Mobilmachungspferde, für die Veranlagung der Einkommen- und Gebäudesteuer, für die Begutachtung der Klassensteuer-Reklamationen ꝛc.

2. Die Gewährung von Diäten und Reisekosten an die Mitglieder der Kreiskommission hat nicht gänzlich ausgeschlossen werden können, da dieselbe schon jetzt in vielen Kreisen üblich ist. Bei den besonderen gesetzlichen Bestimmungen über die Gewährung von Diäten und Reisekosten aus Staatsfonds an die Mitglieder gewisser für Zwecke der allgemeinen Landesverwaltung eingesetzten Kommissionen behält es auch ferner sein Bewenden. (Motive zum Reg. Entw.)

Zu § 169. und 170.

Die in dem Entwurfe von 1869 für die Stadtkreise vorgesehene, den Kreis-Ausschüssen analoge Institution von Stadtausschüssen, gegen welche bei den Berathungen im Abgeordnetenhause mehrfache Bedenken erhoben wurden, ist in die Vorlage von 1871 nicht mit übernommen worden. Für die Staatsregierung

ausschusses, die des letzteren, soweit sich dieselben auf die Verwaltung der Kreis-Kommunalangelegenheiten beziehen, von den städtischen Behörden nach den Vorschriften der Städteordnung wahrgenommen.

Die Bestimmungen des zweiten Abschnitts des ersten Titels finden auf Stadtkreise keine Anwendung.

§. 170.

Die Wahrnehmung der im §. 135. I—VIII. und XII. aufgeführten Geschäfte der allgemeinen Landesverwaltung verbleibt in den Stadtkreisen bis zum Erlasse des Gesetzes über die Reorganisation der inneren Verwaltung den bisher zuständigen Behörden.

§. 171.

Besondere Bestimmungen für den Stadtkreis Magdeburg.

Der Kreistag des Stadtkreises Magdeburg besteht außer dem Oberbürgermeister der Stadt Magdeburg, welcher die Kreis-Kommunalverwaltung leitet und den Vorsitz im Kreistage mit vollem Stimmrechte führt, aus 11 Mitgliedern, von denen

1) die Altstadt Magdeburg mit Sudenburg 6,
2) die Neustadt Magdeburg 3,
3) die Stadt Buckau 2

Abgeordnete entsendet.

§. 172.

Die Wahl der Kreistags-Abgeordneten erfolgt nach den Vorschriften des §. 104. Absatz 1.

§. 173.

Der Kreisausschuß des Stadtkreises Magdeburg besteht aus dem Oberbürgermeister der Stadt Magdeburg als Vorsitzenden und zwei

---

war hierbei insbesondere die Erwägung maßgebend, daß die Stadtausschüsse wegen der nothwendigen Beschränkung ihrer Kompetenz auf diejenigen den Kreisausschüssen überwiesenen Angelegenheiten, bei denen die Stadtgemeinde als solche nicht betheiligt ist, eine gedeihliche Wirksamkeit voraussichtlich nicht würden entwickeln können. Die Einrichtung einer obrigkeitlichen Selbstverwaltung für die Stadtkreise wird vielmehr bis zum Erlasse eines Gesetzes über die Reorganisation der inneren Verwaltung ausgesetzt bleiben müssen, dessen Aufgabe es sein wird, in den Provinzial-Verwaltungsgerichten und in einem obersten (Central-) Verwaltungsgerichtshofe die zur Uebernahme der den Kreisausschüssen übertragenen Geschäfte der allgemeinen Landesverwaltung geeigneten Organe für die Stadtkreise zu schaffen, soweit nicht einzelne derselben an die Magistrate übertragen werden können. Wollte man den Stadtausschüssen die Verwaltungsgerichte substituiren, so würde es zur Zeit an einer zweiten Instanz fehlen, die in der überwiegenden Mehrzahl der Sachen nicht entbehrt werden kann. (Motive zum Reg. Entw.)

Zu §§ 171 bis 175.

Für den Stadtkreis Magdeburg, welcher einzig in seiner Art aus mehreren (3) Städten besteht (Altstadt Magdeburg mit Sudenburg, Neustadt Magdeburg

Mitgliedern, welche von dem Kreistage aus der Zahl der Kreisangehörigen gewählt werden.

§. 174.

Für den Kreistag und den Kreisausschuß des Stadtkreises Magdeburg gelten die Vorschriften der §§. 115. und 116. 118—131. 133. und 134. 136—139. Absatz 1. und 2. dieses Gesetzes, soweit sich dieselben auf die Verwaltung der Kreis-Kommunalangelegenheiten beziehen.

§. 175.

Die Bestimmungen des zweiten Abschnittes des ersten Titels, sowie die Bestimmung des §. 170. finden auf den Stadtkreis Magdeburg gleichmäßige Anwendung.

Fünfter Titel.

Von der Oberaufsicht über die Kreisverwaltung.

§. 176.

Genehmigung der Kreistagsbeschlüsse.

Beschlüsse des Kreistages, welche folgende Angelegenheiten betreffen:

1) statutarische Anordnungen nach Maßgabe des §. 20. Nr. 1.;
2) Mehr- oder Minderbelastung einzelner Kreistheile (§. 13.);
3) Veräußerungen von Grundvermögen des Kreises;
4) Aufnahme von Anleihen, durch welche der Kreis mit einem neuen Schuldenbestande belastet wird, sowie Uebernahme von Bürgschaften auf den Kreis;
5) eine Belastung der Kreisangehörigen durch Kreisabgaben über 50 Prozent des Gesammtaufkommens der direkten Staatssteuern, beziehungsweise der Mahl- und Schlachtsteuer;

---

und Buckau) waren besondere Bestimmungen über die Zusammensetzung des Kreistages und des Kreisausschusses nicht zu entbehren.

Zu §§ 176 bis 180.

1. In der Absicht, den Kreiskorporationen die eigene Verwaltung ihrer Vermögensangelegenheiten in ausgedehnter Weise zu überlassen, ist das Staats-Aufsichtsrecht, namentlich in Ansehung des Erfordernisses der Bestätigung der Kreistagsbeschlüsse auf das zur Wahrung der Staats-Interessen unentbehrliche Maß eingeschränkt worden. Während nach der jetzigen Verfassung die Beschlüsse wegen Feststellung des Abgaben-Vertheilungsmaßstabes der staatlichen Genehmigung bedürfen, sollen die Kreistage in Zukunft den allgemeinen Abgaben-Vertheilungsmaßstab innerhalb der in den §§. 10.—18. gezogenen Grenzen selbstständig zu beschließen befugt sein und nur Abweichungen von demselben zu Gunsten oder zu Lasten einzelner Kreistheile der staatlichen Genehmigung unterliegen. Während

6) eine neue Belastung der Kreisangehörigen ohne gesetzliche Verpflichtung, insofern die aufzulegenden Leistungen über die nächsten fünf Jahre hinaus fortdauern sollen;

bedürfen in den Fällen zu 1. der landesherrlichen Genehmigung, in den Fällen zu 2. bis 4. der Bestätigung des Ministers des Innern, in den Fällen zu 5. und 6. der Bestätigung der Minister des Innern und der Finanzen.

§. 177.

Aufsichtsbehörden.

Die Aufsicht des Staats über die Kreis-Kommunalangelegenheiten wird, soweit nicht durch die Vorschriften dieses Gesetzes ein Anderes ausdrücklich bestimmt ist, von der Bezirksregierung, in den höheren Instanzen von dem Oberpräsidenten und dem Minister des Innern geübt.

§. 178.

Beschlüsse, welche die Befugnisse des Kreistages überschreiten, oder die Gesetze verletzen, hat der Landrath zu beanstanden und Behufs der Entscheidung über deren Ausführung der Aufsichtsbehörde einzureichen.

§. 179.

Auflösung des Kreistages durch Königliche Verordnung.

Auf den Antrag des Staatsministeriums kann ein Kreistag durch Königliche Verordnung aufgelöst werden. Es sind sodann Neuwahlen anzuordnen, welche binnen sechs Monaten, vom Tage der Auflösung an, erfolgen müssen.

Im Falle der Auflösung eines Kreistages bleiben die von demselben gewählten Mitglieder des Kreisausschusses und der Kreiskommissionen so lange in Wirksamkeit, bis der neu gebildete Kreistag die erforderlichen Neuwahlen vollzogen hat.

---

jetzt zu jeder neuen Belastung der Kreis-Angehörigen ohne bestehende Verpflichtung die Genehmigung der Bezirks-Regierung, beziehungsweise soweit dieselbe über die beiden nächsten Kalenderjahre hinausgeht, sogar die des Landesherrn vorgeschrieben ist, sollen nunmehr die Kreistage derartige Belastungen auf die Dauer von fünf Jahren selbstständig beschließen können, sofern nur die Gesammtbelastung der Kreis-Angehörigen durch Kreisabgaben über 50 pCt des Gesammt-Aufkommens an direkten Staatssteuern, beziehungsweise Mahl- und Schlachtsteuer nicht hinausgeht.

Dagegen durfte auf die staatliche Genehmigung solcher Kreistagsbeschlüsse, welche Veräußerungen von Grundvermögen des Kreises, soweit letzteres nicht in ersparten Einkünften aus den letzten fünf Jahren besteht, sowie zur Aufnahme von Anleihen und zur Uebernahme von Bürgschaften auf den Kreis zum Gegenstande haben, nicht verzichtet werden, da derartige Kreistagsbeschlüsse häufig eine erhebliche Belastung der Kreistagseingesessenen zur mittelbaren Folge haben und deshalb wegen des konkurrirenden Staatssteuer-Interesses eine Prüfung derselben durch die Staatsbehörde nicht wohl entbehrt werden kann. Diese Prüfung wird in allen Fällen, wo es sich um Genehmigung finanzieller Kreistagsbeschlüsse handelt, am geeignetsten in die Hände der Ministerien des Innern und der

§. 180.

Wenn der Kreistag es unterläßt oder verweigert, die dem Kreise gesetzlich obliegenden Leistungen auf den Haushalts-Etat zu bringen oder außerordentlich zu genehmigen, so läßt die Bezirksregierung, unter Anführung der Gründe, die Eintragung in den Etat von Amtswegen bewirken, oder stellt diese Ausgaben außerordentlich fest.

Zwangsweise Etatisirung gesetzlicher Leistungen durch die Regierung.

Sechster Titel.

Uebergangs-Bestimmungen für die Provinzen Sachsen und Posen.

§. 181.

Für die in der Provinz Sachsen belegenen, im standesherrlichen Besitze der Grafen zu Stolberg-Wernigerode, Stolberg-Stolberg und Stolberg-Rosla befindlichen Grafschaften Wernigerode und Stolberg, nebst den Städten Kelbra und Heringen, wird die Behufs Anschlusses an die Grundsätze des gegenwärtigen Gesetzes erforderliche Regelung der die Gemeinde- und Polizeiverwaltung betreffenden Verhältnisse einem besonderen Gesetze vorbehalten und bleiben bis dahin für diese

---

Finanzen gelegt, welche als Central-Instanz eine im Interesse der Kreise selbst liegende überall gleichmäßige Handhabung des Bestätigungsrechts üben und die dabei in Betracht kommenden finanziellen Fragen von weiteren Gesichtspunkten beurtheilen können, als die Bezirks-Regierungen. Zudem gelangen viele derartige Kreistagsbeschlüsse, in welchen zugleich die Ertheilung landesherrlicher Privilegien zur Aufnahme von Anleihen in lettres au porteur oder zum Bau von Chausseen beantragt wird, ohnehin in die Ministerial-Instanz.

Die in den §§. 178.—180. enthaltenen Vorschriften über die Beanstandung gesetzwidriger Kreistagsbeschlüsse durch den Landrath, über die Auflösung des Kreistages, sowie über die zwangsweise Etatisirung gesetzlicher Leistungen durch die Regierung sind den Städteordnungen entlehnt.

Die Fassung des §. 178. schließt jeden Zweifel darüber aus, daß das Beanstandungsrecht des Landraths sich nicht auch auf die Frage wegen der Nützlichkeit oder Zweckmäßigkeit der innerhalb ihrer Kompetenz von den Kreistagen beschlossenen Maßregeln erstreckt. (Motive zum Reg.-Entw.)

2. Seitens des Herrenhauses war auf Antrag seiner Kommission bezüglich der im **§ 177.** vorgesehenen Ausübung des staatlichen Oberaufsichtsrechts beschlossen worden, den Oberpräsidenten als oberste Instanz hierfür zu bezeichnen. Im neuesten Regierungsentwurf ist diese Aenderung nicht acceptirt worden.

Zu § 181.

Auf Grund der Rezesse vom 19. Mai 1714 und vom 13. August 1822 stehen den Grafen zu Stolberg-Wernigerode innerhalb der Grafschaft Wernigerode besondere standesherrliche Gerechtsame bezüglich der Polizei- und der sonstigen obrigkeitlichen Verwaltung zu, welche sich bedeutend über die Rechtssphäre der gutsobrigkeitlichen Gewalt in den östlichen Provinzen des Staates erheben.

Landestheile die hierauf bezüglichen Bestimmungen des gegenwärtigen Gesetzes außer Anwendung.

§. 182.

Auf die Provinz Posen findet die gegenwärtige Kreisordnung bis auf Weiteres keine Anwendung; sie kann jedoch in ihrer Gesammtheit oder in einzelnen Theilen für die ganze Provinz oder für einzelne Kreise derselben durch Königliche Verordnung in Kraft gesetzt werden. Bis dahin bewendet es bei den bestehenden Vorschriften.

Aehnliche Vorrechte besitzen die Grafen zu Stolberg-Stolberg und Stolberg-Rosla innerhalb ihrer standesherrlichen, als Grafschaft Stolberg dem Kreise Sangerhausen angehörigen Gebiete und der dazu geschlagenen Städte Kelbra und Heringen nach Inhalt der Allerhöchsten Konzessions-Urkunde vom 28. März 1836, beziehentlich der in Abänderung und Erläuterung derselben erlassenen Königlichen Verordnung vom 31. Dezember 1864 (Merseburger Regierungs-Amtsblatt de 1865 Seite 72).

Die bezüglichen Verhältnisse erscheinen bei ihrer höchst singulairen Natur zur Regelung durch ein Spezialgesetz geeigneter, als durch das vorliegende allgemeine Organisationsgesetz. Es ist deshalb für angemessen erachtet worden, die Lösung dieser Aufgabe, soweit die obrigkeitlichen Gerechtsame der Stolbergschen Grafenhäuser in Frage stehen einem besonderen Gesetz vorzubehalten. (Motive zum Reg. Entw. 1871.)

Zu § 182.

Die Regierungsvorlage vom Jahre 1871 hatte nur beabsichtigt, die Vorschriften in den §§. 47—58. über die Bildung von Amtsbezirken und die Anstellung von Amtsvorstehern in der Provinz Posen keine Anwendung finden zu lassen. In Folge der inzwischen dort mehr und mehr zu Tage getretenen Agitationen war jedoch von der Kommission des Abgeordnetenhauses im Einvernehmen mit der Staatsregierung die Ausnahmebestimmung dahin erweitert worden, daß die gesammte Kreisordnung überhaupt bis auf Weiteres auf die Provinz Posen keine Anwendung finden, vielmehr königlicher Anordnung vorbehalten bleiben solle, ob und wann späterhin die Kreisordnung in ihrer Gesammtheit oder in einzelnen Theilen für die ganze Provinz oder für einzelne Kreise derselben in Kraft gesetzt werden soll. Der Minister des Innern, Graf zu Eulenburg, äußerte hierüber in der Sitzung des Abgeordnetenhauses vom 21. März 1872 (St. B. S. 1485.):

„Das Gesetz, um welches es sich jetzt handelt, ist ein Gesetz, dessen recht eigentliche Bestimmung die Gründung der Selbstverwaltung ist, und ich meine, daß die Vorbedingung aller Selbstverwaltung, die Vorbedingung für den Entschluß einer Regierung, einen Theil ihrer Rechte aufzugeben, die ist, daß die Personen, in deren Hände sie gelegt werden, rückhaltslose Angehörige desjenigen Staates sind, innerhalb dessen Grenzen sie funktioniren. Diese Ueberzeugung hat die Regierung von einem großen Theile der Bewohner der Provinz Posen gegenüber nicht, und aus diesem Grunde hat sie schon in ihrer ersten Vorlage gewisse Reservate in Bezug auf die Provinz Posen gemacht. Wenn diese Reservate, nach dem Vorschlage der Kommission nunmehr noch weiter ausgedehnt sind, so ist die Regierung damit nicht nur einverstanden, sondern die Vorschläge der Kommission verdanken zum Theil auch der Anregung der Regierung ihre Entstehung, weil die Erfahrungen, die wir seit einem Jahre gemacht haben, uns überzeugt haben, daß diejenigen Propositionen, die wir in unseren ersten Entwürfen niederlegten, über dasjenige hinausgingen, was wir in voller Gewissenhaftigkeit der Provinz Posen zuerkennen dürfen."

Siebenter Titel.

Allgemeine, Uebergangs- und Ausführungs-Bestimmungen.

§. 183.

Bis zu einer anderweiten Beschlußfassung der Provinzalvertretungen tritt an die Stelle des im §. 86. festgestellten Betrages von 75 Thalern Grund- und Gebäudesteuer für die Kreise der Provinz Sachsen der Betrag von 100 Thalern und für die Kreise des Regierungsbezirks Stralsund der Betrag von 250 Thalern.

§. 184.

Für die ersten nach Maßgabe dieses Gesetzes vorzunehmenden Vertheilungen und Wahlen der Kreistags-Abgeordneten sind die dem Kreisausschusse beziehungsweise dem Kreistage übertragenen Befugnisse von dem Landrathe wahrzunehmen. Ingleichen liegt für diese ersten Wahlen dem Landrathe die Prüfung der Wahlprotokolle an Stelle des Kreisausschusses ob.

§. 185.

Für jeden Kreis wird die erfolgte Bildung der Amtsbezirke und die Ernennung der Amtsvorsteher durch eine von dem Oberpräsidenten durch das Amtsblatt zu erlassende Bekanntmachung zur öffentlichen Kenntniß gebracht. Bis zu diesem Zeitpunkte bleiben die rücksichtlich der örtlichen Polizeiverwaltung bestehenden Vorschriften in Kraft.

§. 186.

Die Amtsthätigkeit der jetzigen Gemeindevorsteher und Schöffen erlischt am 30. Juni 1874. Die schon jetzt gewählten Gemeindevorsteher und Schöffen bleiben jedoch in Funktion bis zum Ablauf der in dem gegenwärtigen Gesetze vorgeschriebenen sechsjährigen Amtsdauer, vom Tage ihrer Bestätigung gerechnet, sofern nicht eine Gemeinde eine frühere Wahl ausdrücklich beantragt.

§. 187.

Für jeden Regierungsbezirk wird ein Verwaltungsgericht ge- Die Verwaltungsgerichte und das Verfahren vor denselben.

Zu § 183.

Die erfolgte Abänderung des Grund- und Gebäudesteuerbetrages, mit welchem die Zugehörigkeit zum Wahlverbande der größeren Grundbesitzer eintreten soll, bezüglich Neuvorpommerns und der Provinz Sachsen beruht auf statistischen Erhebungen über die Grundsteuerverhältnisse dieser Landestheile, welche über die Zweckmäßigkeit der in §. 183. hierfür normirten Sätze keinen Zweifel lassen.

Zu §§ 187 bis 198.

Die Regierungsvorlage von 1871 wollte bis zum Erlasse eines Gesetzes über

bildet, welchem gleichzeitig die von den Deputationen für das Heimathswesen (§§. 40. 41. u. s. w. des Gesetzes, betreffend die Ausführung des Bundesgesetzes über den Unterstützungswohnsitz vom 8. März 1871., Gesetz-Samml. S. 130.) auszuübenden Befugnisse übertragen werden.

§. 188.

Für die Zusammensetzung und die Beschlußfassung des Verwaltungsgerichts, sowie für die Eigenschaften seiner Mitglieder gelten die Bestimmungen in den §§. 41. 42. 43. Absatz 1. des Gesetzes vom 8. März 1871. Dieselben werden jedoch in folgenden Punkten abgeändert beziehungsweise ergänzt:

1. der Präsident der Regierung, in dessen Behinderung der Dirigent der Abtheilung des Innern, kann jederzeit den Vorsitz übernehmen. In diesem Falle ist der Vorsitzende stimmberechtigt, und steht alsdann dem Mitgliede des Verwaltungsgerichts, welches aus der Zahl der Verwaltungsbeamten ernannt ist, nur eine berathende Stimme zu;
2. in allen Fällen, in welchen ein gewähltes Mitglied des Gerichtshofes und der für dasselbe bestimmte Stellvertreter gleichzeitig verhindert sind, kann einer der beiden anderen gewählten Stellvertreter an den Verhandlungen mit beschließender Stimme Theil nehmen;
3. der Vorsitzende des Verwaltungsgerichts nimmt immer an der Abstimmung Theil, auch wenn nur vier Mitglieder anwesend sind;
4. die gewählten Mitglieder des Verwaltungsgerichts werden durch den Vorsitzenden vereidigt und unterliegen in dieser ihrer Eigenschaft den für richterliche Beamte geltenden Disziplinarvorschriften.

---

die Reorganisation der inneren Verwaltung die in der Kreisordnung dem Verwaltungsgericht übertragenen Befugnisse durch die nach §§. 40. und 41. des Preußischen Ausführungsgesetzes zum Bundesgesetz über den Unterstützungswohnsitz vom 8. März 1871 (G. S. S. 130. ff.) gebildeten Deputationen für das Heimathswesen ausüben lassen, welche als solche in Funktion bleiben und für die nach der Kreisordnung ihr zufallenden Geschäfte den Namen „Deputation für Verwaltungsstreitigkeiten" führen sollten. Bei der Berathung in der Kommission des Abgeordnetenhauses ergab es sich als zweckmäßig, da die zufolge der Bestimmung der Kreisordnung dieser Behörde zufallenden Funktionen umfangreicher und verhältnißmäßig wichtiger sein werden, als die in Armenstreitigkeitssachen von ihr wahrzunehmenden Funktionen eine neue Zusammensetzung dieser Deputationen, der Hauptsache nach auf Grund der Bestimmungen der §§. 40. und 41. a. a. O. eintreten zu lassen, welche folgendermaßen lauten:

„§. 40. Zur Entscheidung von Streitigkeiten, welche gegen einen Preußischen Armenverband von einem anderen Deutschen Armenverbande

§. 189.

Die Vorschrift des §. 43. Absatz 1. des Gesetzes vom 8. März 1871. findet auf den Regierungspräsidenten und den Dirigenten der Abtheilung des Innern in ihrer Eigenschaft als Vorsitzende des Verwaltungsgerichts gleichmäßige Anwendung.

Hinsichtlich der Ausschließung des Vorsitzenden und der Mitglieder des Verwaltungsgerichts von der Theilnahme an den Berathungen und Beschlußfassungen des letzteren gelten die Vorschriften des §. 139.

§. 190.

Die mündliche Verhandlung, bei welcher die Parteien oder ihre mit Vollmacht versehenen Vertreter zu hören sind, sowie die Verkündigung der Entscheidung erfolgen in öffentlicher Sitzung des Verwaltungsgerichts. Die Vorschriften der §§. 151. und 152. finden gleichmäßige Anwendung.

Die Ladung der Parteien zu der Verhandlung geschieht unter der im §. 144. vorgeschriebenen Verwarnung.

Haben jedoch beide Parteien darauf angetragen, daß die Sache ohne mündliche Verhandlung entschieden werde, so kann die Entscheidung auf schriftlichen Vortrag gefällt werden.

Die Zufertigung der mit Gründen zu versehenden Entscheidung an die Parteien erfolgt durch die Vermittelung des Kreisausschusses, gegen dessen Beschluß dieselbe ergangen ist.

§. 191.

Erachtet das Verwaltungsgericht vor der Endentscheidung noch eine Aufklärung über das Sachverhältniß für nöthig, so ist dieselbe durch eines seiner Mitglieder oder durch den Kreisausschuß vorzunehmen.

---

erhoben werden, wird für jede Provinz oder für einen oder mehrere Regierungs- oder Landdrosteibezirke eine Behörde eingesetzt, welche den Namen „Deputation für das Heimathwesen" führt und am Hauptorte der Provinz oder am Sitze einer Bezirksregierung oder Landdrostei ihren Sitz hat.

§. 41. Die Deputation für das Heimathwesen besteht aus einem richterlichen Beamten, einem Verwaltungsbeamten und ferneren drei von der Provinzialvertretung zu wählenden Mitgliedern.

Der richterliche Beamte wird aus den etatsmäßigen Mitgliedern eines am Sitze der Deputation befindlichen Gerichtskollegiums, der Verwaltungsbeamte aus den am Sitze der Deputation fungirenden etatsmäßigen Mitgliedern der Regierung oder des Polizei-Präsidiums zu Berlin, beziehungsweise der Landdrostei, oder aus der Zahl der dem Ober-Präsidenten beigeordneten Räthe für die Dauer ihres Hauptamtes am Sitze der Deputation von dem Könige ernannt.

Die drei anderen Mitglieder werden aus den Angehörigen des Sprengels der Deputation für die Dauer von drei Jahren gewählt und von dem Vorsitzenden durch Handschlag an Eidesstatt verpflichtet.

§. 192.

Ist die Berufung von dem Vorsitzenden des Kreisausschusses eingelegt (§. 155.), so entscheidet das Verwaltungsgericht zunächst über die Vorfrage, ob das öffentliche Interesse für betheiligt zu erachten sei.

Nur insoweit dies angenommen wird, erfolgt eine Entscheidung in der Sache.

§. 193.

Die Bestimmung des §. 192. findet entsprechende Anwendung, wenn über die Berufung von der Bezirksregierung zu entscheiden ist.

§. 194.

Auf das Verfahren vor dem Verwaltungsgerichte finden die Vorschriften der §§. 146—149. und 154., sowie in denjenigen streitigen Verwaltungssachen, in welchen das Verwaltungsgericht in erster Instanz zu entscheiden hat, auch die Vorschriften des §. 144. gleichmäßige Anwendung.

Gegen die Entscheidung des Verwaltungsgerichts ist ein weiteres Rechtsmittel nicht zulässig. Hinsichtlich des Verfahrens in Armen-Streitsachen verbleibt es bei den Vorschriften der §§. 47. ff. des Gesetzes vom 8. März 1871.

§. 195.

Die Erhebung der Kosten und die Erstattung der baaren Auslagen für das Verfahren in der Berufungsinstanz erfolgt nach den Vorschriften der §§. 162. und 163. mit der Maßgabe, daß

1. die aufkommenden Kosten vorläufig zur Staatskasse vereinnahmt werden;
2. das im §. 162. bezeichnete Pauschquantum auch beim Ausfall der mündlichen Verhandlung zu erheben ist;

In gleicher Weise wird für jedes Mitglied ein bestimmter Stellvertreter ernannt, beziehungsweise gewählt.

Den Vorsitzenden der Deputation und dessen Stellvertreter ernennt der König aus der Zahl der Mitglieder."

wobei jedoch die im §. 188. bezeichneten Abänderungen maßgebend sein sollen, insbesondere der Präsident der Regierung, an dessen Stelle der Dirigent der Abtheilung des Innern tritt, jederzeit befugt sein soll, den Vorsitz zu übernehmen, um auf diese Weise den innigen Verband zwischen der Verwaltung und der Praxis des Verwaltungsgerichts herzustellen. Auch erschien es, während nach dem obenbezeichneten Armengesetz jeder Stellvertreter nur für das bestimmte Mitglied, dessen Stellvertreter er ist, eintreten kann, nothwendig, hier einen weiteren Spielraum zu gewähren, weil die Geschäftsthätigkeit des Verwaltungsgerichts sich sehr häufen wird und es daher entsprechend sein wird, so viel Laienmitglieder als möglich, heranzuziehen. Im Allgemeinen sind für das Verfahren vor den Verwaltungsgerichten diejenigen Vorschriften aufgenommen worden, welche für das Verfahren vor dem Kreisausschuß maßgebend sind.

3. der unterliegenden Partei auch die von dem Verwaltungsgerichte festzusetzenden Gebühren, welche die obsiegende Partei ihrem Bevollmächtigten für Wahrnehmung der öffentlichen Sitzungen des Verwaltungsgerichts zu entrichten hat, zur Last zu legen sind;
4. die Aufstellung des Tarifs den Ministern des Innern und der Justiz zusteht;
5) ein weiteres Rechtsmittel gegen die wegen Festsetzung der Kosten ergangene Verfügung des Verwaltungsgerichts nicht stattfindet.

§. 196.

Die Kosten des Verwaltungsgerichts fallen, mit Ausnahme der den gewählten Mitgliedern nach Maßgabe des §. 44. des Gesetzes vom 8. März 1871. (Gesetz-Samml. S. 130.) zu gewährenden Entschädigungen, welche der Provinzialverband aufzubringen hat, der Staatskasse zur Last. Die Kreise Dramburg und Schievelbein werden in dieser Beziehung als zum Provinzialverbande von Pommern und die Altmark als zum Provinzialverbande von Sachsen gehörig angesehen.

Die Einnahmen des Verwaltungsgerichts werden nach dem Verhältnisse der Kosten zwischen dem Provinzialverbande und dem Staate vertheilt.

Ergeben sich Ueberschüsse, so werden dieselben dem Provinzialverbande zugewiesen.

§. 197.

Die Vollstreckung der Entscheidungen des Verwaltungsgerichts erfolgt durch den Vorsitzenden des Kreisausschusses nach den Vorschriften des §. 165.

Ueber Beschwerden ist von dem Verwaltungerichte Entscheidung zu treffen.

---

2. Die Verwaltungsgerichte sind zunächst nur dazu bestimmt, die Rekurs-Instanz für die Entscheidungen der Kreisausschüsse zu bilden. In ihrer weiteren Entwickelung als Provinzial-Verwaltungsgerichtshöfe wird ihnen später auch die Aufgabe zufallen, in denjenigen zur Kompetenz der Bezirksregierungen gehörigen landespolizeilichen Angelegenheiten die erstinstanzliche Entscheidung zu fällen, welche zur Ueberweisung an die Kreisausschüsse nicht geignet erscheinen. Sie werden ferner für die Stadtkreise die Funktionen der Kreisausschüsse zu übernehmen und die kommunale Aufsicht über die Stadtgemeinden zu führen haben.

Zum vollständigen Abschlusse der Reorganisation bedarf es dann nur noch der Einsetzung eines zentralen Verwaltungsgerichtshofes, welcher an Stelle der Ressortministerien vornämlich dazu berufen sein wird, durch Entscheidung prinzipieller Fragen die Einheit der Rechtsprechung auf dem Gebiete des öffentlichen Rechtes zu wahren. Seine weiteren Funktionen ergeben sich naturgemäß aus der Rothwendigkeit der Bildung einer Berufungs- und Beschwerde-Instanz für die

§. 198.

Im Uebrigen wird der Geschäftsgang bei den Verwaltungsgerichten durch ein Regulativ geordnet, welches die Minister des Innern und der Justiz gemeinsam erlassen.

§. 199.

Alle dem gegenwärtigen Gesetze zuwiderlaufenden Bestimmungen werden aufgehoben und treten, mit Vorbehalt der Vorschriften der §§. 12. 185. und 186., mit dem 1. Januar 1874. außer Kraft. Die bisherigen kreisständischen Kommissionen bleiben bis zur anderweitigen Beschlußnahme des Kreistages über ihren Fortbestand und ihre Zusammensetzung in Wirksamkeit.

§. 200.

Der Minister des Innern ist mit der Ausführung des gegenwärtigen Gesetzes beauftragt und erläßt die hierzu erforderlichen Anordnungen und Instruktionen.

Urkundlich unter Unserer Höchsteigenhändigen Unterschrift und beigedruckten Königlichen Insiegel.

Gegeben Berlin, den 13. Dezember 1872.

(L. S.) **Wilhelm.**

Gr. v. Itzenplitz. v. Selchow. Gr. zu Eulenburg.
Leonhardt. Camphausen. Falk.

---

erstinstanzlichen Entscheidungen der Provinzialgerichtshöfe. (Motive zum Reg. Entw. 1871.)

3. Die im §. 190. enthaltene Einschränkung des Prinzips der Mündlichkeit des Verfahrens, wonach die Entscheidung von der Deputation auf schriftlichen Vortrag gefällt werden soll, wenn beide Parteien darauf angetragen haben, daß die Sache ohne mündliche Verhandlung entschieden werde, erschien aus der wesentlich praktischen Rücksicht zulässig, die vom Sitze der Deputation oft entfernt wohnenden Parteien in unerheblichen Streitsachen der Nothwendigkeit des mit unverhältnißmäßigen Kosten verknüpften persönlichen Erscheinens, beziehungsweise der Bestellung eines Bevollmächtigten zu überheben.

Wahl-Reglement.

§. 1.

Acht Tage vor der Wahl werden die Wähler zu den Wahlen mittelst schriftlicher Einladung oder durch ortsübliche Bekanntmachung berufen. Die Einladung und Bekanntmachung muß das Lokal, den Tag und die Stunde der Wahl genau bestimmen.

§. 2.

Der Wahlvorstand besteht aus dem Landrathe, beziehungsweise Bürgermeister, Gemeindevorsteher oder einem von ihnen ernannten Wahlvorsteher und aus zwei von der Wählerversammlung zu wählenden Beisitzern. Der Wahlvorstand bestimmt den Protokollführer und die Stimmzähler.

§. 3.

Die Wahlen erfolgen durch abgestempelte, bei der Verhandlung zu vertheilende Stimmzettel.

§. 4.

Jede Wahl erfolgt in einer besonderen Wahlhandlung.

§. 5.

In der Wahlversammlung dürfen weder Diskussionen stattfinden, noch Beschlüsse gefaßt werden.

Der Protokollführer ruft die Wähler, wie sie in der Wählerliste verzeichnet sind, auf; jeder Aufgerufene wirft seinen Stimmzettel in die Wahlurne.

Die während des Wahlaktes erscheinenden Wähler können an der nicht geschlossenen Wahl Theil nehmen.

Sind keine Stimmen mehr abzugeben, so erklärt der Wahlvorstand die Wahl für geschlossen; der Wahlvorsteher nimmt die Stimmzettel einzeln aus der Wahlurne, verliest die darauf verzeichneten Namen und ein Stimmzähler zählt dieselben laut.

§. 6.

Ungestempelte, unbeschriebene, sowie solche Stimmzettel, auf welchen der Name eines nicht Wahlfähigen oder mehrere Namen sich geschrieben finden, sind ungültig.

Alle ungültigen Stimmzettel werden als nicht abgegeben betrachtet. Ueber die Gültigkeit der Stimmzettel entscheidet vorläufig der Wahlvorstand. Die Stimmzettel sind aufzubewahren und die ungültigen mit dem Protokolle dem Landrathe, beziehungsweise dem Kreisausschusse einzusenden.

§. 7.

Als gewählt ist Derjenige zu betrachten, welcher die absolute Stimmenmehrheit (mehr als die Hälfte der Stimmen) erhalten hat.

Ergiebt sich keine absolute Stimmenmehrheit, so kommen diejenigen zwei Personen, welche die meisten Stimmen für sich haben, auf die engere Wahl. Haben mehr als zwei Personen die meisten und gleich viel Stimmen erhalten, so entscheidet das durch die Hand des Wahlvorstehers zu ziehende Loos darüber, wer auf die engere Wahl zu bringen ist, in gleicher Weise erfolgt die Entscheidung, wenn auch die engere Wahl keine Stimmenmehrheit ergiebt.

§. 8.

Die Wahlprotokolle sind vom Wahlvorstande, dem Protokollführer und den Stimmzählern zu unterzeichnen.

§. 9.

Auf dem Kreistage selbst vorzunehmende Wahlen können auch durch Akklamation stattfinden, sofern Niemand Widerspruch erhebt.

Beilage A.

Die bisher geltenden Kreisordnungs-Gesetze, welche in den Jahren 1825 bis 1828 für jede der sechs östlichen Provinzen erlassen wurden, sind, abgesehen von den auf die Zusammensetzung der Kreistage bezüglichen Bestimmungen, im Uebrigen im Wesentlichen übereinstimmend. Es wird deshalb hier nur für eine Provinz (Schlesien) der gesammte Inhalt der Kreisordnung abgedruckt, bezüglich der übrigen fünf östlichen Provinzen dagegen nur der auf die Zusammensetzung des Kreistages bezügliche §. 4 mitgetheilt.

I. Kreis-Ordnung für Schlesien, die Grafschaft Glatz und die Ober-Lausitz vom 2. Juni 1827.

(Ges.-Samml. S. 71.)

Wir Friedrich Wilhelm, von Gottes Gnaden, König von Preußen 2c. 2c. ertheilen, wegen der Einrichtung der Kreistage in dem Herzogthum Schlesien, der Grafschaft Glatz und dem Markgrafthum Ober-Lausitz, nach Anhörung der unterthänigen Vorschläge Unserer dortigen getreuen Stände, hiermit die nachfolgenden Bestimmungen:

§. 1.

Die Kreisversammlungen haben den Zweck, die Kreisverwaltung des Landraths in Kommunalangelegenheiten zu begleiten und zu unterstützen.

Diese Verwaltung innerhalb der bestehenden Gesetzgebung macht den Gegenstand ihrer Berathung und Beschlüsse aus.

§. 2.

Die bestehenden landräthlichen Kreise bilden die Bezirke der Kreisstände.

§. 3.

Die Kreisstände vertreten die Kreiskorporation in allen den ganzen Kreis betreffenden Kommunal-Angelegenheiten, ohne Rücksprache mit den einzelnen Kommunen oder Individuen.

§. 4.

Die Kreisständische Versammlung besteht:

A. Aus allen qualifizirten Besitzern von Fürstenthümern, Standesherrschaften, oder in der Matrikel der Ritterschaft aufgeführten Rittergütern, so wie derer ehemaligen Domainengütern, denen in Gemäßheit Unserer Instruction für Veräußerung der Domainen vom 10. Octbr. 1810 alle Ritterguts-Eigenschaft im Veräußerungscontrakte ausdrücklich beigelegt worden ist, persönlich: — aus den Vertretern der nach §. 6 zur persönlichen Erscheinung nicht qualifizirten Standesherren und Rittergutsbesitzer solcher matrikulirten Güter.

B. Aus einem Deputirten von einer jeden in dem Kreise belegenen Stadt.

C. Aus drei Deputirten des bäuerlichen Standes.

§. 5.

Vertretungen sind gestattet:

a) unmündigen Rittergutsbesitzern durch ihren Vater oder Vormund, und

b) Ehefrauen durch ihre Ehegatten; insofern Vater, Vormund und Ehegatten selbst zur Ritterschaft des Preußischen Staats gehören.

Wenn dies jedoch nicht der Fall ist, so steht ihnen das Recht zu, zur Abgabe der Stimmen zu bevollmächtigen.

c) Unverheiratheten Besitzerinnen;

d) allen qualifizirten Besitzern, in sofern sie verhindert sind, persönlich zu erscheinen.

Die Vertreter müssen jederzeit zur Ritterschaft des Preußischen Staats gehören, und die Bedingungen des §. 6 ihnen nicht entgegenstehen.

§. 6.

Zur persönlichen Ausübung des Stimmrechts auf den Kreistagen ist bei allen Ständen und gestatteten Vertretern erforderlich:

a) die Gemeinschaft mit einer der christlichen Kirchen;*)

b) die Vollendung des 24sten Lebensjahres;

c) unbescholtener Ruf.

§. 7.

Wird die Unbescholtenheit des Rufes bestritten, so hat, wenn dies ein Mitglied der Ritterschaft, oder einen Vertreter eines solchen betrifft, die Ritterschaft des Kreises die Befugniß, in einem besondern Konvente durch Stimmenmehrheit von $^2/_3$ der Anwesenden darüber in erster Instanz zu entscheiden, und falls die Entscheidung für die Bescholtenheit des Rufs ausfällt, die Ausschließung zu bestimmen. Will der Betroffene oder die abgestimmte Minorität bei dem Beschlusse sich nicht beruhigen, so ertheilen die Mitglieder des Provinzial-Landtages von der Ritterschaft die Entscheidung in der zweiten und letzten Instanz. Wird die Unbescholtenheit des Rufes eines Kreistags-Abgeordneten der Städte oder des Bauernstandes in Zweifel gezogen, so ist solches in erster Instanz zur Entscheidung des Magistrats, der Stadtverordneten oder der Bezirkswähler zu bringen, von denen die Wahl ausgegangen ist (15. 16.), und bei denselben auf die Wahl eines anderen Deputirten anzutragen; die Entscheidung in zweiter Instanz gebührt hier ebenfalls den Landtags-Mitgliedern desjenigen der beiden Stände, zu welchem der betreffende Kreistags-Abgeordnete gehört.

§. 8.

Sobald eine Entscheidung der zweiten Instanz nachgesucht worden, bleibt es den Kreistags-Mitgliedern des Standes, zu dem derjenige gehört, dessen unbescholtener Ruf bestritten worden, überlassen, das Theilnehmungsrecht desselben an den Kreistagen bis zu erfolgter Entscheidung zu suspendiren.

§. 9.

Auch die Wiederzulassung zu den Kreistagen eines in denselben Ausgeschlossenen kann auf Antrag der Kreistags-Mitglieder des betreffenden Standes durch die Mitglieder des Provinzial-Landtages vom nämlichen Stande verfügt werden.

§. 10.

Ritterguts-Besitzer, geistliche oder milde Stiftungen, so wie Städte, welche mehr als ein Rittergut im Kreise besitzen, sind jederzeit nur zur Führung einer Stimme berechtigt.

§. 11.

Städte, welche als solche die Berechtigung haben, auf dem Kreistage durch

---

*) Durch Erlaß des Min. d. Inn. vom 16. Febr. 1859 (Min.-Bl. d. i. V. S. 50) sind die jüdischen Rittergutsbesitzer zur persönlichen Wahrnehmung der ständischen Rechte auf Kreistagen als nach der neueren Gesetzgebung berechtigt erklärt worden; die entgegenstehenden Ministerialerlasse vom 29. Juli 1851 und vom 8. August 1853 wurden aufgehoben.

einen Abgeordneten zu erscheinen, und sich im Besitz eines Rittergutes befinden sind ebenfalls nur zu Führung einer Stimme berechtigt. Wenn sie aber noch in einem andern Kreise Rittergüter besitzen, so sind sie befugt, auch die dortigen Kreisständischen Versammlungen zu beschicken.

§. 12.

Die städtischen Abgeordneten zu den Kreistagen müssen jederzeit wirklich fungirende Magistratspersonen sein.

§. 13.

Die Abgeordneten des Bauernstandes können nur aus wirklich im Dienste befindlichen Schulzen oder Dorfrichtern gewählt werden, welche wenigstens das zur Qualifikation eines bäuerlichen Abgeordneten zum Provinzial-Landtage erforderliche Grund-Eigenthum besitzen.

§. 14.

Für einen jeden Abgeordneten der Städte und der Landgemeinden wird ein Stellvertreter gewählt, der gleichfalls die §§. 6, 12 und 13 bestimmten Eigenschaften haben muß.

§. 15.

In den Städten erwählt der Magistrat den Kreistags-Abgeordneten aus seiner Mitte.

§. 16.

Bei der Wahl der Abgeordneten und Stellvertreter des Standes der Landgemeinden wird wie bei der Wahl der Bezirkswähler verfahren. Ein, jeder Landrath hat Behufs dieser Wahlen seinen Kreis in drei Bezirke einzutheilen, in deren jedem ein Deputirter und ein Stellvertreter zu wählen ist.

§. 17.

Die Wahlen der Landgemeinden stehen unter Aufsicht des Landraths.

§. 18.

Die Wähler der Kreistags-Abgeordneten der Städte und des Standes der Landgemeinden erfolgen auf sechs Jahre, die des letzteren Standes werden bei Gelegenheit der Wahlen der Landtags-Abgeordneten vorgenommen.

§. 19.

Mit dem Verluste des Grundbesitzes oder der amtlichen oder moralischen Qualifikation hört das Recht zur Kreisstandschaft auf.

§. 20.

Der Landrath ist verpflichtet, alljährlich wenigstens einen Kreistag anzusetzen, außerdem aber ist er hierzu berechtigt, so oft als er es den Bedürfnissen der Geschäfte für angemessen hält.

Er hat der ihm vorgesetzten Regierung von einem jeden anzusetzenden Kreistage Anzeige zu machen.

§. 21.

Die Stände verhandeln auf dem Kreistage gemeinschaftlich. Die Beschlüsse werden nach einfacher Stimmenmehrheit gefaßt. Der Landrath hat als solcher keine Stimme. Er stimmt mit, wenn er zugleich Kreisstand ist, kann jedoch auch ohne Stimme den Vorsitz führen.

Bei gleichen Stimmen entscheidet die Stimme des Vorsitzenden, und wenn derselbe nicht stimmfähig ist, die Stimme des ältesten Kreis-Deputirten. Er hat der ihm vorgesetzten Regierung diejenigen Kreistags-Beschlüsse vorzulegen, welche zur Ausführung deren Zustimmung erfordern.

§ 22.

Findet ein ganzer Stand durch einen Kreistags-Beschluß in seinem Interesse sich verletzt, so steht ihm, mittelst Einreichung eines Separat-Voti, der

Rekurs an diejenige Behörde zu, von welcher die betreffende Angelegenheit ressortirt.

Bei Zusammenberufung der Kreisstände hat der Landrath in der Kurrende die zu verhandelnden Gegenstände anzugeben. Die Erscheinenden sind dann befugt, einen Beschluß zu fassen, und durch solchen die Außenbleibenden wie die Abwesenden zu verbinden.

§. 23.

Der Landrath führt die Beschlüsse der Kreisstände aus, insofern die Regierung nicht eine andere Behörde mit der Ausführung ausdrücklich beauftragt, oder die Sache nicht als ständische Kommunal-Angelegenheit besonders gewählten Beamten übertragen ist.

§. 24.

Der Oberpräsident der Provinz hat die zu dem Zusammentritt der Kreisstände nach vorstehenden Vorschriften erforderlichen Verfügungen ungesäumt zu veranlassen, und hören mit deren Wirksamkeit die durch das Gendarmerie-Edikt vom 30. Julius 1812 angeordneten Kreisverwaltungen, da, wo sie eingeführt worden sind, auf.

II. Kreis-Ordnung für das Königreich Preußen vom 17. März 1828.

§. 4.

Die Kreisständische Versammlung besteht:

A) Aus den Rittergutsbesitzern des Kreises und den nach dem Gesetze vom 1. Juli 1823 §. 7. 2. mit dem Stande der Ritterschaft auf dem Provinzial-Landtage vertretenen Grundeigenthümern, und zwar

a) aus allen qualifizirten Besitzern eines in die Matrikel aufzunehmenden Gutes persönlich;

b) aus den nicht qualifizirten Besitzern durch Vertretung.

B) Aus Deputirten der Städte.

Zu diesen erwählen

a) die mit Virilstimmen versehenen Städte doppelt so viel Abgeordnete, als sie zum Provinzial-Landtage absenden;

b) jede zu einer Alternativ- oder Kollektivstimme gehörige Stadt einen Abgeordneten.

C) Aus den Repräsentanten der Landgemeinden, und zwar

1) aus den persönlich erscheinenden Besitzern solcher Cöllmischen Güter, welche mehr als sechs Cöllmische Hufen enthalten, jedoch nicht zum Erscheinen in der Ritterschaft qualifiziren;

2) aus drei Deputirten der nicht zum Cöllmerstande gehörigen oder kleine Cöllmergüter besitzenden Mitglieder der Landgemeinden.

§. 5.

Vertretungen sind den unter 4. A. bezeichneten Gutsbesitzern gestattet, und zwar:

a) unmündigen Gutsbesitzern durch ihren Vater oder Vormund, und

b) Ehefrauen durch ihre Ehegatten;

c) unverheiratheten Besitzerinnen;

d) allen qualifizirten Besitzern, insofern sie behindert sind, persönlich zu erscheinen.

Die Vertreter müssen jederzeit selbst zu diesem Stande gehören, und die Bedingungen des §. 6. ihnen nicht entgegen stehen. Auch ist es gestattet, einen andern beim Kreistage erscheinenden Gutsbesitzer zu Abgabe der Stimme besonders zu bevollmächtigen.

Wir wollen auch der ganzen Ritterschaft des Kreises gestatten, sich, wenn die Mehrzahl derselben es wünscht, durch eine aus ihrer Mitte zu erwählende Deputation auf dem Kreistage vertreten zu lassen.

III. Kreis-Ordnung für die Kur- und Neumark vom 17. August 1825.

(Ges.-Samml. S. 203.)

§. 4.

Die Kreisständische Versammlung besteht:

A. Aus allen Rittergutsbesitzern des Kreises, denen die im §. 6. aufgeführten Bestimmungen sub a. und c. nicht entgegen stehen, nämlich:

a) aus allen qualifizirten Besitzern eines in der Matrikel der Ritterschaft aufgeführten Ritterguts, persönlich,

b) aus den nicht qualifizirten Rittergutsbesitzern solcher matrikulirten Güter durch Vertretung (§. 5).

B. Aus einer Anzahl städtischer Deputirten, nach Inhalt des über die Vertheilung der Stimmen unter die Städte beigefügten Verzeichnisses.

C. Aus drei Deputirten des bäuerlichen Standes.

IV. Kreis-Ordnung für Pommern und Rügen vom 17. August 1825.

(Ges.-Samml. S. 217.)

§. 4.

Die Kreisständische Versammlung besteht:

A. Aus allen Rittergutsbesitzern des Kreises, denen die im §. 6. aufgeführten Bestimmungen sub a. und c. nicht entgegenstehen, nämlich:

a) aus allen qualifizirten Besitzern eines in der Matrikel der Ritterschaft aufgeführten Ritterguts, persönlich,

b) aus den nicht qualifizirten Rittergutsbesitzern solcher matrikulirten Güter, durch Vertretung (§. 5.).

B. Aus einem Deputirten von einer jeden in dem Kreise belegenen Stadt.

C. Aus drei Deputirten des bäuerlichen Standes.

V. Kreis-Ordnung für das Großherzogthum Posen vom 20. Dezember 1828.

(Ges.-Samml. de 1829 S. 3.)

§. 4.

Die Kreisständische Versammlung besteht:

A. Aus dem Fürsten von Thurn und Taxis und dem Fürsten Sulkowski, in den Kreisen, in welchen ihre Besitzungen liegen, ingleichen aus allen Ritterguts-Besitzern des Kreises, welchen die im §. 6. aufgeführten Bestimmungen nicht entgegenstehen und welche in unserer Monarchie ihren Wohnsitz haben.

B. Aus einem Deputirten von einer jeden im Kreise belegenen Stadt.

C. Aus drei Deputirten der Landgemeinden.

VI. Kreis-Ordnung für die Provinz Sachsen vom 17. Mai 1827.

(Ges.-Samml. S. 54.)

§. 4.

Die Kreisständische Versammlung besteht:

A. Aus den zum persönlichen Erscheinen auf dem Provinzial-Landtage berechtigten Prälaten, Grafen und Herren, oder deren Bevollmächtigten.

B. Aus allen Rittergutsbesitzern des Kreises, denen die im §. 6. aufgeführten Bestimmungen sub a. und c. nicht entgegenstehen, nämlich:

a) aus allen qualifizirten Besitzern eines in der Matrikel der Ritterschaft aufgeführten Rittergutes oder sonstigen zur Kreisstandschaft altberechtigten Gutes,

persönlich;

b) aus den nicht qualifizirten Besitzern solcher matrikulirten Ritter- oder sonstigen zur Kreisstandschaft altberechtigten Güter durch Vertretung (§. 5.).

C. Aus einem Deputirten, von einer jeden in dem Kreise belegenen Stadt.

D. Aus drei Deputirten des bäuerlichen Standes.

Vertretung.

§. 5.

Vertretungen sind gestattet:

a) unmündigen Rittergutsbesitzern durch ihren Vater oder Vormund und

b) Ehefrauen durch ihre Ehegatten, insofern Vater, Vormund und Ehegatte selbst zur Ritterschaft des preußischen Staats gehören. Wenn dies jedoch nicht der Fall ist, so steht ihnen das Recht zu, zur Abgabe der Stimmen zu bevollmächtigen;

c) unverheiratheten Besitzerinnen;

d) allen qualifizirten Besitzern, insofern sie behindert sind, persönlich zu erscheinen.

Die Vertreter müssen jederzeit selbst zur Ritterschaft des preußischen Staats gehören, und die Bedingungen des §. 6. ihnen nicht entgegenstehen.

Wir wollen auch der ganzen Ritterschaft des Kreises gestatten, sich, wenn die Mehrzahl derselben es wünscht, durch eine aus ihrer Mitte zu erwählende Deputation auf den Kreistagen vertreten zu lassen.

Gesetz, betreffend die Aufhebung der Gemeinde-Ordnung vom 11. März 1850, sowie der Kreis-, Bezirks- und Provinzial-Ordnung vom 11. März 1850.

Vom 24. Mai 1853.

Artikel 1.

Die Gemeinde-Ordnung für den Preußischen Staat vom 11. März 1850 (Gesetz-Sammlung S. 213), sowie die Kreis-, Bezirks- und Provinzial-Ordnung für den Preußischen Staat vom 11. März 1850 (Gesetz-Sammlung S. 251), nebst dem Gesetze vom 24. Juli 1848 (Gesetz-Sammlung S. 192.) werden aufgehoben.

Artikel 2.

Die früheren Gesetze und Verordnungen über die Landgemeinde-Verfassungen in den sechs östlichen Provinzen, über die Städte-Verfassungen in Neu-Vorpommern und Rügen, sowie über die Kreis- und Provinzial-Verfassungen in sämmtlichen Provinzen der Monarchie werden, soweit sie mit den Bestimmungen der Verfassungs-Urkunde nicht in Widerspruch stehen und durch die im Art. 1. erwähnten Gesetze bereits beseitigt sind, wieder in Kraft gesetzt.

Artikel 3.

Zur Fortbildung dieser Verfassungen (Art. 2) sollen besondere provinzielle Gesetze erlassen werden.

Artikel 4.

Für diejenigen Kreistage, in welchen seit Verkündigung der Kreis-, Bezirks- und Provinzial-Ordnung vom 11. März 1850 eine Verstärkung der früheren Zahl der Abgeordneten der Städte und Landgemeinden stattgefunden hat, bewendet es bei dieser Einrichtung bis zum Erlaß der in Art. 3. bezeichneten Gesetze über die Kreisverfassungen.

Den **Kreisständen** ist das Recht **Ausgaben** zu **beschließen** und die Kreiseingesessenen dadurch zu verpflichten durch nachstehende Gesetze verliehen worden: Für die Mark und die Niederlausitz durch die V. v. 25. März 1841 (G. S. 1841 S. 53.); für Pommern und Rügen durch die V. von demselben Tage (G. S. 1841 S. 55.), für Posen durch die V. von demselben Tage (a. a. O. S. 58.), für Sachsen durch die V. von demselben Tage (a. a. O. S. 60.), für Westfalen durch die V. von demselben Tage (a. a. O. S. 62); für Preußen durch V. v. 22. Juni 1842 (G. S. 1842 S. 211), für Schlesien durch V. vom 7. Januar 1842 (G. S. 1842 S. 33).

Diese sämmtlichen Verordnungen bestimmen Folgendes:

§. 1.

Die Kreisstände sind ermächtigt, zu nachstehenden Zwecken mit der Wirkung, daß die Kreiseingesessenen dadurch verpflichtet werden, Ausgaben zu beschließen:

a) zu gemeinnützigen Einrichtungen und Anlagen, welche in den Interessen des gesammten Kreises beruhen;
b) zur Beseitigung eines Nothstandes.

§. 2.

Wenn die Kreise im Besitz von Kreiskommunalfonds sind, steht den Kreisständen frei, zu den vorgedachten Zwecken über die jährlichen Nutzungen derselben, so wie über die ersparten Revenuen aus den letzten fünf Jahren zu disponiren, und bedürfen sie dazu nur in sofern der Genehmigung der Regierung, als zur Ausführung ihrer desfallsigen Beschlüsse deren Mitwirkung erforderlich ist. Diese Dispositions-Befugniß erstreckt sich indeß nicht auf das Kapitalvermögen der Kreiskommunalfonds, zu welchen auch die Ersparnisse aus früheren Perioden, wie die vorstehend erwähnte, gehören.

§. 3.

Sollen dagegen die Mittel zur Erreichung der, im §. 1 erwähnten Zwecke durch Beiträge oder Leistungen der Kreiseingesessenen beschafft werden, so bedarf ein hierüber gefaßter Beschluß der Bestätigung der Regierung, die jedesmal durch das Plenum derselben zu ertheilen ist.

§. 4.

Zulagen für Unser Kreisbeamten-Personal und Zuschüsse zu den Bureaukosten des Landraths können von den Kreisständen überall nicht bewilligt werden.

§. 5.

Beschlüsse über Beiträge oder Leistungen der Kreiseingesessenen sind auf solche zu beschränken, welche innerhalb der beiden nächsten Kalenderjahre, von der Bestätigung des Beschlusses an gerechnet, aufgebracht werden.

§. 6.

Ausnahmen von den vorstehenden Bestimmungen wollen Wir in einzelnen Fällen, wenn auf besondern Verhältnissen beruhende erhebliche Gründe dafür sprechen, dahin gestatten, daß dann:

a) auch über solche Einrichtungen und Anlagen Beschluß gefaßt werden darf, bei denen nur ein Theil des Kreises oder ein einzelner Stand interessirt ist, ingleichen
b) Dispositionen über das Kapital der Kreiskommunalfonds, so wie
c) Bewilligungen, welche über die Dauer von zwei Kalenderjahren hinausgehen, stattfinden können, jedoch mit der Maßgabe, daß dazu jederzeit Unsere ausdrückliche Genehmigung erforderlich sein soll, wobei wir in dem sub a vorgesehenen Falle Uns die Entscheidung vorbehalten, ob die Kosten der Ausführung des Beschlusses vom ganzen Kreise oder dem betreffenden Theile oder Stande allein, aufgebracht werden sollen.

§. 7.

Bei jeder in Gemäßheit der Bestimmungen dieser Verordnung an die Kreisstände zu bringenden Proposition soll ein ausführlicher Vortrag zu dem Beschlusse, welcher

a) über den Zweck desselben,
b) die Art der Ausführung,
c) die Summe der zu verwendenden Kosten und
d) die Aufbringungsweise,

das Nöthige enthält, ausgearbeitet und jedem Mitgliede des Kreistages vier Wochen vor dem zur Berathung und Beschlußnahme darüber anberaumten Termine in Abschrift zugefertigt werden.

§. 8.

Zur Gültigkeit eines nach den Bestimmungen dieser Verordnung zu fassenden Beschlusses soll überhaupt eine Stimmenmehrheit von drei Vierteln der anwesenden Mitglieder des Kreistages erforderlich sein; jedoch wenn auch diese vorhanden sein sollte, ein Beschluß für nicht zu Stande gekommen erachtet werden, sofern die Kreisstände in Theile gegangen sind und zwei Stände sich gegen denselben ausgesprochen haben.

Wenn nur ein Stand in der durch die Kreisordnung festgesetzten Form eine abweichende Ansicht erklärt hat, bleibt die Entscheidung Unseren Ministerien des Innern und der Finanzen vorbehalten.

Beilage B.

Statistische Nachrichten

zu der

Kreis-Ordnung

vom 13. Dezember 1872.

Anmerkung. 1) Die Namen der Kreise, in welchem nur eine Stadt vorhanden ist, sind mit fetter Schrift gedruckt.

2) In Rücksicht der §§. 86 und 183 der Kreis-Ordnung ist in Kolonne 13 bezüglich der Provinz Sachsen die Zahl derjenigen Grundbesitzer, welche jährlich mindestens 100 Thlr., für den Regierungs-Bezirk Stralsund die Zahl derjenigen Grundbesitzer, welche mindestens 250 Thlr., und für die übrigen Regierungs-Bezirke die Zahl derjenigen Grundbesitzer namhaft gemacht, welche mindestens 75 Thlr. Grund- und Gebäudesteuer jährlich zahlen.

Laufende Nummer.	Kreis.	Flächen-Inhalt. □ Ml.	Zahl der Civil-Einwohner des ganzen Kreises mit Einschluß der Städte.	Zahl der Civil-Einwohner der Städte für sich.	Nach der Kreisordnung vom 13. Dezember 1872 beträgt die Zahl der Abgeordneten des Wahlverbandes der Städte	der Landgemeinden.	der größeren ländlichen Grundbesitzer	in Summa.	Bisherige Vertretung. Zahl der städtischen Abgeordneten	Zahl der ländlichen Abgeordneten	Zahl der Güter im 1 Stande	Gesammtzahl derjenigen, welche jährlich mindestens 75 Thlr Grund- und Gebäudesteuer entrichten.	Von den nicht schon nach Col. 13 zum Wahlverbande der größeren Grundbesitzer gehörenden Gewerbetreibenden auf dem platten Lande sind zur Gewerbesteuer in Klasse A. I veranlagt überhaupt. Personen.	mindestens mit dem Mittelsatze oder höher. Personen.	Gesammtzahl der zufolge §. 86 resp. § 183 der Kreisordnung nach Col. 13 u. 15 im Wahlverbande der
1.	2.	3.	4.	5.	6.	7.	8.	9.	10	11	12.	13.	14.	15.	16

Provinz Preußen.

I. Regierungs-Bezirk Königsberg.

1	Allenstein .	24,6	52,623	9,299	5	12½	—	30	6	5	38	14	—	—	1
2	Braunsberg .	17,2	51,810	21,068	12	9	9	30	4	3	29	14	—	—	1
3	Pr. Eylau . .	22,4	55,844	8,575	5	13	13	31	6	8	78	87	—	—	8
4	Fischhausen . .	19,3	46,388	5,775	4	12½	12½	29	6	29	73	90	—	—	9
5	Friedland . . .	16,0	43,872	13,474	9	9½	9½	28	4	5	84	73	—	—	7
6	Gerdauen . . .	15,7	38,089	5,610	4	11½	11½	27	6	4	52	57	—	—	5
7	Heiligenbeil . .	16,5	45,024	6,420	4	12½	12½	29	6	18	75	71	—	—	7
8	Heilsberg . .	19,9	53,264	9,831	6	12	—	30	6	9	23	17	—	—	[illegible]
9	Pr. Holland .	15,6	44,122	6,941	4	12	12	28	6	8	40	41	—	—	4
10	Königsberg . (Landkreis)	19,2	48,739	—	—	14½	14½	29	—	13	104	99	—	—	9
11	Labiau	19,3	50,440	4,350	3	13½	—	30	3	5	35	33	—	—	3
12	Memel	15,3	55,920	18,542	10	10½	10½	31	2	8	14	21	—	—	2
13	Mohrungen .	23,3	56,224	9,000	5	13	13	31	6	9	78	62	—	—	6
14	Neidenburg .	29,7	50,328	6,298	4	13	13	30	6	7	51	29	—	—	2
15	Ortelsburg . .	31,0	60,461	6,258	3	14½	14½	32	6	6	24	17	—	—	[illegible]
16	Osterode . . .	27,9	61,799	10,524	5	13½	13½	32	8	13	95	58	—	—	5
17	Rastenburg . .	15,9	42,260	9,220	6	11	11	28	3	10	63	66	—	—	6
18	Roessel . .	15,5	47,337	24,931	8	10½	10½	29	8	6	21	17	—	—	[illegible]
19	Wehlau	19,0	48,999	10,960	6	11½	11½	29	6	9	69	54	—	—	[illegible]

Laufende Nummer.	Kreis.	Flächen-Inhalt.	Zahl der Civil-Einwohner		Nach der Kreisordnung vom 13. Dezember 1872 beträgt die Zahl der Abgeordneten				Bisherige Vertretung.			Gesammtzahl derjenigen, welche jährlich **mindestens** 75 Thlr. Grund- und Gebäudesteuer entrichten.	Von den nicht schon nach Col. 13 zum Wahlverbande der größeren Grundbesitzer gehörenden Gewerbetreibenden auf dem platten Lande sind zur **Gewerbesteuer** in Klasse A. I. veranlagt.		Gesammtzahl der zufolge §. 86 resp. §. 183 der Kreisordnung nach Col. 13 u. 15 im Wahlverbande der größeren ländlichen Grundbesitzer Wahlberechtigten.
		□ Ml.	des ganzen Kreises mit Einschluß der Städte.	der Städte für sich.	des Wahlverbandes. der Städte.	der Landgemeinden.	der größeren ländlichen Grundbesitzer.	in Summa.	Zahl der städtischen Abgeordneten	Zahl der ländlichen Abgeordneten	Zahl der Güter im 1. Stande		überhaupt	mindestens mit dem Mittelsatze oder höher	
													Personen.		
1.	2.	3.	4.	5.	6.	7.	8.	9.	10	11	12.	13.	14.	15.	16.

II. Regierungs-Bezirk Gumbinnen.

1	Angerburg . .	16,7	38,720	4,183	3	12	12	27	6	11	47	27	—	—	27
2	Darkehmen . .	13,8	36,992	3,070	2	12½	12½	27	1	3	43	36	—	—	36
3	Goldap	17,8	43,979	4,582	3	12½	12½	28	2	6	17	14	—	—	14
4	Gumbinnen .	13,2	46,703	8,269	5	12	12	29	6	9	30	23	—	—	23
5	Heydekrug . .	19,0	38,528	—	—	13½	13½	27	—	7	6	12	1	—	12
6	Insterburg . .	21,8	65,688	13,352	7	13	13	33	2	4	55	30	—	—	30
7	Johannisburg	30,4	43,383	5,833	4	12	12	28	6	6	38	12	—	—	12
8	Loetzen	16,3	38,394	5,818	4	11½	11½	27	8	6	35	14	—	—	14
9	Lyck	20,5	45,461	5,363	3	13	13	29	3	7	18	10	—	—	10
10	Niederung . .	20,5	51,828	—	—	15	15	30	—	9	28	26	—	—	26
11	Oletzko	15,5	39,568	4,219	3	12	12	27	3	3	24	15	—	—	15
12	Pillkallen . . .	19,0	45,631	3,623	2	13½	13½	29	6	6	26	21	—	—	21
13	Ragnit	22,3	53,418	3,469	2	14	14	30	3	9	41	26	—	—	26
14	Sensburg . .	22,4	46,201	5,296	3	13	13	29	3	2	39	19	—	—	19
15	Stallupönen .	12,8	44,431	3,682	2	13	13	28	1	7	11	23	—	—	23
16	Tilsit	14,9	63,133	18,802	10	11	11	32	2	3	43	28	—	—	28

Laufende Nummer.	Kreis.	Flächen-Inhalt. □ Ml.	Zahl der Civil-Einwohner des ganzen Kreises mit Einschluß der Städte.	der Städte für sich.	Nach der Kreisordnung vom 13. Dezember 1872 beträgt die Zahl der Abgeordneten des Wahlverbandes der Städte.	der Landgemeinden.	der größeren ländlichen Grundbesitzer	in Summa.	Bisherige Vertretung. Zahl der städtischen Abgeordneten	Zahl der ländlichen Abgeordneten	Zahl der Güter im 1. Stande.	Gesammtzahl derjenigen, welche jährlich mindestens 75 Thlr Grund- und Gebäudesteuer entrichten	Von den nicht schon nach Col. 13 zum Wahlverbande der größeren Grundbesitzer gehörenden Gewerbetreibenden auf dem platten Lande sind zur Gewerbesteuer in Klasse A. 1. veranlagt. überhaupt Personen.	mindestens mit dem Mittelsatze oder höher Personen.	Gesammtzahl der zufolge § 86 resp. § 183 der Kreisordnung nach Col. 13 u. 15 im Wahlverbande der größeren ländlichen Grundbesitzer Wahlberechtigten
1.	2.	3.	4.	5.	6.	7.	8.	9.	10	11	12.	13.	14.	15.	16.
	III. Regierungs-Bezirk Danzig.														
1	Berent . . .	22,4	43,024	6,764	4	12	12	28	2	3	36	36	—	—	3
2	Danzig (Landkreis[1])	19,2	74,687	—	—	17	17	34	—	15	48	146	—	—	14
3	Elbing . . .	11,3	64,725	30,368	15	8½	8½	32	6	6	20	45	—	—	4
4	Karthaus . . .	25,3	55,892	-	-	15½	15½	31	—	6	52	28	—	—	2
5	Marienburg .	14,7	59,030	9,929	5	13	13	31	3	52	4	149	1	1	14
6	Neustadt . . .	26,0	50,197	5,993	3	14½	14½	32	6	1	89	53	—	—	5
7	Pr. Stargard	25,1	67,249	12,154	6	13½	13½	33	5	7	49	61	-	—	6
	IV. Regierungs-Bezirk Marienwerder.														
1	Deutsch-Crone	38,9	63,762	17,236	9	11½	11½	32	6	7	42	57	—	—	5
2	Flatow . . .	27,7	61,126	12,336	6	13	13	32	5	3	25	31	—	—	3
3	Graudenz . .	15,1	56,009	16,735	9	11	11	31	4	5	51	72	—	—	7
4	Konitz	41,2	67,938	8,877	4	14½	14½	33	2	3	68	51	—	—	5
5	Kulm . . .	16,1	52,387	11,390	7	11½	11½	30	6	6	66	75	—	—	7
6	Loebau	17,7	47,844	6,922	4	12½	12½	29	4	5	26	27	—	—	2
7	Marienwerder	18,3	66,509	12,896	6	13½	13½	33	3	4	34	92	—	—	9
8	Rosenberg . .	18,9	56,332	13,821	8	11	11	30	10	6	53	48	—	—	4
9	Schlochau . .	38,8	59,465	11,659	6	12½	12½	31	10	16	54	40	—	—	4
10	Schwetz . . .	30,3	71,125	8,762	4	15	15	34	2	6	61	56	—	—	5
11	Straßburg . .	24,4	61,743	11,976	6	13	13	32	7	9	55	63	—	—	6
12	Stuhm . . .	11,6	40,455	5,356	4	12	12	28	6	7	46	71	—	—	7
13	Thorn	20,6	62,779	16,203	8	12	12	32	5	5	41	75	—	—	7

Laufende Nummer.	Kreis.	Flächen-Inhalt. □ Ml.	Zahl der Civil-Einwohner: des ganzen Kreises mit Einschluß der Städte.	Zahl der Civil-Einwohner: der Städte für sich.	Nach der Kreisordnung vom 13. Dezember 1872 beträgt die Zahl der Abgeordneten des Wahlverbandes: der Städte.	des Wahlverbandes: der Landgemeinden.	des Wahlverbandes: der größeren ländlichen Grundbesitzer.	in Summa.	Bisherige Vertretung: Zahl der städtischen Abgeordneten	Zahl der ländlichen Abgeordneten	Zahl der Güter im 1. Stande.	Gesammtzahl derjenigen, welche jährlich **mindestens** 75 Thlr Grund- und Gebäudesteuer entrichten.	Von den nicht schon nach Col. 13 zum Wahlverbande der größeren Grundbesitzer gehörenden Gewerbetreibenden auf dem platten Lande sind zur **Gewerbesteuer** in Klasse A. I. veranlagt: überhaupt (Personen.)	mindestens mit dem Mittelsatze oder höher (Personen.)	Gesammtzahl der zufolge § 86 resp. § 103 der Kreisordnung nach Col. 13 u. 15 im Wahlverbande der größeren ländlichen Grundbesitzer Wahlberechtigten.
1.	2.	3.	4.	5.	6.	7.	8.	9.	10	11	12.	13.	14.	15.	16.

Provinz Brandenburg.

V. Regierungs-Bezirk Potsdam.

1	Angermünde .	23,8	63,904	23,064	12	10	10	32	4	6	44	47	1	1	48
2	Beeskow-Storkow .	22,6	45,586	7,202	5	12	12	29	2	3	32	31	1	1	32
3	Jüterbogk-Luckenwalde	24,1	59,132	25,475	13	9	9	31	6	6	35	23	—	—	23
4	Niederbarnim	31,6	83,265	13,641	6	15	15	36	5	6	37	54	1	1	55
5	Oberbarnim .	22,1	71,133	28,879	14	10	10	34	5	6	45	46	5	4	50
6	Osthavelland .	22,4	65,557	26,610	13	10	10	33	6	6	33	40	—	—	40
7	Ostpriegnitz .	34,1	70,708	19,330	9	12½	12½	34	6	6	64	53	—	—	53
8	Prenzlau . . .	20,6	54,058	20,291	11	9½	9½	30	6	6	90	86	—	—	86
9	Ruppin . . .	32,2	75,285	24,203	11	12	12	35	6	6	60	55	4	1	56
10	Teltow	30,3	94,437	28,107	11	13½	13½	38	6	6	46	52	1	1	53
11	Templin . . .	26,1	46,211	9,539	6	11½	11½	29	6	6	65	35	—	—	35
12	Westhavelland	23,4	69,953	37,010	17	8	8	33	6	6	49	43	3	—	43
13	Westpriegnitz .	26,6	72,394	24,701	11	11½	11½	34	6	6	65	59	1	1	60
14	Zauch-Belzig	35,0	67,098	17,771	9	12	12	33	6	6	36	30	2	—	30

Laufende Nummer.	Kreis.	Flächen-Inhalt. □ Ml.	Zahl der Civil-Einwohner des ganzen Kreises mit Einschluß der Städte.	Zahl der Civil-Einwohner der Städte für sich.	Nach der Kreisordnung vom 13. Dezember 1872 beträgt die Zahl der Abgeordneten des Wahlverbandes der Städte.	… der Landgemeinden.	… der größeren ländlichen Grundbesitzer.	… in Summa.	Bisherige Vertretung. Zahl der städtischen Abgeordneten	Zahl der ländlichen Abgeordneten	Zahl der Güter im 1. Stande	Gesammtzahl derjenigen, welche jährlich mindestens 75 Thlr. Grund- und Gebäudesteuer entrichten.	Von den nicht schon nach Col. 13 zum Wahlverbande der größeren Grundbesitzer gehörenden Gewerbetreibenden auf dem platten Lande sind zur Gewerbesteuer in Klasse A. I. veranlagt. überhaupt Personen.	… mindestens mit dem Mittelsatze oder höher Personen.	Gesammtzahl der zufolge §. 86 resp. §. 183 der Kreisordnung nach Col. 13 u. 15 im Wahlverbande der größeren ländlichen Grundbesitzer Wahlberechtigten.
1.	2.	3.	4.	5.	6.	7.	8.	9.	10	11	12.	13.	14.	15.	16.

VI. Regierungs-Bezirk Frankfurt.

1.	2.	3.	4.	5.	6.	7.	8.	9.	10	11	12.	13.	14.	15.	16.
1	Arnswalde . .	23,0	42,559	12,448	8	10	10	28	4	6	38	42	1	1	43
2	Friedeberg . .	20,0	55,104	13,963	8	$11\frac{1}{2}$	$11\frac{1}{2}$	31	6	6	27	27	—	—	27
3	Guben	20,1	58,923	21,059	11	10	10	31	3	3	39	25	—	—	25
4	Kalau	18,0	48,127	10,768	6	$11\frac{1}{2}$	$11\frac{1}{2}$	29	6	6	90	48	1	—	48
5	Königsberg (Neumark) .	27,9	89,176	29,799	12	$12\frac{1}{2}$	$12\frac{1}{2}$	37	5	4	41	72	1	1	73
6	Kottbus . . .	15,5	62,923	16,836	9	$11\frac{1}{2}$	$11\frac{1}{2}$	32	3	3	47	31	2	—	31
7	Krossen	23,8	59,284	16,845	9	11	11	31	5	3	41	35	—	—	35
8	Landsberg a. W.	22,0	77,041	17,392	8	$13\frac{1}{2}$	$13\frac{1}{2}$	35	2	6	17	29	—	—	29
9	Lebus	28,6	93,017	21,265	9	$14\frac{1}{2}$	$14\frac{1}{2}$	38	6	6	46	97	6	6	103
10	Luckau	23,6	60,447	18,900	10	11	11	32	2	6	66	29	—	—	29
11	Lübben	18,9	33,627	7,563	6	10	10	26	4	4	20	14	—	—	14
12	Soldin	20,8	47,529	15,760	10	$9\frac{1}{2}$	$9\frac{1}{2}$	29	8	6	44	55	—	—	55
13	Sorau	22,5	81,852	23,783	10	13	13	36	6	6	88	30	—	—	30
14	Spremberg . .	5,6	21,370	8,715	8	$8\frac{1}{2}$	$8\frac{1}{2}$	25	6	6	25	11	—	—	11
15	Sternberg . .	40,7	91,763	26,576	11	$13\frac{1}{2}$	$13\frac{1}{2}$	38	6	5	55	59	—	—	59
16	Züllichau-Schwiebus .	16,6	48,426	16,068	10	$9\frac{1}{2}$	$9\frac{1}{2}$	29	6	6	64	49	—	-	49

1.	Kreis.	Flächen-Inhalt. □ Ml.	Zahl der Civil-Einwohner: des ganzen Kreises mit Einschluß der Städte.	Zahl der Civil-Einwohner: der Städte für sich.	Nach der Kreisordnung vom 13. Dezember 1872 beträgt die Zahl der Abgeordneten des Wahlverbandes: der Städte.	des Wahlverbandes: der Landgemeinden.	des Wahlverbandes: der größeren ländlichen Grundbesitzer.	in Summa.	Bisherige Vertretung: Zahl der städtischen Abgeordneten	Zahl der ländlichen Abgeordneten	Zahl der Güter im 1. Stande	Gesammtzahl derjenigen, welche jährlich **mindestens** 75 Thlr. Grund- und Gebäudesteuer entrichten	Von den nicht schon nach Col. 13 zum Wahlverbande der größeren Grundbesitzer gehörenden Gewerbetreibenden auf dem platten Lande sind zur **Gewerbesteuer** in Klasse A. 1. veranlagt: überhaupt. Personen.	mindestens mit dem Mittelsatze oder höher. Personen.	Gesammtzahl der zufolge §. 86 resp. §. 183 der Kreisordnung nach Col. 13 u. 15 im Wahlverbande der größeren ländlichen Grundbesitzer Wahlberechtigten.
.	2.	3.	4.	5.	6.	7.	8.	9.	10	11	12	13.	14.	15.	16.

Provinz Pommern.

VII. Regierungs-Bezirk Stettin.

1	Anklam . . .	11,9	30,777	11,450	9 8	8½ 9	8½ 9	26	1	3	47	33	—	—	33
2	Demmin . . .	17,5	47,464	14,236	9	10	10	29	3	3	73	68	—	—	68
3	Greiffenberg .	13,9	37,566	11,906	9	9	9	27	6	6	37	43	—	—	43
4	Greifenhagen .	17,5	53,790	12,725	7	11½	11½	30	3	6	11	27	3	3	30
5	Cammin . . .	23,0	43,790	5,241	3	12½	12½	28	6	6	91	57	—	—	57
6	Naugard . . .	22,3	56,593	17,237	9	11	11	31	4	3	50	51	—	—	51
7	Pyritz	19,0	42,776	6,984	5	11½	11½	28	3	3	68	82	—	—	82
8	Randow . . .	24,9	87,253	14,863	6	15½	15½	37	8	6	44	79	12	11	90
9	Regenwalde .	21,6	48,121	12,664	8	10½	10½	29	4	3	98	77	—	—	77
10	Saatzig . . .	22,1	62,989	24,074	12	10	10	32	6	6	58	53	—	—	53
11	Ueckermünde .	19,8	43,221	13,525	9	9½	9½	28	3	3	6	11	—	—	11
12	Usedom-Wollin	21,1	41,535	13,068	9	9½	9½	28	6	6	20	25	—	—	25

Laufende Nummer.	Kreis.	Flächen-Inhalt. □ Ml.	Zahl der Civil-Einwohner: des ganzen Kreises mit Einschluß der Städte.	Zahl der Civil-Einwohner: der Städte für sich.	Nach der Kreisordnung vom 13. Dezember 1872 beträgt die Zahl der Abgeordneten des Wahlverbandes der Städte.	des Wahlverbandes der Landgemeinden.	des Wahlverbandes der größeren ländlichen Grundbesitzer.	in Summa.	Bisherige Vertretung. Zahl der städtischen Abgeordneten	Zahl der ländlichen Abgeordneten	Zahl der Güter im 1. Stande	Gesammtzahl derjenigen, welche jährlich mindestens 75 Thlr. Grund- und Gebäudesteuer entrichten.	Von den nicht schon nach Col 13 zum Wahlverbande der größeren Grundbesitzer gehörenden Gewerbetreibenden auf dem platten Lande sind zur Gewerbesteuer in Klasse A. 1. veranlagt. überhaupt Personen.	mindestens mit dem Mittelsatze oder höher Personen.	Gesammtzahl der zufolge §. 86 resp. §. 183 der Kreisordnung nach Col. 13 u. 15 im Wahlverbande der größeren ländlichen Grundbesitzer Wahlberechtigten.
1.	2.	3.	4.	5.	6.	7.	8.	9.	10	11	12	13.	14.	15.	16.
	VIII. Regierungs-Bezirk Cöslin.														
1	Belgard . . .	20,5	43,019	9,743	6	11	11	28	2	3	84	64	—	—	64
2	Bülow	11,1	24,793	4,690	5	10	10	25	3	6	20	15	—	—	15
3	Dramburg . .	21,6	36,912	12,143	9	9	9	27	6	6	40	36	—	—	36
4	Fürstenthum .	43,3	109,713	30,969	11	14½	14½	40	6	6	158	132	—	—	132
5	Lauenburg . .	22,3	42,955	8,377	5	11½	11½	28	2	3	104	62	—	—	62
6	Neustettin . .	36,4	72,522	14,779	7	13½	13½	34	4	3	108	52	—	—	52
7	Rummelsburg	19,8	32,097	4,683	4	11	11	26	3	3	69	44	—	—	44
8	Schievelbein .	9,1	19,586	5,481	7	9	9	25	1	3	36	29	—	—	29
9	Schlawe . . .	30,5	78,733	14,766	7	14	14	35	6	6	71	59	—	—	59
10	Stolp	40,5	89,719	14,374	6	15½	15½	37	3	6	163	122	1	—	122
	IX. Regierungs-Bezirk Stralsund.														
												mindest. 250 Thl. Grund- u. Gebäudesteuer.			
1	Franzburg . .	23,4	71,900	37,142	17	8½	8½	34	5	3	71	17	—	—	17
2	Greifswald . .	18,3	54,986	27,701	15	7½	7½	30	4	3	83	12	—	—	12
3	Grimmen . .	17,8	38,922	10,408	17	10	10	27	3	3	60	21	—	—	21
4	Rügen	24,9	47,018	5,609	3	13	13	29	2	2	132	24	—	—	24

Laufende Nummer.	Kreis.	Flächen-Inhalt. □ Ml.	Zahl der Civil-Einwohner: des ganzen Kreises mit Einschluß der Städte.	Zahl der Civil-Einwohner: der Städte für sich.	Nach der Kreisordnung vom 13. Dezember 1872 beträgt die Zahl der Abgeordneten des Wahlverbandes: der Städte.	Nach der Kreisordnung: der Landgemeinden.	Nach der Kreisordnung: der größeren ländlichen Grundbesitzer.	Nach der Kreisordnung: in Summa.	Bisherige Vertretung: Zahl der städtischen Abgeordneten	Bisherige Vertretung: Zahl der ländlichen Abgeordneten	Bisherige Vertretung: Zahl der Güter im 1. Stande.	Gesammtzahl derjenigen, welche jährlich **mindestens** 75 Thlr Grund- und Gebäudesteuer entrichten.	Von den nicht schon nach Col. 13 zum Wahlverbande der größeren Grundbesitzer gehörenden Gewerbetreibenden auf dem platten Lande sind zur **Gewerbesteuer** in Klasse A. 1. veranlagt: überhaupt (Personen.)	Von den …: mindestens mit dem Mittelsatze oder höher (Personen.)	Gesammtzahl der zufolge §. 86 resp. §. 1-3 der Kreisordnung nach Col. 13 u. 15 im Wahlverbande der größeren ländlichen Grundbesitzer Wahlberechtigten.
1.	2.	3.	4.	5.	6.	7.	8.	9.	10	11	12.	13.	14.	15.	16.

Provinz Posen.

X. Regierungs-Bezirk Posen.

1	Adelnau . . .	16,2	53,353	12,487	7	$11\frac{1}{2}$	$11\frac{1}{2}$	30	6	6	40	26	—	—	26
2	Birnbaum . .	23,5	48,054	14,734	9	10	10	29	6	6	37	31	—	—	31
3	Bomst	18,8	55,090	12,165	7	12	12	31	7	6	24	21	—	—	21
4	Buk	17,3	56,644	11,541	6	$12\frac{1}{2}$	$12\frac{1}{2}$	31	6	6	75	31	—	—	31
5	Fraustadt . .	18,2	60,631	22,126	12	10	10	32	7	3	59	50	—	—	50
6	Kosten	21,1	64,399	11,560	6	13	13	32	6	6	90	67	—	—	67
7	Kroeben . . .	18,8	73,368	25,105	12	11	11	34	10	6	75	63	—	—	63
8	Krotoschin . .	17,3	63,398	21,385	11	$10\frac{1}{2}$	$10\frac{1}{2}$	32	7	6	40	33	—	—	33
9	Meseritz . . .	21,0	45,680	12,757	8	$10\frac{1}{2}$	$10\frac{1}{2}$	29	6	6	25	23	—	—	23
10	Obornik . . .	19,9	46,801	9,402	6	$11\frac{1}{2}$	$11\frac{1}{2}$	29	4	6	39	43	—	—	43
11	Pleschen . . .	18,7	57,302	9,529	5	13	13	31	6	6	90	71	—	—	71
12	Posen	19,8	52,536	4,120	2	14	14	30	2	3	60	63	—	—	63
13	Samter . . .	19,8	48,141	10,692	6	$11\frac{1}{2}$	$11\frac{1}{2}$	29	6	6	58	49	—	—	49
14	Schildberg . .	17,7	59,254	12,113	6	$12\frac{1}{2}$	$12\frac{1}{2}$	31	6	6	44	46	—	—	46
15	Schrimm . .	18,6	55,373	14,226	8	$11\frac{1}{2}$	$11\frac{1}{2}$	31	7	6	63	54	—	—	54
16	Schroda . . .	18,4	47,816	8,136	5	12	12	29	6	6	91	86			86
17	Wreschen . . .	12,6	38,497	7,085	5	11	11	27	6	6	55	59	—	—	59

XI. Regierungs-Bezirk Bromberg.

1	Bromberg . .	25,4	86,740	31,110	13	12	12	37	6	6	27	58	—	—	58
2	Chodziesen . .	19,9	52,187	18,151	10	10	10	30	6	3	16	21	—	—	21
3	Czarnikau . .	28,4	68,352	12,238	6	$13\frac{1}{2}$	$13\frac{1}{2}$	33	3	4	14	27	—	—	27
4	Gnesen	20,9	56,191	15,245	8	$11\frac{1}{2}$	$11\frac{1}{2}$	31	8	6	92	72	—	—	72
5	Inowraclaw .	30,0	72,324	12,374	6	14	14	34	6	6	127	150	—	—	150
6	Mogilno . . .	16,5	42,423	9,806	6	11	11	28	6	6	44	68	—	—	68
7	Schubin . . .	21,1	56,059	12,788	7	12	12	31	7	5	63	66	—	—	66
8	Wirsitz	21,1	57,291	12,647	7	12	12	31	6	6	52	59	—	—	59
9	Wongrowiec .	24,1	54,773	9,589	5	$12\frac{1}{2}$	$12\frac{1}{2}$	30	7	3	97	98	—	—	98

Laufende Nummer.	Kreis.	Flächen-Inhalt. □ Ml.	Zahl der Civil-Einwohner: des ganzen Kreises mit Einschluß der Städte.	Zahl der Civil-Einwohner: der Städte für sich.	Nach der Kreisordnung vom 13. Dezember 1872 beträgt die Zahl der Abgeordneten des Wahlverbandes: der Städte	des Wahlverbandes: der Landgemeinden.	des Wahlverbandes: der größeren ländlichen Grundbesitzer	in Summa.	Bisherige Vertretung: Zahl der städtischen Abgeordneten	Zahl der ländlichen Abgeordneten	Zahl der Güter im 1 Stande	Gesammtzahl derjenigen, welche jährlich mindestens 75 Thlr. Grund- und Gebäudesteuer entrichten.	Von den nicht schon nach Col. 13 zum Wahlverbande der größeren Grundbesitzer gehörenden Gewerbetreibenden auf dem platten Lande sind zur Gewerbesteuer in Klasse A. 1. veranlagt: überhaupt (Personen.)	mindestens mit dem Mittelsatze oder höher (Personen.)	Gesammtzahl der zufolge §. 86 resp. §. 183 der Kreisordnung nach Col. 13 u. 15 im Wahlverbande der größeren ländlichen Grundbesitzer Wahlberechtigten.
1.	2.	3.	4.	5.	6.	7.	8.	9.	10	11	12.	13.	14.	15.	16.

Provinz Schlesien.

XII. Regierungs-Bezirk Breslau.

1	Breslau (Landkreis) . . .	13,8	78,674	—	—	17½	17½	35	–	6	117	131	—	—	131
2	Brieg	11,0	53,058	15,511	9	10½	10½	31	2	3	27	27	—	—	27
3	Frankenstein .	8,7	49,822	11,708	7	11	11	29	4	3	26	38	—	—	38
4	Glatz	9,6	58,334	14,242	8	11½	11½	31	3	3	47	23	—	—	23
5	Guhrau . . .	12,3	37,477	6,833	5	11	11	27	6	6	69	53	—	—	53
6	Habelschwerdt .	14,4	58,293	9,054	5	12½	12½	30	4	7	28	12	—	—	12
7	Militsch-Trachenberg . .	17,0	55,425	8,738	5	13	13	31	6	6	113	28	—	—	28
8	Münsterberg .	6,2	33,039	5,118	4	11	11	26	2	6	44	48	—	—	48
9	Namslau . . .	10,7	35,982	5,851	4	11½	11½	27	4	6	40	36	—	—	36
10	Neumarkt . .	13,0	56,387	7,806	4	13½	13½	31	3	6	77	123	—	—	123
11	Neurode . . .	5,8	47,775	7,996	5	11½	11½	28	2	3	31	11	—	—	11
12	Nimptsch . . .	6,9	29,519	2,151	2	11½	11½	25	3	6	76	80	—	—	81
13	Oels	16,3	62,112	12,410	6	13	13	32	6	6	115	53	1	1	54
14	Ohlau	11,2	53,192	8,513	5	12½	12½	30	2	6	37	42	2	—	42
15	Reichenbach . .	6,6	63,838	6,323	3	14½	14½	32	2	6	44	32	10	4	36
16	Schweidnitz . .	10,8	77,014	22,213	10	12½	12½	35	3	3	76	92	7	1	93
17	Steinau . . .	7,6	24,431	5,816	6	9½	9½	25	6	6	53	45	—	—	45
18	Strehlen . . .	6,2	32,112	5,248	4	11	11	26	3	6	52	60	1	1	61
19	Striegau . . .	5,4	34,603	8,457	6	10	10	26	3	6	42	58	2	1	59
20	Trebnitz . .	15,1	32,568	5,218	3	13½	13½	30	3	6	106	90	—	—	90
21	Waldenburg .	6,8	89,552	14,418	6	15½	15½	37	3	3	32	13	2	—	13
22	Wartenberg .	14,7	51,165	6,174	4	13	13	30	6	6	62	25	—	—	25
23	Wohlau . . .	14,6	49,524	6,873	4	12½	12½	29	4	3	106	80	—	—	80

XIII. Regierungs-Bezirk Liegnitz.

1	Bolkenhain . .	6,5	32,669	3,466	3	11½	11½	26	2	3	35	20	—	—	20
2	Bunzlau . . .	18,9	58,928	10,469	6	12½	12½	31	2	3	42	31	1	1	32
3	Freistadt . . .	15,9	51,456	14,373	8	11	11	30	9	3	70	43	2	2	45
4	Glogau	17,0	71,635	16,276	8	13	13	34	6	6	90	82	1	1	83
5	Görlitz	15,9	82,297	37,246	16	10	10	36	3	6	46	48	3	3	51

Laufende Nummer.	Kreis.	Flächen-Inhalt. □ Ml.	Zahl der Civil-Einwohner des ganzen Kreises mit Einschluß der Städte.	Zahl der Civil-Einwohner der Städte für sich.	Nach der Kreisordnung vom 13. Dezember 1872 beträgt die Zahl der Abgeordneten des Wahlverbandes der Städte.	des Wahlverbandes der Landgemeinden.	des Wahlverbandes der größeren ländlichen Grundbesitzer.	in Summa.	Bisherige Vertretung. Zahl der städtischen Abgeordneten	Zahl der ländlichen Abgeordneten	Zahl der Güter im 1 Stande	Gesammtzahl derjenigen, welche jährlich mindestens 75 Thlr. Grund- und Gebäudesteuer entrichten.	Von den nicht schon nach Col. 13 zum Wahlverbande der größeren Grundbesitzer gehörenden Gewerbetreibenden auf dem platten Lande sind zur Gewerbesteuer in Klasse A 1. veranlagt. überhaupt. Personen.	mindestens mit dem Mittelsatze oder höher. Personen.	Gesammtzahl der zufolge §. 86 resp. §. 183 der Kreisordnung nach Col. 13 u. 15 im Wahlverbande der größeren ländlichen Grundbesitzer Wahlberechtigten.
1.	2.	3.	4.	5.	6.	7.	8.	9.	10	11	12.	13.	14.	15.	16.
6	Goldberg-Haynau	11,1	50,020	11,335	7	11½	11½	30	6	6	76	70	—	—	70
7	Grünberg . .	15,6	50,857	12,599	7	11½	11½	30	3	3	30	22	—	—	22
8	Hirschberg . .	10,9	51,189	13,573	7	12½	12½	32	2	3	49	13	3	1	14
9	Hoyerswerda .	15,8	31,767	6,568	5	10½	10½	26	3	3	34	19	—	—	19
10	Jauer	6,0	33,374	9,182	7	9½	9½	26	4	3	36	56	—	—	56
11	Landeshut . .	7,2	43,560	10,650	7	10½	10½	28	3	3	14	8	1	—	8
12	Lauban . . .	9,4	64,796	13,152	7	12½	12½	32	4	6	59	52	—	—	137
13	Liegnitz . . .	11,6	67,841	20,067	10	11½	11½	33	6	6	95	136	1	1	52
14	Löwenberg . .	13,6	68,669	13,046	6	13½	13½	33	5	3	39	35	—	—	35
15	Lüben . . .	11,5	32,788	4,037	3	11½	11½	26	6	6	54	49	2	2	51
16	Rothenburg .	20,6	52,023	4,414	3	13½	13½	30	4	6	74	44	1	—	44
17	Sagan	20,1	54,727	11,946	7	11½	11½	30	3	6	98	30	1	1	31
18	Schönau . .	6,3	27,029	2,092	2	11½	11½	25	2	3	35	22	—	—	22
19	Sprottau . .	13,2	33,988	7,153	5	10½	10½	26	6	6	51	22	1	1	23

XIV. Regierungsbezirk Oppeln.

1	Beuthen . . .	13,8	192,231	32,207	8	20	20	48	2	3	74	27	28	12	39
2	Falkenberg . .	10,9	39,924	2,764	2	12½	12½	27	4	6	71	27	—	—	27
3	Grottkau . . .	6,4	44,230	7,475	5	11½	11½	28	4	6	66	54	—	—	54
4	Kosel . . .	12,2	62,183	3,027	2	15	15	32	2	3	50	42	—	—	42
5	Kreuzburg . .	10,0	40,568	8,767	6	11	11	28	3	6	47	32	—	—	32
6	Leobschütz . .	12,5	80,581	15,834	7	14½	14½	36	6	6	31	34	—	—	34
7	Lublinitz . . .	12,3	44,906	4,828	3	12½	12½	28	4	6	48	16	1	—	16
8	Neisse	12,9	87,661	23,111	—	—	—	—	6	6	74	41	—	—	41
9	Neustadt . . .	14,5	83,927	15,965	7	14½	14½	36	6	6	32	21	—	—	21
10	Oppeln . . .	25,9	98,875	13,511	5	17	17	39	6	6	26	13	—	—	13
11	Pleß	19,3	84,364	8,188	3	16½	16½	36	2	4	34	15	—	—	15
12	Ratibor . . .	15,6	110,177	16,420	6	17½	17½	41	2	3	87	32	1	—	32
13	Rosenberg . .	16,4	46,300	4,539	3	13	13	29	2	3	56	26	—	—	26
14	Rybnik . . .	15,5	70,879	9,715	5	14½	14½	34	6	6	72	33	—	—	33
15	Gr. Strelitz .	16,3	59,738	7,515	4	13½	13½	31	3	3	33	20	2	2	22
16	Tost-Gleiwitz	16,4	81,236	18,277	8	14	14	36	4	3	95	28	2	2	31

Laufende Nummer.	Kreis.	Flächen-Inhalt. □ Ml.	Zahl der Civil-Einwohner		Nach der Kreisordnung vom 13. Dezember 1872 beträgt die Zahl der Abgeordneten				Bisherige Vertretung.			Gesammtzahl derjenigen, welche jährlich **mindestens** 100 Th Grund- und Gebäudesteuer entrichten.	Von den nicht schon nach Col. 13 zum Wahlverbande der größeren Grundbesitzer gehörenden Gewerbetreibenden auf dem platten Lande sind zur **Gewerbesteuer** in Klasse A. I. veranlagt.		Gesammtzahl der zufolge §. 86 resp. §. 183 der Kreisordnung nach Col. 13 u. 15 im Wahlverbande der größeren ländlichen Grundbesitzer Wahlberechtigten.
			des ganzen Kreises mit Einschluß der Städte.	der Städte für sich.	des Wahlverbandes der Städte.	des Wahlverbandes der Landgemeinden.	des Wahlverbandes der größeren ländlichen Grundbesitzer.	in Summa.	Zahl der städtischen Abgeordneten	Zahl der ländlichen Abgeordneten	Zahl der Güter im 1. Stande.		überhaupt (Personen.)	mindestens mit dem Mittelsatze oder höher (Personen.)	
1.	2.	3.	4.	5.	6.	7.	8.	9.	10	11	12.	13.	14.	15.	16.

Provinz Sachsen.

XV. Regierungs-Bezirk Magdeburg.

1	Aschersleben .	8,2	59,842	33,441	15	8	8	31	5	3	11	28	4	4	32
2	Gardelegen. .	23,8	49,256	10,522	6	11½	11½	29	3	3	16	12	—	—	12
3	Halberstadt .	8,9	57,040	34,095	15	8	8	31	6	6	14	55	—	—	55
4	Jerichow I. .	24,9	64,075	24,122	12	10	10	32	8	6	53	43	—	—	43
5	Jerichow II.	25,0	53,290	7,474	4	13	13	30	6	6	59	40	—	—	40
6	Kalbe	9,6	71,860	35,137	17	8½	8½	34	6	3	8	88	3	2	90
7	**Neuhaldensleben** . . .	12,3	48,871	5,279	3	13	13	29	3	6	20	66	2	1	67
8	Oschersleben .	9,2	44,068	17,737	11	8½	8½	28	5	3	19	46	4	2	48
9	Osterburg . .	20,1	45,705	11,586	7	11	11	29	6	6	57	60	—	—	60
10	Salzwedel . .	22,0	49,281	9,273	5	12½	12	29	4	6	17	12	—	—	12
11	Stendal . . .	16,3	46,828	17,186	11	9	9	29	5	6	32	26	—	—	26
12	Wanzleben . .	9,9	63,359	12,219	6	13	13	32	6	6	21	174	12	6	180
13	**Wernigerode.**	5,1	21,555	6,924	—	—	—	—	1	3	3	2	—	—	—
14	**Wollmirstedt.**	12,6	48,063	3,985	1	13½	13½	29	1	3	9	110	8	8	118

XVI. Regierungs-Bezirk Merseburg.

1	Bitterfeld . .	12,7	48,322	17,055	10	9½	9½	29	6	6	45	59	5	2	61
2	Delitzsch . . .	13,7	57,774	19,554	10	10½	10½	31	6	6	47	86	—	—	86
3	Eckartsberga .	10,2	39,639	10,053	7	10	10	27	6	6	54	29	—	—	29
4	Liebenwerda .	14,4	43,275	11,204	7	10½	10½	28	6	3	20	18	—	—	18
5	Mansfeld (Gebirgskreis) .	8,8	42,207	11,265	7	10½	10½	28	6	6	30	39	—	—	39
6	Mansfeld (Seekreis) . . .	10,8	62,886	19,298	10	11	11	32	4	3	38	143	7	3	146

Laufende Nummer.	Kreis.	Flächen-Inhalt. □ Ml.	Zahl der Civil-Einwohner des ganzen Kreises mit Einschluß der Städte.	Zahl der Civil-Einwohner der Städte für sich.	Nach der Kreisordnung vom 13. Dezember 1872 beträgt die Zahl der Abgeordneten des Wahlverbandes der Städte	des Wahlverbandes der Landgemeinden	des Wahlverbandes der größeren ländlichen Grundbesitzer	in Summa.	Bisherige Vertretung. Zahl der städtischen Abgeordneten	Zahl der ländlichen Abgeordneten	Zahl der Güter im 1 Stande	Gesammtzahl derjenigen, welche jährlich mindestens 100 Th Grund- und Gebäudesteuer entrichten.	Von den nicht schon nach Col. 13 zum Wahlverbande der größeren Grundbesitzer gehörenden Gewerbetreibenden auf dem platten Lande sind zur Gewerbesteuer in Klasse A. 1 veranlagt überhaupt (Personen.)	mindestens mit dem Mittelsatze oder höher (Personen.)	Gesammtzahl der zufolge §. 183 der Kreisordnung nach Col. 13 u. 15 im Wahlverbande der größeren ländlichen Grundbesitzer Wahlberechtigten.
1	2.	3.	4.	5.	6.	7.	8.	9.	10	11	12.	13.	14.	15.	16.
7	Merseburg . .	10,4	62,875	23,220	12	10	10	32	10	6	57	55	—	—	55
8	Naumburg . .	2,8	25,713	14,370	8	$8\frac{1}{2}$	$8\frac{1}{2}$	25	2	3	4	6	—	—	6
9	Querfurt. . .	12,4	52,157	12,938	7	$11\frac{1}{2}$	$11\frac{1}{2}$	30	5	3	45	54	3	3	57
10	Saalkreis . .	9,2	59,354	11,008	6	$12\frac{1}{2}$	$12\frac{1}{2}$	31	6	6	27	114	11	2	116
11	Sangerhausen	14,1	66,156	18,122	9	12	12	33	5	3	47	45	—	—	45
12	Schweinitz . .	18,5	40,789	12,606	9	$9\frac{1}{2}$	$9\frac{1}{2}$	28	6	3	26	14	—	—	14
13	Torgau. . . .	17,9	53,085	15,882	9	$10\frac{1}{2}$	$10\frac{1}{2}$	30	6	6	27	34	—	—	34
14	Weißenfels . .	9,1	62,757	23,483	12	10	10	32	6	3	50	56	3	2	58
15	Wittenberg . .	15,0	49,144	19,764	12	$8\frac{1}{2}$	$8\frac{1}{2}$	29	5	6	12	28	—	—	28
16	Zeitz	3,8	39,786	14,842	9	$9\frac{1}{2}$	9	27	2	6	29	23	4	4	27

XVII. Regierungs-Bezirk Erfurt.

1	Erfurt (Landkreis) . . .	5,9	20,641	—	—	$12\frac{1}{2}$	$12\frac{1}{2}$	25	1	3	2	12	—	—	12
2	Heiligenstadt .	7,9	39,239	8,143	6	$10\frac{1}{2}$	$10\frac{1}{2}$	27	2	3	27	10	—	—	10
3	Langensalza .	7,7	34,522	12,986	10	8	8	26	3	3	41	35	—	—	35
4	Mühlhausen .	8,3	48,449	19,098	11	9	9	29	2	3	7	15	—	—	15
5	Nordhausen .	9,0	62,162	30,431	16	8	8	32	5	3	43	36	1	1	37
6	Schleusingen.	8,3	37,568	12,199	9	9	9	27	2	3	2	2	—	—	2
7	Weißensee . .	5,3	27,242	12,938	12	$6\frac{1}{2}$	$6\frac{1}{2}$	25	4	6	24	25	—	—	25
8	Worbis. . . .	8,1	41,553	2,039	1	$13\frac{1}{2}$	$13\frac{1}{2}$	28	2	3	37	16	1	—	16
9	Ziegenrück . .	3,5	14,841	4,384	7	9	9	25	6	6	15	4	—	—	4

Beilage C.

Instruktion für die Landräthe und die ihnen untergeordneten Kreis-Offizianten, vom 31. Dezember 1816

(den Regierungen als vorläufige Instruktion zugefertigt mittelst Reskripts vom 24. November 1822. (v. Kamptz-Annalen Bd. VI. S. 929.)

§. 1.

Von der Qualifikation und den persönlichen Verhältnissen der Landräthe.

Zur Qualifikation der Landräthe gehört zuvörderst im Allgemeinen, daß sie Männer von reifer Lebensbildung, erprobter Rechtschaffenheit und Ansehen unter ihren Mit-Eingesessenen, folglich selbst im Kreise angesessen sind, jedoch dieses nur insofern, als sich Männer von dieser Art und sonst mit den nöthigen Kenntnissen versehen, im Kreise vorfinden werden.

§. 2.

Insonderheit aber müssen sie die nöthigen Kenntnisse in den allgemeinen Rechts- und Verwaltungs-Grundsätzen, in der Landes- und Provinzial-Verfassung, in den hauptsächlichsten Gewerben der Kreis-Einwohner, vorzüglich der Oekonomie, und in den die Militair-Bedürfnisse angehenden Gegenständen besitzen und sich darüber gehörig ausgewiesen haben oder auszuweisen im Stande sein.

§. 3.

Dahin gehört, daß dieselben entweder bereits ein anderes Civil-Amt, wozu nach den Grundsätzen der preußischen Verwaltung die Qualifikation eines Regierungs- oder Oberlandesgerichtsraths erfordert wird, bekleidet, oder auch schon das große Examen vor einer der Ober-Examinations-Kommissionen zu Berlin, der juristischen oder kameralistischen, mit Beifall bestanden, und in beiden Fällen die betreffenden Regierungen rücksichtlich der bisher allein im Justiz-Fach bewährten Subjekte zugleich anderweit die Ueberzeugung gewonnen haben, daß es ihnen auch an den nöthigen ökonomischen, technischen und militairischen Kenntnissen nicht fehle, oder endlich, daß sie behufs ihrer Ausbildung für den öffentlichen Dienst praktisch an den Geschäften eines Provinzial-Kollegii (als Referendarien oder Hülfsarbeiter), oder wenigstens eines landräthlichen Büreau's Antheil genommen, und es so weit gebracht haben, daß die vorgesetzte Provinzial-Behörde ihnen das Zeugniß der Reife zum großen Examen ertheilt.

§. 4.

Im letztern Fall soll aber die Bestätigung solcher Subjecte, wofern dieselben in Vorschlag kommen, nur provisorisch für sechs Monate gelten, und es tritt bei ihnen die Verpflichtung ein, innerhalb dieser Frist die letzte Prüfung wirklich zu bestehen. Diese Prüfung findet in der Regel vor der kameralistischen Ober-Examinations-Kommission in Berlin mit besonderer Rücksicht auf die für den praktischen Dienst eines Kreis-Landraths vorzüglich wichtigen Erfordernisse, wonach auch die Themata zu den Probearbeiten und die mündlichen Fragen ausgewählt werden sollen, statt, das Ministerium des Innern soll aber befugt sein, in einzelnen Fällen aus erheblichen Gründen, z. B. wegen großer Entfernung von Berlin oder dringend nothwendiger Gegenwart eines schon interimistisch fungirenden Kandidaten im Kreise die mündliche Prüfung einer bei den resp. Regierungen niederzusetzenden Kommission unter Leitung des Oberpräsidenten oder Präsidenten insofern zu delegiren, als die Probearbeiten zuvor von der Ober-Examinations-Kommission geprüft und unverwerflich gefunden sind.

§. 5.

Jede einzelne Probearbeit muß allemal mit der eigenhändigen Versicherung des Kandidaten an Eides Statt unterzeichnet werden, daß er solche ohne fremde Beihülfe allein angefertigt und eigenhändig niedergeschrieben habe.

§. 6.

Jeder Landrath steht in seinen allgemeinen Dienstverhältnissen unter der Departements-Regierung nach Verschiedenheit der den beiden Abtheilungen derselben anvertrauten, durch die Königl. Allerhöchste Verordnung vom 30. April (wegen verbesserter Einrichtung der Provinzial-Behörden) und durch die besondere Regierungs-Instruktion abgegrenzten Verwaltungs-Zweige.

Von der Regierung allein also hat der Landrath Verfügungen zu erhalten und dahin seine Berichte zu erstatten. Werden ihm von höheren Behörden unmittelbare Aufträge ertheilt, so muß er solches der Regierung jedesmal anzeigen. Urlaubsgesuche sind von ihm bei der ersten Abtheilung der Regierung anzubringen, und damit stets der bestimmte Vorschlag wegen seiner Stellvertretung auf die Dauer seiner Abwesenheit zu verbinden.

§. 7.

Die Landräthe sollen künftig mit den Regierungsräthen in und außer dem Dienste gleichen Rang nach dem Datum der Patente, und im Falle ihrer Anwesenheit in dem Hauptorte des Regierungs-Departements, auf gebührendes Ansuchen bei dem Präsidium, behufs der Diskussion einzelner Angelegenheiten, auch Sitz und Stimme in der ersten Abtheilung der Regierung haben.

§. 8.

Jeder Landrath kann, in sofern er im Kreise angesessen ist, auf seinem Gute wohnen, und in der Regel dort die ihm obliegenden Dienstgeschäfte betreiben. Die Kreiskasse aber muß sich allemal in der Kreisstadt befinden, und dort auch der Landrath ein Geschäftsgelaß für die Fälle seiner Anwesenheit in der Kreisstadt (§. 24) besitzen. Nur diese Geschäftsgelasse, nämlich für die Kreis-Kasse und daneben ein oder zwei Zimmer für den sonst auf dem Lande domizilirenden Landrath werden auf öffentliche Kosten gemiethet oder sonst beschafft, und das dazu erforderliche Quantum auf den Kreis-Etat gebracht. Ist der Landrath im Kreise nicht angesessen, so muß er selbst in der Kreisstadt wohnen. Daß ein Landrath seinen gewöhnlichen Wohnsitz außerhalb des Kreises nehme, ist niemals ohne ausdrückliche Genehmigung des Ministerii des Innern zu gestatten.

§. 9.

Der Landrath darf außer seiner Besoldung, welche jederzeit genügend ausgemessen, und nebst der etwaigen Vergütigung für Haltung eines Schreibers, auch einem Aversional-Quanto zu Schreibmaterialien und anderen Büreaukosten, und zur Entschädigung für die Fuhr- und anderen Kosten bei Reisen innerhalb des Kreises, die er immer aus eigenen Mitteln bestreiten muß, auf den Kreis-Kassen-Etat gebracht werden soll, in allen seinen Wirkungskreis betreffenden Geschäften, bei Vermeidung der Kassation, nichts an Gebühren, Dienstleistungen und Gefälligkeiten oder sonstiger Belohnung von den Einsassen weder annehmen, noch weniger fordern. Auch Diäten bei Dienstreisen und den ihm im Kreise aufgetragenen außerordentlichen Geschäften finden in der Regel nicht, sondern nur blos ausnahmsweise in besonderen Fällen, und zwar alsdann nur mit ausdrücklicher Bewilligung des Ministerii des Innern statt.

§. 10.

Geschäftskreis und Gehilfen der Landräthe.

Im Allgemeinen hat der Landrath die Verpflichtung zur fortgesetzten und unermüdeten Sorgfalt für die Beobachtung aller das öffentliche Interesse betreffenden Gesetze, und für alles, was dem Staate überhaupt und dem ihm anvertrauten Kreise insbesondere zuträglich sein kann. Er muß alles, was dem entgegensteht, nach allen Kräften zu finden und zu entfernen, alles aber, was dahin führt, zu befördern suchen, und wenn seine Verfügungen dazu nicht hinreichen oder nicht befolgt werden, der Regierung davon Anzeige machen.

§. 11.

Sein Geschäftskreis umfaßt ausschließlich alle Gegenstände, welche von der ersten Abtheilung der Regierung ressortiren, in soweit als solche in besonderer Beziehung auf den ihm anvertrauten Kreis stehen, namentlich alle allgemeine Verwaltungs-, Landes-Polizei- und Militairsachen, von den Geschäftszweigen der zweiten Abtheilung alle Gegenstände, die ihm von derselben zugewiesen werden oder nach schon bestehenden und noch ergehenden Verordnungen den Landräthen bereits mit übertragen sind, wozu vorzüglich gehören

1) die Gewerbeangelegenheiten im weitesten Sinne nach den näheren Bestimmungen des §. 48,
2) die Aufsicht und Kontrolle über das Regalien- und Abgabewesen, wovon der §. 55 insbesondere handelt,
3) die Kuratel über die Kreiskassen, welche den Gegenstand des §. 56 ausmacht.

§. 12.

Ebensowohl die zum Kreise gehörigen Städte, als das platte Land stehen unter dem Landrath, und es müssen alle Ortsobrigkeiten, Ortskommunal- und Polizeibeamten den Verfügungen des Landraths in Sachen seines Ressorts unverzügliche Folge leisten.

§. 13.

In Justizsachen aber hat er sich nicht zu mischen, und wenn ihm über die Behörigkeit einer Sache vor die Justiz Zweifel, oder in Absicht des sonst implizirten öffentlichen Interesse Bedenken aufstoßen, sich bei der Regierung Verhaltungsbefehle zu erbitten.

Sollte aber bei rechtlichen Verhandlungen sein ökonomisches oder sachverständiges Gutachten in Anspruch genommen werden, so darf er sich demselben nach Pflicht und Gewissen nicht entziehen.

Wenn wirkliche Verbrechen zu seiner Kenntniß gelangen, so hat er davon sofort dem Kriminal-Gerichts-Hofe, und zugleich der Regierung schleunigst Anzeige zu machen. Bei geringen Polizei-Vergehungen und Kontraventionen aber steht ihm nach vorgängiger summarischer Untersuchung ein Strafrecht bis auf 5 Rthlr. Geld- oder 48stündiger Gefängnißstrafe und deren Vollstreckung in soweit zu, als gegen das von ihm abgefaßte Resolutum nicht in zehn Tagen der Rekurs an die Regierung genommen worden sein sollte.

§. 14

In wie weit der Landrath mit den ständischen Verhältnissen zu thun haben, Kreisstände formirt, und mit ihm in Verbindung gesetzt, auch aus letzteren zu seiner Unterstützung in gewissen Angelegenheiten Kreis-Deputirte bestellt werden sollen, bleibt einer besonderen Verordnung vorbehalten.

§. 15.

Sonst aber gehören zu den unmittelbaren Gehülfen des Landraths vornämlich der Kreis-Sekretair, die Kreisboten und die Kreis-Ausreiter. Der Kreissekretair muß ein im Rechnungs-, Expeditions- und Registraturwesen erfahrenes Subjekt sein. Er wird von der Regierung geprüft und bestellt, dem Landrath aber steht das Präsentationsrecht zu. Er bekommt seinen etatsmäßigen Gehalt aus der Kreiskasse und hat bei erprobter Geschicklichkeit und Rechtlichkeit auf die Beförderung in die Kreis-Kassen-Rendanten- und in die Regierungs-Sekretair- und Regierungs-Kalkulatorstellen vorzüglichen Anspruch. Seine Obliegenheiten bestehen vornehmlich darin, daß er alle eingegangene Sachen dem Landrath zu mündlicher oder schriftlicher Angabe der Verfügung wieder vorlegt, diese, wo es nöthig ist, expedirt, und alle vorkommenden Kalkulatur- und Registraturgeschäfte besorgt, insonderheit die Registratur stets in gehöriger Ordnung hält. Von dem Mundiren der Konzepte darf er sich zwar auch, so weit es seine Zeit zuläßt, nicht ausschließen, wenn die Geschäfte jedoch zu überhäuft sind, als daß er dieses auch noch bestreiten könnte, so soll der Landrath alsdann gegen Empfang der etatsmäßigen Entschädigung dafür noch einen Schreiber halten und zur Geheimhaltung der Dienstsachen und sonstiger Pflichtmäßigkeit vereiden, welcher aber kein Staats-Offiziant wird, sondern in Absicht seiner Anstellung und Entlassung lediglich von dem Landrath und dem mit demselben geschlossenen Verein abhängig bleibt.

Die Kreisboten, welche dazu bestimmt sind, die vorfallenden Botenreisen und die Insinuation der von dem Landrath zu erlassenden Verfügungen und Cirkularien zu verrichten, wählt und bestellt der Landrath selbst, jedoch nur aus der Klasse der noch brauchbaren und rüstigen mit einem Versorgungsschein versehenen Militair-Invaliden, zu einer etwaigen Abweichung von dieser Regel ist ausdrückliche Genehmigung der Regierung erforderlich. Sie werden aus der Kreiskasse besoldet. Von den Kreis-Ausreitern, die zu polizeilicher Vigilance und zu Exekutionen in Polizei- und Finanz-Angelegenheiten bestimmt sind, gilt dasselbe, doch ist ihre Anstellung, so lange nicht mit der Gendarmerie, die einstweilen ihre Stelle vertritt, eine Veränderung vorgeht, entbehrlich.

§. 16

Sodann stehen die Offizianten der Kreiskasse unter dem Landrath und sind ihm in seinen Geschäften, besonders was das Steuer- und Kassenwesen betrifft, zu helfen, auch von ihm Aufträge anzunehmen und sich nach seinen Anweisungen zu achten verpflichtet, und überhaupt unbeschadet ihrer unmittelbaren Verbindung und Korrespondenz mit der Regierungs-Haupt- und mit der Regierungs-Instituten- und Kommunal-Kasse seiner Aufsicht und Disziplin unterworfen. Ihre Anstellung aber ergeht von der zweiten Abtheilung der Regierung unter Genehmigung des Finanz-Ministers, und die Landräthe üben dabei blos ein Präsentationsrecht aus. Ihre Besoldung ist auf den Kreis-Kassen-Etat zu bringen.

§. 17.

Der Kreis-Physikus und Kreis-Chirurgus hängen zwar in ihren persönlichen Dienstverhältnissen überhaupt, und rücksichtlich der allgemeinen Aufsicht auf das Verhalten der Medizinalpersonen im Kreise, nämlich der Aerzte, Wundärzte, Apotheker, Hebeammen u. s. w. unmittelbar von der ersten Abtheilung der Regierung ab. Sie sind aber nicht allein in allen medizinal- und sanitätspolizeilichen Angelegenheiten von Amts wegen des Landraths Gehülfen und technische Konsulenten, und darin, insbesondere bei epidemischen Krankheiten, Schutzblatternimpfungen, Viehseuchen u. s. w. Aufträge von ihm zu übernehmen und seinen Anweisungen zu folgen verpflichtet, sondern der Landrath ist auch berechtigt, sie in der Erfüllung ihrer besonderen Amtspflichten zu kontroliren, bemerkte Vernachlässigungen oder Unschicklichkeiten bei Behandlung der Kranken und Wöchnerinnen von Seiten der Medizinalpersonen aller Art zu rügen, und deshalb an den Kreisphysikus oder Kreischirurgus die nöthigen Aufforderungen, sowie an die erste Abtheilung der Regierung die nöthigen Anträge ergehen zu lassen. Die Kreisphysiker und Kreischirurgen werden übrigens als solche nach geschehener vorschriftsmäßiger Prüfung und Erlangung des Qualifikations-Attestes von der ersten Abtheilung der Regierung unter Genehmigung des Ministers des Innern bestellt und aus der Kreiskasse besoldet.

§. 18.

In den Städten sind für landespolizeiliche und andere Kreisangelegenheiten die jedesmaligen Magistrats-Dirigenten persönlich die untergeordneten Gehülfen des Landraths und seinen Anweisungen zu folgen verpflichtet.

§. 19.

In den Gemeinden des platten Landes sind da, wo das gutsherrliche Verhältniß nicht mehr vorhanden ist, die Schulzen und Gerichtsmänner (in den westlichen Provinzen bisher Bürgermeister und Beigeordnete genannt) die untergeordneten Gehülfen des Landraths, und werden jene von ihm aus der Klasse der angesehensten und geehrtesten, mit Grundstücken angesessenen Mitglieder der Gemeinde bestellt und verpflichtet, diese aber von der Gemeinde gewählt und von dem Landrath bestätigt. Sie alle werden in der Regel nicht besoldet, und ist entgegengesetzten Falls dazu erst durch die Regierung die Genehmigung des Ministers des Innern einzuholen.

§. 20.

Wo das gutsherrliche Verhältniß noch besteht, da sind:

1) außer den Gemeindeschulzen noch die Gutsherren, als untergeordnete Gehülfen des Landraths innerhalb der Grenzen ihrer Gutsfeldmark anzusehen und seinen Anweisungen unterworfen, auch die öffentliche Ordnung in der ihnen untergebenen Gemeinde und die Pflichterfüllung der Schulzen und Gerichtsmänner zu kontrolliren vorzüglich verpflichtet, und
2) gebührt da die Auswahl der Schulzen und Gerichtsmänner (Schöppen) zwar den Gutsherren (Allg. L. R. Th. 2. Tit. VII. §§. 46 seq.), es sollen aber fortan von den Gutsherrschaften die zu Schulzen oder Schöppen ausersehenen Subjecte dem Landrathe präsentirt und von ihm geprüft und bestätigt werden. Dies findet ohne Unterschied, ob die Gutsherrschaft eine Privatperson, ein Amt oder eine Kämmerei ist, statt.

§. 21.

Auch soll im Fall des §. 20, wenn die Gutsherrschaft zu einem vacanten Schulzen-Posten nicht innerhalb vier Wochen ihr Präsentationsrecht ausübt, oder die etwa vorhandenen mehreren Gutsherrschaften sich in dieser Frist über den Vorschlag nicht vereinigen können, die Bestellung der Schulzen ganz auf den Landrath involvirt sein.

§. 22.

Imgleichen dürfen Schulzen und Schöppen von dem Gutsherrn nicht willkürlich entlassen werden, sondern ihre unfreiwillige Entlassung findet nur auf vorgängige Untersuchung des Landraths durch einen förmlichen Beschluß der ersten Abtheilung der Departements-Regierung, oder aber durch den Weg Rechtens statt.

§. 23.

Allgemeine Dienstordnung.

Der Landrath muß alle an das landräthliche Officium ergehende Verfügungen der Landes-Kollegien, Schreiben anderer Behörden und Bittschriften selbst erbrechen und mit dem Präsentatum versehen, auch die Konzepte selbst unterzeichnen und die Reinschriften, es mögen Berichte, Circularien, Bescheide oder sonstige Verfügungen sein, allein vollziehen.

§. 24.

Er muß jeden, der sich bei ihm meldet, hören und bescheiden; wie weit dies mündlich abgethan werden kann, oder, falls auch die Parteien es nicht begehrten, gleichwohl schriftlich geschehen muß, hängt von seinem pflichtmäßigen Ermessen ab. Damit darin aber auch den Kreiseinsassen die möglichste Erleichterung gewährt werde, ist der Landrath, wenn er nicht immer in der Kreisstadt wohnt, verpflichtet, sich wöchentlich wenigstens Einen oder besser Zwei ein- für allemal bestimmte Tage, die nach der Bequemlichkeit der Einsassen ausgewählt werden und mit den gewöhnlichen Markttagen zusammenfallen müssen, in der Kreisstadt aufzuhalten und dort Jedermann Gehör zu geben. Wo es nöthig ist, muß er das mündliche Anliegen der Supplikanten zu Protokoll nehmen oder den Kreis-Sekretair dazu anweisen.

§. 25.

Der Geschäftsverkehr zwischen dem Landrath und den verschiedenen Dorf-Schulzen muß so viel wie möglich mündlich betrieben werden und nicht in unnütze Schreibereien ausarten. Zu dem Ende müssen die Schulzen (eilige Fälle ausgenommen, wo sie, wie Jedermann, zu allen Zeiten Zutritt haben) regelmäßig an dem ersten in jedem Monat eintretenden Tage, welche der Landrath nach dem vorstehenden Paragraphen in der Kreisstadt zubringen muß, in der Kreisstadt erscheinen, dem Landrath mündlich rapportiren und seine Anordnungen entgegen nehmen. Es versteht sich aber von selbst, daß der Landrath schriftlich verhandeln kann, wo er es nöthig findet.

§. 26.

Um diese Nothwendigkeit seltner zu machen, muß jeder Landrath ein allgemeines Protokollbuch halten, in welches durch ihn oder den Kreis-Sekretair alle diejenigen vorgekommenen Angelegenheiten, von denen ein dauerndes Andenken aufzubewahren räthlich scheint, wiewohl ihre schriftliche Behandlung nicht nöthig gefunden worden, chronologisch kurz registrirt werden, und welches dann in der landräthlichen Registratur jahrgangweise aufbewahrt wird.

§. 27.

Die ihm untergebenen Subalternen muß der Landrath durch sein eigenes Beispiel zu einer sorgfältigen und schnellen Bearbeitung der Geschäfte ermuntern, und diejenigen, bei welchen er darunter seinen Zweck verfehlt, mit Glimpf, aber auch mit Ernst zu ihrer Pflicht zurückführen. Es steht ihm zu diesem Ende gegen die Kreis-Beamten (Physikus, Chirurgus, Kreis-Kassen-Rendant und Kontrolleur, Kreis-Sekretair, Kreisboten u. s. w.) imgleichen gegen die Magistrats-Dirigenten in den Städten, und gegen die die Polizei-Gerichtsbarkeit ausübenden Gutsherren, sowie die Schulzen auf dem platten Lande das Recht der Ordnungsstrafen bis zu 5 Thlrn. Geldstrafe zu. Wo er aber Unfolgsamkeit und bösen Willen oder Mangel an Fähigkeiten bemerkt, hat er der Regierung zur weitern Verfügung Bericht zu erstatten.

§. 28.

In allen seinen Berichten, Verfügungen und Requisitionsschreiben muß der Landrath sich einer ruhigen, anständigen Schreibart bedienen und aller beleidigenden und schonungslosen Sprache enthalten. Auch nöthige Zurechtweisungen müssen zwar mit Ernst und Würde, unter Festhaltung der Gesichtspunkte, auf die es ankommt, abgefaßt werden, aber niemals in Leidenschaftlichkeit oder persönliche Bitterkeit ausarten. Ueberhaupt haben die Landräthe gegen die vorgesetzte Regierung Achtung und pünktliche Folgsamkeit, gegen andere Behörden Anstand, gegen Untergebene die Würde ihres Amtes, gegen die Kreiseingesessenen Glimpf, Bescheidenheit, Geduld, aber auch, wo die Pflicht es erheischt, Ernst zu beweisen sich überall rechtschaffen zu benehmen, thätig und überlegt zu handeln, auf alles, was in ihrem Kreise vorgeht, Acht zu haben, sich von allem und jedem Notiz zu verschaffen, dazu die ohnehin nach der Natur ihrer Geschäfte oft vorkommenden Reisen im Kreise fleißig zu benutzen, und sich dadurch des in sie gesetzten vorzüglichen Vertrauens werth zu machen und zu erhalten.

§. 29.

Ganz besonders müssen die Landräthe ihre theilnehmenden Blicke auf die unteren Volksklassen der Handwerker und Landleute richten, ihnen überall mit Belehrung, Aufmunterung und gutem Rath an die Hand gehen, ihre Gesinnungen für König und Vaterland möglichst zu heben suchen, das Gute in ihnen erwecken und fördern, und vorzüglich sie zur kirchlichen Andacht und zum sorgsamen Anhalten ihrer Kinder zur Schule ermahnen. Sie müssen sie vor den verführerischen Rathschlägen von Winkel-Konsulenten und Winkel-Advokaten warnen, Prozesse nach Möglichkeit zu verhüten bestrebt sein, und überhaupt durch Weckung des persönlichen Vertrauens die Kreiseinwohner gewöhnen, den Landrath als ihren natürlichen Rathgeber zu betrachten.

Wie weit übrigens die Landräthe auch an der Beaufsichtigung und Leitung des Kirchen- und Schulwesens in ihren Kreisen Theil zu nehmen haben, wird noch in einer besonderen Instruction näher bestimmt werden, und ihnen hier nur eine vorzügliche väterliche Sorgfalt für diesen wichtigen Theil ihres Berufs dringend empfohlen.

§. 30.

In allen landräthlichen Geschäften ist der Landrath der vorgesetzten Behörde für den ordnungsmäßigen, gründlichen und den Gesetzen entsprechenden Betrieb derselben allein verantwortlich und zu haften verpflichtet. Alle Offizianten und Behörden unter ihm sind in Sachen seines Ressorts nur ihm untergeordnete und zu seiner Hülfe bestimmte, nicht selbstständige und verfügende Behörden, und er muß also für das, was sie thun und unterlassen, ganz allein einstehen, so weit dieses durch eigne Thätigkeit und Umsicht möglich ist.

§. 31.

Der Landrath bildet daher auch niemals, und am wenigsten in den Angelegenheiten der Landespolizei, eine vorgesetzte, sondern er selbst ist überall die erste entscheidende Instanz, und also auch in Kontraventionsfällen diejenige Behörde, welche gesetzlich verwirkte Strafen in erster Instanz festzusetzen befugt ist, und keiner der ihm untergebenen Beamten darf sich anders, als in seinem Namen und besonderm Auftrage eine dieser Gewalten anmaßen. Es versteht sich aber von selbst, daß, wenn z. B. in Krankheits- oder Abwesenheits- oder in solchen einzelnen Fällen, wo der Landrath für eine besondere Angelegenheit einem Dritten (z. B. bei einer Viehseuche dem Kreis-Physikus) auch seine ganze Amtsgewalt kommissarisch überträgt, die gesammte landräthliche Pflicht auf seinen Stellvertreter übergeht, diesem alsdann auch für die Dauer des kommissarischen Verhältnisses die mit dem landräthlichen Amte verbundenen Rechte und Verantwortlichkeit übertragen werden.

§. 32.

Dagegen steht zwar die fortdauernd aufsehende und das für den Augenblick zweckmäßige und Nöthige anordnende Polizeigewalt, vermöge welcher der Landrath überall in seinem Kreise den ordnungs- und gesetzmäßigen öffentlichen Zustand erhält oder wiederherstellt, oder ein Interimistikum regulirt, jeder Ortsobrigkeit innerhalb ihres Bezirkes, von Amts wegen und ohne besondere Uebertragung dergestalt fortwährend zu daß dieselbe, als dem Landrathe subdelegirt gänzlich dessen Stelle vertritt, so lange der Landrath nicht persönlich zugegen ist, sobald aber der Landrath selbst erscheint, fällt alle eigne Gewalt der untern Beamten fort, der Landrath hat dann allein zu befehlen und zu ordnen, und jene sind fortan nur als Vollstrecker seiner Anordnungen zu betrachten.

§. 33.

Besondere Dienstverpflichtungen der Landräthe.

Der Landrath muß insonderheit für die schnelle Publikation der Verordnungen, insofern solche nicht durch die Amtsblätter der Regierung erfolgt, in seinem Kreise sorgen und dahin sehen, daß die Amtsblätter in allen Gemeinden gehörig publizirt und aufbewahrt werden. Dringende Verfügungen, welche ihm von der Regierung zu weiterer Bekanntmachung zugehen, vorzüglich in Militairangelegenheiten, muß er bei schwerer Verantwortung sogleich nach Ansicht derselben expediren, und die erfolgte Publikation von den resp. Magisträten, Schulzen, Beamten, Gutsbesitzern u. s. w. bescheinigen lassen.

§. 34.

Der Landrath muß mit Sorgfalt selbst darauf sehen, daß die vorgeschriebenen oder noch vorzuschreibenden Tabellen über den Zustand seines Kreises mit Wahrheit und Zuverlässigkeit aufgenommen werden, und sich darin nicht auf die Unteroffizianten allein verlassen.

§. 35.

Da auch bei seiner Amtsverwaltung nicht alles von ihm allein, sondern sehr vieles auch von der Qualifikation und treuen Pflichterfüllung der übrigen Kreis- und Lokal-Offizianten abhängt, so muß er insbesondere nicht nur bei deren Auswahl und resp. Präsentation alle Sorgfalt anwenden, und ohne Vorliebe, Vergünstigung und Ansehen der Person verfahren, sondern auch deren Pflichterfüllung fortwährend genau beobachten, und über sie eigenhändig Konduiten-Listen führen, in welchen alle besonders erheblichen Thatsachen, sowohl zu deren Lobe als Tadel, verzeichnet werden müssen.

Die Regierung wird sich diese Konduiten-Listen von Zeit zu Zeit vorlegen lassen und den Landrath in diesem Geschäfte kontrolliren.

§. 36.

Auch auf das Betragen der Kreis-Eingesessenen in Rücksicht auf allgemeine Sicherheit und öffentliche Ruhe hat der Landrath genau zu achten. Seine Königliche Majestät haben zwar zu allen Ihren Unterthanen ohne Unterschied das gerechte Vertrauen, daß sie ihrer Pflicht wie bisher eingedenk, von selbst alles vermeiden werden, was die öffentliche Ruhe stören könnte. Sollten aber einzelne Personen oder gar ganze Verbindungen etwas dem entgegen unternehmen wollen, so muß der Landrath nicht nur sogleich nach den Umständen die nöthigen Verfügungen treffen, sondern auch ohne Zeitverlust der vorgesetzten Regierung Bericht erstatten. Im Fall des Erfordernisses sollen auch die Chefs und Kommandeurs nicht Anstand nehmen, auf Requisition des Landraths und in den Schranken derselben die zur Aufrechthaltung der Ordnung nöthige Hülfe zu leisten.

§ 37.

Eine besondere Aufmerksamkeit muß auf solche Personen, es seien Einheimische oder Fremde, gewandt werden, die weder einen bestimmten Wohnort noch bestimmte Geschäfte haben, sich vom Betteln nähren, oder ein vagabundirendes Leben führen. Sobald solche Leute sich treffen lassen, müssen die Orts-polizei-Behörden davon dem Landrath Nachricht mittheilen, und dieser hat dann nach den Gesetzen weiter zu verfahren. Vorzüglich ist diese Aufmerksamkeit auf die Krüge und Wirthshäuser sowohl auf dem platten Lande, als in den Städten auszudehnen, damit sich darin nicht verdächtiges und vagabondirendes Gesindel aufhalte, und sind solche Häuser, zumal wenn sie verdächtig geworden, zum öftern unvermuthet zu visitiren. Ueberhaupt beruht die ganze Verwaltung der Sicherheitspolizei im Kreise auf dem Landrath, und derselbe muß genau auf die Befolgung der deshalb bestehenden gesetzlichen Vorschriften oder durch das Polizei-Ministerium ergangenen Instruktionen achten.

§. 38.

Alles, was die Feuerpolizei betrifft, gehört zu dem Geschäftskreis des Landraths. Er muß dahin sehen, daß Alles vermieden werde, wodurch Feuerschaden entstehen kann, namentlich aber beim Bau neuer Gebäude und bei Haupt-Reparaturen, zumal auf dem platten Lande des Kreises, auf genaue Beobachtung der schon ertheilten oder noch zu ertheilenden Baupolizei-Vorschriften halten und durchaus nicht gestatten, daß irgend ein Einsasse des Kreises, wer es auch sei, ihnen entgegen handle. Sind alte Gebäude so baufällig, daß durch das fernere Bewohnen derselben für die Bewohner und Nachbarn Gefahr entsteht, so muß er Feuer und Licht darin nicht weiter gestatten, und nach Umständen auch das Bewohnen solcher Gebäude gänzlich untersagen. Entsteht irgendwo im Kreise Feuer, so muß solches dem Landrath sofort durch einen reitenden Boten angezeigt werden. Ist es in der Nähe, so muß der Landrath sich sogleich zur Stelle begeben und die Löschanstalten leiten, ist es aber auch dazu zu fern, so muß er gleichwohl sich ohne Anstand dahin verfügen, um die Entstehung des Feuers vorläufig zu untersuchen, nach den Umständen für die Abgebrannten oder für die Erhaltung dessen, was noch zu retten ist, zu sorgen, und um der Regierung deshalb gründlichen Bericht erstatten zu können. Es versteht sich auch von selbst, daß der Landrath vorschriftsmäßig die Visitationen der Feuerlöschgeräthe abhalten und darauf sehen muß, daß die nöthigen Löschgeräthschaften stets vorhanden und in brauchbarem Zustande sind.

§. 39.

Derselbe muß auch auf die Zweckmäßigkeit, Regelmäßigkeit und gefällige Anordnung des Anbaues in den Städten achten, auf eine solche Bebauung etwa vorhandener wüster Bauplätze Bedacht nehmen, die Entstehung derselben verhüten, die Verbesserung des Straßenpflasters befördern und strenge auf die Erhaltung der Reinlichkeit desselben wirken.

§. 40.

Er muß ferner auf alles achten, was auf Leben und Gesundheit von Menschen und Vieh im Kreise Bezug hat, insonderheit die Kreisphysiker und Kreischirurgen in ihrer Amtsübung unterstützen und kontrolliren, die Schutzblatternimpfung befördern und durchaus keine Quacksalber im Kreise dulden.

§. 41.

Bei ansteckenden Krankheiten muß der Landrath sich auch selbst darum bekümmern, daß die Kranken Hülfe und Arznei erhalten, und dazu, sei es durch ihn unmittelbar oder durch den Kreisphysikus oder durch die Ortsbehörde, die unaufschieblichen Veranstaltungen getroffen, und daß die Gesunden möglichst vor Ansteckung gesichert werden, sodann muß er aber unverzüglich darüber an die Regierung berichten. Auf die der Gesundheit nachtheilige Zubereitung verkäuflicher Lebensmittel muß genau gesehen, und von Zeit zu Zeit mit Zuziehung des Kreisphysikus Proben angestellt werden.

Imgleichen muß bei Seuchen und Krankheiten, die unter dem Wirthschaftsvieh im Kreise ausbrechen, der Landrath nicht säumen, sofort mit dem Kreisphysikus an Ort und Stelle nähere Untersuchung anzustellen, und nicht allein selbst die Vorschriften, wie beim Viehsterben zu verfahren, auf's genaueste beobachten, sondern dies auch den Kreiseinsassen einschärfen und auf deren Beobachtung halten, nicht minder in einem jeden solchen Falle der Regierung ohne allen Aufenthalt darüber Bericht erstatten.

§. 42.

Eine der vorzüglichsten Beschäftigungen des Landraths gewähren sowohl zu Kriegs- als Friedenszeiten die Militair-Angelegenheiten. Insonderheit ist bei den Aushebungen zum Militairdienst die allerhöchste Gewissenhaftigkeit und Unparteilichkeit zu beobachten, und die dieserhalb jedesmal geltenden Gesetze mit der allerpünktlichsten Genauigkeit zu befolgen. Ein Gleiches findet in Absicht der Einquartierung der Soldaten und der dadurch für die Kreiseinsassen entstehenden Last statt, nicht minder aber muß auch darauf gesehen werden, daß der Soldat überall das Gebührende erhalte und die Militair-Besatzungen an den reglementsmäßigen Bedürfnissen nicht Mangel leiden.

§. 43.

Bei Musterungen und Kantonnirungen, auf Märschen u. s. w. sehen die Landräthe dahin, daß die Quartiere sowohl auf dem Marsch, als am Kantonnirungsort gehörig gemacht, und die Bataillons und Schwadrons mit Allem, was ihnen zukommt, gehörig versehen werden. Der Vorspann wird nach dem jedesmal angesetzten, aber von dem Landrath zu prüfenden Bedarf innerhalb der gesetzlich vorgeschriebenen Schranken besorgt und gestellt.

Wird die in der Provinz einquartierte Garnison ganz oder zum Theil mobil gemacht, so muß der Landrath die ihm dabei obliegenden Geschäfte mit vorzüglicher Genauigkeit, Verschwiegenheit und Beschleunigung betreiben, und besonders für Gestellung der erforderlichen Pferde und Knechte nach dem Etat und der besonderen Anweisung der Regierung sorgen. Es dürfen schlechthin nur Pferde von der vorschriftsmäßigen Größe und Beschaffenheit, und diese müssen bis zu dem jedesmal bekannt gemachten Bestimmungsort geliefert, und von dem Landrath bis dahin für Fourage und Koppelknechte, imgleichen die Verpflegung der letzteren gesorgt werden. So viel von dem Landrath dabei abhängt, muß derselbe dahin sehen, daß Knechte und Fourage schon früher als die Pferde an Ort und Stelle sind, damit es an deren Wartung nicht fehle. Auch muß gleich die Reserve mit ausgeschrieben werden, damit statt der etwa unbrauchbar gefundenen Pferde sogleich andere gestellt werden können.

Die Quartiere im Kreise nach der Marschroute zu machen, die Dislokation dem kommandirenden Offizier zuzustellen, das marschirende Militair in seinem Kreise zu führen und vorschriftsmäßig mit Lebensmitteln und mit Fourage in den Nachtquartieren zu versorgen, ist gleichfalls die Sache des Landraths; und sobald die Mobilmachung oder ein Marsch vorbei ist, muß er auch ohne Anstand durch Anfertigung und Beförderung der Liquidationen die Bezahlung der Kreis-Einsassen bewirken.

Ueberhaupt ist es seine Pflicht, dahin zu sehen, daß das Militair das Seinige erhält, die Eingesessenen aber so wenig als möglich, und am wenigsten zur Ungebühr belästigt werden. Was dem Militair bei Märschen und bei Kommandos in Kriegs- und in Friedenszeiten gebührt, werden besondere Verordnungen bestimmen.

§. 44.

Das Vorspannwesen im Kreise muß durchaus vorschriftsmäßig verwaltet, die Last den Kreiseingesessenen möglichst leicht gemacht, und vor allen Dingen schlechthin kein Vorspann anders, als in den wenigen durch das Gesetz bestimmten Fällen, oder auf einen gehörigen Paß der vorgesetzten Regierung selbst angewiesen, und jede ungebührliche Anmuthung ohne Ansehen der Person zurückgewiesen werden. Der Landrath muß sich bei seinen Kreisbereisungen fleißig erkundigen, ob dieserhalb Mißbräuche stattgefunden, und sobald er solche erfährt, jederzeit darüber der Regierung Bericht erstatten.

In Kriegszeiten und bei Truppenmärschen muß auf den Straßen, wo der Vorspann häufig ist, der Landrath im Allgemeinen vorzüglich die von der Straße entlegenen Dörfer anziehen, um die an der Straße liegenden Dörfer für schleunige Fälle bereit zu haben, ohne daß dieselben prägravirt und am Ende ruinirt werden. Ueberall aber muß bei der Vorspannausschreibung mit der höchsten Unparteilichkeit zu Werke gegangen, und bei schwerer Verantwortung, nicht zu der Klage Anlaß gegeben werden, daß ein Dorf überlastet und ein anderes geschont worden sei.

§. 45.

So wie beim Vorspann, so muß auch der Landrath bei Ausschreibung anderer Naturallasten jeder Art die äußerste Unparteilichkeit beobachten und die vorgeschriebenen Repartitions-Grundsätze genau befolgen, niemals aber von der Vorschrift abweichende Grundsätze eigenmächtig aufstellen und in Anwendung bringen, wenn aber ja es an vorgeschriebenen Grundsätzen fehlte, darüber von der Regierung Verhaltungs-Befehle einholen, oder in dringenden Fällen die provisorisch aufgestellten und angenommenen Prinzipien der Regierung anzeigen, und nach deren fernern Vorschriften modifiziren.

§. 46.

Die Verwaltung des Kämmerei- und Gemeinde-Vermögens der Städte gebührt zwar jeden Orts zunächst dem Magistrat, indessen hat der Landrath das Recht und die Pflicht, auf die Mißbräuche, welche etwa dabei stattfinden, zu achten, und nöthigen Falls an die Regierung zu berichten. Das Gemeindevermögen der Dörfer wird von den Schulzen und Gemeindevorstehern, und zwar, wo Gutsherrschaften sind, unter deren nächster Aufsicht verwaltet, dem Landrath gebührt jedoch auch hier die Oberaufsicht, und er muß darauf halten, daß die Gemeinde-berechnungen jährlich abgelegt und ihm zur Superrevision eingereicht werden. Dadurch erhält der Landrath Gelegenheit, den Zustand des Gemeinde-Vermögens und dessen Bewirthschaftung genau kennen zu lernen, und es ist seine Pflicht, die bemerkten Fehler zu rügen und darauf Bedacht zu nehmen, daß die Benutzung und Verwendung des Gemeinde-Vermögens überall möglichst zweckmäßig und zur Wohlfahrt der Gemeinde geschehe.

§. 47.

In gleicher Art gehört die Oberaufsicht auf das Armenwesen und auf die Verwaltung der im Kreise vorhandenen Armen- und Wohlthätigkeits-Anstalten, imgleichen sonstiger darin befindlicher öffentlicher Anstalten, als Gefängnisse, Waisen- oder Krankenhäuser und dergleichen, zu den besonderen landräthlichen Pflichten.

§. 48.

Eine der vorzüglichsten Pflichten des Landraths ist die Sorgfalt für die Verbesserung und Beförderung der Gewerbe sowohl in den Städten als auf dem Lande.

§. 49.

Was den Ackerbau betrifft, so muß der Landrath, wo er selbst angesessen ist, vorzüglich mit einem guten Beispiel vorangehen, überall aber es weder an gutem Rath für die Eingesessenen, noch an Vorschlägen bei der Regierung fehlen lassen, immer das Bestreben vor Augen haben, seinen Kreis nach und nach auf eine höhere Stufe der Kultur zu bringen, und insonderheit zur Einführung der Stallfütterung, Verbesserung und Veredelung der Viehracen, Abgrabung und besserer Beackerung der Felder, Reinigung der Wiesen und Hütungen, Anpflanzung der Obstbäume, Anbau der Futterkräuter, des Hanfs, des Hopfens, des Tabaks und was sonst nach jeden Orts Gelegenheit und Beschaffenheit am besten paßt, ermuntern.

Um dergleichen zur Aufnahme nicht nur der einzelnen Güter, sondern oft auch ganzer Provinzen gereichende Verbesserungen zu erleichtern, muß vorzüglich auf Separation der Gemeinheiten, Austrocknung von Brüchen, Ablassung morastiger Wiesen und dergleichen gedacht werden; wo zu solchen Meliorationen Vorfluth zu schaffen ist, liegt dem Landrath mit Zuziehung sachkundiger Männer die Untersuchung und die Pflicht zu möglichster Bemühung um eine glückliche Vermittlung der Sache ob. Neue Wasseranlagen, als Dämme, Schleußen u. s. w., welche dem gemeinen Wesen und den Nachbarn nachtheilig werden könnten, darf der Landrath niemals ohne Genehmigung der Regierung gestatten. Bei Ablösung der Dienste und Zehnten muß der Landrath nützlich mit- und dahin zu wirken suchen, daß die Interessenten sich gütlich einigen und Prozesse und Streitigkeiten vermieden werden, überall aber dahin streben, daß die bestmögliche Benutzung der Grundstücke nicht durch dergleichen Streitigkeiten behindert werde.

§. 50.

Auch die Bewirthschaftung der Gemeindeforsten darf der Aufmerksamkeit des Landraths nicht entgehen. Er muß auf die Befolgung der polizeilichen Forst- und Jagdgesetze halten, die Eingesessenen zur Pflege und zum Anbau ihrer Forstreviere ermuntern, und, wenn er Verwüstungen und unwirthschaftliche Behandlung der Forsten zu bemerken glaubt, davon der Regierung Anzeige machen, welche dann in Absicht etwaiger Zuziehung sachkundiger Forstmänner oder sonst das Weitere nach den Gesetzen verordnen wird.

§. 51.

Mit gleicher Sorgfalt muß der Landrath auch für das Emporkommen der Städte zu streben suchen, und sich das Beste der Städte und des platten Landes jederzeit und überall als Zusammenhängendes und unzertrennlich denken. Er muß sich vorzüglich auf's Genaueste davon unterrichten, welche Art der Gewerbsamkeit für jede Stadt besonders wichtig und ihr zuträglich ist, und der wichtigsten Gewerbzweige, je nachdem dies jeden Orts die Webereien, Leinewandfabrikationen, Metallarbeiten u. s. w. sind, in allen ihren Theilen vollkommen kundig und für deren Beförderung nützlich zu werden, stets beflissen sein.

§. 52.

Markttäglich oder wöchentlich müssen sich die Landräthe von den Magistraten die Getreide-Preise von jeder Art Getreide und die ungefähre Zufuhr anzeigen lassen, und davon eine monatliche Nachweisung anfertigen und der Regierung einreichen, auch beim Eintritt der Erndte, sobald sie die nöthige nähere Ueberzeugung haben gewinnen können, vom Ausfall derselben umständlich an die Regierung berichten.

§. 53.

Auch müssen sie auf richtiges Maaß und Gewicht sehen, und zu dem Zwecke von Zeit zu Zeit überall, wo es ihnen nöthig scheint, vorzüglich aber in den Städten auf den Märkten, einzelne unvermuthete Revisionen anstellen.

§. 54.

Eben so machen gute Wege und Landstraßen ein hauptsächliches Hilfsmittel für die Beförderung aller Gewerbsamkeit aus. Wo also die Wege noch nicht im gehörigen Stande sind, muß der Landrath durchaus dahin zu gelangen suchen, vornehmlich aber den schon vorhandenen guten Zustand der öffentlichen Straßen, Dämme, Brücken, Gräben, Alleen, Wegweiser, Meilenzeiger u. s. w. zu erhalten, Bedacht nehmen. Wem die Unterhaltung der Wege, Dämme und Brücken obliegt, bestimmen jeden Orts Verträge und Observanz oder Gesetze. An den Verpflichteten muß der Landrath sich halten, und wenn die Pflicht streitig ist, der Regierung deshalb berichten, damit diese für die Ausmachung solcher Streitigkeiten Sorge trage und festsetze, was interimistisch mit Vorbehalt der Privatrechte geschehen solle.

§. 55.

Der Landrath hat endlich wie auf das Königliche Allerhöchste Interesse überhaupt, so auch insonderheit darauf zu sehen, daß die Landesherrlichen Regalien und das Staats-Eigenthum aller Art nicht gefährdet werden, und daß Niemand sich Regalien und Hoheits-Rechte wider Gebühr anmaße. Seiner Aufmerksamkeit werden die vorkommenden Auswanderungs- und Abschoß-Gefälle und die Beobachtung der desfallsigen gesetzlichen Bestimmungen empfohlen.

Der Landrath führt die Direction bei Veranlagung, Ausschreibung und Beitreibung der Grund-, Personen-, Gewerbe- und sonstigen Steuern, sowie der Fertigung oder Berichtigung der Hebe-Rollen, er leitet die Untersuchung der Steuer-Beschwerden und befördert sie zur Entscheidung der Regierung.

Des Landraths Sache ist es, dafür zu sorgen, daß alle Staats-Einkünfte, und zumal die etatsmäßigen direkten Steuern prompt und richtig eingehen, wiewohl er sich niemals selbst mit Geldeinnahmungen befassen muß, und daß dabei alle Ausfälle möglichst vermieden werden. Wenn Kreiseingesessene solche Unglücksfälle erleiden, welche ihnen nach den Gesetzen und sonstigen Vorschriften Ansprüche auf Remission geben, so liegt dem Landrathe nach der ein für alle Mal ertheilten oder ihm besonders zugehenden Instruction die desfallsige Untersuchung, die deutliche und ausführliche Entwickelung des ganzen wahrhaften Sachverhältnisses und die Berichterstattung an die Regierung unter Einreichung der Verhandlungen, Taxen und Remissions-Tabellen nach Pflicht und Gewissen, und demnächst die Sorge für die festgestellte Befriedigung ob.

§. 56.

Die Kreiskasse ist seiner Kuratel unterworfen. Er muß sie also nicht nur vorschriftsmäßig revidiren, dabei auf die prompte Einziehung der Gefälle und, wenn Reste bemerklich werden, auf deren Erledigung, sowie darauf sehen, daß keine andern Ausgaben als die etatsmäßigen, oder auf die ausdrückliche Anweisung der Regierung stattfinden, dahingegen aber auch diese, und zumal die für die Kreisinsassen angewiesenen Zahlungen für gelieferte Lebensmittel, Fourage, Vorspannvergütigung oder an Remissionen und dergleichen prompt geleistet werden, sondern er muß auch überall die Führung der Kreis-Kassen-Offizianten im Auge behalten und darauf achten, daß die Kreis-Kassen nicht mehr Geld, als nöthig, zurückhalten, sondern alle entbehrlichen Ueberschüsse an die Regierungs-Hauptkasse abführen.

Wie die Kassenführung eingerichtet, in welcher Art jede Kreis-Kasse auch mit den Regierungs-Instituten- und Kommunal-Kassen in Verbindung gesetzt, wer alsdann die Absonderung der verschiedenen Fonds, ohne daß die Uebersichtlichkeit des gesammten Kassen-Zustandes darunter leide, bewerkstelligt und nach welchen Grundsätzen bei den Kassen-Revisionen verfahren werden soll, darüber soll noch eine besondere nähere Instruction erfolgen.

Chronologisches Register

der in Bezug genommenen Gesetze 2c.

Buchdruckerei der Staatsbürger-Zeitung (D. Collin), Berlin, Schützen-Straße 68.

Sach-Register.

(Die Zahlen sind die Seitenzahlen.)

A.

B.

C.

D.

E.

F.

G.

Druck von Troitzsch & Ostertag in Berlin.

FSC
www.fsc.org
MIX
Papier | Fördert
gute Waldnutzung
FSC® C083411

Kolibri 360 GmbH
Ferdinand-Jühlke-Straße 7
99095 Erfurt, Deutschland
produktsicherheit@kolibri360.de